Martin Hirsch

Das Buch zu Word für den Macintosh

MACbook
herausgegeben von Stefan Frevel

MACbook ist die neue Macintosh-reihe des Verlages Vieweg. Die Bücher haben das Look-and-Feel des Macintosh: Statt vieler grauer Seiten Produktinformation machen sie *anschaulich,* worum es geht. Mit Bildern, Icons, Dialogboxen. Mit Texten, die sich an den wirklichen Bedürfnissen des Anwenders orientieren.

Vieweg

Martin Hirsch

Das Buch zu

für den Macintosh

Der Verlag Vieweg ist ein Unternehmen der Verlagsgruppe Bertelsmann International.

Alle Rechte vorbehalten
© Friedr. Vieweg & Sohn Verlagsgesellschaft mbH, Braunschweig/Wiesbaden, 1993
Softcover reprint of the hardcover 1st edition 1993

Druck und buchbinderische Verarbeitung: Lengericher Handelsdruckerei, Lengerich
Gedruckt auf säurefreiem Papier

ISBN 978-3-528-05310-9   ISBN 978-3-322-89438-0 (eBook)
DOI 10.1007/978-3-322-89438-0

INHALT

Die fettgedruckten Seitenzahlen
enthalten die Hauptinformationen

Teil 1 - Schnelleinstieg

1. Durchblick im Arbeitsfenster............**1**
  1.1 Installation und Programmstart.............. 1
  1.2 Die Elemente des Arbeitsfensters 3
  1.3 Die Menüleiste.......................... 7
  1.4 Die Pull-Down Menüs 8
  1.5 Dialogboxen..................... 9

2. Text und Textelemente **11**
  2.1 Die Textelemente von Word 11
  2.2 Die Tastatur.................... 12
  2.3 Texteingabe: Zwei Grundregeln.............. 13
  2.4 Aktivieren von Textelementen 13
  2.5 Entfernen von Textelementen.............. 16
  2.6 Einfügen & Verschieben von Text 17

3. Sich innerhalb des Textes Bewegen....... **19**

4. Grundwerkzeuge Zum Formatieren....... **20**
  4.1 Das Lineal.................... 21
  4.2 Die Formatierungsleiste 25

5. Druckvorschau und Drucken.................. **27**
  5.1 Vorschau auf den Ausdruck 27
  5.2 Drucken 29

6. Vom Umgang mit Dokumenten............ **29**
  6.1 Anlegen eines neuen Dokuments........... 30
  6.2 Öffnen einer bestehenden Datei.............31
  6.3 Speichern der aktuellen Datei............... 32
  6.4 Schließen der Akten 34

7. Beenden von Word.................. **35**

8. Wie gehts weiter?.................. **35**

Teil 2   Die Funktionen von A-Z

9. Absatz-Formatierung..................**38**
  9.1 Wissenswertes in Kürze................38
  9.2 Was für Absatzformate gibt es?............... 39
  9.3 Hilfsmittel der Absatzformatierung 40
  9.4 Kopieren von Absatzformaten.................. 49
  9.5 Positionsrahmen.................. 53
  9.6 Abgesetzter Großbuchstabe (AGB) 53
  9.7 Aufzählungszeichen.................. 55
  9.8 Tips & Tricks.................. 56

10. Abschnitt-Formatierung......................**57**
  10.1 Wissenswertes in Kürze ... .57
  10.2 Wie beginnen Sie einen Abschnitt?..... 59
  10.3 Was für Abschnittformate gibt es?......... 59
  10.4 Übertragen von Abschnittsformaten...... 60
  10.5 Hilfsmittel der Abschnittformatierung . 61
  10.6 Arbeiten mit mehreren Spalten 63
  10.7 Tips & Tricks 64

11. Adressen **66**

12. Anmerkung **68**

13. Audio-Anmerkung..................**70**
  13.1 Wissenswertes in Kürze ... .70
  13.2 Dialogbox und Menüs 72
  13.3 Erstellen einer Sprachnotiz 73
  13.4 Aufspüren und Abhören 75
  13.5 Löschen von Audio-Anmerkungen........ 76
  13.6 Erweitern und Verknüpfen 77
  13.7 Ändern der Aufnahmezeit.................. 79
  13.8 Laden, Speichern und Löschen............ 79
  13.9 Tips & Tricks 80

14. Befehle **81**
14.1 Die Dialogbox „Befehle" 82
14.2 Ausführen eines Befehls 83
14.3 Befehle ins Menü übernehmen 83
14.4 Menüpunkte löschen 84
14.5 Menüpunkte umstellen 84
14.6 Opt.-Menü installieren 84
14.7 Trennlinien installieren 85
14.8 Tastaturkürzel hinzufügen 85
14.9 Tastaturkürzel entfernen 86
14.10 Archivieren und drucken 86
14.11 Tips & Tricks 87

15. Briefumschlag **90**

16. Cursorsteuerung **92**

17. Datei-Manager **97**
17.1 Wissenswertes in Kürze 97
17.2 Datei-Info 98
17.3 Datei-Manager - Suchhilfe 99

18. Datum und Uhrzeit einfügen **104**

19. Dialogboxen **106**
19.1 Kontrollelemente 106
19.2 Tips & Tricks 109

20. Diagramme **112**
20.1 Wissenswertes in Kürze 113
20.2 Starten von MS-Graph 114
20.3 Arbeiten mit der Tabelle 114
20.4 Erstellen eines Diagramms 119
20.5 Formatieren von Diagrammen 122
20.6 Spezialeffekte für Diagramme 127
20.7 Diagramme überlagern 131

21. Dokumente verwalten **133**
21.1 Anlegen eines neuen Dokuments 133
21.2 Öffnen einer bestehenden Datei 136
21.3 Speichern 139
21.4 Dateien exportieren 144
21.5 Retten einer verlorenen Datei 144

22. Dokument-Formatierung **145**
22.1 Wissenswertes in Kürze 145
22.2 Die Dialogbox „Dokument" 146
22.3 Tips & Tricks 148

23. Drucken **149**
23.1 Druckerdialog 149
23.2 Hintergrunddruck 151
23.3 Tips & Tricks 151

24. Druckformate **152**
24.1 Wissenswertes in Kürze 152
24.2 Die Druckformat-Dialogbox 155
24.3 Definition eines Druckformates 155
24.4 Absatzformatierung per Druckformat... 159
24.5 Ändern eines Druckformates 160
24.6 Drucken von Druckformaten 162
24.7 Austausch von Druckformaten 162
24.8 Tips&Tricks 163

25. Dynamischer Datenaustausch **166**
25.1 Wissenswertes in Kürze 166
25.2 Verlegen & Abonnieren: 169
25.3 Einbetten von Objekten: 173
25.4 Verknüpfung einfügen: 175
25.5 Daten aus Word exportieren 182
25.6 Tips & Tricks 182

26. Einstellungen **186**
26.1 Allgemein 187
26.2 Ansicht 188
26.3 Öffnen und Speichern 189
26.4 Standardschrift 190
26.5 Thesaurus/Silbentrennung 191
26.6 Rechtschreibung 191
26.7 Funktionsleiste 192

27. Formatierungen **193**

28. Funktionsleiste **195**

29. Fußnoten **198**
29.1 Wissenswertes in Kürze 198
29.2 Erstellen einer Fußnote 199
29.3 Formatieren 201
29.4 Numerieren und PLazieren 205
29.5 Öffnen und Schließen des
Fußnotenfensters 207
29.6 Löschen und nachträgliches 208
29.7 Umfangreiche Fußnoten 210
29.8 Tips & Tricks 213

30. Gliederungshilfe (Outliner) **216**
30.1 Wissenswertes in Kürze 216
30.2 Einstieg: Erstellen 217
30.3 Schnelles Umstrukturieren 222
30.4 Tips & Tricks 226

31. Grafiken **228**
31.1 Wissenswertes in Kürze 228
31.2 Laden einer Grafik 229
31.3 Einbinden einer Grafik 230
31.4 Umzeichnen von Grafiken 232

31.5 Skalieren von Grafiken 233
31.6 Umrahmen einer Grafik 234
31.7 Arbeiten mit Grafik-Platzhaltern 236
31.8 Tips und Tricks 237

32. Grafikmodul **239**
32.1 Wissenswertes in Kürze 239
32.2 Installation des Grafikmoduls 240
32.3 Aufruf des Grafikmoduls 240
32.4 Arbeiten mit den Werkzeugen 241
32.5 Bearbeiten geometrischer Figuren 252
32.6 Tips & Tricks 257

33. Groß-/Kleinschreibung **258**

34. Hilfefunktionen **259**

35. Index **262**
35.1 Wissenswertes in Kürze 262
35.2 Erstellen eines einfachen Index 263
35.3 Erstellen eines hierarchisch strukturierten Index 265
35.4 Besonderheiten beim 267
35.5 Tips & Tricks 269

36. Info- und Eingabefeld **272**
36.1 Informationen im Infofeld 272
36.2 Eingab ins Eingabeefeld 273

37. Inhaltsverzeichnis **275**
37.1 Wissenswertes in Kürze 275
37.2 Inhaltsverzeichnis per .c.-Absätze 276
37.3 Inhaltsverzeichnis nach Gliederung .. 280
37.4 Formatieren 281
37.5 Tips & Tricks 282

38. Kopf- und Fußzeilen **284**
38.1 Wissenswertes in Kürze 284
38.2 Einrichten von Kopf- und Fußzeilen.... 285
38.3 Positionieren von Kopf- und Fußzeilen 286
38.4 Spiegelsatz, Gesonderte Titelseite 288
38.5 Tips & Tricks 291

39. Mathematische Formeln **292**
39.1 Wissenswertes in Kürze 292
39.2 Installation von Formel-Editor 293
39.3 Erstellen einer Formel 294
39.4 Editieren einer Formel 298
39.5 Formatieren der Formelelemente 300
39.6 Positionieren auf der Seite 304
39.7 Die mathematischen Steuerzeichen 305
39.8 Tips & Tricks 308

40. Movie (Quicktime) **309**
40.1 Wissenswertes in Kürze 309
40.2 Wie installieren Sie einen Film? 310
40.3 Wie Setzen Sie die Abspielparameter? 310
40.4 Wie spielen Sie einen Film ab? 311

41. Numerieren **313**
41.1 Absatznumerierung 313
41.2 Zeilennumerierung 318
41.3 Seitennumerierung 321

42. Plug-In-Module **324**

43. Positionsrahmen & Fließtext **326**
43.1 Wissenswertes in Kürze 326
43.2 Einrichten eines Positionsrahmens.... 327
43.3 Plazieren eines Positionsrahmens 330
43.4 Beispiele 336
43.5 Tips & Tricks 341

44. Postscript **342**

45. Rahmen & Grauhinterlegung **350**

46. Rechnen **356**

47. Rechtschreibprüfung **357**
47.1 Wissenswertes in Kürze 357
47.2 Installation der Rechtschreibprüfung .. 358
47.3 Hauptwörterbuch 359
47.4 Arbeiten mit Benutzerwörterbüchern.. 359
47.5 Kontrolle eines Textes und Erweitern
des Benutzerwörterbuchs.................... 362
47.6 Kontrolle einzelner Wörter............... 365
47.7 Bearbeiten von Benutzerwörterbüchern 366
47.8 Tips & Tricks... 368

48. Seitenansicht **370**

49. Seitenumbruch/Seitenwechsel **373**

50. Serienbriefe **374**
50.1 Wissenswertes in Kürze 374
50.2 Aufbau einer Steuerdatei................... 375
50.3 Aufbau einer Serienbriefvorlage.......... 376
50.4 Erstellen einer Steuerdatei................. 377
50.5 Erstellen eines einfachen
Serienbriefes 379
50.6 Intelligente Serienbriefe.................... 383
50.7 Die Schlüsselworte 389
50.8 Tips & Tricks 396

51. Silbentrennung............................**397**

51.1 Wissenswertes in Kürze 397

51.2 Installation der Silbentrennung 398

51.3 Trennen einzelner Wörter............... 398

51.4 Trennen eines Textes 390

51.5 Trennen eines Textabschnitts............. 402

52. \$Ônderzeïchën (Symbol)....................**403**

53. Sortieren **405**

54. Statistik.....................................**406**

55. Suchen (& Ersetzen)............................**407**

55.1 Wissenswertes in Kürze 407

55.2 Dialogbox und Grundfunktionen......... 408

55.3 Suchen (und Ersetzen) von Zeichen 409

55.4 Suchen (und Ersetzen) von
Sonderzeichen 412

55.5 Suchen (und Ersetzen) von Formaten... 414

55.6 Tips & Tricks 422

56. Tabellen **424**

56.1 Wissenswertes in Kürze 425

56.2 Erstellen einer einfachen Tabelle....... 426

56.3 Bearbeiten einer Tabelle 429

56.4 Formatieren von Zellinhalten 435

56.5 Rahmen und Grauhinterlegungen...... 437

56.6 Positionieren auf der Seite................. 441

56.7 Umwandlungen Text/Tabelle 442

56.8 Erstellen eines Formulars................... 443

56.9 Tabellenkalkulation in Word 446

56.10 Tips & Tricks................................. 448

57. Tabulatoren................................**450**

57.1 Setzen von Tabulatoren per Lineal 440

57.2 Füllzeichen und Ausrichtung 451

57.3 Bearbeiten von Tabulatoren 452

57.4 Standardtabulatoren......................... 453

57.5 Tips & Tricks 453

58. Textbausteine **455**

58.1 Wissenswertes in Kürze 455

58.2 Erstellen eines Textbausteins............... 456

58.3 Abruf eines Textbausteins................... 457

58.4 Textbausteine bearbeiten................... 459

58.5 Tips und Tricks............................. 461

59. Textelemente...............................**465**

59.1 Was ist eine Textelement? 466

59.2 Aktivieren und Deaktivieren 467

59.3 Entfernen von Textelementen 476

59.4 Einfügen, Kopieren, Verschieben 470

60. Thesaurus..................................**484**

60.1 Wissenswertes in Kürze 484

60.2 Installation des Thesaurus 484

60.3 Der Umgang mit dem Thesaurus........ 486

60.4 Tips & Tricks 487

61. Zeichen-Formatierung **488**

61.1 Was für Zeichenformate gibt es? 488

61.2 Hilfsmittel der Zeichenformatierung.. 492

61.3 Kopieren und Übertragen 497

61.4 Die Standardschrift......................... 499

61.5 Tips & Trickes................................. 490

62. ¶ einblenden................................**501**

Teil 3 - Anhang

A.

Die Standard Druckformate von Word 5.1

B.

Die Standard-textbausteine von Word 5.1

C.

Tastaturkürzel zur Cursorsteuerung

(Zehnerblock)

D.

Speicherbedarf von Word

E.

Die Menüs von Word 5.0

Index

INHALT

KURS FÜR SCHNELLEINSTEIGER

1. Durchblick im Arbeitsfenster ... 1
   1.1 Installation und Programmstart ... 1
   1.2 Die Elemente des Arbeitsfensters ... 3
   1.3 Die Menüleiste ... 7
   1.4 Die Pull-Down Menüs ... 8
   1.5 Dialogboxen ... 9

2. Text und Textelemente ... 11
   2.1 Die Textelemente von Word ... 11
   2.2 Die Tastatur ... 12
   2.3 Texteingabe: Zwei Grundregeln ... 13
   2.4 Aktivieren von Textelementen ... 13
   2.5 Entfernen von Textelementen ... 16
   2.6 Einfügen & Verschieben von Text ... 17

3. Sich innerhalb des Textes Bewegen ... 19

4. Grundwerkzeuge Zum Formatieren ... 20
   4.1 Das Lineal ... 21
   4.2 Die Formatierungsleiste ... 25

5. Druckvorschau und Drucken ... 27
   5.1 Vorschau auf den Ausdruck ... 27
   5.2 Drucken ... 29

6. Vom Umgang mit Dokumenten ... 29
   6.1 Anlegen eines neuen Dokuments ... 30
   6.2 Öffnen einer bestehenden Datei ... 31
   6.3 Speichern der aktuellen Datei ... 32
   6.4 Schließen der Akten ... 34

7. Beenden von Word ... 35

8. Wie gehts weiter? ... 35

# Die Funktionen ...

von

A

Kapitel	Funktion	Seite
9.	Absatz-Formatierung	38
10.	Abschnitt-Formatierung	57
11.	Adressen	66
12.	Anmerkung	68
13.	Audio-Anmerkung	70
14.	Befehle	81
15.	Briefumschlag	90
16.	Cursorsteuerung	92
17.	Datei-Manager	97
18.	Datum und Uhrzeit einfügen	104
19.	Dialogboxen	106
20.	Diagramme	112
21.	Dokumente verwalten	133
22.	Dokument-Formatierung	145
23.	Drucken	149
24.	Druckformate	152
25.	Dynamischer Datenaustausch	166
26.	Einstellungen	186
27.	Formatierungen	193
28.	Funktionsleiste	195
29.	Fußnoten	198
30.	Gliederungshilfe (Outliner)	216
31.	Grafiken	228
32.	Grafikmodul	239
33.	Groß-/Kleinschreibung	258
34.	Hilfefunktionen	259
35.	Index	262

... auf einen Blick

bis

Z

Kapitel	Funktion	Seite
36.	Info- und Eingabefeld	272
37.	Inhaltsverzeichnis	275
38.	Kopf- und Fußzeilen	284
39.	Mathematische Formeln	292
40.	Movie (Quicktime)	309
41.	Numerieren	313
42.	Plug-In-Module	324
43.	Positionsrahmen & Fließtext	326
44.	Postscript	342
45.	Rahmen & Grauhinterlegung	350
46.	Rechnen	356
47.	Rechtschreibprüfung	357
48.	Seitenansicht	370
49.	Seitenumbruch	373
50.	Serienbriefe	374
51.	Silbentrennung	397
52.	$Ônderzeïchën (Symbol)	403
53.	Sortieren	405
54.	Statistik	406
55.	Suchen (& Ersetzen)	407
56.	Tabellen	424
57.	Tabulatoren	450
58.	Textbausteine	455
59.	Textelemente	465
60.	Thesaurus	484
61.	Zeichen-Formatierung	488
62.	¶ einblenden	501

Die Menüs ...

Datei

Neu	⌘N	... 133
Öffnen...	⌘O	... 136
Schließen	⌘W	... 34
Speichern	⌘S	... 139
Speichern unter...		... 143
Datei-Manager...		... 97
Datei-Info...		... 98
Seitenansicht...	⌘I	... 369
Seite einrichten...		... 134
Drucken...	⌘P	... 149
Seriendruck...		... 396
PostScript.demo		... 136
Buch • Gesamt 3		
Beenden	⌘Q	... 35

Bearb.

Rückgängig unmöglich	⌘Z	... 8
Wiederholen	⌘Y	... 8
Ausschneiden	⌘X	... 230
Kopieren	⌘C	... 230
Einfügen	⌘V	... 230
Inhalte einfügen...		... 176
Löschen		... 177
Alles markieren	⌘A	... 472
Suchen...	⌘F	... 407
Erneut suchen	⌘⌥A	... 423
Ersetzen...	⌘H	... 407
Gehe zu...	⌘G	... 94
Textbaustein...	⌘K	... 455
Neuer Verleger...		... 169
Abonnieren...		... 169
Verknüpfungsoptionen...		... 169
Objekt bearbeiten...		variabel

Ansicht

✓Normal	⌘⌥N	... 2
Gliederung	⌘⌥G	... 216
Druckbild	⌘⌥D	... 28
✓Formatierungsleiste	⌘⌥F	... 25
✓Lineal	⌘⌥L	... 40
Seriendruck vorbereiten...		... 379
Funktionsleiste		... 195
¶ ausblenden	⌘J	... 500
Kopfzeile		... 284
Fußzeile		... 284
Fußnoten	⌘⇧⌥S	... 198
Anmerkung...		... 68
Audio-Anmerkungen		... 70
Movie zeigen		... 311

Einfügen

Seitenwechsel	⇧⏎	... 373
Abschnittswechsel	⌘⏎	... 59
Tabelle...		... 426
Fußnote...		... 198
Anmerkung...		... 68
Audio-Anmerkungk		... 74
Datum		... 104
Symbol...		... 403
Aufzählungszeichen		... 55
Adressen...		... 66
Eintrag Index		... 263
Index...		... 264
Eintrag Inhaltsverzeichnis		... 277
Inhaltsverzeichnis...		... 275
Positionsrahmen...		... 326
Datei...		... 483
Grafik...		... 231
Abgesetzter Großbuchstabe...		... 53
Objekt...		... 173
Movie...		... 310

… auf einen Blick

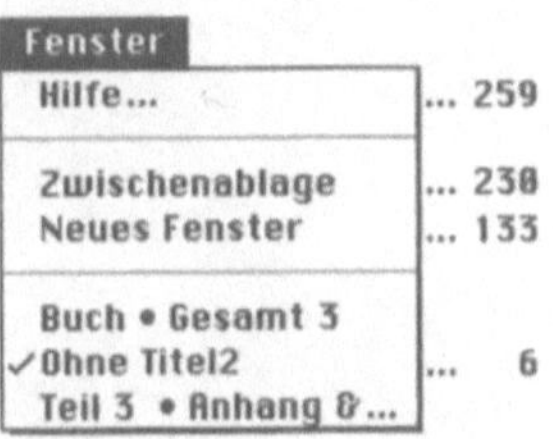

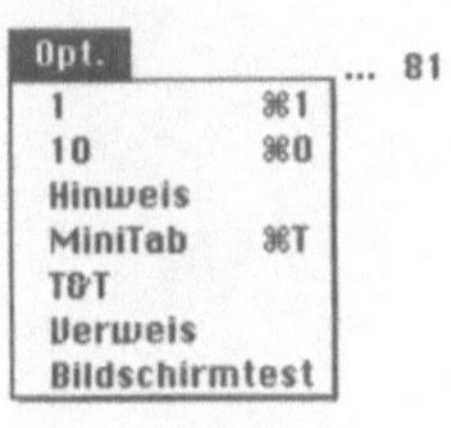

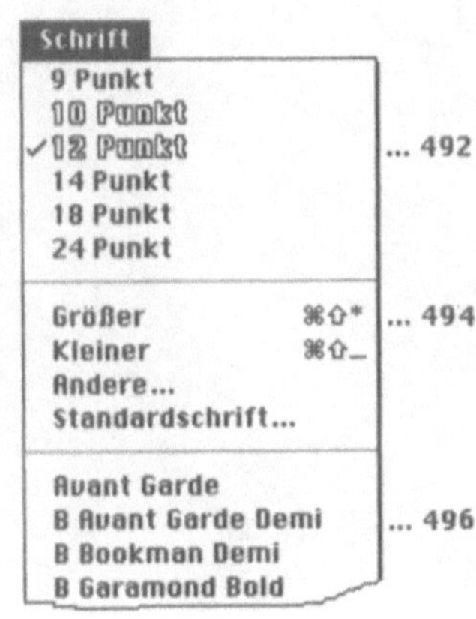

Teil 1

Kurs für Schnelleinsteiger

Die Arbeitsumgebung...

...und wie Sie sie nutzen

Dieser Teil ist eher für Einsteiger gedacht, aber nicht ausschließlich. Er befaßt sich mit den Grundlagen der Bedienung und zeigt das Arbeiten mit den sichtbaren Werkzeugen von Word.
Alte Macintosh-Kenner finden hier sicher viel Bekanntes und können den ersten Teil diagonal lesen. Aber auch wer schon lange mit Vorläufern von Word 5.0/5.1 arbeitet kommt auf seine Kosten: denn viele hilfreiche Funktionen gibt es erst seit neustem.

1. DURCHBLICK IM ARBEITSFENSTER

1.1 INSTALLATION UND PROGRAMMSTART

Auf den Installationsvorgang gehen wir nicht ein. Er ist sehr gut im kleinen Manual beschrieben, das zum Programm gehört. Sollte Word nicht auf dem ordentlichen Wege zu Ihnen gekommen sein (weil Sie es vielleicht nur mal kurz ausprobieren wollen), so muß das Verzeichnis auf Ihrer Festplatte vor dem Start aussehen wie das im Bild unten auf der Seite. Sind alle Dateien am richtigen Platz (zum Beispiel die Wörterbücher und Konvertierer im Ordner "Word-Befehle"), so steht dem Arbeiten von Word nichts mehr im Wege.

Also: Los geht´s. Wie immer am Mac - mit dem Öffnen des Programmes per Doppelklick.

Sie können ebensogut das Word-Icon im Finder durch einen Klick aktivieren und dann den Menüpunkt "Öffnen" aus dem Finder-Menü "Ablage" (Tastenkürzel APPLE-O) wählen.

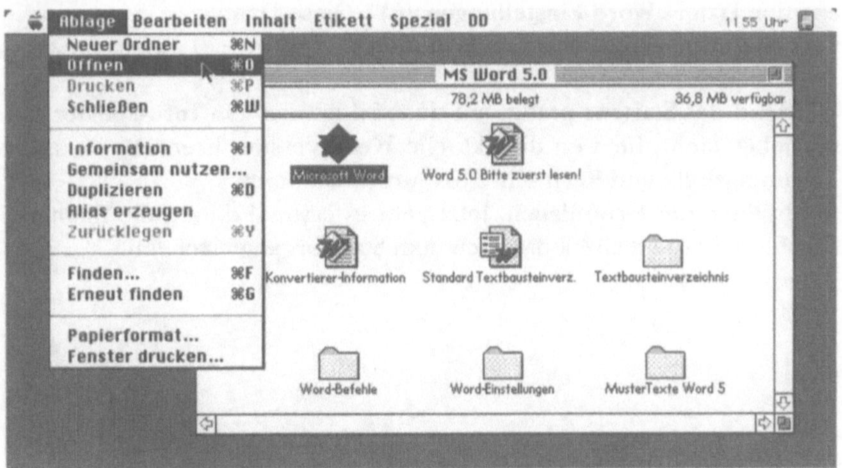

Als Mac-Benutzer wissen Sie das natürlich. Solche einfachen Vorgänge werden wir in Zukunft nicht mehr kommentieren. Sie sind im Benutzerhandbuch "Grundlagen" Ihres Macs genau erklärt.

Nachdem Sie das Kommando zum Starten gegeben haben, versucht der Finder, genügend**Arbeitsspeicher** für Word aufzutreiben. Dabei orientiert er sich an dem Wert, den Sie in der Dialogbox "Information" Word zugeteilt haben. Sie erreichen diese Dialogbox, indem Sie das Word-Icon im Finder einmal anklicken und dann den Menüpunkt "Information..." aus dem Ablage-Menü aktivieren.

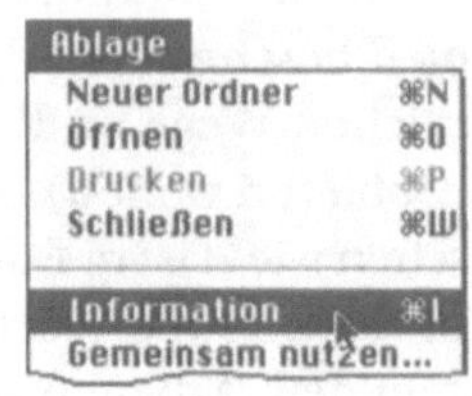

Im Eingabefeld unten rechts teilen Sie dem Finder den gewünschten Speicherbedarf mit. Dabei sollten Sie die empfohlenen Größe nicht unterschreiten. Was passiert, wenn der Finder nicht genügend Speicherplatz findet steht ausführlich in ☞Anhang D.

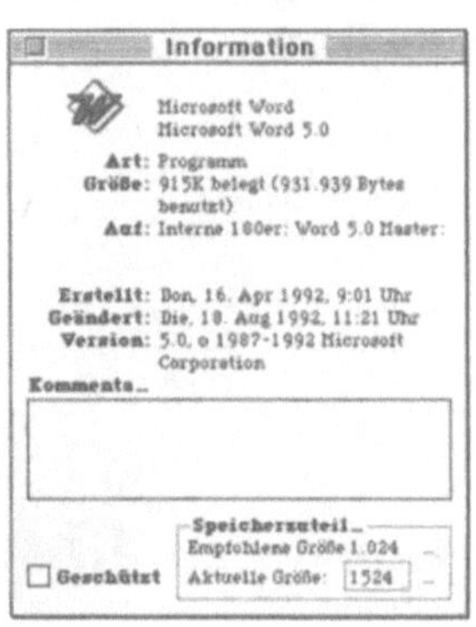

Ist genügend Speicher vorhanden übergibt der Finder diesen an Word. Nun beginnt für die Word die Arbeit. Zunächst installiert es die **Plug-In-Module** wie Thesaurus, Rechtschreibkontrolle, Audio-Anmerkungen. (Mehr zum Thema Plug-In in ☞ K.42)

Als drittes installiert Word die Menüs, das Standard-Druckformat sowie die Voreinstellungen für die Dialogboxen. Dabei orientiert es sich an Informationen aus der Datei "**Word-Einstellungen (5)**". Diese Datei liegt im Ordner Preferences im Systemordner.

Word-Einstellungen (5)

Während des Startens prangt auf dem Bildschirm ein **Info-Fenster**, in dem geschrieben steht, für wen die aktuelle Word-Version lizenziert ist und von wem Trennungshilfe und Rechtschreibkontrolle stammen.
Aber genug der Grundlagen. Jetzt geht es erstmal daran, die Elemente des Arbeitsfensters zu erklären, das nach dem Startvorgang erscheint.

1.2 DIE ELEMENTE DES ARBEITSFENSTERS

Nach dem Programmstart sehen Sie auf dem Bildschirm die Menüleiste und ein leeresArbeitsfenster, das etwa folgendermaßen aussieht:

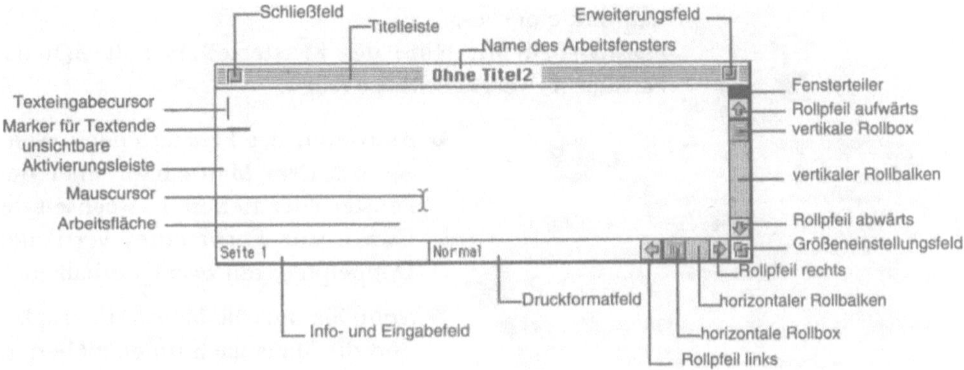

Die Namen der Elemente sollten Sie sich vielleicht schon jetzt ein wenig einprägen, denn auf sie greifen wir immer wieder zurück. Es sind eine ganze Menge Bezeichnungen, und da muß man Ordung halten. Selbst wenn Sie schon viel mit Word gearbeitet haben, entdecken Sie in der Abbildung vielleicht Fensterelemente, die Sie selten oder gar nicht benutzen. Garantiert kennen Sie nicht alle Möglichkeiten, die das Infofenster unten links bietet. Gleich werden sie erklärt.

Abgebildet sind nicht einmal alle Elemente; im Hauptfenster können auch noch andere Strukturen sichtbar sein, wie zum Beispiel das Lineal und die Formatierungsleiste. In welcher Form das Arbeitsfenster nach dem Programmstart erscheint, läßt sich über die Dialogbox "Einstellungen" festlegen (☞ K.26.2). Lineal und Formatierungsleiste lassen sich ein- und ausblenden. Den Schalter dazu finden Sie im Ansicht-Menü.

Die Elemente des Fensters bezeichnen wir als *Kontrollelemente*, da mit ihrer Hilfe Arbeitsabläufe kontrolliert werden, wie zum Beispiel das Schließen und Verschieben eines Fensters, das Blättern und vieles mehr.

Die wichtigsten Kontrollelemente wollen wir kurz vorstellen. Die meisten von ihnen verhalten sich genauso, wie Sie es von jedem Macintosh-Programm erwarten dürfen (siehe Macintosh Handbuch "Grundlagen"). Andere sind Word-spezifisch.

Schließfeld: Ein Klick auf dieses Feld schließt das Arbeitsfenster.

Titelleiste: Mit Hilfe des Mauscursors fassen Sie ein Fenster an seiner Titelleiste und verschieben es. In der Titelleiste eines Fensters findet sich auch der *Fenstername*. Dieser entspricht dem Namen, unter dem das Dokument auf der Festplatte gesichert ist.

Erweiterungsfeld: Zieht das Fenster auf die Größe des gesamten Bildschirmes auf oder, wenn es bereits diese Größe hat, verkleinert es.

Fensterteiler: Mit Hilfe des Fensterteilers läßt sich das Fenster in zwei Ausschnitte teilen:

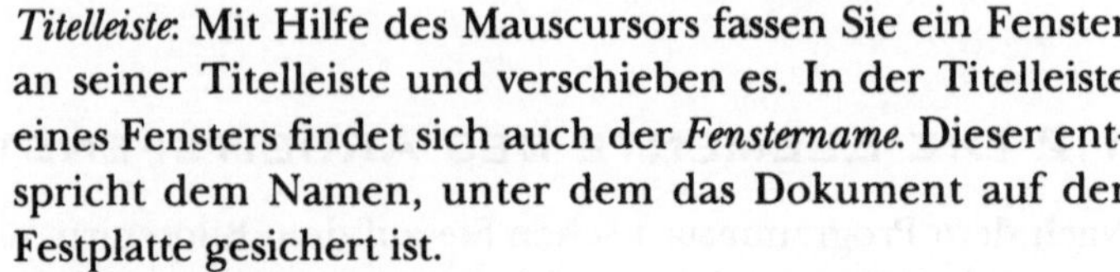

❶ Aktivieren des Fensterteilers: Wenn Sie mit dem Mauscursor über den Fensterteiler ziehen, so wechselt der Cursor zur Form eines vertikalen Doppelpfeils mit zwei Querbalken.

❷ Wenn Sie nun die Maustaste drücken und die Maus nach unten ziehen, so spannt sich eine gepunktete Linie über den Fensterinhalt und im vertikalen Rollbalken läuft eine gepunktete Box mit.

❸ Lassen Sie nun die Maustaste los, so wird das Fenster geteilt. Jeder der beiden Fensterausschnitte hat nun einen eigenen Rollbalken, so daß sich in beiden Ausschnitten unabhängig voneinander scrollen läßt. Sie können auf diese Weise an zwei Stellen des Textes gleichzeitig arbeiten.

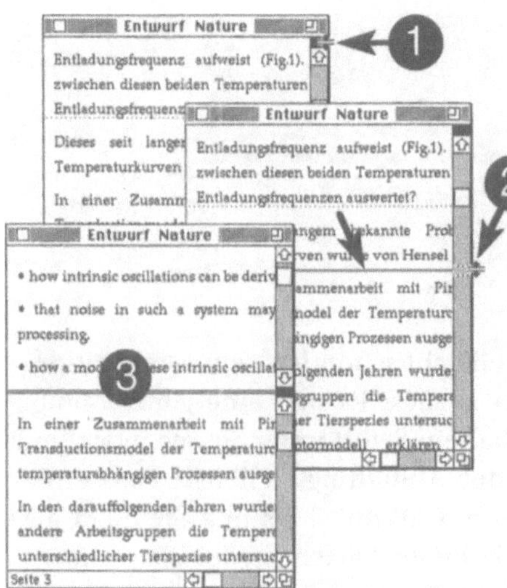

VertikalerRollbalken und *vertikaleRollbox*: Der vertikale *Rollbalken* besteht aus einem grau schraffierten Rechteck und symbolisiert die Länge der Datei, die im aktuellen Arbeitsfenster bearbeitet wird. Die erste Zeile der Worddatei liegt ganz oben, die letzte Zeile ganz unten im Rollbalken. Der Abschnitt der Datei, der gerade im Arbeitsfenster sichtbar ist, wird durch die *vertikale Rollbox* symbolisiert.

vertikaleRollpfeile: Mit den vertikalen Rollpfeilen bewegen Sie sich zeilenweise durch die Datei.

Größeneinstellungsfeld: Nach Anklicken dieses Feldes können Sie bei gedrückter Maustaste die Größe des aktuellen Fensters stufenlos verändern.

Horizontaler Rollbalken und *horizontale Rollbox*: Der horizontale *Rollbalken* besteht aus einem grau schraffierten Rechteck und symbolisiert die maximale Breite, die ein Dokument in Word normalerweise haben kann, das sind 55 Zentimeter. Der linke Rand des Textes entspricht dem linken Rollbalkenende, der rechte Rand dem rechten Ende. Der horizontale Ausschnitt der aktuellen Datei, der im Arbeitsfenster sichtbar ist, ist durch die die *horizontale Rollbox* symbolisiert.

Druckformatfeld: In diesem Feld des Arbeitsfensters stellt Word den Namen des Druckformats dar, mit dem Sie gerade arbeiten. Ein Druckformat ist eine Kollektion von Absatz- und Buchstabeformaten, die individuell zusammengestellt werden kann (☞ K.24). Das Standard-Druckformat heißt "Normal". Fügt man ein Absatz- oder Buchstabenformat hinzu, wird dieses Format ergänzt und es erscheint im Druckformatfeld ein "Normal+...". Das Druckformatfeld wird nicht angezeigt, wenn die Fensterbreite sehr eng gestellt wird.

Info- undEingabefeld: Dieses Feld in der linken unteren Ecke des Arbeitsfensters hat mehrere Funktionen. Normalerweise wird hier die Seitenzahl der ersten, im aktuellen Fenster sichtbaren Zeile angezeigt. Aber nicht nur das - das Feld dient nämlich auch noch als Eingabefeld für Textbausteine und ASCII-Code.

Hier noch ein paar Beispiele für Informationen, die während des Arbeitens im Infofeld erscheinen:

4120 Zeichen	33%
198%	
7,76 cm	Seite 1	Zahlensperre
310	Erweitern bis
Format von	
Format nach	

Kurz und gut: es lohnt sich, dieses Fenster beim Arbeiten im Auge zu behalten - vor allem, wenn das Verhalten von Word Ihnen etwas merkwürdig erscheint. VIelleicht erfahren Sie im Infofeld näheres ...

➠ K.36

Unsichtbare Aktivierungleiste

Links neben dem Arbeitsfeld, also am linken Fensterrand befindet sich eine unsichtbare Leiste. Befindet sich der Mauscursor über diese Leiste, wird er zu einem Pfeil in 13.00-Uhr-Stellung (❷), während er normalerweise in 11.00-Uhr -Richtung zeigt (❶):

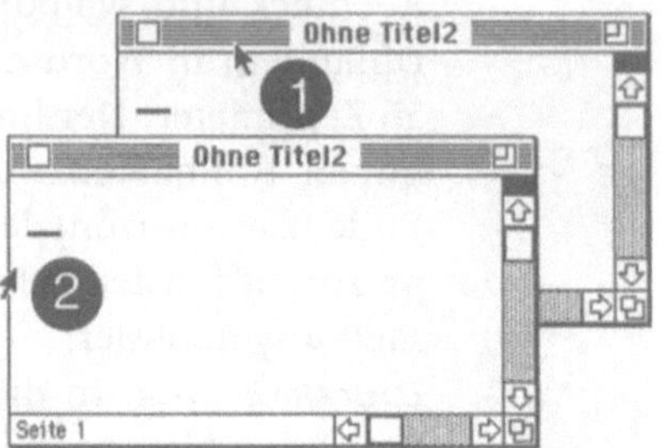

Zeigt der Cursor nach rechts oben, so bezieht sich jeder Mausklick auf die unsichtbare Aktivierungleiste. Mit dieser Leiste lassen sich Zeilen, Abschnitte und das gesamte Dokument schnell aktivieren. Einfachklick aktiviert eine Textzeile, Doppelklick aktiviert einen Absatz, Dreifachklick aktiviert das gesamte Dokument.

Schneller per Doppelklick

Mehrere Fenster gleichzeitig öffnen

Sie können übrigens mehrere Fenster gleichzeitig offen haben. Sie brauchen nur den Menüpunkt „Neu" im Datei-Menü zu aktivieren und sofort legt Word Ihnen ein neues, leeres Arbeitsblatt auf den Schreibtisch, beziehungsweise über Ihr altes Dokument. Wenn Sie das neue Fenster zur Seite schieben, kommt Ihr altes Fenster wieder zum Vorschein.

Über das **Fenster-Menü** können Sie auch direkt zu den anderen Fenstern verzweigen. Deren Name erscheint nämlich in diesem Menü.

1.3 DIE MENÜLEISTE

Am oberen Bildschirmrand „klebt" dieMenüleiste, von der es bei Word zwei Erscheinungsformen gibt: die "Langform" und die "Kurzform". Die beiden Formen unterscheiden sich lediglich dadurch, daß in der "Kurzform" die Menüüberschriften abgekürzt sind:

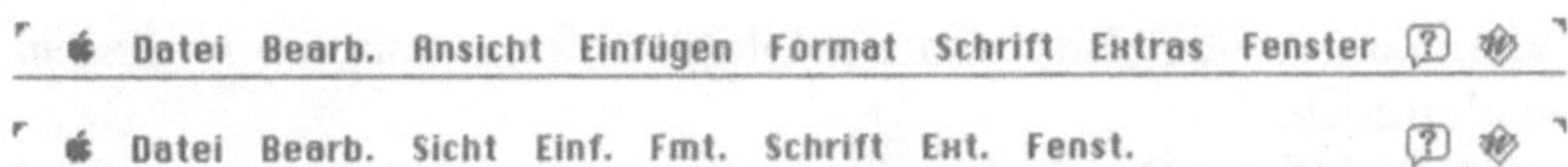

Zwischen Lang- und Kurzform schalten Sie über die Dialogbox "Einstellungen" hin und her (☞ K.26.2).

Wie die obige Abbildung zeigt, umfaßt die normale Word-Menüleiste ohne das Apfel-Menü acht Menüpunkte: Datei, Bearbeiten, Ansicht, Einfügen, Format, Schrift, Extras und Fenster. Eine erläuternde Darstellung der Menüs und sämtlicher ihrer Unterpunkte finden Sie in ☞Anhang E.

Es gibt in Word zwei Möglichkeiten, mit Menüs zu arbeiten. Eine davon ist mausorientiert, die andere nutzt die Tastatur.

- *Mausorientiertes Arbeiten*

  Dieses Verfahren entspricht der mac-üblichen Arbeitsweise, die Sie bereits vom Finder her kennen. Sie fahren mit dem Mauscursor über das gewünschte Menü, drücken die Maustaste und wählen dann aus dem heruntergeklappten Menü den gewünschten Menüpunkt aus.

- *Tastaturorientiertes Arbeiten*

  Ein Druck auf die KOMMATASTE des Zehnerblocks oder die Tastenkombination APPLE-TABULATOR invertiert die Menüleiste:

Diese Darstellung signalisiert, daß die Menüsteuerung nun per Tastatur erfolgt. Drücken Sie dazu die CURSOR-Tasten rechts oder links oder eine Taste, die dem Angangsbuchstaben eines Menüs entspricht (also zum Beispiel "D" für Datei), so klappt das angesprochene Menü augenblicklich herunter und die Menüleiste wird wieder normal dargestellt. Aus den nun sichtbaren Menüeinträgen des Menüs wählen Sie den gewünschten Menüpunkt durch Drücken der Taste mit dem Anfangsbuchstaben, oder durch die vertikalen Cursor. Ist der gewünschte Menüpunkt invertiert, drücken Sie die RETURN-Taste. Sofort führt Word den Befehl aus. ESCAPE bricht die Auswahl ab.

1.4 DIE PULL-DOWN MENÜS

Zugegeben - eine allgemeine Beschreibung der Word-Menüs ist keine einfache Sache, da der Anwender starken Einfluß auf das Erscheinungsbild der Menüs hat. Zum einen kann er über die Dialogbox "Befehle" Menüpunkte entfernen, hinzufügen oder umstellen (mehr dazu in Kapitel ☞ K.14), zum anderen kann er die Erweiterungsmodule im Befehlsordner individuell zusammenstellen. In beiden Fällen weicht das jeweilige Erscheinungsbild der Menüs von den in diesem Buch gezeigten Menüs ab.

Wie man mit Pull-Down Menüs arbeitet, ist Ihnen sicherlich bekannt - schließlich funktionieren sie in allen Macintosh-Programmen gleich. Wenn Sie es aber nicht genau wissen, dann lesen Sie bitte die entsprechenden Kapitel im Macintosh-Benutzerhandbuch - dort ist das Arbeiten mit Menüs hübsch und übersichtlich dargestellt. Hier soll es nur darum gehen, für die tägliche Arbeit wichtige Aspekte der Pull-Down-Menüs in Erinnerung zu rufen und word-spezifische Eigenheiten zu kommentieren.

• Der wichtigste Menüpunkt: "Rückgängig"

Der wohl wichtigste Menüpunkt ist der erste Menüpunkt im Bearb.-Menü: "Rückgängig", im Englischen
unter "Undo" bekannt.

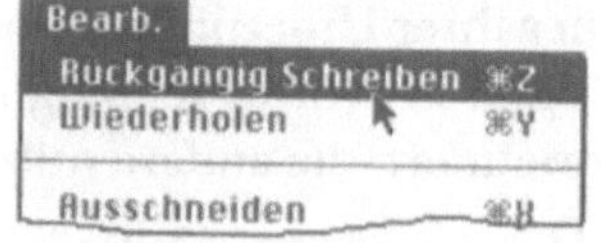

Über diesen Befehl läßt sich die zuletzt ausgeführte Aktionen rückgängig machen - aber nur die letzte! Wenn Sie also versehentlich mal eine Textpassage löschen, so bewahren Sie die Ruhe und klicken Sie nicht wild in der Gegend herum. Wählen Sie in aller Ruhe "Rückgängig" und meistens ist das Problem behoben.

Ebenfalls interessant ist der Menüpunkt **„Wiederholen"**. Er wiederholt die zuletzt durchgeführte Tätigkeit. Das hilft bei wiederholtem Einsatz einer Funktion.

• Menüpunkte und Tastaturkürzel

Jedes Menü umfaßt eine Reihe von Menüpunkten, die sich mit der Maus aktivieren lassen. Rechts neben einem Menüpunkt findet sich häufig ein Kürzel, das anzeigt, mit welcher Tastenkombination der Befehl aufrufbar ist. Dabei gilt die folgende Zuordnung von Symbolen und Tasten:

∧	Control	⎵	Leeraste	⅋	Escape
⌘	Apple	↵	Return	F1	Funktionstasten
⇧	Shift	⋏	Enter	←	
⌥	Option	⇥	Tabulator	→	
⌨	Zehnerblock	⌫	Backspace	↓	
				↑	Cursortasten

Beispiel:

⌘ ⇧ Z   bedeutet: Gleichzeitig die Apple- und die Hochstelltaste gedrückt halten und dann "Z" drücken,

[⌨ 6]   bedeutet die Taste "6" auf dem Zehnerblock.

• Besonderheiten bei der Darstellung von Menüpunkten

Ein aktivierbarer Menüpunkt wird schwarz dargestellt, ein momentan nicht aktivierbarer grau.
Manche Menüpunkte enden mit einem "...". Diese
drei Punkte bedeuten, daß nach dem Aktivieren dieses Menüpunkts eine Dialogbox auf dem Bildschirm
erscheint, in der Sie genauere Spezifikationen vornehmen können. Sind keine "..." vorhanden, wird
ein Befehl direkt ausgeführt. So erscheint im abbge-
bildeten Menüausschnitt nach Aktivierung von
"Druckformate..." eine Dialogbox zur Definition der
Druckformate, während Aktivierung von "Standardformate" sofort den aktivierten Textabschnitt umformatiert.

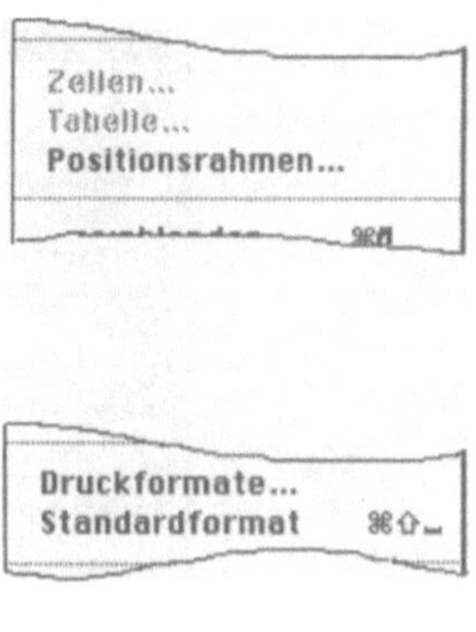

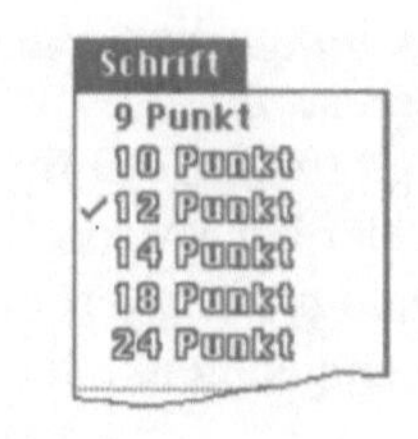

Bei der Angabe von Zeichengrößen gibt es eine weitere Besonderheit. Manche Zeichengrößen sind
Konturschrift geschrieben, andere wieder nicht. In
allen Macintosh-Applikationen ist es üblich, daß die
Schriftgrößen, die im System installiert sind, in Konturschrift dargestellt werden, während die Schriftgrößen, die erst berechnet werden müssen, schwarz
erscheinen.

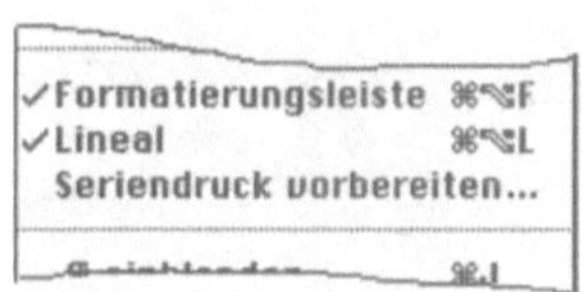

Häckchen sind ein oft verwendetes Attribut. Dieses
zeigt an, daß der zugehörige Befehl bereits in Kraft
ist. Der nebenstehende Menüausschnitt bedeutet
also: Formatierungsleiste und Lineal sind sichtbar.

1.5 DIALOGBOXEN

Dialogboxen sind Fenster, die der Kommunikation zwischen Word und
Anwender dienen. Sie erkennen sie daran, daß sie Buttons beinhalten, also Kontrollstrukturen, über die der Anwender die weiteren Aktivitäten steuert.
In Dialogboxen finden sich unter Umständen außer Buttons noch eine Reihe anderer Kontrollstrukturen, wie zum Beispiel Eingabe-, Status- und Auswahlfeld,
Pop-up-Menüs, Checkboxen und die sogenannten Radio-Buttons (diese heißen
so, weil - wie bei den Senderwahltasten eines alten Radios - immer nur eine der
Knöpfe gewählt sein kann). Die anderen springen immer heraus, sobald Sie
einen anderen Knopf drücken. Hier einige Beispiele:

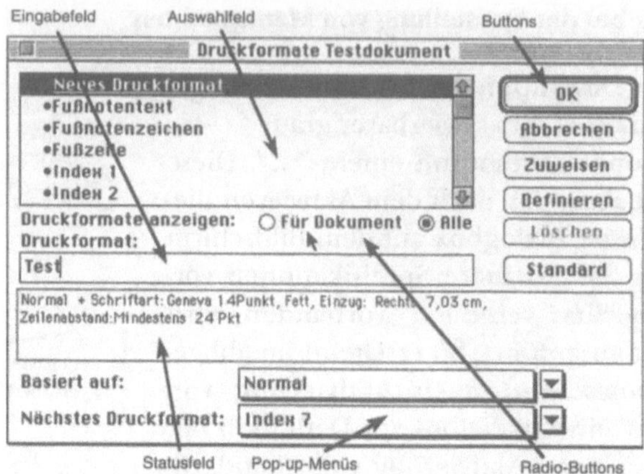

Diese Dialogbox weist eine Besonderheit auf: Sie besitzt eine Fensterleiste mit Schließbox. Man könnte also auch von einemDialogfenster sprechen. Der Vorteil solcher Boxen liegt darin, daß sie sich an eine beliebige Stelle des Bildschirms schieben lassen.

Ständig öffnet Word irgendwelche Dialogboxen. Kein Wunder also, daß sich die Entwickler bei Microsoft Gedanken darüber gemacht haben, wie sie den Umgang mit Dialogboxen vereinfachen könnten. Ihnen ist dabei eine Reihe effizienter Hilfen eingefallen. Hier eine Auswahl:

Tastaturkürzel für Dialogboxen

- Drücken der ESCAPE.-Taste entspricht in allen Dialogboxen dem Drücken des Abbrechen-Buttons.

- Der umrandete Button läßt sich mit der RETURN- oder der ENTER-Taste betätigen.

- Mit dem Tabulator springen Sie von Eingabefeld zu Eingabefeld.

- Buttons lassen sich in der Regel über die Anfangsbuchstaben ihrer Namen ansprechen. Wenn die Dialogbox ein Eingabefeld besitzt, müssen Sie zusätzlich die APPLE-Taste drücken.

Wenn Sie mehr über Kontrollelemente in Dialogboxen wissen wollen oder an noch mehr Tips und Tricks zur Bedienung der Dialogboxen interessiert sind, dann lesen Sie weiter in:

⇒ K.19

2. TEXT UND TEXTELEMENTE

Nachdem Sie sich mit den Elementen des Standard-Arbeitsfensters bekannt gemacht und die Menüs aufs Gröbste durchforscht haben, sollten Sie sich an die Texteingabe machen. Oben links im Arbeitsfenster blinkt schon seit geraumer Zeit ein kleiner Strich munter vor sich hin und wartet auf die Eingabe von Buchstaben.

Blinkfrequenz des Textcursors ändern
Die Blinkfrequenz dieses *Textcursors* können Sie übrigens in der Kontrollfelddatei "Einstellungen" verändern:

Jeder Word-Text besteht aus einer Reihe von *Textelementen* wie Buchstaben, Wörtern, Sätzen, Absätzen, Abschnitten und so weiter. Hantieren mit diesen Textelementen setzt einige wichtige Arbeitstechniken voraus: Eingabe von Text, Bewegen des Textcursors innerhalb des Textes sowie Aktivieren, Einfügen, Kopieren, Verschieben und Löschen von Textelementen.

2.1 DIE TEXTELEMENTE VON WORD

Bevor Sie Näheres über die Arbeitstechniken erfahren sollten Sie etwas mehr über die Struktur eines Word-Textes wissen. Jeder Word-Text besteht aus verschiedenen *Textelementen*:

- *Buchstaben,*

- *Wörter:* ein Wort ist eine zusammenhängende Abfolge von Buchstaben, die begrenzt wird durch: Leerzeichen, Punkt, Komma, Semikolon, Tabulatoren, Absatzzeichen, Abschnittswechsel, Seitenwechsel, #, +,- oder einige andere Sonderzeichen.

- *Sätze:* sind eine Aneinanderreihung von Wörtern, Leer- und Sonderzeichen. Satzgrenzen sind markiert durch Punkt, Abschnittswechsel, Seitenwechsel und Absatzzeichen.

- *Absätze:* Ein Absatz ist eine Aneinanderreihung von Sätzen, die durch Absatzzeichen, Abschnittswechsel oder einen Seitenwechsel eingefaßt ist.

- *Abschnitt:* Abschnitte bestehen aus einer Aneinanderreihung von Absätzen und sind durch Abschnittswechsel voneinander getrennt.

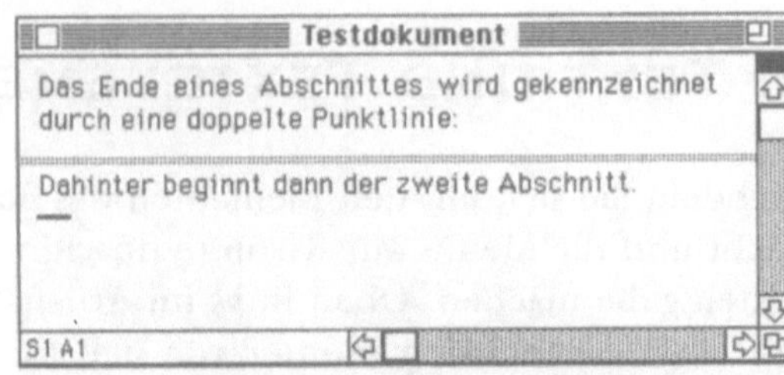

- *Dokument:* umfaßt alle Elemente eines Textes, also das gesamte Dokument, und wird nach hinten begrenzt durch einen dicken, kurzen, schwarzen Balken.

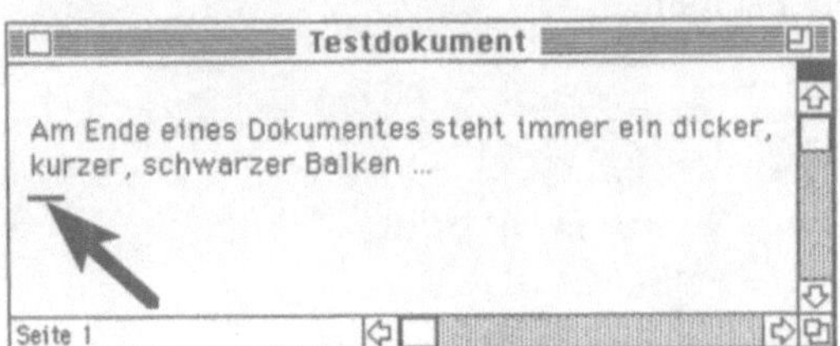

2.2 DIE TASTATUR

Bevor es nun an die Eingabe des Textes geht, sollten Sie noch einen Blick auf dieTastatur werfen. Hier gibt es nämlich eine Reihe vonSondertasten, die im weiteren Verlauf dieses Buches eine wichtige Rolle spielen werden und deren Namen daher jetzt festgelegt werden sollten - um von vornherein klare Verhältnisse zu haben. In den Tasten der folgenden Abbildung wurden die Symbole verwendet, die Word auch in den Pull-Down-Menüs verwendet.

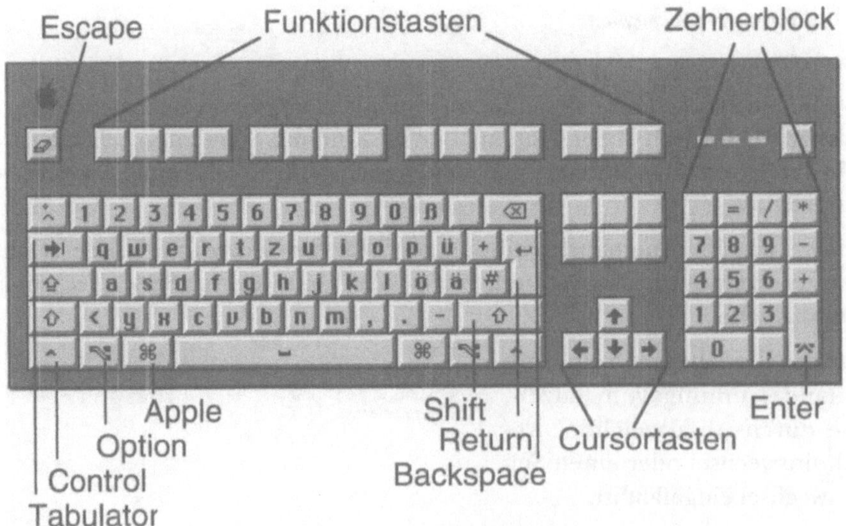

2.3 TEXTEINGABE: ZWEI GRUNDREGELN

Das Eingeben von Text ist beliebig einfach. Die Devise lautet: einfach drauflostippen. Es gibt allerdings zwei Regeln, die Sie unbedingt und von Anfang an beherzigen sollten:

• Keine Returns am Zeilenende

Am Zeilenende einfach weiter schreiben. Paßt das Wort nicht mehr ganz in die Zeile, setzt Word es, während Sie tippen automatisch, in die nächste Zeile. Die Absatztasten (RETURN und ENTER) also nur dann drücken, wenn Sie wirklich einen neuen Absatz anfangen wollen!

• Keine Leerzeichen am Zeilenanfang

Um Text einzurücken oder Wörter direkt untereinander zu schreiben, sollten Sie niemals Leerzeichen verwenden! Leerzeichen sind von Schrifttyp zu Schrifttyp unterschiedlich breit und der Drucker setzt sie vielleicht nochmals anders, so daß der Text auf dem Bildschirm vielleicht gut aussieht, aber spätenstens beim Druck Schwierigkeiten macht. Benutzen Sie für Einrückungen immer Tabulatoren (☞ K.54), Randmarken (☞ K.9.3) oder Einzugmarken (☞ K.9.3)

2.4 AKTIVIEREN VON TEXTELEMENTEN

Die wichtigste Funktion in der Textverarbeitung ist dasAktivieren von Text. Bevor Sie Text umformatieren, löschen, kopieren, ersetzten, ausschneiden oder verschieben, müssen Sie ihn aktivieren. Aktivierten Text erkennen Sie daran, daß er invertiert (weiß auf scharz) ist.

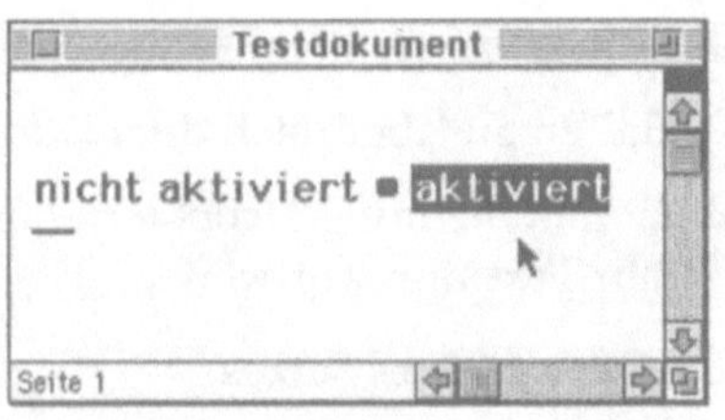

Auf Farb- oder Graustufenmonitoren läßt sich dieHervorhebungsfarbe im Kontrollfeld ("Farbe") einstellen. Sie heißt dort "Auswahlfarbe". Es gibt eine Unmenge verschiedener Möglichkeiten, Text in einer Word-Datei zu aktivieren. Auch beim Aktivieren gibt es wieder zwei Verfahrensweisen: Text aktivieren per Tastatur und Text aktivieren per Maus.

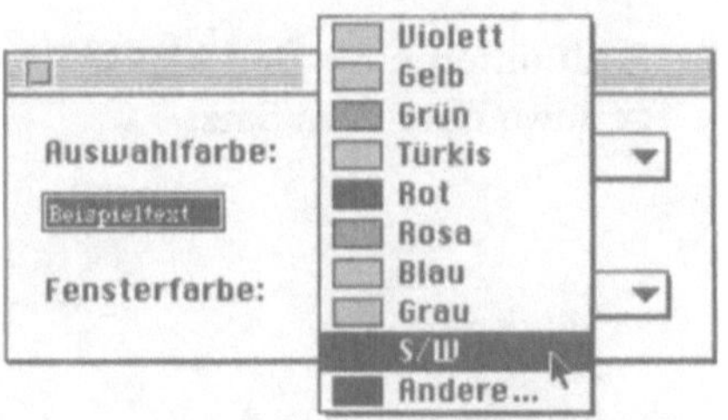

Deaktivierung von aktivierten Textelementen
Um eine Aktivierung aufzuheben, brauchen Sie nur an eine beliebige Stelle im Arbeitsfenster zu klicken.

Im folgenden sind in Kurzform die wichtigsten Aktivierungstechniken dargestellt.
Eine Darstellung weiterer Verfahren finden Sie in Kapitel ☞ K.59.

• Aktivieren eines Wortes

❶ Fahren Sie mit dem Mauscursor auf
das zu aktivierende Wort.

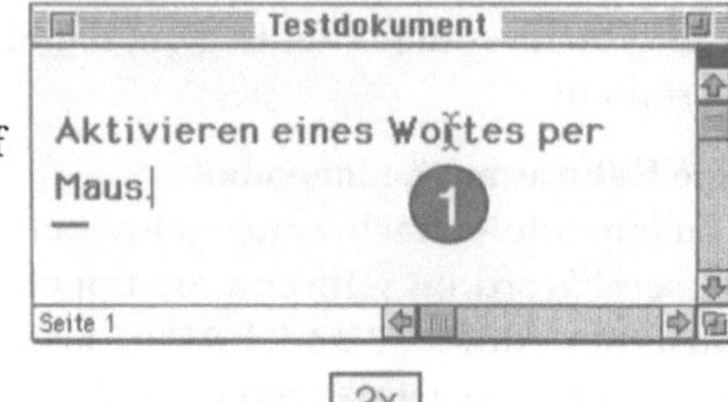

❷ Klicken Sie zweimal.

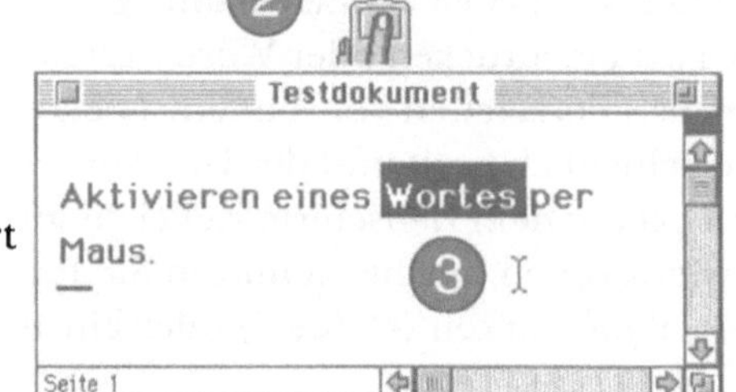

❸ Das aktivierte Wort wird invertiert
dargestellt:

• Aktivieren mehrerer Wörter

❶ Gehen Sie wie beim Aktivieren eines einzelnen Worte vor (s.o.).

❷ Halten Sie aber nach dem Doppelklick die Maustaste gedrückt.

❸ Ziehen Sie mit gedrückter Maustaste über benachbarte Wörter. Word aktiviert
den Text nun wortweise.

• Aktivieren eines Satzes

❶ Positionieren Sie den Mauscursor irgendwo über dem Satz.

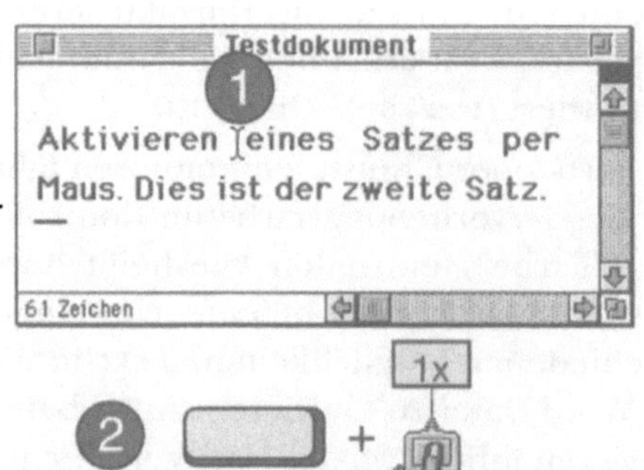

❷ Halten Sie die APPLE-Taste gedrückt,
und klicken Sie einmal mit der
Maustaste.

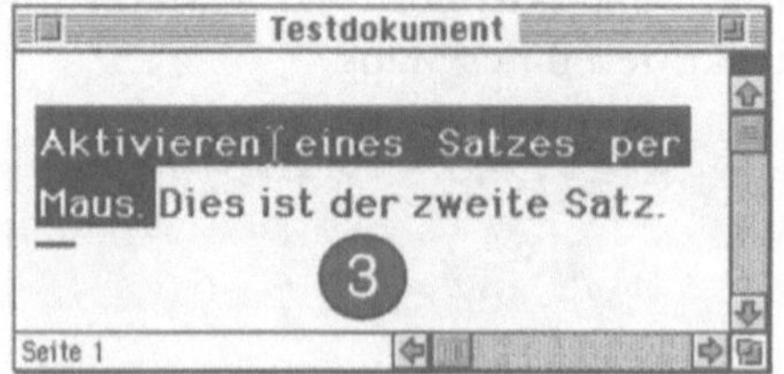

❸ Word aktiviert den Satz.

• Aktivieren eines Absatzes

❶ Positionieren Sie den Mauscursor irgendwo über dem zu aktivierenden Absatz.

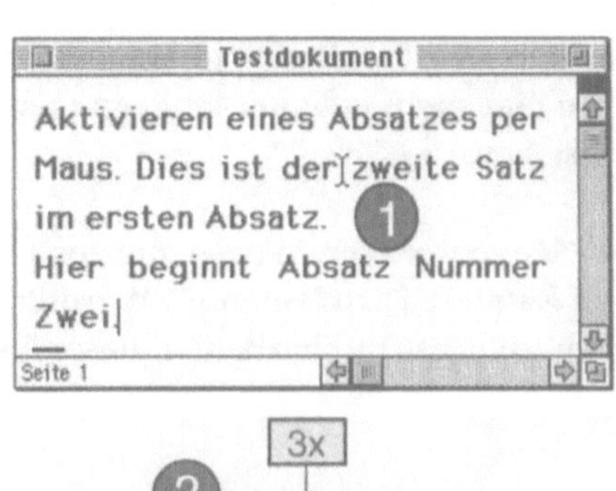

❷ Drücken Sie dreimal die Maustaste.

❸ Word aktiviert den Absatz.

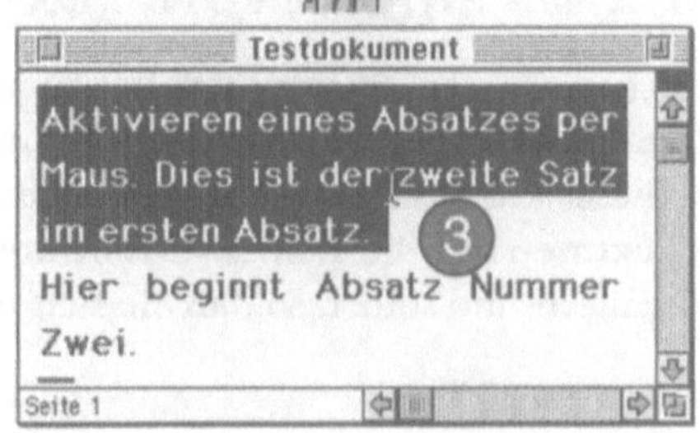

• Aktivieren des gesamten Textes per Tastatur
Halten Sie die APPLE-Taste gedrückt und drücken Sie dann die Taste "A" (für "Alles").

• Aktivieren eines beliebigen Textabschnittes

❶ Positionieren Sie den Mauscursor über dem Ende oder dem Anfang des zu aktivierenden Textabschnittes.

❷ Drücken Sie die Maustaste und halten Sie diese gedrückt.

❸ Ziehen Sie nun den Mauscursor zu der Stelle, bis zu der der Text aktiviert werden soll und lassen Sie die Maustaste los. Der Textabschnitt wird invertiert dargestellt.

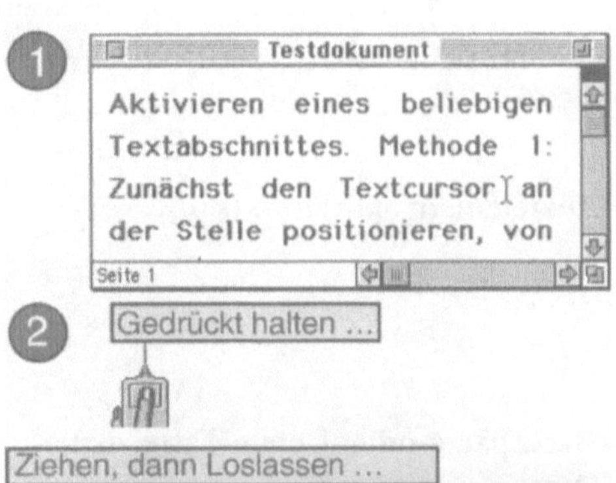
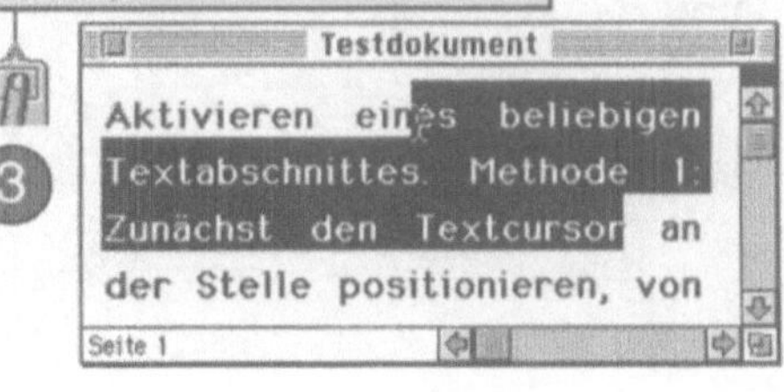

Innerhalb von Tabellen und Formeln gibt es besondere Aktivierungstechniken, auf die hier nicht genauer eingegangen wird. Sie sind in den jeweiligen Kapiteln beschrieben.

Eine Menge weiterer Aktivierungstechniken, besonders mit der Tastatur, finden Sie im Kapitel „Textelemente". Word-Profis und solchen, die es werden wollen sei ein gründliches Durcharbeiten dieses Kapitels geraten.

$\Rightarrow$ K.59

2.5 ENTFERNEN VON TEXTELEMENTEN

Entfernen von Textelementen hat meistens eine Verkürzung des bestehenden Dokuments zur Folge. Löschen Sie zum Beispiel ein Wort in einem Absatz, so wird dieser kürzer. Dies wiederum bedeutet, daß der Absatz neu umbrochen, d.h. der Text neu auf die Zeilen verteilt werden muß. Diese Aufgabe erledigt Word automatisch und sofort, so daß Sie sich nicht weiter darum kümmern müssen.

Denken Sie an „Rückgängig" aus dem Bearb.-Menü
Sollten Sie ein Textelement aus Versehen löschen, rufen Sie sofort den Menüpunkt „Rückgängig" aus dem Bearb.-Menü. Augenblicklich erscheint das Textelement wieder

• Löschen per Backspace- oder Delete-Taste
Jedes aktivierte Textelement (Buchstaben, Wörter, Sätze, Absätze, Dokumente etc.) läßt sich per BACKSPACE- oder DELETE-Taste (= Lösch- und Rückstelltaste) löschen:

❶ Textelement aktivieren (s.o.).

❷ Backspace- oder Delete-Taste drücken.

❸ Das Textelemente wird gelöscht.

Die Tasten BACKSPACE und DELETE löschen Buchstaben, auch ohne daß sie zuvor aktiviert wurden. Dabei löscht die BACKSPACE-Taste den Buchstaben links, und die DELETE-Taste den Buchstaben rechts vom Textcursor.

Löschen eines ganzen Wortes links neben dem Cursor
Halten Sie die Tasten APPLE und OPTION gedrückt und tätigen Sie dann die BACKSPACE-Taste. Dieses Verfahren eignet sich besonders dann, wenn Sie während des Tippens das zuletzt geschriebene Wort löschen wollen.

• **Löschen per Überschreiben**
Jedes aktivierte Textelemente läßt sich sofort überschreiben:

❶ Textelement aktivieren.

❷ Beliebigen Buchstaben drücken.

❸ Das Textelemente ist überschrieben.

2.6 EINFÜGEN & VERSCHIEBEN VON TEXT

Neben dem Entfernen ist dasEinfügen von Text in das Dokument sicherlich eine der häufigsten Tätigkeiten bei der Textverarbeitung. Der Texteditor von Word unterstützt zwei Arten der Texteingabe: über die Tastatur und über die Zwischenablage.

• **Einfügen von Text**
Die häufigste Art der Texteingabe ist sicherlich die über die Tastatur. Der Textcursor läßt sich an jeder Stelle eines Textes positionieren und Sie können dann an dieser Stelle sofort mit der Texteingabe beginnen. Den Text hinter der Eingabestelle bricht Word automatisch neu um.

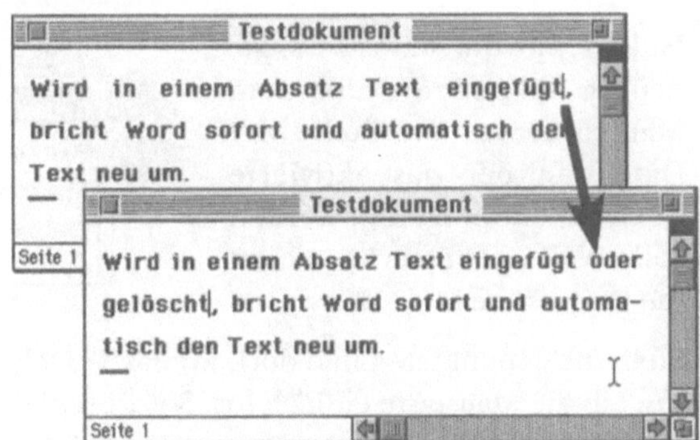

• Einfügen von Text über die Zwischenablage
Bei der *Zwischenablage* handelt es sich um einen Speicherbereich des Macintosh, in dem Grafik- und Textdaten in definierter Weise abgelegt und von dort jederzeit wieder in eine Datei eingesetzt werden können. Den Umgang mit der Zwischenablage schildern sowohl das Macintosh-Referenzhandbuch, wie auch das Kapitel „Textelemente" in diesem Buch:

• Verschieben von Textelementen mit der Maus
Word unterstützt eine sehr macige Art, aktivierte Textelemente innerhalb einer Datei zu verschieben, ohne dabei von der Zwischenablage Gebrauch zu machen:

❶ Aktivieren Sie das zu verschiebende Textelement.

❷ Positionieren Sie den Mauscursor so über dem aktiven Bereich, daß er eine Pfeilform annimmt.

❸ Drücken Sie die Maustaste. An der Pfeilspitze des Cursors ist nun eine gepunktete Linien zu erkennen und am Cursorstiel ein gepunkteter Kasten.

❹ Halten Sie die Maustaste gedrückt. Fahren Sie mit dem Mauscursor an die Stelle der Datei, an der das aktivierte Textelement eingefügt werden soll. Wie Sie bemerken, läuft die gepunktete Linie mit.

❺ Steht die gepunktete Linie dort, wo das Textelement eingefügt werden soll, lassen Sie die Maustaste einfach los. Sofort schiebt Word den aktivierten Bereich an diese Stelle und läßt ihn aktiviert, so daß Sie damit weiterarbeiten können.

3. SICH INNERHALB DES TEXTES BEWEGEN

Sie können sich in einem Text auf verschiedene Arten fortbewegen:

• mit der Maus
Die "mac-mäßigste" Art der Fortbewegung ist natürlich die Maus. Wenn Sie mit dem Mauscursor über den Text fahren, bekommt der Cursor die "Text-Einfüge-Form", die etwa so aussieht: I .
Mit Hilfe dieses Cursors transportieren Sie den blinkenden Textcursor von einer Stelle des Textes zur nächsten. Fahren Sie zum Beispiel mit dem Mauscursor zwischen zwei Buchstaben eines Wortes und drückt einmal kurz die Maustaste, erscheint sofort der Textcursor an dieser Stelle und Sie können nun an dieser Stelle mit der Texteingabe fortfahren. Der neu eingegebene Text erscheint dann zwischen den beiden Buchstaben.

• mit den Cursortasten
Kürzere Wege legen Sie besser mit der Tastatur als mit der Maus zurück. Wichtigstes Hilfsmittel hierbei sind die vertikalen und horizontalen Cursortasten. Sie bewegen den Textcursor buchstabenweise nach rechts und links und zeilenweise nach oben und unten. Da diese Fortbewegungsart häufig ein wenig langsam ist, können Sie einen "Turbolader" zuschalten und zwar in Form der APPLE-TASTE. Halten Sie die APPLE-Taste gedrückt und betätigt dann die horizontalen Cursortasten, springt der Textcursor nicht mehr von Buchstabe zu Buchstabe, sondern von Wort zu Wort.

• per Zehnerblock
Eine dritte Möglichkeit, den Textcursor innerhalb des Textes zu bewegen, besteht in der Nutzung des Zehnerblocks. (☞ Anhang C)

Hier vier Beispiele:

• VON WORT ZU WORT

Springen von Wort zu Wort erfolgt am schnellsten mit diesen Tastenkombinationen:

• BILDSCHIRMWEISE BLÄTTERN

Eine nützliche Arbeitsmethode ist das bildschirmweise Blättern. Bildschirm für Bildschirm scrollen Sie so durch das Dokument:

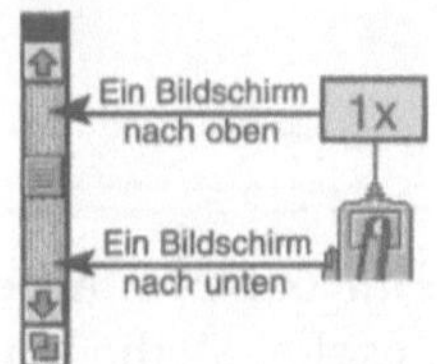

• ZEILENWEISE SCROLLEN

Wenn Sie auf die Rollpfeile ober- beziehungsweise unterhalb des Rollfeldes klicken, scrollt Word den Text zeilenweise über den Bildschirm:

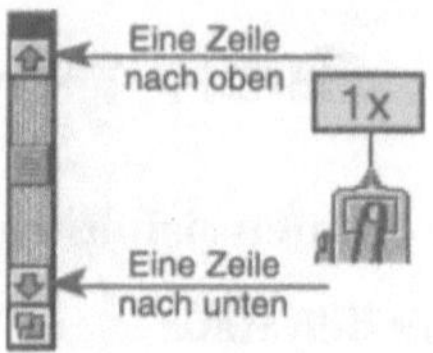

• Anspringen der letzten drei Positionen

Eine sehr hilfreiche Funktion in Word erreichen Sie über die "0" des Zehnerblocks. Auf dieser Taste sind nämlich die letzten drei Textcursorpositionen gespeichert, an denen Änderungen des Textes durchgeführt wurden. Mit jedem Tastendruck springt der Textcursor nun eine dieser drei Positionen an, bevor er wieder am Ausgangpunkt ankommt. Dabei können die Positionen auch seitenweit voneinander entfernt liegen.

Das soll fürs erste reichen. Über andere, zum Teil sehr hilfreiche Methoden, sich innerhalb des Dokuments zu bewegen berichtet das Kapitel „Cursorsteuerung":

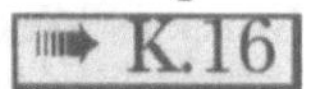
➡ K.16

4. GRUNDWERKZEUGE ZUM FORMATIEREN

Nun ist es an der Zeit, sich um die Grundzüge der Textformatierung zu kümmern. Dabei soll in diesem Kapitel lediglich auf die wichtigsten Buchstaben- und Absatzformatierungen eingegangen werden.

Die häufigst verwendeten Buchstaben- und Absatzformate sind in Word über *Lineal* und *Formatierungsleiste* erreichbar:

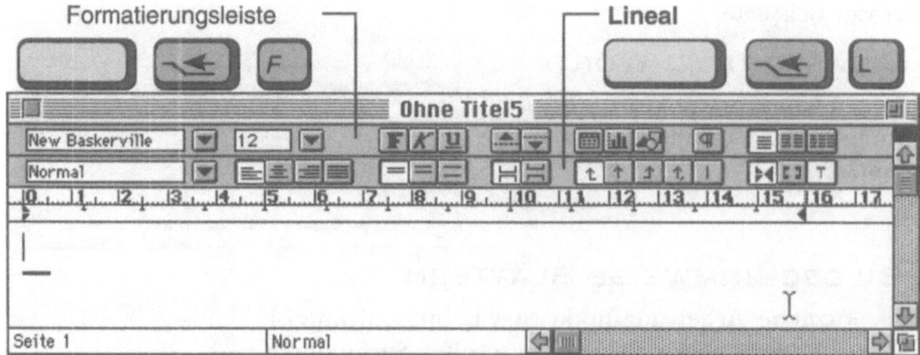

Um im aktuellen Arbeitsfenster diese beiden Kontrolleisten sichtbar zu machen, gibt es zwei Methoden:

- Aktivieren Sie im Ansicht-Menü die Menüpunkte "Formatierungsleiste" und "Lineal".

- Drücken Sie die Tasten APPLE-OPTION-F für Formatierungsleiste und APPLE-OPTION-L für Lineal.

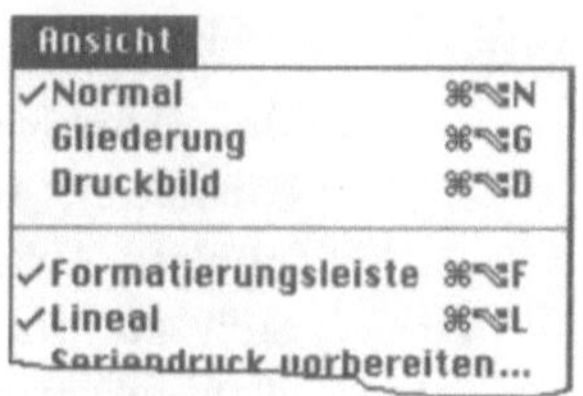

4.1 DAS LINEAL

Das Word-Lineal enthält wichtige Kontrollelemente zur Absatzformatierung:

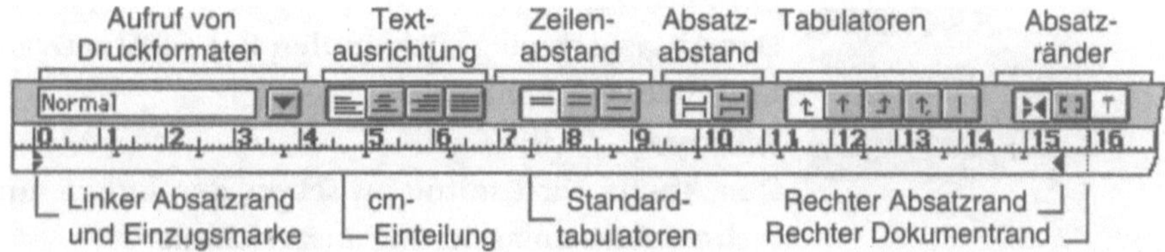

Formatierungen mit Lineal gelten immer nur für den aktuellen Absatz
Es ist es wichtig zu wissen, daß sich die Einstellungen am Lineal immer nur auf die Absätze bezieht, die gerade aktiviert sind oder auf den Absatz, in dem sich gerade der Textcursor befindet.

Sie bedienen die Kontrollinstrument einfach durch Anklicken mit der Maus. Ein aktiver Button sieht eingedrückt, beziehungsweise invertiert (weiß auf schwarz) aus. Ist ein Button zur Zeit nicht aktivierbar, dann besitzt er graue Schrift auf weißem Grund, zum Beispiel so:

Die Einheiten des Lineals sind voreingestellt auf Zentimeter, lassen sich aber über die Dialogbox „Einstellungen" (Extras-Menü) auch auf Punkt (Pixel), Zoll (Inch) oder Picas einstellen.

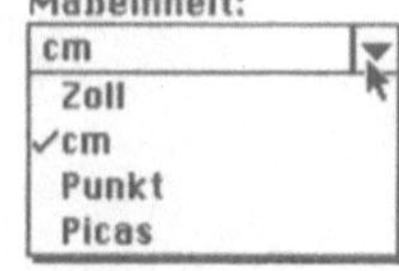

Wenn Sie aus Geschwindigkeits- oder anderen Gründen keine 3D-Ansicht von Lineal und Formatierungsleiste wünschen, so schalten Sie diese einfach in den „Einstellungen" (Extras-Menü) ab:

Doch nun genug der Hintergründe. Was bedeuten die Kontrollelemente und was kann man mit ihnen machen?

`Normal ▼` **dient zum Abrufen und Definieren von Druckformaten.**
Bei Druckformaten handelt es sich um Kollektionen von Absatzformaten, also zum Beispiel „Linksbündig, zweizeilig und doppelter Absatzabstand". Derartige Formatkombinationen lassen sich zu einem Druckformat zusammenfassen und mit einem Namen versehen. Auch lassen sich hier Definitonen von Druckformaten vornehmen. Mehr dazu im Kapitel „Druckformate".

`⟹ K.24`

legt die Ausrichung des Textes innerhalb des Absatzes fest

Linksbündig
Der Absatz schmiegt sich an den linken Absatzrand und "flattert" rechts.

Zentriert
Der Absatz wird mittig zwischen der linken und rechten Absatzmarkierung ausgerichtet.

Rechtsbündig
Der Text liegt am rechten Absatzrand an und "flattert" links.

Blocksatz
Beim Blocksatz wird der Absatztext bündig rechts und links an die Absatzränder angelegt.

bestimmt den Abstand der Zeilen innerhalb des Absatzes

Einzeilig
Der Abstand der Zeilen innerhalb des Absatzes ist minimal und hängt von der Schriftgröße ab.

1 1/2 zeilig
Der Abstand der Zeilen beträgt etwa 18 Pixel.

Zweizeilig
Der Abstand der Zeilen innerhalb des Absatzes beträgt etwa 24 Pixel.

Wenn Ihnen keiner der drei Abstände gefällt, dann können Sie Word auch pixelgenau sagen, wie groß der Zeilenabstand sein soll. Wie das geht steht in Kapitel…

`⟹ K.9`

zeigt bei Powerbooks den aktuellen Batteriezustand an
Bei Powerbooks findet sich am rechten Linealrand ein Batterieicon, das durch seine „schwarze Füllung" den Energiegehalt der Batterie kundtut.

kontrolliert den Abstand eines Absatzes zum vorherigen Absatz

Einfach

Der Abstand zwischen zwei Absätzen entspricht dem eingestellten Zeilenabstand.

Doppelt

Der Abstand zwischen zwei Absätzen beträgt etwa 12 Pixel mehr als der Zeilenabstand.

Und auch für die Abstände zwischen zwei Absätzen gilt, daß Sie diese pixelgenau justieren können. Mehr dazu in Kapitel „Absatzformatierung"…

➧ K.9

legt die Ausrichtung des Tabulatortextes fest

linksbündig   zentriert   rechtsbündig   dezimal   Strich

12,345	12,345	12,345	12,345
2,34	2,34	2,34	2,34
Text	Text	Text	Text

Um einen Tabulator zu setzen, greifen Sie ihn einfach mit dem Mauscursor und schieben ihn an die gewünschte Position im Lineal. Wenn Sie ihn wieder löschen wollen, nehmen Sie ihn und ziehen ihn aus dem Lineal irgendwo auf Ihr Dokument - fertig.

Jeder Tabulator läßt sich auch mit einer "Füllinien" versehen. Das bedeutet, daß wenn der Tabulator angesprungen wird, der Raum zwischen der Absprungstelle und dem Tabulator mit einem Füllzeichen (zum Beispiel Punkte) versehen wird. Doppelklicken Sie mal einen Tabultor - dann öffnet sich eine Dialogbox, über die Sie Ausrichtung und Füllzeichen festlegen können. Mehr dazu im Kapitel „Tabulatoren".

➧ K.57

kontrolliert die Absatz- und Tabellenränder

Normalerweise setzt Word die 0 des Lineals auf den linken Dokumentrand. Die Breite des linken Dokumentsrandes ist festgelegt in der Dialogbox "Dokument" (☞ K.22.2). Ist diese zum Beispiel auf 2.5 Zentimeter eingestellt, so befindet sich die 0 des Lineals 2.5 Zentimeter vom linken Papierrand.

Auf der 0 des Lineals sitzt normalerweise auch der linke Rand eines Absatzes.

Einzugsmarken

Linke und rechte Randbegrenzung sind im Lineal durch schwarze Dreiecke gekennzeichnet, die man als *Einzugsmarken* bezeichnet. Die linke Einzugsmarke ist ihrerseits nochmals in zwei schwarze Dreiecke unterteilt. Den Name "Einzugsmarke" tragen die Randbegrenzungen, da sie festlegen, wieweit die Absatzränder gegenüber dem Dokumentrand verschoben sind.

Mit Einzugsmarken lassen sich auf einfache Weise hilfreiche Formatierungen durchführen, wie zum Beispiel

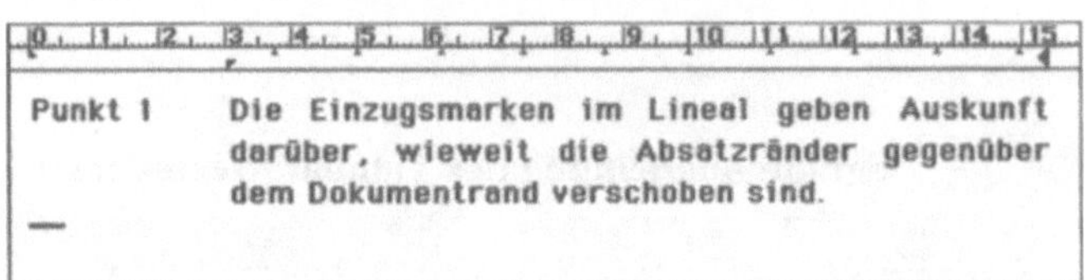

Falls es Sie jetzt schon interessiert, wie Sie ein solche Formatierungen vornehmen und was Sie sonst noch mit Einzugsmarken machen können, dann lesen Sie weiter im Kapitel „Absatzformatierung".

K.9

Tabellenränder

Eine besondere Funktion kommt dem T-förmigen Steuerelement zu. Das "T" steht für Tabelle und deutet somit auch das Einsatzgebiet dieses Werkzeuges an. Selbiges dient nämlich in Word-Tabellen dazu, die Spaltenbreite einzustellen. Mehr zu diesem Thema in Kapitel ☞ K.56.3.

Seitenränder

Wenn Sie nun, aus welchen Gründen auch immer, den genauen Abstand des Absatzrandes zum Papierrand wissen wollen, so müssen Sie die beiden eckigen Klammern anklicken. Word zeigt setzt dann die 0 des Lineals auf den linken Papierrand. In dieser Situation wird also im Lineal der Absatzrand absolut zum Papierrand angegeben und eingestellt, während er normalerweise relativ zum Dokumentrand eingestellt wird:

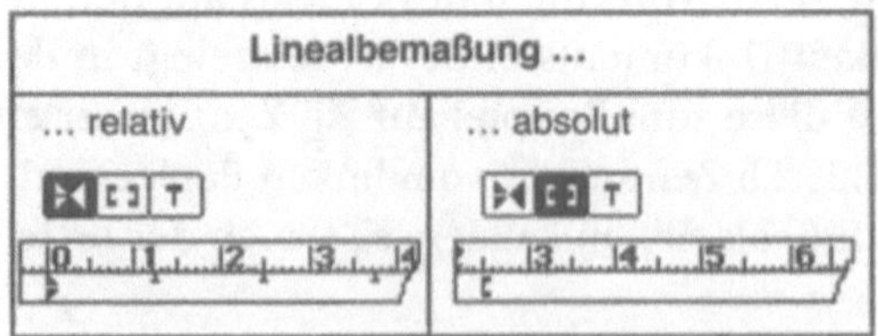

4.2 DIE FORMATIERUNGSLEISTE

Die Kontrollelemente derFormatierungsleiste dienen der Buchstabenformatierung sowie der Kontrolle von Grafiken, Steuerzeichen und Abschnittformatierung.

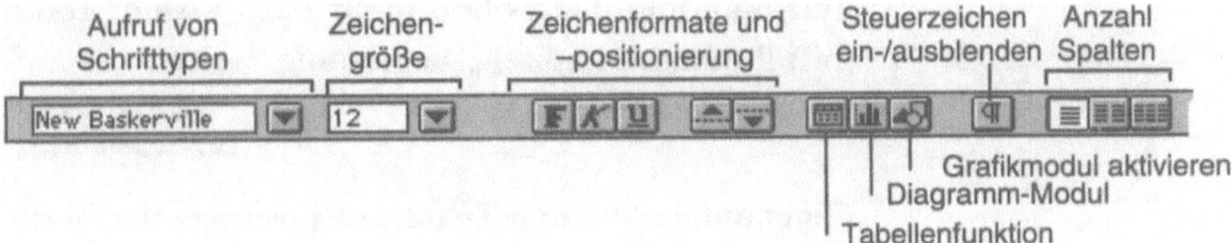

Die einzelnen Elemente haben folgende Funktionen:

Dient dem Aufruf von Schrifttypen
Über dieses Popup-Menü ändern Sie den aktuellen Zeichensatz.

Legt die Schriftgröße fest
Diese Popup-Menü ändert die Schriftgröße von aktiviertem oder zu schreibenden Text.

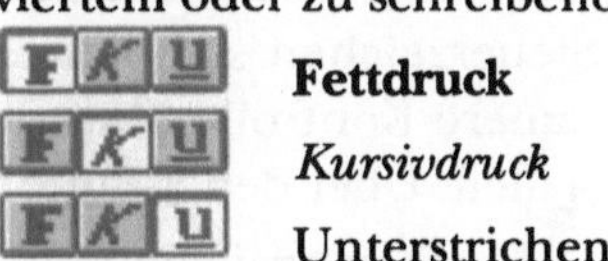

Fettdruck

Kursivdruck

Unterstrichen

Auch Formatkombinationen sind möglich:

Fett und Unterstrichen

Stellt Text hoch oder tief

Bewirkt das Hochstellen von Text

Bewirkt das Tiefstellen von Text

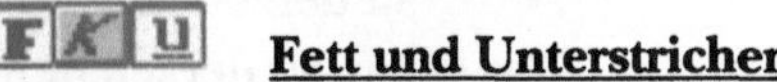

Die einfachste Art, eine Tabelle in Ihr Dokument einzufügen verwendet diesen Button. Es klappt ein kleines „Tabellenmenü" aus, mittels dessen Sie eine Tabelle mit definierter Zeilen- und Spaltenanzahl ins Dokument einfügen. Wie das genau geht und was Sie sonst noch alles mit diesen Tabellen machen können lesen Sie im Kapitel „Tabellen".
Innerhalb einer Tabelle hat dieses Icon übrigens noch andere Funktionen wie Spalten/Zeilen einfügen und die Dialogbox „Tabelle" aktivieren.

Über dieses Icon aktivieren Sie MS-Graph, das Diagramm-Modul von Word. Es bietet ein einfaches Arbeitsblatt zur Zahleneingabe und eine Unmenge von Diagrammtypen, um die Zahlenwüste in anschauliche, zwei- und dreidimensionale Diagramme umzuwandeln. Sie wollen mehr dazu wissen? Dann hilft Ihnen das Kapitel „Diagramme" weiter.

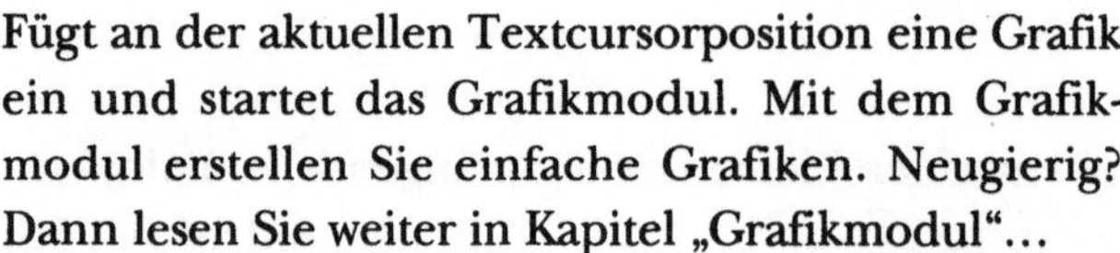
K.20

Fügt an der aktuellen Textcursorposition eine Grafik ein und startet das Grafikmodul. Mit dem Grafikmodul erstellen Sie einfache Grafiken. Neugierig? Dann lesen Sie weiter in Kapitel „Grafikmodul"…

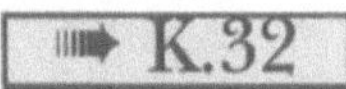
K.32

Bewirkt das Ein-/Ausblenden der Word-Steuerzeichen. Steuerzeichen sind in Word normalerweise unsichtbar. Manchmal kann es aber auch sinnvoll sein, Steuerzeichen sichtbar zu machen, um so eine genauere Kontrolle über die Textformatierung zu erhalten. Über den ¶-Button ist dies möglich:

Steuerzeichen sind sichtbar,

Steuerzeichen sind unsichtbar.

Was es für Steuerzeichen gibt steht in Kapitel …

K.62

Legt die Anzahl der Textspalten fest:

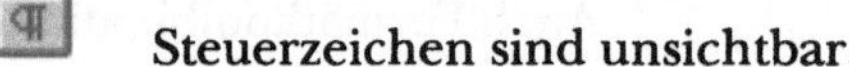

einspaltig

zweispaltig

dreispaltig

Die Einstellung der Spalten erfolgt absatzübergreifend für den Abschnitt, in dem sich gerade der Textcursor befindet. Ein Abschnitt stellt eine Art „Kapitel" Ihres Dokuments dar. Wie Sie Abschnitte einrichten und was es sonst noch damit auf sich hat steht in Kapitel „Abschnittformatierung".

K.10

5. DRUCKVORSCHAU UND DRUCKEN

Nachdem Sie Ihr Dokument eingegeben, formatiert und gesichert haben, wollen Sie es sicherlich auch ausdrucken. Bevor Sie dies tun, sollten Sie sich aber vergewissern, ob der Text auch zu Ihrer Zufriedenheit über die Seiten verteilt ist. Eine derartige Kontrolle ist auch deshalb wichtig, da Sie im normalen Textmodus nicht sehen, wie Fußnoten auf der Seite verteilt sind, wie Text um Positionsrahmen herumfließt, wo und ob eine Seitenzahl positioniert wurde usw..
Bevor Sie sich allerdings an Druckvorschau und das eigentliche Drucken heranmachen, sollten Sie folgende zwei Fragen klären:

- **Haben Sie den richtigen Druckertreiber gewählt?**
  Bevor Sie mit dem Drucken oder der Vorschau auf den Ausdruck beginnen, sollten Sie sicherstellen, daß Sie den richtigen Druckertyp im Auswahlfeld (Apple-Menü) aktiviert haben (☞ Macintosh-Handbuch).

- **Ist das Papierformat richtig eingestellt?**
  Außerdem empfiehlt sich eine Kontrolle des eingestellten Papierformats („Seite einrichten …" im Datei-Menü).

5.1 VORSCHAU AUF DEN AUSDRUCK

Für die Kontrolle der druckfertigen Seite stellt Ihnen Word zwei unterschiedliche Darstellungsmodi bereit:

• Die "Seitenansicht"

Bei der Seitenansicht präsentiert Word eine, an den Bildschirm angepaßte, verkleinerte Darstellung der druckfertigen Seiten. Sie erreichen die Seitenansicht über das Datei-Menü.

Bei den Icons auf der linken Seite handelt es sich um Buttons, über die Sie Positionsrahmen verschieben, Dokumentränder neu einstellen, Seitenzahlen plazieren, kritisch formatierte Passagen genauer unter die Lupe nehmen und den Ausdruck starten. Eine detaillierte Erläuterung finden Sie im Kapitel „Seitenansicht".

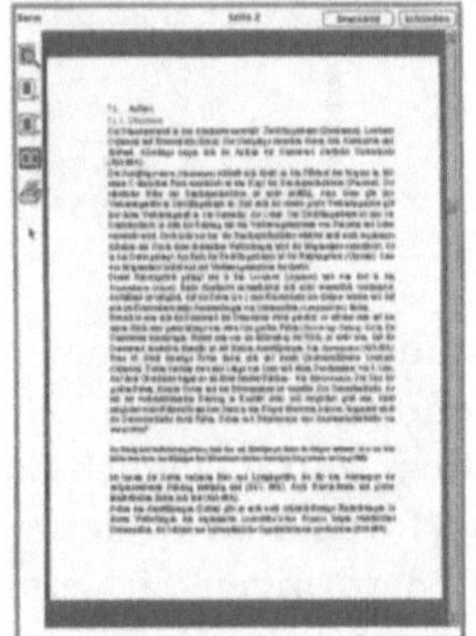

▥➡ K.48

Dafür lassen sich in der Seitenansicht keinerlei Änderungen am Text vornehmen.

• Das Druckbild

Völlig anders konzipiert ist das sogenannte "Druckbild". In diesem Darstellungsmodus präsentiert Word eine nicht verkleinerte Darstellung der druckfertigen
Dokumentseiten - inklusive Fußnoten, Fließtext, Kopf- und Fußzeilen. Im Gegensatz zur Seitenansicht ist das Dokument dabei aber voll editierbar.
Der Nachteil des "Druckbild" gegenüber der "Seitenansicht" besteht darin, daß
die Seite nicht verkleinert dargestellt ist. Besitzer von Großbildschirmen stört das
kaum, wohl aber die Besitzer der 9-, 10-, 12-, 13- und 14-Zoll-Liga. Diese erhalten
eine Gesamtsicht über eine DIN-A4-Seite nur in der Seitenansicht.

Sie erreichen das "Druckbild" Ihres
Dokuments über den entsprechenden
Menüpunkt im Ansicht-Menü, oder in-
dem Sie die Tastenkombination APPLE-
OPTION-D drücken.

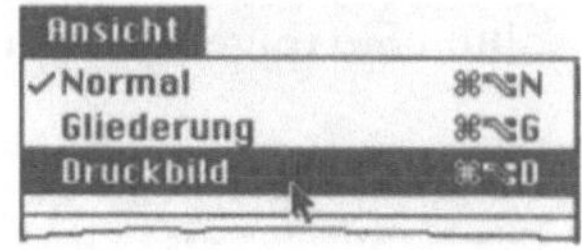

Word präsentiert Ihnen ein Arbeitsfenster, in dem Sie genauso arbeiten können
wie im "Normal"-Modus, nur daß Umformatieren, Scrollen und andere bild-
schirmintensive Vorgänge etwas langsamer vonstatten gehn. Dafür sind aber
Fußnoten, Fließtext, Seitenränder, Kopf- und Fußzeile direkt sichtbar.

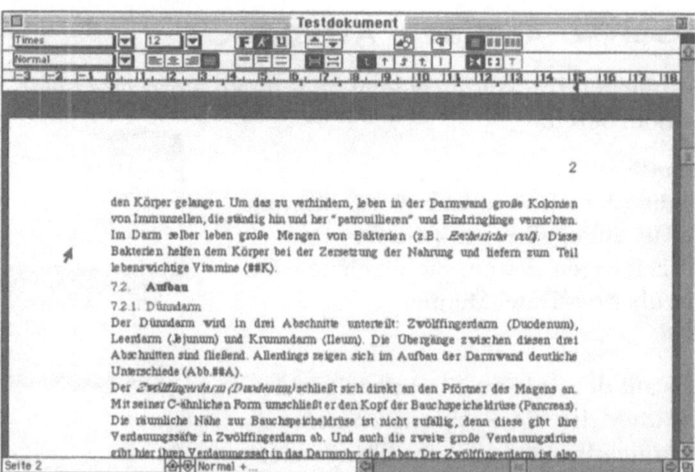

Besondere Kontrollelemente wie bei der Seitenansicht entfallen weitgehend, da alle Menübefehle und Tastaturshortcuts unverändert erreichbar sind. Lediglich im unteren Fensterbalken, zwischen Info- und
Druckformatfeld findet sich eine neue Kontrollstruktur. Mit diesen 
Pfeilen springen Sie zum Anfang der vorherigen beziehungsweise
folgenden Textseite.

5.2 DRUCKEN

Um den Ausdruck Ihres Dokuments zu starten, wählen Sie entweder den Menüpunkt "Drucken" aus dem Datei-Menü oder drücken die Tastenkombination
APPLE-P. Aus der Seitenansicht heraus starten Sie den Ausdruck am einfachsten
durch Anklicken des Druckersymbols.Drucken
In allen Fällen erscheint eine Dialogbox, die von Drucker zu Drucker anders aussieht, aber einige gemeinsame Strukturen besitzt. Die druckerabhängigen Strukturen sind in der oberen Dialogboxhälfte angeordnet, die word-spezifischen in
der unteren:

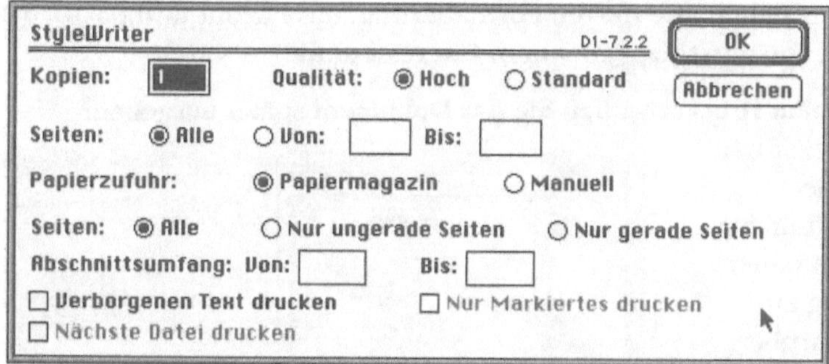

Auf die drucker-abhängigen Strukturen soll nicht weiter eingegangen werden.
Diese sind im Druckerhandbuch erläutert. Und wenn es Sie jetzt schon
interessiert, was für eine Bewandtnis es mit den anderen Kontrollstrukturen hat,
dann lesen Sie weiter im Kapitel „Drucken".

K.23

6. VOM UMGANG MIT DOKUMENTEN

EinDokument ist ein in sich inhaltlich und formal geschlossenes Schriftstück, das
Sie in Word erstellt und auf einem Datenträger gesichert haben. Der Umgang
mit derartigen Dokumenten umfaßt das Anlegen, Öffnen und Speichern von
Dateien und es ist ratsam, sich mit diesen Inhalten ein wenig auseinanderzu-
setzen, da eine durchdachte Dateiverwaltung nicht nur Suchzeit spart, sondern
auch effizienteres Arbeiten erlaubt.
Es soll daher im folgenden kurz auf den grundsätzlichen Umgang mit Dokumenten eingegangen werden - auch wenn dieses Thema vielleicht etwas trocken
ist. Aber Sie werden sehen - es lohnt sich …

6.1 ANLEGEN EINES NEUEN DOKUMENTS

Um ein neues Dokument anzulegen, aktivieren Sie einfach den Menüpunkt "Neu" im Datei-Menü:

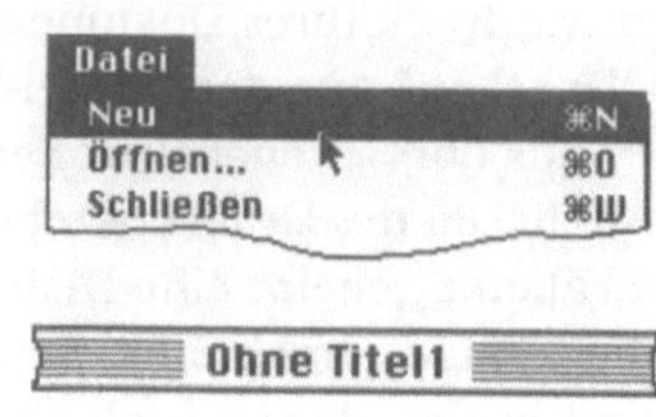

Word öffnet dann ein neues Arbeitsfenster nennt dieses "Ohne Titel" und versieht es mit einer Zählnummer.

Sobald Sie auf diese Weise ein neues Dokument angelegt haben, sollten Sie sich zwei Fragen stellen, die für die Formatierung, das Layout und das Druckergebnis schon jetzt von ausschlaggebendem Interesse sind:

• **Auf welchem Drucker wollen Sie das Dokument später ausgeben?**

Jeder Drucker hat individuelle Eigenschaften. Sie sollten sich daher von Anfang an Klarheit darüber verschaffen, auf welchem Drucker das Dokument vorwiegend gedruckt wird und dann diesen Drucker in der "Auswahl" (Apple-Menü) aktivieren.

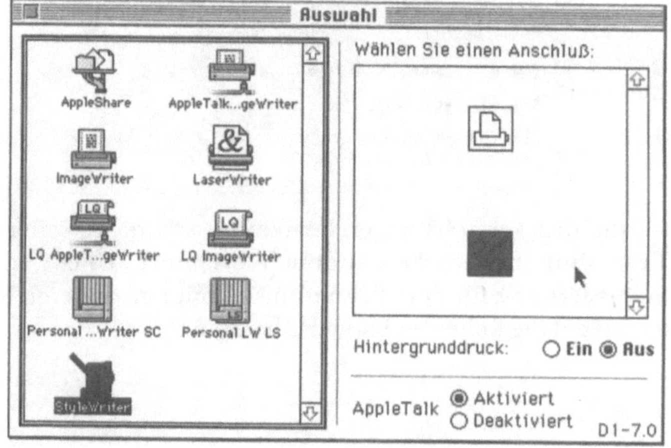

• **Auf welchem Papierformat wollen Sie drucken?**

Wenn Sie den Menüpunkt "Seite einrichten ..." aus dem Datei-Menü wählen, erscheint eine Dialogbox in der Sie unter anderem die Papiergröße festlegen:

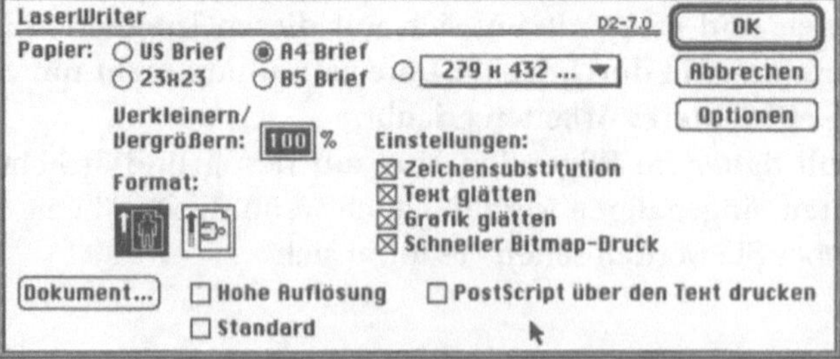

Neben den vier Standardgrößen bietet Word ein Popup-Menü, in dem eine Reihe seltenererPapierformate stehen. Die Standardseiten von Word besitzen folgende Maße:

US-Brief	21,59 x 27,94 cm	US-lang	21,59 x 35,56 cm
A4	21 x 29,7 cm	B5	17,6 x 25 cm

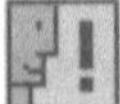

Inhalt der Dialogbox hängt vom ausgewählten Drucker ab
Wundern Sie sich nicht, wenn die Dialogbox bei Ihnen anders aussieht. Teile der Dialogbox sind nämlich durch den Druckertreiber definiert und somit vom jeweils ausgewählten Drucker abhängig. Die dargestellte Dialogbox gilt - wie der Name in der linken oberen Ecke kundtut - für den Apple Laserwriter.

Was sich hinter den anderen Einstellungsparametern verbirgt steht im Kapitel „Dokumente verwalten".

K.21

6.2 ÖFFNEN EINER BESTEHENDEN DATEI

Das Öffnen einer bestehenden Datei erfolgt in der Macintosh typischen Manier, nämlich über eine Datei-Auswahl-Dialogbox. Sie ereichen diese über den Menüpunkt "Öffnen" im Datei-Menü:

Mit Rollbalken, Auswahlfeld und Popup-Menü hangeln Sie sich nun in mac-üblicher Weise durch die Ordner der Festplatte zu der Datei, die Sie öffnen wollen und klicken diese an. Word invertiert den Dateinamen. Drücken Sie nun den Button **Öffnen** - sofort lädt Word die Datei.

Die Datei-Auswahl-Dialogbox besitzt noch eine Reihe anderer Elemente:

 **☐ Schreibschutz** — Häufig verwendet man zum Beispiel für einen Brief eine bestehende Datei als Vorlage. Um nun zu verhindern, daß man aus Versehen die neue Datei unter dem alten Namen abspeichert und so die alte Datei löscht, kann man die Checkbox "Schreibschutz" aktivieren. Sobald man sichern will, fordert Word einen neuen Dateinamen.

[Datei-Manager...] — Der Datei-Manager ist ein recht komplexes Modul von Word, das beim Aufspüren jener Dateien hilft, von denen man den Inhalt, aber nicht mehr ihren Namen weiß. (☞ K.17).

• **Schneller per Doppelklick**
Um Dateien oder Ordner zu öffnen, gibt es schnellere Methoden als über den Button "Öffnen": Per Doppelklick auf einen Dateinamen oder Ordner werden diese ebenfalls geöffnet. Denselben Effekt hat die RETURN-Taste.

• **Auswahl per Anfangsbuchstabe**
Wenn Sie eine Buchstabentaste drücken, zeigt Word im Auswahlfenster sofort die erste Datei an, die mit dem gedrückten Buchstaben beginnt. Wollen Sie also die Datei "Walter 3" öffnen, drücken Sie schnell hintereinander "W" und "A". Augenblicklich springt Word zur ersten Datei, die mit "WA" beginnt.

Wenn Sie mehr zum Datei-Öffnen wissen wollen, dann lesen Sie weiter in ...

K.21

6.3 SPEICHERN DER AKTUELLEN DATEI

Um die aktuelle Datei auf einem Datenträger zu sichern, müssen Sie entweder den Menüpunkt "Sichern..." aufrufen oder die Tastenkombination APPLE-S drücken.

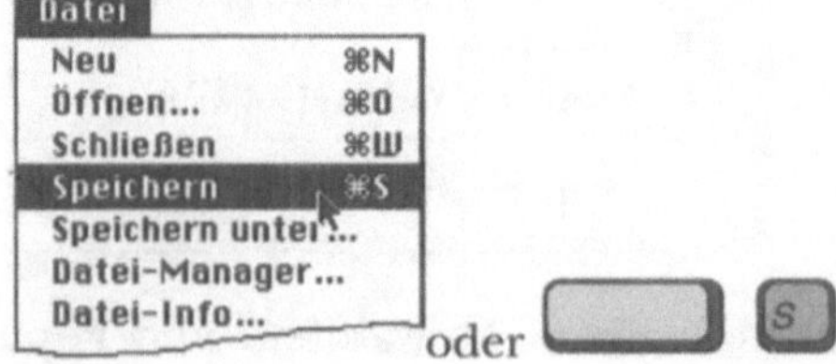

oder

In beiden Fällen erscheint eine Dialogbox, über die Sie Ihrem Dokument einen Namen zuordnen und es im gewünschten Ordner auf dem gewünschten Datenträger sichern können.

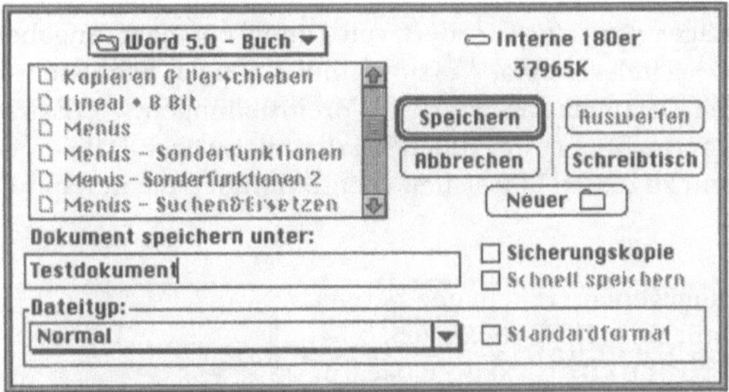

Die obere Hälfte der Dialogbox enthält Kontrollelemente, mit denen Sie den Ort wählen, an dem Word Ihr Dokument speichern soll. Über die Kontrollelemente der unteren Hälfte hingegen legen Sie Format und Name Ihres Dokuments fest. Haben Sie Ihr Dokument einmal mit einem Namen versehen, so erscheint die Dialogbox nicht mehr. Sie brauchen einfach nur APPLE-S drücken und schon sichert Word das Dokument unter dem zuvor angegebenen Namen auf dem zugewiesenen Datenträger.

 **APPLE-S - Dieser Shortcut sollte Ihnen ins Blut gehen**

Sie sollten sich angewöhnen, in regelmäßigen Intervallen APPLE-S zu drücken. Dieser Shortcut sollte Ihnen "in Fleisch und Blut" übergehen. Das Sichern auf einer Festplatte geht so schnell, daß auch bei sehr häufigem Sichern großer Dateien keine längeren Wartezeiten in Kauf genommen werden müssen. Und je häufiger Sie Ihr Dokument sichern, umso weniger geht verloren, sollte einmal der Macintosh abstürzen.

Auf Wunsch erinnert Word Sie nach einem einstellbaren Zeitintervall automatisch daran, Ihre Datei zu sichern (☞ K.26.3).

Sobald ein Dateiname eingegeben ist, wird der Button  "Speichern" aktivierbar.

Nachdem Sie den Button **Speichern** gedrückt haben, legt Word Ihr Dokument unter dem eingegebenen Namen auf dem festgelegten Datenträger ab. Doch zuvor erscheint folgende Dialogbox:

Der Dateimanager von Word fordert von Ihnen ein paar Angaben zu Ihrem Dokument, wie Titel, Thema, Version und ein paar Schlüsselwörter. Ihren Namen weiß der Dateimanager aus den "Voreinstellungen…" (Extras-Menü). Er benötigt die Informationen, um Ihnen bei der Suche nach Dateien besser helfen zu können. Mehr zu diesen hilfreichen Diensten finden Sie in Kapitel …

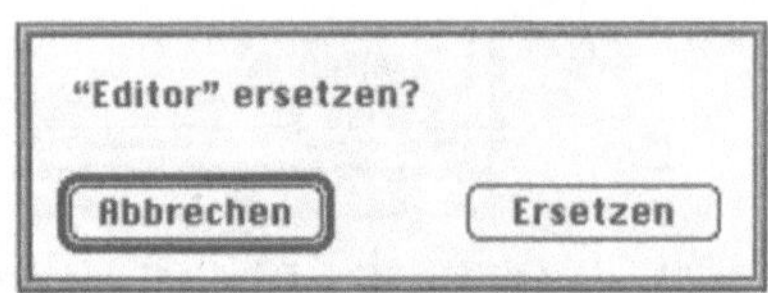

Existiert der eingegebene Dateiname bereits, so fragt Word mit einer Dialogbox nach. Drücken Sie **Abbrechen**, kehren Sie zur Sichern-Dialogbox zurück. Mit **Ersetzen** überschreiben Sie die bereits bestehende Datei durch Ihr Dokument.

Wenn Sie wissen wollen, wie Sie Dateien unter einem anderen Format oder einem anderen Namen sichern wollen, wie Sie eine verlorene Datei retten oder wie Sie Dateien von Word aus in andere Ordner legen - wenn Sie also schon jetzt zum Verwaltungsprofi mutieren wollen, dann lesen Sie weiter in Kapitel…

6.4 SCHLIESSEN DER AKTEN …

Es gibt drei Verfahren, das aktuelle Dokument zu schließen:

- Klicken Sie in das Schließfeld des Arbeitsfensters:

- Wählen Sie den Menüpunkt "Schließen" aus dem Datei-Menü.

- Drücken Sie die Tastenkombination APPLE-W:

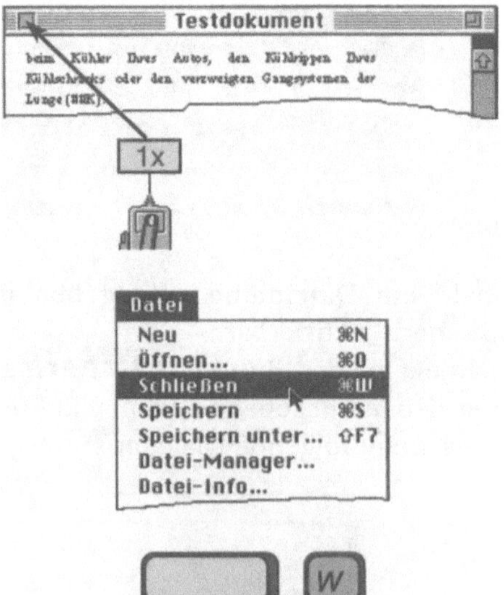

In allen Fällen schließt Word das aktuellen Arbeitsfenster. Wurde die aktuelle Version Ihres Dokuments noch nicht gesichert, warnt Word mit einer selbsterklärenden Dialogbox.

7. BEENDEN VON WORD

Word läßt sich auf zweierlei Weise regulär beenden:

- Wählen Sie den Menüpunkt "Beenden" aus dem Datei-Menü:

- Drücken Sie die Tastenkombination APPLE-Q:

Wenn Sie Ihr Dokument in der aktuellen Version schon gesichert haben, wird Word sofort beendet, andernfalls erscheint nebenstehende Dialogbox. Sie können nun wählen, ob Sie die Änderungen seit dem letzten Sichern speichern wollen oder nicht.

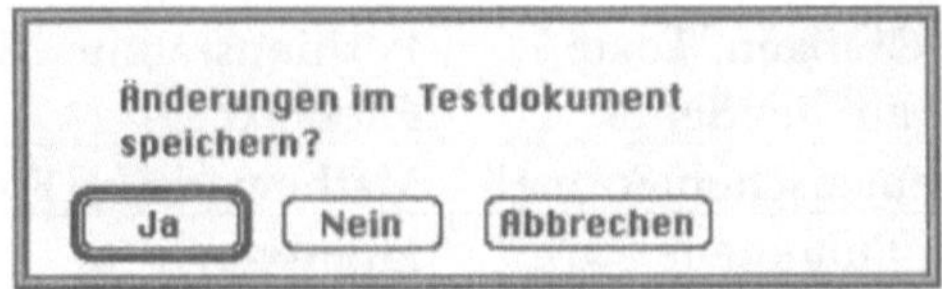

8. WIE GEHTS WEITER?
EINE ÜBERSICHT ÜBER DIE FUNKTIONEN

So, das wärs. Sie sind am Ende des Schnelleinstiegs angekommen. Hoffentlich hat es Ihnen ein wenig Spaß gemacht und hoffentlich haben Sie jetzt ein wenig das Gefühl, Word im Griff zu haben. In jedem Falle sind Sie jetzt in der Lage, sich vom Einsteiger mit Hilfe dieses Buches zum Word-Profi zu mausern ...

Der Schnelleinstieg hat wichtige Bereiche von Word überhauptnicht berührt, obwohl diese für die spätere Arbeit von großer Hilfe seine können. Ich habe sie Ihnen in der folgenden Tabelle nach funktionellen Kriterien zusammengestellt.

Viel Spaß beim Experimentieren!

• Wie kontrollieren Sie Ihre fertigen Texte?	Rechtschreibhilfe	☞ K.47
	Silbentrennung	☞ K.51
	Thesaurus	☞ K.60
• Wie passen Sie Word an Ihre individuellen Bedürfnisse an?	Einstellungen	☞ K.26
	Befehle	☞ K.14
	Funktionsleiste	☞ K.28
• Wie nutzen Sie die Hilfefunktionen?	Hilfefunktionen	☞ K.34
• Wie werden Sie zum Formatierungs-profi?	Zeichen-Formatierung	☞ K.61
	Absatz-Formatierung	☞ K.9
	Abschnitt-Formatierung	☞ K.10
	Dokument-Formatierung	☞ K.22
• Wie erstellt man Briefumschläge und verwaltet Adressen?	Adressen	☞ K.11
	Briefumschlag	☞ K.15
• Wie verfaßt man Serienbriefe?	Seriendruck	☞ K.50
• Wie macht man schriftliche und verbale Anmerkungen zu Texten?	Audio-Anmerkung	☞ K.13
	Anmerkungen	☞ K.12
• Wie sucht und ersetzt man Buchstaben, Wörtern, Formaten usw.?	Suchen & Ersetzen	☞ K.55
• Was sollten Sie beim Arbeiten mit Grafiken beachten?	Grafiken	☞ K.31
• Wie plazieren Sie Grafiken, Texte, Diagrammen usw. auf der Seite?	Positionsrahmen & Fließtext	☞ K.43
• Was tun bei mathematischen Formel?	Mathematische Formeln	☞ K.38
• Wie verwaltet man Fußnoten?	Fußnoten	☞ K.29
• Wie erstellen Sie Verzeichnisse?	Index	☞ K.35
	Inhaltsverzeichnis	☞ K.37
• Wie beschleunigen Sie die Texteingabe?	Textbausteine	☞ K.58
• Wie verknüpfen Sie Daten dynamisch mit anderen Programmen oder word-intern?	Dynamischer Datenaustausch	☞ K.25
• Wie werden Sie mit Zahlenfeldern und Diagrammen fertig?	Tabellen	☞ K.56
	Diagramme	☞ K.20
• Wie erstellen Sie innerhalb von Word eine einfache Abbildung?	Grafikmodul	☞ K.32
• Wie binden Sie digitale Videos in ein Word-Dokument ein?	Movies	☞ K.40
• Wie kommen Sie an Sonderzeichen wie µ, ° oder ≠ ?	Sonderzeichen	☞ K.52
• Wie holen Sie das letzte aus post-scriptfähigen Druckern heraus?	Postscript	☞ K.44

TEIL 2

VOM EINSTEIGER ZUM PROFI

WORD Funktionen ...

...von A - Z

Teil 2 umfaßt knapp 60 in sich abgeschlossene und daher auch separat lesbare Kapitel, in denen jeweils ein Funktionskomplex von Word abgehandelt ist, wie zum Beispiel Absatz- und Zeichenformatierung, Silbentrennung, Thesaurus und Datei-Manager. Die Überschriften der Kapitel orientieren sich an den Menüeinträgen von Word, wodurch der kontextspezifische Zugriff auf die einzelnen Kapitel des Buches erleichtert wird. Die Anordnung der Kapitel ist alphabetisch. Etwas ungewohnt vielleicht - aber Sie werden sehen: beim Arbeiten mit Word werden Sie diese Anordnung schnell zu schätzen wissen, da man Informationen schnell und ohne großes Nachdenken findet. Im Zweifelsfall suchen Sie im Buch einfach nach dem Namen des Menüpunktes, über den Sie zu dem Teil von Word gelangt sind, zu dem Sie nähere Informationen wünschen. Dann kann eigentlich nichts schief gehen.

9. ABSATZ-FORMATIERUNG

9.1	Wissenswertes in Kürze	38
9.2	Was für Absatzformate gibt es?	39
9.3	Hilfsmittel der Absatzformatierung	40
	• Lineal	40
	• Absatzformatierung per Tastaturkürzel	46
	• Absatzformatierung per Dialogbox	47
9.4	Kopieren/Übertragen von Absatzformaten	49
	• Methode 1: Kopieren und Einfügen von ¶	50
	• Methode 2:Drag & Paste	51
	• Methode 3: Tastaturshortcut 1	52
	• Methode 4: Tastaturshortcut 2	52
9.5	Positionsrahmen: Freie Plazierung eines Absatzes auf der Seite	53
9.6	Abgesetzter Großbuchstabe (AGB)	53
9.7	Aufzählungszeichen	55
9.8	Tips & Tricks	56

9.1 WISSENSWERTES IN KÜRZE

Ein Absatz ist die Summe aller Textelemente zwischen zwei Absatzzeichen (¶):

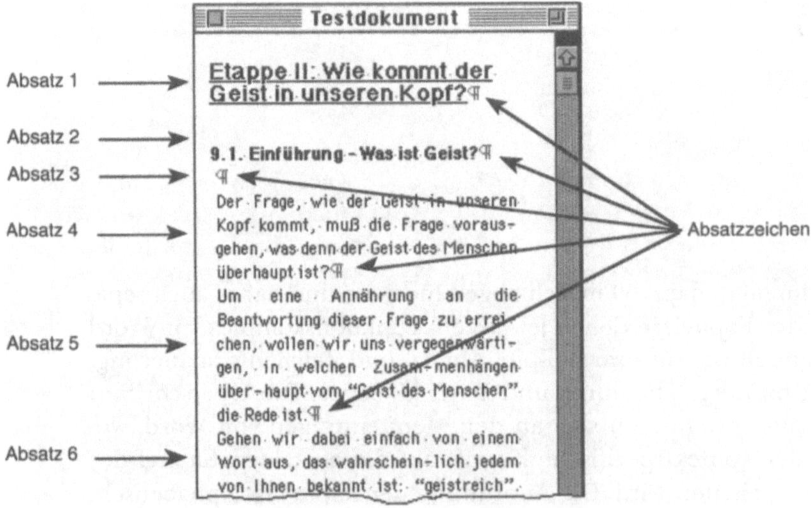

Absatz- und sonstige Steuerzeichen machen Sie sichtbar, indem Sie
- in der Formatierungsleiste das Icon ¶ anklicken,
  - „¶ einblenden" im Ansicht-Menü aktivieren,
- oder die Tastenkombination APPLE-J drücken.

Word fügt immer dann ein Absatzzeichen in Ihren Text ein, wenn Sie die Return- oder ENTER-Taste drücken.

Das Besondere am Absatzzeichen ist folgendes: *Im Absatzzeichen speichert Word sämtliche Formatierungen des Absatzes.*
Diese Feststellung hat Konsequenzen. So können Sie über Kopieren und Einfügen des Absatzzeichens Absatzformatierungen von einem auf den anderen Absatz übertragen, oder durch Löschen des Zeichens die Absatzformatierungen rückgängig machen.

Das bedeutet aber auch, daß nach jedem Absatzzeichen eine neue Formatierungseinheit für Absatzformate beginnt. Jede Änderung von Zeilenabstand, Tabulatoren, Bündigkeit etc. gilt nur für den Absatz, in dem sich gerade der Textcursor befindet. Die Absätze davor und dahinter bleiben von der Formatierung unberührt.
Um eine Formatierung gleichzeitig auf mehrere Absätze anzuwenden, müssen Sie diese Absätze gemeinsam aktivieren. Jede Formatänderung betrifft dann alle aktivierten Absätze.

9.2 WAS FÜR ABSATZFORMATE GIBT ES?

Die Absatzformatierung umfaßt eine Reihe von Attributen, von denen die wichtigsten in der folgenden Abbildung dargestellt sind:

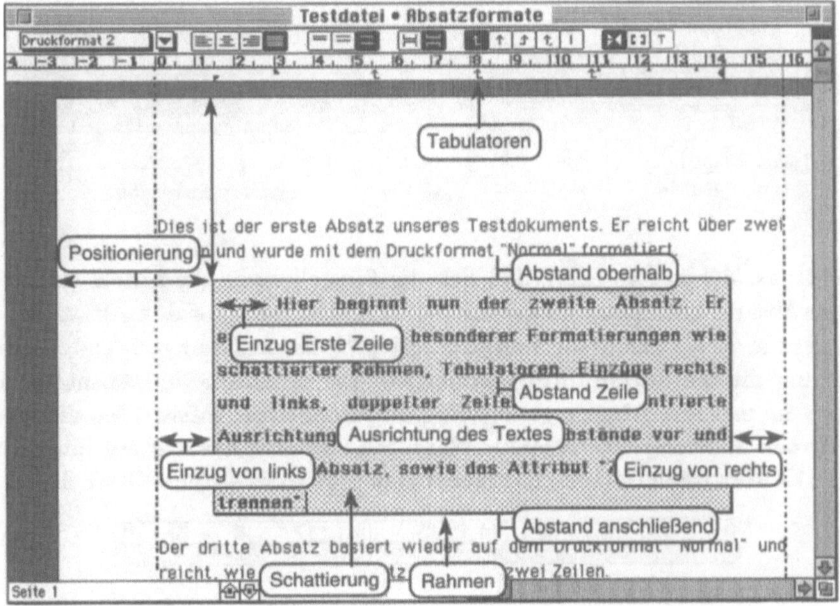

DieAbsatzformate „Tabulatoren", „Positionsrahmen" und „Rahmen" sind jeweils in einem eigenen Kapitel abgehandelt.

Weitere Absatzformate betreffen hauptsächlich die sogenannte „Paginierung" also den Seitenumbruch. Dabei bestimmen Sie, ob ein Seitenumbruch innerhalb eines Absatzes oder zwischen zwei Absätzen stattfinden darf oder nicht. Word stellt dazu in der Dialogbox „Absatz" (Format-Menü) drei Optionen bereit:

- *Seitenwechsel oberhalb*: Beim Seitenumbruch nimmt Word oberhalb des Absatzes einen Seitenumbruch vor (sinnvoll zum Beispiel bei Kapitelüberschriften).
- *Zeilen nicht trennen*: Word führt keinen Seitenumbruch innerhalb des Absatzes durch (sinnvoll zum Beispiel bei Bildunterschriften oder Textboxen).
- *Absätze nicht trennen*: Aufeinanderfolgende Absätze mit diesem Attribut stehen immer zusammen auf einer Seite (sinnvoll zum Beispiel bei Überschriften und dem nachfolgenden Text).

Zusammenstellungen von Absatzformaten lassen sich in sogenannten **Druckformaten** speichern und dann per Mausklick aktivieren. Mehr dazu in ☞ K.24.

9.3 HILFSMITTEL DER ABSATZFORMATIERUNG

• Lineal

Das Word-Lineal enthält wichtige Kontrollelemente zur Absatzformatierung:

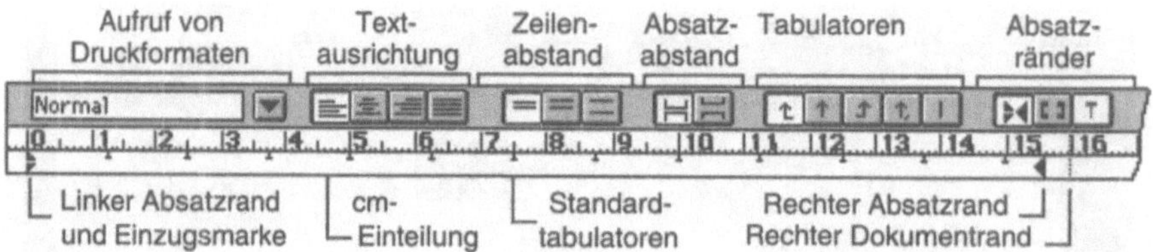

Dabei ist es wichtig zu wissen, daß sich die Einstellungen am Lineal immer nur auf die Absätze beziehen, die gerade aktiviert sind oder auf den Absatz, in dem sich gerade der Textcursor befindet. Dies bedeutet, daß sich jede Formatänderung die Sie durchführen, immer nur auf den aktuellen Absatz bezieht. Wollen Sie mehrere Absätze gleichzeitig umformatieren, müssen Sie diese zuvor gemeinsam aktivieren (☞ K.59.2). Wenn Sie mehrere Absätze auf einmal aktivieren, kann es passieren, daß das **Lineal grau gepunktet** dargestellt wird:

Diese Darstellung des Lineals wählt Word immer dann, wenn die aktivierten Absätze kein identisches Format besitzen. Word kann die unterschiedlichen Formate nicht gleichzeitig im Lineal darstellen und zeigt diese Notsituation durch das Grauraster an. Wenn Sie in einem solchen Lineal zum Beispiel die linken Einzugsmarken verschieben, so gilt ab sofort die neue Randbegrenzung für alle aktivierten Absätze.

Ist ein **Lineal-Button** zur Zeit nicht aktivierbar, dann besitzt er graue Schrift auf weißem Grund, zum Beispiel so:

Wenn Sie aus Geschwindigkeits- oder anderen Gründen keine **3D-Ansicht** von Lineal und Formatierungsleiste wünschen, so schalten Sie diese einfach in den „Einstellungen" (Extras-Menü) ab:

Was bedeuten nun die Linealelemente im Einzelnen?

Aufruf von Druckformaten

Bei Druckformaten handelt es sich um Kollektionen von Absatzformaten, also zum Beispiel linksbündig, zweizeilig und doppelter Absatzabstand. Derartige Formatkombinationen lassen sich zu einem Druckformat zusammenfassen und mit einem Namen versehen. Derartige Druckformate sind über das Popup-Menü im Lineal erreichbar. Über dieses Popup-Menü lassen sich auch Definitonen von Druckformaten vornehmen. Mehr dazu in Kapitel ☞ K.24.

Ausrichtung des Textes

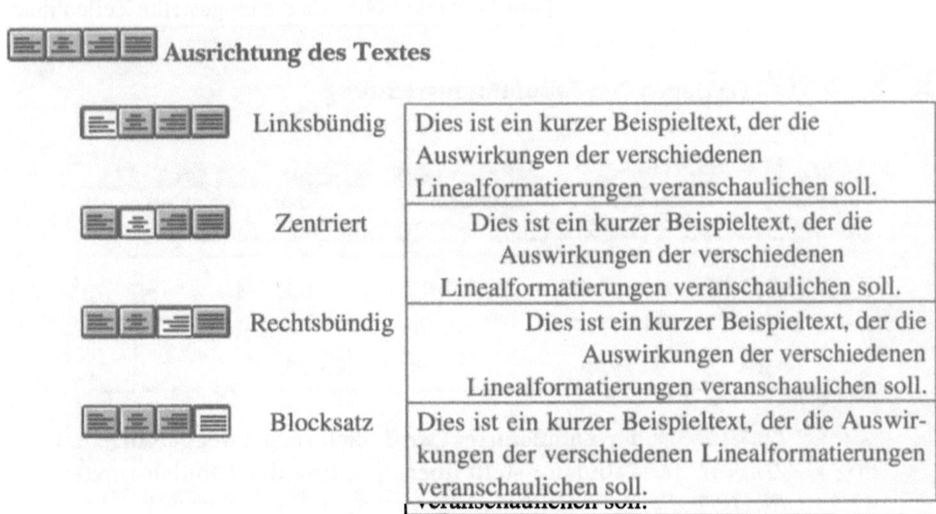

Linksbündig	Dies ist ein kurzer Beispieltext, der die Auswirkungen der verschiedenen Linealformatierungen veranschaulichen soll.
Zentriert	Dies ist ein kurzer Beispieltext, der die Auswirkungen der verschiedenen Linealformatierungen veranschaulichen soll.
Rechtsbündig	Dies ist ein kurzer Beispieltext, der die Auswirkungen der verschiedenen Linealformatierungen veranschaulichen soll.
Blocksatz	Dies ist ein kurzer Beispieltext, der die Auswirkungen der verschiedenen Linealformatierungen veranschaulichen soll.

Festlegen des Zeilenabstandes

	einzeilig (12 Punkt)	Dies ist ein kurzer Beispieltext, der die Auswirkungen der verschiedenen Linealformatierungen veranschaulichen soll.
	1 1/2 zeilig (18 Punkt)	Dies ist ein kurzer Beispieltext, der die Auswirkungen der verschiedenen Linealformatierungen veranschaulichen soll.
	zweizeilig (24 Punkt)	Dies ist ein kurzer Beispieltext, der die Auswirkungen der verschiedenen Linealformatierungen veranschaulichen soll.

Wenn Sie andere Zeilenabstände benötigen als diese drei Standardeinstellungen, dann rufen Sie die Dialogbox „Absatz" auf. Dort findet sich ein Eingabefeld in dem Sie den Zeilenabstand pixelgenau vorgeben können.

Kontrolle der Abstände zwischen Absätzen

	normal	Absatz 1. Absatz 2. Der Abstand zum vorherigen Absatz entspricht der eingestellten Zeilenhöhe.
	doppelt	Absatz 1. Absatz 2. Der Abstand zum vorherigen Absatz ist um 12 Punkt höher als die eingestellte Zeilenhöhe.

Festlegen der Tabulatorausrichtung

linksbündig   zentriert   rechtsbündig   dezimal   Strich

12,345	12,345	12,345	12,345
2,34	2,34	2,34	2,34
Text	Text	Text	Text

- *Linksbündig:* der Tabulatortext wird nach rechts weggeschrieben.
- *Zentriert:* der Tabulator steht über der Mitte des Tabulatortextes.
- *Rechtsbündig:* der Tabulatortext wird nach links weggeschrieben.

- *Dezimaltabulator:* die Dezimalkommata der Zahlen stehen exakt übereinander.
- *Strichtabulator:* an diesem Tabulatortyp läßt sich überhaupt kein Text ausrichten. Er dient lediglich dazu, vertikale Linien zu installieren - was die Übersichtlichkeit von Tabellen in der Regel sehr erhöht.

Jeder Tabulator läßt sich auch mit einer*Füllinien* versehen. Das bedeutet, daß wenn der Tabulator angesprungen wird, der Raum zwischen der Absprungstelle und dem Tabulator mit einem Füllzeichen (zum Beispiel Punkte) versehen wird. Mehr dazu im Abschnitt ☞ K.57.

 **zeigt bei Powerbooks den aktuellen Batteriezustand an**

Bei Powerbooks findet sich am rechten Linealrand ein Batterieicon, das durch seine „schwarze Füllung" den Energiegehalt der Batterie kundtut.

**Kontrolle der Absatz- und Tabellenränder**

Normalerweise setzt Word die 0 des Lineals auf den linken Dokumentrand. Die Breite des linken Dokumentsrandes ist in der Dialogbox „Dokument" festgelegt (☞ K.22.2). Beträgt diese zum Beispiel 2,5 Zentimeter, so befindet sich die 0 des Lineals 2,5 Zentimeter vom linken Papierrand.
Auf der 0 des Lineals sitzt normalerweise auch der linke Rand eines Absatzes.

Wenn Sie den Abstand des Absatzrandes zum Papierrand wissen wollen, so müssen Sie die beiden eckigen Klammern anklicken. Word zeigt setzt dann die 0 des Lineals auf den linken Papierrand. In dieser Situation ist also im Lineal der Absatzrand absolut zum Papierrand angegeben und eingestellt, während er normalerweise relativ zum Dokumentrand eingestellt wird:

Eine besondere Funktion hat das „T"-förmige Steuerelement. Das „T" steht für <u>T</u>abelle und deutet somit auch das Einsatzgebiet dieses Werkzeuges an. Es dient nämlich in Word-Tabellen dazu, die Spaltenbreite einzustellen. Mehr zu diesem Thema in Kapitel ☞ K.56.3.

 Linke und rechte Randbegrenzung sind im Lineal durch ein schwarzes Dreieck gekennzeichnet, die sogenannten *Einzugsmarken.* Die linke Einzugsmarke ist ihrerseits nochmals in zwei schwarze Dreiecke unterteilt. Den Name „Einzugsmarke" tragen die Randbegrenzungen deshalb, da sie festlegen, wie weit die Absatzränder gegenüber dem Dokumentrand verschoben sind.

Mit Hilfe der Einzugsmarken legen Sie die Ränder des Absatzes fest:

❶ Fahren Sie mit der Maus zur linken Einzugsmarke.

❷ Drücken Sie Maustauste. Die Einzugsmarke wird intervertiert dargestellt.

❸ Halten Sie Maustaste gedrückt und schieben Sie die Einzugsmarke nach rechts. Während Sie die Einzugsmarke verschieben, erscheint im Infofeld (in der linken, unteren Fensterecke) der Einzug in der eingestellten Linealeinheit.

❹ Lassen Sie die Maustaste los. Sofort wird der linke Absatzrand verschoben und der Text neu umgebrochen.

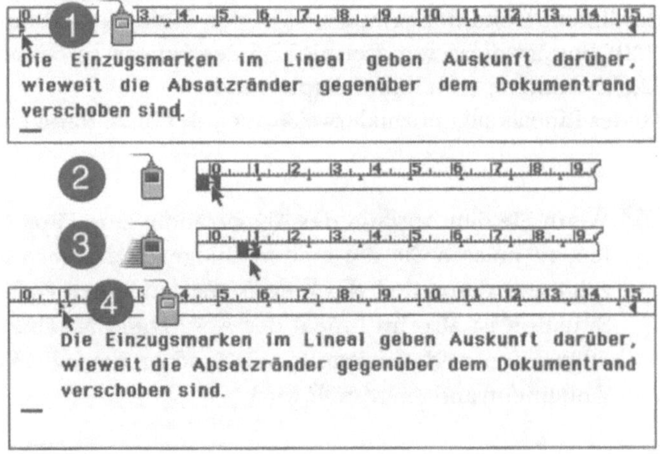

Einzug Erste Zeile

Die linke Einzugsmarke weist eine Besonderheit auf: sie ist unterteilt in zwei kleine Dreiecke. Mit Hilfe dieser beiden Dreiecke können Sie der ersten Zeile eine Absatzes einen anderen Einzug zuweisen als den restlichen Zeilen eines Absatzes. Dabei ist das obere Dreieck ist für den Einzug der ersten Absatzzeile verantwortlich.

• *positiver Einzug*

Wenn die erste Zeile gegenüber den folgenden stärker eingerückt werden soll - wie das in Briefen häufig der Fall ist - so klicken Sie mit der Maustaste auf das obere Dreieck und verschieben es. Wie Sie sehen, bleibt das untere Dreieck stehen. Sobald Sie das obere Dreieck loslassen, wird der Text neu formatiert:

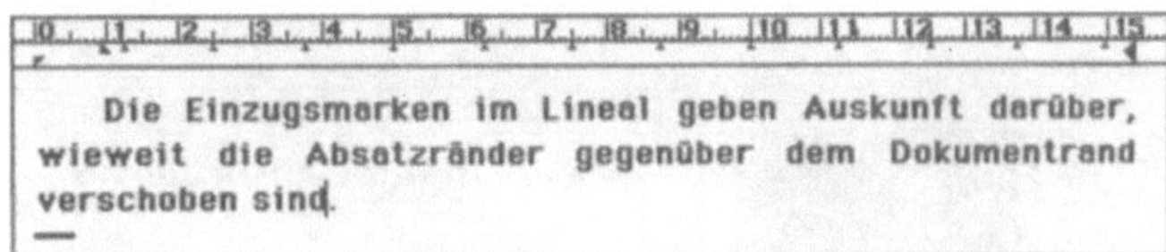

• *negativer Einzug*

Wenn hingegen die erste Zeile nach links rausstehen soll, so müssen Sie die SHIFT-Taste gedrückt halten und das untere Dreieck gegenüber dem oberen verschieben. Wenn Sie die Shift-Taste nicht gedrückt halten, verschieben sich beide Einzugsmarken in gleicher Weise. Das Resultat sieht dann etwa folgendermaßen aus:

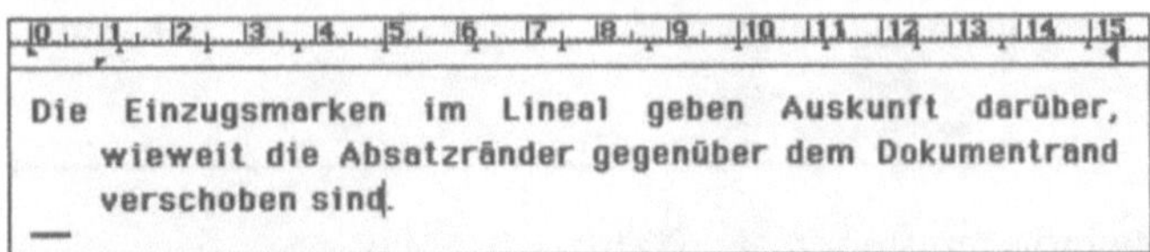

 Es ist günstig zu wissen, daß das untere Dreieck gleichzeitig als linksbündiger Tabulator dient. Man kann auf diese Weise sehr einfach folgende beliebte Formatierung erstellen:

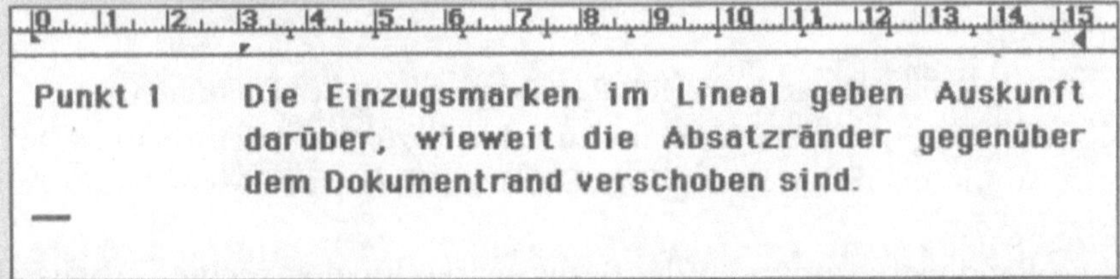

Der Text rechts ist in Blocksatz formatiert und von der ersten bis zur letzten Zeile bündig, während in der ersten Zeile die Absatzkennung („Punkt 1") linksbündig am Dokumentrand steht.

Sitz der Standardtabulatoren

Word setzt in regelmäßigen Abständen eines jeden Absatzes die sogenannten Standardtabulatoren. Diese gelten solange, bis sie von Anwendertabulatoren ersetzt werden. Sobald der Anwender nämlich einen Tabulator setzt, löscht Word alle Standardtabulatoren links vom gesetzten Tabulator.

Der Abstand der Standardtabulatoren ist im gesamten Dokument derselbe und wird daher in der Dialogbox „Dokument" aus dem Format-Menü festgelegt.

Aktuelle Linealbemaßung

DieBemaßung des Lineals legt ebenfalls der Anwender fest, nämlich in den allgemeinen Einstellungen (Extras-Menü):

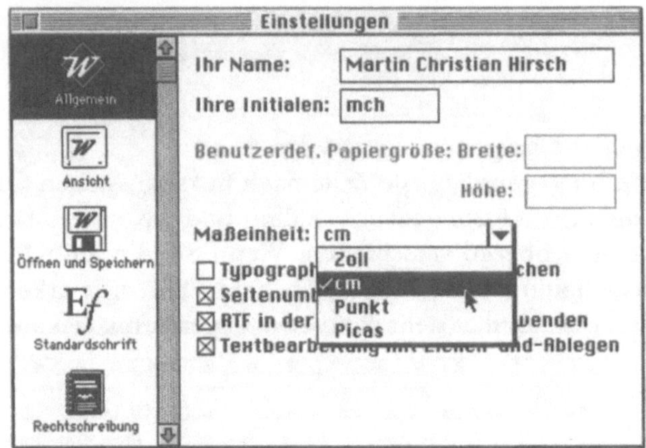

Vier Maßeinheiten stehen zur Wahl:

-Zoll =inch	beträgt 25,40 mm
-cm	beträgt 10 mm
-Punkt	beträgt 1/72 Zoll = 0,35 mm
-Pica	beträgt 1/6 Zoll = 4,23 mm

Kennzeichnet die rechte Randbegrenzung des Dokuments

Die vertikale gepunktete Linie im Lineal kennzeichnet den rechten Dokumentrand, so wie er in der Dialogbox „Dokument" (Format-Menü) vom Anwender festgelegt ist.

Diese Randbegrenzung gibt die Bezugsmarke für den rechten Absatzrand vor. Ein „Einzug von rechts" von 0 Zentimeter bedeutet, daß der rechte Absatzrand exakt auf dem Dokumentrand liegt.

Ein „Einzug von rechts" von 1 Zentimeter bedeutet, das der rechte Absatzrand gegenüber dem rechten Dokumentrand um 1 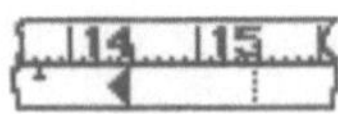 Zentimeter nach links verschoben ist; im Lineal sähe das so aus:

• Absatzformatierung per Tastaturkürzel

Einige Absatzformatierungen lassen sich auch per Tastaturshortcut durchführen. Die folgende Tabelle gibt eine Übersicht:

Linksbündig	APPLE-SHIFT-L
Rechtsbündig	APPLE-SHIFT-R

Zentriert	APPLE-SHIFT-C
Blocksatz	APPLE-SHIFT-Y
Zweizeilig	APPLE-OPTION-Ü
Positiver Einzug	APPLE-SHIFT-Ü
Negativer Einzug	APPLE-SHIFT-M
Abstand vor Absatz erhöhen	APPLE-OPTION-ß
Negativer Erstezeileneinzug	APPLE-SHIFT-T
Weist Druckformat „Normal" zu	APPLE-SHIFT-P

• Absatzformatierung per Dialogbox

Sie erreichen die Dialogbox für die Absatzformatierung über den Menüpunkt „Absatz" im Format-Menü.

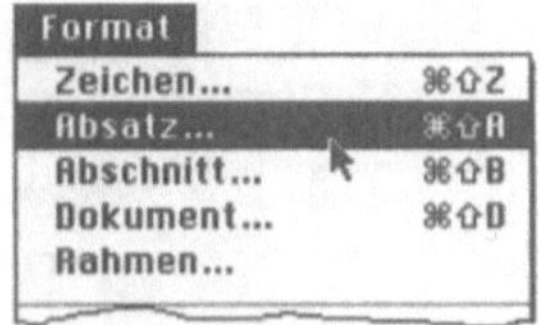

Mit der Dialogbox blendet Word auch das Lineal ein. Das Lineal ist somit ein Teil der Absatz-Dialogbox und läßt sich auch beliebig bedienen, während die Dialogbox geöffnet ist.

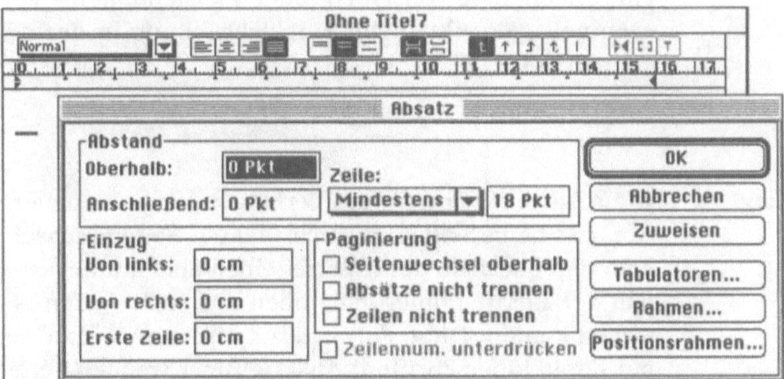

Die Dialogbox erlaubt das Setzen einiger Parameter und stellt einige Buttons bereit, über die Sie schnell und ohne viel Menüwieselei zu den Formatierungsboxen von Tabulatoren, Rahmen und Positionsrahmen gelangen. Diese drei Absatzformate sind jeweils in einem eigenen Kapitel abgehandelt:

- Tabulatoren   ☞ K.57
- Positionsrahmen   ☞ K.43
- Rahmen   ☞ K.45

In diesem Kapitel sollen nur die Parameter behandelt werden, die Sie unmittelbar in der Dialogbox „Absatz" setzen können:

Abstand

In das Eingabefeld **Oberhalb** schreiben Sie den Abstand, den der aktuelle Absatz zum vorherigen Absatz haben soll. Im Feld **Anschließend** steht der entsprechende Abstand zum nachstehenden Absatz. Dabei werden die eingetragenen Werte jeweils zum aktuellen Zeilenabstand hinzuaddiert.

Im Feld **Zeile** legen Sie den.Zeilenabstand des Absatzes pixelgenau fest. Vor dem Eingabefeld findet sich ein Popup-Menü mit drei Einträgen.

Auto: Word setzt den Zeilenabstand entsprechend dem Icon im Lineal auf 12, 18 oder 24 Punkt. **Mindestens**: Bei Hoch- und Tiefstellungen innerhalb eines Absatzes vergrößert beziehungsweise verkleinert Word den Zeilenabstand der entsprechenden Zeile:

Exakt: Word stellt exakt den vorgegebenen Zeilenabstand ein, unabhängig von Hoch- oder Tiefstellungen - Vorsicht: eventuell „versinkt" dann eine Tiefstellung in der nachfolgenden Zeile:

Paginierung

Diese Attribute sind für das Verhalten des zu formatierenden Absatzes beim Seitenumbruch wichtig. **Seitenwechsel oberhalb** fügt oberhalb des Absatzes einen Seitenumbruch ein, so daß der Absatz immer ganz oben auf einer neuen Seite zu stehen kommt. Diese Formatierung ist zum Beispiel sinnvoll bei Kapitelüberschriften. **Absätze nicht trennen** heftet zwei aufeinanderfolgende Absätze aneinander, so daß zwischen ihnen kein Seitenumbruch stattfindet, sie also immer zusammen auf einer Seite stehen. Dieses Attribut eignet sich zum Verknüpfen von Überschriften und dem nachfolgenden Text. Das Attribut **Zeilen nicht trennen** bewirkt, daß die Zeilen eines Absatzes beim Seitenumbruch nicht zerrissen werden, also der gesamte Absatz auf einer Seite zu stehen kommt. Diese Formatierung eignet sich zum Beispiel für Bildunterschriften und Textboxen.

Einzug	**Links** legt fest, wieweit der linke Absatzrand gegenüber dem linken Dokumentrand verschoben ist. **Rechts** gibt den entsprechenden Wert für den rechten Absatzrand an. **Erste Zeile** gibt an, wieweit die erste Zeile eines Absatzes gegenüber dem linken *Absatzrand* eingezogen sein soll. Was Sie mit diesen Parametern sinnvolles machen steht am Anfang dieses Kapitels.
Zeilennum. unterdrücken	Verhindert, daß die Zeilen eines Absatzes mitnumeriert werden. Mehr dazu in Kapitel ☞ K.41.1.
Zuweisen	Weist dem aktuellen Absatz die eingestellten Absatzformate zu, ohne die Dialogbox zu schließen. So lassen sich die Auswirkungen der eingestellten Parameter direkt überprüfen.
Tabulatoren...	Öffnet eine Dialogbox, in der Sie Tabulatoren setzen und mit Füllzeichen versehen können (siehe Kapitel ☞ K.57).
Rahmen...	Öffnet eine Dialogbox, in der Sie die Grauhinterlegung, Rahmen und Zwischenlinien des Absatzes festlegen (☞ K.45).
Positions- rahmen	Öffnet eine Dialogbox, über die Sie den Absatz frei auf der Seite positionieren können (siehe Kapitel ☞ K.43).

9.4 KOPIEREN/ÜBERTRAGEN VON ABSATZFORMATEN

Der einfachste und schnellste Weg, die Formate mehrerer Absätze festzulegen sind die Druckformate (☞ K.24). Dennoch kommt es in der Praxis häufig vor, daß die Definition eines Druckformates nicht lohnt, das Absatzformat aber dennoch an einer anderen Stelle des Dokuments benötigt wird. Es gibt nun vier gängige Methoden, um in einem solchen Falle Absatzformate zu übertragen:

- Kopieren und Einfügen von ¶
- Drag&Paste (Ziehen-und-Ablegen) des ¶
- Zwei Verfahren mit dem Tastaturshortcut APPLE-OPTION-V

Auf den folgenden Seiten werden diese Methoden genau vorgestellt.

• Methode 1: Kopieren und Einfügen von ¶

Wie in der Einführung dieses Kapitels erwähnt, speichert Word die gesamten Formate eines Absatzes im Paragraphenzeichen (¶) am Absatzende. Dieses Zeichen läßt sich in die Zwischenablage kopieren und zur Formatierung eines anderen Absatzes verwenden. Gehen Sie dabei wie folgt vor:

❶ Aktivieren Sie das Paragraphenzeichen des Absatzes, dessen Format Sie übertragen wollen (zum Beispiel durch Doppelklick in den Leerraum hinter dem Paragraphenzeichen) und wählen Sie dann den Menüpunkt „Kopieren" aus dem Bearb.-Menü:

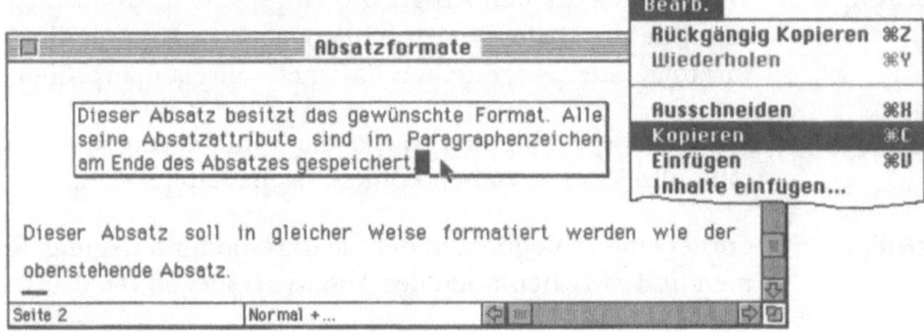

❷ Plazieren Sie den Textcursor am Ende des Absatzes, der das kopierte Formate erhalten soll und wählen Sie „Einfügen" aus dem Bearb.-Menü:

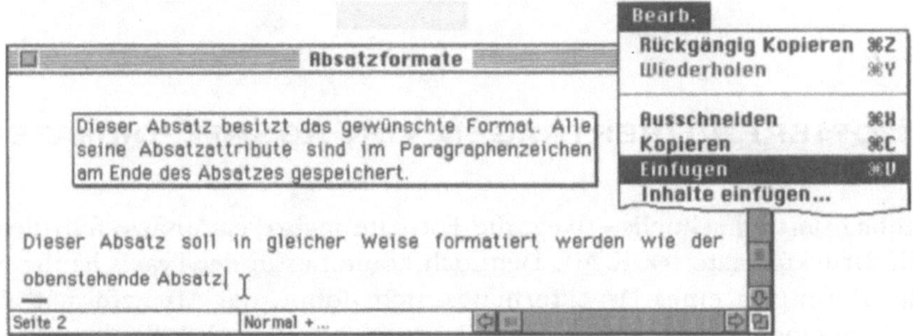

❸ Word überträgt sofort das Absatzformat.

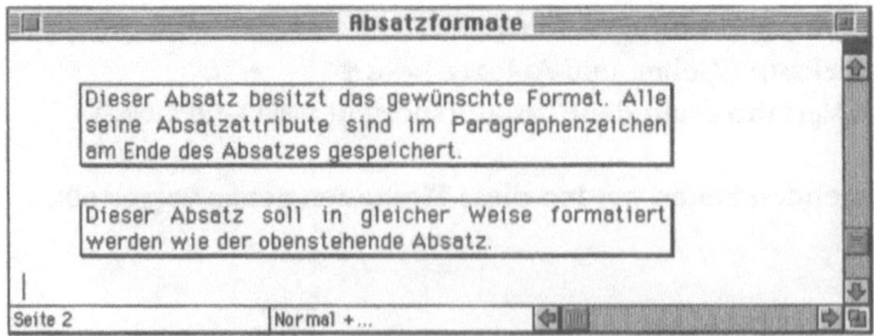

• Methode 2:Drag & Paste des ¶
Die folgende Methode hat den Vorteil, daß sie den Inhalt der Zwischenablage unberührt läßt und sehr schnell geht:

❶ Aktivieren Sie das Paragraphenzeichen des Absatzes, dessen Format Sie übertragen wollen (zum Beispiel durch Doppelklick in den Leerraum hinter dem Paragraphenzeichen). Halten Sie die APPLE-Taste gedrückt (!) und positionieren Sie den Mauscursor über dem aktivierten Paragraphenzeichen. Drücken Sie die Maustaste. Der Mauscursor erhält eine grau schraffierte Box an seinem Schaft und eine unruhig flackernde gepunktete Linie an seiner Spitze:

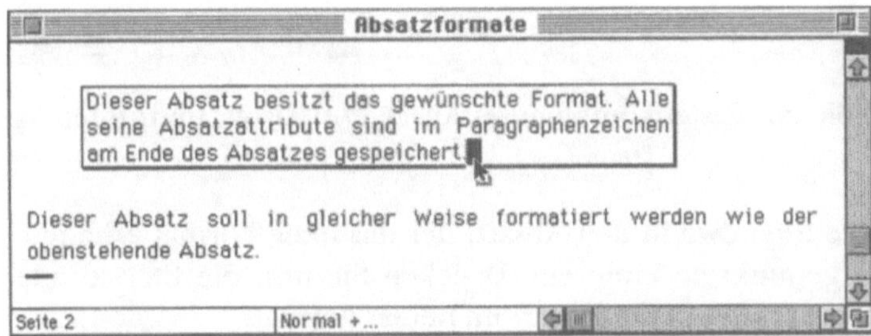

❷ Ziehen Sie bei gedrückter Maustaste zum Ende jenes Absatzes, der neu formatiert werden soll. Word positioniert dort die gepunktete Linie:

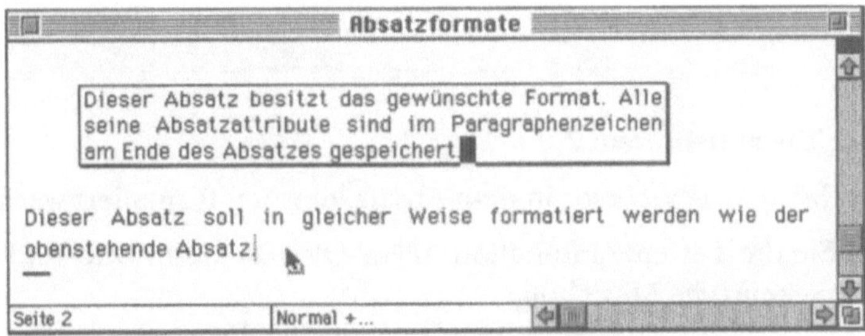

❸ Lassen Sie die Maustaste los. Sofort formatiert Word den Absatz neu.

• Methode 3: Tastaturshortcut 1

Eine sehr schnelle Methode zur Formatübertragung zwischen Absätzen ist folgende:

❶ Aktivieren Sie den Absatz, dessen Format Sie übertragen wollen (zum Beispiel durch Doppelklick links neben den Absatz):

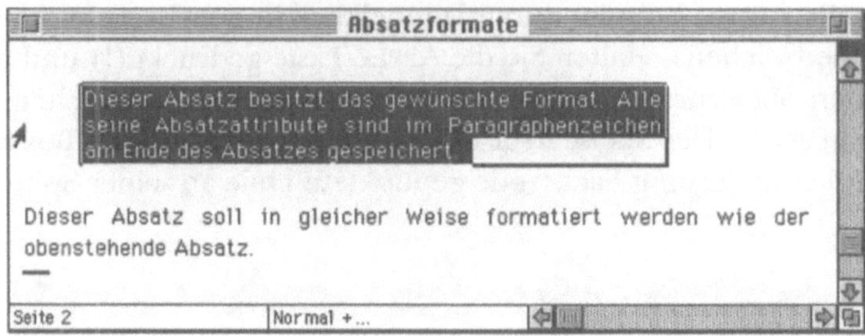

❷ Drücken Sie die Tastenkombination APPLE-OPTION-V. Im Infofeld erscheint:

❸ Klicken Sie irgendwo in den Absatz, der das neue Format erhalten soll. Word fügt eine gepunktete Linie ein. Drücken Sie nun die ENTER- oder RETURN-Taste. Sofort erscheint der Absatz im neuen Format:

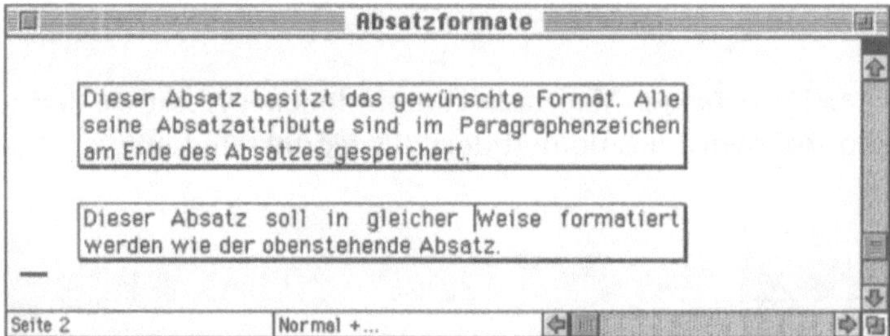

• Methode 4: Tastaturshortcut 2

❶ Plazieren Sie den Textcursor in dem Absatz, der neu formatiert werden soll.

❷ Drücken Sie die Tastenkombination APPLE-OPTION-V. Im Info-Feld des Wordfensters erscheint die Mitteilung:

❸ Aktivieren Sie mit der Maus den Absatz, der das gewünschte Format hat (zum Beispiel per Doppelklick in die Aktivierungsleiste links neben dem Absatz). Word unterstreicht den Absatz mit einer gepunkteten Linie.

❹ Drücken Sie nun die ENTER-Taste. Sofort erscheint der Absatz im neuen Format.

9.5 POSITIONSRAHMEN: FREIE PLAZIERUNG EINES ABSATZES AUF DER SEITE

Jeder Absatz ist eine eigenständige Formatierungseinheit und läßt sich als solche frei auf einer Seite positionieren. Dies ist besonders dann von Interesse, wenn Sie Textpassagen aus dem normalen Textfluß herausnehmen und besonders hervorheben wollen, zum Beispiel in Form einer grau hinterlegten Merkbox:

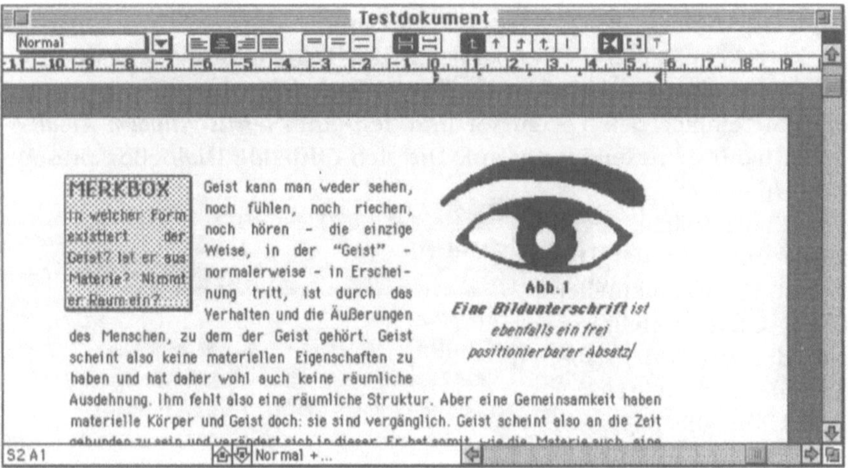

Aber auch eine Bildunterschrift stellt eine eigene Positionierungseinheit dar, vor allem, wenn Bild und Bildunterschrift vom restlichen Text umflossen werden.
Um Textabsätze (aber auch Grafiken und sonstige Objekte) frei auf einer Seite zu plazieren, müssen Sie sie zunächst aktivieren und anschließend mit einem sogenannten *Positionsrahmen* versehen. Anschließend ist der Absatz frei positionierbar. Ein Positionsrahmen läßt sich übrigens auch mit einem Rahmen und auf Wunsch auch mit einer Grauhinterlegung versehen. Der Umgang mit Positionsrahmen ist nicht ganz trivial und sollte mit „System und Bedacht" betrieben werden. Daher ist dieser komplexen Materie auch ein eigenes Kapitel gewidmet: ☞ K.43.

9.6 ABGESETZTER GROSSBUCHSTABE (AGB)

Sie wissen nicht, was „Abgesetzte Großbuchstaben" sind? Nun - das große "S" am Anfang dieses Absatzes ist ein solcher. Wie Sie sehen, handelt es sich um eine Absatzformatierung, mit der Sie die Anfänge eines Absatzes ein wenig

auflockern können. Ob Sie dabei nur den ersten Buchstaben so groß setzten, oder das ganze erste Word, das bleibt Ihnen überlassen.
Wir werden im folgenden statt die AbkürzungAGB verwenden.

• Wie installieren Sie AGB?

Abgesetzter Großbuchstabe

AGB gehört zu Words Plug-In-Modulen. Wie man diese Programmerweiterungen korrekt installiert ist in Kapitel ☞ K.42 erläutert. Übringes: das Icons links neben diesem Abschnitt wurde auch als AGB formatiert. Wie das geht? Steht am Ende von diesem Kapitel …

• Arbeiten mit AGB

Einmal korrekt installiert, offenbart sich das Plug-In-Modul als Menüpunkt "Abgesetzter Großbuchstabe…" im Einfügen-Menü. Um seine Wirkung zu testen, plazieren Sie einfach den Textcursor inmitten eines *bereits getippten Absatzes* (!) und rufen dann den Menüpunkt auf. Die sich öffnende Dialogbox präsentiert folgende Optionen:

Anwenden auf: Zuächst legen Sie rechts unten in der Dialogbox fest, was vom aktuellen Absatz als AGB dargestellt werden soll: der erste Buchstabe, das gesamte erste Wort oder eine Selektion, die Sie zuvor vorgenommen haben.

Dann teilen Sie Word mit, wo es die künftige Zierde plazieren soll: Entweder eingefügt in die Ränder des Absatzes (**abgesetzt**) oder links der Absatzränder, also außerhalb des Absatztextes (**im Seitenrand**).

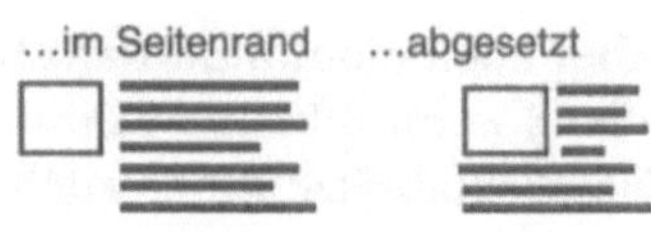

Über die Mischung aus Eingabefeld und Pull-down-Menü legen Sie die **Höhe** fest, die der AGB haben soll. Als Einheit dient dabei "Linie", also aktuelle Zeilenhöhe. Diese wiederum hängt ab von der im Absatz verwendeten Zeichengröße. Leider ist diese Einstellung nicht dynamisch. Wenn Sie also nachträglich die Zeichengröße im Absatz ändern, bleibt die Höhe das AGB leider gleich.
Im Popup-Menü **"Zeichensatz"** geben Sie den Zeichensatz vor, den Word für das AGB verwenden soll.

Wenn Sie nun den Button **OK** drücken, kehrt Word zum Dokument zurück, schaltet automatisch in die Druckbild-Ansicht und zeigt den installierten AGB. Blendet man die Sonderzeichen ein ("¶ einblenden" aus dem Ansicht-Menü), dann erkennen Sie einen Positionsrahmen um den AGB. Diese sind somit ein Spezialfall von Positionsrahmen!

AGB sind im Ansicht-Modus "Normal" nicht sichtbar
Da es sich bei AGB um Positionsrahmen handelt, sind diese nur in der Seitenansicht (Datei-Menü) oder im Druckbild (Ansicht-Menü) in ihrer richtigen Ausprägung zu sehen!

• Löschen von AGB

Um AGB wieder zu löschen, aktivieren Sie diese am einfachster per Doppelklick und drücken dann zweimal die DELETE-Taste.

AGB mit Abbildungen
Wenn Sie in einen Absatz noch vor dem ersten Buchstaben eine Abbildung in den Text montieren, dann verwendet Word diese als AGB. Hier ein Beispiel:

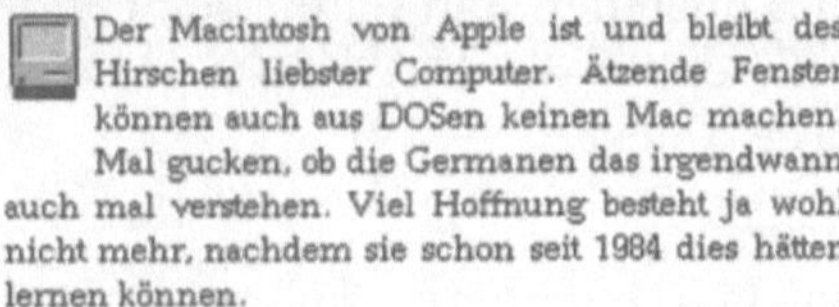

9.7 AUFZÄHLUNGSZEICHEN

*   Dieser Absatz wurde um ein "Aufzählungszeichen" erweitert. Dabei handelt es sich um eine einfache Absatzformatierung, bei der der linke Absatzrand um 0,63cm nach rechts eingezogen ist und der Erstzeileneinzug um den gleichen Wert nach links gesetzt wurde. Das Aufzählungszeichen sitzt dann dick und fett in diesem eingezogenen Rand und dient - hoffentlich - der Übersicht.

• Installation der Aufzählungszeichen

Im Gegensatz zu den oben beschriebenen AGB sind Aufzählungszeichen nicht an ein Plug-In gebunden, sondern gehören zu den Funktionen, die die Funktionsleiste Ihnen bereitstellt. Um also in den Genuß dieser einfachen Formatierungshilfe zu gelangen, müssen Sie das Plug-In-Modul "Funktionsleiste" korrekt installieren. Welche Möglichkeiten es dazu gibt erfahren Sie in Kapitel ☞ K.28.

• Arbeiten mit Aufzählungszeichen
Plazieren Sie den Textcursor irgendwo in dem Absatz, dem ein Aufzählungszeichen vorangestellt werden soll und rufen Sie dann den Menüpunkt "Aufzählungszeichen" aus dem Einfügen-Menü auf. Blitzartig formatiert Word den Absatz um und setzt einen schwarzen Punkt davor.

9.8 Tips & Tricks

• Weiche Returns
Wenn Sie eine Zeilenschaltung wünschen, ohne einen neuen Absatz anzufangen, dann halten Sie die SHIFT-Taste gedrückt, während Sie die ENTER- oder die RETURN-Taste drücken.
Word fügt dann einen sogenannten „weichen Return" ein, der durch folgendes Sonderzeichen gekennzeichnet ist: ↵.

• Neuer ¶ in gleichem Druckformat
Nach einem Return arbeitet Word normalerweise mit dem Absatzformat weiter, das als „nächstes Druckformat" des aktuellen Druckformates festgelegt wurde (☞ K.24). Wollen Sie dies umgehen und stattdessen mit dem aktuellen Druckformat weiterschreiben, so halten Sie die APPLE-Taste gedrückt, während Sie die ENTER- oder die RETURN-Taste drücken.

• Neuer ¶ nach Textcursor
Wenn Sie eine Absatzmarke einfügen wollen, ohne mit dem Textcursor in die nächste Zeile zu rutschen, wenn Sie also rechts vom Textcursor einen Absatz schalten wollen, dann halten Sie APPLE- und OPTION-Taste gedrückt, während Sie die RETURN- oder ENTER-Taste drücken.

• Dialogbox per Doppelklick
Doppelklick auf die Linealskalierung oder auf eines der Icons öffnet die Dialogbox zur Absatzformatierung.

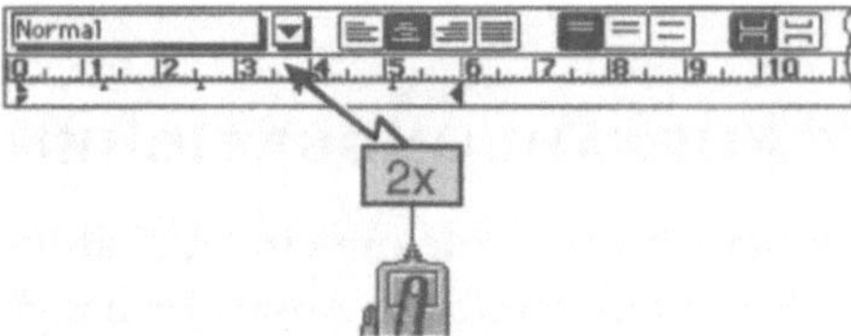

10. Abschnitt-Formatierung

10.1 Wissenswertes in Kürze ... .57
10.2 Wie beginnen Sie einen neuen Abschnitt? 59
10.3 Was für Abschnittformate gibt es? 59
10.4 Übertragen von Abschnittsformaten 60
10.5 Hilfsmittel der Abschnittformatierung 61
   • Formatierungsleiste 61
   • Dialogbox 61
10.6 Arbeiten mit mehreren Spalten 63
10.7 Tips & Tricks 64

Beim Arbeiten mit langen Dokumenten treten spezielle Probleme auf. So sollen zum Beispiel die Seiten des Inhaltsverzeichnisses unabhängig vom Haupttext durchnumeriert werden, die Fußnotenzählung soll in jedem Kapitel neu beginnen, Kopfzeilen nehmen die Kapitelüberschrift auf und unterscheiden sich demzufolge voneinander - die verschiedenen Abschnitte eines längeren Dokuments unterscheiden sich also häufig hinsichtlich ihrer Formatierung.

Word trägt diesem Umstand Rechnung, indem es die Definition sogenannter *Abschnitte* zuläßt. Bei Abschnitten handelt es sich um eigenständige Formatierungseinheiten, in denen zum Beispiel Startziffer und Stil der Seitenummerierung, Anzahl der Textspalten sowie Inhalt und Position von Kopf- und Fußzeilen jeweils unabhängig voneinander festlegbar ist.

Wenn Sie also zum Beispiel in einem längeren Dokument - wie zum Beispiel diesem Buch - in der Kopfzeile der Seiten die jeweilige Kapitelüberschrift einsetzen wollen, dann sollten Sie jedes Kapitel als eigenen Abschnitt definieren, da jeder Abschnitt eigene Kopf- und Fußzeilen besitzt.

10.1 Wissenswertes in Kürze ... ...

Das Arbeiten mit Abschnitten ist nicht ganz unkritisch. Wenn Sie zum Beispiel in allen Kopfzeilen Ihres Dokuments eine Änderung vornehmen wollen, dieses Dokument aber 8 Abschnitte umfasst, so müssen Sie die Kopfzeilen aller 8 Abschnitte aufrufen und die Änderungen vornehmen.

Vorausschauend Arbeiten
Bevor Sie also das Dokument in viele Abschnitte zerstückeln, sollte Sie alle Kopf- und Fußzeilenformatierungen vorgenommen haben, die für das ganze Dokument gelten sollen.

• Abschnittsnummer im Info-Feld

Umfaßt ein Dokument mehrere Abschnitte, so erscheint im Info-Feld des Arbeitsfensters nicht nur die <u>S</u>eitenzahl sondern auch noch die <u>A</u>bschnittsnummer:

Dieser Eintrag im Infofeld bedeutet zum Beispiel, daß Sie sich auf Seite 15 im ersten Abschnitt befinden.

• Abschnittsnummer im Dialog „Drucken"

Besitzt Ihr Dokument mehrere Abschnitte, deren Seitenzahlen mit 1 beginnen, so kommt Word in Schwierigkeiten, wenn Sie ihm mitteilen, zum Beispiel die Seiten 3 bis 7 zu drucken. Word muß zusätzlich wissen, von welchem Abschnitt es die Seiten nehmen soll.

Daher erscheinen, sobald Ihr Dokument mehrere Abschnitte umfaßt, im Druckerdialog zwei Eingabefelder, in denen Sie die gewünschte Abschnittsnummer eingeben:

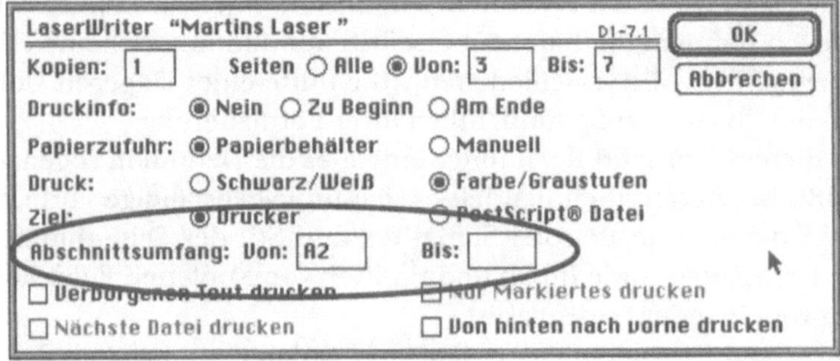

Der dargestellte Dialog druckt zum Beispiel die Seiten 3 bis 7 in Abschnitt 2.

• Abschnittsnummer im Kopf-/Fußzeilenfenster

Wenn Ihr Dokument mehrere Abschnitte umfaßt, erscheint beim Aufruf der Kopf- oder Fußzeilen im Titel des jeweiligen Fensters dieAbschnittsnummer:

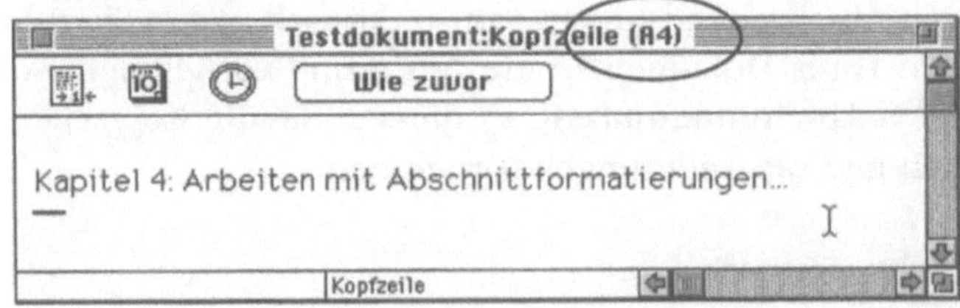

Beim der abgebildeten Kopfzeile handelt es sich also um die Kopfzeile von Abschnitt 4. Außerdem ist der Button **Wie zuvor** aktivierbar. Wenn Sie diesen drücken, dann verwendet Word für den aktuellen Abschnitt, in unserem Beispiel Abschnitt 4, dieselbe Kopfzeile wie in Abschnitt 3. Mehr zum Thema Kopf- und Fußzeilen in Kapitel ☞ K.38.

10.2 WIE BEGINNEN SIE EINEN NEUEN ABSCHNITT?

Um einen neuen Abschnitt in Ihrem Dokument zu beginnen gibt es zwei Methoden: Entweder Sie drük-ken Sie Tastenkombination APPLE-ENTER (nicht Return) oder Sie wählen den Menüpunkt „Abschnitts-wechsel" aus dem Einfügen-Menü:

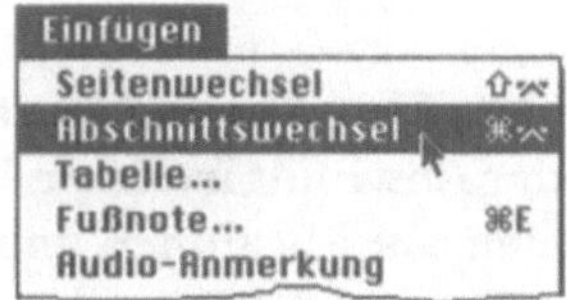

Es gibt einige Operationen, bei denen Word von sich aus einen Abschnittswechsel einfügt, zum Beispiel beim automatischen Erstellen eines Inhalts- oder Stichwortverzeichnisses. Word schreibt das Verzeichnis jeweils in einen neu angelegten Abschnitt. Sie erkennen den Beginn eines neuen Absatzes an einer doppelt gepunkteten Linie - der sogenannten**Abschnittsmarke** - die etwa aussieht wie ein doppelter Seitenumbruch:

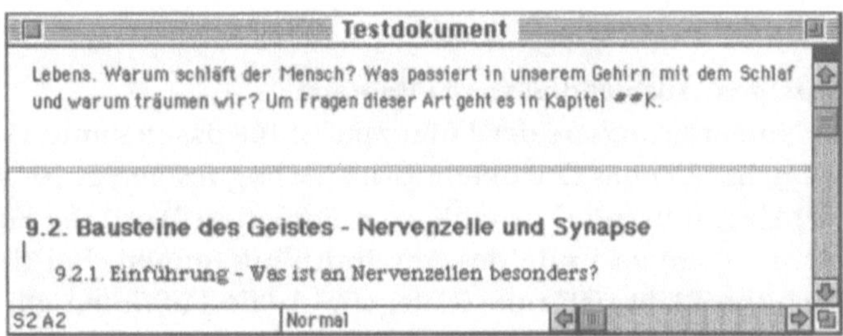

Alle Abschnittformate sind in der Abschnittsmarke gespeichert
Es ist wichtig zu wissen, daß Word alle Formatinformationen eines Abschnitts in der doppelt gepunkteten Linie speichert. Löschen dieser Linie löscht alle Abschnittformate und setzt die Formate, die im nachfolgenden Abschnitt gelten. Wenn Sie die Abschnittmarke aus Versehen löschen, wählen Sie sofort „Rückgängig" aus dem Bearb.-Menü. Word stellt dann die Abschnittformatierung wieder her.

10.3 WAS FÜR ABSCHNITTFORMATE GIBT ES?

Jeder Abschnitt erlaubt die individuelle Einstellung einer Reihe von Parametern, die im folgenden aufgeführt sind. Wie Sie diese Parameter setzen, daß erfahren Sie im nächsten Abschnitt.

• **Anzahl und Abstand der Textspalten**
Word unterstützt das Arbeiten mit bis zu hundert Textspalten. Leider müssen alle Textspalten dieselbe Breite und untereinander denselben Abstand haben.

• **Art und Weise der Zeilennumerierung**
Auf Wunsch numeriert Word die Zeilen des Dokuments durch. Wie die Seitennumerierung erfolgt auch die Zeilennummerierung abschnittsweise. Dabei sind

Numerierungsmodus, Abstand zum Text und Zählintervall für jeden Abschnitt seperat einstellbar.

• Startziffer, Typ und Position der Seitenzahl
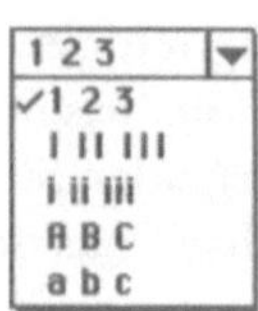
Jeder Abschnitt in einem Word-Dokument kann wieder mit der Seitenzahl 1 beginnen und in jedem Abschnitt darf der Typ und die Position der Seitenzahl neu festgelegt werden.
Word unterstützt fünf verschiedene Typen von Seitenzahlen.

• Position von Kopf- und Fußzeile
Kopf- und Fußzeilen sind bei längeren Dokumenten ein wichtiges Formatierungshilfsmittel. Häufig enthält die Kopfzeile Name und Nummer des aktuellen Kapitels während die Fußzeile die Seitenzahl trägt. Word trägt diesem Umstand Rechnung, indem es Gestaltung und Positionierung der Kopf- und Fußzeilen abschnittweise regelt.

• Anzeigen/Ausblenden von Fußnoten
Die Numerierungsart der Fußnoten ist für das gesamte Dokument dieselbe und wird daher bei der Dokumentformatierung festgelegt (☞ K.22). Ist dort der Modus „Abschnittsende" gewählt, so nummeriert Word die Fußnoten abschnittweise und stellt sie am Ende des Abschnitts zusammen. Bei der Formatierung eines Abschnittes läßt sich nun festlegen, ob die Fußnoten am Ende des Abschnittes angezeigt werden sollen oder nicht.

10.4 Übertragen von Abschnittsformaten

Eine einfache Methode, eine Absatzformatierung auf einen anderen Absatz zu übertragen, geht so:

❶ Scrollen Sie ans Ende des Absatzes, der das zu übertragende Format aufweist und klicken Sie mit der Maus auf den linken Rand der Abschnittmarke, so daß diese invertiert dargestellt wird:

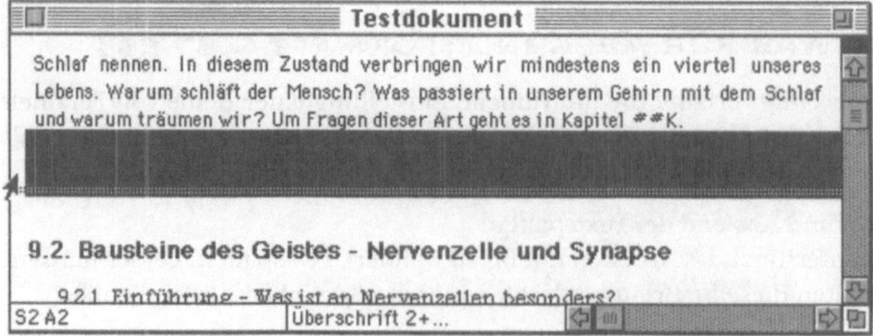

❷ Kopieren Sie die Marke in die Zwischenablage (Bearb.-Menü).

❸ Fügen Sie die Abschnittsmarke am Ende des Abschnittes ein, der das neue Format erhalten soll (Menüpunkt „Einfügen" aus dem Bearb.-Menü). Sofort formatiert Word den Abschnitt entsprechend der eingefügten Abschnittmarke.

10.5 HILFSMITTEL DER ABSCHNITTFORMATIERUNG

Zwei Hilfsmittel stehen zur Abschnittformatierung bereit:

• **Formatierungsleiste**
Die Formatierungsleiste (ein-/ausblendbar über das Ansicht-Menü) trägt an ihrem rechten Rand drei Icons, die den aktuellen Abschnitt in die ein-/zwei- und dreispaltigen Darstellung überführen:

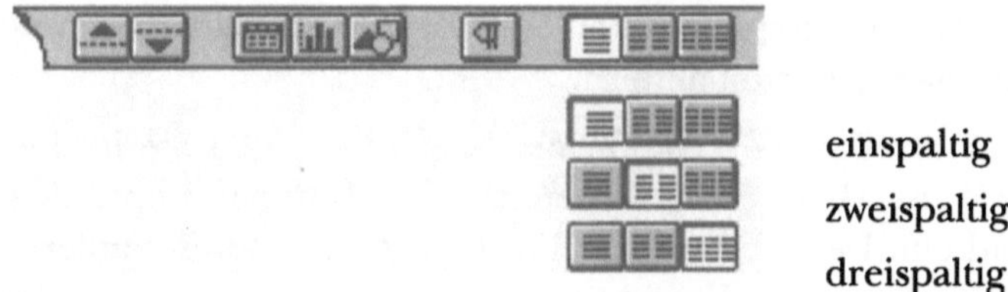

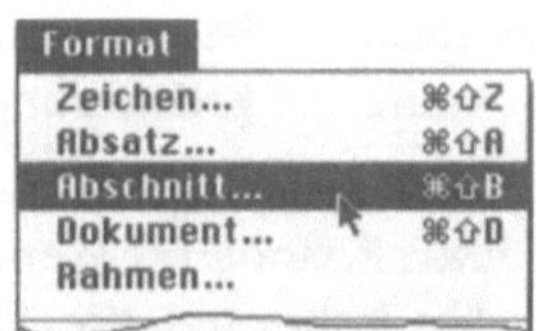

einspaltig

zweispaltig

dreispaltig

Die jeweils aktuelle Einstellung ist invertiert dargestellt. Mehr zum Thema „Spaltensatz" in Abschnitt ☞ K.10.6.

• **Dialogbox**
Die eigentliche Formatierung eines Abschnittes erfolgt jedoch über die Dialogbox „Abschnitt", die Sie über das Format-Menü erreichen.
Die Tastenkombinationen APPLE-SHIFT-B oder OPTION-F14 erfüllen denselben Zweck.

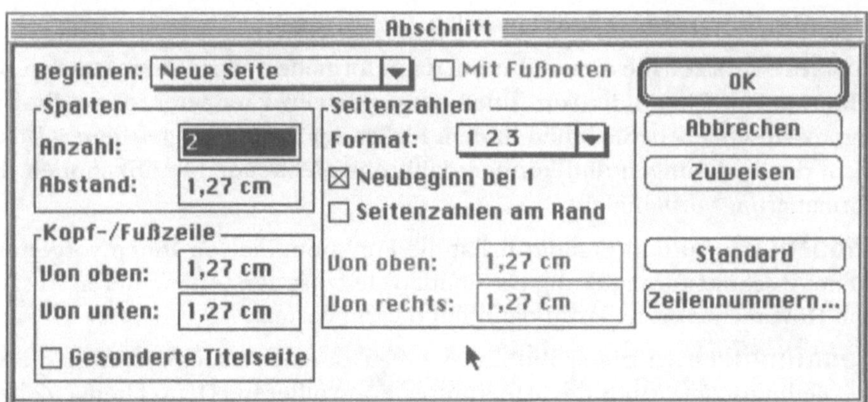

Beginnen: Ob der aktuelle Abschnitt zum Beispiel auf einer neuen Seite oder in einer neuen Spalte beginnen soll, legen Sie im Popup-Menü „Beginnen" fest. Dieses umfaßt nebenstehende Einträge:

Je nach ausgewähltem Eintrag beginnt Word den Abschnitt direkt im Anschluß an den vorherigen Abschnitt (*Ohne Wechsel*), in einer *neuen Spalte*, auf einer *neuen Seite*, auf der nächsten *geradzahligen Seite* oder auf der nächsten *ungradzahligen Seite.*

Spalten: Wieviele Spalten der Abschnitt umfassen soll, legen Sie im Eingabefeld „*Anzahl"* fest. Bis zu hundert Spalten sind möglich. Der *Abstand* zwischen allen Spalten ist jeweils identisch. Sobald Sie die Anzahl der Spalten verändern, ändert Word automatisch den Spaltenabstand. Sie können den vorgeschlagenen Wert aber jederzeit ändern.

Kopf-/Fußzeile: Die Position der Kopfzeile legen Sie in dem Eingabefeld „*Von oben"* fest. Hier geben Sie den Abstand zwischen Kopfzeile und oberem Papierrand ein. Den Abstand der Fußzeile zum unteren Papierrand hingegen legen Sie in dem Feld „*Von unten"* fest. Die Checkbox „*Gesonderte Titelseite"* bewirkt, daß die erste Seite des Abschnitts weder Fuß- noch Kopfzeile erhält. Diese Option ist zum Beispiel bei einem mehrseitigen Brief sinnvoll, bei dem die Seitenzahl in der Kopf- oder Fußzeile steht und nicht auf der ersten Seite erscheinen soll.

Seitenzahlen: Alle wichtigen Informationen zum Thema Seitenzahlen und eine detailierte Erläuterung der Dialogbox finden Sie in ☞ K.41.3.

Mit Fußnoten: Neben dem Popup-Menü „Beginnen" findet sich die Checkbox „Mit Fußnoten". Wenn Sie bei der Dokumentformatierung für die Plazierung der Fußnoten die Option „Abschnittsende" gewählt haben, so ist diese Checkbox aktivierbar. Über diese Box legen Sie fest, ob die Fußnoten im aktuellen Abschnitt angezeigt werden sollen oder nicht.

Zuweisen: Drücken Sie diesen Button, dann formatiert Word den aktuellen Abschnitt entsprechend der von Ihnen eingegebenen Parameter, ohne die Dialogbox zu schließen. Sie sehen in dem hinter der Dialogbox gelegenen Dokument die Änderungen und können dann entsprechende Modifikationen der Formatierung vornehmen.

Standard: Der Button „Standard" hat die Funktion, die von Ihnen vorgenommene Abschnittsformatierung als Standard festzusetzen. Alle weiteren Absätze und Dokumente startet Word dann mit diesem Format.

Zeilennummern...: Dieser Button verzweigt zu einer Dialogbox, über die Sie die Zeilennumerierung des Abschnittes kontrollieren. Dem Thema Zeilennumerierung ist in diesem Buch ein eigenes Kapitel gewidmet (☞ K.41.2).

10.6 ARBEITEN MIT MEHREREN SPALTEN

Word erlaubt bis zu 100 Spalten. Alle Spalten besitzen dabei immer dieselbe Breite. Wenn Sie über Dialogbox oder Lineal die Anzahl der gewünschten Spalten eingestellt haben, müssen Sie in die Seitenansicht (Datei-Menü) oder ins Druckbild (Ansicht-Menü) wechseln, um den Text tatsächlich mehrspaltig zu sehen. Im Normal-Modus sehen Sie lediglich eine langen Textwurm..

- **Vorsicht vor Einzügen**
  Wenn Sie einen bestehenden Text in einen mehrspaltigen überführen, so müssen Sie darauf achten, daß der Text nicht über ausgeprägte Absatzeinzüge verfügt. Haben Sie zum Beispiel Absätze mit Einzügen von 3cm und wechseln nun in dreispaltigen Druck, so gelten diese Einzüge auch in den Spalten. Ist die Spalte nun enger als der Einzug, dann sehen Sie von Ihrem Text keine Spur. Ändern Sie in einem solchen Fall die Einzüge. Dann ist die Welt wieder in Ordnung.

- **Zweispaltig per Tabelle**
  Wenn Sie in Ihrem Dokument Textpassagen zweispaltig drucken wollen, dann müssen Sie nicht immer einen neuen Abschnitt einfügen. Einfacher geht es häufig mit einer zweispaltigen Tabelle. Dies hat zudem noch den Vorteil, daß Sie die Spalten unterschiedlich breit gestalten können. In diesem Buch wurde kein einziges Mal ein zweispaltiger Abschnitt verwendet. Überall, wo Text und Grafik nebeneinander steht kam die Tabellenfunktion zum Einsatz.

- **Ändern der Spaltenbreite**

Um die Spaltenbreite zu ändern, klicken Sie auf das []-Symbol im Lineal. Word zeigt dann die Spaltenbegrenzungen im Lineal an. Diese lassen sich nun auch mit der Maus verstellen.

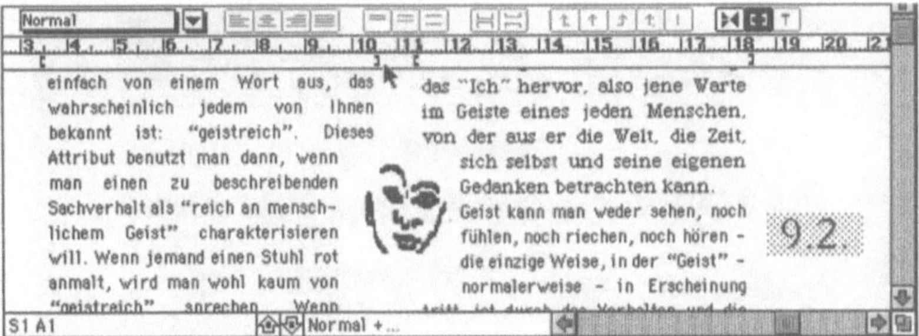

- **Grafiken zwischen den Spalten**

Grafiken lassen sich auch zwischen Spalten plazieren. Der Text in den jeweiligen Spalten fließt in einem solchen Fall um die Grafik herum. Um die Grafik zu positionieren, versehen Sie diese mit einem Postitionsrahmen (☞ K.43; aktivieren und dann „Positionsrahmen" aus dem Einfügen-Menü aufrufen) und schieben sie anschließend in der Seitenansicht an die gewünschte Position.

• Spaltenumbruch einfügen
Um manuell einenSpaltenumbruch einzufügen, verfahren Sie in derselben Weise wie beim Einfügen eines Seitenumbruchs, indem Sie entweder SHIFT-ENTER drücken oder „Seitenwechsel" aus dem Einfügen-Menü wählen

10.7 TIPS & TRICKS

• Schneller per Doppelklick ...
Doppelklick auf die Abschnittsmarkierung öffnet die Dialogbox zur Absatzformatierung. Dabei zeigt Word in der Dialogbox die Formatierung des Abschnittes über der Abschnittsmarkierung.

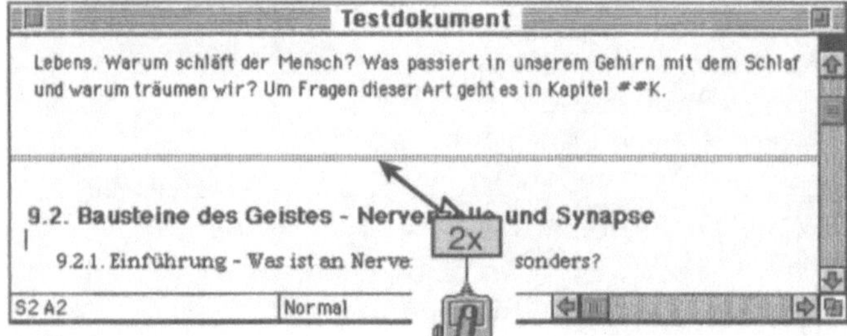

• Überschriften über mehrere Spalten
Bei Mehrspaltendruck ist es häufig attraktiv, eine Überschrift über mehrere Spalten laufen zu lassen:

Sie erreichen dies dadurch, daß Sie hinter der Überschrift eine Abschnittmarke einfügen und so einen neu-
en Abschnitt beginnen. Formatieren Sie nun den ersten
Abschnitt einspaltig, den zweiten Abschnitt zweispaltig.
Sorgen Sie im zweiten Abschnitt dafür, daß er „Ohne
Wechsel" beginnt. Sie legen dies im Popup-Menü „Beginnen" in der Dialogbox Abschnitt (Format-Menü) fest.

11. ADRESSEN

- Eingeben, Editieren, Formatieren und Löschen einer Adresse 66
- Abrufen einer Adresse aus dem Adressverzeichnis 67

Das Plug-In-Modul „Funktionsleiste" (☞ K.28) stellt eine kleine Adressverwaltung bereit, die in ihrer Bedienung sehr dem Textbausteinverzeichnis ähnelt. Im Adressverzeichnis lassen sich Adressen unter einem Kürzel abspeichern und anschließend jederzeit abrufen. Word sortiert die Adressen entsprechend ihres Kürzels und zwar alphabetisch. Sämtliche Adressfunktionen sind dialogbox-gesteuert und das Editieren einer Adresse ist - im Gegensatz zu Textbausteinen - innerhalb der Dialogbox möglich.

Die Funktionen der Adressverwaltung werden vom Plug-In-Modul „Funktions-leiste" bereitgestellt, sind also nur dann verfügbar, wenn dieses Modul korrekt installiert ist (☞ K.42).

• Eingeben, Editieren, Formatieren und Löschen einer Adresse

Tippen Sie die Adresse an eine beliebige Stelle Ihres Dokuments und aktivieren Sie diese.

Rufen Sie dann „Adressen" aus dem Einfügen-Menü auf.

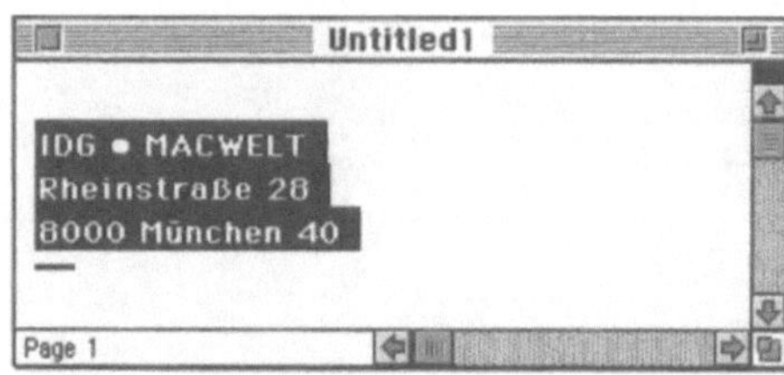

Word öffnet die Dialogbox für die Adress-verwaltung und trägt als Name für die Adresse die erste Zeile des aktivierten Textes ein. Den Namen können Sie natürlich ändern. Unterhalb des Namensfeldes zeigt Word den aktivierten Text. Auch dieser Text läßt sich editieren.

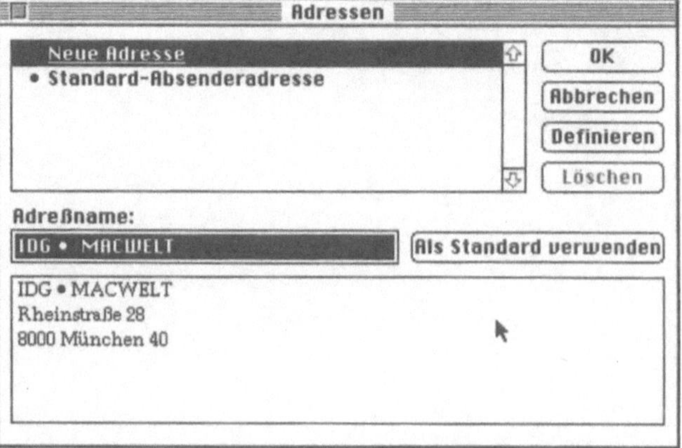

Sogar grundlegende Formatierungen sind möglich. Aktivieren Sie einfach den zu formatierenden Text und wählen Sie dann die verfügbaren Textattribute aus dem Format-Menü.

Wenn Sie mit Editieren und Formatieren der Adresse fertig sind, drücken Sie den Button **Definieren**. Word trägt nun die Adresse in die Liste ein.

Um weitere Einträge ins Adressverzeichnis vorzunehmen, klicken Sie einfach in der Liste der Adressnamen den Eintrag „**Neue Adresse**" an. Augenblicklich macht Word die Felder für Adressen-Name und Adresse frei und Sie können mit der Eingabe weiterer Adressen beginnen.

Um einen Adresseintrag zu löschen, müssen Sie dessen Namen in der Adressliste anklicken und anschließend den Button **Löschen** drücken.

Eine brauchbare Option versteckt sich hinter dem Eintrag „**Standard-Absenderadresse**". Wenn Sie ihn anklicken, erscheint im Adressfeld die Adresse, die Word bei der Erstellung eines Briefumschlages als Voreinstellung verwendet(☞ K.15). Tragen Sie hier Ihre eigene Adresse ein und drücken Sie dann auf den Button **Als Standard verwenden**. Bestätigen Sie eventuelle Abfragen mit „OK". Wenn Sie nun aus dem Extras-Menü den Eintrag „Briefumschlag" wählen, finden Sie in der Briefumschlag-Maske bereits Ihre Adresse als Absender eingetragen. Mehr zum Thema Briefumschläge in ☞ K.15.

• Einfügen einer Adresse in das Dokument

Die Übernahme einer Adresse aus dem Adreßverzeichnis in Ihr Dokument ist ein einfacher Vorgang:

❶ Plazieren Sie den Textcursor an der Stelle des Dokuments, an der die Adresse erscheinen soll.

❷ Aktivieren Sie „Adressen" aus dem Einfügen-Menü.

❸ Wählen Sie aus dem Adressverzeichnis die gewünschte Adresse und klicken Sie dann den Button **OK**.

Schneller per Doppelklick
Schneller und einfacher geht es, indem Sie in der Dialogbox die gewünschte Adresse doppelklicken.

12. ANMERKUNG

Anmerkung

Ab Word 5.1 gibt es neben den Audio-Anmerkungen (☞ K.13) noch eine andere Form, innerhalb eines Word-Dokuments Anmerkungen zu Textpassagen zu installieren: die Haftzettelchen.

Diese Möglichkeit, hinter der sich übrigens ebenfalls ein Plug-In-Modul verbirgt, erreichen Sie über den Menüpunkt "Anmerkungen" aus dem Einfügen-Menü. Ist dieser Menüpunkt bei Ihnen nicht vorhanden, haben Sie das Plug-In-Modul "Anmerkung" nicht korrekt installiert (☞ K.12).

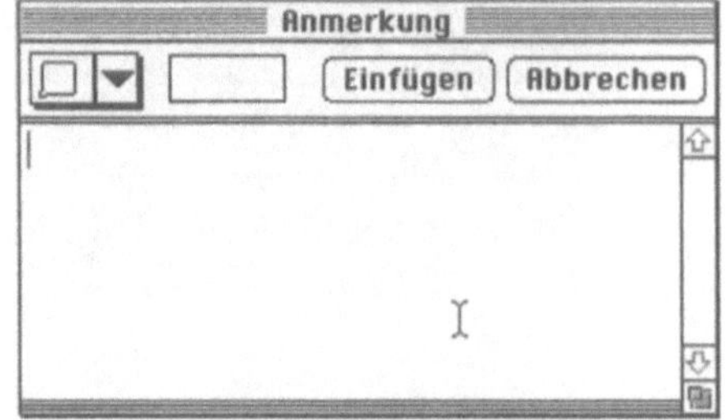

Hinter dem Menüpunkt verbirgt sich eine Art Notizblock, der Ihre Anmerkungen aufnimmt, mit einem Icon versieht und nach Drücken des Buttons **Einfügen** das ausgewählte Icon samt Text im Dokument installiert - und zwar an der Stelle, an der sich zu diesem Zeitpunkt der Textcursor befindet.

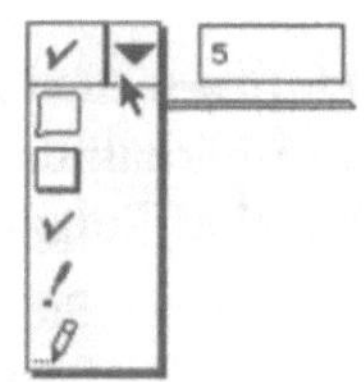

Hinter dem **Popup-Menü** in der linken oberen Ecke verbirgt sich eine Auswahl von fünf Icons. Sie müssen eins dieser Icons auswählen. Im ausgewählten Icon verstaut Word Ihre Textanmerkung und installiert beides in Ihrem Dokument.

Rechts neben dem Popup-Menü gibt es ein **Eingabefeld**. Hier können Sie eine Kurznotiz von fünf Zeichen Länge eingeben (z.B. Ihre Initialen), die bei den ersten beiden Icontypen (der Sprechblase und dem Feld) im Icon selbst erscheint.

Das Beispiel rechts zeigt die fünf verschiedenen Anmerkungstypen im Einsatz. "Sprechblase" und "Rechteck" enthalten jeweils eine kurze Zeichenkette, die im Notizblock ins Eingabefeld getippt wurde.

Wie die Abbildung zeigt, sind die Notizicons von einer gestrichelten Linie untermalt. Das bedeutet, daß Sie mit dem Zeichenformat "verborgen" versehen, also normalerweise nicht sichtbar sind.

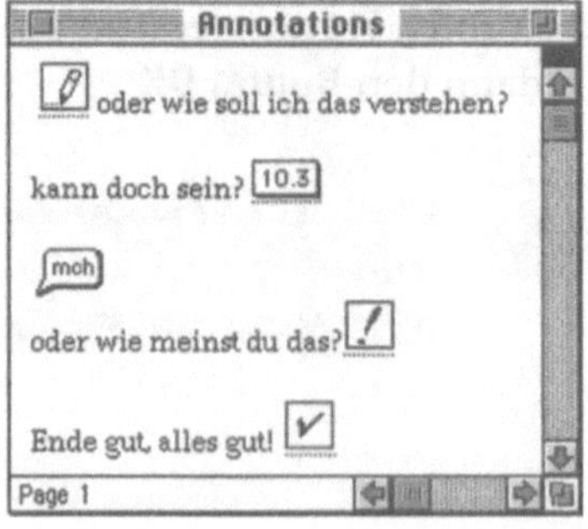

Anmerkungen sind als "verborgen" formatiert
Um sie zu sehen, müssen Sie die Option "Verborgenen Text einblenden" aus den Ansicht-Einstellungen (Extras-Menü) aktivieren. Ansonsten werden Sie keine Anmerkungsicons in Ihrem Text finden.

Das **Lesen und Bearbeiten von Textanmerkungen** erfolgt über eine Dialogbox, die der Dialogbox zum Erstellen der Anmerkungen sehr ähnlich ist und über den Menüpunkt "Anmerkungen" aus dem Ansicht-Menü. Word beginnt von der aktuellen Textcursorposition aus nach Anmerkungen zu suchen. Findet es eine Anmerkung, präsentiert es diese in folgender Dialogbox:

Mit diesem Steuerpult blättern Sie durch die Anmerkungen. Das Datum gibt an, wann die Anmerkung erstellt wurde. Jede Anmerkung können Sie ändern. Im Hintergrund zeigt Word die Stelle der Anmerkung im aktuellen Dokument.

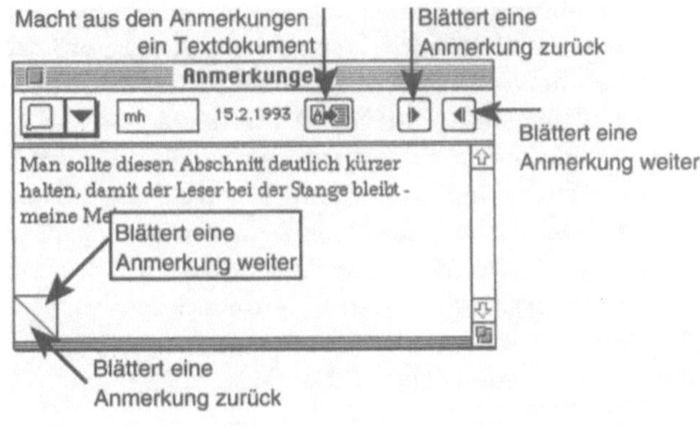

 **Doppelklick auf Icon öffnet Anmerkung**
Wenn Sie beim Bearbeiten eines Dokuments an eine Stelle kommen, an der ein Anmerkungsicon eingefügt ist, dann ist die einfachste Methode, an den Inhalt der Anmerkung ranzukommen, das Icon doppelzuklicken.

Enthält ein Text viele Anmerkungen, so erhalten Sie schneller eine Übersicht über diese, wenn Sie die Anmerkungen mit einem Schlag sichtbar machen. Word stellt Ihnen hierfür eine Hilfe bereit, die sich hinter dem nebenstehenden Icon verbirgt. 

Das Icon öffnet eine Dialogbox mit zwei Optionen zur Darstellung der Anmerkungen:

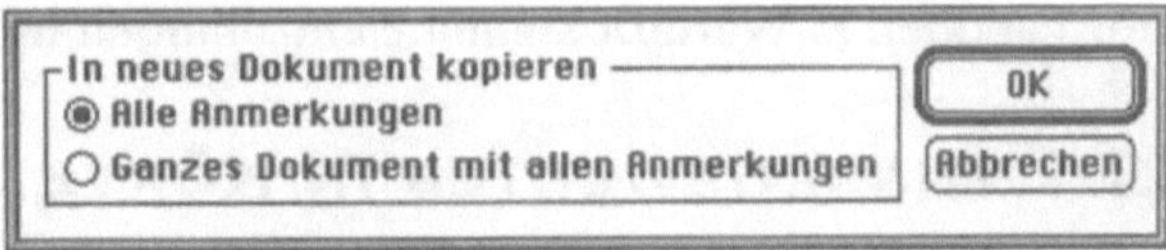

Alle Anmerkungen: Diese Option kopiert alle Absätze Ihres Dokument, an denen Anmerkungen "kleben", und erstellt aus ihnen und den zugehörigen Anmerkungen ein neues Dokument. Dabei sind die fettgedruckten Anmerkungen samt Kommentar aus dem kleinen Editfeld und dem Icon leicht versetzt unter den zugehörigen Dokumentabsatz geschrieben.

Ganzes Dokument mit allen Anmerkungen: führt zu einem ähnlichen Resultat, nur daß der gesamte Text des kommentierten Dokuments ins neue Dokument kopiert wird und nicht nur die Absätze, an denen Anmerkungen hängen.

13. AUDIO-ANMERKUNG

13.1 Wissenswertes in Kürze 70
13.2 Dialogbox und Menüs des Sprach-Moduls 72
    • Steuerung des Rekorders 73
    • Kontrollinstrumente der Aufnahme.................................73
13.3 Erstellen einer Sprachnotiz per Mikrofon 73
    • Über das Menü..74
    • Über die Tastatur 74
13.4 Aufspüren und Abhören vorhandener Sprachnotizen 75
13.5 Löschen von Audio-Anmerkungen..76
    • Entfernen einer Audio-Anmerkung aus dem Text 76
    • Wie löschen Sie den Inhalt einer Audio-Anmerkung? 76
13.6 Erweitern und Verknüpfen 77
    • ... um einen mündlichen Kommentar 77
    • ... um den Inhalt einer Sounddatei 77
    • Verknüpfen zweier Audio-Anmerkungen........................78
13.7 Ändern der Aufnahmezeit 79
13.8 Laden, Speichern und Löschen 79
13.9 Tips & Tricks..80

Audio-Anmerkungen, besser als Sprachnotizen bezeichnet, bieten eine ausgeklügelte Möglichkeit, Stellungenahmen zu Textpassagen direkt an der betreffenden Passage unterzubringen, ohne selber Text eingeben zu müssen. Das spart Fingerarbeit und bringt außerdem das Dokument nicht zu sehr in Unordnung - außerdem geht es deutlich schneller.

Wenn Sie allerdings Ihre Anmerkungen lieber traditionell mit „Haftzettelchen" machen, dann sollten Sie mal in Kapitel „Anmerkungen" weiterlesen (☞ K.12).

Audio-Anmerkungen taugen auch dazu, Musik-, Geräusch- und sonstige Sound-Informationen in Word-Dokumente einzubinden und mit diesen zu verschicken.

13.1 WISSENSWERTES IN KÜRZE ... ...

• Installation
Audio-Anmerkungen werden durch ein gleichnamiges Plug-In-Modul ermöglicht, das im folgenden *Audio-Modul* genannt wird und nebenstehendes Icon besitzt. Für dieses Modul gelten dieselben Installationsregeln wie für alle Plug-In-Module von Word (☞ K.42).

Bei der Installation von Word wird zudem noch eine Kontrollfelddatei namens Voice-Record im Systemordner installiert.

• Welche Hardware ist erforderlich?

Das Audio-Modul unterstützt Mikrophoneingang und Standardmikrofon von ColorClassic, Performa, LC, LC III, SI, Classic II, Centris, Quadra und Powerbook, arbeitet aber auch mit anderen Sprachaufnahmesystemen wie zum Beispiel Voice-Impact zusammen. Dadurch ist die Aufnahme von Audio-Anmerkungen auf fast jedem Macintosh möglich.

Das Abspielen derartiger Anmerkungen ist - laut Microsoft - auf jedem Macintosh möglich.

• Wie sind Audio-Anmerkungen gespeichert?

Word speichert Audio-Anmerkungen in kleinen Lautsprechericons, die es genau dort einfügt, wo zum Zeitpunkt der Aufzeichnung der Textcursor stand:

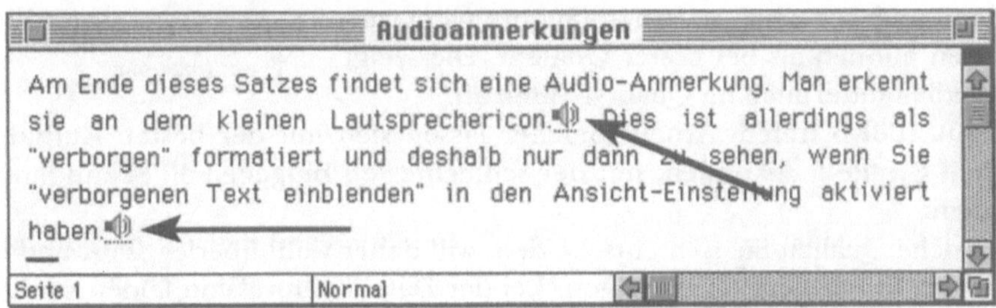

Diese Icons sind als „verborgen" formatiert (Sie erkennen dies an der gepunkteten Unterstreichung) und daher nur sichtbar, wenn in der Dialogbox Einstellungen (Extras-Menü) unter „Ansicht" die Checkbox „Verborgener Text" aktiviert ist:

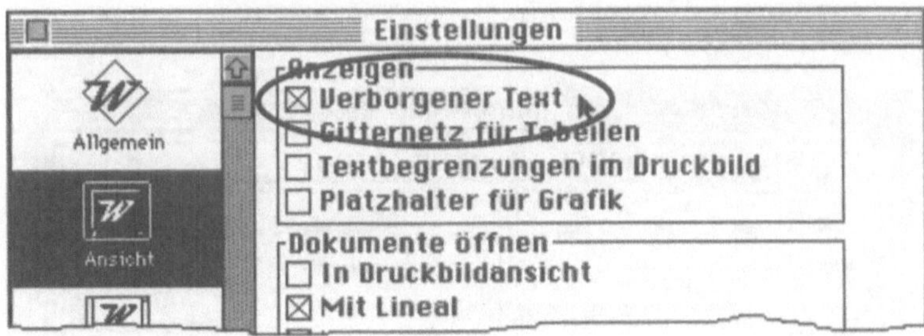

• Anmerkung zu Speicherbedarf und Tonqualität

Wie alle dynamischen Daten benötigen auch Tonaufnahmen eine große Menge Speicherplatz. Um das Datenaufkommen zu reduzieren, kann man zum Beispiel die Abtasterate mit der das Audiosignal digitalisiert wird reduzieren oder die Daten in Echtzeit komprimieren. Das Adio-Modul verwendet die zweite Methode, also die Datenkompression. Drei Qualitätsstufen stehen zur Wahl, wie Sie dem „Gerät-Info…" (?-Menü) entnehmen können.

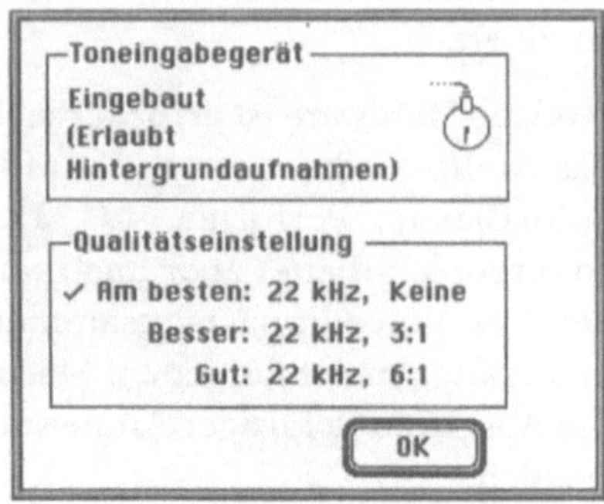

Das Feld Qualtitätseinstellungen zeigt drei Stufen. Dabei digitalisiert das Audio-Modul immer mit 22 kHz. Bei den Qualitätsstufen „Besser" und „Gut" komprimiert Word die Daten im Verhältnis 3:1 beziehungsweise 6:1.

Das bedeutet, daß Sie bei der Qualitätsstufe „Besser" dreimal und bei „Gut" sechsmal längere Clips aufnehmen können als bei bester Qualtiät. Dies zeigt das Audio-Modul auch im Qualität-Menü an.

Mit gut 100KB freiem Arbeitsspeicher lassen sich mit der besten Aufnahmequalität gerade 5 Sekunden, mit der schlechtesten hingegen 30 Sekunden aufnehmen.

Für welche Qualität Sie sich entscheiden, will daher wohl überlegt sein und wird stark vom Einsatzbereich abhängen. Bei der Datenkompression leiden vor allem die hohen Töne. Trotzdem: die Qualität „Besser" reicht in der Regel zur Sprachaufzeichnung völlig aus.

13.2 DIALOGBOX UND MENÜS DES SPRACH-MODULS

Sie erreichen die Dialogbox des Sprach-Moduls über den Menüpunkt „Audio-Anmerkung" aus dem Einfügen-Menü:

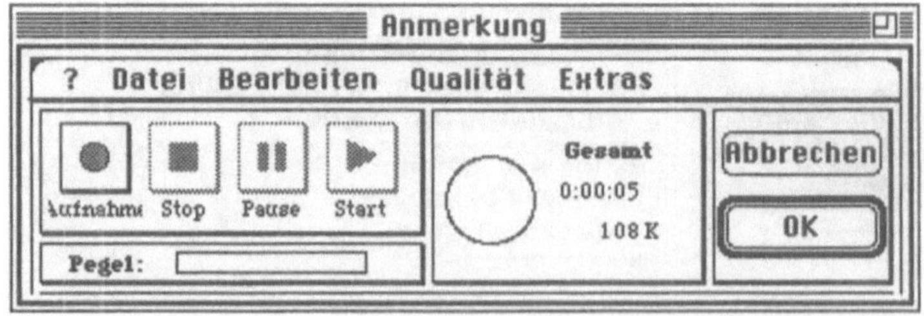

Die Dialogbox enthält vier Buttons zur Aufnahmekontrolle, zwei Anzeigen für Aufnahmepegel und Aufnahmedauer sowie eine eigene Menüleiste mit folgenden Menüpunkten:

• Steuerung des Rekorders
Mit dem Button **Aufnahme** starten Sie die Aufzeichnung. Augenblicklich werden die Buttons **Stop** und **Pause** aktivierbar, über die Sie die Aufnahme jederzeit unterbrechen können. Nach der Unterbrechung durch **Stop** oder **Pause** können Sie die Aufnahme fortführen.
Nach der Aufnahme ist auch der Button **Start** aktivierbar. Drücken Sie ihn, wenn Sie die Aufzeichnung abhören wollen.

• Kontrollinstrumente der Aufnahme
Während der Aufnahme zeigt ein schwarzer Balken im Anzeigefeld **Pegel** die aktuelle Aussteuerung an. Sorgen Sie durch die Positionierung des Mikrofons und die Lautstärke Ihrer Stimme dafür, daß sich der schwarze Balken im Mittelfeld des weißen Feldes bewegt.
Der leere Kreis **Gesamt** repräsentiert den Arbeitsspeicher, der für die Aufzeichnung zur Verfügung steht. Er füllt sich während der Aufnahme. Rechts neben dem Kreis steht der für die Aufnahme verfügbare Arbeitsspeicher sowie die Länge der Aufnahmezeit. Diese ändern Sie über das Qualität-Menü.

13.3 ERSTELLEN EINER SPRACHNOTIZ PER MIKROFON

Plazieren Sie den Mauscursor an der Stelle Ihres Dokuments, an der Word die Audio-Anmerkung speichern soll. Es gibt zwei Möglichkeiten, die Aufnahme zu starten: über das Menü oder über die Tastatur:

• Über das Menü

❶ Aktivieren Sie den Menüpunkt „Audio-Anmer-kung" im Einfügen-Menü.

❷ Wählen Sie aus dem Qualität-Menü die gewün-schte Aufnahmequalität (siehe Einführung):

❸ Reden Sie ein paar Probesätze. Wie Sie sehen, zeigt der Rekorder den Auf-nahmepegel an. Ändern Sie die Position des Mikrofons oder die Lautstärke Ihrer Stimme, bis der Aufnahmepegel stimmt (schwarzer Balken reicht dann bis ins Mittelfeld).

❹ Drücken Sie den Button **Aufnahme**. Word aktiviert die Buttons „Stop" und „Pause" und zeigt im Kreis „Gesamt" als schwarzes Kreissegmet die verbrauchte Menge Speicherplatz:

❺ Sind Sie mit Ihrer Anmerkung fertig, drücken Sie **Stop** oder die Tastenkombi-nation APPLE-PUNKT.

❻ Hören Sie Aufnahme vorsichtshalber einmal ab, indem Sie den nun aktivierba-ren Button **Start** drücken. Ist die Aufnahme gelungen, dann drücken Sie den Button **OK**. Word kehrt dann zum Word-Dokument zurück und plaziert die Anmerkung an der Stelle des Textcursors.

• Über die Tastatur
Eine schnellere Methode, die zudem längere Aufnahmezeiten, doch leider keine Justierung der Aufnahmeparameter erlaubt, funktioniert so:

❶ Drücken Sie die Tastenkombination CONTROL-APPLE-A (englische Version) oder halten Sie die OPTION-Taste gedrückt, während Sie den Menüpunkt „Audio-Anmerkung" aus dem Einfügen-Menü wählen.

❷ Word startet sofort mit der Aufzeichnung, ohne die Dialogbox zu öffnen.

Lediglich im Infofeld des Arbeitsfensters erscheinen im Wechsel entsprechende Mitteilungen, darunter auch der bereits belegte Arbeitsspeicher in %.

❸ Um die Aufnahme zu beenden, drücken Sie APPLE-PUNKT. Word bricht sofort die Aufzeichnung ab und tut dies im Infofeld kund.

13.4 AUFSPÜREN UND ABHÖREN VORHANDENER SPRACHNOTIZEN

Um Audio-Anmerkungen in einem Dokument abzuhören aktivieren Sie am besten „Audio-Anmerkungen" im Ansicht-Menü.
Besitzt das Dokument keinerlei Audio-Vermerke, erscheint lediglich die Mitteilung

Ansonsten springt Word zur ersten Audio-Anmerkung, zeigt diese im Arbeitsfenster und öffnet folgende Dialogbox:

Bei dieser Box handelt es sich um eine Art Abspiel- und Suchinstrument für Audioanmerkungen.

Start/Stop/Pause: mit diesen drei Buttons steuern Sie den Abspielvorgang der aktuellen Audio-Anmerkung.

Zeit/Bytes: Zeitdauer und Speicherbedarf der aktuellen Audio-Anmerkung.

Verfasser: Zu jeder Audio-Anmerkung notiert Word Datum und Verfasser, wobei es dabei die Initialien verwendet, die in dem gleichnamigen Feld in den allgemeinen Einstellungen eingetragen sind:

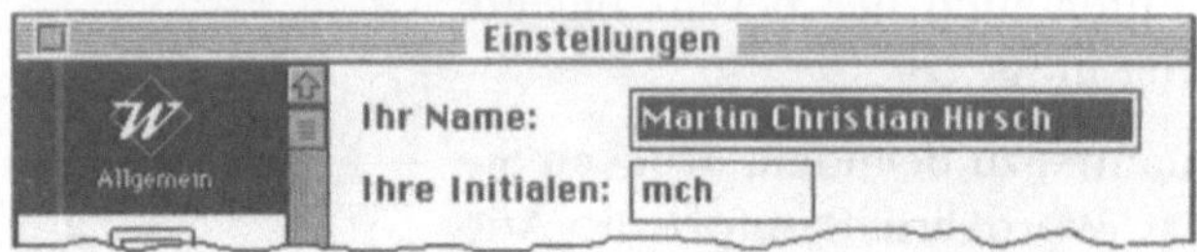

Nummer: Im Eingabefeld steht die Nummer der aktuellen Audio-Anmerkung und dahinter die Anzahl der insgesamt im Dokument vorhandenen Anmerkungen. Wenn Sie hier eine andere Nummer eingeben aktiviert Word den Button **Suchen**. Wenn Sie dann diesen Button drücken, bringt Word die entsprechende Anmerkung in den Ausschnitt des Arbeitsfensters.

Nächste/Vorhergehende: Wenn Sie einen dieser beiden Buttons drücken, wechselt Word zur nächsten beziehungsweise vorhergehenden Audio-Anmerkung und präsentiert diese im Arbeitsfenster. Auf diese Weise sehen Sie immer den Kontext, in dem die Audio-Anmerkung innerhalb des Dokuments steht.

13.5 Löschen von Audio-Anmerkungen

• Entfernen einer Audio-Anmerkung aus dem Text
Word behandelt Audio-Anmerkungen wie jedes in einen Text eingefügte Objekt. dieses aus dem Text zu entfernen, verwenden Sie die BACKSPACE- oder DELETE-Taste oder aktiveren Sie den Menüpunkt „Löschen" aus dem Bearb.-Menü, nachdem Sie die Audio-Anmerkung per Einfachlick aktiviert haben.

• Wie löschen Sie den Inhalt einer Audio-Anmerkung?
Um das Lautsprechericon im Text zu belassen, den Inhalt der Anmerkung aber zu löschen, verfahren Sie folgendermaßen:

❶ Aktivieren Sie das Icon der Audio-Anmerkung per Einfachklick.

❷ Rufen Sie den Menüpunkt „Bearbeiten Audio-Anmerkung…" aus dem Bearb.-Menü (dieser Eintrag ist nur zu sehen, wenn eine Anmerkung aktiviert ist)

❸ Es erscheint die normale Dialogbox zur Aufnahme von Audio-Anmerkung-en. Wählen Sie hier den Menüpunkt „Löschen" (Bearbeiten-Menü).

13.6 ERWEITERN UND VERKNÜPFEN VON AUDIO-ANMERKUNGEN

• Erweitern einer Audio-Anmerkung um einen mündlichen Kommentar
Eine Audio-Anmerkung läßt sich übrigens jederzeit erweitern - zumindest solange noch genügend Arbeitsspeicher vorhanden ist. Gehen Sie dabei wie folgt vor:

❶ Klicken Sie auf das Icon der Audio-Anmerkung die Sie erweitern wollen.

❷ Wählen Sie „Bearbeiten Audio-Anmerkung..." aus dem Bearb.-Menü (dieser Eintrag ist nur zu sehen, wenn eine Anmerkung aktiviert ist!)

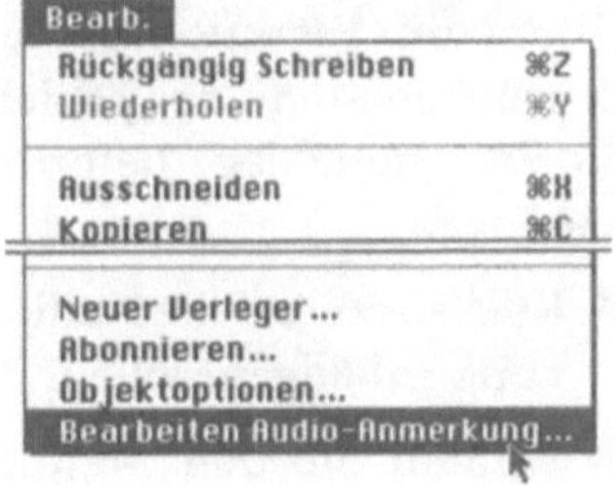

❸ Es erscheint die normale Dialogbox zur Aufnahme von Audio-Anmerkungen. Die Kontrollinstrumente zeigen, wieviel Speicher noch für Erweiterung zur Verfügung steht. Drücken Sie einfach den **Start**-Button und sprechen Sie Ihre Ergänzungen. Word fügt diese direkt an die alte Anmerkung an.

• Erweitern einer Audio-Anmerkung um den Inhalt einer Sounddatei
Jede Audio-Anmerkung läßt sich um den Inhalt einer auf Platte befindlichen Sounddatei erweitern. Gehen Sie dabei wie folgt vor:

❶ Klicken Sie auf das Icon der Audio-Anmerkung die Sie erweitern wollen.

❷ Rufen Sie den Menüpunkt „Bearbeiten Audio-Anmerkung..." aus dem Bearb.-Menü (dieser Eintrag ist nur zu sehen, wenn eine Anmerkung aktiviert ist!).

❸ Es erscheint die normale Dialogbox zur Aufnahme von Audio-Anmerkungen. Aktivieren Sie den Menüpunkt „Verbinden" aus dem Datei-Menü der Dialogbox:

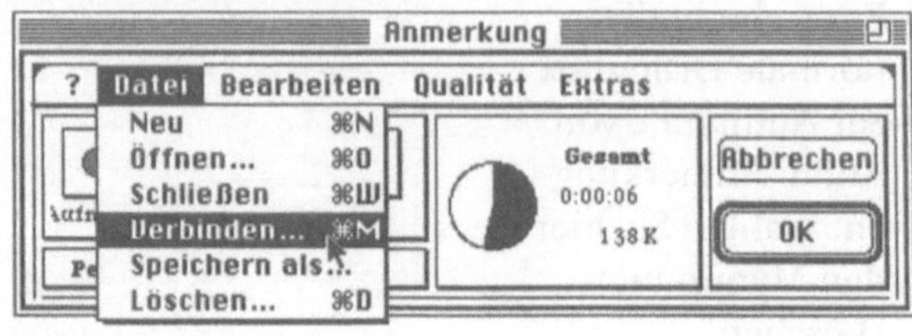

❹ Es erscheint eine Dateiauswahlbox, über die Sie die Sounddatei aufspüren, mit der die aktuelle Audio-Anmerkung verknüpft werden soll. Drücken Sie dann **Öffnen**.

Word lädt nun die Datei und versucht, diese an die aktuelle Audio-Anmerkung anzuhängen. Wenn allerdings nicht alle Soundparameter identisch sind, zeigt Word eine Fehlermeldungen.

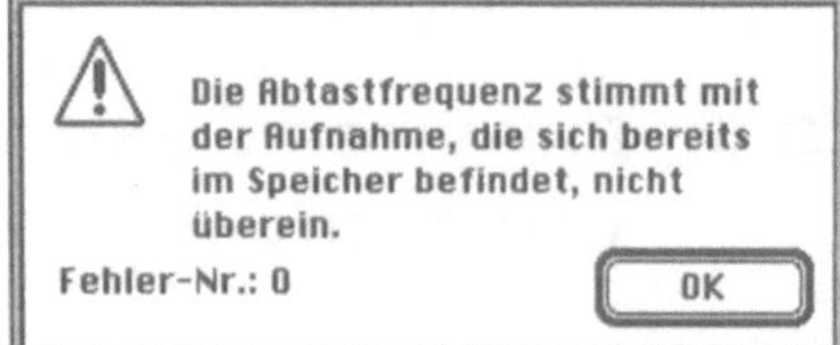

• **Verknüpfen zweier Audio-Anmerkungen**
Über die Funktionen Kopieren/Ausschneiden und Einfügen aus dem Bearbeiten-Menü der Dialogbox läßt sich der Inhalt einer Audio-Anmerkung in die Zwischenablage befördern und von dort an eine andere Audio-Anmerkung anhängen:

❶ Klicken Sie auf die Audio-Anmerkung, deren Inhalt Sie an eine andere Anmerkung anhängen wollen.

❷ Wählen Sie den Menüpunkt „Bearbeiten Audio-Anmerkung..." aus dem Bearb.-Menü (dieser Eintrag ist nur zu sehen, wenn eine Anmerkung aktiviert ist!).

❸ Aus dem Bearbeiten-Menü der Dialogbox wählen Sie den Menüpunkt „Kopieren" und drücken dann **Abbrechen**.

❹ Klicken Sie nun die Audio-Anmerkung an, die Sie erweitern wollen und wählen Sie erneut den Menüpunkt „Bearbeiten Audio-Anmerkung..." aus dem Bearb.-Menü.

❺ Aus dem Bearbeiten-Menü der Dialogbox wählen Sie den Menüpunkt „Einfügen". Word hängt nun den Inhalt der Zwischenablage an die aktuelle Audio-Anmerkung an - zumindeste wenn die Datenstruktur dieselbe ist. Ansonsten erscheint eine Fehlermitteilung.

13.7 Ändern der Aufnahmezeit

Das Extras-Menü der Audio-Anmerkungen enthält den Menüpunkt „Einstellungen...". Word öffnet eine Dialogbox, in der Sie Word den Zeitraum mitzuteilen, den es wenn irgend möglich für die Aufnahme zur Verfügung stellen soll. Da sich der Speicherbedarf auch nach dem Ausmaß der Kompression richtet, müssen Sie auch diese festlegen.

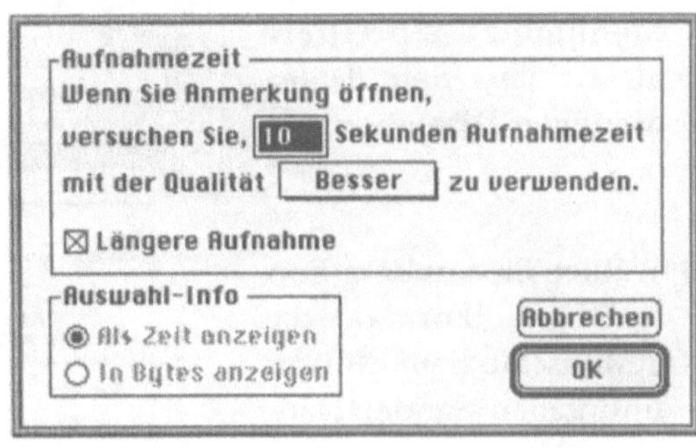

Hierzu dient das Popup-Menü inmitten des Textes. Die Checkbox **Längere Aufnahme** teilt Word mit, ob Sie wenn es die aktuelle Speichersituation erlaubt, eine längere Aufnahme wünschen oder nicht.

13.8 Laden, Speichern und Löschen von Sounddateien

• Laden von Sounddateien

Neben der unkomplizierten Einbindung von Sprachnotizen in Ihren Word-Text bietet Ihnen das Audio-Modul auch die Möglichkeit, Sound-Dateien (Ressourcen) von einem Datenträger zu laden und dann in den Text einzusetzen. Gehen Sie dabei folgendermaßen vor:

❶ Plazieren Sie den Textcursor dort, wo Sie die Sound-Datei wünschen.

❷ Aktivieren Sie den Menüpunkt „Audio-Anmerkung" aus dem Einfügen-Menü.

❸ Wählen Sie aus dem Datei-Menü der Dialogbox den Eintrag Öffnen:

❹ Öffnen Sie die gewünschte Sounddatei und klicken Sie anschließend den **OK**-Button. Sofort fügt Word die Datei in Ihren Text ein.

• Speichern einer Audio-Anmerkung auf Platte

Jede Audio-Anmerkung läßt sich als Sounddatei auf Platte schreiben:

❶ Wählen Sie nach erfolg-
reicher Aufnahme den
Menüpunkt „Speichern
als ..." aus dem Datei-
Menü der Dialogbox:

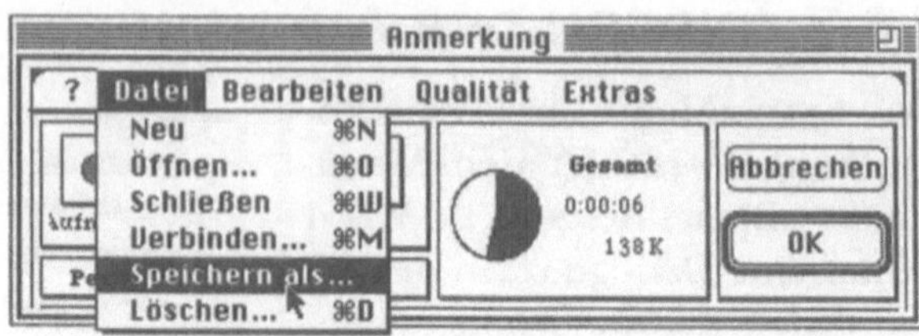

❷ Wählen Sie aus dem Pop-
up-Menü „Format" das
gewünschte Soundformat
und geben Sie der Datei
einen Namen.

❸ Drücken Sie dann den
Button **Speichern**.

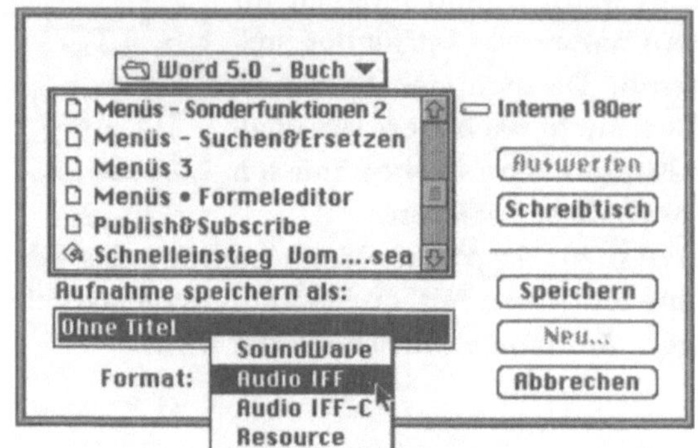

• Löschen von Sounddateien

Wenn Sie vom Audio-Modul aus direkt Sounddateien löschen wollen, dann wählen Sie den Menüpunkt „Löschen" aus dem Datei-Menü der Dialogbox. Word
zeigt Ihnen dann eine Datei-Auswahlbox, über die Sie die zu löschende Datei aus-
findig machen und dann löschen können.

13.9 TIPS & TRICKS

• Schneller per Doppelklick

Auch beim Umgang mit Audio-Anmerkungen hilft der Doppelklick: Um eine
Audio-Anmerkung abzuhören, doppelklicken Sie diese:

Sofort öffnet Word das Abspielgerät zum Anhören und Suchen von Audio-
Anmerkungen.

14. BEFEHLE

14.1   Die Dialogbox „Befehle" 82
14.2   Ausführen eines Befehls..83
14.3   Befehle ins Menü übernehmen 83
14.4   Menüpunkte löschen...84
14.5   Menüpunkte umstellen 84
14.6   Opt.-Menü installieren 84
14.7   Trennlinien installieren 85
14.8   Tastaturkürzel hinzufügen...85
14.9   Tastaturkürzel entfernen 86
14.10 Einstellungen archivieren und drucken 86
14.11 Tips & Tricks...87

Eine herausragende Eigenschaft von Word besteht darin, daß Sie als Anwender beliebige Pull-Down-Menüs zusammenstellen, ein eigenes Menü installieren und für sämtliche Word-Funktionen eigene Tastaturshortcuts definieren können.

Auch alle Funktionen, die normalerweise nur über eine Dialogbox erreichbar sind, lassen sich in einem Menü installieren oder mit einer Tastenkombination versehen.

Das bedeutet, daß Sie Word auf Ihre speziellen Bedürfnisse hin zurechttrimmen können. Werfen Sie die Funktionen aus den Menüs heraus, die Sie selten verwenden und installieren Sie jene, die Ihnen in der Standardausstattung von Word nur über den Umweg einer Dialogbox erreichen.

Derart zusammengestellte Menüs und Tastaturshortcuts lassen sich in separaten Dateien speichern. Für verschiedene Arbeitsbereiche lassen sich auf diese Weise problemspezifische Arbeitsumgebungen definieren, zwischen denen Sie bei Bedarf beliebig hin und her wechseln.

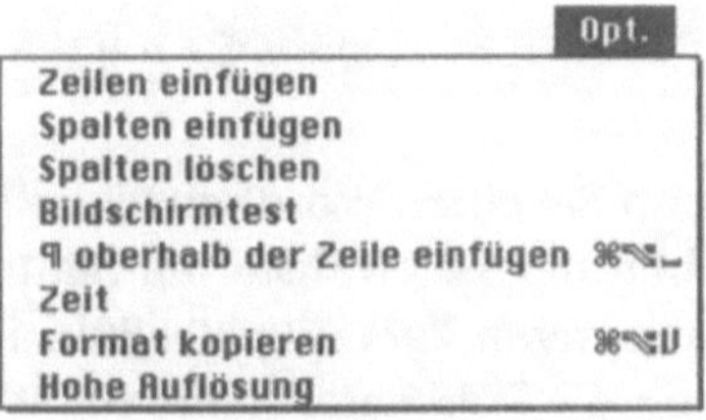

Doch nicht nur das - Word verfügt über deutlich mehr Funktionen, als über Menüs und Dialogboxen erreichbar sind. Unter normalen Umständen kommt man mit diesen Funktionen nicht in Berührung - oder ist Ihnen schon mal der word-eigene Bildschirmschoner mit dem Namen „Bildschirmtest" begegnet? Wenn Sie wissen wollen, was sich hinter diesem Befehl verbirgt und wie man sich diese Befehle verfügbar macht, dann schauen Sie mal am besten in die Tips & Tricks am Ende dieses Kapitels.

14.1 Die Dialogbox „Befehle"

Drehscheibe für das Zurechtschneidern der Word-Arbeitsumgebung ist eine Dialogbox, die Sie über den Menüpunkt „Befehle" aus dem Extras-Menü erreichen.

Sie gelangen so zu folgender Dialogbox:

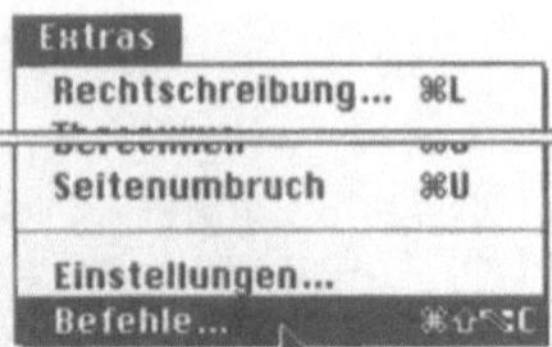

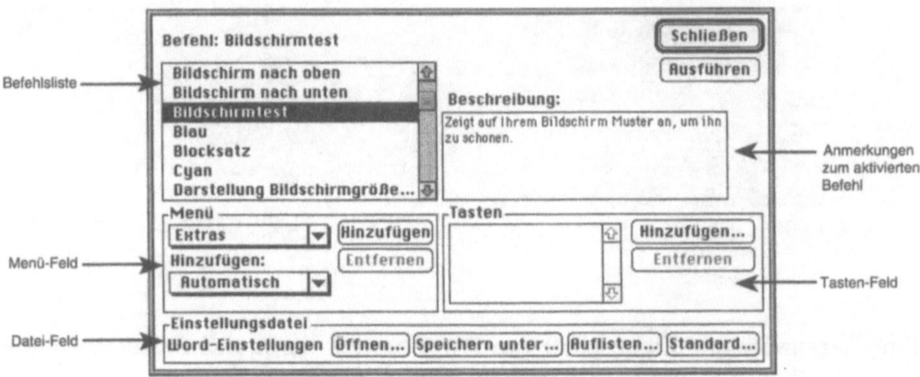

Wohl kaum eine Dialogbox von Word ist so komplex wie diese - kein Wunder, verbirgt sich doch hinter dieser Fassade die gesamte Arbeitsumgebung von Word. Links oben findet sich ein Auswahlfeld, in dem die etwa 350 Funktionen von Word alphabetisch aufgelistet sind. Die Befehle der Plug-In-Module sind in dieser Liste *kursiv* dargestellt.

 Wenn Sie eine Buchstabentaste drücken, springt Word in dieser Liste zu den Einträgen, die mit den gedrückten Tasten beginnen.

Wenn Sie einen Wordbefehl anklicken finden Sie rechts neben der Befehlsliste, im Statusfeld **Beschreibung** Erläuterungen zum angeklickten Befehl - allerdings nur, wenn die Hilfedatei „Hilfe für Word-5-Befehle" im Ordner Word-Befehle vorliegt.

Hilfe für Word-5-Befehle

Ist dies nicht der Fall, macht Word auf diesen Mißstand in einer eigenen Dialogbox aufmerksam.

Unter der Befehlsliste findet sich ein Feld mit dem Namen **Menü**. Dieses enthält zwei Popup-Menüs und zwei Buttons. Über diese Kontrollelemente legen Sie fest, an welcher Stelle in welchem Menü der in der Befehlsliste aktivierte Befehl eingetragen werden soll. Beziehungsweise, ob ein Befehl aus einem Menü entfernt werden soll.

Rechts neben dem Feld **Menü** liegt das Feld **Tasten**. Es enthält ein Auswahlfeld und zwei Buttons. Mit diesen Kontrollelemente weisen Sie dem in der Befehlsliste aktivierten Befehl ein Tastaturkürzel zu oder entfernen ein bestehendes Kürzel. Bei der Darstellung der Tastaturkürzel verwendet Word folgende Icons:

∧	CONTROL-Taste
⌘	APPLE-Taste
⇧	SHIFT-Taste (Hochstelltaste)
⌥	OPTION-Taste
▦	Zehnerblock
␣	LEER-Taste
↵	RETURN-Taste
⌅	ENTER-Taste
⇥	TABULATOR-Taste
⌫	BACKSPACE-Taste
→	ESCAPE-Taste
↓ F15	Funktionstasten
↑	CURSOR-Tasten

Beispiele:

⌘ ⇧ Z Gleichzeitig die APPLE- und die HOCHSTELLTASTE gedrückt halten und dann „Z" drücken,

[▦ 6] Taste „6" auf dem Zehnerblock.

Unter den Feldern „Menü" und „Tasten" findet sich das Feld **Einstellungesdatei**. Dieses enthält vier Buttons, die den Umgang mit den aktuellen Einstellungen kontrollieren. Die aktuellen Einstellungen lassen sich nämlich als eigenständige Datei sichern, drucken und als Standard definieren.

14.2 AUSFÜHREN EINES BEFEHLS

Die Dialogbox „Befehle" bietet Ihnen die Möglichkeit, einen Befehl auszuprobieren:

❶ Aktivieren Sie den Befehl, den Sie ausprobieren wollen.

❷ Wählen Sie den Button **Ausführen**. Word schließt die Dialogbox und führt den Befehl aus.

14.3 BEFEHLE INS MENÜ ÜBERNEHMEN

Wenn Sie einen Word-Befehl in ein Pull-Down-Menü übernehmen wollen gehen Sie folgendermaßen vor:

❶ Aktivieren Sie in der Befehlsliste den Befehl, den Sie im Menü installieren möchten.

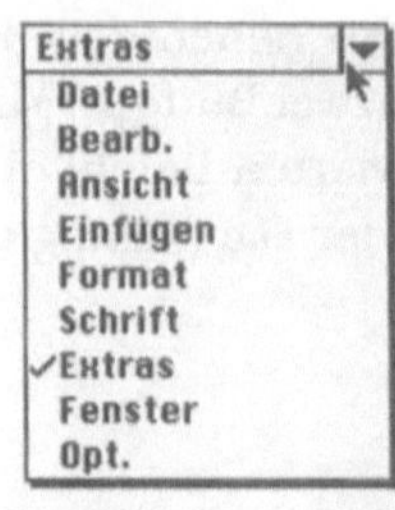

❷ Wählen Sie aus dem oberen Popup-Menü im Menü-Feld das Menü, in dem Sie den Befehl zu finden wünschen

❸ Wählen Sie im zweiten Popup-Menü des Menü-Feldes den Ort im Menü, an dem Word den Befehl eintragen soll.

Im oberen Teil des Popup-Menüs sind Standardpositionen eingetragen. Darunter, durch eine gepunktete Linie getrennt, findet sich der aktuelle Zustand des Menüs. Wenn Sie einen der bestehenden Menüpunkte auswählen, fügt Word den Befehl oberhalb dieses Menüpunktes ein.

❹ Drücken Sie den Button **Hinzufügen** im Menü-Feld. Word übernimmt den Befehl sofort ins ausgewählte Menü.

14.4 MENÜPUNKTE LÖSCHEN

Wenn Sie einen Befehl aktivieren, der bereits in einem Menü installiert ist, ist im Menü-Feld lediglich der Button „Entfernen" aktivierbar. Die Popup-Menüs zeigen an, in welchem Menü der Befehl installiert ist.
Drücken Sie den Button **Entfernen**, um den Befehl aus dem Menü zu löschen.

14.5 MENÜPUNKTE UMSTELLEN

Wenn Sie einen Befehl von einem Menü in ein anderes überführen wollen, müssen Sie ihn zunächst aus seinem aktuellen Menü entfernen (☞ K.14.4) und anschließend im gewünschten Menü installieren (☞ K.14.3).

14.6 OPT.-MENÜ INSTALLIEREN

Wie Sie dem Popup-Menü im Menü-Feld entnehmen, verfügt Word über ein Menü namens „Opt.". Die Abkürzung steht wahrscheinlich für „Optional".

Das Opt.-Menü ist hervorragend dazu geeignet, Funktionen aufzunehmen, die Sie häufig verwenden und die normalerweise entweder gar nicht oder nur über den Umweg von Dialogboxen zugänglich sind.

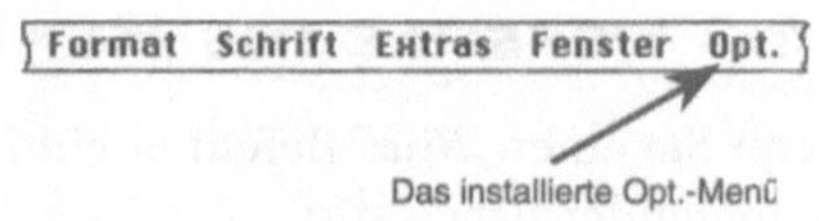

Das installierte Opt.-Menü

Um ein Befehl in diesem Menü zu installieren, gehen Sie folgendermaßen vor:

❶ Aktivieren Sie den Befehl aus der Befehlsliste, den Sie im Opt.-Menü installieren wollen.

❷ Wählen Sie im oberen Popup-Menü des Menü-Feldes das Opt.-Menü aus.

❸ Drücken Sie den Button **Hinzufügen** im Menü-Feld. Sofort installiert Word das Opt.-Menü und trägt den Befehl dort ein.

14.7 TRENNLINIEN INSTALLIEREN

Trennlinien in Menüs dienen dazu, funktionell zueinander gehörige Menüpunkte auch optisch zu gruppieren. Jedem Menü lassen sich an beliebiger Stelle derartige Trennlinien hinzufügen:

❶ Aktivieren Sie in der Befehlsliste den Befehl „—Trennlinie—".

❷ Wählen Sie in den Popup-Menüs des Menü-Feldes den Menüpunkt, an dem die Trennlinie erscheinen soll.

❸ Drücken Sie den Button **Hinzufügen** im Menü-Feld.

14.8 TASTATURKÜRZEL HINZUFÜGEN

Maus hin - Maus her. Häufig sind die aus der DOS-Welt verpönten Tastaturkürzel einfach schneller als das Hangeln durch Menüs und Dialogboxen. Ebensohäufig sind aber die Tastaturkürzel kompliziert und manuell schwer durchzuführen (zum Beispiel APPLE-OPTION-SHIFT-S für den Befehl „Fußnoten") was einem schnellen Arbeiten wiederum wenig zuträglich ist.

In all solchen Fällen empfiehlt es sich, dem Word-Befehl selbst ein Tastaturkürzel zuzuweisen. Gehen Sie dabei folgendermaßen vor:

❶ Aktivieren Sie in der Befehlsliste den Word-Befehl, dem Sie eine Tastenkombination zuordnen wollen.

❷ Im Feld „Tasten" erscheinen nun die Tastenkombinationen, die diesem Befehl bereits zugeordnet sind. Drücken Sie den Button **Hinzufügen** im Tasten-Feld. Word öffnet eine Dialogbox mit der Aufforderung, die gewünschte Tastenkombination einzugeben.

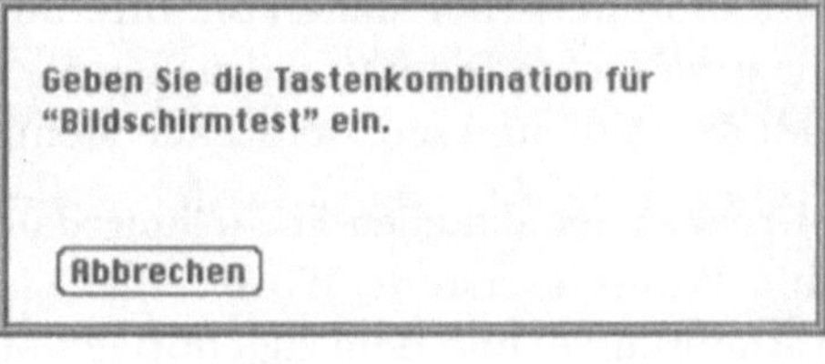

❸ Drücken Sie die gewünschte Tastenkombination. Ist diese bereits belegt, fragt Word nach, ob es die Tastenkombination umdefinieren soll. Ansonsten installiert Word die Tastenkombination und trägt die Kürzel ins Menü ein.

> Microsoft hat bei seinen Tastaturkürzeln die CONTROL-Taste (ctrl) weitgehend unberücksichtigt gelassen. Es liegt daher nahe, diese für eigene Shortcuts zu verwenden. Dem Gedächtnis kommt es sehr zu gute, wenn es zumindest schon mal weiß, daß die Tastenkombination über die Control-Taste läuft.

14.9 TASTATURKÜRZEL ENTFERNEN

Eine Tastenkombination von einem Befehl zu entfernen ist einfach. Klicken Sie in der Auswahlliste des Tastenfeldes die zu löschende Tastenkombination an und klicken Sie anschließend den Button **Entfernen** im Tasten-Feld.

14.10 EINSTELLUNGEN ARCHIVIEREN UND DRUCKEN

Wie in der Einführung erwähnt, lassen sich die Einstellungen, also die Menüs und Tastaturkürzel in ihrer Gesamtheit als Datei speichern und jederzeit nachladen.

Die Standardeinstellungen finden sich in der Datei „Word-Einstellungen (5)" im Systemordner.

• Sichern einer Einstellungsdatei
Um nun die aktuelle Einstellungsdatei auf Platte zu sichern, drücken Sie den Button **Sichern unter...** im Datei-Feld der Dialogbox. Word öffnet seine normale Datei-Auswahlbox und wählt als Ordner „Preferences" aus dem Systemordner, da sich hier auch die Datei „Word-Einstellungen (5)" findet. Geben Sie den gewünschten Dateinamen ein und drücken Sie dann den Button **Sichern**.

• Laden einer Einstellungsdatei
Um eine gespeicherte Einstellungsdatei zu laden, drücken Sie einfach den Button **Öffnen...** im Datei-Feld der Dialogbox. Word öffnet die normale Dateiauswahlbox und zeigt direkt den Inhalt des Ordners „Preferences" aus dem Systemordner. Hier sollten Sie Ihre Einstellungsdateien archivieren. Wählen Sie die gewünschte Datei und drücken Sie anschließend den Button **Öffnen**. Word lädt die Datei und setzt sofort alle Menüs und Tastaturshortcuts entsprechend.

• Drucken der aktuellen Einstellungsdatei
Auf Wunsch erstellt Word eine Liste aller Word-Befehle samt aktueller Tastaturkürzel und dem zugehörigen Menü. Eine solche Liste erhalten Sie, wenn sie den Button **Auflisten** aus dem Datei-Feld aktivieren. Zuvor fragt Word allerdings nach, ob es lediglich eine Liste aller aktuell über Menüs und Tastenkombinationen erreichbaren Befehle erstellen soll, oder aber ob es alle Befehle in die Liste übernehmen soll.

Neues Dokument erstellen mit:
◉ Aktueller Menübelegung und Befehlstasten
○ Allen Word-Befehlen
OK
Abbrechen

In beiden Fällen dauert es eine Weile, bis die fertige Liste als Word-Tabelle in einem neuen Dokument vorliegt. Etwa 350 Zeilen ist diese Tabelle lang, die Sie nach Belieben formatieren und anschließend drucken können. Leider ist es nicht möglich, die Erläuterungen aus der Hilfedatei mitzudrucken.

• Standard ändern
Der Button **Standard** im Datei-Feld bringt folgende Dialogbox ans Licht:

◉ Microsoft-Standard verwenden
○ Letzte gespeicherte Version
○ Alle Befehle ihren Standardmenüs hinzufügen
OK
Abbrechen

Word bietet Ihnen über Radio-Buttons drei Möglichkeiten, die Einstellungsdatei zu bearbeiten:

Microsoft-Standard verwenden setzt alle von Ihnen vorgenommenen Tastaturshortcuts und Menüumstellungen zurück und installiert die normalen Menüs und Tastenkombinationen.

Letzte gespeicherte Version kehrt zu den zuletzt auf Platte gesicherten Einstellung zurück und verwirft alle seither durchgeführten Änderungen.

Alle Befehle ihren Standardmenüs hinzufügen: Diese Option sollten Sie mal spaßeshalber durchführen. Word installiert sämtliche Word-Befehle in den standardmäßig vorgesehenen Menüs. Aus den überschaubaren Word-Menüs werden wahre Menümonster, die auf eindrucksvolle Weise das Leistungsspektrum von Word dokumentieren.

14.11 TIPS & TRICKS

Installieren von Tastaturshortcuts, Entfernen von Menüpunkten, Überführen von Dialogboxfunktionen in ein Menü - all dies ist auch ohne die Dialogbox „Befehle" möglich, nämlich über Tastaturshortcuts:

• Menüpunkte entfernen
Drücken Sie die Tastekombination APPLE-OPTION-MINUS. Der Mauscursor wechselt zu einem ▬. Wählen Sie mit diesem Minuszeichencursor den Menüpunkt aus, den Sie entfernen wollen. Word entfernt diesen augenblicklich aus dem Menü.

• Befehle ins Menü übernehmen

Wenn es Ihnen zu langwierig ist, an eine Funktion nur über eine Dialogbox heranzukommen (zum Beispiel Tief- und Hochstellen von Buchstaben), dann hilft es oft, den gewünschten Befehl in einem Menü zu installieren:

❶ Öffnen Sie die Dialogbox, die die gewünschte Funktion enthält.

❷ Drücken Sie die Tastenkombination APPLE-OPTION-+. Der Mauscursor wird zu einem ✚.

❸ Klicken Sie mit diesem Cursor auf die Funktion, die Sie ins Menü übernehmen möchten. Sofort installiert Word die Funktion im dafür geeigneten Menü. Der Menüname wird dabei kurz invertiert dargestellt, so daß Sie wissen, wo Word den Befehl installiert hat. Der Mauscursor nimmt wieder seine „normale" Form an.

• Installation eines Tastaturkürzels

Um einer Funktion eine Tastenkombination zuzuordnern, verfahren Sie folgendermaßen:

❶ Öffnen Sie die Dialogbox, die die Funktion enthält, der Sie eine Tastenkombination zuordnen wollen.

❷ Drücken Sie die Tastenkombination APPLE-OPTION- + (Zehnertastatur) oder APPLE-OPTION-SHIFT-CURSOR LINKS. Der Mauscursor wird zu einem ⌘.

❸ Klicken Sie mit diesem Cursor auf die gewünschte Funktion in der Dialogbox oder wählen Sie den Menüpunkt aus, dem Sie ein Tastaturkürzel zuweisen wollen.

❹ Word fordert Sie nun mit einer Dialogbox dazu auf, die gewünschte Tastenkombination für die Funktion einzugeben:

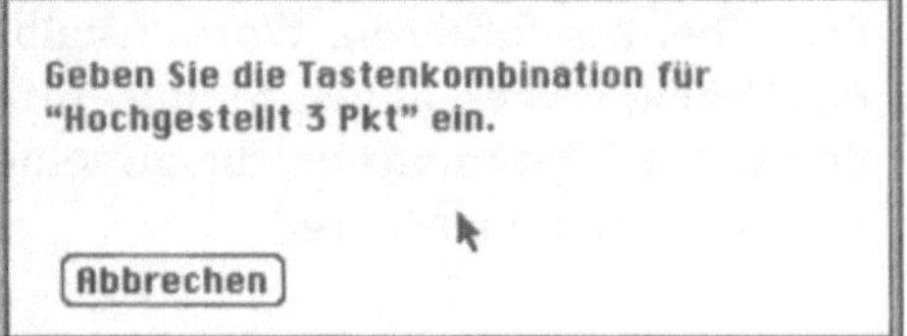

• Entfernen eines Tastaturkürzels

Eine weniger gebrauchte Funktion, die mehr der Vollständigkeitshalber hier erwähnt wird, ist die Möglichkeit, eine Tastenkombination von einem Befehl zu entfernen. Klicken Sie die Tastenkombination APPLE-OPTION-MINUS (Zehnerblock). Es erscheint nebenstehender Dialog.

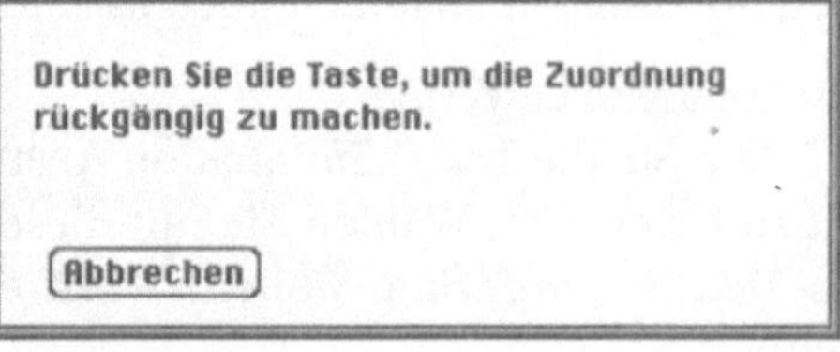

Wenn Sie nun eine Tastenkombination drücken, die normalerweise einen Word-Befehl aufruft, fragt Word, ob es die Tastenkombination von dem Befehl entfernen soll. Beantworten Sie die Nachfrage mit „Ja". Ab sofort ist der Befehl nicht mehr über diese Tastenkombination aufrufbar.

Abbruch per ESCAPE
Alle oben beschriebenen Zuweisungsvorgänge lassen sich jederzeit mit der ESCAPE-Taste abbrechen.

• **Bildschirmschoner**

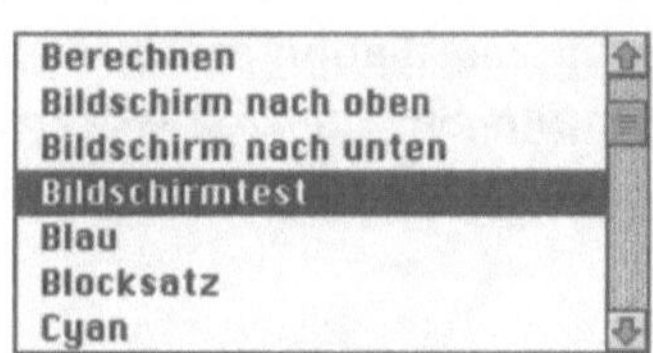

Wer hätte es gedacht: Word verfügt über einen eigenen Bildschirmschoner. Sie erreichen ihn über die Dialogbox „Befehle" unter dem Namen „Bildschirmtest".

Ruft man diesen Befehl auf, so erscheint ein Reigen bizarrer geometrischer Figuren, die ständig wechseln. Eine Momentaufnahme zeigt das folgende Bild. Über eine Dialogbox können Sie auch Einfluß auf die Formenvielfalt nehmen. Aber mehr verrate ich nicht - das müssen Sie schon selbst herausfinden ...

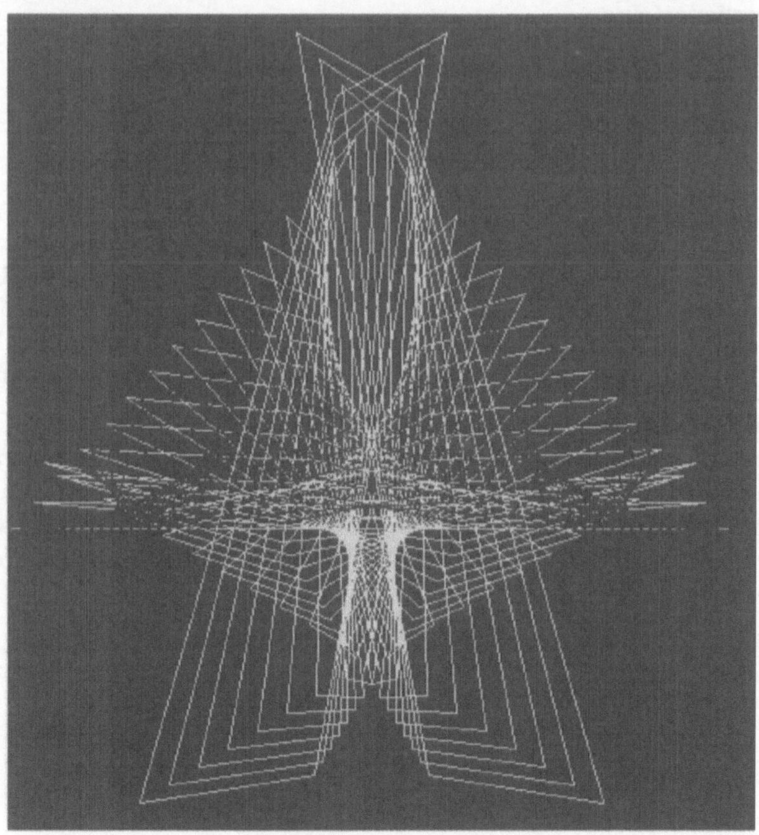

15. BRIEFUMSCHLAG

Wie die Adreßverwaltung, gehört auch die Funktion zum Beschriften von Briefumschlägen zur Funktionsleiste. Das heißt, daß diese Funktion nur verfügbar ist,
wenn Sie das Plug-In-Modul „Funktionsleiste" korrekt installiert haben (☞ K.28).

War die Installation erfolgreich,
so finden Sie im Extras-Menü
den Eintrag „Briefumschlag".

Aktivieren Sie diesen Me-
nüpunkt, so öffnet Word
eine Dialogbox, die etwa
die Proportionen eines
Briefumschlages besitzt.
Zwei Eingabefelder harren
der Adressen.

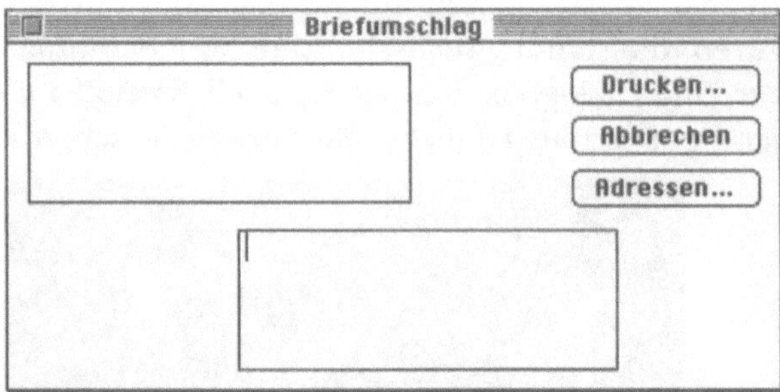

Links oben das Adressfeld für die Absenderadresse, in der Mitte unten die das
Feld für die Zieladresse. Geben Sie die gewünschten Adressen ein oder wählen
Sie Adressen aus dem Adreßverzeichnis (siehe unten). Alle mac-üblichen
Texteditorfunktionen stehen zur Adreßeingabe bereit: Doppelklick auf ein Wort
aktiviert dieses, BACKSPACE- und DELETE-Taste löschen Buchstaben usw. Mit der
TABULATOR-Taste wechseln Sie zwischen Ziel- und Absenderadresse hin und her.

• **Adressen aus dem Adreßverzeichnis**
Befindet sich die gewünschte Adrsse bereits in Ihrer Adressdatei, dann brauchen
Sie lediglich den Button **Adressen** anzuklicken. Sofort erscheint das
Adressverzeichnis, aus dem Sie sich nur noch die gewünschte Adresse aussuchen
müssen. Drücken Sie dann **OK**. Sofort fügt Word die Adresse in das Feld mit dem
Textcursor ein.

• In der Dialogbox „Adressen" können Sie festlegen, welche Adresse als
„Voreinstellung" ins Absenderfeld eingetragen werden soll. Wählen Sie
dazu die gewünschte Adresse und drücken Sie dann **Standard**.
• Wenn Sie in Ihrem Dokument eine Adresse aktiviert haben und dann
„Briefumschläge" aus dem Extras-Menü aufrufen, steht der aktivierte
Text sofort in dem Textfeld der Zieladresse.

• Einfache Formatierungen

Übrigens lassen
sich auch
grundlegende
Zeichenformatieru
ngen vornehmen.
Dazu stehen Ihnen
von den Haupt-
menüs „Format"
und „Schrift" zur
Verfügung.

• Briefumschlag drucken

Nachdem der Briefumschlag fertig ist, drücken Sie den Button **Drucken**. Dieser
öffnet die Dialogbox Ihres Druckers, in der zwei Optionen hinzugekommen sind:
Die Ausrichtung des Briefumschlages sowie ein Popup-Menü mit etwa 11 unterschiedlichen Briefumschlagformaten. Wählen Sie die gewünschten Parameter
und drücken Sie dann den Button **OK**.

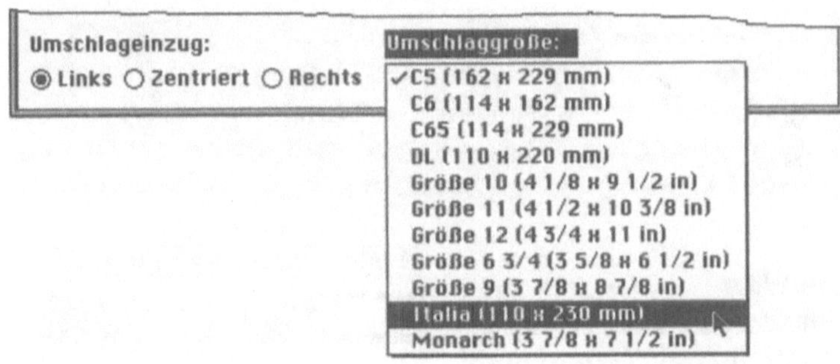

16. CURSORSTEUERUNG

- Von Wort zu Wort 92
- Von Satz zu Satz 92
- Von Absatz zu Absatz 93
- Von Seite zu Seite 93
- Bildschirmweise Blättern..93
- Zeilenweise Blättern 94
- Anspringen bestimmter Seiten 94
- Anspringen von Dokumentanfang und -ende.................................95
- Anspringen der letzten drei Positionen 96

Sich innerhalb eines Dokuments zu bewegen gehört zu den Grundarbeitsweisen einer Textverarbeitung. Sie sollten also ruhig etwas Zeit darauf verwenden, die folgenden Seiten gründlich durchzuarbeiten.

Drei Hilfmittel stehen Ihnen zur Wahl: Maus, Tastatur und der Zehnerblock der erweiterten Tastatur. Die Funktionen des Zehnerblocks sind in ☞**Anhang C** erläutert. Dort findet sich auch eine Zusammenstellung der wichtigsten Tastaturshortcuts zur Cursorsteuerung.

Besonderheiten des Zehnerblocks

Wenn Sie die Taste „Num." (oben links) drücken, so erscheint im Infofeld des Arbeitsfensters die Mitteilung „Zahlensperre". Das bedeutet, daß nun der Zehnerblock zur Eingabe von Zahlen bereit ist. Das Scrollen per Zehnerblock funktioniert also nur, wenn keine „Zahlensperre" aktiv ist.

• Von Wort zu Wort

Springen von Wort zu Wort erfolgt am schnellsten mit diesen Tastenkombinationen:

• Von Satz zu Satz

Beim Springen von Satz zu Satz springt Word in Wirklichkeit immer von Punkt zu Punkt. Kommt innerhalb des Satzes ein Punkt vor, so positioniert Word den Textcursor dorthin.

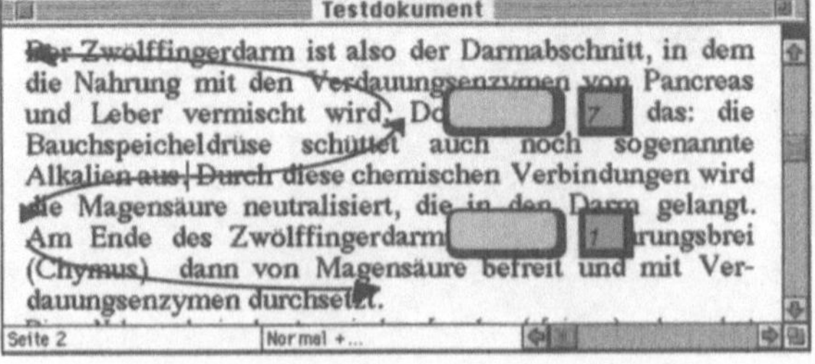

• Von Absatz zu Absatz

Beim Anspringen von Absätzen plaziert Word den Textcursor immer am Absatzanfang des folgenden oder vorherigen Absatzes. Word springt also von Absatzanfang zu Absatzanfang:

• Von Seite zu Seite

Das Blättern von Seitenanfang zu Seitenanfang ist lediglich im Modus "Druckbild" möglich. Im unteren Fensterbalken erscheinen zwischen Info- und Druckformatfeld zwei vertikale Pfeile:

Diese beiden Pfeile dienen dem seitenweisen Blättern in Ihrem Dokument:

Wechselt zur vorherigen Seite,

Wechselt zur folgenden Seite.

 Diese Fortbewegungsweise darf nicht verwechselt werden mit dem bildschirmweisen Blättern (s.u.). Beim Blättern mit den beiden vertikalen Pfeilen plaziert Word die linke obere Ecke der Seite in der linken oberen Bildschirmecke. Beim bildschirmweisen Blättern rückt Word den Text gerade um soviel weiter, wie auf einen Bildschirm paßt..

• Bildschirmweise Blättern

Eine nützliche Arbeitsmethode ist das bildschirmweiseBlättern. Bild für Bild scrollen Sie so durch das Dokument.

- *per Maus und Rollbalken*

   Die mac-übliche Methode zum bildschirmweise Blättern besteht aus dem Anklicken des Rollbalkens ober- beziehungsweise unterhalb der Rollbox. Klicken Sie oberhalb der Rollbox, so blättert Word einen Bildschirm weit nach oben, klicken Sie unterhalb der Rollbox, einen Bildschirm weit nach unten.

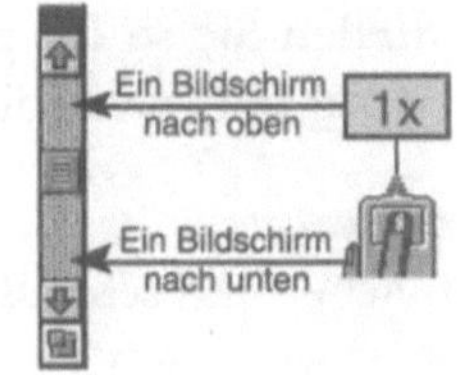

- *per Tastatur*

   Dieselbe Funktion können Sie auch mit einem einzigen Tastendruck auslösen - zumindest wenn Sie im Besitz einer erweiterten Tastatur sind:

• blättert einen Bildschirm nach unten:

oder ▦ **3**

• blättert einen Bildschirm nach oben:

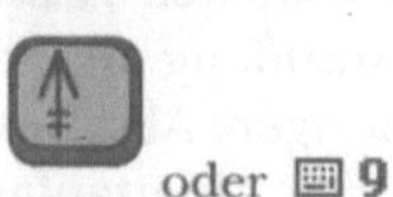

oder ▦ **9**

• Zeilenweise Blättern

Wenn Sie auf die Rollpfeile ober- beziehungsweise unterhalb des Rollfeldes klicken, scrollt Word den Text zeilenweise über den Bildschirm:

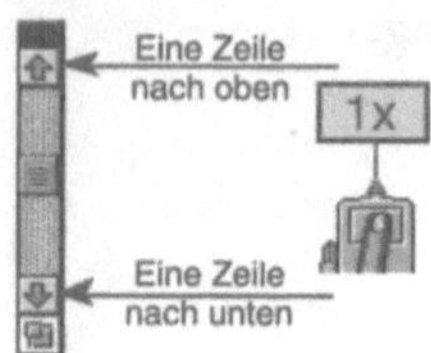

• Anspringen bestimmter Seiten

Bei längeren Dokumenten kommt es häufig vor, daß der Anwender bestimmte
Seiten anspringen will, zum Beispiel um dort Korrekturen vorzunehmen. Es gibt
zwei gebräuchliche Methoden, um zu einer bestimmten Seite des Dokuments zu
gelangen:

- per Rollbox

❶ Greifen Sie mit dem Mauscursor die vertikale Rollbox.

❷ Schieben Sie die Rollbox innerhalb
des Rollbalken nach oben oder nach
unten, je nachdem, zu welcher
Dokumentseite Sie wollen. Während
Sie die Rollbox schieben, erscheint
im Infofeld (linke untere Fensterecke) die Seitenzahl, an der sich
gerade die Rollbox befindet.

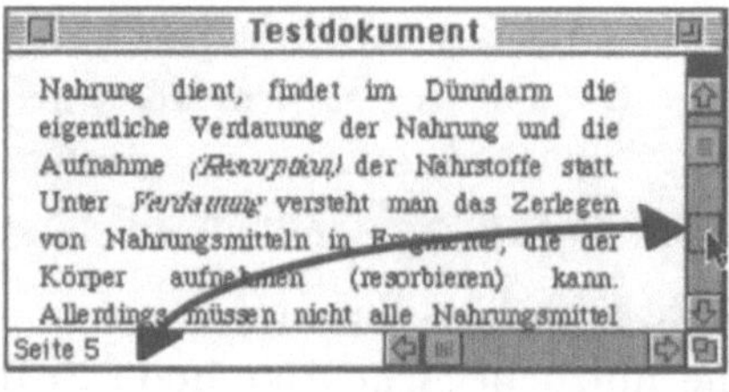

❸ Stellen Sie so die gewünschte Seite ein und lassen Sie dann die Rollbox los.
Word zeigt dann die eingestellte Seite im Arbeitsfenster.

- per Dialogbox

Einfacher und schneller aber ist das Anspringen von Seiten per Dialogbox:

❶ Ein Doppelklick auf das Infofeld, die Tastenkombination APPLE-G und der
Menüpunkt "Gehe zu" aus dem Bearb.-Menü haben denselben Effekt. Sie öffnen die Dialogbox "Gehe zu".

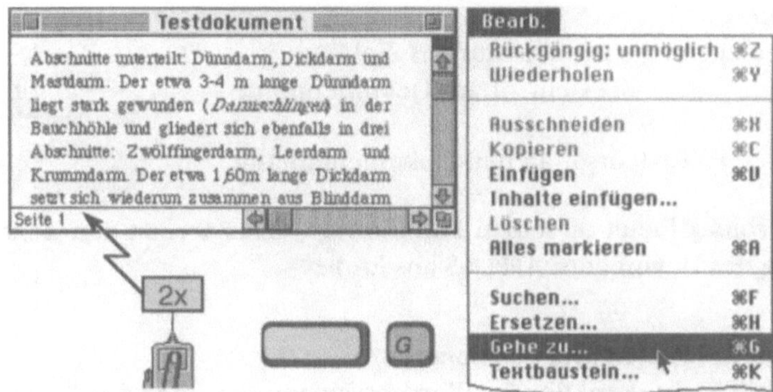

❷ In allen drei Fällen erscheint eine Dialogbox, in die Sie die gewünschte Seitenzahl eingeben:

❸ Tätigen Sie den **OK**-Button oder drücken Sie die RETURN-Taste. Sofort zeigt Word die gewünschte Seite an.

 All diese Verfahren funktionieren nur zuverlässig, wenn das Dokument korrekt paginiert, der Text also richtig auf die Seiten verteilt ist - das erkennen Sie daran, daß die Seitenangaben im Infofeld schwarz dargestellt sind. Sind sie hingegen grau, so muß neu paginiert werden (☞ K.49).

• Anspringen von Dokumentanfang und -ende

– per Maus und Rollbalken
Um an den Anfang des Dokuments zu gelangen, ergreifen Sie die vertikale Rollbox mit der Maus und schieben diese an den oberen Anschlag des Rollbalkens. Dann lassen Sie die Rollbox los. Sofort erscheint der Text der ersten Seite im Arbeitsfenster.

Das Ende Ihres Dokument erreichen Sie entsprechend: Sie schieben die Rollbox per Maus an den unteren Anschlag der Rollbox und lassen dann die Maustaste los.

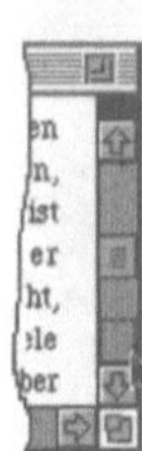

- per Tastatur
Schneller gelangen Sie per Tastatur ans Ziel:

- Textcursor ans Dokumentende

-Textcursor an den Dokumentanfang

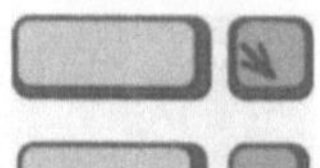

Der Zehnerblock bietet dieselben Funktionen: APPLE-9 setzt den Textcursor an den Anfang des Dokuments, APPLE-3 ans Ende.

• Anspringen der letzten drei Positionen
Eine sehr hilfreiche Funktion in Word erreichen Sie über die "0" des Zehnerblocks. Auf dieser Taste sind nämlich die letzten drei Textcursorpositionen gespeichert, an denen Änderungen des Textes durchgeführt wurden. Mit jedem Tastendruck springt der Textcursor nun eine dieser drei Positionen an, bevor er wieder am Ausgangpunkt ankommt. Dabei können die Positionen auch seitenweit voneinander entfernt liegen.

17. Datei-Manager

17.1   Wissenswertes in Kürze 97
17.2   Datei-Info 98
17.3   Datei-Manager - Suchhilfe 99
       •Mehr Informationen zu den gefundenen Dateien 101
       •Sortieren der Dateiliste 103
       •Dateiliste weiter durchsuchen 103
       •Dateien öffnen und drucken 103

17.1 Wissenswertes in Kürze ...

Der Datei-Manager ist eine äußerst hilfreiche Funktion von Word, die Ihnen viel Dateisucherei ersparen kann. Je länger man mit seinem Computer arbeitet und je mehr Dateien sich ansammeln, desto schwieriger wird es, bestimmte Dateien wiederzufinden. Man weiß dann nur noch, daß man zu einem bestimmten Thema mal eine Abbildung erstellt oder einen Text geschrieben hat, aber man weiß weder, wie die entsprechende Datei heißt, noch wo sie gespeichert ist und mit welchem Programmen sie erstellt wurden.

Der Datei-Manager von Word erlaubt nun das Aufstöbern derartiger Dateien unabhängig davon, wann und mit welchem Programm diese angelegt wurde.

Wichtig zu wissen ist, daß der Datei-Manager bei der Suche nur jene Dateien berücksichtigt, deren Dateitypus Word bekannt ist. Welche das sind, ist aus dem Popup-Menü der Dialogbox „Öffnen" ersichtlich.

Wenn Sie den Datei-Manager auffordern, alle Dateien aufzuspüren, die etwas mit zum Beispiel „Nervenzellen" zu tun haben, so beginnt er, sämtliche ihm bekannte Dateitypen auf der Festplatte auf dieses Wort hin zu durchsuchen. Hat er einen entsprechenden Eintrag gefunden, so stellt er den ASCII-Text der zugehörigen Datei in einem Fensterausschnitt dar.

Das Aufstöbern von Dateien mit dem Datei-Manager erfolgt auf vier Ebenen: Dateiname, Datei-Info, Finder-Info und Freitext-ASCII.

17.2 DATEI-INFO

SORTIERHILFE FÜR GROSSE DATEIBESTÄNDE

Beim Datei-Info handelt es sich um eine Art Kurzcharakteristik eines Word-Dokuments, über das Sie das Dokument später aufspüren können.

Sie erreichen das Datei-Info über den gleichlautenden Menüeintrag im Datei-Menü.

Es erscheint eine Dialogbox, über die Sie Ihr Dokument hinsichtlich fünf Kategorien charakterisieren sollen.

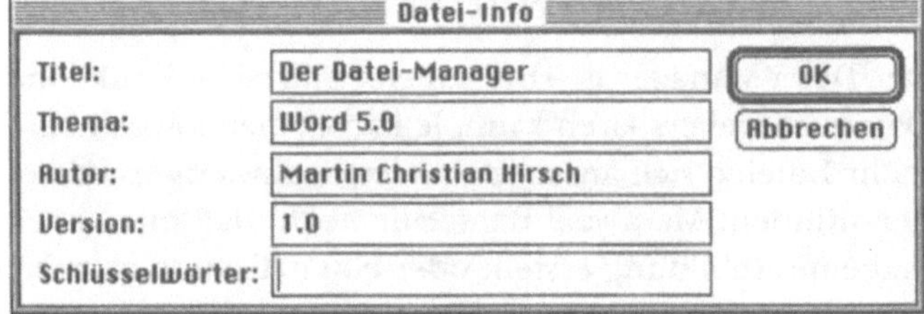

Diese Box erscheint übrigens auf Wunsch auch dann, wenn Sie ein Dokument das erste Mal abspeichern.

Der Datei-Manager trägt im Feld „Autor:" von sich aus den Namen ein, der in den allgemeinen Einstellungen eingetragen ist (☞ K.26.1). Bei Bedarf können Sie ihn aber auch ändern.

Es ist ratsam, das Datei-Info wohldurchdacht auszufüllen. Auf diese Weise läßt sich beim Umgang mit größeren Dateimengen viel Zeit sparen. Schreibt Sie zum Beispiel an einem größeren Projekt, so sollten Sie in „Thema" bei allen Dateien, die etwas mit dem Projekt zutun haben, den Projektnamen eintragen. Später können Sie dann nämlich einfach sagen: „Suche mir alle Dateien des Projektes ... heraus". Auch Briefe lassen sich auf diese Weise gut in Geschäftsbriefe und private Briefe unterteilen.

Die Einträge im Datei-Info stellen also gewissermaßen „Sortierkriterien" dar, nach denen größere Dateimengen auf einem Dateiträger als zueinandergehörig charakterisiert werden können.

- Die Einträge im Dateiinfo stehen als Textbausteine zur Verfügung.

- Sobald Sie ein Dokument in einem Word-fremden Format speichern, geht das Dateiinfo verloren.

17.3 DATEI-MANAGER - SUCHHILFE

Beim Datei-Manager handelt es sich um ein komplettes Datei-Such-System. Sie erreichen dieses über den gleichlautenden Menüpunkt im Datei-Menü.
Es erscheint eine Dialogbox, über deren Felder Sie die zu suchende Datei genauer spezifizieren.

Dabei gilt: je mehr Informationen Sie dem Datei-Manager über die gesuchte Datei zur Verfügung stellen, umso eher findet er die gewünschte Datei.
Beachten Sie, daß Einträge in „Bel. Text" lange Suchzeiten zur Folge haben und daher vermieden werden sollten.

Dateiname: Geben Sie hier den Namen der gesuchten Datei ein. Der Name muß nicht vollständig sein; geben Sie zum Beispiel „neuro" ein, so berücksichtigt Word bei der Dateisuche alle Dateien, in deren Dateiname ein „neuro" vorkommt.

Titel, Thema, Autor, Version, Schlüsselwörter: Besitzt die gesuchte Datei ein Datei-Info (☞ K.17.2) so zieht Word dieses ebenfalls zur Dateisuche heran. Tragen Sie zum Beispiel im Feld „Thema" das Suchkriterium „neuro" ein, so berücksichtigt Word bei der Dateisuche nur die Dateien, in deren Dateiinfo im Feld „Thema" irgend ein Eintrag mit „neuro" vorhanden ist.

Bel. Text: ist die Abkürzung für „Beliebiger Text". Tragen Sie hier zum Beispiel „neuro" ein, so berücksichtigt Word bei der Dateisuche alle Dateien, die irgendwo in ihren Daten die ASCII-Zeichen-Kombination „neuro" besitzen. Derartige Freitextsuchen sind bei größeren Datenträgern relativ zeitaufwendig.

Finder-Angaben: Rufen Sie im Finder über das Ablage-Menü die „Information" einer Datei auf, so können Sie im Kommentarfeld des Info-Fensters einige Informationen zu der Datei eingeben. Bei der Dateisuche berücksichtigt Word nur die Dateien, die in diesem Kommentarfeld ein dem Suchkriterium entsprechenden Eintrag besitzen.

Laufwerk: Legt den Dateiträger oder das Volume eines Datenträgers fest, auf dem Word die Dateien suchen soll.

Dateitypen: Word listet hier alle ihm bekannten Dateiformate auf. Wählen Sie zum Beispiel „Word-Dateien", so berücksichtigt Word bei der Dateisuche nur Dateien, die mit Word erstellt wurden.

Suchoptionen: Bei diesem Popup-Menü handelt es sich nicht um Suchkriterien. Vielmehr legen Sie hierüber fest, ob die gefundenen Dateien in einer neuen Dateiliste zusammengestellt, oder ob sie an die bestehende Dateiliste angehängt werden sollen.

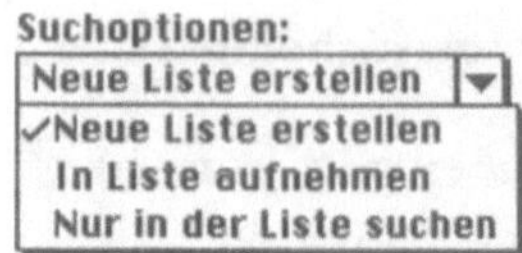

Mit dem Eintrag „Nur in der Liste suchen" fordern Sie Word dazu auf, nur in der bestehenden Dateiliste weiterzusuchen. Mehr dazu weiter unten in diesem Kapitel.

Erstellt, Letzte Speicherung: Wenn Sie ungefähr den Zeitpunkt wissen, an dem die gesuchte Datei erstellt oder zuletzt gesichert wurde, so sollten Sie diesen über die folgenden Felder genauer spezifizieren:

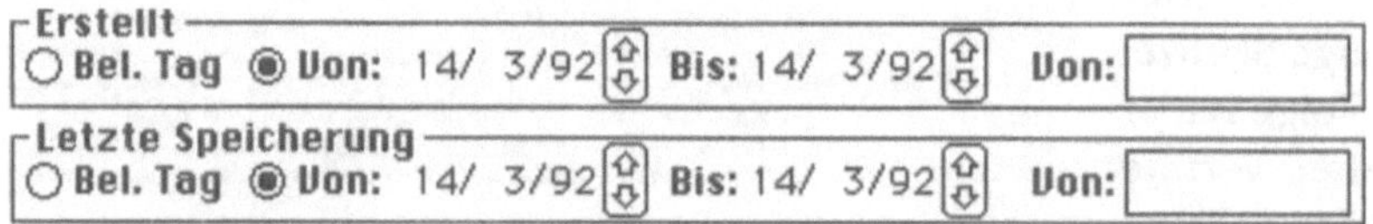

Um das Datum zu ändern, klicken Sie Tag, Monat oder Jahr an und geben entweder per Tastatur oder über Maus und die vertikalen Pfeile das gewünschte Datum ein. Das Feld „Von:" nimmt zusätzlich den Namen des Autors auf, der die Datei erstellt oder verändert hat.

Nachdem Sie soviele Suchkriterien wie möglich eingegeben haben, drücken Sie **OK**. Der Datei-Manager beginnt nun mit seiner Suche. Dazu öffnet er ein eigenes Fenster, in dem er während des Suchvorgangs den Suchstatus mitteilt und die Anzahl der bereits gefundenen Dateien zeigt.

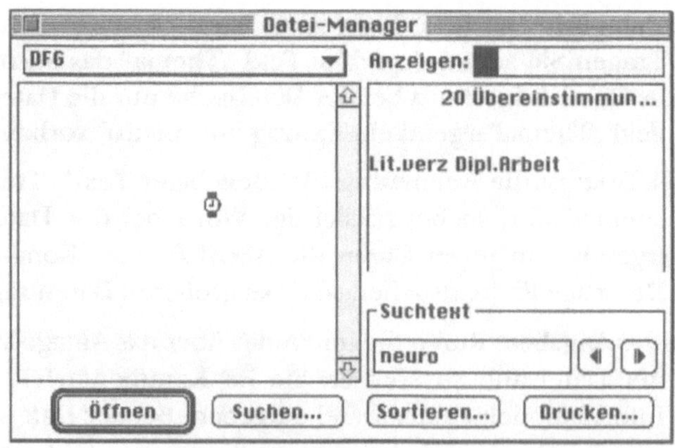

Um die Suche abzubrechen drücken Sie die ESCAPE-Taste oder APPLE-PUNKT. Es erscheint dann die Mitteilung:

• Mehr Informationen zu den gefundenen Dateien

Der Datei-Manager präsentiert alle gefundenen Dateien in einer alphabetisch sortierten Dateiliste. Zu jeder Datei hält er noch eine ganze Reihe zusätzlicher Informationen parat:

- Pfadname

Klicken Sie eine der Dateien mit der Maus an, so erscheint im Popup-Menü über der Liste der Pfadename der angeklickten Datei.

Nähere Informationen zu der Datei erscheinen rechts neben der Dateiliste in einem eigenen Infofeld.

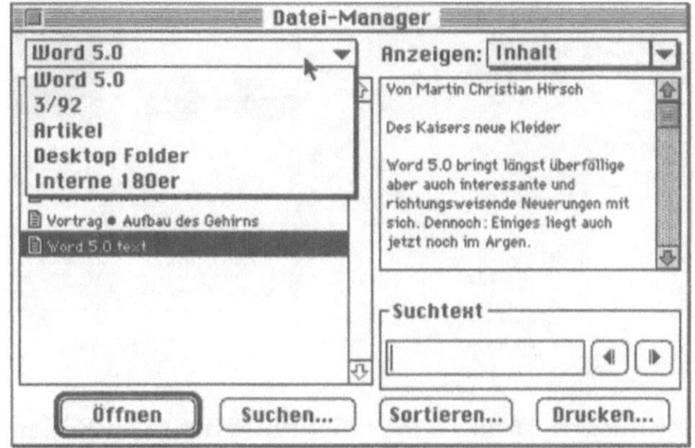

Mit dem Popup-Menü „Anzeigen" legen Sie fest, welche der folgenden Infos der Dateimanager zeigen soll:

- Statistik

Word zeigt im Infofeld nähere Informationen zur angeklickten Datei:

- Kommentar

Im Infofeld erscheint der Kommentar aus der Finder Information der Datei.

- Inhalt

Word zeigt eine verkleinerte Darstellung des Dateiinhalts:

Handelt es sich um eine Textdatei, so können Sie per Maus Textpassagen aktivieren und per APPLE-C oder dem Menüpunkt „Kopieren" in die Zwischenablage befördern - ohne die Datei zu öffnen:

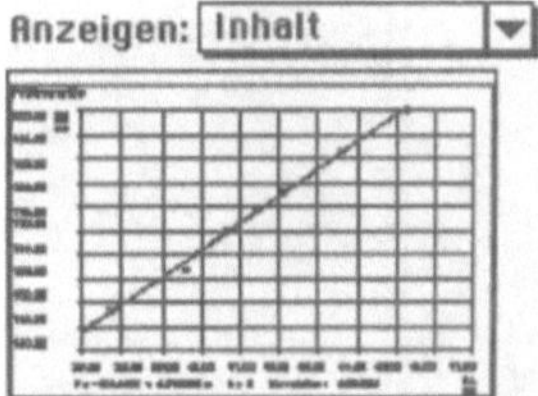

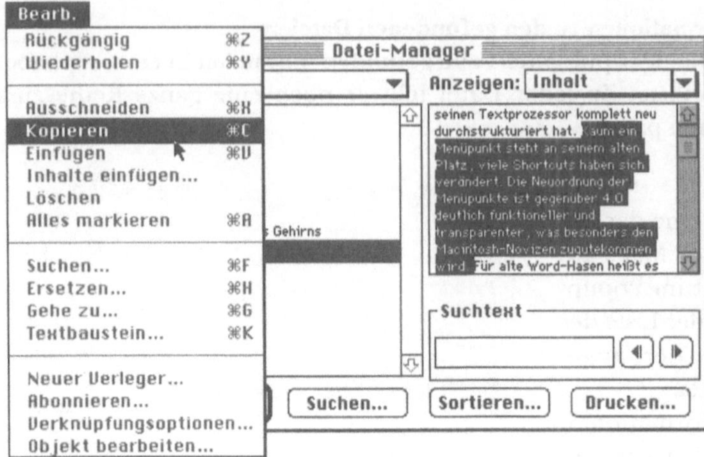

Bei Bildern ist dies leider nicht möglich. Um Bilder oder Bildausschnitte zu kopieren, empfiehlt es sich, die Datei über dem **Öffnen**-Button direkt vom Datei-Manager aus zu laden und dann den Kopiervorgang durchzuführen.

Stellt der Datei-Manager im Infofeld den Inhalt einer Textdatei dar, so läßt sich diese vorwärts und rückwärts nach bestimmten Begriffen durchsuchen. Dazu dient das Feld „Suchtext".

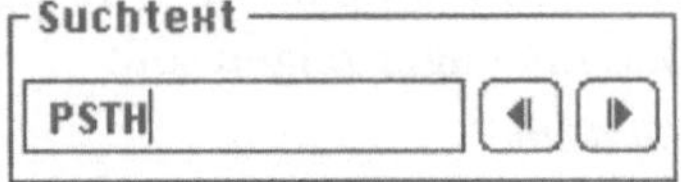

Hier geben Sie den zu suchenden Text ein und drücken dann - je nachdem in welche Richtung Sie suchen wollen - einen der beiden Pfeilbuttons. Der Dateimanager durchsucht nun die Datei und zeigt nach erfolgreicher Suche die gefundene Textpassage an:

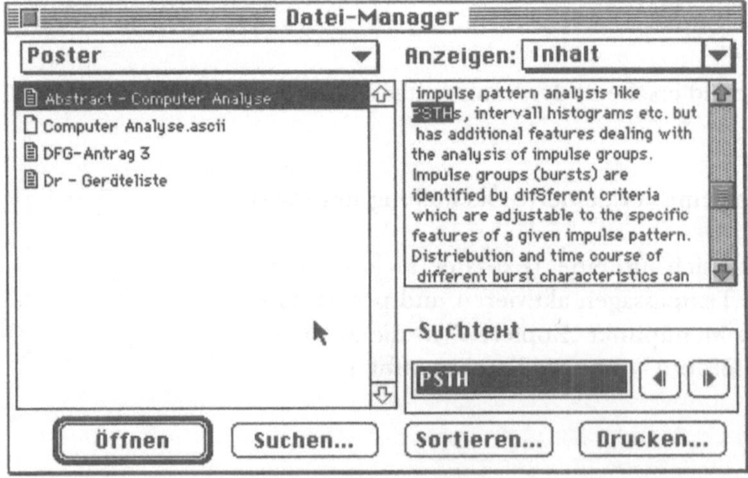

• Sortieren der Dateiliste

Bei längeren Dateilisten ist es häufig hilfreich, die Dateien nach anderen Kriterien zu sortieren als nach ihrem Dateinamen.

Dazu drücken Sie einfach **Sortieren**. Es erscheint nebenstehende Dialogbox:

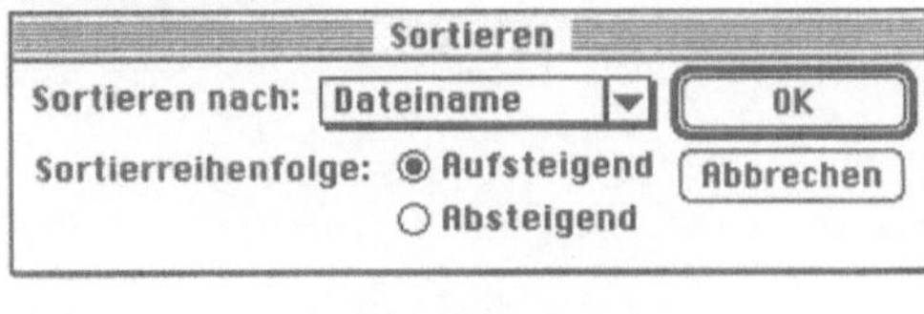

Nach fünf Kriterien sortiert der Datei-Manager die Dateiliste auf- oder absteigend:

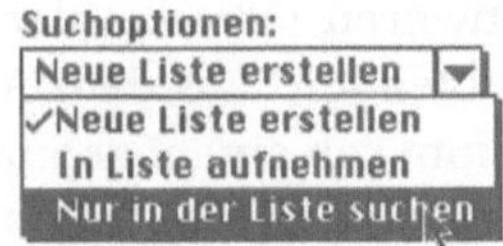

• Dateiliste weiter durchsuchen

Ist die Liste der gefundenen Dateien immer noch zu lang, so sollten Sie diese erneut nach spezielleren Kriterien hin durchsuchen. Dazu drücken Sie **Suchen**. Es erscheint die bereits bekannte „Suchen"-Dialogbox.

Um nun den Suchbereich auf die bereits bestehende Dateiliste zu beschränken, müssen Sie im Popup-Menü „Suchoptionen" den Eintrag „Nur in der Liste suchen" aktivieren.

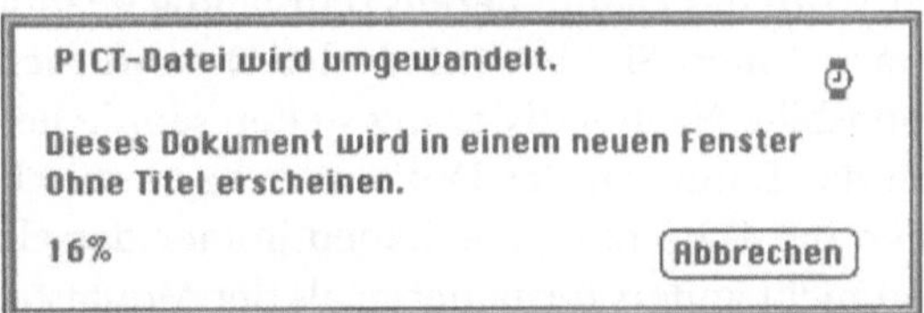

• Dateien öffnen und drucken

Über den Button **Öffnen** veranlassen Sie den Datei-Manager dazu, die angeklickte Datei zu öffnen und in einem Word-Fenster darzustellen.

Word startet dabei nicht das zur Datei zugehörige Programm, sondern lädt lediglich den Inhalt der Datei in ein eigenes Word-Fenster.

Der Button **Drucken** lädt die Daten der aktivierten Datei in ein neues Word-Dokument und startet dann den Druckvorgang.

18. DATUM UND UHRZEIT EINFÜGEN

- Datum aus dem Menü 104
- Datum á la carte - als Textbaustein 104
- Datum in Kopf- und Fußzeilen 105

Es gibt verschiedene Möglichkeiten, das aktuelle Datum in den Text einzufügen:
Datum einfügen

• DATUM AUS DEM MENÜ

Die schnellste verwendet den Menüpunkt „Datum"
aus dem Einfügen-Menü. Word fügt an der Stelle des
Textcursors das aktuelle Datum ein und zwar in der
Form „12. Dezember 1992". Wenn Sie dieses Datum
anklicken stellen Sie fest, daß es sich nur als ganzes
aktivieren läßt. Einblenden der Steuerzeichen („¶
einblenden" aus dem Ansicht-Menü) zeigt, daß das
Datum von einem gepunkteten Rahmen eingeschlossen ist. Das bedeutet, daß es sich um ein Objekt handelt, dessen Inhalt Sie nicht beeinflussen können - es
sei denn, Sie verstellen die macinterne Uhr.

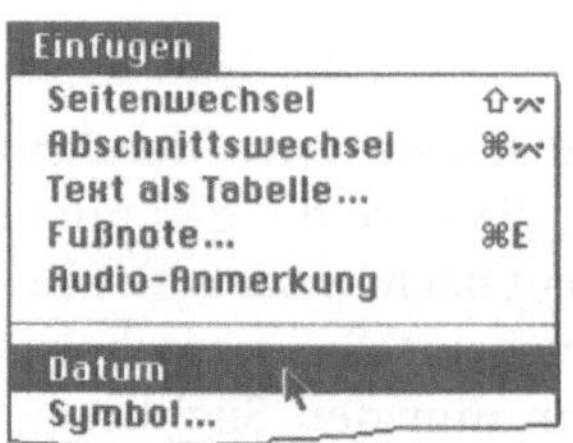

Der Datum-Eintrag ist dynamisch. Das bedeutet, daß er immer das aktuelle
Datum anzeigt. Wenn Sie das Dokument also einen Tag später nochmals öffnen,
hat Word das Datum bereits selbständig geändert.

Zwar können Sie den Inhalt des Datums nicht ändern, wohl aber sein Erscheinungsbild. Nach Aktivierung stehen sämtliche Buchstabenformatierungen bereit,
um das Datum in das Dokument harmonisch einzubetten. Handicap: Alle Zeichen der Datumsangabe haben immer dasselbe Format. Die Jahreszahl läßt sich
also nicht anders formatieren als der Monatsname.

• DATUM Á LA CARTE - ALS TEXTBAUSTEIN

Eine andere Methode, Datum oder Uhrzeit ins Dokument einzufügen, verwendet
das Standard-Textbausteinverzeichnis von Word. Hier finden sich knapp 30
unterschiedliche Darstellungsarten von Datum, Uhrzeit, Tag, Monat und Jahr.
Zwei Gruppen sind zu unterscheiden:

- *„Datum des Druckens"*

  Word fügt ein dynamisches Datum in den Text ein, das beim Drucken des
  Dokuments immer das aktuelle Datum verwendet. Dieser Textbaustein eignet
  sich hervorragend dazu, den Stand einer Arbeit zu dokumentieren.

- *„Datum des Erstellens"*

  Dieses Datum ist nicht dynamisch und läßt sich editieren! Für Briefköpfe ist dieser Textbaustein bestens geeignet - denn sonst geht Ihnen die Kontrolle darüber verloren, wann Sie den Brief geschrieben haben.

Jedes dieser Datumsformate gibt es vier verschiedenen Varianten:

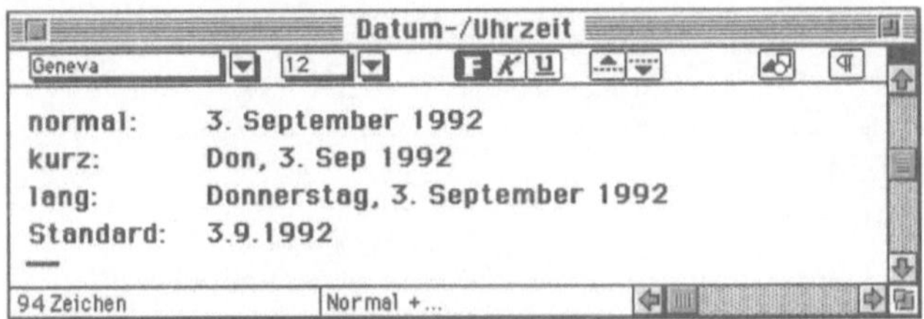

Eine Übersicht über alle Datumsvarianten des Standard-Textbaustein-Verzeichnisses finden Sie in ☞Anhang B.

• DATUM IN KOPF- UND FUSSZEILEN

Häufig ist das Datum in der Kopf- oder Fußzeile eines Dokuments untergebracht. Kein Wunder also, daß Word hier noch eine dritte Variante bietet, ein dynamisches Datum in eine Dokument einzufügen. Im Fenster von Kopf- und Fußzeile finden sich neben dem Icon für die Seitenzahl noch zwei weitere Icons:

Klicken Sie auf das Kalenderblatt, so fügt Word an der Stelle des Textcursors das Datum des Druckens in der Form „3. Dezember 1993" ein.

Ein Mausklick auf die Uhr schreibt die Uhrzeit in der Form „24.59 Uhr" ins Dokument.

Beide sind dynamisch und lassen sich als ganzes mit sämtlichen Buchstabenformaten versehen. Der Einsatz von Textbausteinen ist in Kopf- und Fußzeilen natürlich ebenfalls möglich.

19. DIALOGBOXEN

19.1 Dialogboxen und ihre Kontrollelemente 106
• Buttons... 108
• Radiobuttons 108
• Checkboxen 108
• Pop-up-Menüs 108
• Eingabefelder.. 108
• Statusfeld 108
• Auswahllisten... 109
19.2 Tips & Tricks 109
• Apple-Tabulator und Apple-Leertaste 109
• Return und Enter... 109
• Auswahl per Anfangsbuchstaben 109
• Textverarbeitung in Eingabefeldern 110
• Mit dem Tabulator unterwegs... 110
• Gebrauch von Menüs.. 110
• Abbruch mit Escape... 110
• Schneller per Shortcut.. 111

19.1 DIALOGBOXEN UND IHRE KONTROLLELEMENTE

Dialogboxen sind Fenster, die der Kommunikation zwischen Word und
Anwender dienen. Sie erkennt sie daran, daß sie Buttons beinhalten, also
Kontrollelemente, über die der Anwender die weiteren Aktivitäten steuert. Eine
sehr einfach strukturierte Dialogbox sieht etwa so aus:

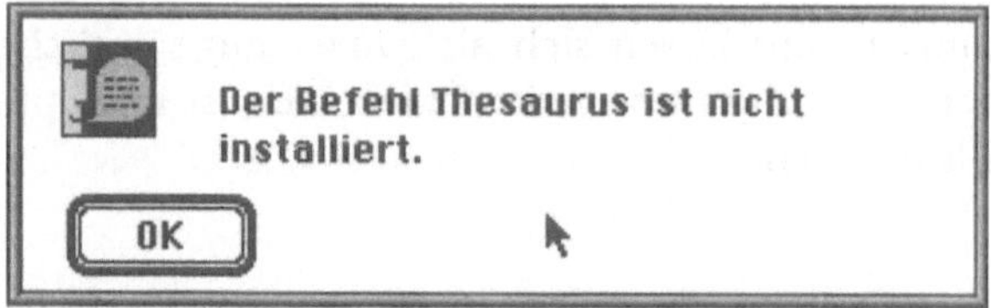

Dem Anwender bleibt gar keine andere Wahl, als den OK-Button zu drücken.
Klickt er irgend eine andere Struktur an, bekommt er lediglich den Systempeep
zu hören. Etwas komplexer hingegen ist folgende Dialogbox:

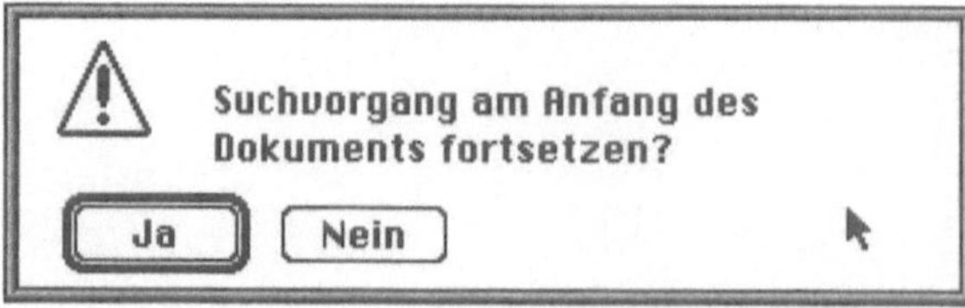

Je nachdem, welchen Button Sie drücken, startet Word eine andere Aktivität. Beiden Dialogboxen ist gemeinsam, daß Sie sie nicht verschieben können.
Aber Dialogboxen können auch mehr Kontrollelemente enthalten als Buttons. Die Dialogboxen „Suchen" enthält zum Beispiel zusätzlich ein Eingabefeld, Pop-up-Menüs und Checkboxen:

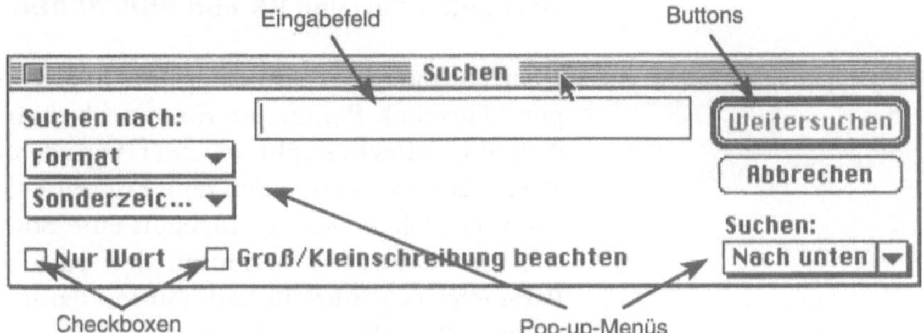

Dieses Dialogfenster besitzt eine Fensterleiste mit Schließbox. Der Vorteil solcher Boxen liegt darin, daß Sie sie an eine beliebige Stelle des Bildschirms verschieben und jederzeit wieder schließen können.
Neben Buttons, Pop-up-Menüs, Checkboxen und Eingabefeldern gibt es aber noch weitere Kontrollelemente in Dialogboxen. Die Dialogbox „Druckformate" enthält zum Beispiel noch Radio-Buttons sowie ein Auswahl- und ein Statusfeld:

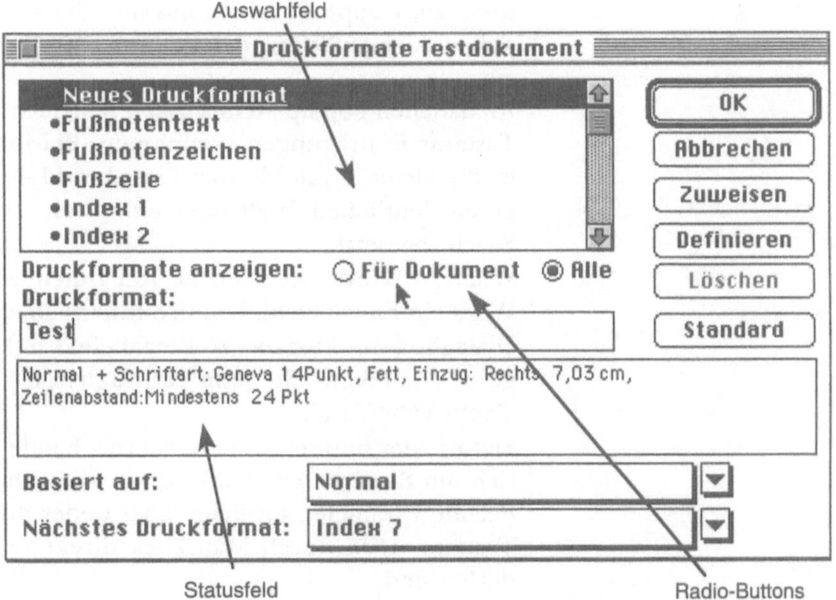

Welche Bedeutung haben nun die verschiedenen Kontrollelemente einer Dialogbox?

- **Buttons**

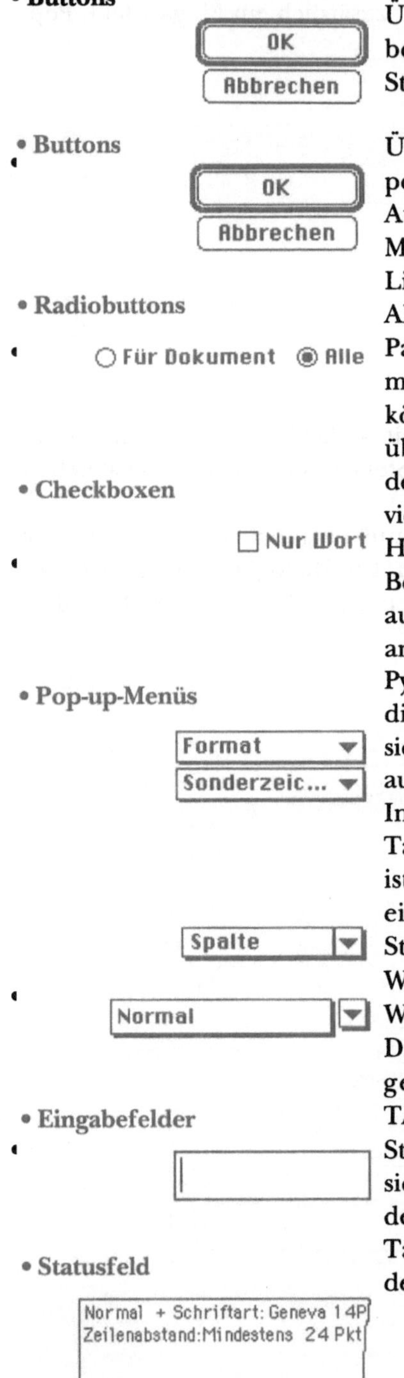

- Buttons

- Radiobuttons

- Checkboxen

- Pop-up-Menüs

- Eingabefelder

- Statusfeld

Über Buttons fordert man Word dazu auf, eine bestimmte Aufgabe zu erledigen. Die zwei Standardbuttons sind **OK** und **Abbrechen**.

Über Radiobuttons und Checkboxen setzt man per Mausklick Parameter für eine bestimmte Aufgabe. Hierbei gibt es zwei verschiedene Modi: Radiobuttons stellen eine Entweder-Oder Liste dar, Checkboxen hingegen eine Sowohl-Als-Auch Liste. Das bedeutet, daß bei einem Parameter zwar nur ein Radiobutton dafür aber mehrere Checkboxen gleichzeitig aktiviert sein können. Ebenfalls kann der Fall auftreten, daß überhaupt keine Checkbox angekreuzt ist. Bei den Radiobuttons hingegen ist immer eine aktiviert.

Hinter Pop-up-Menüs verbergen sich Listen von Begriffen, aus denen sich der Anweder einen auswählen kann. Sie erkennen Pop-up-Menüs an kleinen, auf dem Kopf stehenden schwarzen Pyramide an der rechten Seite. Klicken Sie diese an, klappt ein Menü aus und Sie wählen sich aus der Auflistung den gewünschten Begriff aus.

In manchen Pop-up-Menüs lassen sich auch per Tastatur Eintragungen vornehmen. Bei ihnen ist die kleine Pyramide vom Eingabefeld durch einen deutlichen Spalt oder einen schwarzen Strich abgesetzt.

Wünscht Word eine Eingabe von Ihnen, zeigt Word ein Eingabefeld. Um sich innerhalb einer Dialogbox von Eingabe- zu Eingabefeld zu hangeln, drücken Sie am einfachsten die TABULATOR-Taste.

Statusfelder sind sehr selten. Hierbei handelt es sich um Bereiche einer Dialogbox, die sich ändernde Parameter anzeigen, aber weder durch Tastatur noch durch Mausklick direkt veränderbar sind.

* **Auswahllisten**

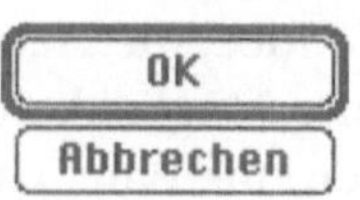

Eine Auswahlliste trägt an ihrer rechten Seite meistens einen Rollbalken. Innerhalb derartiger Listen wählt der Anwender einen Eintrag per Anklicken aus. Doppelklick auf einen Eintrag beschleunigt das Arbeiten meistens erheblich...

19.2 Tips & Tricks

* **APPLE-TABULATOR und APPLE-LEERTASTE**

Ob Sie es glauben oder nicht: Eine Dialogbox läßt sich in der Regel komplett über die Tastatur bedienen. Das geht folgendermaßen:

Um sich von Kontrollelement zu Kontrollelement der Dialogbox zu hangeln drücken Sie APPLE-TABULA-TOR.Wie Sie sehen, zeigt Word unter der Kontrollstruktur eine blinkende, gepunktete Linie. Diese zeigt an, welches Kontrollelement grade aktiv ist.

Um die aktivierte Kontrollstruktur anzusprechen (z.B. ein Popup-Menü ausklappen oder eine Checkbox ankreuzen) müssen Sie nun die 0 vom Zehnerblock oder die Tastenkombination APPLE-LEERTASTE drücken. Word betätigt dann das Kontrollelement. Wurde auf diese Weise ein Popup-Menü ausgeklappt, so wählen Sie den gewünschten Eintrag entweder per CURSORTASTEN oder per ANFANGS-BUCHSTABE. Ist der gewünschte Eintrag aktiviert, drücken Sie RETURN oder ENTER. Weitere Verfahren, sich per Tastatur innerhalb einer Dialogbox fortzubewegen finden Sie in den nachfolgenden Tips & Tricks.

* **RETURN und ENTER**

Häufig ist einer der Button zusätzlich von einer dicken Linien eingeschlossen. Dieses Kennzeichen hat eine wichtige Bedeutung: Dick umrandet ist nämlich immer der Button, der auch über RETURN oder ENTER ausgewählt werden kann.

Um also den nebenstehenden Button mit „OK" zu aktivieren müssen Sie nicht unbedingt mit dem Mauscursor in diesen Button klicken, sondern können die Finger über der Tastatur lassen und die RETURN-Taste drücken.

* **Auswahl per Anfangsbuchstaben ...**

In Word gilt für alle Dialogboxen, daß ein Button über den Anfangsbuchstaben seines Namens angesprochen werden kann. Das bedeutet, daß Sie den Button „Zuweisen" auch über seinen Anfangsbuchstaben, also die Taste „Z" erreichen. Besitzt die Dialogbox neben Buttons auch noch Eingabefelder, müssen Sie gleichzeitig die APPLE-Taste drücken, also z.B. APPLE-Z.

Aber nicht nur Buttons aktivieren Sie über ihre Anfangsbuchstaben. Jedes Kontrollelement in einer Dialogbox, egal ob Pop-up-Menü, Checkbox oder Radio-button läßt sich über seinen Anfangsbuchstaben auswählen. Um also die Checkbox „Nur Wort" in der Dialogbox „Suchen" zu aktivieren, müssen Sie lediglich APPLE-N drücken.

• Textverarbeitung in Eingabefeldern

Eingabefelder besitzen einen recht komfortablen Editor. Mit den Cursortasten können Sie sich ebenso fortbewegen wie mit der Maus. **Doppelklick** auf ein Wort aktiviert selbiges. Halten Sie anschließend die Maustaste gedrückt, wird der Text wortweise aktiviert. Häufig wird auch die Zwischenablage unterstützt, so daß sich mit den Menübefehlen „Ausschneiden", „Kopieren", „Einfügen" und „Löschen" aus dem Bearb.-Menü arbeiten können.

• Mit dem Tabulator unterwegs

Häufig zeitsparend ist der Gebrauch der Tabulatortaste. Mit ihr wechseln Sie zwischen Eingabe- und Auswahlfeldern hin und her und springen von Eingabe- zu Eingabefeld:

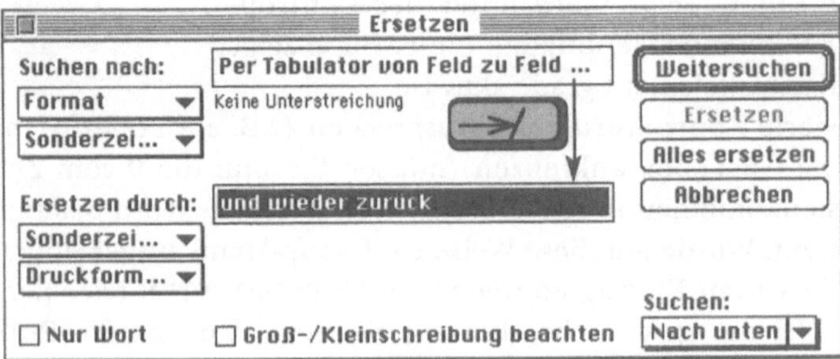

In manchen Fällen (zum Beispiel Datei-Auswahlbox) wechseln Sie mit dem Tabulator zwischen Auswahlliste und Eingabefeld hin und her. Ist die Auswahlbox aktiviert, wird sie mit einem dicken schwarzen Rahmen versehen. Das aktive Eingabefeld erkennen Sie am blinkenden Textcursor.

• Gebrauch von Menüs

Ist eine Dialogbox geöffnet, kommen Sie meistens nicht auf die Idee, die Hauptmenüs zu durchforsten. Dabei tun sich hier häufig interessante Möglichkeiten auf. Grundsätzlich kann man sagen, daß bei allen Dialogboxen, die eine Titelleiste wie ein normales Fenster besitzt, auch Menüpunkte aktivierbar sind.

• Abbruch mit ESCAPE

Eine ebenfalls konsequent durchgezogene Art der Benutzerführung in Word ist die Tatsache, daß sich der „Abbruch"-Button über die ESCAPE-Taste auswählen läßt. Wurde also mal ausversehen eine Dialogbox geöffnet - einfach die „esc"-Taste drücken und schon bricht Word den Vorgang ab.

• Schneller per Shortcut

Die Abbildung veranschaulicht, auf wie vielfältige Weise sich zum Beispiel die Dialogbox „Druckformate" bedienen läßt. Ähnliches gilt für die meisten Dialogboxen von Word.

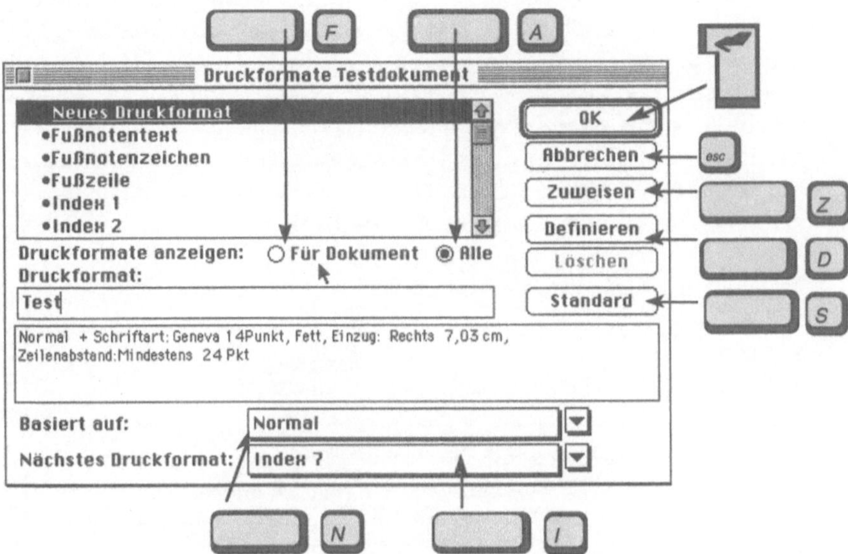

20. DIAGRAMME

20.1 Wissenswertes in Kürze 112
20.2 Starten von MS-Graph 113
20.3 Arbeiten mit der Tabelle 114
   • Einrichten der Tabelle 114
   • Sich innerhalb einer Tabelle bewegen 115
   • Eingabe der Zahlen und Beschriftungen 117
   • Löschen von Zahlen... 118
   • Löschen und Einfügen von Spalten und Zeilen 118
   • Daten & Diagramm: Statusfelder 118
20.4 Erstellen eines Diagramms 119
   • Flächen 119
   • Balken 119
   • Säulen 120
   • Linien 120
   • Kreis 120
   • Punkt 120
   • Verbund 120
   • 3D-Flächen 121
   • 3D-Balken 121
   • 3D-Säulen 121
   • 3D-Linien 121
   • 3D-Kreis 121
20.5 Formatieren von Diagrammen 122
   • Generelle Formatierungen 122
   • Formatieren von Flächen 122
   • Achsen formatieren und skalieren 124
   • Gitternetze.. 125
   • Beschriftungen formatieren 126
20.6 Spezialeffekte für Diagramme 127
   • Pfeile hinzufügen und löschen 127
   • Etiketten (Datenbeschriftungen) 127
   • Diagramm- und Achsentitel 128
   • Legenden... 129
   • 3D-Ansicht 129
   • Farbpalette 130
   • Zoomen 131
   • Diagramm-Hintergrund 131
20.7 Diagramme überlagern 131

Keine Frage - Bilder sagen mehr als tausend Worte. Und zudem sehen sie meistens auch noch attraktiver aus als die einer monotonen Bleiwüste ähnelnden, von der ersten bis zur letzten Zeile vollgeschriebenen Textseiten. Kein Firmenbericht mehr ohne Prozent-Torten, kein Forschungsbericht ohne Diagramme, kein Wirtschaftsartikel ohne Balken und Säulen. Neidvoll blicken die Textverarbeiter auf die virtuosen Tabellenkalkulateure mit ihren farbenfrohen Zahlengebäuden. Doch ab sofort können sie kräftig mitmischen, denn Word verfügt über einen leistungsfähigen Diagrammgenerator, der zudem recht einfach zu bedienen ist.

20.1 WISSENSWERTES IN KÜRZE ...

• Eigenständiges Programm
Wie das Programm Formel-Editor auch, ist Microsoft-Graph - im weiteren als MS-Graph bezeichnet - ein eigenständiges, per Doppelklick startbares Programm mit einer eigenen Hilfedatei. Sie können dieses Programm also auch in Verbindung mit anderen Applikationen nutzen.

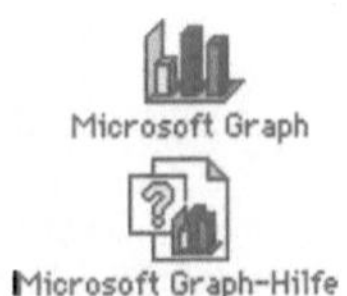

Einziger Nachteil: das Programm erlaubt keine Speicherung der eingegebenen Daten oder erzeugten Diagramme. Wohl kann man aber Daten und Diagramme über die Zwischenablage in jedes beliebige Programm übernehmen.

• Installation von MS-Graph
Bei MS-Graph handelt es sich *nicht* um ein Plug-In-Modul, sondern um ein normales Macintosh-Programm. Das bedeutet, daß Sie es an beliebiger Stelle Ihrer Festplatte installieren können. Wenn Word die Hilfe von MS-Graph benötigt, fragt es den Finder, wo MS-Graph zur Zeit zu finden ist und der Finder übergibt dann den betreffenden Pfadnamen, über den Word auf das Programm zugreift.

• Entspricht weitgehend dem Diagrammteil von Excel 3.0
Wer sich mit Excel 3.0 auskennt, wird mit Microsoft Graph keine Probleme haben. Sowohl in Leistungsumfang wie auch in der Benutzerführung ist MS-Graph weitgehend identisch mit dem Diagrammteil von Excel 3.0. Kein Wunder also, daß es in MS-Graph möglich ist, Excel-Diagramme zu laden und vollständig zu editieren. Der Tabellenteil ist natürlich nicht annähernd mit dem von Excel 3.0 zu vergleichen, sondern dient mehr als „Datenhalter" für die Diagramme. Dafür allerdings ist er fast besser als Excel. Viele Operationen, wie das Ein- und Ausblenden von Datenzeilen oder -spalten gehen in MS-Graph einfacher als in Excel.

• Erst die Daten, dann das Diagramm
Beim Arbeiten mit MS-Graph geben Sie zunächst die darzustellenden Daten in eine Tabelle ein und wählen anschließend den gewünschten Diagrammtyp, in dem MS-Graph die Zahlen darstellen soll. Diagramm und Tabelle sind dynamisch

miteinander verknüpft. Jede Änderung in der Tabelle überträgt MS-Graph sofort ins Diagramm.

20.2 STARTEN VON MS-GRAPH

 Plazieren Sie den Textcursor an der Stelle Ihres Dokuments, an der das Diagramm erscheinen soll und klicken Sie dann auf das Diagramm-Icon in der Formatierungsleiste.

Word sucht nun das Programm MS-Graph und lädt es. Das dies ein wenig dauert, sollte Sie nicht irritieren: das Programm ist zusammen mit der Hilfedatei immerhin gute 600KB groß. Was MS-Graph öffnet ist etwas ungewöhnlich: statt einer leeren Tabelle findet der Anwender nämlich eine bereits ausgefüllte Beispieltabelle samt Säulendiagramm:

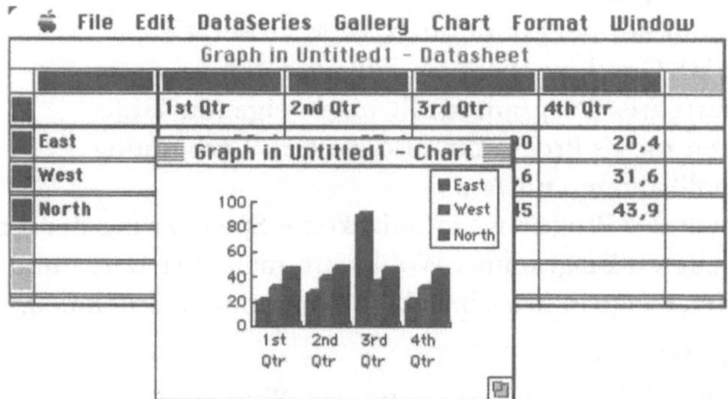

Was auf den ersten Blick vielleicht verwirrt, macht auf den zweiten Blick Sinn: der Anwender erkennt mit einem Blick das Arbeitsprinzip von MS-Graph. Da ist zum einen eine etwas grobschlächtige Tabelle, in der sich das Datenmaterial befindet und da ist zum zweiten ein Fenster mit der graphischen Umsetzung der Zahlen: dem Diagramm. Dies ist die grundsätzliche Organisation von MS-Graph. *Es kann immer nur ein Diagramm- und ein Tabellenfenster gleichzeitig geöffnet sein.* Nachladen von Grafiken oder Einfügen von Tabellen aus der Zwischenablage überschreibt immer die aktuellen Inhalte des jeweiligen Fensters. Aber keine Bange: MS-Graph präsentiert in einem solchen Falle eine entsprechende Warnung.

20.3 ARBEITEN MIT DER TABELLE

Jegliches Erstellen von Diagrammen beginnt mit der Eingabe der Zahlen, die Sie im Diagramm darstellen wollen. Diese Zahlen müssen Sie zunächst in die Tabelle eintragen. Holen Sie dazu das Tabellenfenster in den Vordergrund, indem Sie es entweder mit der Maus anklicken oder den Eintrag „Tabelle" aus dem Fenster-Menü wählen. In beiden Fällen legt MS-Graph das Tabellenfenster über das Diagramm und macht es zum aktiven Fenster mit Rollbalken:

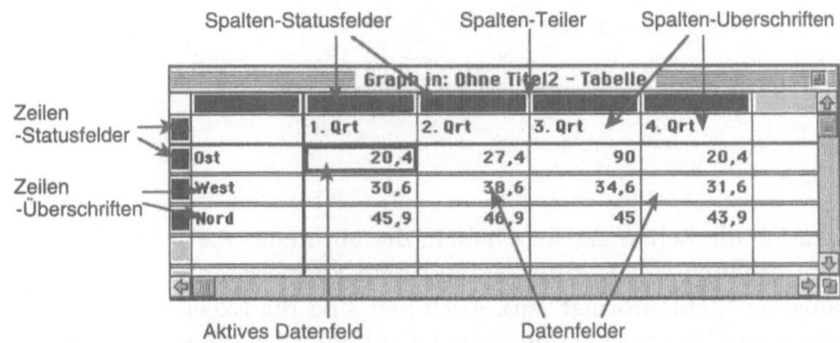

Die Tabelle von MS-Graph ist zwar optisch recht grobschlächtig und erinnert an die grobgeschnitzte MS-Window-Welt, aber in ihrer Bedienung ist sie recht einfach und benutzerfreunlich.

• Einrichten der Tabelle

Bevor Sie sich an die Arbeit machen sollten Sie das Outfit der Tabelle so gestalten, daß es Ihnen gefällt. Leider stehen nicht allzuviele Optionen bereit. Den **Schrifttyp für die Zahlendarstellung** legen Sie über eine Dialogbox fest, die sich hinter dem Menüpunkt "Schriftart" aus dem Format-Menü fest:

Wählen Sie die gewünschten Darstellungsparameter und klicken Sie **OK**. MS-Graph stellt dann sämtliche Felder im neuen Outfit dar.

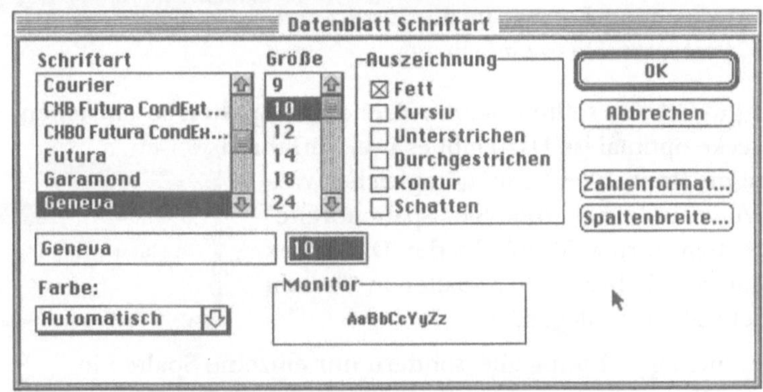

Es ist leider nicht möglich, den einzelnen Felder separate Formatierungen zuzuweisen. Noch nicht einmal mit den Überschriftenfeldern ist dies möglich.

Das gewünschte **Zahlenformat** bestimmen Sie über die Dialogbox "Zahlenformat". Im Gegensatz zum Schrifttyp läßt sich das Zahlenformat für jedes Datenfeld separat einstellen. Um also das Zahlenformat für alle Datenfelder auf ein anderes Format einzustellen, müssen Sie zunächst alle Datenfelder aufeinmal aktivieren. Wählen Sie dazu den Menüpunkt "Alles markieren" aus dem Bearbeiten-Menü oder drücken Sie die Tastenkombination APPLE-A.

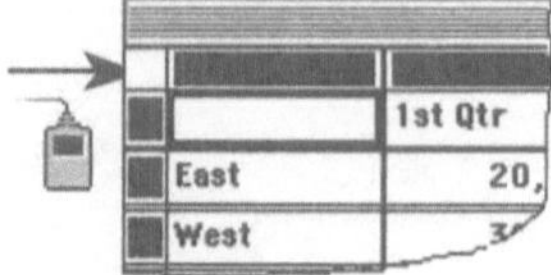

Schneller per Mausklick
Eine einfachere Methode, die gesamte Tabelle zu aktivieren besteht darin, in das weiße Viereck in der linken oberen Ecke der Tabelle zu klicken.

Nachdem Sie die Zellen aktiviert haben, die ein neues Zahlenformat erhalten sollen, rufen Sie aus dem Format-Menü die Dialogbox "Zahlenformat" aus. Auch hier sind die Excel-Anwender unter Ihnen wieder im Vorteil, denn die Dialogbox entspricht exakt der von Excel. Neben vorgegebenen Zahlenformaten, die Sie lediglich in der Liste anklicken müssen, läßt MS-Graph auch Definitionen eigener Formate zu.

Um zum Beispiel alle Zahlen mit drei Dezimalstellen darzustellen, klicken Sie einfach "0,00" an und schreiben nun im Eingabefeld noch eine Null hintendran. Wenn Sie dann **OK** drücken, wechselt MS-Graph zur Tabelle, stellt die Werte mit drei Dezimalstellen dar und trägt das neue Format in die Liste ein. Probieren Sie es einfach aus.

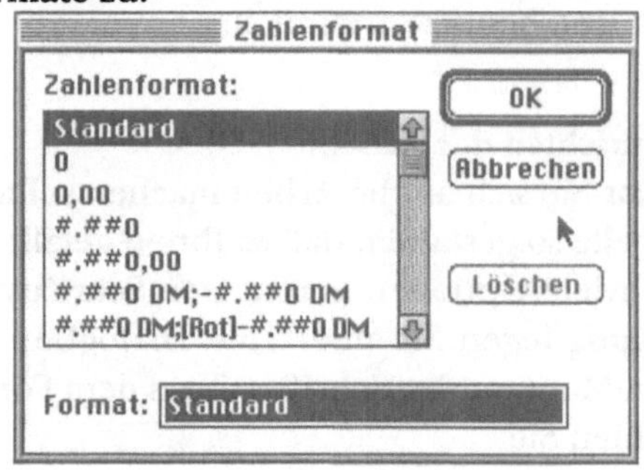

Zu guter Letzt sollten Sie die **Breite der Spalten** so einstellen, daß sie für Ihre Zwecke optimal ist. Dazu gibt es zwei Verfahrensweisen.

Um die Breite aller Spalten in gleicher Weise zu verändern, wählen Sie "Spaltenbreite" aus dem Format-Menü. In der Dialogbox legen Sie die Breite aller Spalten in "Anzahl Buchstaben" festlegen.

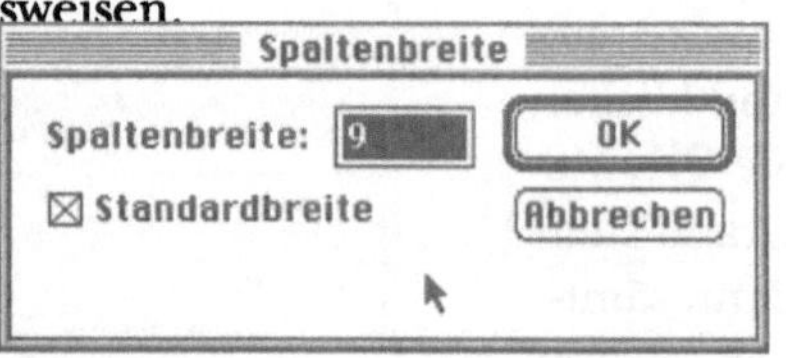

Um nicht gleichzeitig alle, sondern nur einzelne Spalten in ihrer Breite zu ändern, gehen Sie einen anderen Weg. Ziehen Sie mit dem Mauscursor über die Spaltentrennlinie. Die Form des Cursors wechselt zu einem Doppelpfeil. Halten Sie nun die Maustaste gedrückt und ziehen Sie nach rechts oder links. MS-Graph verändert nun die Breite der Spalte rechts von der Trennlinie. Alle anderen Spalten bleiben gleich breit.

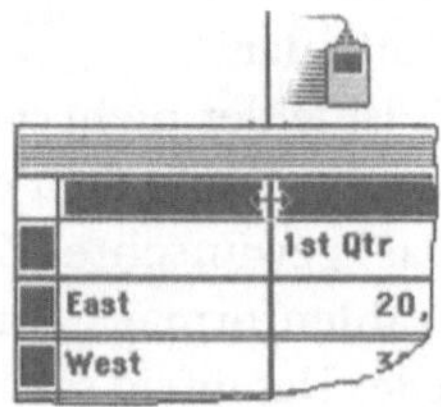

• Sich innerhalb einer Tabelle bewegen

Um sich innerhalb einer Tabelle fortzubewegen bedienen Sie sich am besten folgender Tasten:

Taste	Fortbewegung
TABULATOR	Ein Feld nach rechts
SHIFT-TABULATOR	Ein Feld nach links
→	Ein Feld nach rechts
←	Ein Feld nach links
↑	Ein Feld hoch
↓	Ein Feld runter

Mit SHIFT-Taste Tabellenfelder aktivieren
Hält man beim Drücken der Cursortasten die SHIFT-Taste gedrückt, schaltet MS-Graph in den Aktivierungsmodus und aktiviert Tabellenfelder.

• Eingabe der Zahlen und Beschriftungen

Doch nun genug der Vorbereitungen. Beginnen wir mit der Eingabe der Daten. In der Regel ist es sinnvoll, zunächst die Überschriften der Zeilen und Spalten festlegen. Dazu dienen die jeweils ersten Felder von Spalten und Zeilen. Sie sind von den eigentlichen Datenfeldern durch eine kräftige schwarze Linie abgetrennt, verhalten sich aber sonst exakt wie Datenfelder.

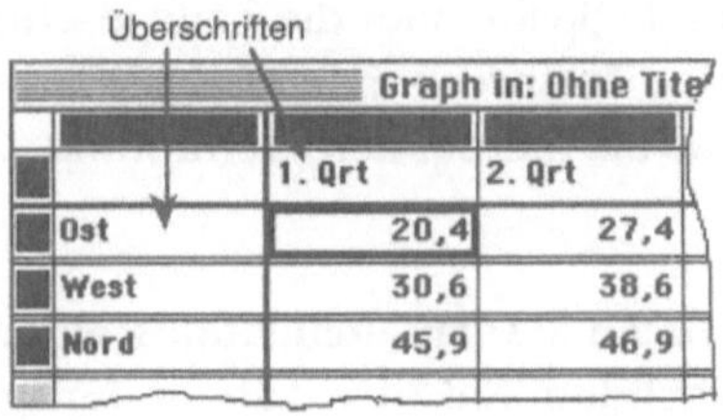

Die Einträge in diesen Überschriftfeldern erscheinen - wenn Sie es wünschen - später in Ihrem Diagramm, und zwar entweder in der Legende oder als Achsenbeschriftung.

Nachdem die Überschriften festgelegt sind, beginnen Sie mit der Eingabe Ihres Zahlenmaterials in die Datenfelder. Im Gegensatz zu Excel-Tabellen gibt es keine Eingabezeile. Werte werden direkt in die Tabellenfelder getippt.

Doppelklick auf ein Tabellenfeld öffnet eine Eingabebox, die den Eintrag des Tabellenfeldes in voller Länge zeigt - egal auf welche Nachkommastelle er in der Tabelle gerundet wurde.

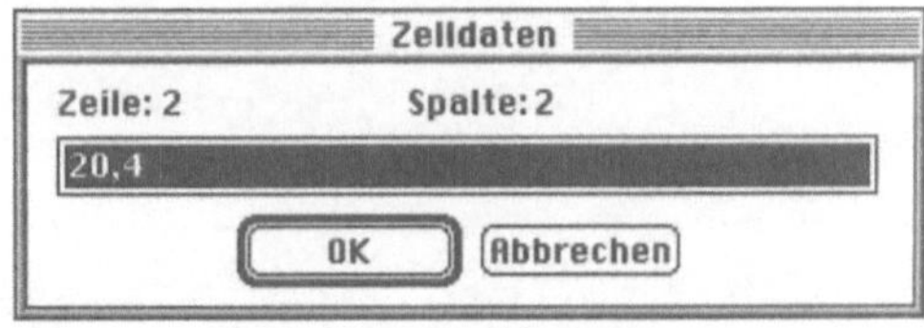

Während Sie die neuen Zahlen in die Tabelle eingeben, sollten Sie mal auf das Diagramm achten. Immer, wenn Sie einen Wert geändert haben und das Tabellenfeld wechseln, bringt MS-Graph das Diagramm auf den neusten Stand.

• Löschen von Zahlen

Um den Inhalt eines Datenfeldes zu löschen, klicken Sie es an und tippen den neuen Wert ein. MS-Graph überschreibt dann einfach den alten Feldinhalt.

Wenn Sie die BACKSPACE-Taste drücken, löscht MS-Graph den Inhalt und präsentiert sofort die Eingabebox, über die Sie einen neuen Wert eingeben können.

Drücken Sie die CLEAR-Taste, oder wählen Sie "Löschen" aus dem Bearb.-Menü, präsentiert MS-Graph eine Dialogbox, über die Sie wählen können, ob Sie den Zellinhalt, dessen Formatierung oder beides löschen wollen.

• Löschen und Einfügen von Spalten und Zeilen

Um eine Spalte/Zeile zu löschen, klicken Sie ein beliebiges Datenfeld dieser Spalte/Zeile an und wählen dann den Menüpunkt "Zeile/Spalte löschen". Es erscheint eine Dialogbox, die fragt, ob Sie die betreffende Spalte oder die Zeile löschen wollen.

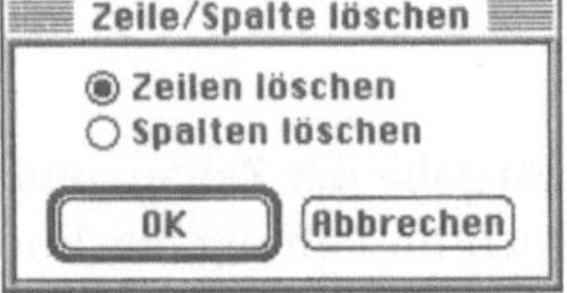

Eine entsprechende Dialogbox regelt das Einfügen von Spalten und Zeilen, nur daß Sie hierbei den Menüpunkt "Zeile/Spalte einfügen" wählen müssen.

• Daten & Diagramm: Statusfelder

Nachdem Sie Ihre Tabelle fertig formatiert und alle Überschriften und Daten korrekt eingegeben haben, ist es an der Zeit, die Tabelle in ein Diagramm umzuwandeln. Da in MS-Graph eine Tabelle immer nur die Daten für ein einzelnes Diagramm bereitstellen kann, ist die Bedienung deutlich anders als bei Excel.

 **Ausblenden von Daten**

Grundsätzlich gilt: alle Daten der Tabelle werden im Diagramm dargestellt. Daten, die MS-Graph nicht darstellen soll, müssen explizit ausgeblendet sein. Welche Daten aktuell ein- und welche ausgeblendet sind, ist leicht an den Statusfeldern der Spalten und Zeilen zu erkennen. Manche sind schwarz andere grau. Diese beiden Modi haben natürlich eine Bedeutung:

Modus	Bedeutung
schwarz	Zeile bzw. Spalte ist in Diagramm enthalten
grau	Zeile bzw. Spalte ist nicht in Diagramm enthalten

Um eine Spalte ein- bzw. auszublenden, aktivieren Sie einfach ein Datenfeld innerhalb dieser Spalte und wählen dann den Menüpunkt "Mit Spalte/Zeile" oder "Ohne Spalte/Zeile" aus dem Datenreihe-Menü. In derselben Weise verfahren Sie mit einer Zeile. Sofort bringt MS-Graph das zugehörige Diagramm auf den neusten Stand.

Doppelklick in Statusfeld ändert Modus
Einfacher geht das Ein- bzw. Auszublenden, indem Sie mit der Maus in das Statusfeld der betreffenden Spalte/Zeile doppelklicken.

20.4 ERSTELLEN EINES DIAGRAMMS

Nachdem die Daten korrekt in die Tabelle eingegeben sind wählen Sie aus aus dem Menü "Muster" den gewünschten Dateityp. Im oberen Teil des Menüs stehen die zweidimensionalen, im unteren Teil die dreidimensionalen Diagrammarten. Hinter den Menüpunkten verbergen sich folgende Diagrammtypen:

• **Flächen ...**
Flächendiagramm

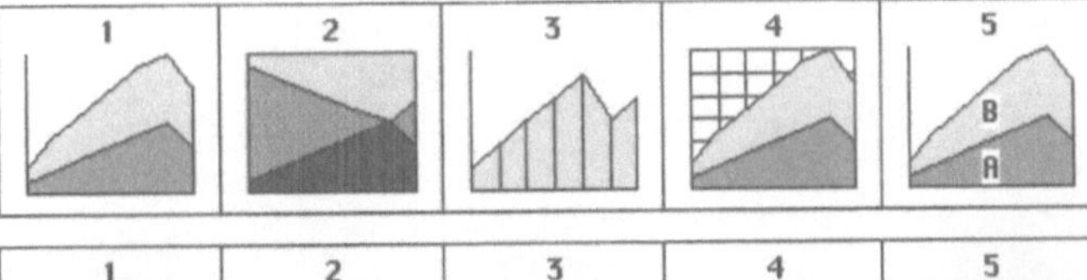

• **Balken ...**

Balkendiagramm

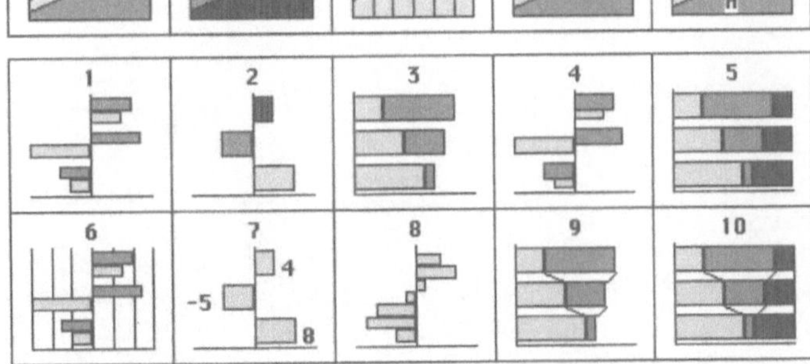

119

• **Säulen …**

Säulendiagramm

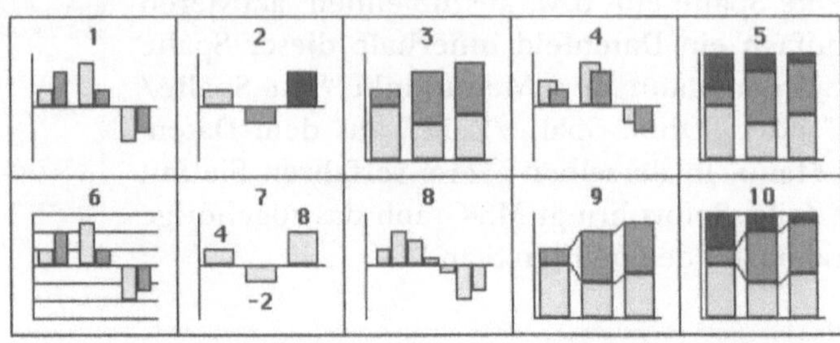

• **Linien …**

Liniendiagramm

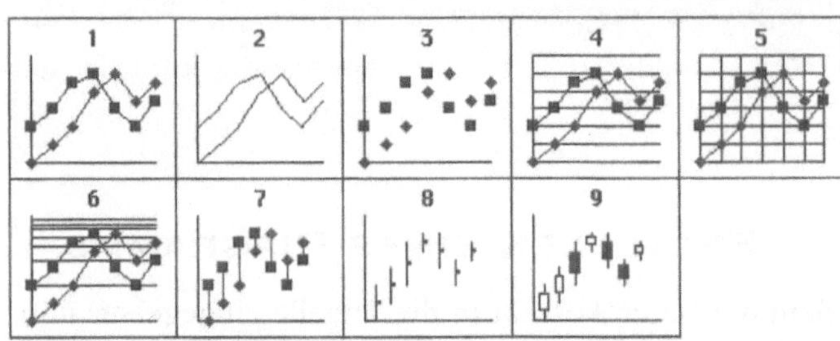

• **Kreis …**

Kreisdiagramm

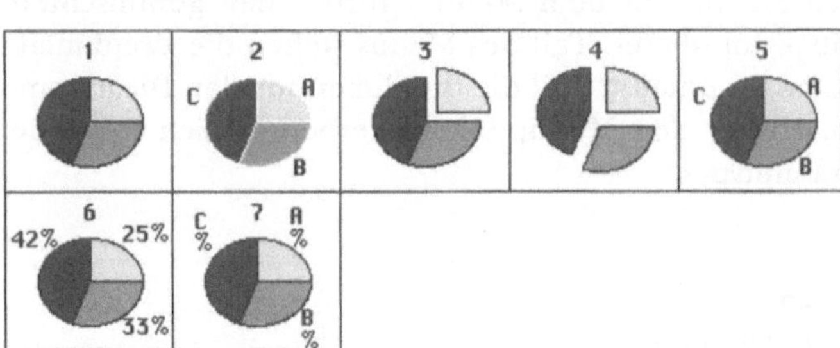

• **Punkt …**

Punktdiagramm

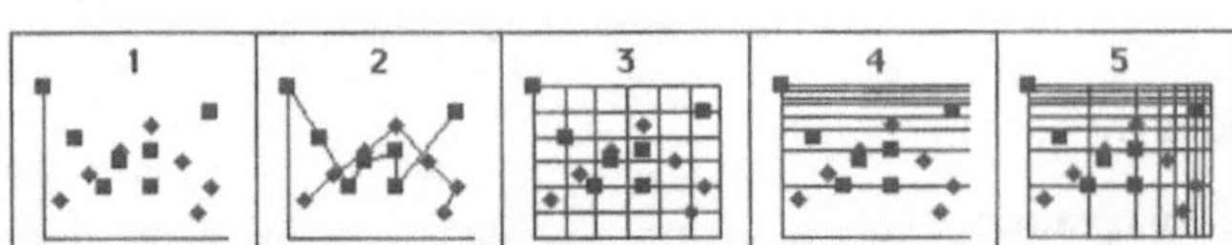

• **Verbund …**

Verbunddiagramm

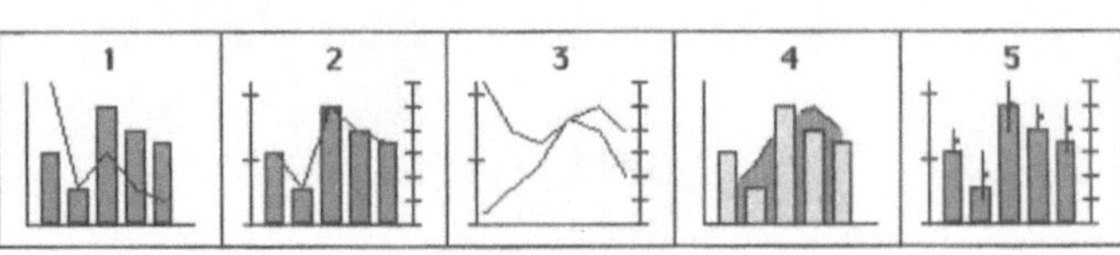

3D-Flächen ...

3D-Balken

3D-Säulen ...

3D-Linien ...

3D-Kreis ...

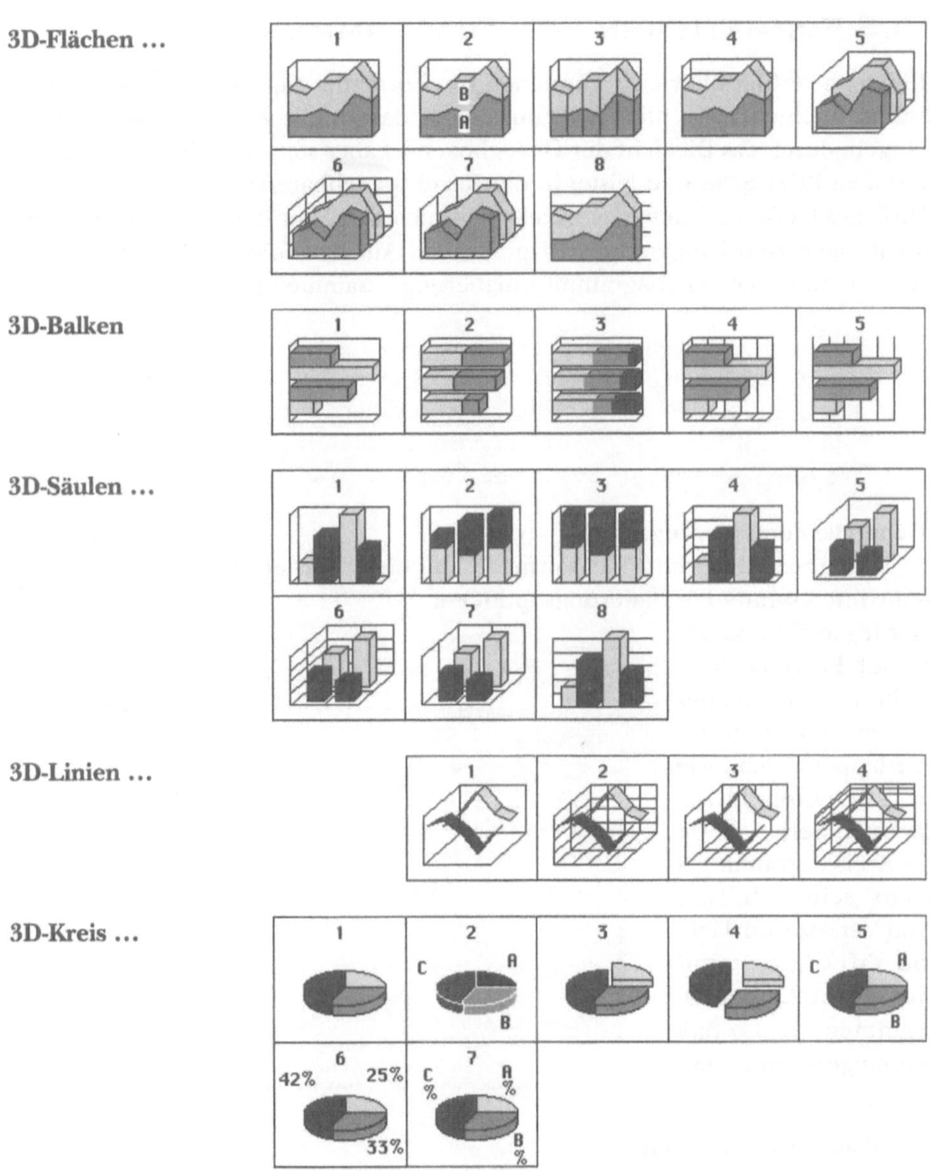

Wie Sie sehen, haben Sie nun die Qual der Wahl. Wählen Sie in Ruhe den für Ihre Daten geeignetsten Diagrammtyp aus. Sobald Sie in der zugehörigen Dialogbox "OK" drücken, stellt MS-Graph die Daten der Tabelle in diesem Format dar und es beginnt nun die Arbeit der Diagrammformatierung.

20.5 FORMATIEREN VON DIAGRAMMEN

MS-Graph verfügt über eine Unmenge von Formatierungsmöglichkeiten, die in diesem Buch nicht in aller Ausführlichkeit dargestellt werden können. Beim Hangeln durch das Dickicht der Dialogboxen ist aber stets die Hilfedatei von MS-Graph an Ihrer Seite und leistet in der Regel brauchbare Hilfe. Ein anderes ausführliches Hilfsmittel stellt das Excel-Handbuch dar. Hier finden Sie ausführliche Anleitungen zum Umgang mit Diagrammen. Auf den folgenden Seiten finden Sie die Grundzüge der Diagrammformatierung zusammengefaßt.

Im Zweifelsfall: Dopplklick
Das A und O der Diagrammformatierung ist der Doppelklick mit der Maus. Egal ob Sie Diagrammachsen neu beschriften, Farbe und Muster von Säulen ändern, oder die Beschrifung ändern wollen - Doppelklick auf die jeweilige Struktur offnet in der Regel die zuständige Dialogbox.

• Generelle Formatierungen
Die Dialogbox "Diagramm" im Format-Menü bietet für jeden Diagrammtyp eine Reihe interessanter Formatierungsoptionen:

Hier legen Sie fest, um wieviel Prozent ihrer Breite sich Säulen oder Balken einer Serie überlappen sollen, wie groß der Abstand zur nächsten Serie ist, wie ein Kreisdiagramm gedreht sein soll, wie groß Versatz und Tiefe von 3D-Charts sind und ob in Liniendiagrammen Hi-Lo-Balken eingezeichnet sein sollen.

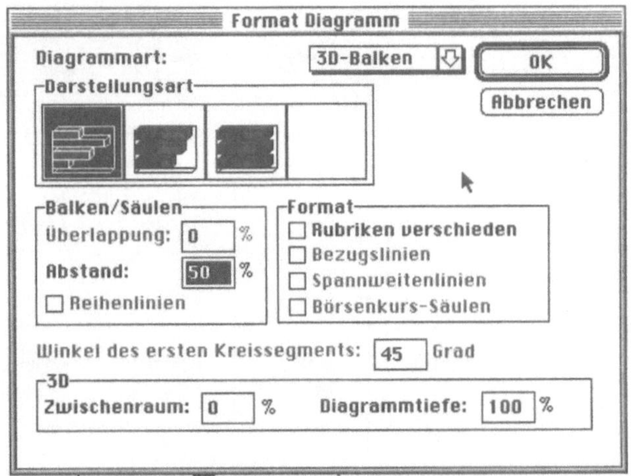

• Formatieren von Flächen
Egal ob Sie auf den Hintergrund Ihres Diagrammes, außerhalb der Diagrammachsen, mitten in ein Tortendiagramm oder auf die Legende doppelklicken - immer erscheint die folgende Dialogbox in mehr oder weniger abgewandelter Form. Sie ist auf die Verwaltung von Füllmustern spezialisiert:

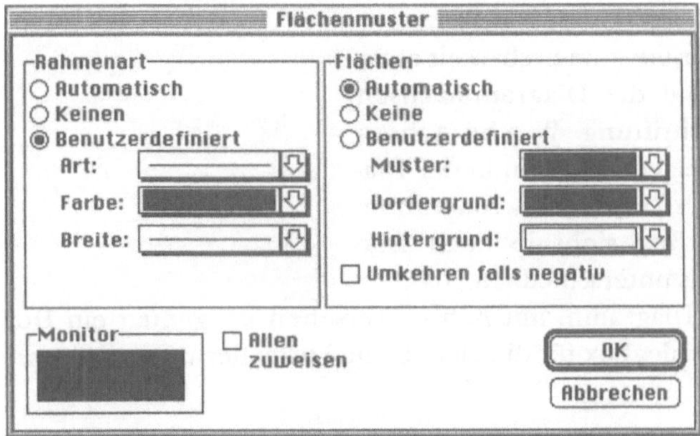

Über Radio-Buttons bestimmen Sie, ob eine Fläche ein Muster und einen Rahmen haben soll oder nicht und wenn ja, ob dieser automatisch, also von MS-Graph selbst, oder von Ihnen (="Benutzerdefiniert") festgelegt werden soll. Wenn Sie diese Arbeit selbst übernehmen wollen, legen Sie über Popup-Menüs Muster, Vordergrund- und Hintergrundfarbe der Fläche fest. Für jedes Muster gilt: *schwarz ist Vordergrund, weiß Hintergrund.*

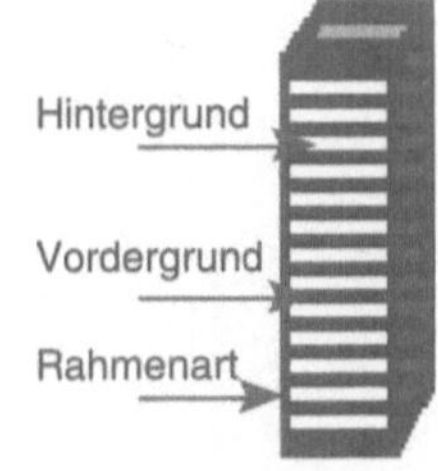

Nachdem Sie per Popup-Menü das gewünschte „Muster" auserwählt haben, legen Sie über „Vordergrund" die Farbe der schwarzen Musteranteile und über „Hintergrund" die Farbe der weißen Musteranteile fest.

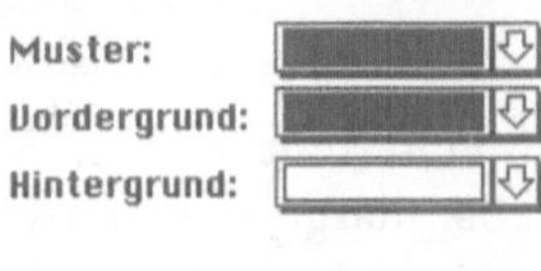

Ähnlich verfahren Sie mit der Rahmengestaltung der Fläche. Rahmenart, -farbe und -dicke definieren Sie über die Popup-Menüs in der linken Dialogboxhälfte.

Neben den Popup-Menüs und Radiobuttons, die in allen Varianten dieser Box zu finden sind, gibt es auch kontext-spezifische Check-Boxen:

☐ **Umkehren falls negativ** Invertiert die Flächenfarbe in Säulen- und Balkendiagrammen, wenn die dargestellten Werte negativ sind.

☐ **Allen zuweisen** Weist die neu eingestellten Parameter allen Datenserien im Diagramm zu.

☐ **Schatten** Hinterlegt die Legende eines Diagramms mit einem Schatten.

• Achsen formatieren und skalieren

Sehr wichtig für die gute Lesbarkeit eines Diagramms sind die Diagrammachsen und Ihre Beschriftung. Welche Achsen MS-Graph anzeigen soll, steht in der Dialogbox "Achsen" aus dem Diagramm-Menü. Diese Box sieht je nach Diagrammtyp etwas unterschiedlich aus.

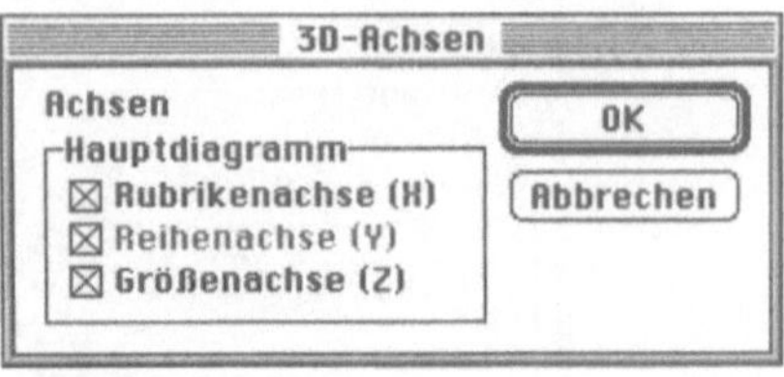

Nachdem Ihr Diagramm mit Achsen versehen ist, genügt ein Doppelklick auf diese um die Dialogbox für die eigentliche Formatierung zu öffnen.

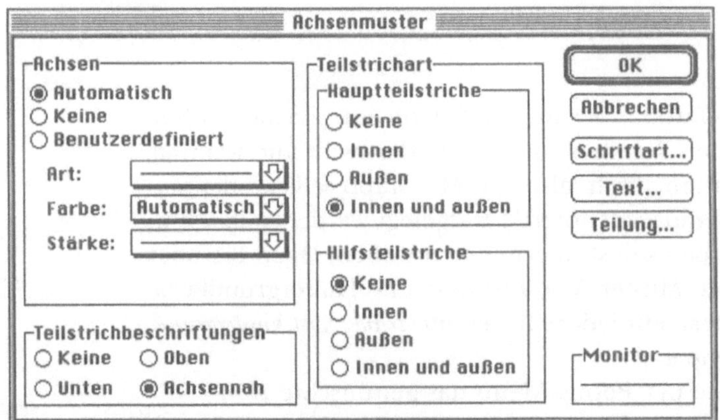

Im Feld **Achsen** legen Sie fest, ob die angeklickte Achse dargestellt werden soll und wenn ja, mit welchem Linientyp, welcher Linienfarbe und welcher Linienstärke. Meistens besitzen Achsen Teilstriche, manchmal auch Hilfsteilstriche. Beide lassen sich über die Dialogbox unabhängig voneinander ein- bzw. ausblenden.

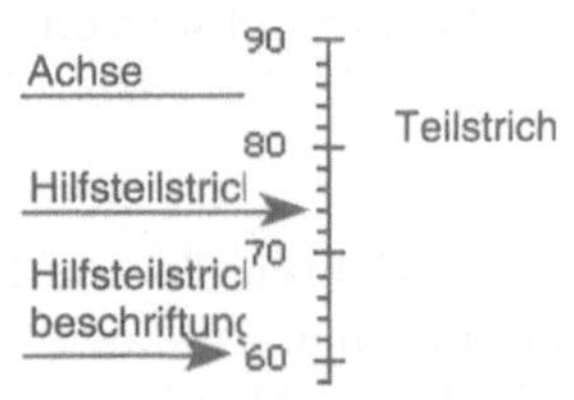

Ebenfalls steht in dieser Dialogbox, ob und wenn ja wie MS-Graph **Teilstriche** darstellen und beschriften soll. Die Kombinationsmöglichkeiten sind groß und daher in unserer Abbildung nur teilweise dargestellt.

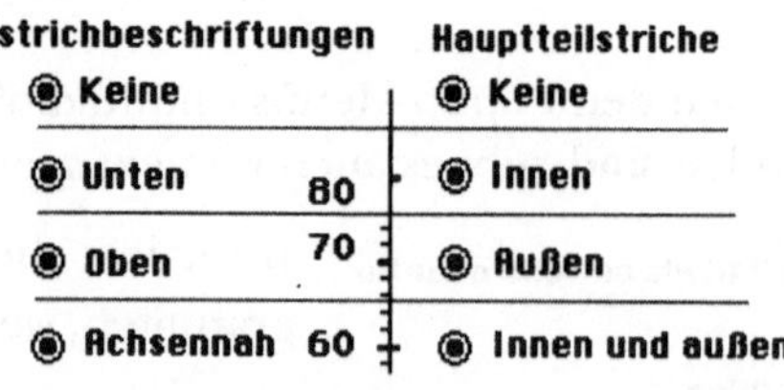

Über die Buttons rechts in der Dialogbox verzweigen Sie zu anderen, für die Formatierung der Achsen wichtigen Dialogen. So verbirgt sich hinter **Schriftart** eine Dialogbox die weiter unten in diesem Kapitel beschrieben wird und in diesem Falle dazu dient die Zeichenformatierung für die Achsenbeschriftung vorzunehmen.

Im Gegensatz dazu öffnet der Button **Text** eine Dialogbox, in der Sie die Ausrichtung, der Achsenbeschriftung festlegen. Klicken Sie mit der Maus einfach auf die Ausrichtung, die Sie wünschen und drücken Sie dann **OK**. Auch diese Box verfügt über Buttons, die Sie wiederum zu den anderen Dialogen der Achsenformatierung bringen.

Der Button **Teilung** führt zu Eingabefeldern, die das Skalieren der Achse erlauben. Minimaler und maximaler Wert der Achsenskala, Größe der Haupt- und Hilfsteilstriche, Kreuzungspunkt mit der anderen Achse, logarithmische Skala und noch ein paar Optionen mehr stehen Ihnen hier zu Wahl. Und auch in dieser Dialogbox finden Sie wieder Buttons, die Sie zu den oben beschriebenen Dialogen bringen.

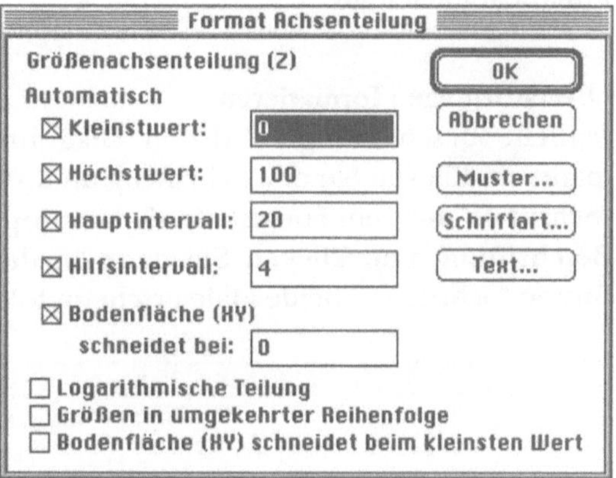

• **Gitternetze**

Gitternetze sind Hilfslinien in einem Diagramm, die die Zuordnung von Diagrammelementen und Achsenwerten erleichtern. Gitterlinien starten an den Teilstrichen der Achsen und man unterscheidet entsprechend der zwei Teilstrichtypen *Haupt-* und *Hilfsgitterlinien,* je nachdem, an welchen Teilstrichen sie beginnen.

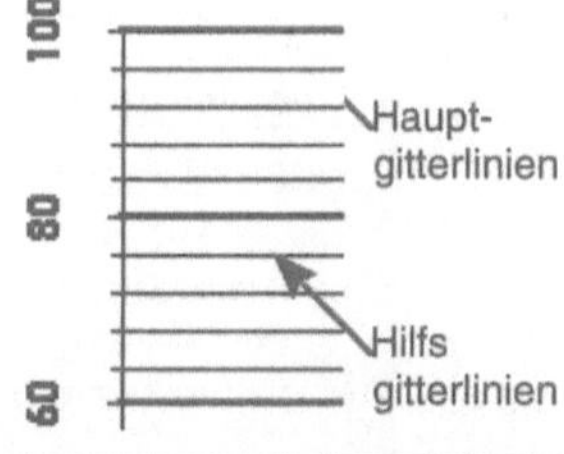

Welche Gitterlinien Sie in Ihrem Diagramm haben wollen, regeln Sie über "Gitternetzlinien" aus dem Diagramm-Menü. Für die x- und y-Achsen finden Sie hier Checkboxen für jeweils Haupt- und Hilfsgitterlinien. Wieviele Haupt- und Hilfsgitterlinien es jeweils geben soll, legen Sie in der oben beschriebenen Dialogbox für die Diagrammskalierung fest.

Häufig ist es übersichtlicher, die Hauptgitterlinen dicker als die Hilfsgitterlinien zu machen oder ein Gitternetz mit gestrichelten oder gepunkteten Linien zu ziehen. Beides kein Problem. Doppelklicken Sie auf die zu formatierende Gitterlinie und wählen Sie in der Dialogbox die gewünschten Linienparameter aus.

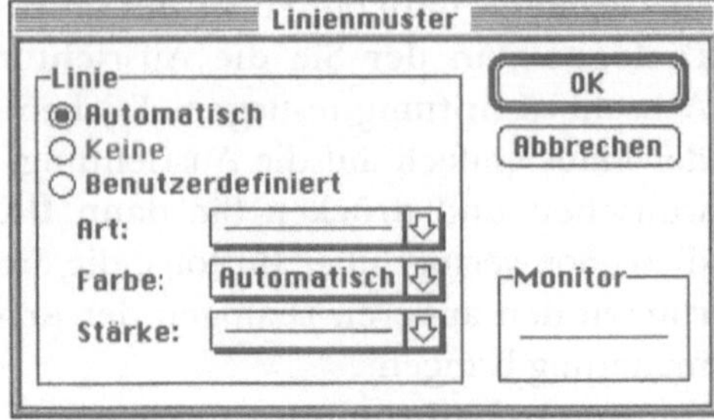

• Beschriftungen formatieren

Jegliche Beschriftung in Ihrem Diagramm läßt sich formatieren. Klicken Sie den Schriftzug an und wählen Sie dann "Schriftart" aus dem Format-Menü oder doppelklicken Sie die Beschriftung und klicken Sie dann in der Dialogbox den Button "Schriftart". Beide Male erscheint folgende Dialogbox:

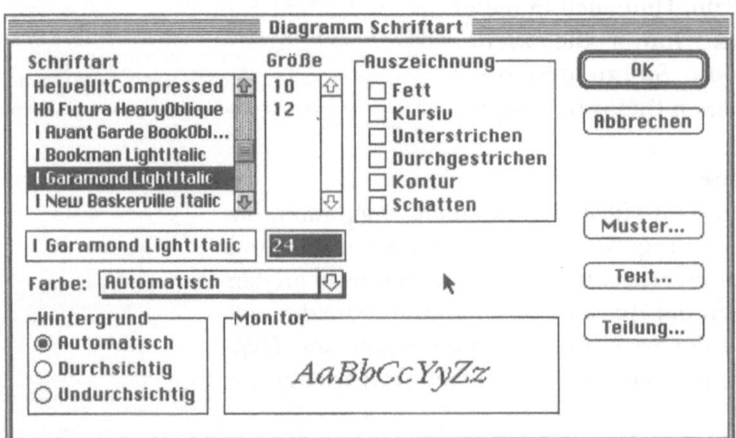

Sie besitzt die für Zeichenformatierung üblichen Checkboxen und Auswahllisten, stellt aber am unteren Rand eine Zusatzfunktion bereit die es erlaubt, die Transparenz des Texthintergrundes zu verändern. Dies ist besonders dann wichtig, wenn Sie Text zum Beispiel über einem Segment eines Kreisdiagramms plazieren wollen.

20.6 SPEZIALEFFEKTE FÜR DIAGRAMME

Es gibt eine Reihe von Diagrammelementen, die die Aussagekraft eines Diagramms drastisch erhöhen. Neben einer geeigneten Farbgebung (nicht zu bunt) sind dies zum Beispiel Pfeile, die auf besondere Aspekte eines Diagramms aufmerksam machen oder Hilfslinien, die zum Beispiel Steigerungen oder Trends verdeutlichen. Aber auch erläuternde Bemerkungen, gute Legenden und aussagekräftige Diagrammtitel können sehr effektvoll sein. MS-Graph unterstützt alle diese Elemente.

• Pfeile hinzufügen und löschen

Um Ihrem Diagramm einen Pfeil hinzuzufügen, wählen Sie "Pfeil einfügen" aus dem Diagramm-Menü. MS-Graph fügt einen Pfeil ins Diagramm ein und versieht ihn mit zwei Griffen, über die Sie Länge und Richtung des Pfeils ändern.

Gefällt Ihnen der Standardpfeil nicht, so **doppelklicken** Sie ihn einfach.

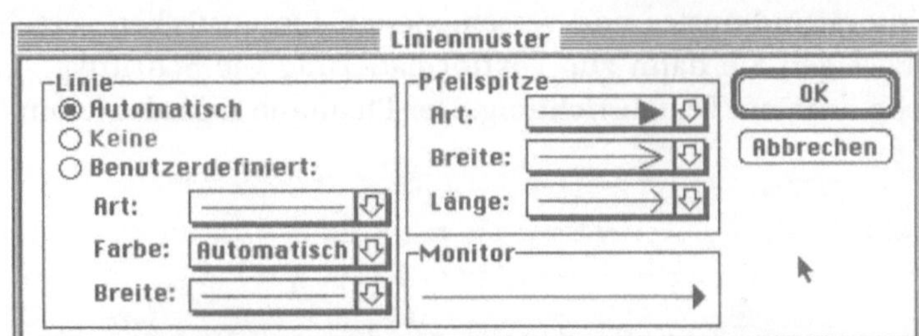

MS-Graph öffnet eine Dialogbox, über die Sie ihn formatieren können. Um einen *Pfeil wieder zu löschen*, müssen Sie ihn aktivieren und dann die BACKSPACE-Taste drücken oder den Menüpunkt "Pfeil löschen" aus dem Diagramm-Menü aktivieren.

• Etiketten (Datenbeschriftungen)

Wer die Säulen, Balken oder Kreissegmente gerne direkt beschriften will, tut dies in MS-Graph über die sogenannten Labels. Es handelt sich um eine Art Etikette, die den numerischen Wert einer Diagrammstruktur anzeigt und in vielfacher Hinsicht formatierbar ist. Frei positionierbar allerdings sind Labels leider nicht.

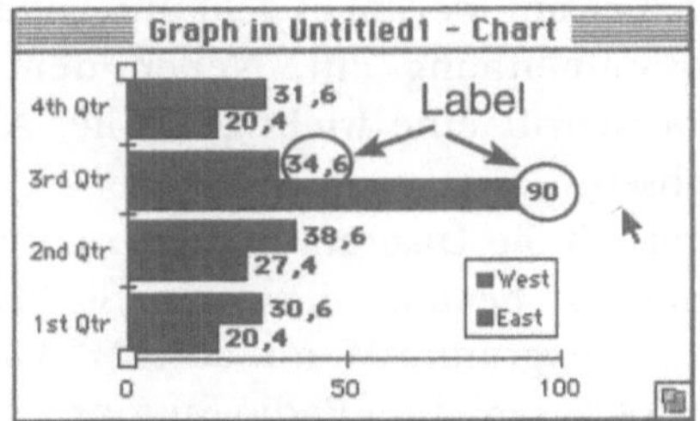

Sie erreichen diese beliebte Option über Datenbeschriftungen" aus dem Diagramm-Menü. MS-Graph öffnet
eine Dialogbox, die in Abhängigkeit vom jeweiligen
Diagrammtyp unterschiedliche Typen von Etiketten an-
bietet.

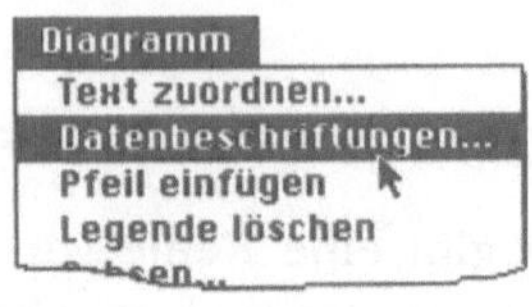

So lassen sich bei Balken und Säulen
nicht nur die numerischen Werte anzeigen, sondern auch die jeweiligen Daten-
serienbeschriftungen. Bei Kreisdiagram-
men errechnet MS-Graph auf Wunsch
auch die %-Werte.

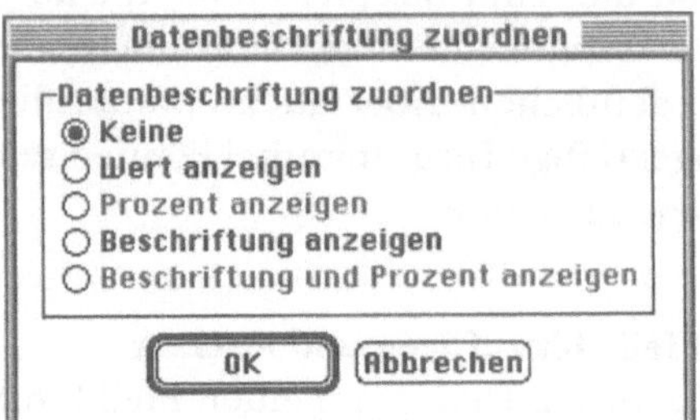

Die Formatierung der Labels erfolgt später im Diagramm. **Doppelklick** auf ein
Label bringt die weiter oben in diesem Kapitel beschriebene Dialogbox zur
Formatierung von Füllmuster hervor. Sie können also die Labels auch mit
Hintergrundmuster und verschiedenen Linienstärken versehen. Über Buttons
verzweigen Sie dann zur Textformatierung wie Schrifttyp, -größe, -format und
farbe oder zur Textausrichtung. Der Phantasie sind also kaum Grenzen gesetzt.

Etiketten sind frei editier- und einzeln löschbar
Übrigens: wenn Sie statt eines öden Zahlenwertes irgend eine Freitext-
anmerkung in Ihrem Label haben wollen, dann klicken Sie einfach das
Label an. MS-Graph versieht es mit weißen "Griffen". Wenn Sie nun mit
der Maus ins Label klicken, blinkt ein normaler Textcursor und Sie
können mit der Texteingabe beginnen. Ebensogut können Sie aber auch
den Eintrag des Labels löschen.

• Diagramm- und Achsentitel

Eine gute Überschrift wertet ein Diagramm ungemein auf. Sie teilt dem Be-
schauer mit, worum es geht und bettet so das Diagramm direkt in einen größeren
Zusammenhang ein. Neben dem Inhalt spielt auch die Gestaltung der
Überschrift eine wichtige Rolle. Ähnliches gilt für die Kennzeichnung der
Achsen.

Egal, ob Sie Diagramm- oder Achsentitel hinzufügen
wollen. In beiden Fällen rufen Sie "Text zuordnen" aus
dem Diagramm-Menü auf. MS-Graph öffnet eine
Dialogbox mit fünf Radio-Buttons:

Über diese spezifizieren Sie die Titel, den Sie dem Diagramm hinzufügen wollen und drücken dann **OK**. Bei überlagerten Diagrammen lassen sich die Achsen der beiden Diagramme unabhängig voneinander beschriften.

Ein **Doppelklick** auf einen Titel öffnet die Dialogboxen zur Musterformatierung. Füllmuster, Rahmenart, Farbgebung sind frei wählbar und über Buttons gelangen Sie zu den Dialogboxen der Schrift- und Zeichenformatierung.

• Legenden

Wenn Ihr Diagramm keine Legende besitzt, rufen Sie zunächst den Menüpunkt "Legende einfügen" aus dem Diagramm-Menü auf. Sofort fügt MS-Graph eine Standard-Legende ein.

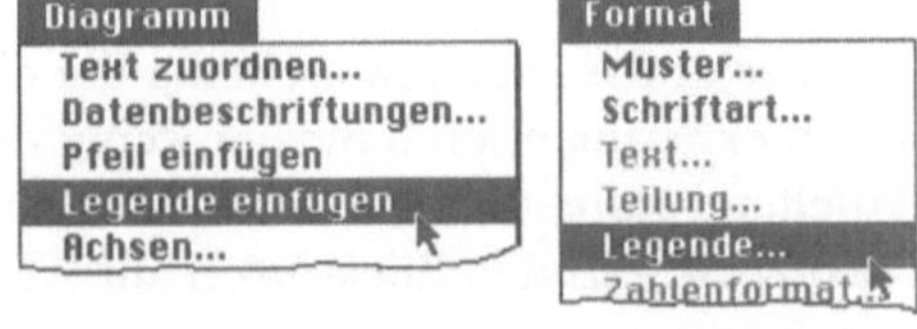

Die Position dieser Legende können Sie mit der Maus verändern. "Greifen" Sie sich die Legende bei gedrückter Maustaste und schieben Sie sie an die gewünschte Position. Sie können aber auch die Dialogbox "Legende" aus dem Format-Menü aufrufen. Diese bietet fünf Standard-Plazierungen, die immer richtig sitzen. Frei plazierte Legenden hingegen müssen nach Größenänderung des Diagramms meist neu plaziert werden.

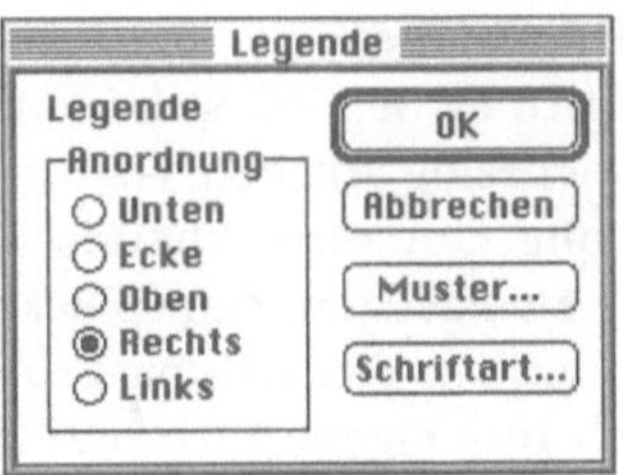

Ein **Doppelklick** auf die Legende bringt die Dialogbox zur Füllmusterformatierung hervor, in der Sie Linienstärke, Füllfarbe und Hintergrundmuster der Lebende definieren. Von hier gelangen Sie auch über einen Button zu der Dialogbox für die Zeichenformatierung.

• 3D-Ansicht

Bei 3D-Diagramme ist der Blickwinkel auf die dreidimensionalen Objekte häufig ein wichtiges gestalterisches Mittel. MS-Graph trägt diesem Umstand Rechnung, indem es im Format-Menü die Option "3D-Ansicht" bietet.

MS-Graph öffnet eine Dialogbox, in der jeweils der aktuelle Diagrammtyp schematisiert dargestellt ist und in der es eine Reihe von Kontrollbuttons gibt, die dem Einstellen des Blickwinkels dienen.

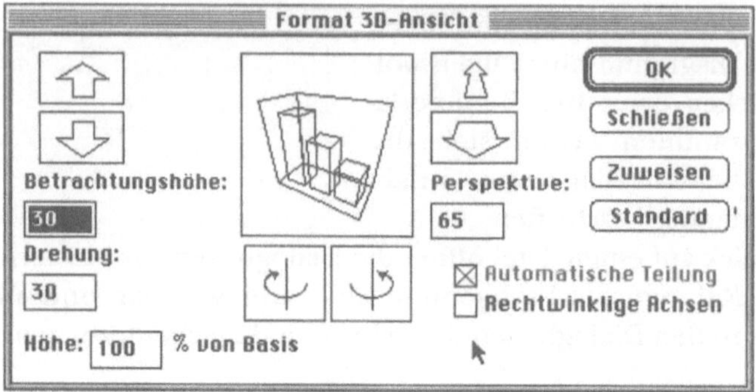

Dabei zeigt das Diagrammschema die eingestellten Werte immer direkt an. Am besten experimentieren Sie ein wenig mit den Parametern.**Zuweisen** weist die aktuellen Parameter dem echten Diagramm zu, ohne die Dialogbox zu schließen. **Standard** setzt den Blickwinkel auf Werte, die in MS-Graph als Standard gelten.

• Farbpalette

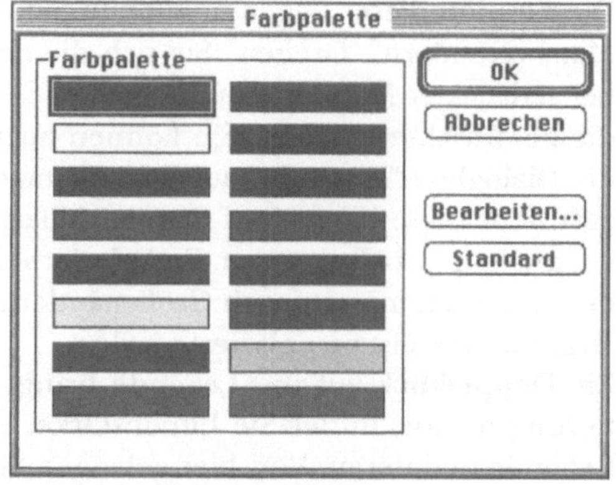

Mit 16 Farben läßt sich in MS-Graph gleichzeitig arbeiten. Nicht viel, aber genug, um ansprechende Diagramme zu erzeugen. Zum Glück sind die 16 Farben frei wählbar, so daß Sie sich Ihre eigene Farbzusammenstellung komponieren können. Rufen Sie dazu den Menüpunkt "Farbpalette…" aus dem Format-Menü auf. MS-Graph zeigt die aktuelle Palette.

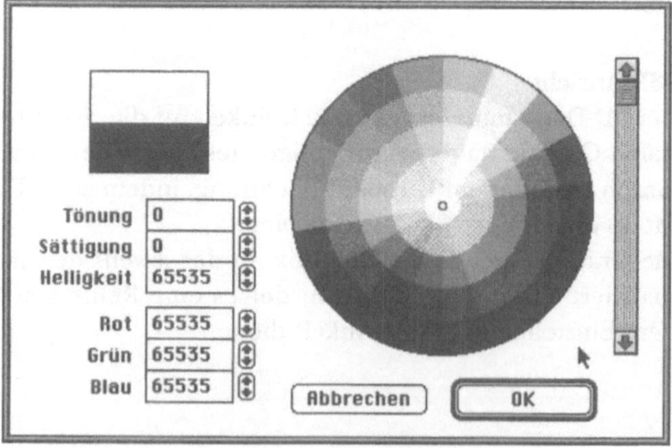

Klicken Sie die Farbe an, die Sie ersetzen wollen und drücken Sie dann den Button "Bearbeiten" (**Doppelklick** auf die Farbe hat denselben Effekt). Wählen Sie aus dem Farbrad die gewünschte Farbe, über den Rollbalken die gewünschte Helligkeit und drücken Sie dann **OK**.

MS-Graph kehrt zur Farbpalette zurück und stellt die neue Farbe im aktivierten Feld dar. **Standard** setzt die Farben zurück auf den Ursprungswert.

• Zoomen

Ein nettes Feature gibt es im Fenster-Menü. Hier finden Sie eine Reihe von Zoomfaktoren, über die sich ein Darstellungs- faktor für das Diagramm definieren läßt. Wer also mühsame Kleinarbeit an Diagrammen vor sich hat, oder mit riesigen Diagrammdinosauriern zu tun hat, der wird die Hilfe dieser Darstellungsvarianten zu schätzen wissen.

• Diagramm-Hintergrund

Es gibt zwei unterschiedliche Diagrammhintergründe. Da ist zum einen die Fläche, auf der zum Beispiel die Säulen eines Säulendiagramms stehen. Zum anderen gibt es aber auch noch die Flächen außerhalb der Diagrammachsen. Beide Hintergründe lassen sich unabhängig voneinander formatieren. Doppel- klick genügt und schon öffnet sich die bekannte Dialogbox zur Definition von Füllmustern.

20.7 DIAGRAMME ÜBERLAGERN

Für gehobene Ansprüche stellt MS-Graph die Option überlagerter Diagramme bereit. Das bedeutet, daß Sie bestimmte Diagrammtypen (Linien-, Säulen-, Flächen-, Kreis- und Punktdagramme) einander überlagern können - allerdings immer nur zwei Diagramme gleichzeitig. Jedes dieser Diagramme besitzt eine eigene Werteachse und kann unabhängig vom anderen formatiert werden. 3D- Diagramme lassen sich leider nicht überlagern.

Wenn Sie mit überlagerten Diagrammen arbeiten, kommen einige neue Menü- punkte ins Spiel und auch die Tabelle weist neue Eigenschaften auf.

Es gibt verschiedene Wege, zwei Diagramme einan- der zu überlagern. Der einfachste ist der, daß Sie zunächst aus dem Muster-Menü irgendein Diagramm des Types "Verbund" auswählen. Sofort überführt MS-Graph das Diagramm in den ausgewählten Typus.

Wenn Sie nun zur Tabelle wechseln, stellen Sie fest, daß an einer Datenserie **im Statusfeld ein Punkt** ein- gestanzt ist. Dieser Punkt weist darauf hin, daß die zu- gehörigen Daten im überlagerten Diagramm darge- stellt sind. MS-Graph überlässt Ihnen die Wahl, wel- che Datensätze im Haupt- und welche im Verbund- histogramm dargestellt sind.

Dazu dienen die beiden letzten Menüpunkte im Datenserien-Menü. Aktivieren Sie zunächst die Datenserie. "Zur Überlagerung wechseln" stellt die Datenserie mit den Formatierungen des Verbunddiagramms dar, "Zum Diagramm wechseln" überführt die Daten in die Diagrammform des Hauptdiagramms.

Welchen **Diagrammtyp** das Verbunddiagramm haben soll legen Sie über die Dialogbox "Überlagerung" aus dem Format-Menü fest. In einem Popup-Menü sind sämtliche Diagrammtypen aufgelistet, die für Überlagerungen in Frage kommen. Nun sind in der Dialogbox "Achsen" aus dem Diagramm-Menü auch die Achsen für das Verbunddiagramm aktivierbar, so daß Sie ein Diagramm mit insgesamt vier Achsen versehen können.

21. DOKUMENTE VERWALTEN

21.1 Anlegen eines neuen Dokuments...133
   • Auf welchem Drucker wollen Sie das Dokument später ausgeben?.133
   • Auf welchem Papierformat wollen Sie drucken? 134
   • Wie breit sollen die Ränder des Dokuments sein? 136
21.2 Öffnen einer bestehenden Datei - Datei importieren.....................136
21.3 Speichern 139
   • Eingabe des Dateinamens...140
   • Wo soll das Dokument gesichert werden?.......................................141
   • Festlegen des Datenformats 142
   • Sicherungskopie des Dokuments speichern 143
   • Unter neuem Namen sichern 143
21.4 Dateien exportieren 144
21.5 Retten einer verlorenen Datei 144

21.1 ANLEGEN EINES NEUEN DOKUMENTS

Um ein neues Dokument anzulegen, aktivieren Sie einfach den Menüpunkt "Neu" im Datei-Menü oder **„Neues Fenster"** aus dem Fenster-Menü.
Word öffnet dann ein neues Arbeitsfenster nennt dieses "Ohne Titel" und versieht es mit einer Zählnummer.

Sobald Sie ein neues Dokument angelegt haben, sollten Sie sogleich einige wichtige Parameter festlegen. Es sei ausdrücklich daraufhin gewiesen, daß diese Parameter große Bedeutung haben, vor allem wenn es ans Verfassen längerer Dokument geht. Auch wenn es öde scheint, sollten Sie daher vor dem ersten Tastendruck folgende Fragen klären:

• Auf welchem Drucker wollen Sie das Dokument später ausgeben?
Jeder Drucker hat individuelle Eigenschaften. Daher sieht die gedruckte Seite des einen Druckers selten so aus wie dieselbe Textpassage aus einem anderen Drucker. Die Abstände zwischen den Buchstaben werden anders berechnet, der eine kann Postscipt, der andere "nur" Quickdraw, der ein löst mit 176 Punkten-pro-Zoll (dpi) auf, der andere mit 600. All diese Faktoren haben Einfluß darauf, wieviel Text auf eine Seite paßt und wie breit und hoch eine Seite beschrieben werden kann. Sie sollten sich daher von Anfang an Klarheit darüber verschaffen, auf welchem Drucker das Dokument vorwiegend gedruckt wird und dann diesen Drucker in der "Auswahl" (Apple-Menü) aktivieren:

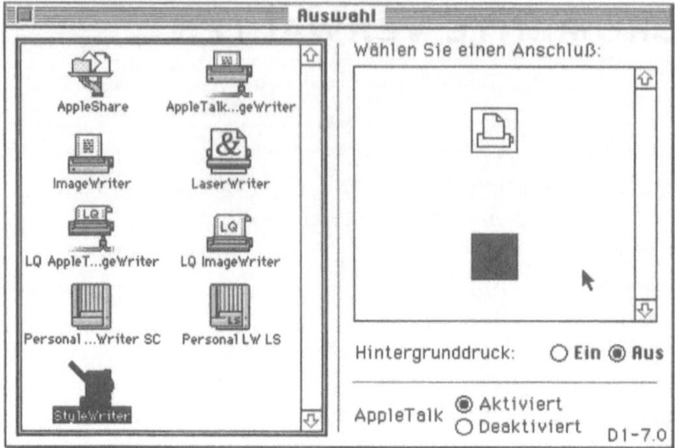

Die Unterschiede zwischen den Druckern sind zwar nicht immer drastisch, aber besonders bei langen Dokumenten sollten Sie dafür sorgen, daß immer der richtige Druckertreiber aktiviert ist.

Wechseln Sie von einem zum anderen Drucker, so erscheint nebenstehende Dialogbox.

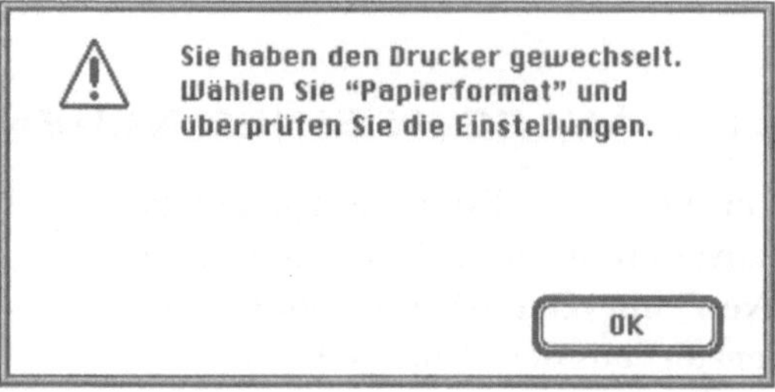

Jeder Drucker besitzt einen eigenenDruckertreiber und jeder Druckertreiber hat besondere Merkmale. So unterstützt zum Beispiel der Druckertreiber für den Imagewriter LQ DIN-A3-Format, der Lasertreiber aber nicht.

Mehrere Dokumente gleichzeitig öffnen

Sie können übrigens mehrere Dokumente gleichzeitig offen haben. Sie brauchen nur den Menüpunkt „Neu" im Datei-Menü zu aktivieren und sofort legt Word Ihnen ein neues, leeres Arbeitsblatt auf den Schreibtisch, beziehungsweise über Ihr altes Dokument. Wenn Sie das neue Fenster zur Seite schieben, kommt Ihr altes Fenster wieder zum Vorschein. Über das **Fenster-Menü** können Sie auch direkt zu den anderen Fenstern verzweigen. Deren Name erscheint nämlich in diesem Menü.

- **Auf welchem Papierformat wollen Sie drucken?**

Drastische Auswirkungen auf die Formatierung des Gesamtdokuments hat das eingestellte.Papierformat. Sie sollten daher daran denken, daß Sie von Anfang an das richtige Papierformat einstellen. Wenn Sie den Menüpunkt "**Seite einrichten**

..." aus dem Datei-Menü wählen, erscheint eine Dialogbox in der Sie unter anderem die Papiergröße festlegen:

Neben den vier Standardgrößen bietet Word ein Popup-Menü, in dem eine Reihe seltenerer Papierformate stehen. Auch ist es in Word möglich, ein eigenes Papierformat zu definieren - solange es schmaler als 55 Zentimeter ist. Die Standardseiten von Word besitzen folgende Maße:

US-Brief	21,59 x 27,94 cm	US-lang	21,59 x 35,56 cm
A4	21 x 29,7 cm	B5	17,6 x 25 cm

Inhalt der Dialogbox hängt vom ausgewählten Drucker ab
Wundern Sie sich nicht, wenn die Dialogbox bei Ihnen anders aussieht. Teile der Dialogbox sind nämlich durch den Druckertreiber definiert und somit vom jeweils ausgewählten Drucker abhängig. Die dargestellte Dialogbox gilt - wie der Name in der linken oberen Ecke kundtut - für den Apple Laserwriter.

Wenn Sie die Seiten statt hochkant lieber quer bedrucken, so können Sie diese Option ebenfalls in dieser Dialogbox einstellen. Klicken Sie auf das **Format**-Icon mit dem querliegenden Portrait: 

Auch bei den allgemeinen Einstellungen gilt es verschiedenes zu beachten. Hier das wichtigste:

Text glätten/Grafik glätten: Sind diese Checkboxen aktiviert, so versucht Word Bitmap-Grafiken und Bitmap-Zeichensätze zu glätten, also die häßlichen „Treppen" an den Buchstaben- und Grafikkanten zu eliminieren. Kein Wunder, daß dies Arbeit macht, also die Druckzeit verlängert. Wenn Sie mit Apples Outlinefonts (ab System 7) oder Adobes Typemanager arbeiten, können Sie die Textglättung deaktivieren. Und ob das Glätten einer Grafik im Verhältnis zu längeren Druckdauer soviel bringt, das sollten Sie ausprobieren und dann selbst entscheiden. Ich habe jedenfalls beide Optionen immer ausgeschaltet.

Zeichensubstitution: Diese Checkbox teilt Word mit, ob es, wenn es einen Zeichensatz nicht kennt, diesen ersetzen soll, oder den unbekannten Zeichensatz an den Drucker schicken soll. In der Regel sollte die Box aktiviert sein.

Hohe Auflösung: Diese Option gibt es nur für Laserdrucker und bewirkt, daß das Spacing der Buchstaben beim Drucken verbessert wird. Leider ist gleichzeitig die Lesbarkeit auf dem Bildschirm schlechter.

* **Wie breit sollen die Ränder des Dokuments sein?**

Für das Einstellen der Randbreite ist die Dialogbox "Dokument" zuständig. Wählen Sie den Menüpunkt "Dokument..." im Format-Menü. Word öffent folgende Dialogbox:

Per Eingabefeld definieren Sie die Breite der Ränder. Wenn Sie diese in Zukunft häufiger benutzen wollen, drücken Sie den Button **Standard**. Word öffnet dann in Zukunft alle neuen Dokumente mit Ihren Randeinstellungen. Mehr zu dieser Dialogbox und ihrer Kontrollelemente in Abschnitt ☞ K.22.2.

21.2 ÖFFNEN EINER BESTEHENDEN DATEI

Das Öffnen einer bestehenden - word-eigenen oder word-fremden - Datei erfolgt in der Macintosh typischen Manier, nämlich über eine Datei-Auswahl-Dialogbox. Sie erreichen diese über den Menüpunkt "Öffnen" im Datei-Menü.

Zunächst sollten Sie über das Popup-Menü am unteren Rand der Dialogbox festlegen, welche Dateitypen im Auswahlfeld sichtbar sein sollen. Dabei haben Sie normalerweise zwischen nebenstehenden Formante die Wahl.

Für manche dieser Formate benötigen Sie spezielle Datei-Konvertierer, die auf den Originaldisketten mitgeliefert werden und im Word-Befehlsorder liegen müssen. Zum Beispiel:

Word für Windows 2   Excel-Konvertierer   EPS-TIFF-PICT   WordPerfect für MS-DOS 5.x

Wollen Sie zum Beispiel eine Word-Datei öffnen, aktivieren Sie am besten den Menüpunkt "Word-Dateien", wollen Sie hingegen eine Grafik öffnen, den Menüpunkt "Grafikdateien". Der zur Zeit aktive Dateityp ist mit einem Häckchen gekennzeichnet. Natürlich können Sie auch die Menüpunkte "Alle Dateien" oder "Alle lesbaren Dateien" aktivieren, aber Sie werden dann mit einer sehr viel größeren Anzahl Dateien konfrontiert, was die Dateisuche mühsamer gestaltet.

 **Dateien konvertieren**
Dateien im EPS-, TIFF-, PICT-, MS-DOS-, MS-Windows-, WordPerfect-, RTF-Format u.a. öffnen Sie in gleicher Weise. Word konvertiert diese automatisch. Welche Einschränkungen es dabei gibt erläutert ausführlich die Datei „Konvertierer Informationen" auf der Word-Original Diskette.

In dem Auswahlfeld sind die Dateien des eingestellen Dateityps sichtbar. Mit Rollbalken, Auswahlfeld und Popup-Menü hangeln Sie sich nun in mac-üblicher Weise durch die Ordner der Festplatte zu der Datei, die Sie öffnen wollen und klicken diese an. Word invertiert den Dateinamen. Drücken Sie nun den Button **Öffnen** - sofort lädt Word die Datei.

Die Datei-Auswahl-Dialogbox besitzt noch eine Reihe anderer Elemente:

☐ **Schreibschutz** Häufig verwendet man zum Beispiel für einen Brief eine bestehende Datei als Vorlage. Um nun zu verhindern, daß man aus Versehen die neue Datei unter dem alten Namen abspeichert und so die alte Datei löscht, kann man die Checkbox "Schreibschutz" aktivieren. Sobald man sichern will, fordert Word einen neuen Dateinamen.

[**Datei-Manager...**] Der Datei-Manager hilft beim Aufspüren jener Dateien, von denen man den Inhalt, aber nicht mehr ihren Namen weiß. Mehr dazu in Kapitel ☞ K.17.

 **Interne 180er 38136K verfügbar** Wenn Sie mit der Maus auf das Symbol des aktuellen Datenträgers klicken, erscheinen im Auswahlfeld alle Dateien, die auf dem Desktop liegen.

• Zuletzt bearbeitete Dokumente laden

Die vier zuletzt geöffneten Dateien präsentiert Word auf Wunsch griffbereit im Datei-Menü. Wenn Sie eine dieser Dateien öffnen wollen, dann aktivieren Sie einfach nur den entsprechenden Menüpunkt. Den Umweg über die Dialogbox können Sie sich dann getrost sparen (☞ K.21.2).

• Schneller per Doppelklick

Um Dateien oder Ordner zu öffnen, gibt es schnellere Methoden als über den Button "Öffnen": Per Doppelklick auf einen Dateinamen oder Ordner werden diese ebenfalls geöffnet. Denselben Effekt hat die RETURN-Taste.

• Auswahl per Anfangsbuchstabe

Wenn Sie eine Buchstabentaste drücken, zeigt Word im Auswahlfenster sofort die erste Datei an, die mit dem gedrückten Buchstaben beginnt. Wollen Sie also die Datei "Walter 3" öffnen, drücken Sie schnell hintereinander "W" und "A". Augenblicklich springt Word zur ersten Datei, die mit "WA" beginnt.

• Cursor-Power

aktiviert die Datei oberhalb der aktuell aktivierten Datei,

aktiviert die Datei unterhalb der aktuell aktivierten Datei,

springt ans Ende der Dateiliste,

springt an den Anfang der Dateileiste,

blättert nach oben

blättert nach unten

Halten Sie nun gleichzeitig die APPLE-TASTE gedrückt, bewegen Sie sich zwischen den Hierarchieebenen des Macintosh-Dateiensystems:

oder

wechselt zwischen den verschiedenen Datenträgern hin und her,

oder

wechselt die Hierarchieebene nach oben beziehungsweise unten,

wechselt auf die höchste Hierarchieebene, also auf den Schreibtisch.

21.3 SPEICHERN

Um die aktuelle Datei auf einem
Datenträger zu sichern, müssen Sie
entweder den Menüpunkt "Sichern…"
aufrufen oder die Tastenkombination
APPLE-S drücken:

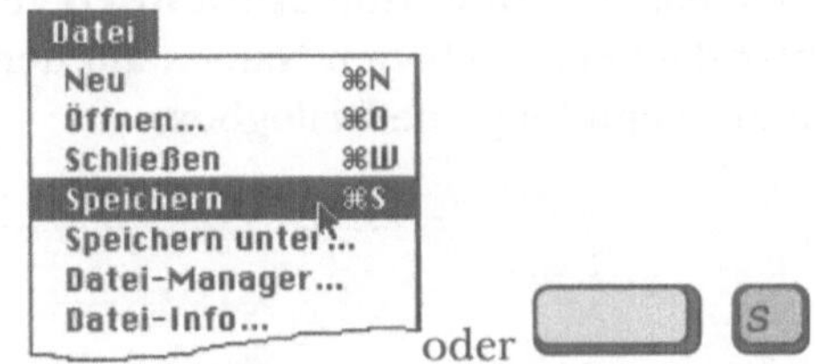

oder

In beiden Fällen erscheint eine Dialogbox, über die Sie Ihrem Dokument einen
Namen zuordnen und es im gewünschten Ordner auf dem gewünschten Datenträger sichern können.

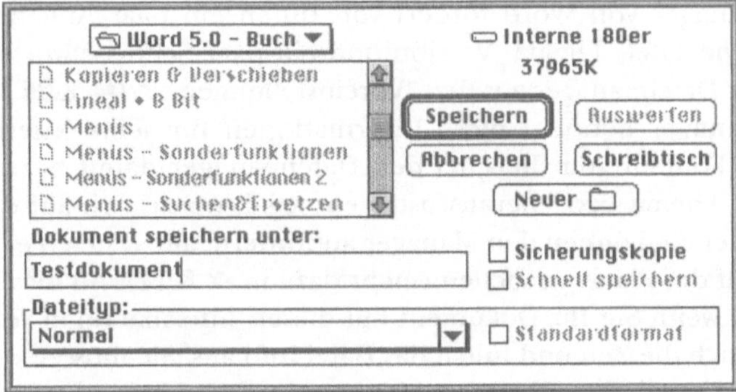

Die obere Hälfte der Dialogbox enthält Kontrollelemente, mit denen Sie den Ort
wählen, an dem Word Ihr Dokument speichern soll. Über die Kontrollelemente
der unteren Hälfte hingegen legen Sie Format und Name Ihres Dokuments fest.
Haben Sie Ihr Dokument einmal mit einem Namen versehen, so erscheint die
Dialogbox nicht mehr. Sie brauchen einfach nur APPLE-S drücken und schon sichert Word das Dokument unter dem zuvor angegebenen Namen auf dem zugewiesenen Datenträger.

APPLE-S - Dieser Shortcut sollte Ihnen ins Blut gehen
Sie sollten sich angewöhnen, in regelmäßigen Intervallen APPLE-S zu drük-
ken. Dieser Shortcut sollte Ihnen "in Fleisch und Blut" übergehen. Das
Sichern auf einer Festplatte geht so schnell, daß auch bei sehr häufigem
Sichern großer Dateien keine längeren Wartezeiten in Kauf genommen
werden müssen. Und je häufiger Sie Ihr Dokument sichern, umso weniger
geht verloren, sollte einmal der Macintosh abstürzen.
Auf Wunsch erinnert Word Sie nach einem einstellbaren Zeitintervall automatisch daran, Ihre Datei zu sichern. Mehr dazu in Kapitel ☞ K.26.3.

Sobald ein Dateiname eingegeben ist, wird der Button "Speichern" aktivierbar.

Nachdem Sie den Button **Speichern** gedrückt haben, legt Word Ihr Dokument unter dem eingegebenen Namen auf dem festgelegten Datenträger ab. Doch zuvor erscheint folgende Dialogbox:

Der Dateimanager von Word fordert von Ihnen ein paar Angaben zu Ihrem Dokument, wie Titel, Thema, Version und ein paar Schlüsselwörter. Ihren Namen weiß der Dateimanager aus den "Voreinstellungen..." (☞ K.26.1).

Der Dateimanager benötigt diese Informationen für seine interne Dateiverwaltung. Sie können zum Beispiel den Dateimanager damit beauftragen, alle Dateien zum Thema "xxx" herauszusuchen - egal, wo sie sich auf der Festplatte befinden. Oder Sie können den Manager auffordern, alle Dateien eines bestimmten Autors auf der Platte zu suchen (mehr dazu in ☞ K.17). All dies ist allerdings nur möglich, wenn Sie Ihr Dokument mit diesen Informationen versehen - also nehmen Sie sich die Zeit und füllen das Datei-Info aus. Sie müssen es nicht sofort ausfüllen, da Sie jederzeit über den Menüpunkt "Datei-Info..." an die Dialogbox rankommen, ratsam ist aber dennoch, es sofort zu tun. Denn bekanntlich hat man später wenig Lust und Zeit dazu.

Existiert der eingegebene Dateiname bereits, so fragt Word mit einer Dialogbox nach. Drücken Sie **Abbrechen**, kehren Sie zur Sichern-Dialogbox zurück. Mit **Ersetzen** überschreiben Sie die bereits bestehende Datei durch Ihr Dokument.

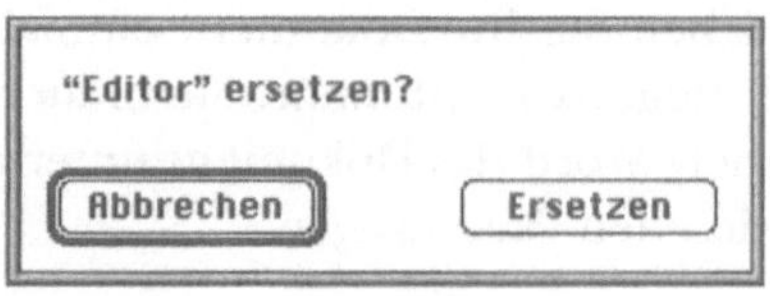

• Eingabe des Dateinamens

Die Eingabe desDateinamens erfolgt in dem Eingabefeld der Dialogbox:

31 Zeichen stehen Ihnen für den Dateinamen zur Verfügung, wobei einige im Macintosh-Handbuch genauer spezifizierte Sonderzeichen nicht verwendet werden dürfen (zum Beispiel Doppelpunkt). Versuchen Sie dennoch ein solches Zeichen einzugeben, so ertönt kurz der Systen-Warnton, ansonsten passiert aber nichts weiter.

Der Editor für das Eingabefeld ist verhältnismäßig komfortabel: Doppelklick auf ein Wort aktiviert dieses und auch die Arbeit mit der Zwischenablage ist möglich - zwar nicht über das Menü, dafür aber über die Tastatur (APPLE-X, APPLE-C und APPLE-V).

• Wo soll das Dokument gesichert werden?
Ebensowichtig wie die Eingabe des Dateinamens ist die Festlegung, wo Word das aktuelle Dokument speichern soll. Eine Reihe von Kontrollelemente stehen für diesen Zweck zur Verfügung.

• Sichern auf Diskette
Wenn Sie den Button **Schreibtisch** oder das Symbol des Datenträgers anklicken, zeigt Word im Auswahlfeld die Daten-träger, Dateien und Ordner an, die auf dem Macintosh-Schreibtisch liegen - das heißt, Sie wechseln mit einem Maus-klick auf die oberste Hierarchieebene des Dateiensystems. Von hier aus können Sie dann zum Beispiel Disketten auswer-fen oder andere Disketten einlegen.

Dieser Button ist nur aktivierbar, wenn es sich beim aktuellen Datenträger um eine Diskette handelt. Sie fordern über die-sen Button Word dazu auf, diese Diskette auszuwerfen.

Unterhalb des Datenträgericons trägt Word den auf diesem Datenträger noch freien Speicherplatz ein. Leider gibt Word nicht zusätzlich die Größe des zu speichernden Dokuments an. Paßt das Dokument nicht mehr auf den Datenträger, er-scheint eine Fehlermeldung:

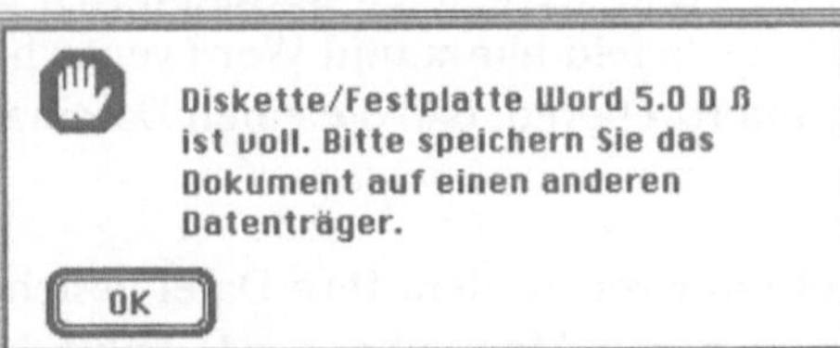

• Sichern in einem neuen Ordner
Wenn Sie Ihr Dokument in einem neuen Ordner ablegen wol-len, so drücken Sie den Button **Neuer Ordner**.

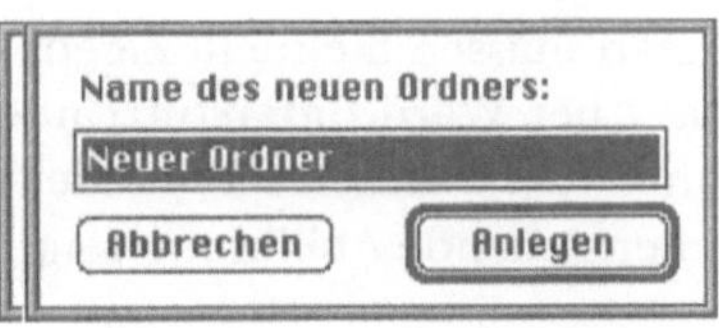

Es erscheint dann eine Dialogbox, in der Sie den Namen des neuen Ordners eingeben sol-len. Wenn Sie nun "Anlegen" klicken, so rich-tet Word den neuen Ordner ein und öffnet ihn, so daß Sie Ihr Dokument darin sichern können.

• Sichern in einem bestehenden Ordner

Um zu einem bereits bestehenden Ordner vorzudringen, müssen Sie sich in mac-üblicher Manier durch das hierarchische Filesystem des Macintosh hindurchhangeln. Diese Standardtechniken sind im Macintosh Handbuch "Grundlagen” ausführlich beschrieben. Hier nur soviel: Wenn Sie die TABULATOR-Taste drücken, so sehen Sie, daß Auswahl- und Eingabefeld zwischen zwei Zuständen hin und her wechseln:

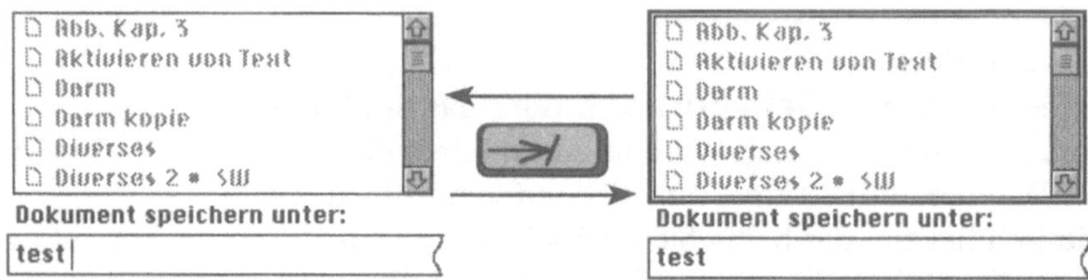

Die augenfälligste Änderung zwischen den beiden Zuständen besteht darin, daß das Auswahlfeld einmal von einem schwarzen Rahmen umrandet ist und einmal nicht.

Schwarze Rahmen sichtbar. Alle Tastatureingaben beziehen sich auf das Auswahlfeld. Das heißt, daß Sie durch Drücken eines Buchstabens einen Ordner anspringen können, der mit diesem Buchstaben beginnt, oder daß Sie sich mit den Cursortasten durch die Ordner hangeln. Grundsätzlich gilt, daß alle Tastaturbefehle gelten, die auch beim Öffnen von Datei anwendbar sind (ausführlich dargestellt in ☞ K.21.2).

Schwarze Rahmen nicht sichtbar. Alle Tastatureingaben beziehen sich auf das Eingabefeld. Der Textcursor im Eingabefeld blinkt und Word versucht alle Tastatureingaben dahingehend zu interpretieren, daß Sie einen Dateinamen eingeben wollen.

Hangeln Sie sich nun zu dem Ordner vor, in dem Ihre Datei gesichert werden soll. Der Ordnername muß dann im Popup-Menü über der Dateiliste erscheinen.

• Festlegen des Datenformats

Bevor Sie Ihr Dokument sichern, sollten Sie den.Dateityp festlegen. Normalerweise ist es wahrscheinlich der word-eigene Typus, nämlich "Normal" - diesen müssen Sie nicht eigens einstellen. Aber Word unterstützt noch eine ganze Reihe anderer Formate, wie die nebenstehende Abbildung zeigt.

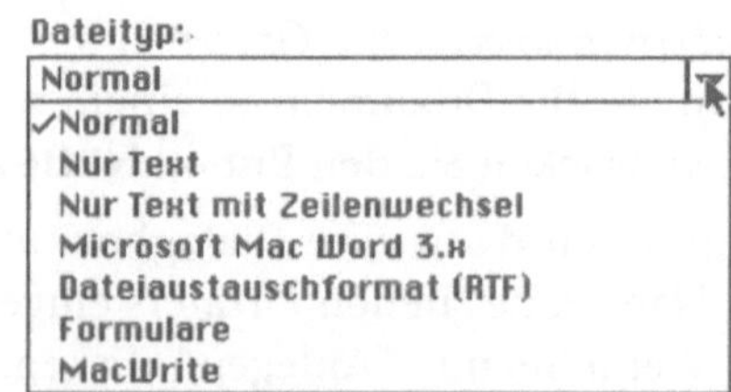

Wenn Sie das aktuelle Dokument in einem besonderen Textformat speichern, zum Beispiel "Nur Text" und dann an diesem Dokument weiterarbeiten, ändert Word, sobald Sie irgendeine Formatierung vornehmen, automatisch das Dateiformat wieder auf "Normal". Um dies zu verhindern, um also das eingestellte Datenformat ständig weiter zu verwenden, müssen Sie die Checkbox "Standardformat" aktivieren:

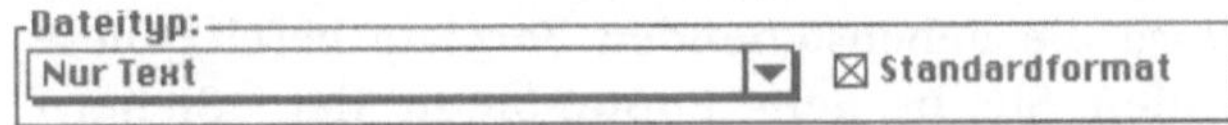

• Sicherungskopie des Dokuments speichern   ⊠ **Sicherungskopie**

Wenn Sie an Ihrem Dokument eine Reihe Änderungen vornehmen, aber nicht genau wissen, ob Sie es nicht vielleicht verschlimmbessern, dann empfiehlt es sich, von der "alten" Dokumentversion eine Sicherungskopie anlegen zu lassen. Dies erreichen Sie in Word einfach dadurch, daß Sie die Checkbox "Sicherungskopie" aktivieren. Word legt dann eine "Sicherungskopie von xxx" an und speichert danach die aktuelle Dokumentversion in gewohnter Weise ab. Geht mal etwas schief, können Sie auf die Sicherungskopie zurückgreifen. Vorsichtige Menschen schalten bei allen wichtigen Dokumenten diese Option ein.

• Unter neuem Namen sichern

Sollten Sie, aus welchen Gründen auch immer, Ihr Dokument unter neuem Namen speichern wollen, so können Sie dies tun, indem Sie den Menüpunkt "Speichern unter..." aus dem Datei-Menü auswählen.

Es erscheint dann erneut die "Sichern..." Dialogbox und Sie haben die Möglichkeit, Ihr Dokument unter neuem Namen abzulegen.

Neben dem Feld zur Eingabe des Dateinamens sind nun zwei Checkboxen anklickbar.

Sicherungskopie bedeutet, daß Word beim Speichern immer zwei Dateien ablegt: die aktuelle und die zuletzt gesicherte.

Schnellspeicherung: Bei dieser Methode hängt Word an die aktuelle Datei eine Liste der Änderungen, die Sie seit dem letzten Mal Speichern vorgenommen haben. Das geht schnell, verbraucht aber sowohl im Arbeitsspeicher, als auch auf dem Datenträger deutlich mehr Platz. Wenn Sie also knapp an Arbeitsspeicher sind, sollten Sie diese Checkbox deaktivieren.

Arbeiten Sie mit der Option „Schnellspeicherung", dann sollten Sie, von Zeit zu Zeit das Dokument mal unter einem neuen Namen sichern. Word legt das Dokument dann nämlich komplett neu an und ordnet sämtliche Änderungen in den Text ein: Das Dokument wird auf diese Weise meist kürzer und häufig das Arbeiten danach flotter.

21.4 DATEIEN EXPORTIEREN

Wenn Sie Ihre Datei mit einem anderen Programm oder in einer anderen Rechnerwelt weiterverarbeiten wollen, so müssen Sie es in einem dafür geeigneten Dateiformat abspeichern. Hierfür stellt Word die nebenstehenden Formate bereit. Diese finden Sie in dem Popup-Menü der „Sichern unter…" Dialogbox (siehe oben). Für die Umformatierungen verantwortlich zeichnen die sogenannten Konvertierer. Hierbei handelt es sich um Dateien im Word-Befehlsordner. Um ein Datei im **ASCII-Format** zu exportieren, wählen Sie den Dateityp „Nur Text".

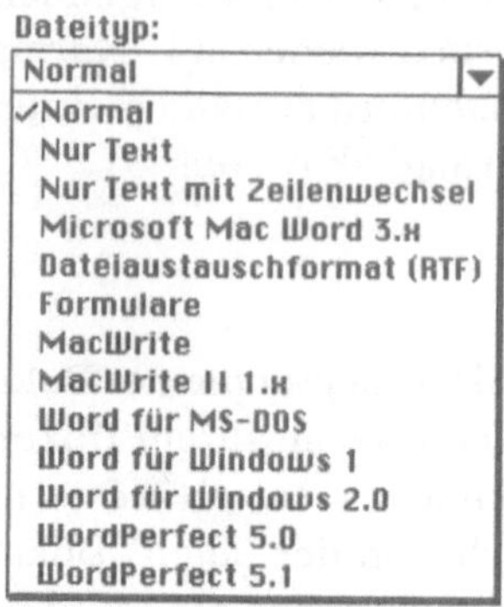

Hierbei gehen sämtliche Formatierungen verloren. Ein Standardformat mit grundlegenden Formatierungen ist **RTF** (Rich-Text-Format). Wenn das Zielprogramm dieses Format beherrscht, sollten Sie RTF dem „Nur Text" vorziehen.

Wichtige und aktuelle Informationen zu der Dateikonvertierung finden Sie im Dokument „Konvertierer-Information" auf den Word-Originaldisketten.

Konvertierer-Information

21.5 RETTEN EINER VERLORENEN DATEI

Wie Sie - hoffentlich nicht aus eigener leidvoller Erfahrung - wissen, stürzt fast jede Software von Zeit zu Zeit mal ab - so auch Word. Was Sie dann nicht auf Platte gesichert haben, verschwindet für immer aus diesem Universum.

Nicht ganz: wenn Sie Glück haben, hat Word nämlich Ihre Datei vorher auf Platte geschrieben. Word notiert sich von Zeit zu Zeit die von Ihnen durchgeführen Änderungen in einer Datei, die esWordTemp-1, WordTemp-2 usw. nennt und meist im selben Ordner aufbewahrt wie das eigentliche Dokument.

WordTemp-1

Verlassen Sie Ihr Dokument auf normalem Wege (siehe nächster Abschnitt), dann löscht Word diese temporäre Datei automatisch. Wird Word hingegen auf andere Weise verlassen, bleibt die Datei erhalten und wird nach einem Neustart des Rechners sichtbar. Um nun evtl. verlorengegangene Daten zu retten, müssen Sie die WordTemp-Datei öffnen.

Wählen Sie „Öffnen" aus dem Datei-Menü und aktivieren Sie im Popup-Menü „Dateitypen auflisten" den Eintrag „Alle Dateien".

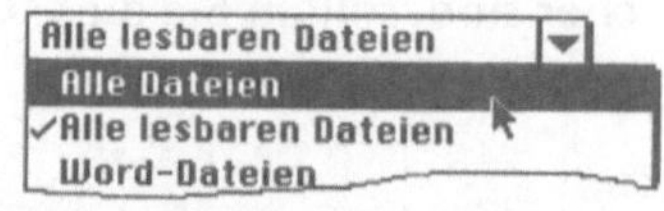

Hangeln Sie sich durch die Ordner zu der WordTemp-Datei und öffnen Sie diese. Wenn Sie Glück haben, sind die meisten Änderungen darin enthalten. Wenn nicht, müssen Sie zu Rettungs-Programmen wie Norton Utilities greifen.

22. DOKUMENT-FORMATIERUNG

22.1 Wissenswertes in Kürze … … 145
  • Spiegelsatz und Bundsteg...145
  • Hurenkindregelung...146
  • Verknüpfte Dateien 146
22.2 Die Dialogbox „Dokument" 146
22.3 Tips & Tricks 148

Einige Formatierungsaspekte betreffen nicht nur Zeichen, Absätze oder Abschnitte sondern das gesamte Dokument. So gelten zum Beispiel die Seitenrändern, die Art und Weise der Fußnotenplazierung oder die Weite der Standardtabulatoren für das gesamte Dokument. Zur Festlegung derartiger Formatierungen besitzt Word eine eigene Dialogbox, nämlich „Dokument" aus dem Format-Menü.

Wie die Abschnittsformate können Sie auch Ihre individuellen Dokumentformate als Standard definieren, so daß Word die nächsten Dokumente immer schon in „Ihrem" Format öffnet.

Das Archivieren unterschiedlicher Dokumentformate - analog zu den Druckformaten der Absatzformatierung - ist in Word leider nicht vorgesehen. Haben Sie aber häufiger mit unterschiedlichen Dokumentformaten zu tun, dan sollten Sie mal schleunigst die Tips&Tricks dieses Kapitels lesen.

22.1 WISSENSWERTES IN KÜRZE … …

• Spiegelsatz und Bundsteg

Sind die Blätter des Dokuments beidseitig bedruckt findet häufig der sogenannte *Spiegelsatz* Verwendung. Das bedeutet, daß zwei einander gegenüberstehende Textseiten spiegelbildlich aufgebaut sind. So trägt die rechte Seite die Seitenzahl meist am rechten Rand, die linke Seite am linken. Auch die Ränder sind gespiegelt. Der linke Rand der linken Seite entspricht dem rechten Rand der rechten Seite. Es ist daher zweckmäßiger bei Verwendung des Spiegelsatzes von innerem und äußerem Rand zu sprechen. Der innere Rand ist immer der an der Bindung. Apropos *Bindung.* Jede Bindung kostet Platz. Die bedruckten Blätter müssen eingeschnitten, verleimt und genäht werden, so daß an der Innenkante immer ein paar Millimeter „verloren" gehen. Man nennt diesen Streifen *Bundsteg.*

Word ist bei der Realisierung von Spiegelsatz und Bundsteg behilflich. So stellt es auf Wunsch für gerade und ungerade Seitenzahlen verschiedene Kopf- und Fußzeilen bereit, spiegelt die Ränder und besitzt ein Eingabefeld für die Festlegung des Bundstegs.

• Hurenkindregelung

Hinter dieser etwas drastischen Bezeichnung verbirgt sich die Stupidität des Computers: Paßt nämlich die letzte Zeile eines Absatzes nicht mehr auf die Seite, so stellt die computerunterstützte Textverarbeitung ohne Sinn für Ästhetik den letzten Satz auf die Folgeseite - ein optisches Desaster. Man nennt diese Stummelsätze *Hurenkinder*. Bei der sogenannten Hurenkindregelung versucht das Textverarbeitungsprogramm nun diesem Mißstand abzuhelfen indem es darauf achtet, daß immer mindestens zwei Zeilen eines Absatzes auf die nächste Seite gelangen. Auch Word verfügt über diese Formatprüfung - ab Version 5.0 heißt diese Funktion allerdings lapidar *„Absatzkontrolle"*.

• Verknüpfte Dateien

Bei langen Dokumenten - wie zum Beispiel diesem Buch - ist es ratsam, das Buchstabenmeer in handhabbare Kapitel zu zerlegen und diese miteinander zu verknüpfen. Word erlaubt derartige Perlschnurdokumente indem es die Festlegung einer Dateienfolge zuläßt. Bei Vorgängen wie dem Erstellen von Inhalts- oder Stichwortverzeichnissen geht Word dann selbständig alle verknüpften Dateien durch, auch wenn sich diese nicht im Arbeitsspeicher sondern auf Platte befinden.

22.2 DIE DIALOGBOX „DOKUMENT"

Dreh- und Angelpunkt der Dokumentformate ist die Dialogbox „Dokument". Diese erreichen Sie über den Menüpunkt „Dokument" im Format-Menü.
Die gleiche Dialogbox erscheint, wenn Sie die Tastenkombination APPLE-SHIFT-D oder APPLE-F14 drücken:

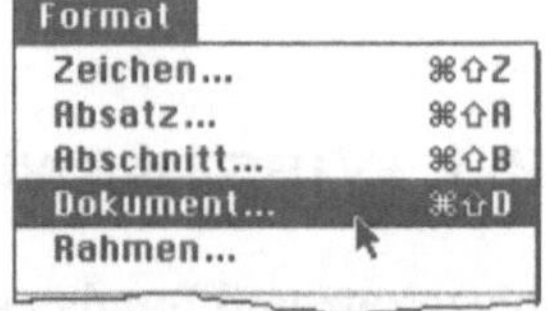

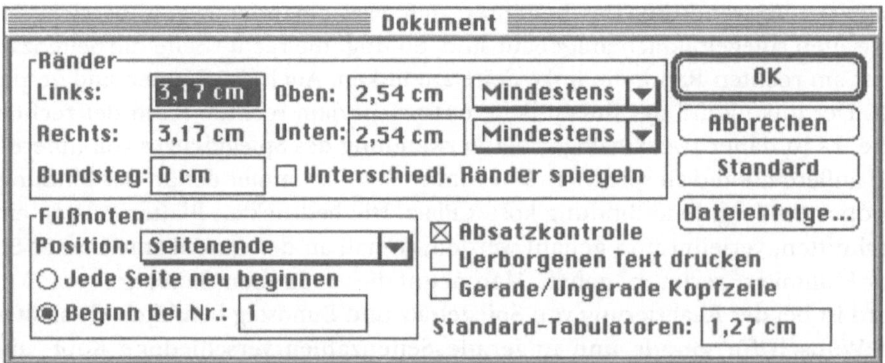

Ränder: In den vier Eingabefeldern *Links, Rechts, Oben* und *Unten* stellen Sie die Rändern Ihrer Dokumentseite ein. Für den oberen und den unteren Rand erhalten Sie zusätzlich zwei Optionen per Popup-Menü.

Die Einstellung *„Mindestens"* bedeutet, daß Word bei Bedarf den Abstand variieren darf (zum Beispiel bei Hoch- und Tiefstellungen in der ersten oder letzten Zeile). Die Option *„Exakt"* schneidet alles ab, was über den unteren oder oberen Rand hinausreicht.

Im Eingabefeld *„Bundsteg"* geben Sie die Breite des Bundsteges in Zentimetern ein. Was ein Bundsteg ist, steht ein paar Absätze weiter oben.

Die Checkbox *„Unterschiedl. Ränder spiegeln"* bewirkt, daß Ihre Randeinstellungen gespiegelt werden. Word kennzeichnet dann die Ränder auch nicht mehr mit „Links" und „Rechts" sondern als „Innen" und „Außen". Mehr zu Thema Spiegelsatz finden Sie ebenfalls ein paar Absätze weiter oben.

Gerade/Ungerade Kopfzeilen: Auch diese Option gehört ins Umfeld des Spiegelsatzes. Ist die Checkbox aktiviert, so finden sich im Ansicht-Menü statt der Einträge „Kopfzeile" und „Fußzeile" noch weitere Einträge, wie nebenstehende Abbildung zeigt.

Word stellt also für gerade und ungerade Seitenzahlen unterschiedliche Kopf- und Fußzeilen zur Verfügung, so daß echter Spiegelsatz möglich wird.

Fußnoten: Sie legen für das gesamte Dokument fest, wo Word die Fußnoten plazieren soll. Vier Möglichkeiten stehen zur Wahl.

Jede dieser Möglichkeiten verlangt speziellere Optionen, die Word unterhalb des Popup-Menüs abfragt und die ausführlich in Kapitel ☞ K.29 erläutert sind.

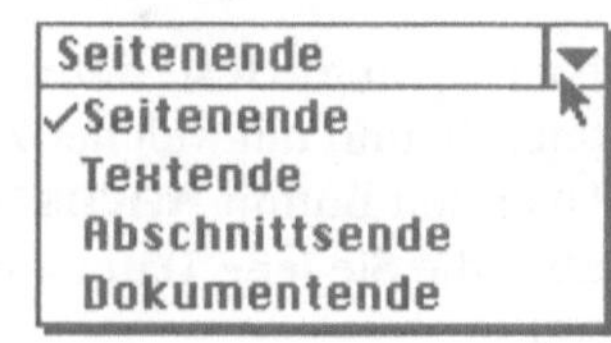

Absatzkontrolle: Hinter dieser Checkbox verbirgt sich die sogenannte „Hurenkindregelung", die am Anfang dieses Kapitels erläutert wurde. Wenn Sie diese Checkbox aktivieren, dann sorgt Word dafür, daß immer mindestens zwei Zeilen eines Absatzes beim Seitenumbruch auf die nächste Seite verschoben werden.

Verborgenen Text drucken: bewirkt, daß auch der als „verborgen" formatierte Text Ihres Dokuments mitgedruckt wird - egal ob er auf dem Bildschirm sichtbar ist oder nicht.

Standard-Tabulatoren: Hierbei handelt es sich um die kleinen schwarzen Dreiecke im Tabulatorfeld des Lineals.

Standardtabulatoren sind solange gesetzt, bis Sie einen Tabulator setzen. Dieser löscht sofort alle Standardtabultoren links von ihm:

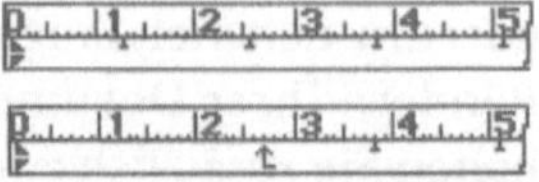

Die Weite dieser Standardtabulatoren ist im gesamten Dokument dieselbe und wird in diesem Eingabefeld festgelegt. Die Voreinstellung beträgt 0,5 Inch, also 1,27 Zentimeter.

Standard: Dieser Button definiert alle aktuellen Dokumentformatierungen als Standard. Wenn Sie in Zukunft ein Dokument anlegen, erscheint es direkt im neuen Gewand. Die Standard-Einstellung wird übrigens in der Datei „Word-Einstellungen (5)" im Systemordner gespeichert.

Dateienfolge...: Jedes Dokument läßt sich perschnurartig mit anderen Dokumenten verknüpfen, die Word dann als ein einziges Dokument behandelt - zum Beispiel beim Erstellen eines Inhaltsverzeichnisses oder beim Durchnumerieren der Seiten. Das Verknüpfen von Dokumenten erfolgt über diesen Button. Sie gelangen zu folgender Dialogbox:

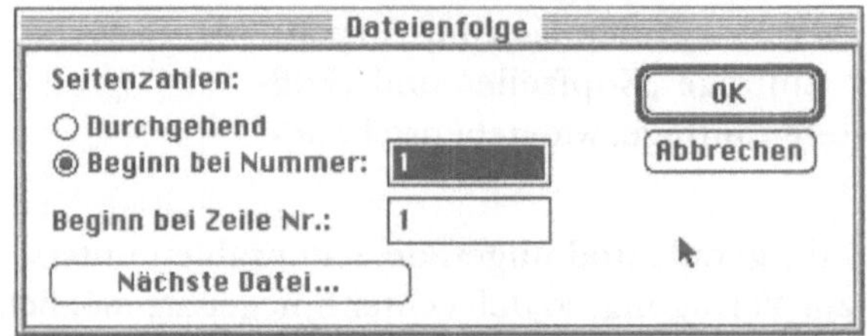

Hier legen Sie fest, mit welcher Seitenzahl Word die Seitennumerierung starten soll, und mit welcher Zeilennummer die Zeilennumerierung.

Über den Button **Nächste Datei...** gelangen Sie zu einer Datei-Auswahlbox, über die Sie jene Datei aussuchen, die Word an die aktuelle Datei anknüpfen soll.

22.3 TIPS & TRICKS

Dokumentformate archivieren

Wenn Sie häufiger zwischen verschiedenen Dokumentformaten wechseln müssen, dann empfiehlt sich folgender Trick: Legen Sie ein neues Dokument an und formatieren Sie es in dem gewünschten Format. Speichern Sie dieses leere Dokument unter einem sinnigen Namen wie zum Beispiel „Formular Presseinfo". Achten Sie beim Speichern darauf, daß Sie das Dokument mit dem Dateiformat **„Formular"** speichern!

Wenn Sie in Zukunft ein Dokument im „Presseinfoformat" erstellen wollen, dann öffnen Sie einfach das „Formular Presseinfo". Word lädt dann alle Dokumentformatierungen und legt Ihnen ein „Ohne Titel"-Blankodokument mit den gewünschten Formaten auf den Schreibtisch.

23. DRUCKEN

23.1   Druckerdialog 149
23.2   Hintergrunddruck 151
23.3   Tips & Tricks: Papier beidseitig bedrucken 151

Sie starten den Druckvorgang, indem Sie entweder den Menüpunkt "Drucken"
aus dem Datei-Menü wählen oder die Tastenkombination APPLE-P drücken.
Bevor Sie allerdings drucken, sollten Sie sich vergewissern, daß Sie sowohl das
richtige Papierformat („Seite einrichten..." im Datei-Menü) wie auch den richtigen Drucker („Auswahl" im Apfel-Menü) angewählt haben. Im „Seite einrichten..."-Dialog gibt es zudem noch eine Reihe von Faktoren, die die Druckqualität
verändern. Diese Parameter sind auch für die Formatierung wichtig. Mehr dazu
in Abschnitt „Dokument-Formatierung" (☞ K.22).

23.1 DRUCKERDIALOG

Wenn Sie den Druckvorgang starten, erscheint eine Dialogbox, die von Drucker
zu Drucker anders aussieht, aber einige gemeinsame Strukturen besitzt. Die
druckerabhängigen Strukturen sind in der oberen Dialogboxhälfte angeordnet,
die word-spezifischen in der unteren. Hier zwei Beispiele:

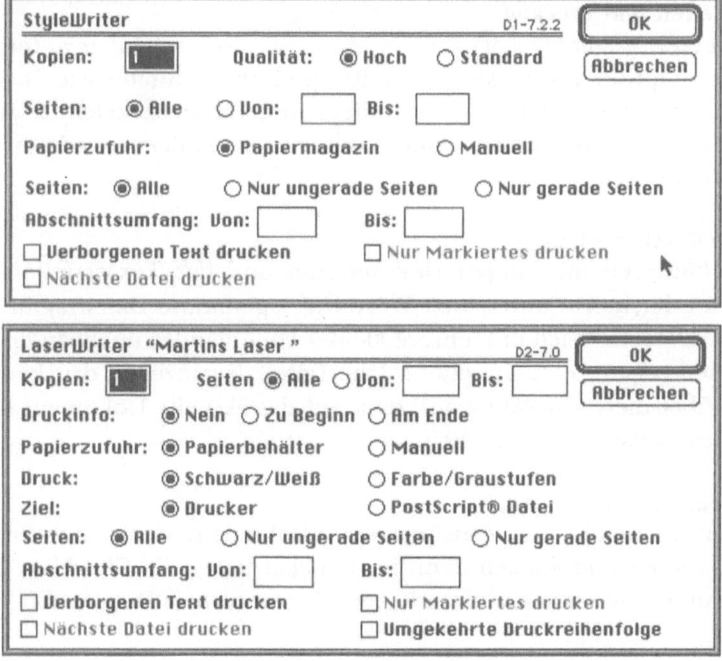

Auf die druckerspezifischen Dialogboxanteile soll hier nicht eingegangen werden. Diese sind ausführlich im Druckerhandbuch beschrieben. Uns interessieren hier nur die wordspezifischen Kontrollstrukturen. Und auch hier gibt es druckerspezifische Checkboxen, wie zum Beispiel „Umgekehrte Druckreihenfolge" - diese für Zweiseitendruck und Titenstrahldrucker wichtige Option gibt es nur beim Laserdrucker. Hier weitere Erläuterungen zu den Druckoptionen:

Seiten: ⦿ Alle   ◯ Nur ungerade Seiten   ◯ Nur gerade Seiten

Seit Word 5.1 ist es endlich auch möglich, nur die graden, oder nur die ungraden Seiten auszudrucken. Dies ist dann interessant, wenn Sie - zum Beispiel der Umwelt zuliebe - Ihr Papier beidseitig bedrucken wollen (siehe Tips & Tricks am Kapitelende).

Abschnittsumfang: [   ]   Bis: [   ]

Besitzt ein Dokument mehr als einen Abschnitt (☞ K.10), so läßt sich über diese beiden Eingabefelder genauer spezifizieren, welche Abschnitte gedruckt werden sollen. Dies ist dann wichtig, wenn ein Dokument mehrere Abschnitte besitzt, deren Seitennummerierung bei 1 starten (zum Beispiel Inhaltsverzeichnis und eigentlicher Text). Wenn Sie in einem solchen Fall zum Beispiel die Seiten 1 bis 2 des Haupttextes drucken wollen, so müssen Sie spezifizieren, daß Sie die ersten beiden Seiten von Bereich 2 wollen - sonst nimmt Word Bereich 1.

☐ Verborgenen Text drucken

Word bietet die Möglichkeit, Text als "verborgen" also unsichtbar zu formatieren. Über diese Option lassen sich zum Beispiel Index-Stichworte in Absätzen verstecken oder Steuerzeichen für Indices und Inhaltsverzeichnis verbergen. Wenn Sie diese verborgenen Elemente mitdrucken wollen, so müssen Sie diese Checkbox aktivieren.

☐ Nächste Datei drucken

Um das Hantieren mit langen Dokumenten und das Texterstellen in einer Gruppe zu erleichtern, unterstützt Word die sogenannte Dateifragmentierung. Eine große Datei läßt sich in mehrere kleiner voneinander unabhängig bearbeitbare Dateien zerstückeln. Um eine solche Datei als ganzes zu drucken, fordern Sie Word über diese Checkbox auf, den, auf das aktuelle Dokument folgenden Teil der Gesamtdatei mitzudrucken.

☐ Nur Markiertes drucken

Wenn Sie nur einen kleinen Abschnitt eines Dokuments drucken wollen, so aktivieren Sie diesen und klicken dann im Druckerdialog die Checkbox an. Word druckt dann nur den schwarz hinterlegten Abschnitt Ihres Dokumens.

☐ **Umgekehrte Druckreihenfolge**

Wenn Sie wollen, daß Word den Druck Ihres Dokuments nicht mit der ersten, sondern mit der letzten Seite beginnen soll, dann aktivieren Sie diese Checkbox.

23.2 HINTERGRUNDDRUCK

Manche Druckertreiber vermögen ein Dokument zu drucken, während Sie mit Word weiterarbeiten. Man spricht in einem solchen Fall von „Hintergrunddruck". Dies funktioniert folgendermaßen. Wenn Sie Word auffordern, Ihr Dokument zu drucken, legt Word eine Druckdatei auf der Festplatte oder einem anderen Datenträger an, schickt also die Daten, die normalerweise zum Drucker gehen, auf die Festplatte. Anschließend teilt Word dem Druckmanager (PrintMonitor) mit, daß er sich um den Ausdruck dieser Datei kümmern soll. Der Druckmanager übernimmt die Arbeit, und Word ist wieder frei für Sie.

Ein- und Ausschalten des Hintergrunddrucks geschieht in der "Auswahl"-Dialogbox, die Sie über das Apple-Menü erreichen. Hier erscheinen unterhalb des Auswahlfeldes für die Druckerschnittstelle zwei Radio-Buttons, über die Sie den Hintergrunddruck ein- beziehungsweise ausschalten:

Hintergrunddruck: ◉ Ein ○ Aus

Um einen im Hintergrund ablaufenden Druckvorgang abzubrechen, müssen Sie denPrint-Monitor aufrufen und in der erscheinenden Dialogbox die entsprechenden Buttons drücken.

23.3 TIPS & TRICKS

Der Umwelt zuliebe: Doppelseitig drucken

Die oben beschriebenen Druckoptionen „Umgekehrte Druckreihenfolge" und „Grade/Ungrade Seiten drucken" erlauben das beidseitige Bedrucken von Papier. Das geht so: drucken Sie zunächst die ungradzahligen Seiten, und zwar von hinten nach vorne. Nehmen Sie den Stapel bedrucktes Papier und legen Sie ihn, beim Laserdrucker, mit der Schrift nach unten und dem Seitenkopf zur Schubladenöffnung in die Papierschublade. Drucken Sie dann die gradzahligen Seiten. Wichtig dabei ist, daß Sie bei der Dokumentformatierung den Spiegelsatz aktivieren. Was das ist und wie das geht, erfahren Sie in Kapitel ☞ K.22.

24. DRUCKFORMATE

24.1 Wissenswertes in Kürze 152
24.2 Die Druckformat-Dialogbox..155
24.3 Definition eines Druckformates 155
  • Die Standardmethode: Über Absatzformatierung und Dialogbox...155
  • Die schnelle Methode: per Popup-Menü im Lineal.........................156
  • Die abstrakte Methode: per Lineal, Formatierungsleiste, Menüs.....157
24.4 Absatzformatierung per Druckformat...159
  • Über das Popup-Menü im Lineal..159
  • Über die Dialogbox „Druckformate"...159
  • Per Tastatur 160
24.5 Ändern eines Druckformates..160
  • Die Standardmethode: über die Dialogbox „Druckformate" 161
  • Die schnelle Methode: Über das Popup-Menü im Lineal................161
24.6 Drucken von Druckformaten..162
24.7 Austausch von Druckformaten 162
24.8 Tips&Tricks 163
  • Schneller per Doppelklick...163
  • Themenorientiertes Archivieren von Druckformaten 163
  • Druckformate per Tastaturshortcut 164
  • Wie ändern Sie das Druckformat „Normal"? 164
  • Schneller per Doppelname 165

24.1 WISSENSWERTES IN KÜRZE ...

Druckformate sind Zusammenstellungen von Absatzformaten, die über Popup-Menü oder Tastatur jederzeit verfügbar sind. Druckformate beziehen sich ausschließlich auf Absatzformate! Absatzunabhängige Formatierungen von Buchstaben, Abschnitten oder einem Dokument lassen sich nicht in Druckformaten zusammenfassen.

Word bietet eine Reihe von Standard-Druckformaten an. Sie können sich jedoch jederzeit selber Druckformate zusammenstellen und diese archivieren.

• Vorteile der Druckformate

Druckformate besitzten drei wichtige Vorteile, die das Bearbeiten - vor allem nachträgliche Ändern - großer Texte sehr vereinfachen:

- *Schnelles Arbeiten*: Selbst komplizierte Absatzformatierungen lassen sich mit einem Mausklick durchführen.

- *Dynamische Formatierung*: Ändern Sie nachträglich ein Druckformat, so formatiert Word selbständig alle Absätze eines Dokuments um, die mit diesem

Druckformat formatiert wurden. Mühsames und langwieriges Aufspüren und Umformatieren von Textpassagen entfällt.

- *Einheitliches Outfit:* Durch wiederholte Verwendung derselben Druckformate erhalten die von Ihnen erstellten Dokumente ein gewisses einheitliches Outfit. Dieses ist besonders für Firmen hinsichtlich ihrer Corporate Identity von Bedeutung.

• Was läßt sich in einem Druckformat definieren?

Alle Attribute, die zur Formatierung eines Absatzes beitragen, lassen sich in ein Druckformat zusammenpacken - also alle Attribute, die über die Dialogboxen „Absatz" und „Zeichen" des Format-Menüs erreichbar sind, wie zum Beispiel Randbegrenzung, Tabulatortypen und -positionen, Zeilenabstand, Position der Einzugsmarken, Ausrichtung, Einfassungen, Positionsrahmen und Grau-Hinterlegung des Textes, Textgröße, Schriftschnitt und so weiter.

Es ist in Word bis heute nicht möglich, Buchstabenformate, wie Fett- und Kursivdruck zusammenzufassen und unabhängig von Absatzformaten per Mausklick verfügbar zu haben. Wenn Sie also zum Beispiel zur Hervorhebung von Stichworten 11Punkt-Garamond-kusiv verwenden, müssen Sie bei jedem Stichwort alle drei Attribute per Hand setzen.

• Wie erkennen Sie, welches Druckformat gerade aktiv ist?

Jeder Absatz besitzt ein Druckformat. Solange Sie dem Absatz kein anderes Format zuweisen, besitzt er das Druckformat „Normal". Der Name des Druckformates mit dem Sie gerade schreiben, ist in der unteren Fensterleiste im Druckformatfeld (zwischen Infofeld und horizontalem Rollbalken) eingetragen:

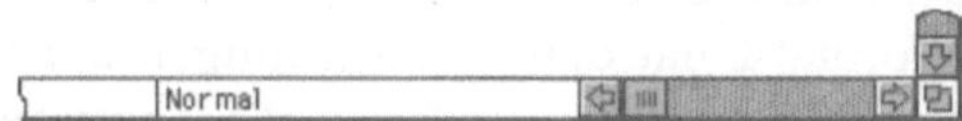

Sobald Sie eine Änderung des Absatzformates vornehmen, ist der Absatz nicht mehr allein durch das Druckformat formatiert, sondern durch ein zusätzliches Attribut. Word schreibt dann hinter das aktuelle Druckformat ein „+...":

• Wo sind Druckformate gespeichert?

Sie müssen zwei Typen von Druckformaten unterscheiden: Die *Standard-Druckformate* von Word stehen in jedem Dokument bereit und sind in der Datei „Word-Einstellungen (5)" gespeichert.

Word-Einstellungen (5)

Diese Datei wiederum finden Sie im Ordner „Preferences" im Systemordner. Standard-Druckformate lassen sich beliebig verändern und erweitern.

Die *Dokument-Druckformate* gehören zu einem Dokument und werden mit diesem zusammen gespeichert.

Sie stehen nur in dem Dokument zur Verfügung, in dem sie definiert wurden. Ein Dokument-Druckformat ist in dem normalerweise unsichtbaren Paragraphenzeichen ¶ am Ende eines Absatzes gespeichert.

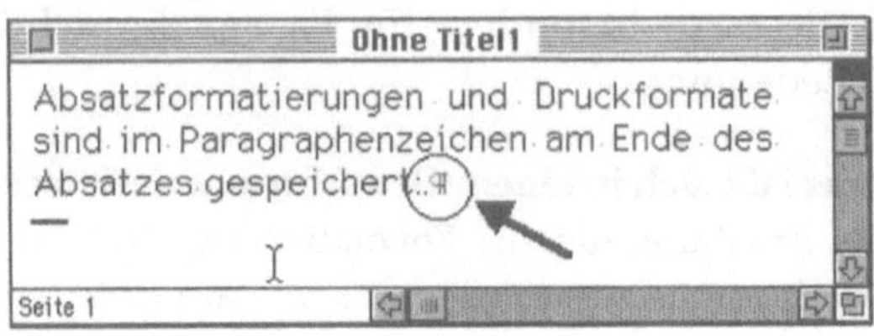

Sie können dieses Zeichen sichtbar machen, indem Sie den Menüpunkt „¶ einblenden" im Ansicht-Menü aktivieren oder das ¶-Icon in der Formatierungsleiste anklicken.

• Verfügbarkeit von Druckformaten

Ein Druckformat ist normalerweise lediglich in dem Dokument verfügbar, in dem es definiert wurde. Um ein Druckformat aber immer verfügbar zu haben, müssen Sie es als Standard-Druckformat definieren. Word übernimmt das Druckformat dann in seine Liste mit anderen Standardformaten und stellt sie in jedem Dokument bereit.

Um ein Druckformat als Standard zu definieren, bedienen Sie sich des Buttons **Standard** in der Dialogbox „Druckformate" (siehe unten).

• Hierarchische Struktur der Druckformate

Druckformate lassen sich hierarchisch strukturieren. Druckformat-2 kann also auf Druckformat-1 aufbauen und selbst Grundlage von Druckformat-3 sein. Eine Änderung von Druckformat-1 hat dann Auswirkungen auf Druckformat-2 und Druckformat-3. Ein Absatzformat wie zum Beispiel Schrifttype oder Randbegrenzung sollten Sie in einem solchen Falle in Druckformat-1 installieren, damit alle drei Druckformate mit demselben Schrifttyp arbeiten.

Doch läßt sich nicht nur definieren, auf welchem „Kollegen" ein Druckformat basiert, sondern auch, welcher Kollege das Druckformat nach Drücken der Return-Taste ablösen soll. Dies ist besonders für das Formatieren von Überschriften interessant, da nach diesen meist in einem normalen Druckformat weitergearbeitet werden soll.

24.2 Die Druckformat-Dialogbox

Die Dialogbox zum Umgang mit Druckformaten ist recht komplex und soll hier kurz erläutert werden:

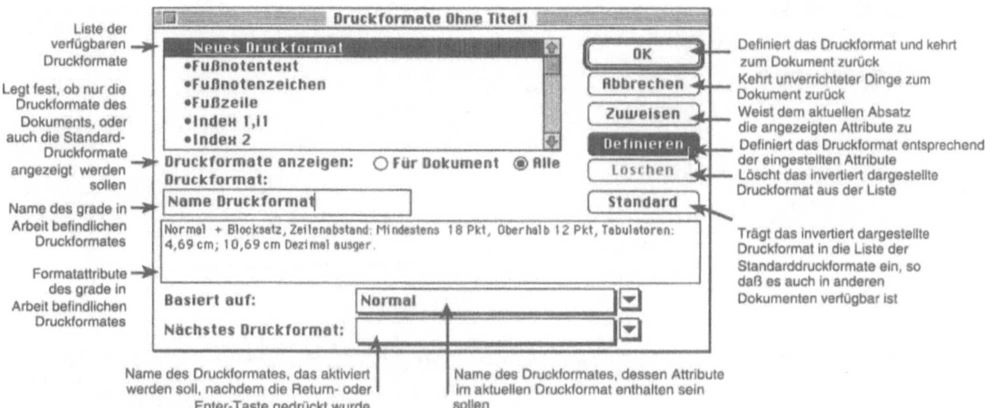

In der Liste der verfügbaren Druckformate gibt es drei Attribute. Druckformate mit einem • gehören zu den Standardformaten von Word. Das Druckformat mit dem ✔ ist das zur Zeit im Dokument aktive Druckformat. Das invertiert dargestellte befindet sich gerade in Arbeit.

24.3 Definition eines Druckformates

Zur Definition eines Druckformates stehen drei Methoden zur Wahl:
- über Absatzformatierung und Dialogbox
- per Popup-Menü im Lineal
- nur per Dialogbox

Die drei Methoden sind im folgenden ausführlich geschildert.

• Die Standardmethode: Über Absatzformatierung und Dialogbox

❶ Formatieren Sie einen Absatz so, daß er Ihren Wünschen entspricht und plazieren Sie den Textcursor in diesem Absatz.

❷ Aktivieren Sie den Menüpunkt „Druckformate..." im Format-Menü.

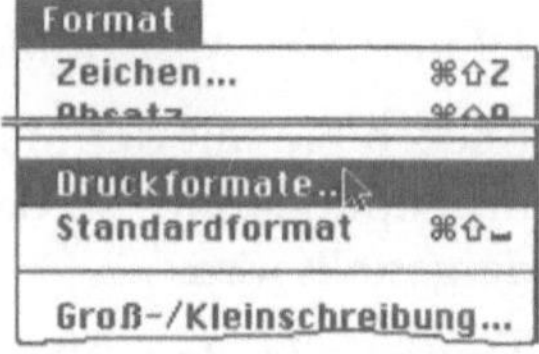

❸ Geben Sie in der Dialogbox einen Namen für das Druckformat ein und drücken Sie dann den Button **Definieren**.

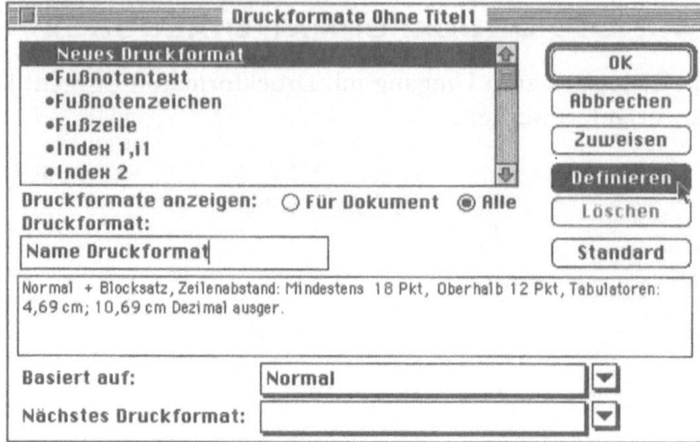

- Namen von Druckformaten dürfen 254 Zeichen umfassen, aber kein Semikolon enthalten. Ein Semikolon trennt nämlich zwei Namen desselben Druckformats voneinander (siehe Tips & Tricks am Ende dieses Kapitels).

- Achten Sie auf Groß- und Kleinschreibung. Word berücksichtigt diese, unterscheidet zwischen „herr" und „Herr".

- Wenn Sie das Druckformat auch in anderen Dokumenten verfügbar haben wollen, müssen Sie den Button **Standard** drücken. Word trägt dann das Druckformat in die Datei „Word Einstellungen (5)" ein und stellt es mit den anderen Standarddruckformaten jederzeit bereit.

• Die schnelle Methode: per Popup-Menü im Lineal

Im Lineal befindet sich ein Popup-Menü, über das sich Druckformate schnell und bequem abrufen lassen. Sie lassen es ausklappen und wählen einfach das gewünschte Druckformat aus dem Angebot. Dieses Popup-Menü kann aber auch dazu verwendet werden, ein Druckformat zu definieren. Gehen Sie dabei folgendermaßen vor:

❶ Formatieren Sie einen Absatz so, daß er Ihren Wünschen entspricht und plazieren Sie den Textcursor in diesem Absatz. Blenden Sie das Lineal ein („Lineal" im Ansicht-Menü)

❷ Klicken Sie mit der Maus auf den Eintrag im Popup-Menü, so daß dieser invertiert dargestellt wird.

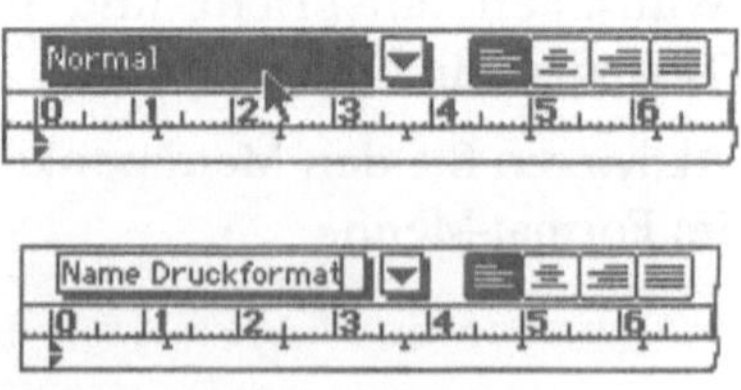

❸ Tippen Sie den Namen des Druckformates ein und drücken Sie dann die RETURN- oder ENTER-Taste.

❹ Es erscheint eine Dialogbox, die Sie über den Button **Definieren** quittieren.

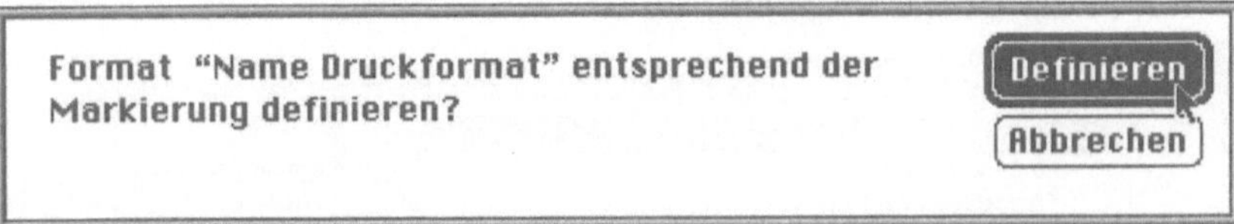

Word definiert das Druckformat und trägt es in die Druckformatliste ein.

• Die abstrakte Methode: per Lineal, Formatierungsleiste und Menüs

❶ Blenden Sie das Lineal ein.

❷ Rufen Sie die Dialogbox „Druckformate" auf und aktivieren Sie den Eintrag „Neues Druckformat".

❸ Suchen Sie sich nun die Formatierungsattribute zusammen, die Ihr Druckformat besitzten soll. Dabei stehen Ihnen folgende Hilfsmittel zur Verfügung:

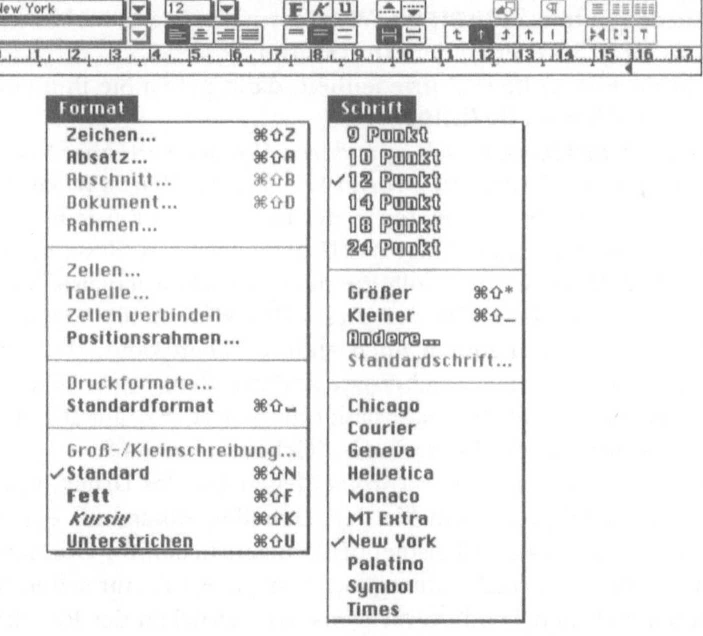

Sowohl die Menüs als auch Lineal und Formatierungsleiste lassen sich bei geöffneter Druckformat-Dialogbox aktivieren. Klicken Sie zum Beispiel auf das Icon im Lineal, so trägt Word sofort „Zeilenabstand: mindestens 18 Punkt" in das Druckformat ein. Wenn Sie den Menüpunkt „Absatz" aktivieren, erscheint die normale Dialogbox zur Absatzformatierung. Alle ausgewählten Attribute trägt Word sofort in das Druckformat ein.

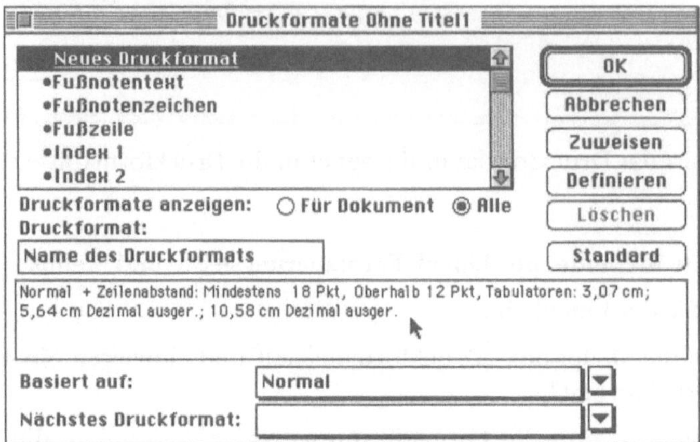

Um die Auswirkungen der Attribute auf die Absatzformatierung zu überprüfen, drücken Sie den Button **Zuweisen**. Word formatiert dann im Hintergrund den aktuellen Absatz entsprechend dem Druckformt.

Ist das Druckformat zu Ihrer Zufriedenheit, dann geben Sie ihm einen Namen und drücken den Button **Definieren**.

Wollen Sie das Druckformat auch in anderen Dateien verfügbar haben, so drücken Sie den Button **Standard**. Word speichert das Druckformat dann zusammen mit den Standarddruckformaten in der Datei „Word Einstellungen (5)".

Das Popup-Menü „**Basiert auf**" legt das Druckformat fest, dessen Eigenschaften das aktuelle Druckformat erben soll. Wenn ein Druckformat also, wie üblich, auf „Normal" basiert dann heißt das, daß dieses Druckformat alle Eigenschaften hat, die „Normal" besitzt und zudem noch andere haben kann. Wenn Sie nun im Druckformat „Normal" den Zeichensatz ändern, dann wirkt sich dies auf alle Druckformate aus, die auf „Normal" basieren: basiert „E2" auf „E1" und „E1" auf „Normal" dann ändert sich also auch der Zeichensatz von „E2".

Im Popup-Menü „**Nächstes Druckformat**" legen Sie das Druckformat fest, das Word verwenden soll, nachdem Sie den aktuellen Absatz mit einem „Return" beendet haben. So ist es zum Beispiel bei Druckformaten für Überschriften sinnvoll, wenn Sie hier „Normal" eintragen. Denn man will nur selten mehrzeilige Überschriften verfassen, sondern meistens nach Drücken der RETURN-Taste mit der Eingabe von normalem Text beginnen.

Wenn Sie den automatischen Aufruf des nächsten Druckformates unterbinden wollen, dann halten Sie beim Drücken der RETURN-Taste die APPLE-Taste gedrückt. Word schreibt dann im nächsten Absatz mit demselben Druckformat weiter.

24.4 ABSATZFORMATIERUNG PER DRUCKFORMAT

Druckformate legen fest, wie ein Absatz formatiert sein soll. Es gibt drei Methoden, dem Absatz ein Druckformat zuzuordnen:

• Über das Popup-Menü im Lineal

Das Lineal von Word besitzt ein Popup-Menü, über das Sie sämtliche Druckformate von Word abrufen können. Gehen Sie dabei folgendermaßen vor:

❶ Positionieren Sie den Textcursor in dem Absatz, den Sie formatieren wollen und blenden Sie das Lineal ein („Lineal" im Ansicht-Menü).

❷ Klicken Sie in den Pfeil rechts neben dem Popup-Menü an und halten Sie Maustaste gedrückt. Word klappt nun ein Menü mit allen im Dokument bisher verwendeten Druckformaten aus.

Wenn Sie gleichzeitig die SHIFT-Taste drücken, so zeigt Word auch die Standard-Druckformate an.

❸ Wählen Sie das gewünschte Druckformat und lassen Sie die Maustaste los. Sofort stellt Word den aktuellen Absatz im neuen Format dar.

• Über die Dialogbox „Druckformate"

❶ Plazieren Sie den Textcursor in dem Absatz, den Sie formatieren wollen.

❷ Wählen Sie den Menüpunkt „Druckformate..." im Format-Menü.

❸ Klicken Sie in der Auswahlliste auf das gewünschte Druckformat und tätigen Sie anschließend den Button **OK**.

Word schließt die Box und formatiert den Absatz.

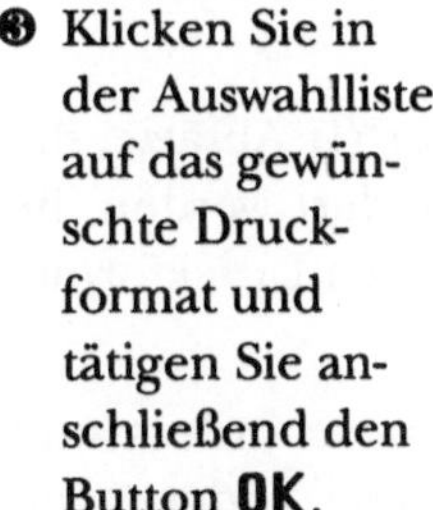

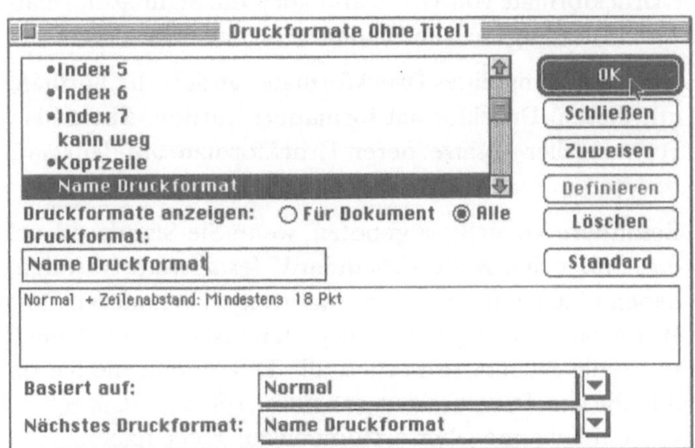

• Per Tastatur

Bei der schnellsten, aber auch gedächtnisintensivsten Methode, einem Absatz ein Druckformat zuzuordnen, verwenden Sie die Tastatur:

❶ Plazieren Sie den Textcursor in dem Absatz, den Sie formatieren wollen.

❷ Drücken Sie die Tastenkombination APPLE-SHIFT-J. Word invertiert das Info-Feld und fragt nach dem Namen des Druckformats:

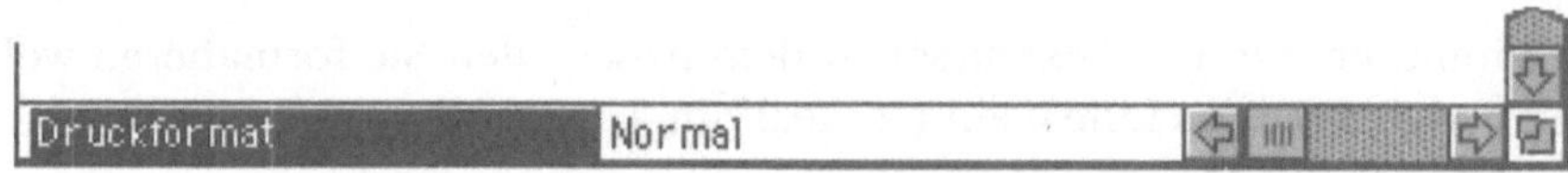

❸ Geben Sie den Namen des gewünschten Druckformats an:

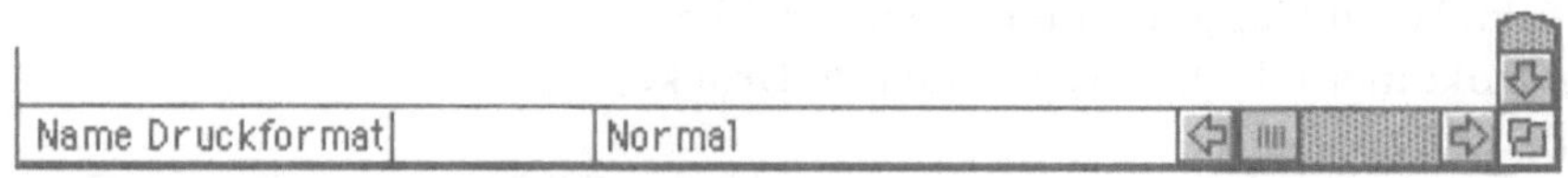

Sie brauchen den Namen nur soweit einzugeben, daß er eindeutig ist. Gibt es zum Beispiel nur ein Druckformat dessen Namen mit einem „M" beginnt, so reicht dieser Buchstabe, um das Druckformat aufzurufen.

❹ Drücken Sie dann die RETURN-Taste. Word ordnet dem Absatz das gewünschte Druckformat zu und zeigt dessen Namen im Druckformatfeld an:

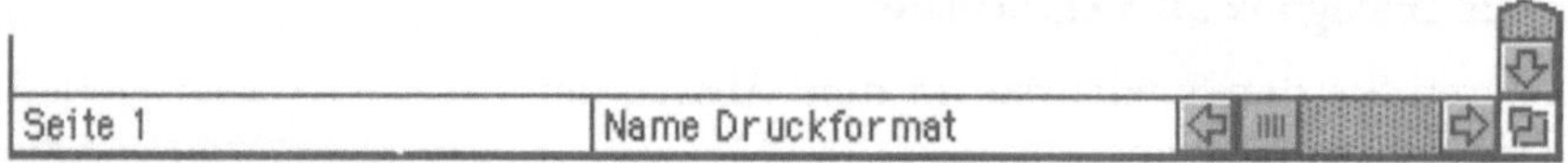

24.5 ÄNDERN EINES DRUCKFORMATES

Alle Druckformate von Word, also auch die Standardformate, lassen sich jederzeit ändern. Allerdings sollten Sie dabei folgendes beachten:

• Jede Änderung eines Druckformates ändert die Formate aller (!) Absätze, die mit diesem Druckformat formatiert wurden. Ebenfalls verändert werden die Formate aller Absätze, deren Druckformate auf dem veränderten Druckformat basieren.

• Besondere Vorsicht ist geboten, wenn Sie Standarddruckformate ändern und diese über den Button „Standard" festschreiben wollen. Solche Änderungen haben nämlich meistens Veränderungen in anderen Dokumenten zur Folge.
Wenn Sie zum Beispiel den Zeilenabstand des Druckformats „Normal" auf zweizeilig setzten, so werden alle Dokument, die Sie danach öffnen und die mit diesem Druckformat arbeiten, sofort entsprechend umformatiert. Das kann unliebsame Überraschungen zur Folge haben.

Wollen Sie ein bestehendes Druckformat ändern, so gibt es grundsätzlich zwei Möglichkeiten:

• Die Standardmethode: über die Dialogbox „Druckformate"

❶ Rufen Sie die Dialogbox „Druckformate" auf.

❷ Klicken Sie in der Liste der Druckformate auf das zu ändernde Druckformat, so daß es invertiert dargestellt wird.

❸ Wählen Sie aus den Menüs, den Dialogboxen, dem Lineal oder der Formatierungsleiste die Parameter, die Sie dem bestehenden Druckformat hinzufügen möchten. Es ist leider nicht möglich, ein bestehendes Attribut selektiv aus einem Druckformat zu entfernen. Sie müssen es durch ein anderes Attribut ersetzen.

❹ Nachdem Sie alle wichtigen Änderungen vorgenommen haben, drücken Sie **Definieren**.

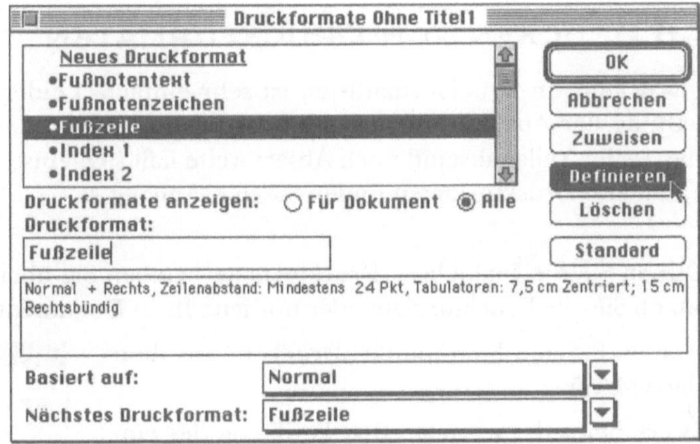

Word speichert dann das Druckformat in seiner neuen Form und formatiert alle Absätze, die auf dieses Druckformat aufbauen, sofort um.

• Die schnelle Methode: Über das Popup-Menü im Lineal
Eine sehr viel schnellere Methode ist folgende:

❶ Formatieren Sie eine Absatz Ihres Dokuments mit dem Druckformat, das Sie ändern wollen. Im Popup-Menü des Lineals erscheint nun der Name dieses Druckformats.

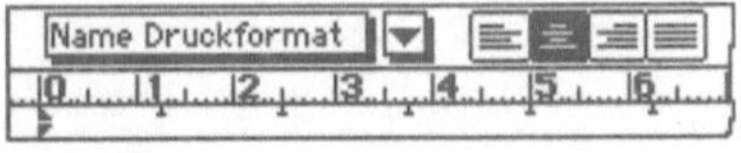

❷ Nehmen Sie an dem Text die gewünschten Formatänderungen vor.

❸ Klicken Sie in das Popup-Menü der Druckformate, so daß der Name des zu ändernden Druckformats invertiert dargestellt wird:

❹ Drücken Sie die ENTER- oder RETURN-Taste. Es erscheint folgende Dialogbox:

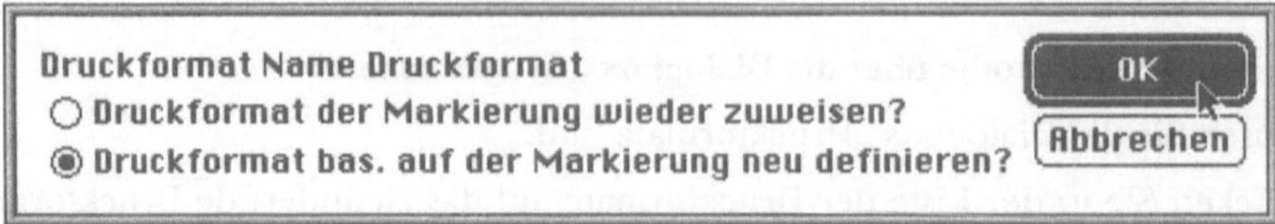

Klicken Sie den Eintrag „Druckformat bas. auf der Markierung neu definieren?" an und drücken Sie dann **OK**. Word definiert nun das Druckformat neu und formatiert sofort alle Absätze des Dokuments um, die auf diesem Druckformat basieren.

24.6 DRUCKEN VON DRUCKFORMATEN

Das Drucken von Druckformatlisten ist sehr einfach. Leider haben Sie auf die Gestaltung der Ausgabe nicht den geringsen Einfluß. Weder Schrifttype, noch -größe, weder Zeilenabstand noch Absatzbreite läßt sich einstellen. Eine Liste mit den Standard-Druckformaten finden Sie in ☞**Anhang A**.

❶ Öffnen Sie die Dialogbox „Druckformate". Geben Sie über die Radio-Buttons an, ob Sie alle Druckformate oder nur jene Ihres Dokuments drucken wollen.

❷ Wählen Sie den Menüpunkt „Drucken" aus dem Datei-Menü.

❸ Es erscheint der normale Druckerdialog des eingestellten Druckers. Stellen Sie die gewünschten Optionen ein und drücken Sie dann **OK**.

24.7 AUSTAUSCH VON DRUCKFORMATEN
ZWISCHEN ZWEI DOKUMENTEN

Häufig kommt es vor, daß Sie ein Druckformat, das Sie in einem Dokument definiert haben, auch in einem anderen Dokument nutzen wollen. Normalerweise erreichen Sie dies, indem Sie dieses Druckformat als „Standard" definiert. Ist das nicht geschehen, so gibt es noch eine andere Möglichkeit, an das gewünschte Druckformat heranzukommen, nämlich das *Nachladen von Druckformaten*. Das bedeutet, daß Sie den aktuellen Druckformaten Ihres Dokuments die Druckformate eines anderen Dokuments hinzufügen. Das geht so:

❶ Öffnen Sie die Dialogbox „Druckformate".

❷ Aktivieren Sie den Menüpunkt „Öffnen" aus dem Datei-Menü.

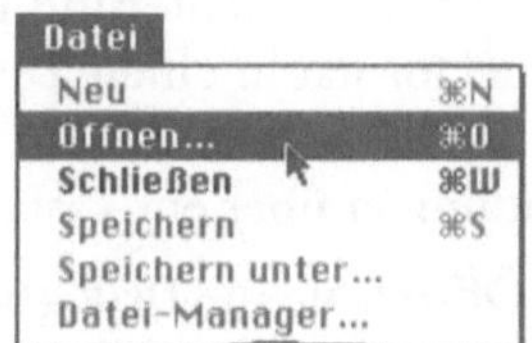

❸ Es erscheint eine Fileselectbox, über die Sie das Word-Dokument mit den gewünschten Druckformaten auswählen. Drücken Sie **Öffnen**.

Word lädt nun die Druckformate der Datei und fügt sie der Liste der aktuellen Druckformate hinzu. Ab sofort stehen diese Druckformate zu Ihrer Verfügung.

Neu überschreibt alt
Beim Nachladen von Druckformaten ist Vorsicht geboten. Besitzt nämlich ein aktuelles Druckformat denselben Namen wie ein nachgeladenes, dann wird es überschrieben und ab sofort gilt dann das nachgeladene.

24.8 TIPS&TRICKS

● **Schneller per Doppelklick**

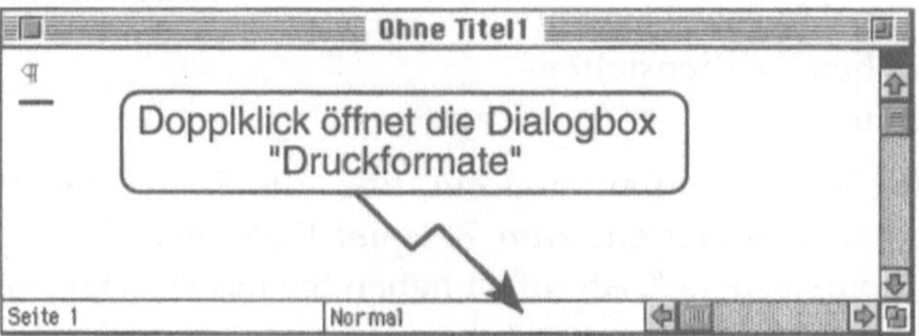

● **Themenorientiertes Archivieren von Druckformaten**

❶ Packen Sie alle wichtigen Druckformate, die thematisch ähnlich sind (zum Beispiel alle Druckformate zum Schreiben von Berichten) in ein Dokument zusammen. Dieses Dokument sollte nur leere Absätze umfassen, um nicht zuviel Speicher zu benötigen.

❷ Speichern Sie dieses Dokument unter einem sinnvollen Namen wie zum Beispiel „Druckformate Berichte".

❸ Wenn Sie demnächst einen Bericht schreiben, müssen Sie nur die Druckformate dieser Datei nachladen (☞ K.24.7). Sofort haben Sie alle relevanten Druckformate für Ihre Arbeit parat.

• Druckformate per Tastaturshortcut

Wenn Sie häufig zwischen Druckformaten wechseln müssen, dann bringt folgender Trick Erleichterung und erheblichen Zeitgewinn. Packen Sie zunächst das Druckformat in einen Textbaustein und ordnen Sie anschließend dem Textbaustein ein Tastaturkürzel zu. Auf diese Weise haben Sie in Zukunft das Druckformat immer über ein Tastaturshortcut parat:

❶ Öffnen Sie die Dialogbox „Druckformate".

❷ Klicken Sie auf das Druckformat, das Sie über ein Tastaturkürzel verfügbar haben wollen, so daß es invertiert dargestellt wird.

❸ Wählen Sie den Menüpunkt „Kopieren" aus dem Bearb.-Menü.

❹ Schließen Sie die Dialogbox.

❺ Aktivieren Sie den Menüpunkt „Textbaustein…" aus dem Bearb.-Menü.

❻ Geben Sie den Namen des Druckformats ein und drücken Sie „Definieren". Der Name des Druckformats erscheint nun in der Liste der aktuellen Textbausteine.

❼ Drücken Sie die Tasten APPLE-SHIFT-OPTION-CURSOR LINKS. Der Mauscursor wechselt zu einem ⌘. Klicken Sie mit diesem auf den Namen des Druckformat-Textbausteins. Es erscheint nebenstehende Aufforderung.

❽ Geben Sie die Tastenkombination ein, über die Sie das Druckformat in Zukunft parat haben möchten, zum Beispiel CONTROL-1. Schließen Sie die Dialogbox „Textbausteine". Ab sofort haben Sie das Druckformat über die eingegebene Tastenkombination verfügbar.

• Wie ändern Sie das Druckformat „Normal"?

Das Druckformat „Normal" ist das Ausgangsdruckformat von Word. Sobald es ein Dokument öffnet, aktiviert es dieses Druckformat. Anders ausgedrückt: alle Absätze, denen Sie nicht ausdrücklich ein anderes Druckformat zuweisen, sind über das Druckformat „Normal" definiert.

Um dieses Druckformat zu ändern, verfahren Sie folgendermaßen:

❶ Öffnen Sie die Dialogbox „Druckformate".

❷ Klicken Sie das Druckformat „Normal" an, so daß es invertiert dargestellt wird.

❸ Stellen Sie die gewünschten Absatzformate ein, und drücken Sie dann den Button **Standard**.

❹ Es erscheint nebenstehende Dialogbox, die Sie mit **Ja** quittieren.

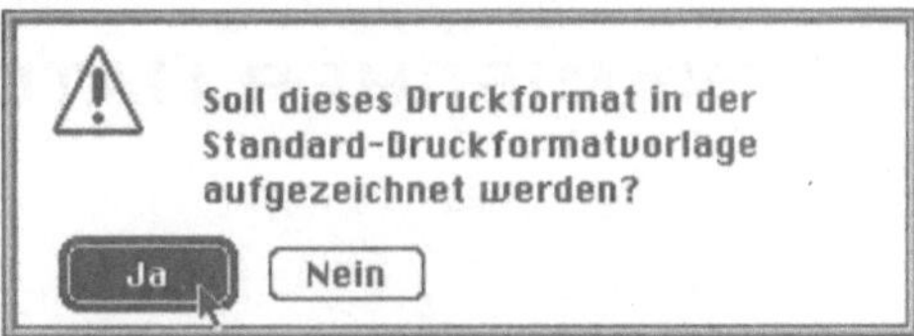

Ab sofort öffnet Word ein neues Dokument im neuen Druckformat.

Vorsicht beim Ändern von „Normal"
Wenn Sie das Format „Normal" ändern, so hat dies Auswirkungen auf alle (auch ältere) Dateien, die mit dem Druckformat „Normal" formatiert wurden. Dies sollten Sie im Hinterkopf behalten, um unliebsame Überraschungen zu erleben!

• Schneller per Doppelname
Beim Abruf von Druckformaten über die Tastatur gibt es eine entscheidende Hilfe: *Sie können einem Druckformat mehrere Namen zuweisen.*
Dadurch ist es möglich, ein Kürzel einzuführen, das zwar wenig über das Outfit des Druckformats sagt, dafür aber über Tastatur schneller eingegeben werden kann. Die verschiedenen Namen des Druckformates müssen durch *Semikolons* getrennt sein.

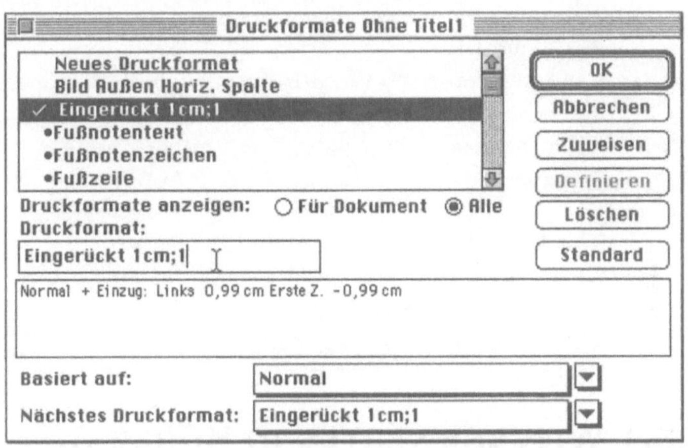

Das Druckformat „Eingerückt 1cm;1" läßt sich über das Kürzel „1" abrufen. Der zweite Name, „Eingerückt 1cm", gibt Auskunft über das Outfit des Druckformats.

• Zurück zum Standard-Druckformat
Haben Sie während des Arbeitens mit einem Druckformat andere als im Druckformat definierte Zeichenformate verwendet und wollen nun wieder zurück zu den Zeichenformaten des Druckformats, dann brauchen Sie lediglich APPLE-SHIFT-LEERTASTE zu drücken oder den Menüpunkt „Standardformat" aus dem Format-Menü zu aktivieren. Sofort schreibt Word in den Zeichenformaten des Druckformats weiter.

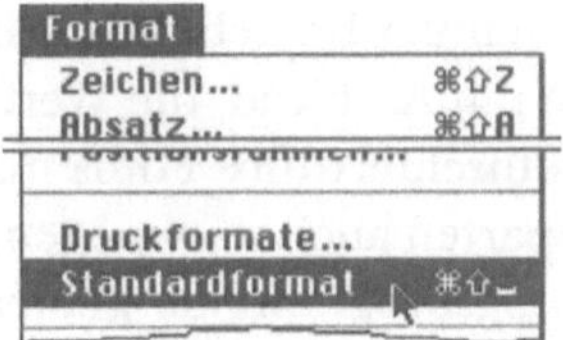

25. DYNAMISCHER DATENAUSTAUSCH

25.1 Wissenswertes in Kürze … 166
  • Verlegen & Abonnieren 167
  • Einbetten von Objekten 168
  • Verknüpfungen einfügen 168
25.2 Verlegen & Abonnieren: 169
  • Verknüpfung beenden 171
  • Bearbeiten des abonnierten Objekts 172
  • Manuelles Abonnieren 173
25.3 Einbetten von Objekten: 173
  • Wie fügen Sie ein Objekt in ein Word-Dokument ein? 173
  • Verknüpfung eines Objekts aufheben 175
  • Bearbeiten eines Objekts 175
25.4 Verknüpfung einfügen: 175
  • Dynamische Verknüpfungen innerhalb eines Word-Dokuments 176
  • „Inhalte einfügen…" 177
  • Verknüpfen eines Word-Dokuments mit einer anderen Datei 178
  • Löschen der dynamischen Verknüpfungen 179
  • Wie gelangen Sie von der Kopie zum Original? 180
  • Manuelles Aktualisieren der Verknüpfungen 181
25.5 Daten aus Word exportieren 182
25.6 Tips & Tricks 182
  • Dynamische Querverweise leicht gemacht … 182
  • Dynamische Platzhalter für Grafiken 183
  • Tabellenkalkulation mit Word 184

25.1 WISSENSWERTES IN KÜRZE …

Die Probleme, die es heute mit einem PC zu lösen gilt, sind komplexer denn je. Keine Software kann Hilfsmittel für alle Probleme sein, die mit einem PC heute bearbeitet werden. Spezielle Probleme benötigen spezielle Software. Der Wissenschalftler braucht Datenanalyseprogramme wie Igor, der Architekt erstellt Modelle mit Archicad, die Werbeagentur erstellt eine Anzeige mit Aldus Freehand und retuschiert ihre Fotos mit Adobe Photoshop. So unterschiedlich die jeweiligen Sparten auch sein mögen, fast immer ist ihnen die Verwendung von Textverarbeitungsprogrammen gemeinsam. Und fast immer geht es bei den Texten, die sie damit erstellen um die speziellen Probleme, die sie sonst bearbeiten.
In solchen Fällen ist die Fähigkeit erfreulich, die sich hinter dem Wort *„Inter Application Communication"* (*IAC*) verbirgt. Es handelt sich hierbei um eine Art standardisiertes Protokoll, das es verschiedenen Applikationen erlaubt, Daten un-

tereinander auszutauschen. Ein ähnliches Konzept steckte schon hinter der Zwischenablage des Macintosh. In der Zwischenablage liegen Bild- und Textdaten in einer von Apple definierten und standardisierte Form vor und können so zwischen Applikationen ausgetauscht werden. Ohne Schwierigkeiten läßt sich eine Grafik aus Macdraw kopieren und in das Worddokument einsetzen. Kaum ist die Grafik im Worddokument integriert, ist sie von Mac Draw abgenabelt und hat keine Verbindung mehr zu diesem Programm. Verändert Sie die Originalgrafik in Mac Draw, bleibt die Grafik in Word so wie sie ist. Das ist das Modell einer *statischen* Verknüpfung.

Neuere Formen der IAC bieten nun eine *dynamische Verbindungen*. Das bedeutet, um in unserem Beispiel zu bleiben, daß die Grafik in Word noch mit der Originalgrafik in Macdraw verbunden ist und sich immer sofort ändert, wenn in Macdraw eine Änderung an ihr durchgeführt wurde. Man sagt, die Grafik ist mit dem Original *verknüpft*.

Word stellt drei IAC-Verfahren bereit, über die Daten in dynamischer Art und Weise zwischen Dateien, Programmen und innerhalb eines Worddokuments ausgetauscht werden können. Alle drei Verfahren benötigen das Betriebssystem 7.0 oder eine neuere Version. Die drei Verfahren erledigen in etwa dieselben Aufgaben und unterscheiden sich auf den ersten Blick nur wenig. Die Unterschiede aber sind es, die im folgenden hervorgehoben werden, um die jeweils optimalen Einsatzgebiete der unterschiedlichen Verfahren besser aufzueigen zu können.

• Verlegen & Abonnieren

Hierbei handelt es sich um das Standardverfahren von Betriebssystem 7.x. Bei diesem Verfahren machen Sie Daten eines gespeicherten Dokuments anderen Programmen verfügbar. Man nennt das Programm, mit dem die Daten erstellt wurden „*Verleger*" und das Programm, das auf diese Daten zugreift, „*Abonnent*". Immer, wenn ein Verleger die Datei ändert, werden alle Abonnements automatisch auf den neusten Stand gebracht.

Den Datenaustausch zwischen Verleger und Abonnent erledigt das Betriebssystem. Es kopiert die vom Verleger freigegebenen Daten in eine „*Edition*" und stellt diese allen Abonnenten zur Verfügung:

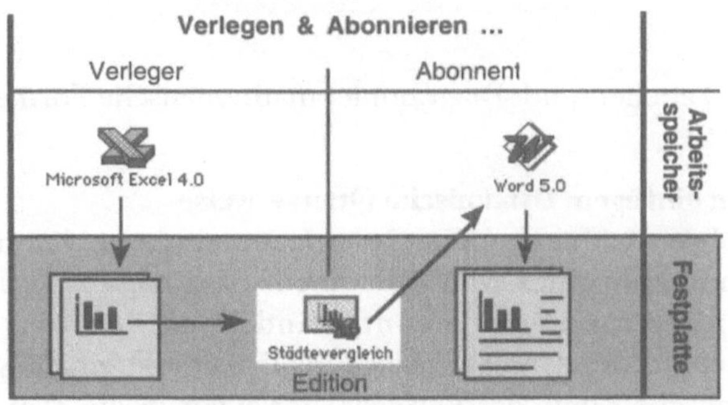

Dieses Verfahren eignet sich sehr gut, wenn mehrer Personen an der Herstellung eines Dokuments beteiligt sind. Die verschiedenen Mitarbeiter verlegen jeweils Ihren Teil des Dokuments und die Person, die die verschiedenen Fragemente zum Gesamtdokument zusammenfügen soll, abonniert diese Teile.

Netzwerkuser aufgepaßt
Verlegen und Abonnieren ist auch dann die Methode der Wahl, wenn zwischen Teilnehmern eines Netzwerks Information dynamisch ausgetauscht werden soll. Ob nämlich die herausgegebenen Dateien auf demselben Rechner liegen wie der Abonnent oder auf einem zentralen Server, spielt für dieses Verfahren keine Rolle.

• Einbetten von Objekten

Ein Objekt ist eine Datenstruktur, die in das Worddokument eingebettet ist, aber nicht von Word selbst bearbeitet werden kann. Ein Objekt trägt als Kennung alle Informationen die nötig sind, um das Programm, mit dem es erstellt wurde, zu starten und das Objekt zu bearbeiten. Doppelklicken auf ein Objekt bewirkt, daß Word das für die Bearbeitung des Objekts zuständige Programm lädt und diesem das Objekt zur Bearbeitung übergibt. Beendet man das Programm, so übergibt dieses das überarbeitete Objekt zurück an Word. Der gesamte Vorgang findet im Arbeitsspeicher statt. Das Objekt ist also nicht in einer separaten Datei auf der Festplatte gespeichert, sondern existiert nur innerhalb des Word-Dokuments:

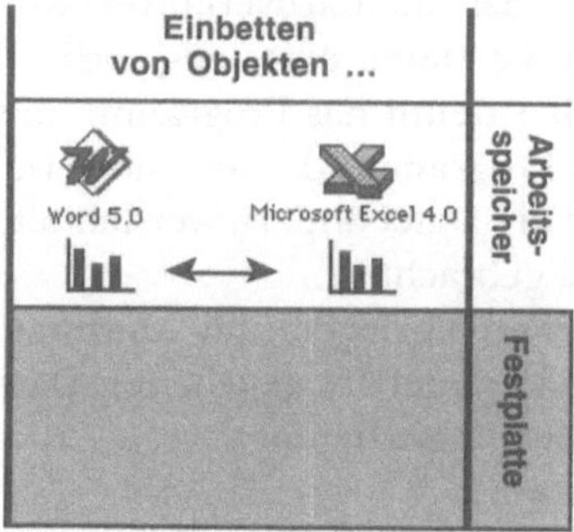

Beispiele: Excel-Tabellen und -Diagramme, mathematische Formeln des Formel-Editors (☞ K.39.2).

• Verknüpfungen einfügen: Dynamische Querverweise

Das dritte Verfahren hat noch ein anderes Haupteinsatzgebiet: die dynamische Verknüpfung innerhalb eines Word-Dokuments. Bei diesem Verfahren, das Microsoft *„Verknüpfungen einfügen"* nennt, handelt es sich um eine spezielle Methode, Inhalte aus der Zwischenablage ins Dokument einzufügen. Eingesetzt wird eine dynamische Kopie des Bereichs, der zuvor in die Zwischenablage ko-

piert wurde. Jede Veränderung am Ursprungsbereich wird sofort an alle „Kopien"
weitergegeben und dort auch angezeigt:

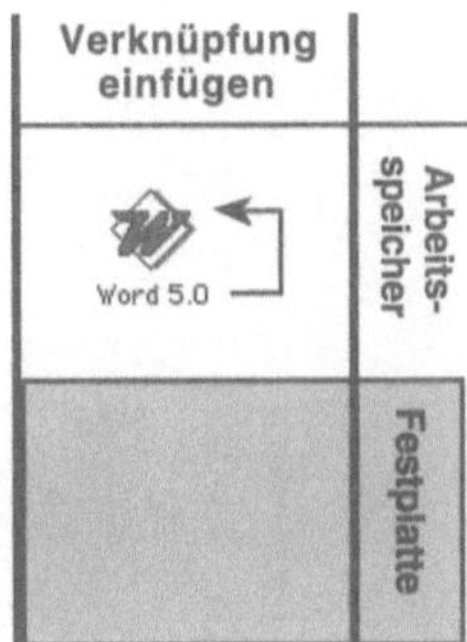

Dieses Verfahren ist eine einfache Lösung für das Problem *dynamischer Querverweise* innerhalb eines Dokuments und zwischen unterschiedlichen Dokumenten. In längeren Dokumenten, wie zum Beispiel diesem Buch, kommt es immer
wieder vor, daß Sie auf ein anderes Kapitel verweisen wollen. Nun wird aber das
Durchnumerieren und Betiteln der Kapitel erst ganz zum Schluß endgültig festgelegt. Bei dynamischen Querverweisen spielt dies keine Rolle. Sobald Sie nachträglich die Nummer eines Kapitels ändert, ändert diese sich auch in sämtlichen
Verweisen auf dieses Kapitel.

25.2 VERLEGEN & ABONNIEREN: VERKNÜPFEN MEHRERER DATEIEN

Wie in der Einleitung zu diesem Kapitel beschrieben sind bei diesem Verfahren
mindestens zwei Teilnehmer im Spiel: ein Verleger und ein Abonnent. Der Verleger stellt über das Betriebssystem Teile eines Dokuments anderen Programmen
zur freien Verfügung. Der Abonnent kann nun diese Daten abonnieren, indem
er sie in sein eigenens Dokument einbaut. Ändert der Verleger das Original, so
übergibt das Betriebssystem sofort allen Abonnenten die verändert Version.
Abonnenten besitzen somit immer die zuletzt gesicherte Version des Originals.
Wie Sie in Word eine derartige Verbindung herstellen, wird im folgenden
anhand des Datenaustausches Word-Excel dargestellt.

• Wie erstellen Sie eine dynamische Verbindung mit „Verlegen & Abonnieren"?
Problem: Sie wollen ein 3D-Diagramm aus Excel 4.0 in einen Bericht einbauen,
den Sie in Word 5.0 schreiben. (Das Beispiel ist ausnahmensweise mal Englisch,
da uns beim Schreiben des Buches noch keine deutsche Excel-4.0 Version
vorlag).

❶ Aktivieren Sie im Excel-Arbeitsblatt das Diagramm, das Sie in den Bericht integrieren wollen und wählen Sie den Menüpunkt „Neuer Verleger" (=Create Publisher) aus dem Datei-Menü:

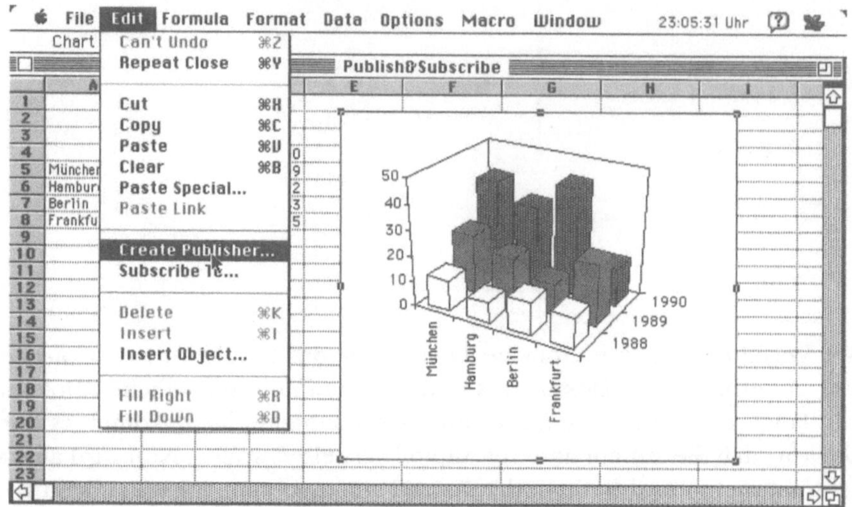

❷ In der nun erscheinenden Dialogbox ist auf der linken Seite eine verkleinerte Darstellung des Diagramms zu sehen. Geben Sie den gewünschten Namen des Diagramms ein und drücken Sie dann den Button **Herausgeben**:

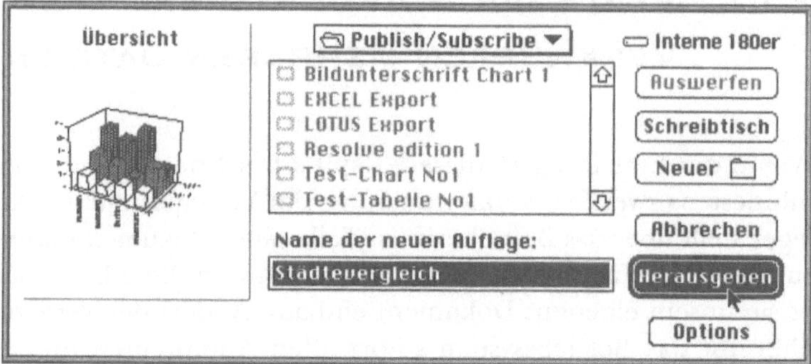

❸ Plazieren Sie in Ihrem Word-Dokument den Textcursor an der Position, an der das Diagramm erscheinen soll und wählen Sie dann den Menüpunkt „Abonnieren..." aus dem Bearb.-Menü.

❹ Klicken Sie in der nun erscheinenden Dialogbox die zu abonnierende Datei an. Word zeigt links in der Dialogbox eine verkleinerte Darstellung des Dateiinhalts. Drücken Sie dann den Button **Abonnieren**:

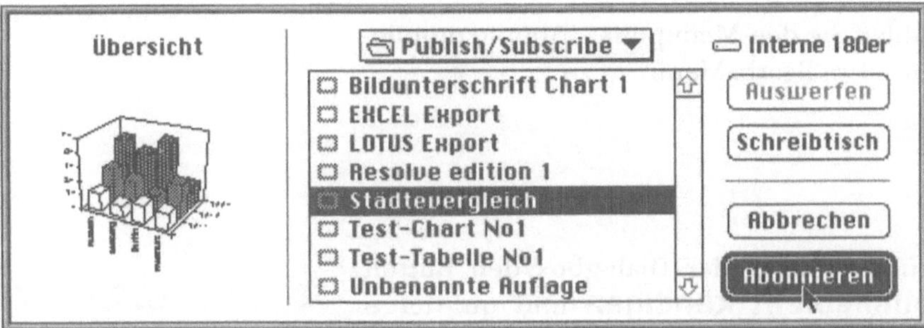

❺ Sofort erscheint das Diagramm in Ihrem Word-Dokument:

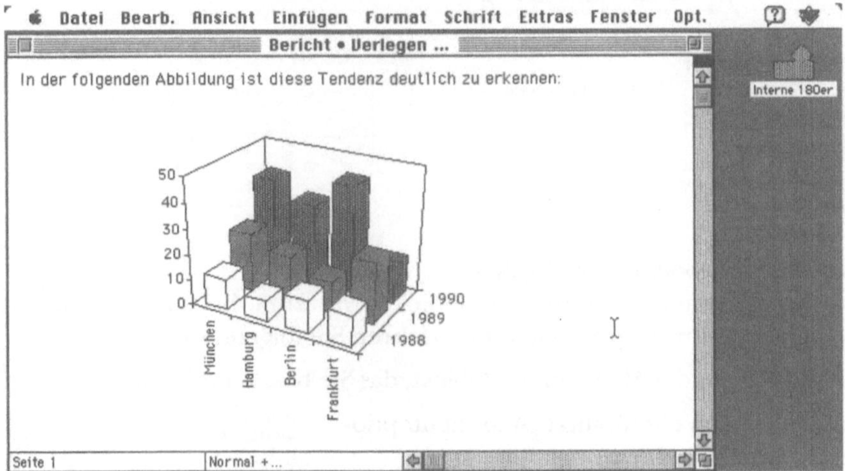

Wenn Sie nun in Excel eine Änderung an dem Diagramm vornehmen und diese
sichern, ändert sich das Diagramm im Word-Dokument entsprechend.

Der Finder arbeitet mit Editionen
Rechts sehen Sie das Edition-Icon von Excel, das der
Finder für den Datenaustausch verwendet. Hinter diesem Icon verbirgt sich das Diagramm. Wenn Sie diese
Datei löschen, ist auch keine dynamische Verbindung
mehr zwischen der Excel-Datei und dem Word-Dokument vorhanden.

• Verknüpfung beenden
Um eine Verknüpfung zu annulieren, gehen Sie folgendermaßen vor:

❶ Klicken Sie das Objekt an, dessen Verknüpfung Sie auflösen wollen.

❷ Wählen Sie den Menüpunkt „Abonnentoptionen…" im Bearb.-Menü:

❸ Drücken Sie in der Dialogbox den Button **Abonnement kündigen** und quittieren Sie die Nachfrage mit **Ja**.

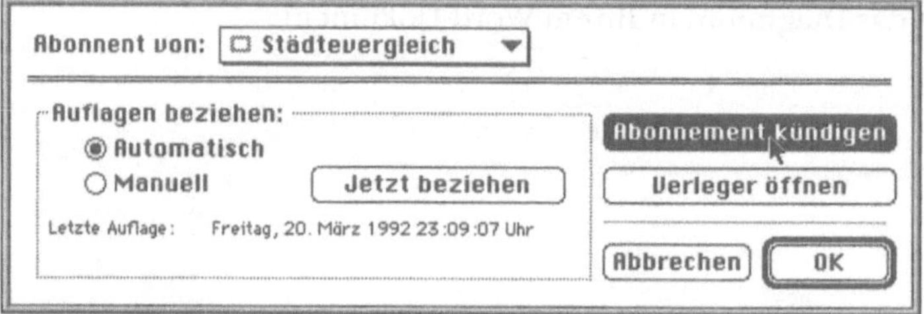

* **Bearbeiten des abonnierten Objekts**

Wenn Sie an einem abonnierten Objekt, wie zum Beispiel einem Excel-Diagramm etwas verändern wollen, so verfahren Sie folgendermaßen:

❶ Klicken Sie mit der Maus auf das Objekt, das Sie bearbeiten wollen.

❷ Wählen Sie den Menüpunkt „Abonnentoptionen…" im Bearb.-Menü:

❸ Drücken Sie in der Dialogbox den Button **Verleger öffnen**:

❹ Der Verleger öffnet die Datei, die die Daten des Objekts enthält, so daß Sie diese bearbeiten können. Nehmen Sie die gewünschten Änderungen vor. Sobald Sie die Änderungen sichern, erfolgt im Word-Dokument ein Update der abonnierten Datenstruktur.

• Manuelles Abonnieren

Normalerweise führt Word immer dann ein Update eines abonnierten Objekts durch, sobald dieses in einer neuen Version gespeichert wird. Das Abonnement wird also *automatisch* immer auf den neusten Stand gebracht. Diesem Modus können Sie ändern. Auf Wunsch abonniert Word *manuell*, das bedeutet, es bezieht erst auf Ihre ausdrückliche Aufforderung hin die neuste Version.

Mit welchem der beiden Modi Sie arbeiten möchten, legen Sie in der Dialogbox „Abonnentoptionen…" aus dem Bearb.-Menü fest:

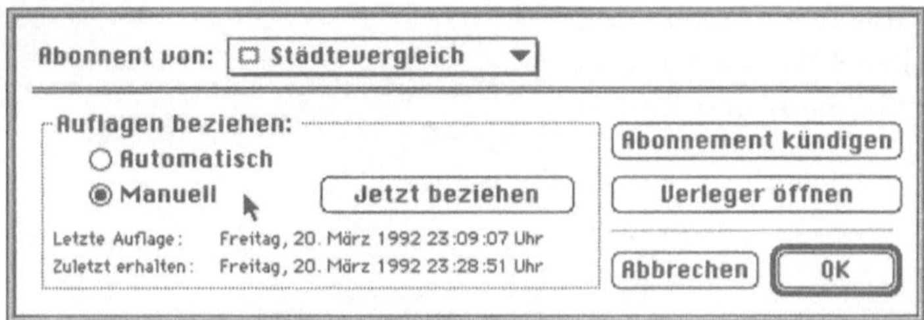

Wählen Sie hier die Option **Manuell**, dann wird der Button **Jetzt beziehen** aktivierbar. Word abonniert ab sofort erst dann, wenn Sie diesen Button drücken.

25.3 EINBETTEN VON OBJEKTEN: WORD ALS DREH- UND ANGELPUNKT

Wie in der Einleitung gezeigt, arbeitet arbeitet das Einbetten von Objekten nur mit einer einzigen Datei, nämlich dem Word-Dokument. Das Word-Dokument wird zum Dreh- und Angelpunkt der Daten.

Ein Objekt ist eine Datenstruktur in einem Word-Dokument, die Word nicht selbst bearbeitet kann. Word weiß aber von jedem Objekt, welches Programm es erstellt hat. Bei einem Doppelklick auf das Objekt startet Word dieses Programm und übergibt ihm das Objekt. Sie können es nun ändern und dann das Programm verlassen - Sie landen wieder in Word und das überarbeitete Objekt wird automatisch eingefügt.

Im folgenden soll der Umgang mit Objekten anhand einer Excel-Tabelle gezeigt werden.

• Wie fügen Sie ein Objekt in ein Word-Dokument ein?

Problem: Sie wollen in Ihr Word-Dokument eine Tabelle einfügen, die Sie in Excel 4.0 erstellen und bearbeiten.

❶ Plazieren Sie den Textcursor an die Stelle Ihres Word-Dokuments, an dem die Excel-Tabelle erscheinen soll. Aktivieren Sie den Menüpunkt „Objekt" im Einfügen-Menü:

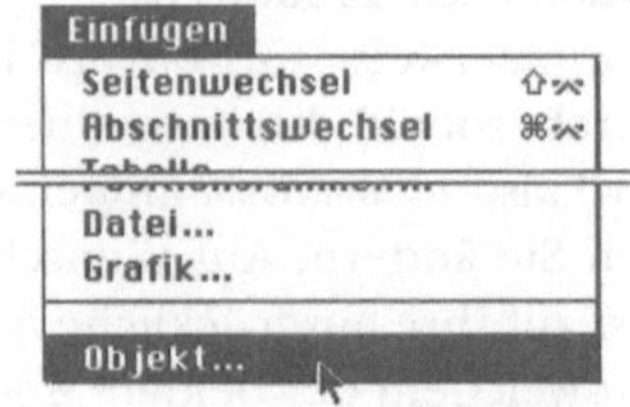

❷ Aktivieren Sie in der Dialogbox „Neues Objekt einfügen" den Eintrag „Excel Worksheet" und drücken Sie dann den Button **OK**.

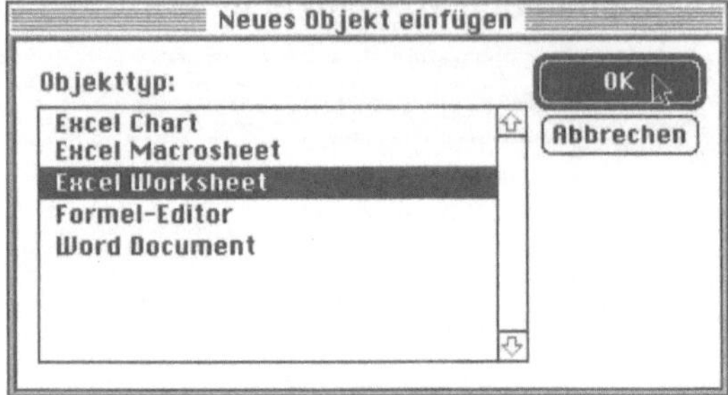

❸ Word aktiviert Excel und dieses präsentiert ein leeres Arbeitsblatt mit dem Titel „Word-Objekt x".

❹ Geben Sie Ihre Tabelle ein und formatieren Sie diese. Die Tabelle erscheint im Word-Dokument genau in dem Outfit, das Sie ihr in Excel gaben. Drücken Sie anschließend die Schließbox des Excel-Arbeitsblattes:

❺ Excel übergibt die Tabelle an Word und dieses fügt sie am Textcursors ein.

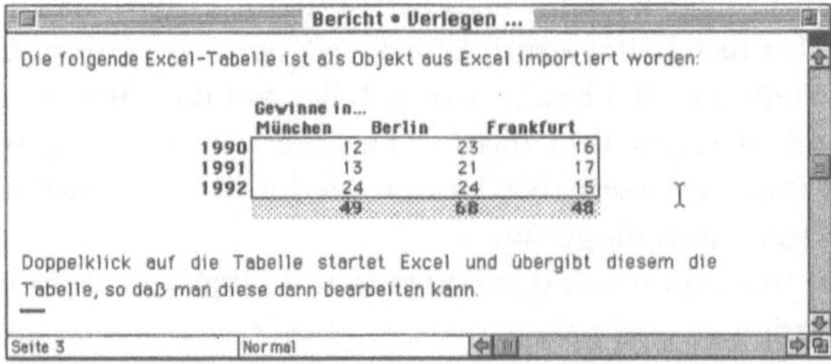

Keine Formatierung möglich
Im Gegensatz zu einer abonnierten Tabelle können an einer als Objekt eingefügten Excel-Tabelle in Word keine Formatierung vorgenommen werden.

• Verknüpfung eines Objekts aufheben

Jedes Objekt besitzt eine Verbindung zu dem Programm, in dem es erstellt wurde. Um diese Verbindung zu lösen, gehen Sie folgendermaßen vor:

❶ Klicken Sie auf das Objekt, dessen Verknüpfung Sie lösen wollen.

❷ Aktivieren Sie den Menüpunkt „Objektoptionen" im Bearb.-Menü:

❸ Drücken Sie in der Dialogbox „Objektoptionen" den Button **Verknüpfung aufheben**

• Bearbeiten eines Objekts

Um ein Objekt zu bearbeiten, *doppelklicken* Sie es oder Sie aktivieren es per Einfachklick und wählen anschließend den Menüpunkt „Objekt bearbeiten" aus dem Bearb.-Menü.

In beiden Fällen startet Word das Programm, mit dem das Objekt erstellt wurde und übergibt ihm die zur Bearbeitung notwendigen Daten.

25.4 VERKNÜPFUNG EINFÜGEN:
QUERVERWEISE IM ARBEITSSPEICHER

Die Abbildungen in der Einleitung zu diesem Kapitel haben es gezeigt: „Verlegen & Abonnieren" arbeitet mit Dateien und Editionen während „Objekte einfügen" mit Objekten arbeitet. Bei „Verknüpfung einfügen" hingegen spielt die Zwischenablage eine entscheidende Rolle. Der Inhalt der Zwischenablage wird in besonderer Weise in das aktuelle Word-Dokument eingefügt, und zwar so, daß er noch mit seinem Ursprungsort verbunden ist. Eingefügt wird also eine Art dynamischer Kopie des Originals. Jede Veränderung des Originals „fließt" über eine Art Pipeline sofort an alle Stellen, an denen Kopien vorhanden sind.

Derartige dynamische Querverweise lassen sich sowohl innerhalb eines Word-Dokuments, als auch zwischen verschiedenen Dokumenten realisieren. Dadurch eignet sich dieses Verfahren hervorragend dazu, dynamische Querverweise nach dem Motto „siehe Kapitel Soundso" zu realisieren.

Jedes „Original" erhält von Word einen Namen
Jedes Original, also jede Passage, auf die von einer anderen Stelle aus zugegriffen wird, erhält von Word einen Namen, der vom Anwender leider nicht editiert werden kann. Dieser Name beginnt mit VERKNÜPFEN und endet mit der Nummer des Objekts, also zum Beispiel VERKNÜPFEN5.

• Dynamische Verknüpfungen innerhalb eines Word-Dokuments

❶ Aktivieren Sie die Textpassage, auf die Sie verweisen wollen:

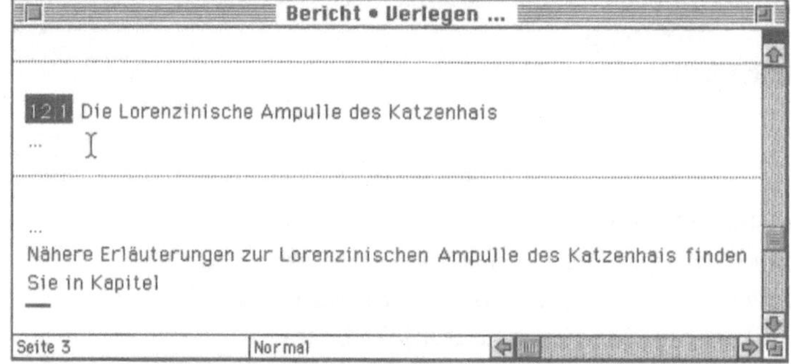

❷ Kopieren Sie die Passage in die Zwischenablage („Kopieren" aus dem Bearb.-Menü).

❸ Plazieren Sie den Textcursor an der Stelle des Dokuments, an der der Querverweis stehen soll.

❹ Halten Sie die *SHIFT-Taste gedrückt* und wählen Sie aus dem Bearb.-Menü den Menüpunkt „Verknüpfung einfügen".

❺ Word fügt nun den Inhalt der Zwischenablage an der aktuellen Textcursorposition ein. Dabei verwendet Word in der Regel die Standard-Zeichenformatierung. Sie können aber das Zeichenformat der Kopie jederzeit mit den üblichen Methoden ändern - allerdings immer nur das der gesamten Kopie.
Gleichzeitig hat Word eine dynamische Verknüpfung mit dem Original hergestellt. Sobald Sie dort etwas verändern, ändert sich auch die Kopie:

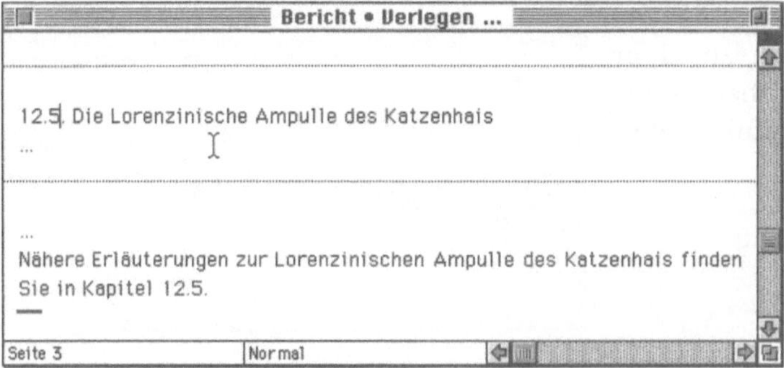

 • **„¶ einblenden" macht Querverweise sichtbar**
Wenn die Steuerzeichen eingeblendet sind (mit „¶ einblenden" im Ansicht-Menü), so sind sowohl die dynamische Kopie wie auch das Original mit schraffierten Klammern gekennzeichnet:

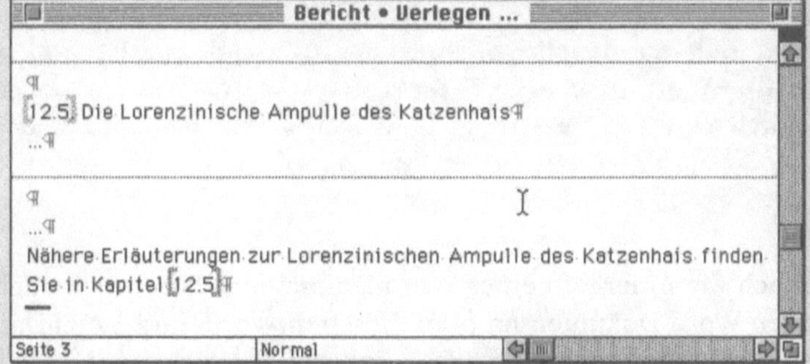

• **Vorsicht mit automatischer Numerierung**
Wenn Sie dynamische Querverweise auf Kapitelnummern installieren und anschließend die Kapitel von Word automatisch durchnumerieren lassen (☞ K.41.1) dann löscht Word alle alten Kapitelnummern und somit auch die Nummern, die mit anderen dynamisch verknüpft sind.

• **„Inhalte einfügen…"**
Normalerweise findet sich im Bearb.-Menü der Eintrag „Inhalte einfügen…".

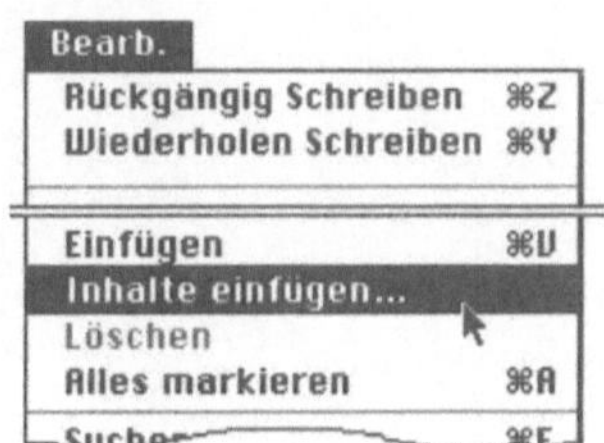

Dieser führt zu einer
Dialogbox, über die Sie
die Verknüpfung näher
spezifizieren.

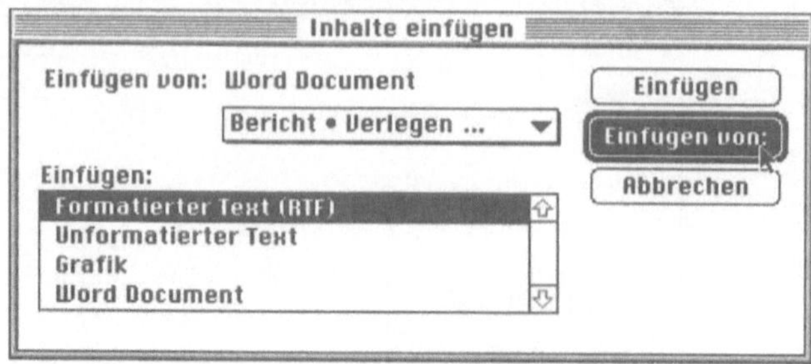

So können Sie zum Beispiel bei Textobjekten festlegen, ob formatierter oder un-
formatierter Text vom Original an die Kopie übergeben werden soll.

Der Button **Einfügen** entspricht dem normalen Menüpunkt „Einfügen". Das
heißt, er stellt keine dynamische Verknüpfung zum Original her.

• Verknüpfen eines Word-Dokuments mit einer anderen Datei

Dieses Verfahren läuft in ähnlicher Weise auch unter System 6.x und
nennt sich dann *Quickswitch*. Es handelt sich hierbei um das einzige
Verfahren, mit dem *unter System 6.x dynamischer Datenaustausch* mit Word
möglich ist. Dieser Austausch ist allerdings nur zwischen einer Word- und
einer Fremddatei (zum Beispiel Excel), aber nicht unter zwei Word-
Dateien möglich!

Ebenso einfach wie innerhalb eines Word-Dokuments, lassen sich auch zwischen
verschiedenen Word-Dokumenten oder zwischen Word- und Excel-Dateien dynamische Verknüpfungen etablieren. Dies soll am Beispiel der dynamischen Verknüpfung einer Excel-Tabelle mit einem Word-Dokument gezeigt werden:

❶ Erstellen Sie in Excel
die Tabelle und ko-
pieren Sie diese in
die Zwischenablage:

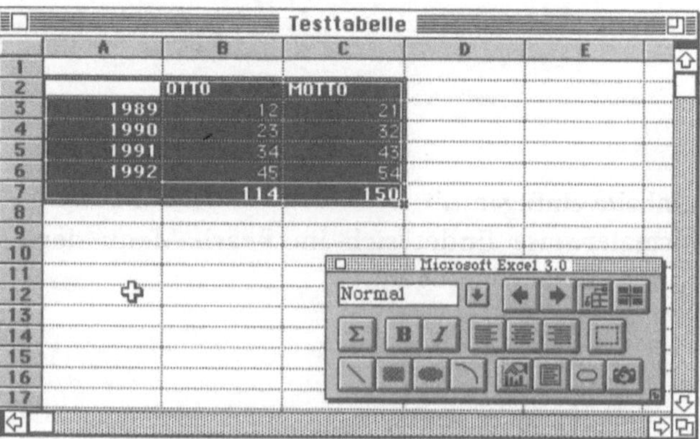

❷Wechseln Sie zu Word und plazieren Sie dort den Textcursor an der Position, an der die Tabelle erscheinen soll. Wählen Sie dann bei *gedrückter Shift-Taste* den Menüpunkt „Verknüpfung einfügen" aus dem Bearb.-Menü:

❸ Word fügt nun die Tabelle in das Word-Dokument ein:

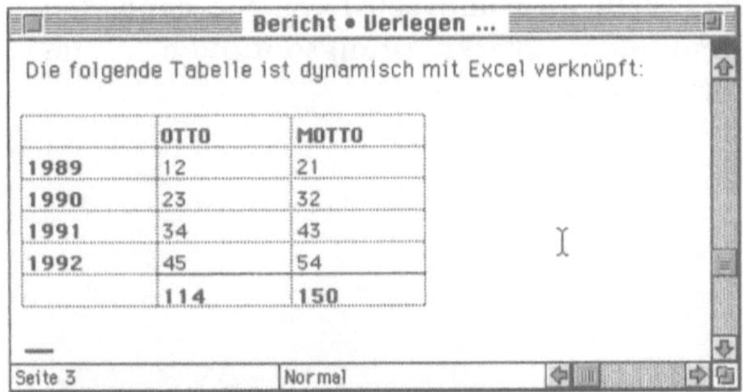

	OTTO	MOTTO
1989	12	21
1990	23	32
1991	34	43
1992	45	54
	114	150

Dabei verwandelt es die Excel-Tabelle in eine Word-Tabelle (☞ K.56), die sich in einigen Aspekten (Ausrichtung der Zellinhalte, Fettdruck etc.) formatieren läßt - allerdings immer nur alle Zellen gleichzeitig. Die Formate bleiben erhalten, auch wenn die Inhalte von Excel aus verändert werden.

• Löschen der dynamischen Verknüpfungen
Beim Lösen der dynamischen Verknüpfungen sollten Sie zwei Verfahren unterscheiden:

(1) Abkoppeln des Originals von allen Kopien

❶ Plazieren Sie den Textcursor inmitten des Originals und aktivieren Sie den Menüpunkt „Verknüpfungsoptionen..." im Bearb.-Menü:

❷ Aktivieren Sie in der Dialogbox „Verknüpfungsoptionen" den Button **Löschen**.

Word koppelt nun das Original von allen Kopien ab.

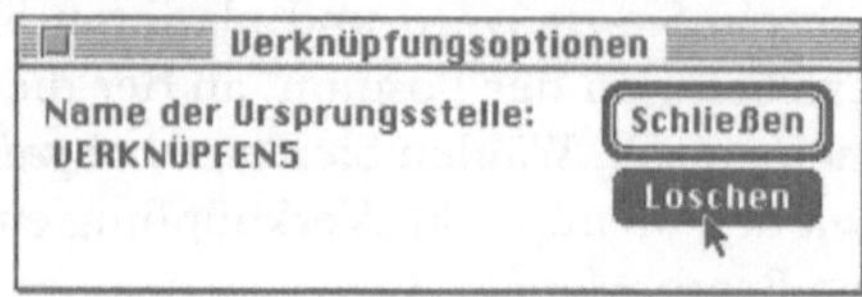

(2) Abkoppeln einer Kopie vom Original

Eine dynamische Kopie koppeln Sie so vom Original ab:

❶ Klicken Sie die Kopie an, so daß sie invertiert dargestellt wird und aktivieren Sie dann den Menüpunkt „Verknüpfungsoptionen..." im Bearb.-Menü:

❷ Drücken Sie in der Dialogbox „Verknüpfungsoptionen" den Button **Verknüpfung aufheben**:

Word koppelt nun die Kopie vom Original ab und macht aus ihr einen normal editierbaren Text.

• Wie gelangen Sie von der Kopie zum Original?

Wenn Sie an einer Kopie einen Fehler korrigieren oder sonstige Änderungen vornehmen wollen, werden Sie feststellen, daß sich eine Kopie nicht verändern läßt. Klicken Sie diese mit der Maus an, so wird sie lediglich invertiert dargestellt, doch ein Bearbeiten ist nicht möglich. Veränderungen sind nur am Original durchführbar. Der schnellste Weg, um von einer Kopie zum Original zu gelangen, ist folgender:

❶ Klicken Sie die Kopie an, so daß sie invertiert dargestellt wird.

❷ Wählen Sie den Menüpunkt „Verknüpfungs-optionen…" aus dem Bearb.-Menü:

❸ Klicken Sie in der Dialogbox auf den Button **Objekt be-arbeiten**.

❹ Word präsentiert auf dem Bildschirm das Original und stellt es invertiert dar. Hier können Sie nun die gewünschten Änderungen vornehmen, die Word sofort an alle Kopien weiterreicht.

Um zurück zur Kopie zu gelangen, drücken Sie am besten die „0" des Zehnerblocks. Wiederholtes Drücken dieser Taste springt zwischen den letzten drei Textcursorpositionen hin und her.

• Manuelles Aktualisieren der Verknüpfungen
Word läßt dem Anwender die Wahl zwischen verschiedenen Aktualisierungsmodi. Diese stellen Sie ebenfalls über die Dialogbox „Verknüpfungsoptionen" (Bearb.-Menü) ein:

Sie haben die Wahl zwischen drei Modi:

Automatisch   Word aktualisiert die Kopie, sobald am Original etwas geändert wurde.

Manuell   Word aktualisiert die Kopie erst, wenn Sie den Button **Jetzt aktualisieren** drücken.

Nie   Word führt keine Aktualisierungen mehr durch.

25.5 DATEN AUS WORD EXPORTIEREN

Bei den Beschreibungen der verschiedenen Verfahren wurde als Beispiel immer der Datenfluß in Richtung Word beschrieben. Natürlich lassen die Verfahren auch einen Informationsfluß in die entgegengesetzt Richtung zu, also von Word zu anderen Applikationen - vorausgesetzt, diese unterstützen derartigen Datenaustausch.

Gehen Sie dabei genauso vor wie beschrieben, nur daß Sie Empfänger und Sender der Informationen vertauschen.

Wer dieses Verfahren vorexerziert haben möchte, schaue in die Tips &Tricks dieses Kapitels. Dort kann er lesen, wie man eine Word-Tabelle nach Excel exportiert, dieses eine Berechnung vornimmt und das Ergebnis an Word zurückgibt.

25.6 TIPS & TRICKS

• Dynamische Querverweise leicht gemacht ...

Beim Arbeiten mit dynamischen Querverweisen (wie zum Beispiel in diesem Buch) ist es sehr mühsam, jedesmal, wenn Sie auf eine Kapitelnummer verweisen, zu der Überschrift dieses Kapitels zu scrollen, die Kapitelnummer zu kopieren und über „Verknüpfung einfügen" zu installieren.

Es gibt zwei Tricks, die diese Arbeit erheblich beschleunigen:

- Einsatz von Textbausteinen

Sie können sich einen dynamischen Querverweis als Textbaustein definieren. Ab sofort haben Sie diesen dynamischen Querverweis dann als Textbaustein verfügbar.

- Manueller Querverweis

Ein anderer Trick ist folgender: Nachdem Sie einmal in normaler Weise auf die Überschrift verwiesen haben, notieren Sie sich den Verknüpfungsnamen der Überschrift, zum Beispiel „VERKNÜPFEN5" für „12.3 Die Lorenzinische Ampulle des Katzenhais". Sie erfahren diesen Namen im Feld „Verknüpfungs-optionen" (Bearb.-Menü) der Überschrift:

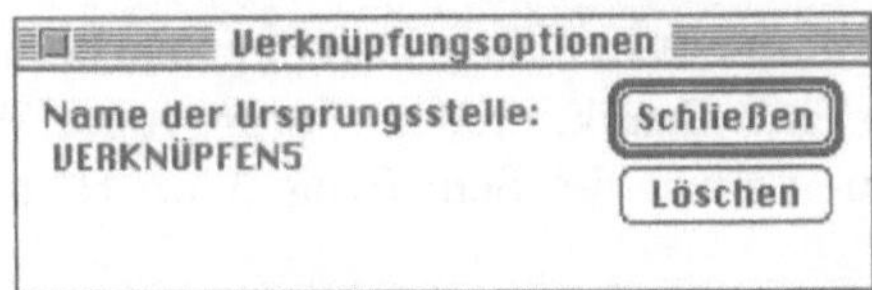

An der Stelle, an der Sie auf dieses Kapitel verweisen wollen, fügen Sie nun über „Verknüpfung einfügen" eine beliebige Verknüpfung ein. Aktivieren Sie dann die Verknüpfung und rufen Sie anschließend die „Verknüpfungsoptionen" aus dem Bearb.-Menü auf. Drücken Sie den Button **Verknüpfung bearbeiten**:

Es erscheint folgende Dialogbox:

Tragen Sie in das Eingabefeld **Verknüpfungselement** den Verknüpfungsnamen der Überschrift ein, auf die Sie verweisen wollen. Kehren Sie dann zum Word-Dokument zurück. Sofort erscheint dort die Nummer der gewünschten Überschrift.

• Dynamische Platzhalter für Grafiken

Die dynamische Verknüpfungen mit „Verknüpfung einfügen" sind hervorragend dazu geeignet, Grafiken und andere Objekte zu verwalten, die in einem Dokument häufiger vorkommen. Beim Erstellen des vorliegenden Buches wurde der Umgang mit den Merkbox-Icons folgendermaßen gelöst:
Zunächst wurde mit einem Platzhalter (Zum Beispiel „Icon H" für das Icon „Hinweis" gearbeitet. Dieser Platzhalter wurde in ein eigenes Word-Dokument namens „Notizen" geschrieben. Ein dynamischer Querverweis auf diesen Eintrag wurde als Textbaustein „IH" definiert. Überall, wo dieses Icon später erscheinen sollte, wurde über diesen Textbaustein die dynamische Verknüpfung zum Platzhalter eingefügt.

Zum Schluß wurde dieser Platzhalter, also der Schriftzug „Icon H" durch das eigentlich Icon, also eine Grafik, ersetzt. Sofort fügte Word an alle Stellen des Dokuments, an denen zuvor der Schriftzug „Icon H" stand, das entsprechende Icon ein.

Dieses Verfahren spart nicht nur viel Speicher und Zeit beim Blättern, sondern bringt noch einen anderen Vorteil. Stellt sich nämlich zum Beispiel beim Belichten heraus, daß die Icons zu dunkel sind, müssen Sie lediglich das Originalicon durch ein helleres Icon ersetzten. Sofort ist das neue Icon an allen zugehörigen Stellen im Text installiert - so einfach ist das.

• Tabellenkalkulation mit Word

Dynamische Datenverknüpfung zwischen Dokumenten unterschiedlicher Applikationen bietet eine Reihe interessanter Einsatzgebiete. Im folgenden soll kurz geschildert werden, wie Sie in Word eine Tabelle erstellen, die selbständig Prozentsätze errechnet und diese in die unterste Zeile der Tabelle schreibt:

❶ Definieren Sie in Word eine Tabelle mit vier Zeilen und drei Spalten, geben Sie ein paar Inhalte ein:

❷ Kopieren Sie die oberen drei Zeilen der Tabelle in die Zwischenablage.

❸ Wechseln Sie zu Excel und fügen Sie dort über den Menüpunkt „Verknüpfung einfügen" die Tabelle in ein Arbeitsblatt ein:

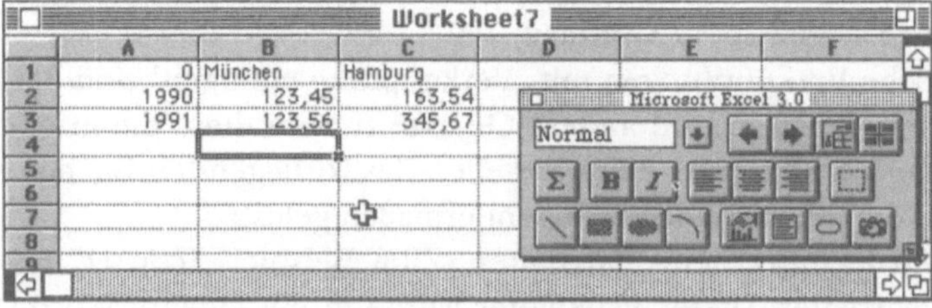

❹ Führen Sie nun die gewünschten Berechnungen durch:

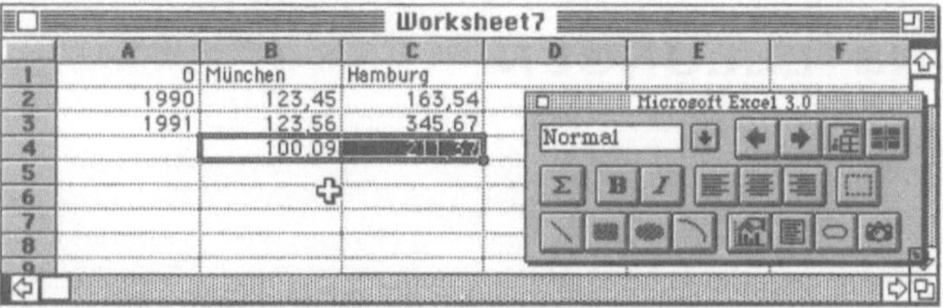

❺ Kopieren Sie zunächst ein Ergebnis der Berechnungen in die Zwischenablage und kehren Sie zu Word zurück.

❻ Plazieren Sie den Eingabecursor in der Tabellenzelle, in der das Ergebnis der Berechnung erscheinen soll und halten Sie dann die SHIFT-Taste gedrückt. Wählen Sie nun den Menüpunkt „Verknüpfung einfügen" aus dem Bearb.-Menü. Word fügt das Ergebiss in die Tabelle ein.

❼ Verfahren Sie mit den anderen Ergebnissen ebenso. Die Tabelle sieht dann etwa aus wie folgt:

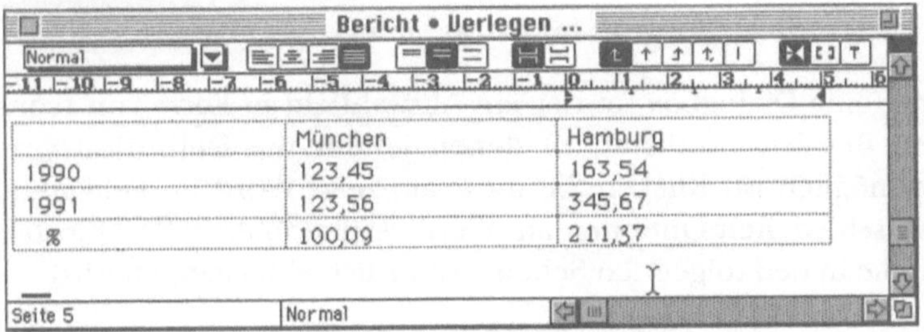

❽ Formatieren Sie die Zellinhalte nach Ihrem Geschmack und machen Sie dann die Probe aufs Exempel: Ändern Sie in einer der Zellen einen Wert und warten Sie dann ein paar Sekunden. Word übergibt die neuen Werte an Excel, Excel berechnet die Tabelle neu und gibt die korrigierten Ergebnisse an Word zurück, das diese in der Tabelle darstellt. Auf diese Weise schreiben sich zum Beispiel Rechnungen wie von selbst. Sie müssen nur einmal eine Vorlage erstellen.

26. EINSTELLUNGEN

26.1	Allgemein	187
26.2	Ansicht	188
26.3	Öffnen und Speichern	189
26.4	Standardschrift	190
26.5	Thesaurus/Silbentrennung	191
26.6	Rechtschreibung	191
26.7	Funktionsleiste	192

Word bietet umfangreiche Möglichkeiten, die Arbeitsumgebung zu konfigurieren. Diese „Einstellungen" haben allesamt den Zweck, Word möglichst gut an die Bedürfnisse des Anwenders anzupassen. Sie erreichen die Dialogbox mit diesen Optionen über den Menüpunkt „Einstellungen" im Extras-Menü.

Word öffnet eine Dialogbox, in der ein Auswahlfeld in Form von Icons die verschiedenen Bereiche auflistet, zu denen jeweils die Definition von Voreinstellungen möglich ist. Klicken Sie diese an, zeigt Word im Feld neben dieser Liste die verschiedenen Optionen an. Word verfügt über sieben Einstellungs bereiche, auf die in den folgenden Seiten ausführlich eingegangen wird.

 **Voreinstellungen auch für Plug-In-Module**
Eine Reihe der im folgenden beschriebenen Voreinstellungen gehören zu Plug-In-Modulen (☞ K.42), wie zum Beispiel Rechtschreibung, Thesaurus, Silbentrennung und Funktionsleiste. Wenn Sie diese Module nicht installiert haben, dann gibt es auch keine zugehörige Voreinstellungsdatei.

26.1 ALLGEMEIN

Hier notieren Sie Ihren **Namen** sowie Ihre **Initialen**. Diese vermerkt Word zum Beispiel im Dateiinfo und in Audioanmerkungen.

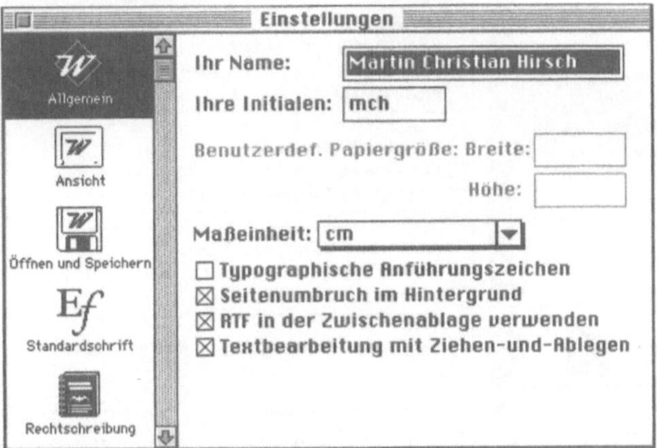

Benutzerdefiniertes Papierformat: Wenn Sie mit einem Imagewriter arbeiten, sind die beiden Eingabefelder Breite und Höhe eingabebereit. Sie können hier Breite und Höhe der zu bedruckenden Seite selber festlegen. Word zeigt später dieses Papierformat in der Dialogbox „Seite einrichten" (Datei-Menü).

Maßeinheit: Mit diesem Popup-Menü legen Sie die Einheit fest, die Word in Lineal, bei Grafikskalierung und so weiter verwenden soll.

Typographische Anführungszeichen: Ist vor allem für DTPler und Freunde der Typografie interessant. Ist diese Checkbox aktiviert, verwendet Word als Anführungszeichen immer „ und ". Beispiel: das Buch, in dem Sie grade lesen.

Seitenumbruch im Hintergrund veranlaßt Word dazu, während Sie schreiben den Seitenumbruch, also die Verteilung des Textes auf die Seiten vorzunehmen. Andernfalls müssen Sie manuell starten (Extras-Menü).

RTF in der Zwischenablage verwenden: RTF bedeutet Rich-Text-Format. Hierbei handelt es sich um ein standardisiertes Verfahren, auch grundlegende Formatierungen wie Fett- und Kursivdruck zwischen verschiedenen Rechnerplattformen auszutauschen. Brauchen Sie derlei Zeichenformatierungen in der Zwischenablage, sollte diese Checkbox aktiviert sein.

Textbearbeitung mit Ziehen-und-Ablegen: Drag-and-Paste ist ein einfaches Verfahren, aktivierte Textelemente umzustellen (☞ K.59.4). Wenn Sie allerdings mit diesem Verfahren nicht zurecht kommen, können Sie es hier abschalten.

26.2 ANSICHT

Unter dieser Kategorie finden sich eine Reihe von Optionen, die vor allem das Erscheinungsbild von Worddokumenten betreffen.

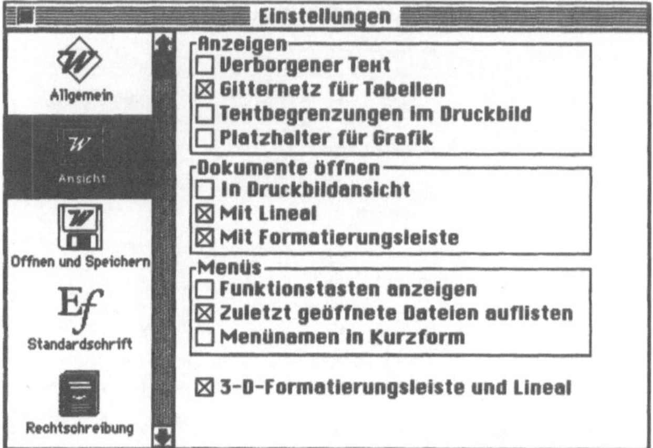

Verborgener Text: Ein-/Ausblenden von Textpassagen, die mit dem Zeichenformat „verborgen" versehen wurden.

Gitternetz für Tabellen: Ist diese Checkbox aktiviert, umrahmt Word die Zellen von Tabellen mit gepunkteten Linien.

Textbegrenzungen im Druckbild: weist Word dazu an, in der Druckansicht die Textränder durch gepunktete Linien anzuzeigen.

Platzhalter für Grafik: veranlaßt Word, statt Grafiken grau schraffierte Flächen zu zeigen. Das spart Bildaufbauzeit und beschleunigt so das Arbeiten mit bildreichen Dokumenten.

In Druckbildansicht: Word öffnet ab sofort alle Dokumente nicht mehr in der normalen Dokumentansicht, sondern im Druckbild-Modus.

Mit Lineal: Beim Öffnen oder Anlegen eines Dokuments blendet Word ohne besondere Aufforderung das Lineal ein.

Mit Formatierungsleiste: Beim Öffnen oder Anlegen eines Dokuments blendet Word stets die Formatierungsleiste ein.

Funktionstasten anzeigen: Die Checkbox kontrolliert, ob hinter den betreffenden Menüpunkten auch die Kürzel der Funktionstasten erscheinen, die als Shortcuts für den Menüpunkt dienen.

Zuletzt geöffnete Dateien auflisten: Word listet normalerweise im Datei-Menü die vier zuletzt geöffneten Dateien auf, um einen schnellen Zugriff auf diese zu gewährleisten. Ist Ihnen diese Option des Guten zuviel, dann deaktivieren Sie diese Checkbox.

Menünamen in Kurzform: führt dazu, daß Word die langen Menünamen nicht ausschreibt, sondern abkürzt. Dies ist besonders für Besitzer der 9-Zoll-Bildschirme interessant, da hier der Platz in der Menüleiste häufig eng wird.

3-D-Formatierungsleiste und Lineal: Wenn Sie keine Grautöne auf Lineal und Formatierungsleiste wünschen, dann deaktivieren Sie diese Checkbox.

Tastaturkürzel für Voreinstellungsoptionen
Alle Voreinstellungen lassen sich auch per Tastatur aktivieren und deaktivieren. Um zum Beispiel die Option „Gitternetz für Tabellen" per Tastatur ein- und auszuschalten, brauchen Sie nur APPLE-OPTION-SHIFT-"CURSOR LINKS" zu klicken. Der Mauscursor wechselt zu einem „Blumenkohl". Klicken Sie mit diesem auf die Checkbox „Gitternetz für Tabellen". Word öffnet dann folgenden Dialog:

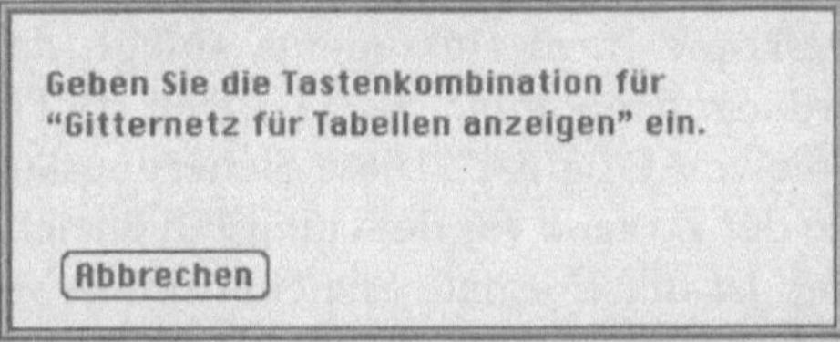

Drücken Sie nun die Tastenkombination, mit der Sie in Zukunft die Gitterlinien ein-/ausblenden wollen. Word notiert sich diese und ab sofort steht sie für Ihre Arbeit zur Verfügung.

26.3 ÖFFNEN UND SPEICHERN

Wer das Speichern seines Dokuments häufig vergißt und sich dann nach einem Systemabsturz grün und dusselig ärgert, dem seien die Voreinstellungen zum „Öffnen und Speichern" ans Herz gelegt.

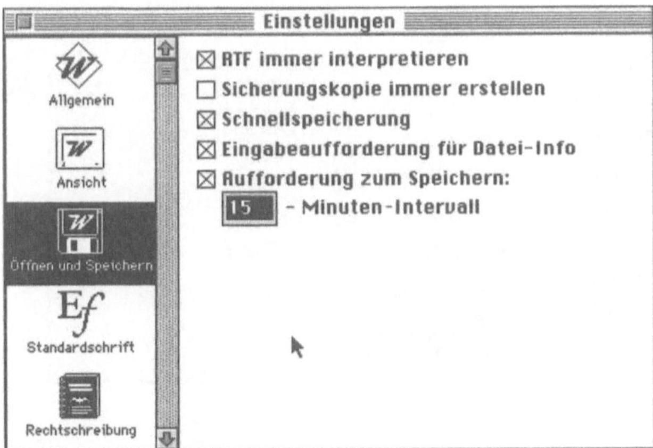

Aufforderung zum Speichern: Wählen Sie diese Option, erinnert Word Sie in regelmäßigen Abständen ans Speichern. Es erscheint dann eine Dialogbox mit der Anfrage:

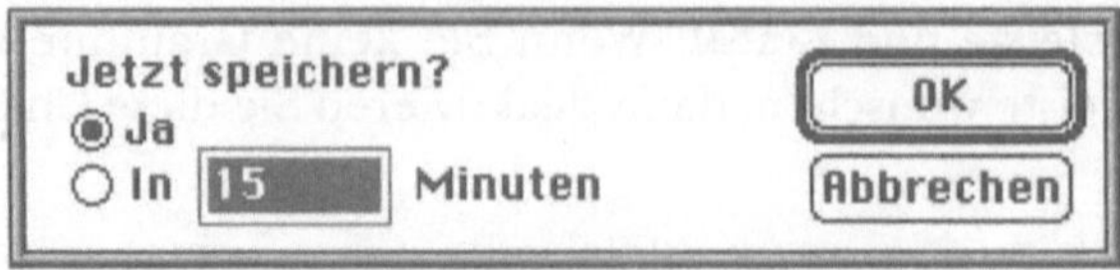

RTF immer interpretieren: RTF bedeutet Rich-Text-Format. Die Checkbox veranlaßt Word, dieses Format, in dem auch Fett- und Kursivdruck vorhanden sein kann, immer ins Word-Format zu übertragen. Dies ist nur interessant, wenn formatierte Texte zwischen Rechnern und Programmen übertragen werden, die auf andere Weise keine Daten austauschen können.

Sicherungskopie immer erstellen: Wenn Sie wollen, daß Word bei jedem Sichern eine Sicherungskopie Ihres Dokuments anlegt, dann aktivieren Sie diese Checkbox. Word legt dann immer zwei Dateien auf Platte: das „Original" sowie „Sicherungskopie von Original". Diese Sicherungskopie ist die letzte Version Ihrer Datei, also der Zustand vor dem jüngsten Speichervorgang.

Schnellspeicherung: ist der normale Speichermodus von Word. Word schreibt dann nur die Absätze auf Platte, die Sie seit dem letzten Speichern gesichert haben. Das geht schnell, ist aber speicherintensiv. Ist die Option deaktiviert, speichert Word immer das gesamte Dokument - was zwar länger dauert, aber weniger Plattenspeicher in Anspruch nimmt.

Eingabeaufforderung für Datei-Info: Wenn Sie ein Dokument zum ersten Mal sichern, fordert Word Sie dazu auf, einige Informationen für den Dateimanager einzugeben (☞ K.17). Wenn Sie diese Abfrage unterbinden wollen, dann deaktivieren Sie diese Checkbox.

26.4 STANDARDSCHRIFT

Die Schrift, die zum Druckformat „Normal" gehört, heißt bei Microsoft „Standardschrift". Sie definieren diese entweder über das Druckformat „Normal" oder über die „Einstellungen".

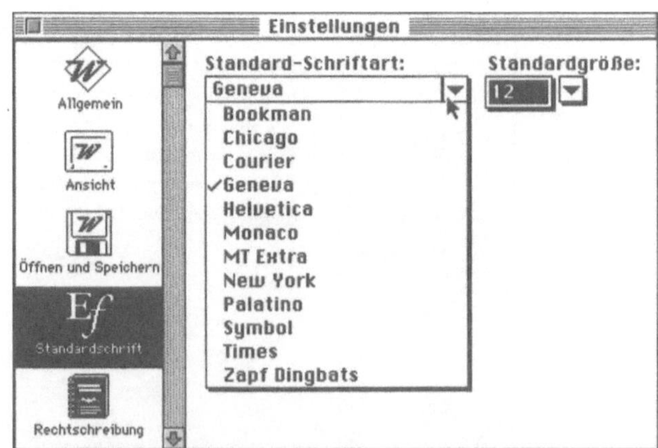

Vorsicht ist allerdings geboten: Alle Dokumente werden ab sofort mit dieser Standardschrift geöffnet. Häufig sind dann häufig überraschende Umformatierungen zu beklagen.

26.5 THESAURUS/SILBENTRENNUNG

Diese beiden Einstel-
lungen enthalten le-
diglich ein Popup-
Menü, über das Sie die
Nationalität der Text-
kontrolle einstellen.

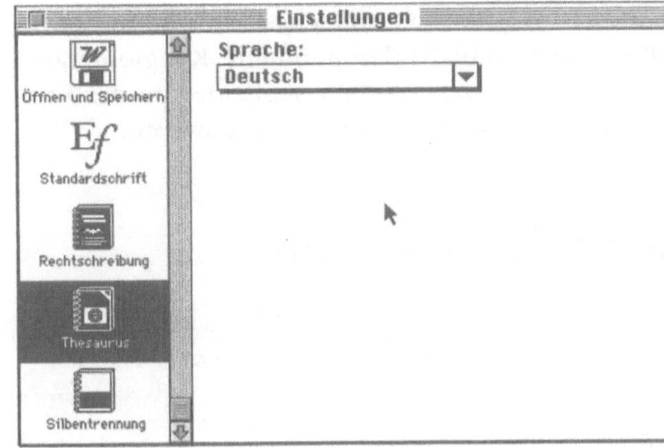

26.6 RECHTSCHREIBUNG

Welches **Hauptwörterbuch** und welche Benutzerwörterbücher die Rechtschreibprüfung von Word verwenden soll, legen Sie in den Einstellungen „Rechtschreibung" fest. Über ein Popup-Menü wählen Sie die Nationalität des Hauptwörter-
buches aus.

Im daruntergelegenen Auswahlfeld **Benutzerwörterbücher** aktivieren Sie die zu
verwendenden Spezialwörterbücher. Dabei klicken Sie mit der Maus links vom
Eintrag in das freie Feld. Word versieht das Wörterbuch dann mit einem Häckchen. Nochmaliges Klicken aufs Häckchen deaktiviert das Wörterbuch wieder.

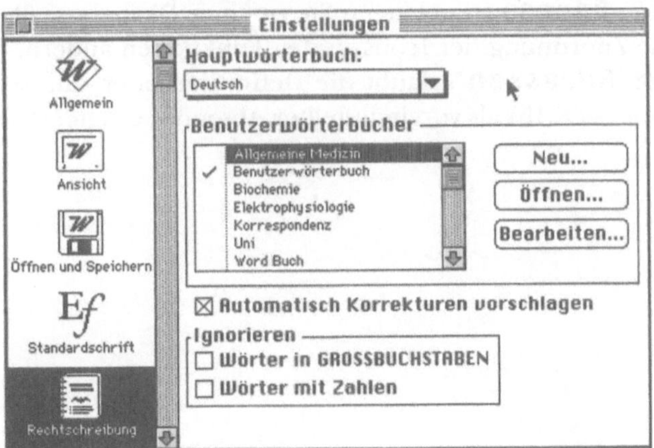

Automatisch Korrekturen vorschlagen: Wenn Word ein ihm unbekanntes Wort
findet, präsentiert Word normalerweise ein ähnlich geschriebenes Wort als

Alternativvorschlag. Dies ist zwar angenehm, kostet aber Zeit. Wenn Sie diese Zeit sparen wollen, deaktivieren Sie die Checkbox.

Ignorieren: Wörter in Großbuchstaben sind in der Regel Abkürzungen und aus Buchstaben und Zahlen gebildete Konglomerate sind meistens auch keine „richtigen" Wörter. Wollen Sie beide von der Rechtschreibkontrolle ausnehmen, sollten Sie die Checkboxen aktivieren.

26.7 FUNKTIONSLEISTE

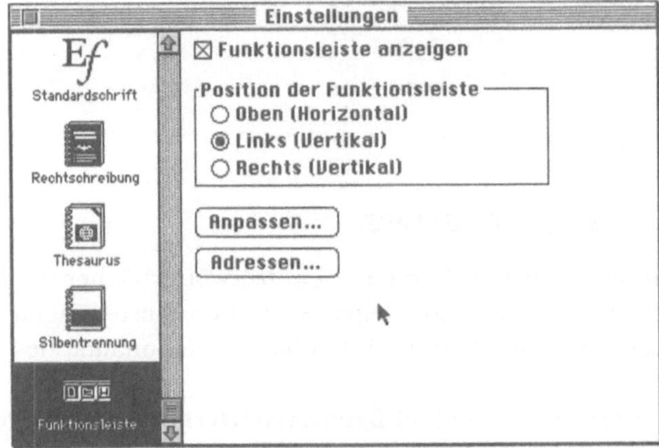

Mit der Checkbox legen Sie fest, ob Word nach dem Start direkt die Funktionsleiste anzeigen soll oder nicht. Die Radio-Buttons ergänzen dazu die Position. Über den Button **Anpassen** gelangen Sie zu einer Dialogbox, über die Sie die Icons, sowie die Zuordnung der Icons zu den Funktionen ändern. Mehr dazu in Kapitel ☞ K.28. **Adressen** erlaubt die Definition jener Adresse, die in den Briefumschlägen (☞ K.15) als voreingestellter Absender erscheinen soll.

27. FORMATIERUNGEN

Was die Formatierung von Text betrifft, so kennt Word vier Formatierungseinheiten: Zeichen, Absätze, Abschnitte und das ganze Dokument. Den Formatierungen dieser funktionellen Einheiten ist jeweils ein eigenes Kapitel in diesem Buch gewidmet:

Zeichenformatierung: Bei der Zeichenformatierung wird das Erscheinungsbild eines Buchstabens festgelegt. Schriftart und -größe, Fettdruck, kursiv, hochgestellt, unterstrichen, schattiert, gesperrt - all dies sind Zeichenformate. (☞ K.61)
Für die Formatierung von Zeichen stehen etwa 25 Attribute, verschiedene Schrifttypen sowie 16979 Schriftgrößen zur Wahl. Die Kombinationsmöglichkeiten ist also recht vielfältig.

Absatzformatierung: Sie legt das Erscheinungsbild eines Textabsatzes fest: Zeilenabstand, Tabulatoren, Bündigkeit, Einzugsmarke, Rahmen, Grauhinterlegung, Schattierung etc. (☞ K.9)
Während die Formatierungsmöglichkeiten von Zeichen, Abschnitten und Gesamtdokument verhältnismäßig überschaubar sind scheint die *Absatzformatierung* schier uferlos. Bündigkeit, pixelgenauer Zeilenabstand, Einzugsmarken links und rechts, vier verschiedene Tabulatortypen, pixelgenaue Abstände zu vorhergehenden oder nachfolgenden Absätzen, x-beliebige Rahmentypen mit oder ohne Schattierung, Grauhinterlegungen in fast beliebiger Abstufung, freie Positionierbarkeit, Paginierung und dergleichen mehr. Vier Dialogboxen versuchen dieser Vielfalt Herr zu werden. Damit nun der Anwender nicht jedesmal die Formatierungsattribute aus den Dialogboxen zusammensuchen muß, hat Microsoft die sogenannten „*Druckformate*" eingeführt. Hierbei handelt es sich um Zusammenstellungen von Absatzformaten, die unter einem Namen gespeichert und dann per Mausklick jederzeit abgerufen werden können. Dieser für die Absatzformatierung sehr hilfreichen Funktion ist ebenfalls ein eigenes Kapitel in diesem Buch gewidmet (☞ K.9).

Abschnittformatierung: Einen Abschnitt könnte man mit einem Kapitel vergleichen. Die Seitennumerierung kann von Abschnitt zu Abschnitt variieren (zum Beispiel römische Ziffern im Inhaltsverzeichnis, arabische im laufenden Text), ebenso das Durchnumerieren von Fußnoten, Absätzen oder Textzeilen. In Word wird auch die Anzahl von Spalten abschnittweise festgelegt. Wie Sie einen Abschnitt einrichten und die verschiedenen Attribute setzen, das erfahren Sie in Kapitel ☞ K.10.2.

Dokumentformatierung: Sie legt die Seitenränder fest, bestimmt, wo Fußnoten erscheinen sollen und ob Word Spiegelsatz verwenden soll oder nicht. Ausführlich beschrieben sind diese Optionen in Kapitel ☞ K.22.

Den Formatierungen von Rahmen (☞ K.45), Tabulatoren (☞ K.57), Tabellen (☞ K.56) und Positionsrahmen (☞ K.43) sind auch jeweils eigene Kapitel gewidmet.

Hier ein paar Tips zur Formatierung von Dokumenten:

• Als erstes: Dokumentformat festlegen
Bevor Sie mit der Eingabe des Textes beginnen, sollten Sie die Dokumentformatierungen vornehmen und das Seitenformat festlegen („Seite einrichten" aus dem Datei-Menü), auf das Sie später drucken wollen. Auch sollten Sie von Anfang an den Druckertreiber aktivieren, auf dem Sie später Ihr Dokument ausdrucken wollen („Auswahl" aus dem -Menü). Zwar können Sie all diese Parameter auch später ändern, aber es empfiehlt sich trotzdem, es vorher zu tun. Man weiß dann schon während des Schreibens, wo die Seite umgebrochen wird, wie der Text läuft usw.

• Arbeiten Sie wenn möglich mit Druckformaten
Wenn Sie dann mit der Texteingabe beginnen, so gilt das Motto: „Am besten mit Druckformat". Soll heißen: Legen Sie so häufig wie mögich verwendete Absatz-Formatierungen über Druckformate fest. Das hat den entscheidenden Vorteil, daß Sie, durch einfaches Ändern der Druckformate, sofort alle Absätze in Ihrem Dokument umformatieren, die mit diesem Druckformat formatiert wurden - egal wie verstreut diese in Ihrem Gesamttext sind. Das spart, besonders bei so langen Dokumenten wie zum Beispiel diesem Buch, erhebliche Such- und Formatierungsarbeit.

• Zeichenformatierung: keine Formatkombinationen archivierbar
Das Formatieren von Zeichen ist schnell und unproblematisch. Ich schreiben Wörter meist erst, bevor ich sie per Doppelklick aktiviere und dann formatiere. Andere bevorzugen es, zunächst das gewünschte Attribut zu wählen und dann das Wort zu tippen. Beides ist möglich. Leider ist es in Word nicht möglich, Attributkombinationen, wie zum Beispiel „Helvetica, 13-Punkt, fett, kursiv, unterstrichen" unter einem Namen zu speichern und dann ein einzelnes Wort per Mausklick damit zu formatieren. Sie können zwar diese Attribute in ein Druckformat packen, aber dann wird immer der gesamte Absatz umformatiert und nicht nur das einzelne Wort.

• Weniger ist häufig mehr: Gehen Sie sparsam mit Formaten um
Der Macintosh ist ein Formatierungskünstler. Eine Unmenge unterschiedlicher Schrifttypen, pixelgenaue Schriftgrößen, Grauverläufe, und Rahmen, Sonderzeichen und Absatzeinzügen - alles schön und gut. Aber achten Sie darauf, daß Ihr Text nicht mit Schrifttypen und sonstigem Geschnörkel überladen wird. Eine Seite wirkt dann häufig unruhig und zerfällt optisch. Als Grundregel kann man sagen, daß nicht mehr als drei unterschiedliche Schrifttypen und -größen auf einer Seite zu sehen sein sollten. Motto: „Weniger ist häufig mehr".
Wenn Sie sich an diese Grundregel halten, dann kann eigentlich nichts mehr schiefgehen und Sie können Ihrer Phantasie und Ihrem Designdrang freien Lauf lassen. Viel Spaß dabei ...

28. FUNKTIONSLEISTE

Bei der Funktionsleiste handelt es sich um ein Plug-In-Modul, das eine Leiste mit Icons unterhalb der Menüleiste oder am seitlichen Bildschirmrand installiert. Jedes dieser Icons stellt einen Button dar, dem der Anwender eine Word-Funktion seiner Wahl zuweist. Aber nicht nur das. Als Anwender können Sie auch jederzeit die Icons der Funktionsleiste gegen andere auswechseln. 158 Icons stellt Word für diesen Zweck bereit.

• Wann ist der Einsatz der Funktionsleiste sinnvoll?

Der Einsatz der Funktionsleiste ist dann sinnvoll, wenn Sie auf die Buttons Funktionen legen, die Sie häufig benutzen, die aber in den Hauptmenüs nicht vorhanden sind sondern den Aufruf von Dialogboxen notwendig machen - zum Beispiel "Verborgenen Text einblenden" oder "Gitternetz für Tabellen". Eine weitere Voraussetzung für den sinnvollen Einsatz der Werkzeuge ist die Größe Ihres Bildschirms. Bei einem 12-Zoll- oder gar 9-Zoll-Bildschirm nimmt die Leiste zuviel Platz weg und bietet zu wenig Icons, als das sich ihr Einsatz lohnen würde. Aber vielleicht ist das auch Geschmackssache.

• Installieren, Einblenden und Plazieren der Funktionsleiste

Die Funktionsleiste wird von einem Plug-In-Modul bereit gestellt, für das dieselbe Konventionen gilt wie für andere Module (☞ K.42).
Eine Besonderheit weist die Funktionsleiste allerdings auf: sie installiert nicht nur die Icons und die Leiste für die Funktionsleiste sondern auch Zusatzfunktionen wie Abgesetzter Großbuchstabe, Adressen und Briefumschlag.

Ist das Modul korrekt installiert, erscheint der Menü-punkt "Funktionsleiste" im Ansicht-Menü. Über die-sen blenden Sie die Leiste ein bzw, aus.

Word plaziert die Leiste standardmäßig unterhalb der Menüleiste. Aber das ist keineswegs zwingend. Ganz rechts in der Leiste gibt es einen Button mit einem schwarzen Dreieck. Klicken Sie ihn an, klappt ein Menü aus, über das Sie die Positionierung der Werkzeuge anweisen. Außerdem gelangen Sie über dieses Menü zu den Voreinstellungen sowie zu der Dialogbox, über die Sie Icons der Funktionsleiste neu zusammenstellen.

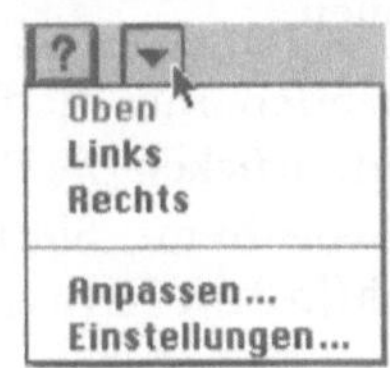

• Arbeiten mit der Funktionsleiste

Das Arbeiten mit der Funktionsleiste ist einfach. Sie drücken auf den Button mit der gewünschten Funktion und schon führt Word diese aus. Es ist, als ob Sie den Befehl aus den normalen Menüs ausgewählt hätten.

• Konfigurieren der Funktionsleiste

Interessant ist die Funktionsleiste besonders deshalb, weil Sie diese auf Ihre eigenen Bedürfnisse hin zurecht schneidern können. Das geht folgendermaßen:

❶ Wählen Sie zunächst den Menüpunkt "Anpassen" aus dem Menü der Funktionsleiste. Das Menü verbirgt sich hinter dem schwarzen Dreieck (▼) am Ende der Funktionsleiste. Den selben Effekt erzielen Sie, wenn Sie aus der Dialogbox "Einstellungen" (Extras-Menü) die Funktionsleisten-Einstellung aufrufen und dort den Button "Anpassen" wählen.

❷ Word öffnet folgende Dialogbox:

❸ Wählen Sie zunächst das Icon der aktuellen Funktionsleiste, dessen Funktion oder Bild Sie ändern wollen. Dazu dient das Popup-Menü "Symbolposition". Hier sind alle aktuellen Icons samt ihrer Funktion eingetragen.

❹ Suchen Sie sich jetzt das Icon aus, daß die neue Funktion tragen soll. Dazu stehen Ihnen die weiter unten gezeigten Icons zur Auswahl.

❺ Nachdem Sie das Icon per Anklicken ausgewählt haben, suchen Sie sich nun aus der Befehlsliste die Word-Funktion heraus, die Sie dem Icon zuweisen wollen.

❻ Nachdem nun die Position, das neue Icon und der zugehörige Befehl aktiviert sind, drücken Sie den Button **Ändern**, woraufhin Word sofort die Änderungen vornimmt. Sie können nun weitere Änderungen vornehmen oder über **Schließen** zu Ihrem Dokument zurückkehren.

 **Status der Funktionsleiste ist in "Funktionsleiste Prefs" gespeichert**
Die Zuordnung von Icons und Befehlen, die aktuelle Position sowie die Zusammenstellung der Funktionsleiste sind in der Datei "Word-Funktionsleiste" gespeichert. Sie finden diese Datei im Ordner "Preferences" im Systemordner.

• Die Icons für die Funktionsleiste

Folgende Icons stellt Ihnen Word für die Funktionsleiste zur Verfügung:

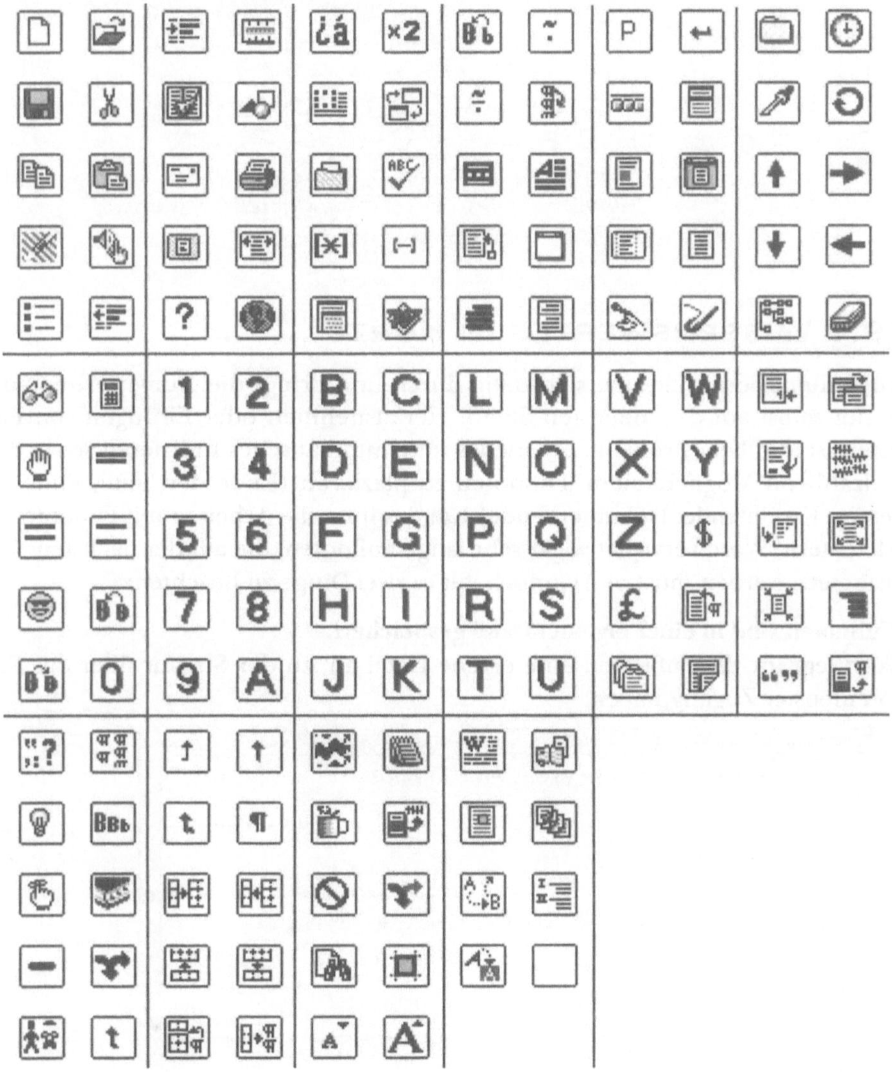

29. Fussnoten

29.1   Wissenswertes in Kürze … … 198
29.2   Erstellen einer Fußnote...199
29.3   Formatieren...201
     • … des Fußnotenzeichens 202
     • … des Fußnotentextes 203
     • … der Fußnotentrennlinie 203
29.4   Numerieren und PLazieren 205
29.5   Öffnen und Schließen des Fußnotenfensters 207
29.6   Löschen und nachträgliches Einfügen...208
29.7   Umgang mit umfangreichen Fußnoten 210
29.8   Tips & Tricks...213
     • Schickeres Outfit für Fußnotentext 213
     • Ändern der Nummerierungsart...213
     • Was tun, bei gelöschten Fußnotenzeichen im Fußnotenfenster?.....214
     • Nachträgliches Umformatieren von Fußnotenzeichen.....................215

29.1 Wissenswertes in Kürze … …

Word numeriert Fußnoten selbsttätig durch und bringt die Numerierung auch immer selbst auf den neuesten Stand. Herausnehmen oder Einfügen von Fußnoten ist also kein Problem. Manuelles und automatisches Indizieren sowie eine Vielzahl von Möglichkeiten, Fußnoten zu plazieren (Ende der Seite, Ende des Textes, Kapitelende, Dokumentende) tun das ihre, die Arbeiten mit Fußnoten zu erleichtern. Word verwaltet sogar sehr lange Fußnoten, die auf der nächsten Seite fortgesetzt werden müssen. Dennoch gilt es zwei Dinge zu beachten:

• Fußnoten sind in einer eigenen Datei gespeichert.

Word legt für die Fußnoten eine eigene Datei an, zu der Sie nur über das Fußnotenfenster Zugang haben:

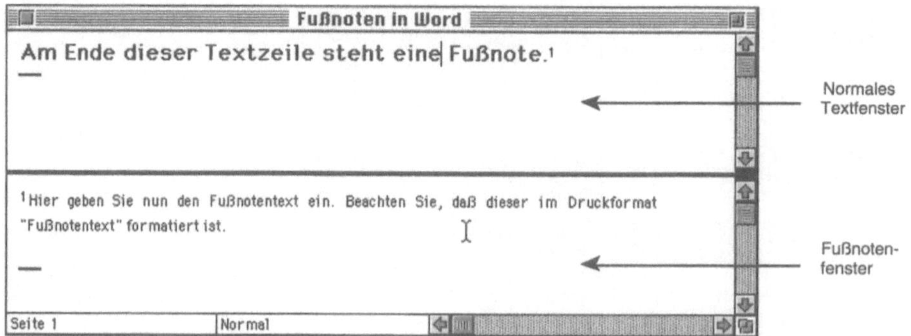

Rechtschreibprüfung, Trennungshilfe sowie Suchen & Ersetzen müssen Sie, wenn es nötig wird (also am besten am Ende der Arbeit am jeweiligen Text) für diese Fußnotendatei separat durchführen! Öffnen Sie dazu das Fußnotenfenster, plazieren Sie darin den Textcursor und rufen Sie dann in gewohnter Weise Rechtschreibprüfung &Co auf.

Synchrones Scrollen
Die beiden Fenster sind funktional mit einander gekoppelt. Wenn Sie in einem der beiden scrollen, so blendet das andere gleich die zugehörigen Passagen ein. Blättern Sie also im Fußnotenfenster, zeigt Word oben stets den Text zur Fußnote, scrollen Sie durchs Textfenster, rückt Word immer die Fußnoten zum aktuellen Textausschnitt ins Bild.

• Druckformate für Fußnoten vorher definieren
Fußnoten bestehen aus zwei Teilen: den Fußnotenzeichen (im Haupttext und im Fußnotenfenster), sowie dem Fußnotentext. Für beide Teile gibt es in Word ein eigenes Standarddruckformat. Mit dem Druckformat für die Fußnotenzeichen hat es eine besondere Bewandtnis: Es läßt sich nachträglich nicht unabhängig vom Fußnotentext ändern. Sie müssen sich daher vor der ersten Fußnote überlegen, welche Größe die Fußnotenzeichen haben sollen und um wieviele Pixel sie über der Grundlinie stehen sollen. Beide Parameter legen Sie dann im Druckformat „Fußnotenzeichen" ab.

29.2 ERSTELLEN EINER FUSSNOTE

Das Einfügen einer Fußnote haben wir hier in sechs Schritte gegliedert. Wenn Sie sich angewöhnt haben, mit Fußnoten zu arbeiten, werden Sie sehen, daß der Umgang damit gar nicht so umständlich ist, wie es zunächst scheinen mag.

❶ Positionieren Sie den Textcursor an der Stelle des Dokuments, die eine Anmerkung in Form einer Fußnote erhalten soll:

❷ Drücken Sie die Tastenkombination APPLE-E oder wählen Sie den Menüpunkt „Fußnote..." aus dem Einfügen-Menü:

❸ Es erscheint folgende Dialogbox:

Wenn Sie wollen, daß Word die Fußnoten selbständig numeriert, dann lassen Sie die Dialogbox, wie sie ist. Wollen Sie aber selber ein Fußnotenzeichen definieren, dann geben Sie es in das Eingabefeld **Fußnotenzeichen** ein.

❹ Drücken Sie den Button **OK**. Word kehrt nun zum Dokument zurück und trägt ein Fußnotenzeichen ein. Gleichzeitig teilt es das Arbeitsfenster in zwei Teile:

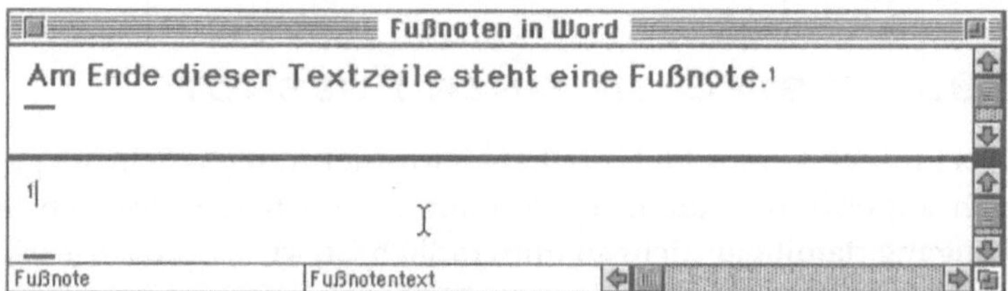

Im unteren Teil ist das Fußnotenfenster zu sehen. Hier blinkt hinter dem Fußnotenzeichen der Textcursor, so daß Sie direkt mit der Eingabe des Fußnotentextes beginnen können.

❺ Geben Sie den Fußnotentext ein:

Beachten Sie, daß Sie mit dem Druckformat „Fußnotentext"
arbeiten. Um also das Erscheinungsbild des Fußnotentextes zu
ändern, sollten Sie genau dieses Druckformat manipulieren.
(Wie Sie ein Druckformat ändern steht in ☞ K.24.5).

❻ Nach dem Tippen des Fußnotentextes kehren Sie zum Haupttext zurück.

Dafür gibt es zwei Möglichkeiten: Wenn Sie das Fußnotenfenster schließen
wollen, dann tätigen Sie einfach einen Doppelklick auf den Fensterteiler:

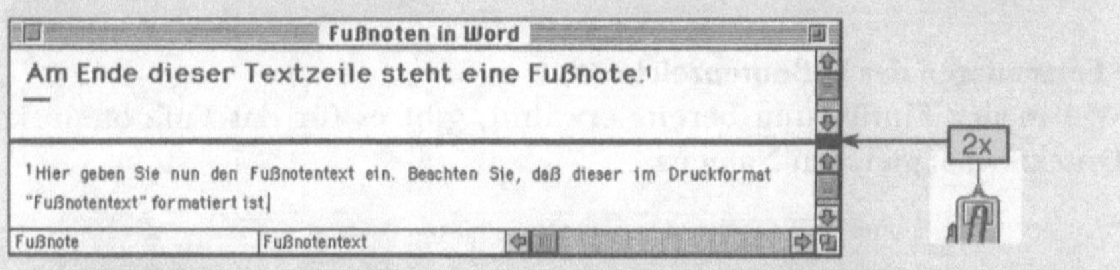

Wollen Sie aber das Fußnotenfenster offen lassen, so bringt Sie das ein-
oder mehrmalige Drücken der „0"-Taste auf dem Zehnerblock oder die
Tastenkombination APPLE-OPTION-Z zurück zum Haupttext.

29.3 FORMATIEREN

VON FUSSNOTEN UND TRENNLINIEN

Fußnoten bestehen aus drei Anteilen: Fußnotenzeichen, Fußnotentext und
Fußnotentrennlinie:

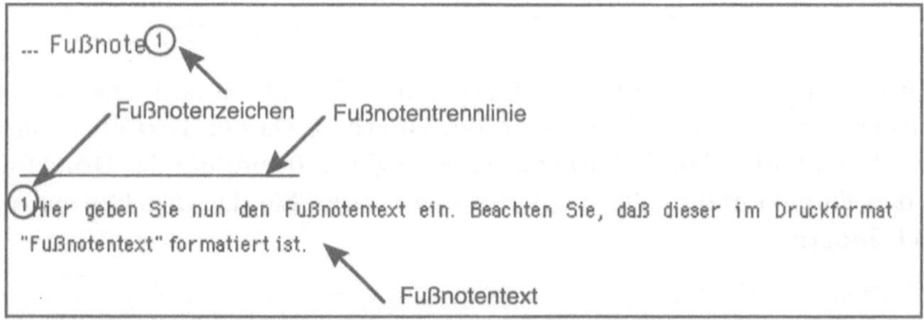

Alle drei Elemente lassen sich unabhängig voneinander formatieren. Im Fußnotenfenster können Sie jederzeit Lineal und Formatierungsleiste einblenden
und zur Formatierung der Fußnote nutzen:

• Formatieren des Fußnotenzeichens

Wie in der Einführung bereits erwähnt, gibt es für das Fußnotenzeichen ein Druckformat gleichen Namens:

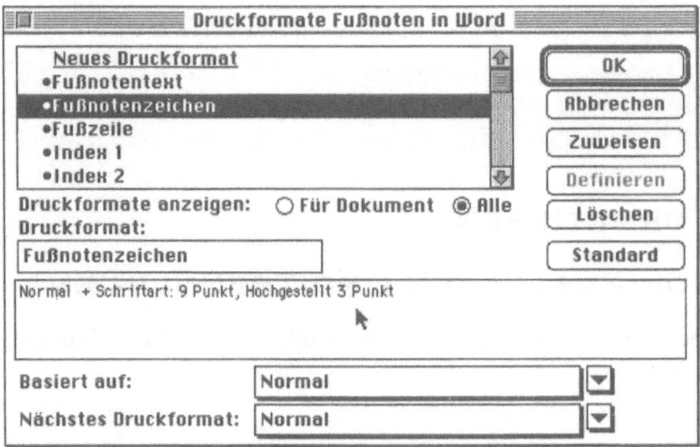

Das Druckformat ist für die Fußnotenzeichen im Haupttext und jene im Fußnotenfenster verantwortlich. Es hat eine Besonderheit: Da der Text im Fußnotenfenster direkt hinter dem Fußnotenzeichen beginnt, beeinflußt das Druckformat auch den Fußnotentext - allerdings nur dann, wenn Sie das Druckformat nachträglich ändern.

Beachten Sie daher: Nachträgliche Veränderungen der Fußnotenzeichen über das Druckformat sind nicht empfehlenswert! Muß es dennoch sein, hilft ein kleiner Trick (siehe Tips&Tricks am Ende des Kapitels).

Formatieren des Fußnotentextes

Auch für den Fußnotentext gibt es ein eigenes Druckformat:

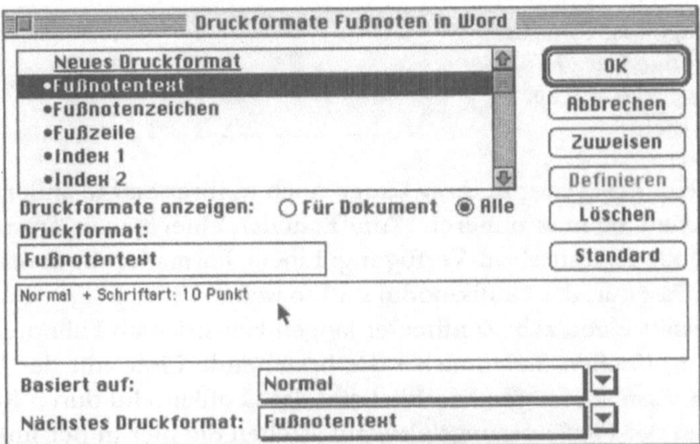

Dieses Druckformat läßt sich jederzeit auf gewohnte Weise verändern (Wie Sie Druckformate ändern... ☞ K.24.5.) Wenn Sie Ihre Änderungen auch in anderen Dokumenten nutzen wollen, drücken Sie den Button **Standard**.

Unabhängig vom Druckformat können Sie den Fußnotentext auch in gewohnter Weise über Menü, Lineal und Formatierungsleiste formatieren. Allerdings sind die Umformatierungen dann immer nur auf die betreffende Fußnote beschränkt. Wie ein schickes Druckformat für Fußnotentext aussieht lesen Sie in den Tips & Tricks am Ende dieses Kapitels.

• Ändern der Fußnotentrennlinie

Fußnoten und Haupttext sind durch die sogenannte *Fußnotentrennlinie* voneinander abgesetzt. Auch diese Trennlinien läßt sich verändern.

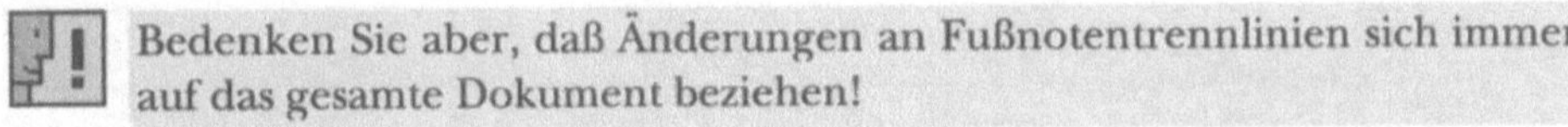
Bedenken Sie aber, daß Änderungen an Fußnotentrennlinien sich immer auf das gesamte Dokument beziehen!

Rufen Sie die Dialogbox „Fußnote" aus dem Einfügen-Menü und klicken Sie auf den Button **Trennlinie...**:

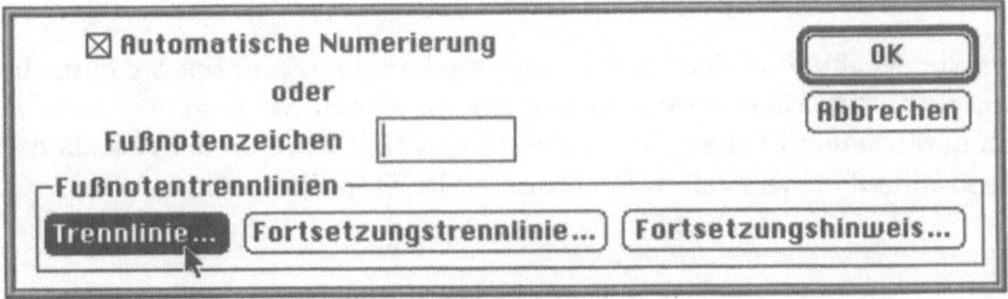

Es öffnet sich ein Fenster, das
sehr an die Einstellungen für
Kopf- und Fußzeilen erinnert.
Hier eingetragen ist eine fünf
Zentimeter lange Gerade nor-
maler Linienstärke, die als
Trennlinien dient:

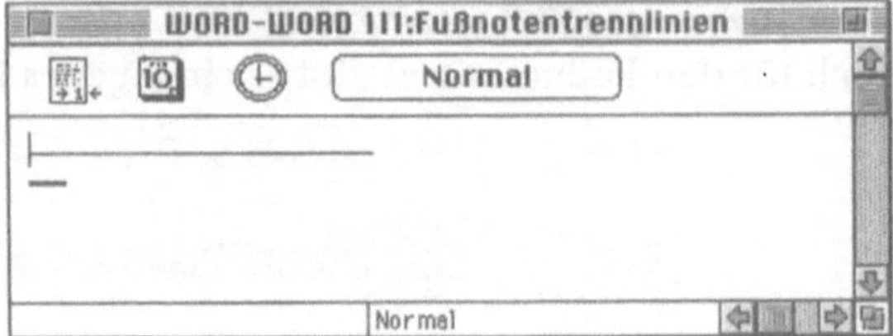

Diese Linie läßt sich weder in ihrer Länge noch in ihrer Stärke ändern. Nur ihre
Position können Sie manipulieren. Zum Erstellen einer neuen Trennlinie stellt
Ihnen Word alle Hilfmittel zur Verfügung: Lineal, Formatierungsleiste, sämtliche
Zeichen der Tastatur, das Grafikmodul und so weiter.
Um zum Beispiel einen acht Zentimeter langen Feinstrich als Fußnotentrennlinie
zu verwenden, löschen Sie zunächst die bestehende Linie mit der BACKSPACE-
oder DELETE-Taste und rufen anschließend das Grafikmodul durch Klick auf das
Grafik-Icon in der Formatierungsleiste auf. Ziehen Sie hier in der linken oberen
Ecke eine Linie, formatieren Sie die Linie als Feinstrich und schließen Sie das
Grafikmodul. Sofort fügt Word die neue Trennlinie ein:

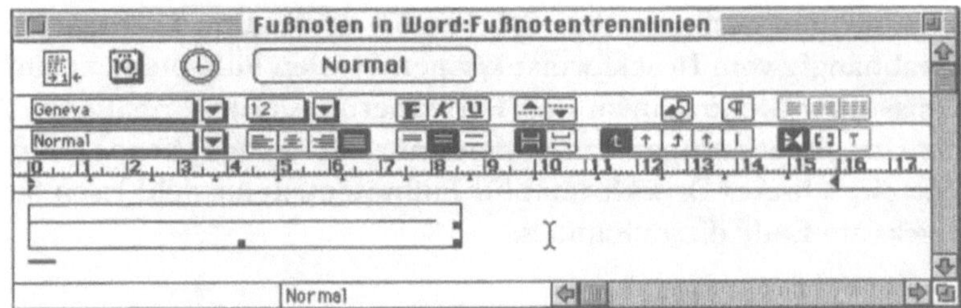

Auch Buchstaben taugen zur Erzeugung einer Trennlinie:

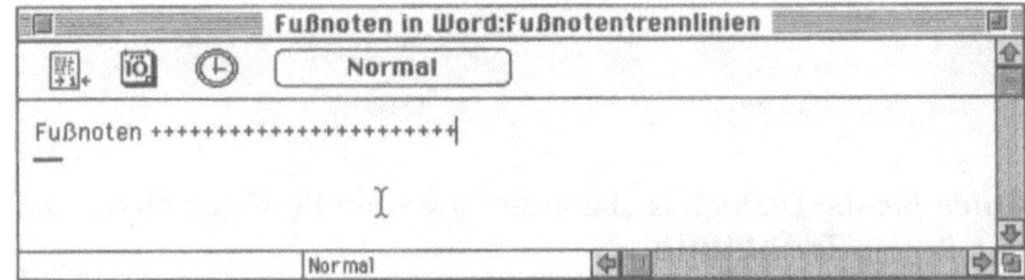

Wollen Sie die alte Fünf-Zentimeter-Linie wiederhaben, drücken Sie einfach den
Button **Normal**. Links neben diesem Button finden Sie Icons für Seitenzahl,
Datum und Uhrzeit. Klicken Sie auf diese Icons, fügt Word an der aktuellen Text-
cursorposition die entsprechenden Daten in die Trennlinie ein:

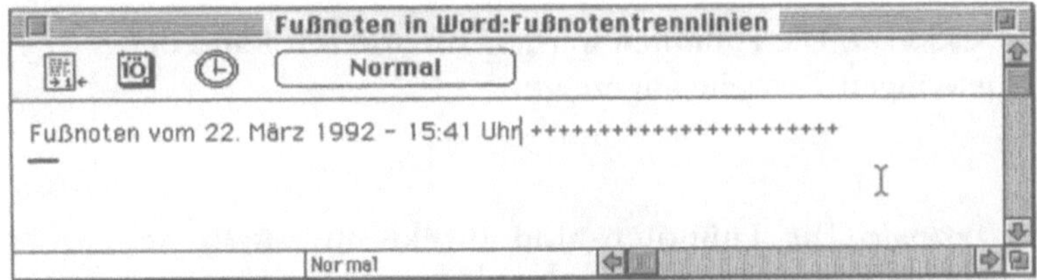

29.4 NUMERIEREN UND PLAZIEREN VON FUSSNOTEN

Nummer und Position einer Fußnote hängen eng miteinander zusammen und beziehen sich stets auf das gesamte Dokument. Deshalb faßt Word die Kontrolle über beide Funktionen in der Dialogbox „Dokument" zusammen. Dorthin gelangen Sie über den Menüpunkt **Dokument...** des Format-Menüs.

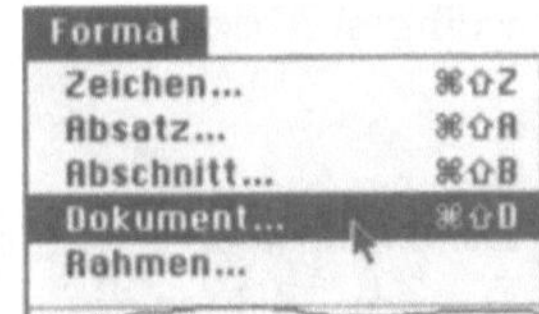

Links unten in der Box finden Sie die Einstell-Optionen für Fußnoten:

Positionieren der Fußnoten

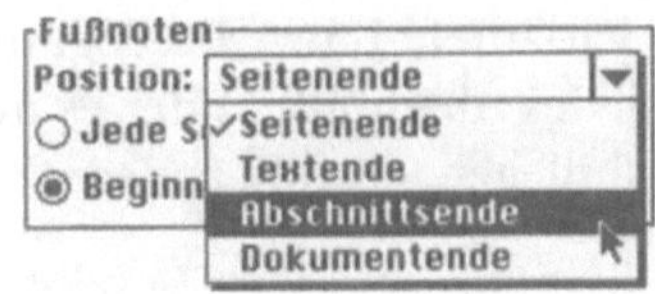

Im Popup-Menü **Position** finden Sie vier Optionen für die Plazierung der Fußnoten. Diese Optionen führen zu folgender Plazierung der Fußnoten:

Seitenende: Die Fußnoten werden am unteren Rand der jeweiligen Textseite angezeigt:

Textende: Die Fußnoten sind direkt unterhalb des Textes der jeweiligen Textseite plaziert:

Abschnittsende: Word sammelt die Fußnoten eines gesamten Abschnittes und plaziert sie am Ende des jeweiligen Abschnitts:

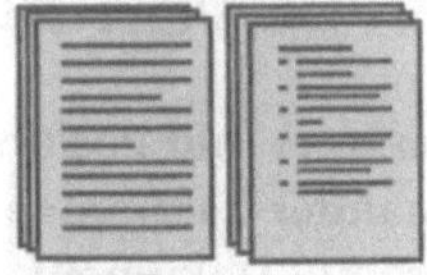

Dokumentende: Word sammelt die Fußnoten des gesamten Dokuments und plaziert sie am Ende des Dokuments:

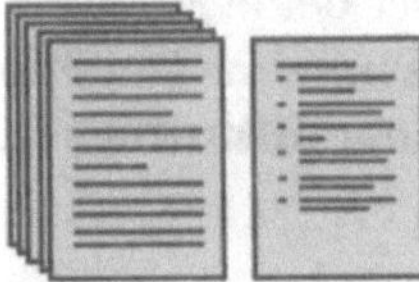

• Numerierung der Fußnoten

Bei einer Positionierung der Fußnoten auf der jeweiligen Seite können Sie wählen, ob Sie den Neubeginn auf jeder Seite oder durchgehende Numerierung wünschen.

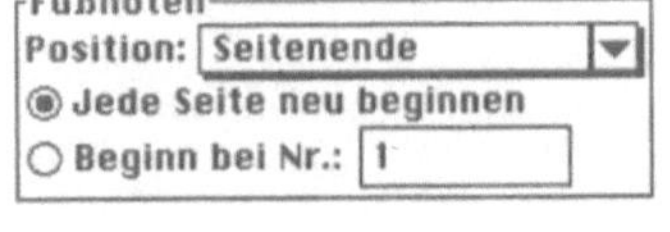

Entscheiden Sie sich für die zweite Variante, können Sie noch die Fußnotennummer angeben, mit der die Numerierung beginnen soll.

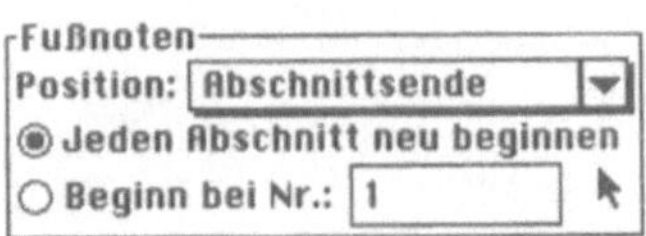

Ähnlich sind die Numerierungsoptionen für den Fall, daß Word die Fußnoten am Abschnittsende plazieren soll. Auch hier haben Sie die Wahl zwischen zwei Varianten: Entweder beginnt Word jede Fußnotennummerierung am Anfang jedes Abschnittes oder es numeriert durch. Im zweiten Fall können Sie noch festlegen, ob eine andere Startziffer als die „1" die Numerierung beginnt.

Beim Plazieren der Fußnoten am Dokumentende müssen Sie Word nur mitteilen, mit welcher Fußnotennummer es beginnen soll:

29.5 ÖFFNEN UND SCHLIESSEN DES FUSSNOTENFENSTERS

Öffnen des Fußnotenfensters

Sobald Sie eine neue Fußnote einfügen, öffnet Word das Fußnotenfenster. Wie aber läßt sich das Fußnotenfenster öffnen, ohne daß Sie eine neue Fußnote einfügen? Vier Möglichkeiten stehen zur Wahl:

- Doppelklicken Sie auf eine Fußnote:

- Wählen Sie den Menüpunkt „Fußnoten" aus dem Menü **Ansicht**:

- Drücken Sie die SHIFT-Taste beim Doppelklick auf den Fensterteiler:

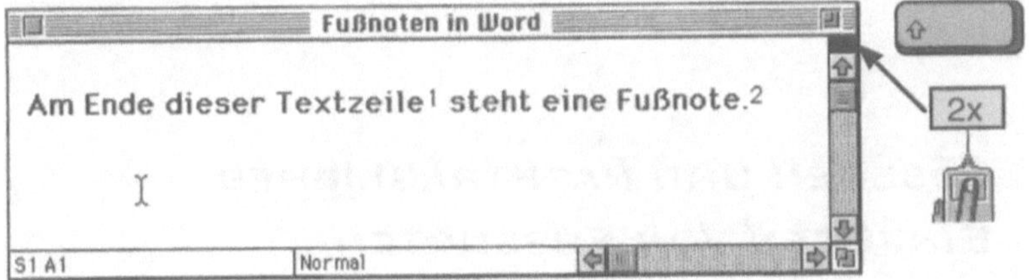

- Halten Sie die SHIFT-Taste gedrückt und ziehen Sie den Fensterteiler auf.

Schließen des Fußnotenfensters

Schließen läßt sich das Fußnotenfenster mit folgenden drei Methoden:

- Aktivieren Sie den Menüpunkt „Fußnoten" aus dem Ansicht-Menü:

- Doppelklicken Sie den Fensterteiler:

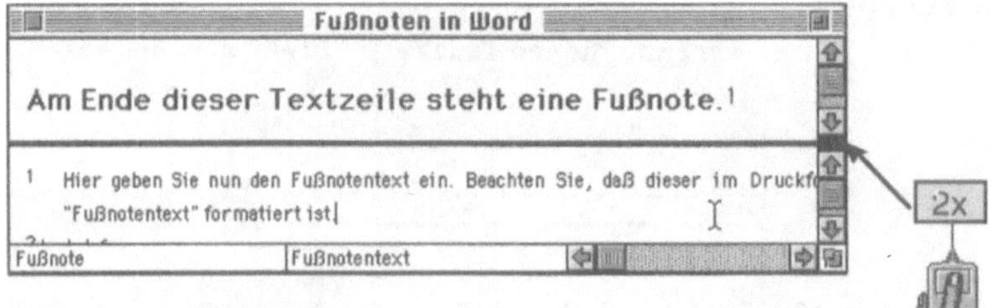

- Ziehen Sie den Fensterteiler in den unteren Fensterrand:

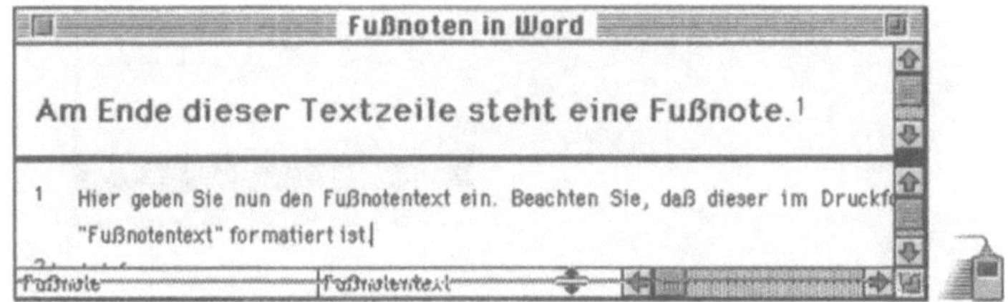

29.6 LÖSCHEN UND NACHTRÄGLICHES EINFÜGEN VON FUSSNOTEN

Da Word die Fußnoten selbständig numeriert und auf dem neusten Stand hält, ist Löschen und nachträgliches Einfügen von Fußnoten kein Problem:

• Nachträgliches Einfügen von Fußnoten

❶ Plazieren Sie den Textcursor dort, wo die neue Fußnote erscheinen soll:

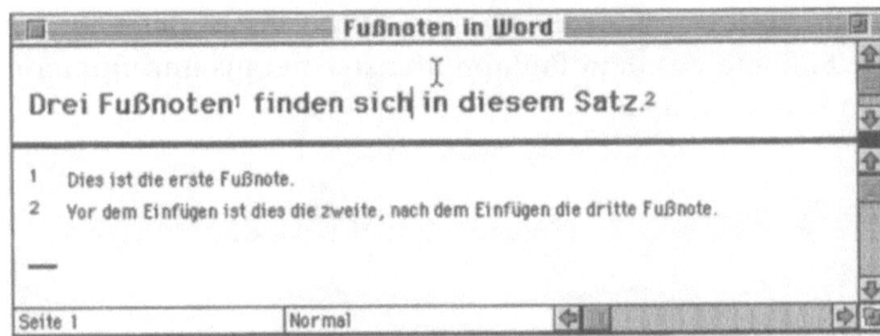

❷ Erstellen Sie in gewohnter Weise eine Fußnote. Word numeriert die Fußnoten sofort neu durch und plaziert den Textcursor im Fußnotenfenster:

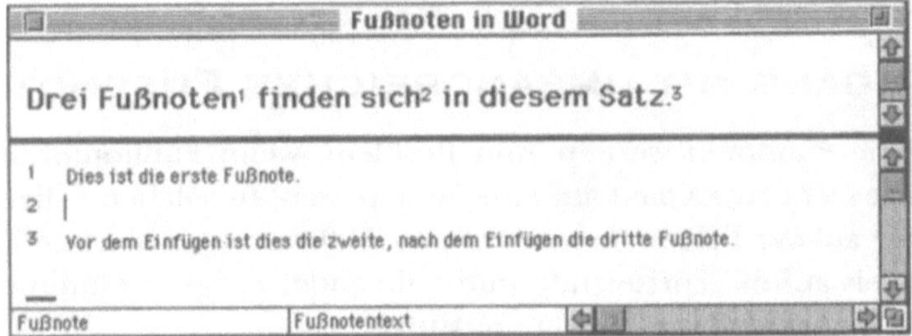

❸ Geben Sie den Fußnotentext ein.

• Löschen von Fußnoten

 Löschen Sie eine Fußnote immer über ihr Fußnotenzeichen im Haupttext - nicht über ihren Eintrag im Fußnotenfenster!

❶ Plazieren Sie den Einfügecursor hinterm Fußnotenzeichen im Text:

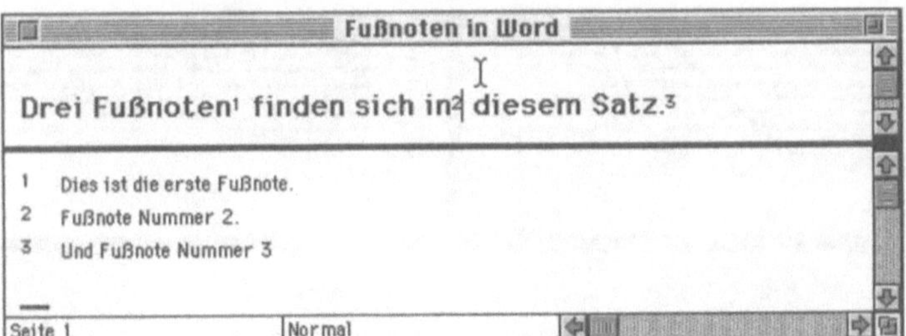

❷ Drücken Sie dann die BACKSPACE-Taste. Word löscht das Fußnotenzeichen, nimmt die Fußnote aus dem Fußnotenfenster heraus und numeriert die verbleibenden Fußnoten neu:

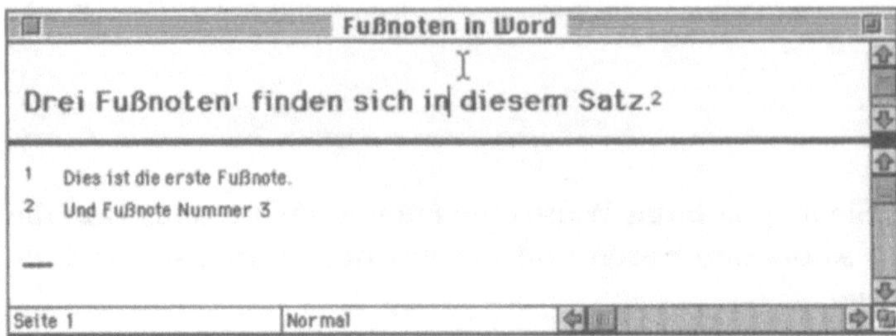

29.7 UMGANG MIT UMFANGREICHEN FUSSNOTEN

Umfangreiche Fußnoten werden zum Problem, wenn Fußnotenzeichen und Fußnotentext nicht zusammen auf eine Seite passen. In solchen Fällen muß der Fußnotentext auf der Folgeseite weiterlaufen. Hilfreich ist in solchen Fällen eine kurzer Hinweis auf die Fortsetzung und eine andersartige Trennlinien vor der Fortsetzung. Beides wird von Word unterstützt:

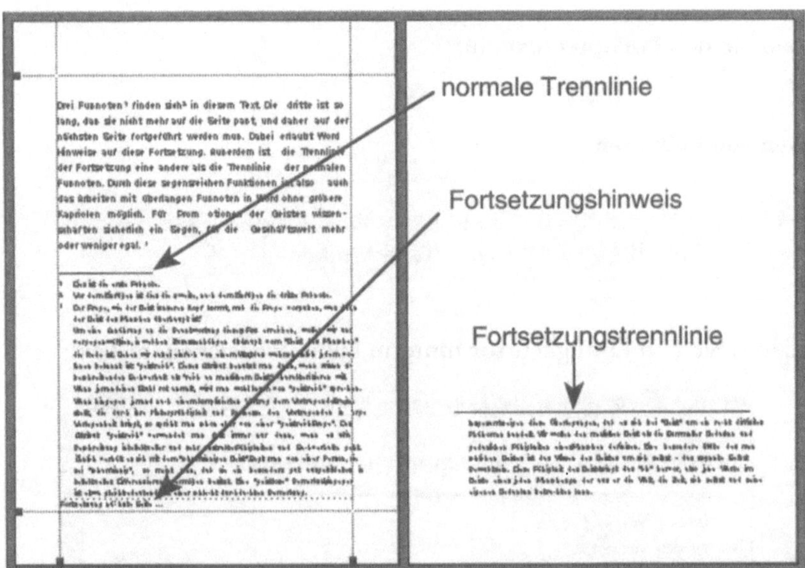

• Erstellen eines Fortsetzungshinweises

❶ Drücken Sie die Tastenkombination APPLE-E oder wählen Sie den Menüpunkt „Fußnote" aus dem Einfügen-Menü. Es erscheint die normale Fußnoten-Dialogbox, in der Sie den Button **Fortsetzungshinweis...** anklicken:

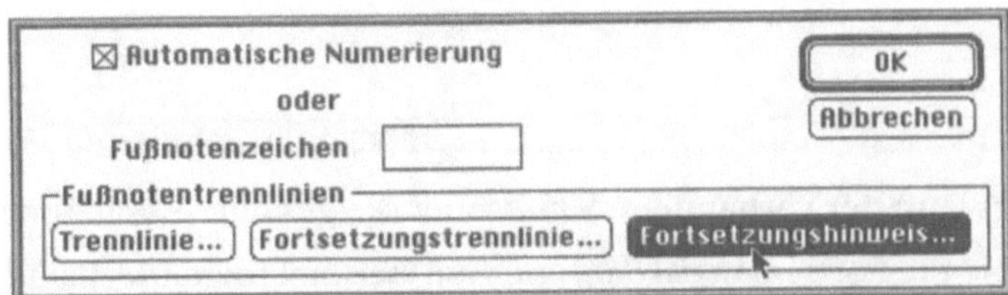

❷ Es erscheint ein Fenster, das an die Kopf- und Fußzeilenfenster von Word erinnert. Geben Sie hier nun den Fortsetzungshinweis ein, den Word unter dem unvollendeten Fußnotentext einfügen soll:

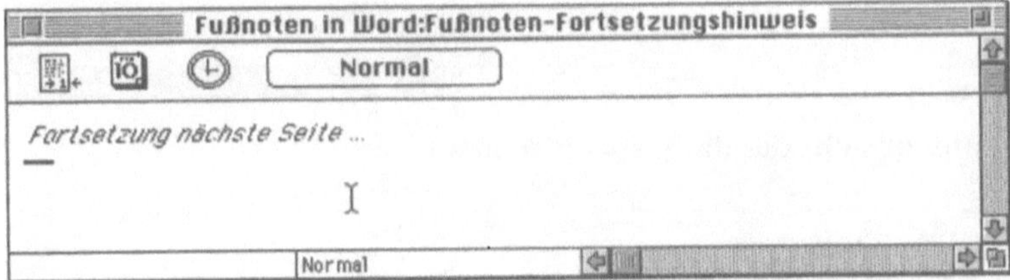

Im Dokument sieht das dann später so aus:

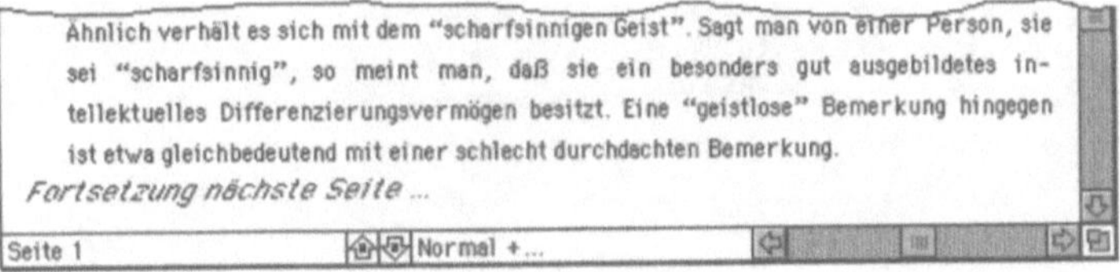

• Die Fortsetzungstrennlinie

Um die Fortsetzungstrennlinie festzulegen, gehen Sie folgendermaßen vor:

❶ Drücken Sie die Tastenkombination APPLE-E oder wählen Sie den Menüpunt „Fußnote" aus dem Einfügen-Menü. Es erscheint die normale Fußnoten-Dialogbox, in der Sie den Button **Fortsetzungstrennlinie...** anklicken:

❷ Word öffnet ein Fenster das dem der normalen Trennlinie sehr ähnlich sieht:

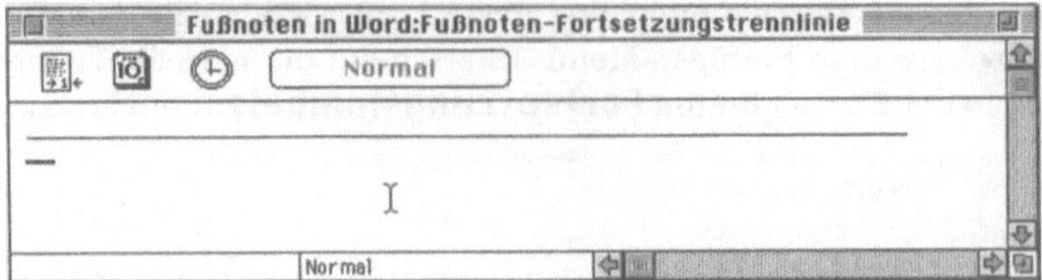

Allerdings läuft der vorhandene Strich über die gesamte Absatzbreite.

❸ Ändern Sie die Fortsetzungstrennlinie zum Beispiel folgendermaßen:

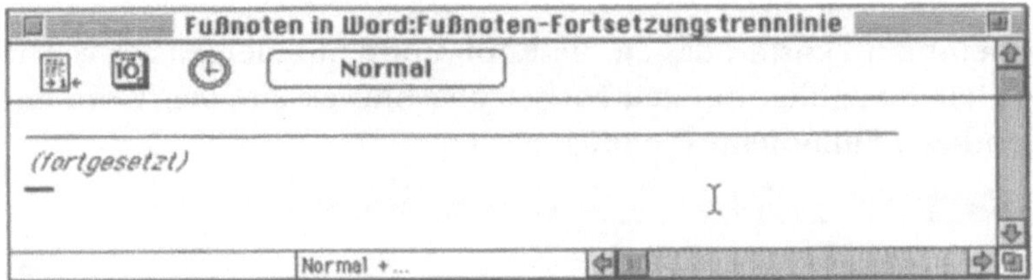

Im Dokument sieht das dann später so aus:

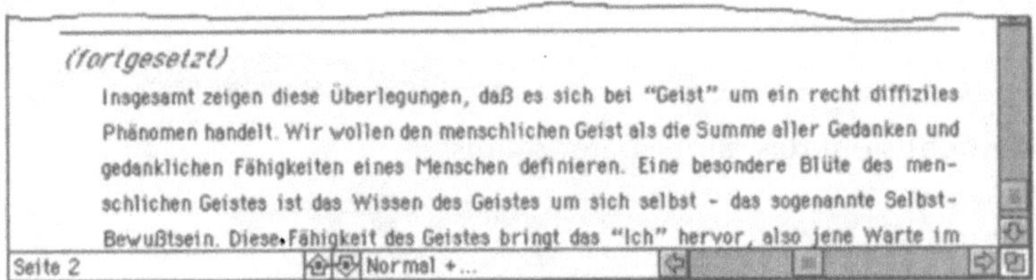

29.8 TIPS & TRICKS

• Schickeres Outfit für Fußnotentext durch einfaches Ändern des Druckformats
Das Druckformat „Fußnotentext", das Word bietet, ist relativ trist. Übersichtlicher
gestalten Sie es mit folgendem Druckformat:

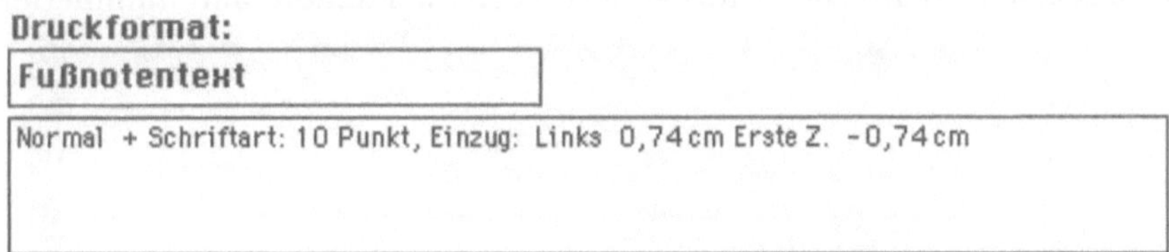

Die einzige Änderung gegenüber dem normalen Druckformat ist die ver-
schobene Einzugsmarke für die erste Absatzzeile. Drücken Sie hinter dem
Fußnotenzeichen den Tabulator, und beginnen Sie dann mit der Eingabe des
Fußnotentextes, so sieht das Fußnotenfenster aus wie unten. Der Fußnotentext
schließt sauber linksbündig ab und die Fußnotenzeichen stehen gut sichtbar
neben dem Text:

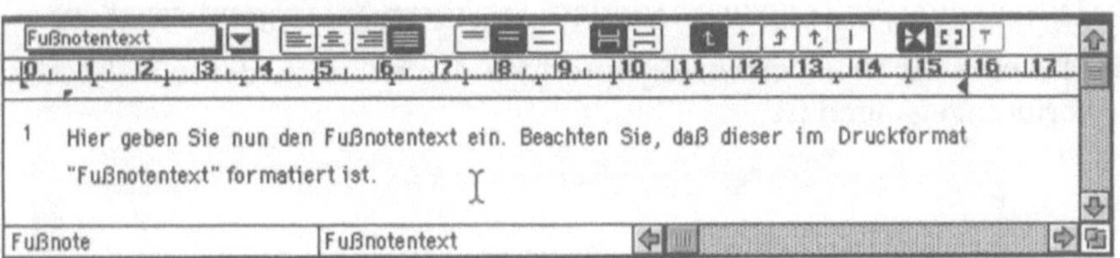

• Ändern der Nummerierungsart
Sie können jederzeit ein manuell eingefügte Fußnotenzeichen in ein automatisches umwandeln - und umgekehrt:

❶ Aktivieren Sie das Fußnotenzeichen, das Sie umwandeln wollen:

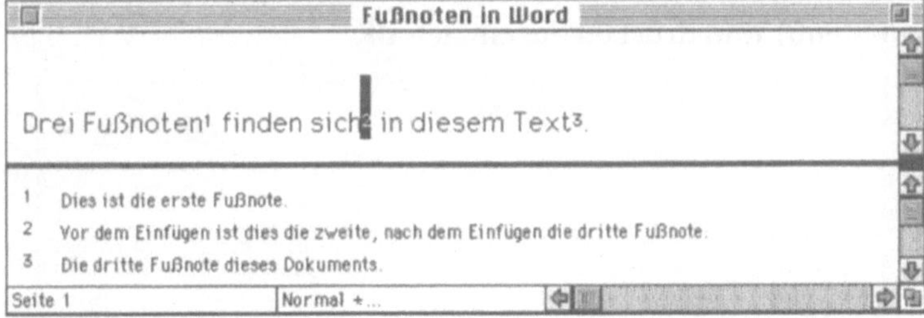

❷ Rufen Sie das Fußnotenfenster auf (APPLE-E oder Menüpunkt „Fußnote..." im
Einfügen-Menü) und geben Sie die gewünschte Nummerierungsart ein:

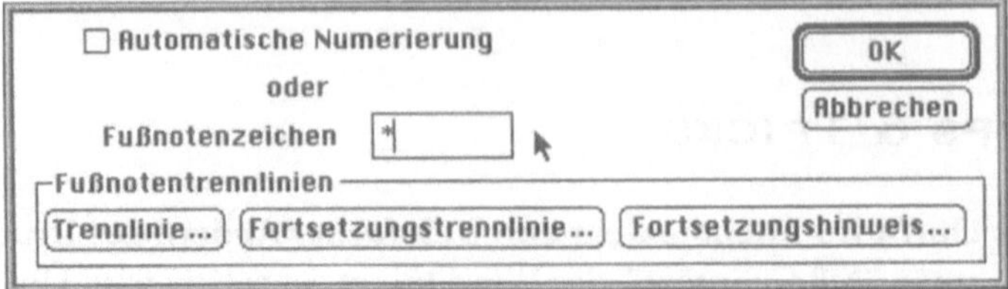

❸ Drücken Sie dann **OK**. Sofort ändert Word die Fußnote und nummeriert neu:

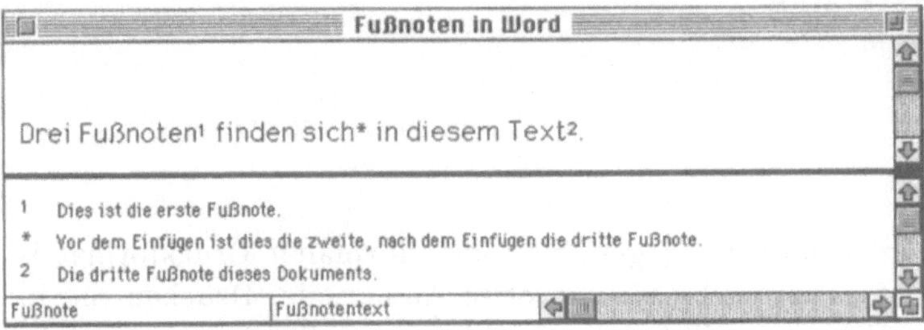

• **Was tun, bei versehentlich gelöschten Fußnotenzeichen im Fußnotenfenster?**
Bei intensiven Arbeiten mit Fußnoten kann es schon mal vorkommen, daß im Fußnotenfenster ein Fußnotenzeichen gelöscht wird. *Geben Sie in einem solchen Fall die Fußnote nicht per Tastatur ein* sondern verfahren Sie folgendermaßen:

❶ Plazieren Sie den Textcursor innerhalb der Fußnote, deren Fußnotenzeichen verlorengegangen ist:

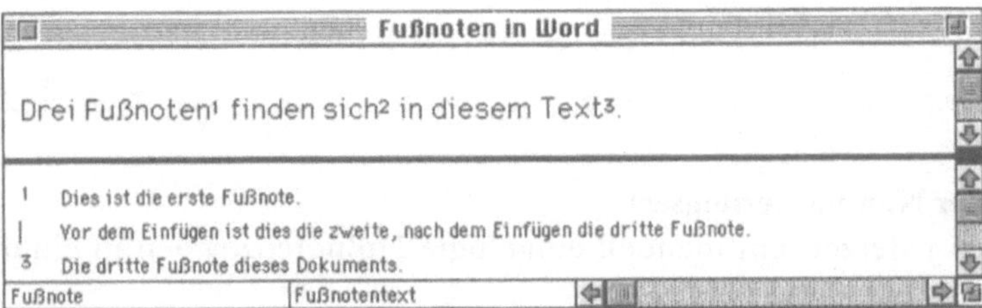

❷ Rufen Sie das Fußnotenfenster auf (APPLE-E oder Menüpunkt „Fußnote…" im Einfügen-Menü) und drücken Sie einfach **OK**

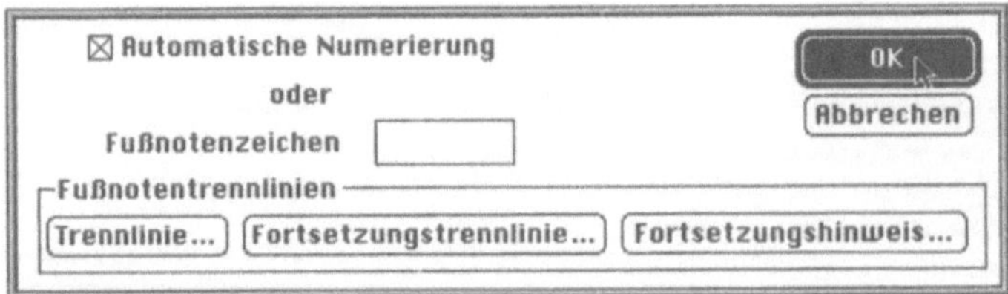

❸ Sofort trägt Word die verlorengegangene Fußnote wieder ein:

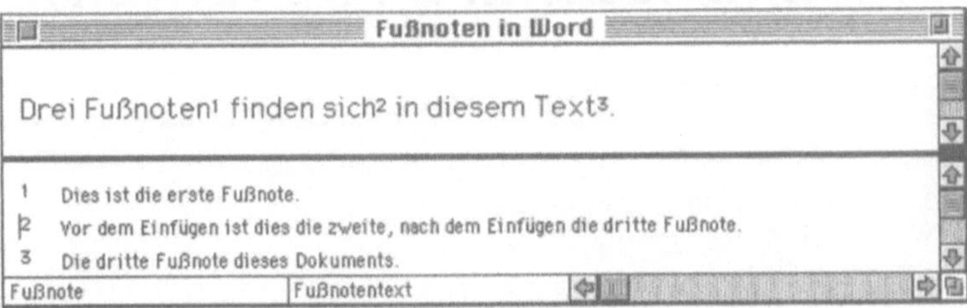

• **Nachträgliches Umformatieren von Fußnotenzeichen**

Ein überaus nützliches Einsatzgebiet der Suchen/Ersetzen-Funktion ist das Umformatieren von Fußnotenzeichen:

❶ Öffnen Sie die Ersetzen-Dialogbox und wählen Sie aus dem Suchen-Nach-Popup-Menü „Sonderz." den Eintrag „Fußnote".
Word trägt dann ein ^5 in das Suchen-Eingabefeld ein.

❷ Plazieren Sie den Textcursor im „Ersetzen durch"-Eingabefeld und rufen Sie dann den Menüpunkt „Zeichen" aus dem Format-Popup-Menü auf und definieren Sie das gewünschte Format. Die Dialogbox sieht dann etwa folgendermaßen aus:

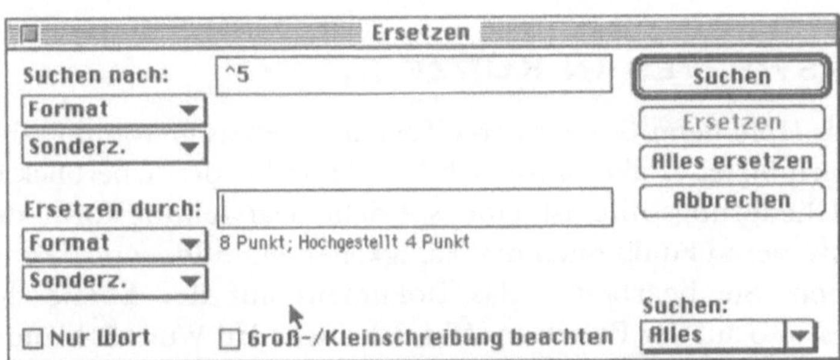

Drücken Sie nur noch **Alles ersetzen** - fertig.

Denken Sie jedoch daran, daß Sie diese Aktion für Fußnoten- und Textfenster jeweils separat durchführen müssen, da es sich um zwei unterschiedliche Dateien handelt.

30. GLIEDERUNGSHILFE (OUTLINER)

30.1 Wissenswertes in Kürze … 216

30.2 Einstieg: Erstellen 217

• Aufruf der Gliederungshilfe...217

• Eingabe der Gliederung 218

• Ändern der Gliederungsebene 219

• Umstellen der Gliederung..219

• Eingabe des eigentlichen Textes 220

• Die Kontrollelemente der Gliederungshilfe 221

30.3 Schnelles Umstrukturieren 222

• Löschen eines Gliederungspunktes..224

• Umstellen einer Gliederung mit der Maus 224

• Ändern der Hierarchieebene mit der Maus.......................................225

30.4 Tips & Tricks...226

• Gleichzeitiges Arbeiten mit Gliederung und Text 226

• Druckformate applizieren in der Gliederungsansicht........................226

• Automatisches Durchnumerieren der Überschriften 226

• Gliederungshilfe und Inhaltsverzeichnis 226

• Standardtabulatoren bestimmen die Einzugstiefe............................227

• Wie machen Sie einen bestehende Text gliederungtauglich?..........227

• Zusammenspiel mit MORE 227

• Shortcuts...227

30.1 WISSENSWERTES IN KÜRZE …

Der Outliner, Words Hilfe beim Gliedern von Texten, ist etwas gewöhnungsbedürftig. Vielschreibern bietet er aber unverzichtbare Hilfe für den Überblick in ihrem Text. Die Gliederungshilfe ist eine spezielle Darstellungsform des aktuellen Dokuments, deren Funktionen den Fähigkeiten eines Ideenprozessors recht nahe kommen. Sie bearbeiten das Dokument auf der Ebene des Inhaltsverzeichnisses, also auf der Ebene der Überschriften. Auf Wunsch blendet Word alle Textabsätze und Grafiken aus und zeigt lediglich die Überschriften in ihrer aktuellen Anordnung. Dabei können Sie auch die Hierarchieebene vorgeben, bis zu der Word die Überschriften zeigen soll.

Es ist ein bißchen ungewohnt, mit diesen Funktionen innerhalb einer Textverarbeitung umzugehen. Sie werden allerdings schnell sehen, daß es besonders das Arbeiten mit Textungeheuern ungeheuerlich erleichtet. In der Gliederungsansicht können Sie nämlich eine Überschrift mit der Maus greifen und an eine andere Stelle der Gliederung schieben. Im Hintergrund verschiebt Word dabei alle Unterüberschriften und den gesamten, zu diesen Überschriften zugehörigen

Text und nummeriert auf Wunsch auch die Überschriften neu durch. Das Umstrukturieren eines Dokument ist also in der Gliederungsansicht deutlich einfacher als im Normalmodus.

Und noch einen Vorteil bietet die Gliederungshilfe: Wenn Sie das Arbeitsfenster splitten, zeigt Word auf Wunsch im oberen Fensterteil die Gliederungsansicht und im unteren die normale Textansicht. Scrollen Sie dann durch die Gliederungsansicht, so scrollt Word im unteren Fensterausschnitt den normalen Text automatisch mit. Auf diese Weise ist ein übersichtliches und schnelles Bearbeiten langer Dokumente möglich.

Die Gliederungshilfe von Word ist also bei zwei Kategorien von Texten besonders hilfreich: bei stark gegliederten und strukturierten Texten sowie bei längeren Dokumenten wie Büchern, Berichten, Diplom- oder Doktorarbeiten.

Gute Kooperation mit MORE
Der derzeit verbreitetste Outliner für den Macintosh ist sicherlich More von Symantec. Wenn Sie in More ein Dokument als Word-Dokument exportieren, so ordnet More den Überschriften die Druckformate „Überschrift 1" bis „Überschrift 9" zu. Und genau diese sind nötig, damit die Gliederungshilfe von Word Überschriften als Überschriften erkennt. Auf diese Weise arbeitet More der Gliederungshilfe von Word gut zu.

30.2 EINSTIEG: ERSTELLEN EINER EINFACHEN GLIEDERUNG

Um die Gliederungshilfe von Word kennenzulernen, sollten Sie pragmatisch vorgehen. Öffnen Sie ein leeres Arbeitsblatt und tun Sie so, als wollten Sie einen Vortrag vorbereiten, zum Beispiel über den Aufbau unseres Nervensystems.

Gerade in der Vorbereitungsphase des Formulierens leistet die Gliederungshilfe gute Dienste, da sie schnelles Umstrukturieren eines Textes erlaubt.

• Aufruf der Gliederungshilfe
Um in die Gliederungsansicht zu gelangen, wählen Sie den Menüpunkt „Gliederung..." aus dem Ansicht-Menü.

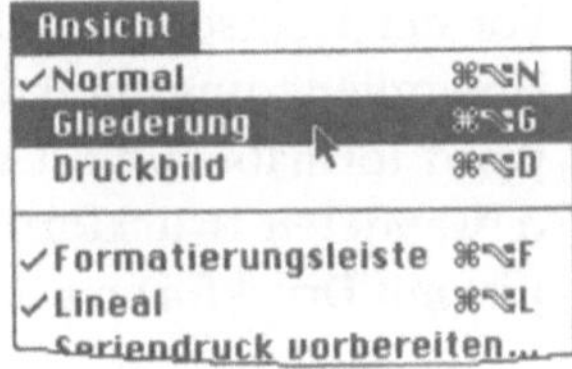

Word blendet nun ein neues Lineal ein, das eine Reihe von Kontrollelementen enthält:

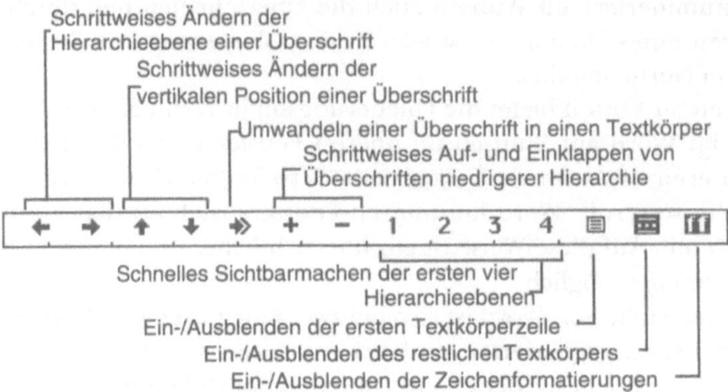

Keine Formatierung möglich

Das normale Lineal läßt sich in der Gliederungsansicht nicht verwenden, da Word jegliche Umformatierungen von Absätzen im Gliederungsmodus ablehnt. Auch die entsprechenden Menüpunkt sind nicht aktivierbar. Die Formatierungsleiste hingegen ist weiterhin benutzbar.

• Eingabe der Gliederung

Beginnen wir dann mit der Arbeit. Das Nervensystem des Menschen besteht aus zentralem und peripherem Nervensystem. Geben Sie zunächst „Das Nervensystem des Menschen" ein:

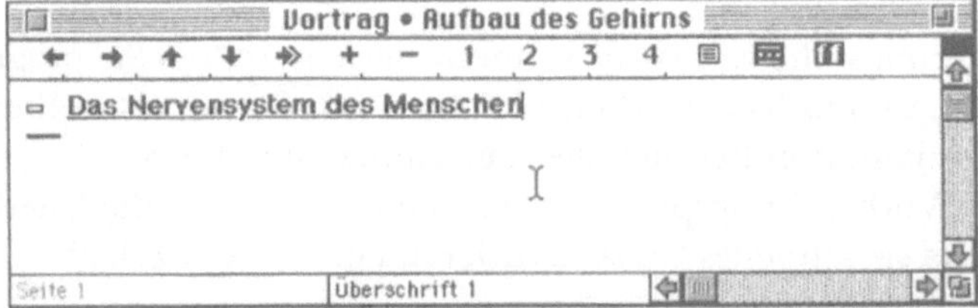

Zwei Sachverhalte sollten Sie beachten:

- Vor der Überschrift steht ein ▭ . Dieses bedeutet, daß die Überschrift keine Untergliederungspunkte und keinen erläuternden Text besitzt.
- Word formatiert die Überschrift mit dem Druckformat „Überschrift 1". Am verwendeten Druckformat ist jeweils die Hierarchieebene zu erkennen. Ebene 1 ist mit Druckformat „Überschrift 1" formatiert, Ebene 7 mit „Überschrift 7".

Um nun die Untergliederungspunkte einzugeben, drücken Sie einfach die RETURN-Taste und geben „Zentralnervensystem" ein. Wie Sie sehen, plaziert Word diese Überschrift ebenfalls auf der Hierarchieebene 1:

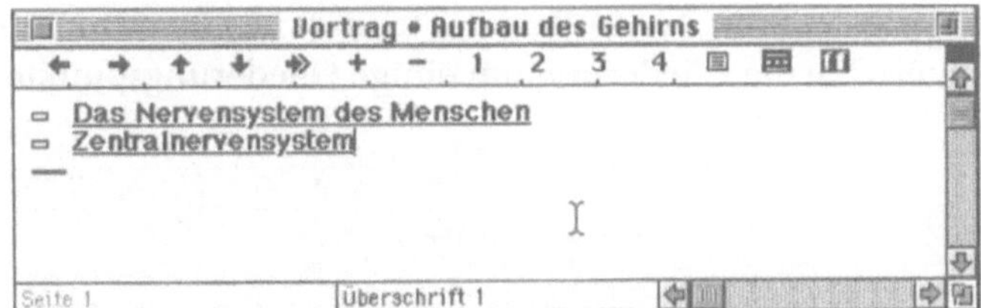

• Ändern der Gliederungsebene

Um nun die Über-
schrift auf Ebene 2 zu
verschieben, klicken
Sie mit der Maus auf
➡:

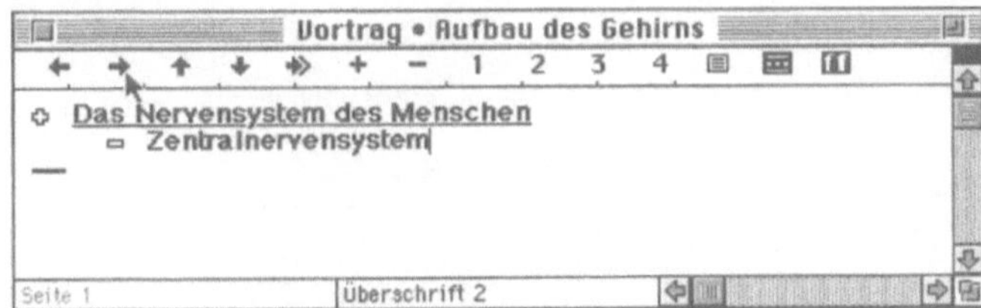

Beachten Sie dabei folgendes:

- Vor der oberen Überschrift steht jetzt ein ✿: Dieses Zeichen bedeutet, daß die Überschrift noch Untergliederungspunkt beziehungsweise einen erläuternden Text besitzt. Dementsprechend bedeutet das ▭ , daß weder ein Untergliederungspunkt, noch ein Text vorliegt.
- Die zweite Überschrift besitzt das Druckformat Überschrift 2 und befindet sich somit in der zweiten Hierarchieebene.

Drücken Sie die RE-
TURN-Taste und tip-
pen Sie „Peripheres
Nervensystem" ein:

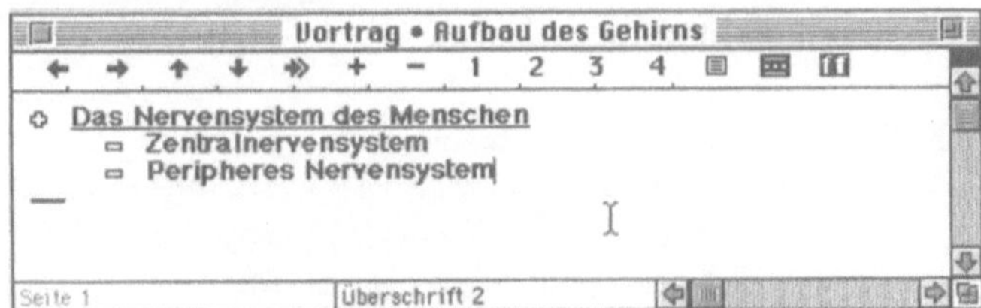

• Umstellen der Gliederung

Kaum haben Sie dies getan, so fällt Ihnen ein, daß es ja günstiger wäre, zuerst das periphere und erst danach das zentrale Nervensystem zu beschreiben. Um dies auch in der Gliederung zum Ausdruck zu bringen, klicken Sie einfach mit der Maus auf ⬆. Word verschiebt sofort die Überschrift innerhalb derselben Hierarchieebene um eine Zeile nach oben:

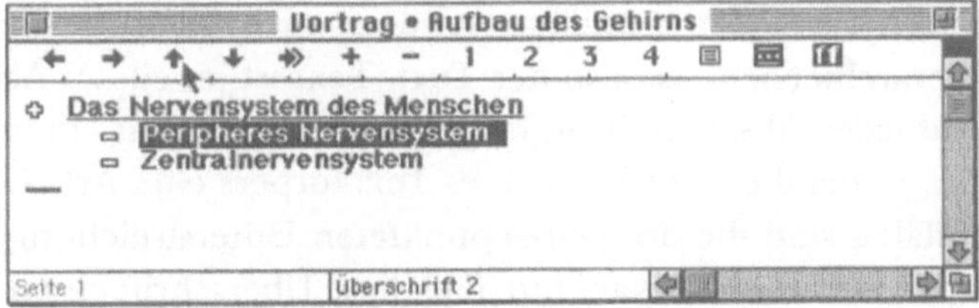

Um die anderen Kontrollelemente und die Gliederunghilfe kennenzulernen, erweitern Sie die Gliederung um einige Gliederungspunkte und -ebenen:

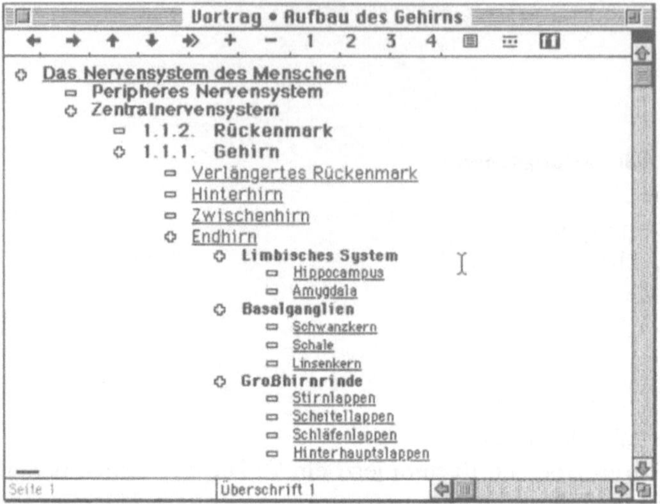

• Eingabe des eigentlichen Textes

Wenn Sie mit der Gliederung soweit fertig sind, beginnen Sie mit der Eingabe des eigentlichen Textes. Kehren Sie dazu in die normalen Textmodus zurück. Wie Sie sehen, bleibt die Formatierung der Überschriften erhalten, aber die Einzüge sind nicht mehr so krass.

Spezielle Druckformate

Wenn Sie die *Formatierungen der Überschriften* ändern wollen, so sollten Sie die Druckformate „Überschrift 1" bis „Überschrift 9" Ihren Wünschen entsprechend modifizieren. Veränderungen in diesen Druckformaten schlagen sich auch im Erscheingungsbild der Gliederungansicht nieder - bis auf den Zeilenabstand. Der ist - leider - immer einzeilig.

Geben Sie im Normalmodus unter einigen der Überschriften ein paar Zeilen Text ein und wechseln Sie dann wieder in den Gliederungsmodus zurück. Beachten Sie, daß die Überschriften, zu denen Sie Text eingetragen haben, jetzt ein ✪ tragen. Ein ✪ erhält eine Überschrift also nicht nur, wenn Sie noch weitere Unterüberschriften umfasst, sondern auch, wenn sie Text enthält. Die unterste Hierarchieebene ist also der Text. Text ist jeweils zu Absätzen zusammengefaßt und jeder Absatz stellt in der Gliederungsansicht einen sogenannten *Textkörper* dar, wobei die erste Zeile eines Textkörpers eine Art „Überschrift" ist. Ebenfalls auffällig sind die doppelt-gepunkteten Unterstreichungen mancher Überschriften. Diese weisen darauf hin, daß diese Überschrift einen Textkörper besitzt:

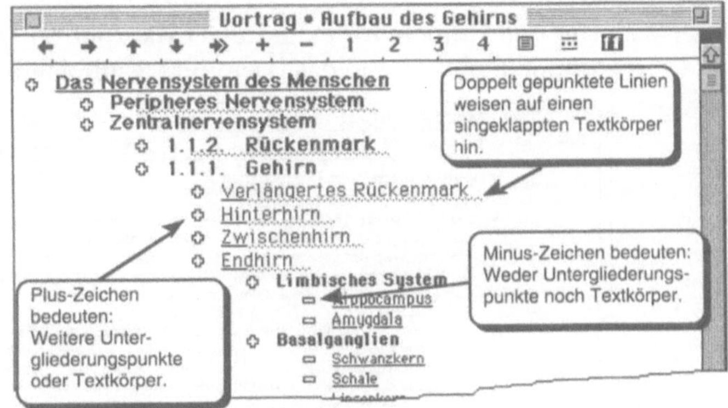

• Die Kontrollelemente der Gliederungshilfe

Im folgenden soll nun gezeigt werden, welchen Einfluß die Kontrollelemente auf das Erscheinungsbild der Gliederung haben:

← →	Mit den horizontalen Pfeilen ändern Sie die Hierarchieebene einer Überschrift (siehe oben). Mit diesen Pfeilen wandelt Sie auch einen Textkörper in eine Überschrift um. Der Gegenspieler zu diesen Funktionen ist ⇒.
↑ ↓	Über die vertikalen Pfeile ändern Sie die vertikale Position einer Überschrift innerhalb der Gliederung. Die Hierarchieebene bleibt dabei erhalten.
⇒	Wandelt eine Überschrift in einen Textkörper um. Der Gegenspieler zu dieser Funktion ist ← →.
+ −	Plazieren Sie den Textcursor in der obersten Überschrift „Das Nervensystem..." und Klicken Sie mit der Maus auf das −. Wie Sie sehen, wird die Gliederung mit jedem Klick eine Hierarchieebene weiter eingeklappt. Klicken Sie dann wieder auf +, so klappt Word die in der Hierarchie niedrigeren Überschriften Ebene für Ebene aus.
1 2 3 4	Eine schnellere Methode, um die ersten vier Hierarchieebenen aus- beziehungsweise einzuklappen bieten allerdings die Buttons mit den Ziffern 1 bis 4. Klicken Sie einen dieser Ziffern an, so zeigt Word die Gliederung bis zu der angeklickten Ebene. Wollen Sie auch die Ebenen 6 bis 9 sehen, so hilft nur das +.
▤	Klappt die gesamte Gliederung auf und blendet jeweils die erste Zeile eines jeden Textkörpers ein. Jeder Textkörper beginnt mit einem □ und endet - in diesem Modus - mit einem „...". Nochmaliges Anklicken beläßt die Gliederung aufgeklappt, klappt aber alle Textkörper ein.

⠿	Um den restlichen Text eines Textkörper ein- oder auszuklappen, müssen Sie das Dreipunkt-Symbol anklicken: 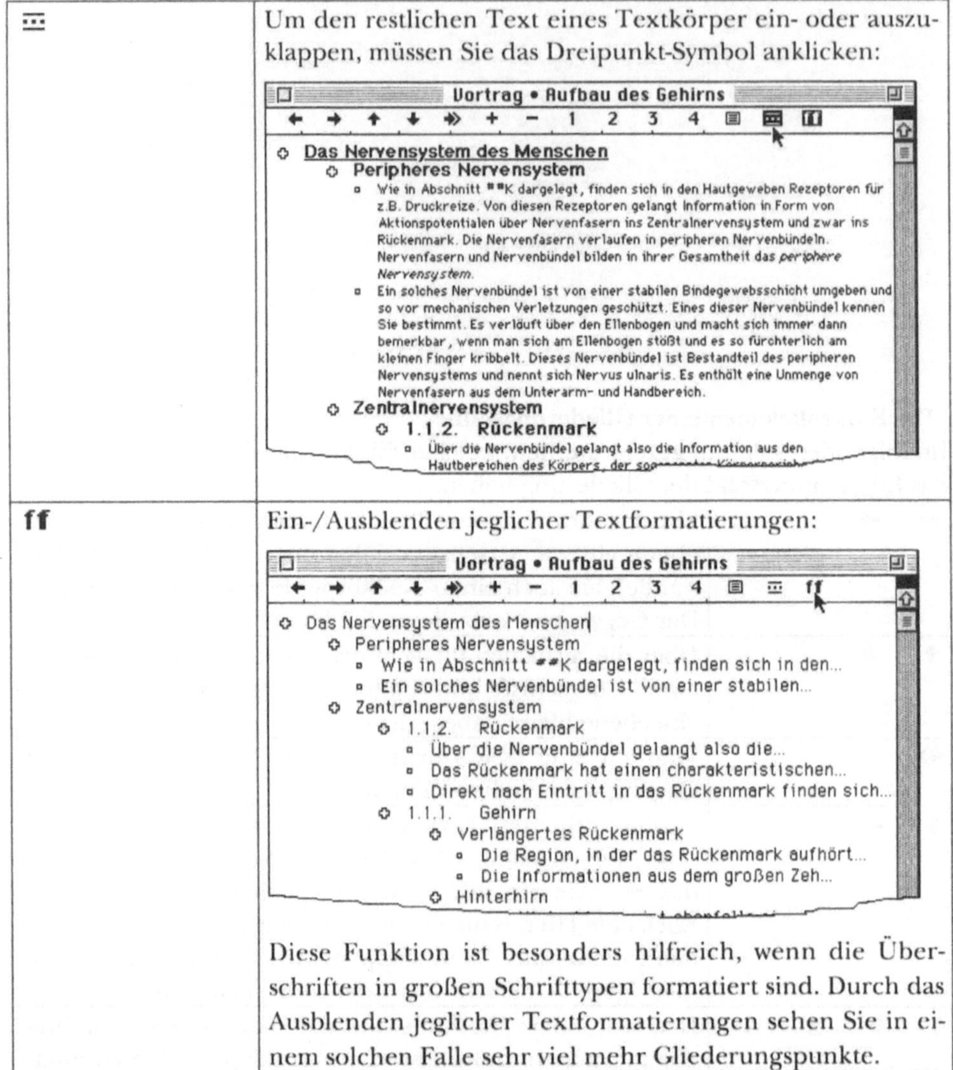
ff	Ein-/Ausblenden jeglicher Textformatierungen:

Diese Funktion ist besonders hilfreich, wenn die Überschriften in großen Schrifttypen formatiert sind. Durch das Ausblenden jeglicher Textformatierungen sehen Sie in einem solchen Falle sehr viel mehr Gliederungspunkte.

30.3 SCHNELLES UMSTRUKTURIEREN

Der Maus kommt bei der Gliederungshilfe von Word eine besondere Bedeutung zu: Sie beschleunigt die Arbeit mit komplexen Gliederungen erheblich.

Positionieren Sie einmal - in der Gliederungsansicht - den Mauscursor an verschiedenen Orten des Arbeitsfensters. Dabei werden Sie folgende Beobachtungen machen:

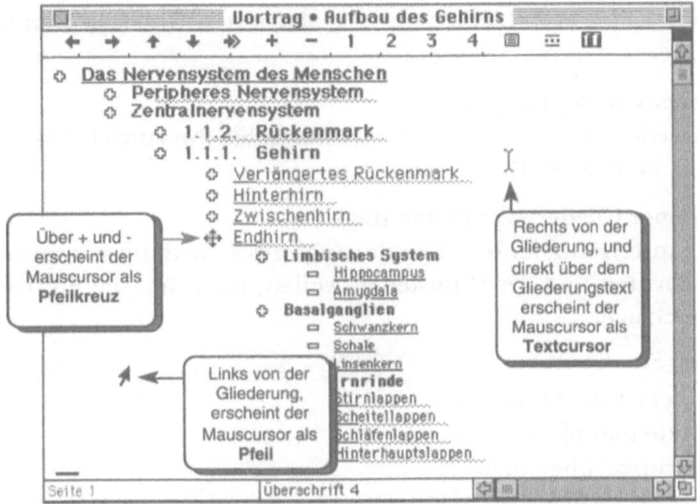

Die unterschiedlichen Pfeilformen deuten auf verschiedene Arbeitsmodi hin:

Text einfügen

Hierbei handelt es sich um den in Word üblichen Text-Einfügemodus. Wenn Sie mit der Maus klicken, plaziert Word den Textcursor möglichst nahe dem Mauscursor und Sie können mit der Eingabe von Text beginnen.

Überschriften aktivieren

Einfachklick mit der Maus aktiviert die rechts vom Mauscursor stehende Überschrift. Wenn Sie die Maustaste gedrückt halten und dann die Maus bewegen, so aktiviert Word die Gliederung überschriftenweise.

Doppelklick aktiviert zusätzlich alle Unterüberschriften.

Dreifachklick aktiviert die gesamte Gliederung.

Aktivieren, Auf-/Einklappen und Verschieben von Überschriften

Einfachklick auf ein ✪ oder ein ▭ aktiviert die zugehörige Überschrift samt aller Unterüberschriften und Textkörper.

Doppelklick auf ein ✪ klappt sämtliche Unterüberschriften auf beziehungsweise ein.

Nachdem ein Gliederungspunkt aktiviert wurde, läßt er sich mit der Maus verschieben. Sobald der Mauscursor neben einem aktivierten Abschnitt die ✛-Form annimmt drücken Sie die Maustaste und können nun den Gliederungspunkt verschieben. Verschieben in vertikaler Richtung ändert lediglich die Position der aktivierten Überschrift innerhalb der Gliederung. Verschieben Sie hingegen in horizontaler Richtung, so behält die Überschrift ihre Position innerhalb der Gliederung bei, verändert aber ihre Hierarchieebene.

In beiden Fällen verschiebt Word alle aktivierten Überschriften samt ihren Textkörper in gleicher Weise.

• Löschen eines Gliederungspunktes
Um einen Gliederungspunkt zu löschen, müssen Sie ihn zunächst aktivieren und anschließend die BACKSPACE-Taste drücken.

• Umstellen einer Gliederung mit der Maus
Wenn Sie innerhalb einer Gliederung zwei Gliederungspunkte samt Unterüberschriften und Text umstellen wollen, dann hat die Sternstunde des Outliners geschlagen:

❶ Aktivieren Sie die zu verschiebende Überschrift samt ihrer Unterpunkte und plazieren Sie den Mauscursor über dem ✛, so daß der Mauscursor die ✥-Form annimmt.

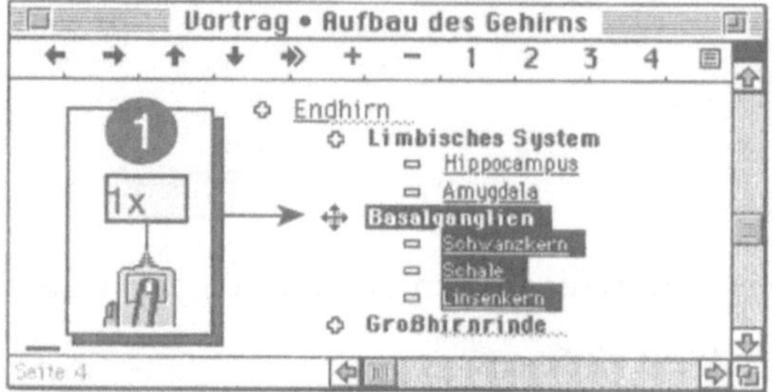

❷ Schieben Sie bei gedrückter Maustaste den Mauscursor nach *oben* oder nach *unten* (nicht aber nach rechts oder nach links!). Der Mauscursor nimmt die Form eines Doppelpfeils ein: ↕

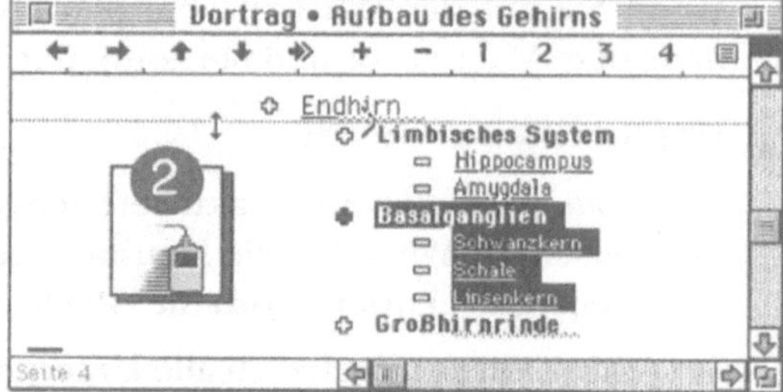

Wie Sie sehen, wird er von einer gepunkteten Linie gefolgt, die einen Pfeil trägt, der immer genau zwischen zwei Überschriften zeigt, ohne dabei seine Hierarchieebene zu ändern. Schieben Sie die gepunktete Linien an die Zielposition innerhalb der Gliederung.

❸ Lassen Sie die Maustaste los. Sofort verschiebt Word alle aktivierten Überschriften an die Position der gepunkteten Linie.

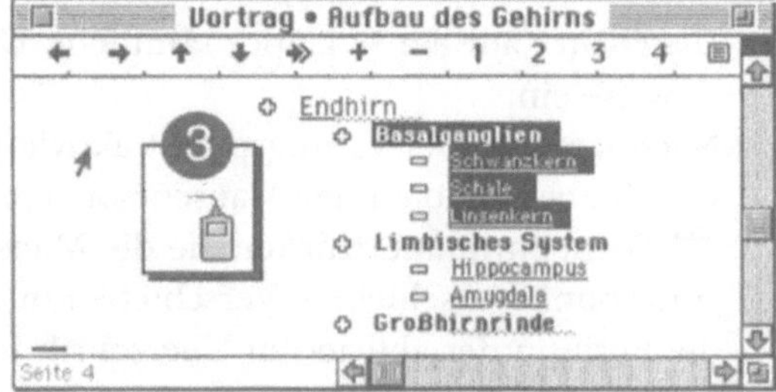

• Ändern der Hierarchieebene mit der Maus

Angenommen, Sie wollen innerhalb einer Gliederung zwei Gliederungspunkte samt ihrer Unterüberschriften umstellen. Drei Schritte sind dafür nötig:

❶ Aktivieren Sie die zu verschiebende Überschrift samt ihrer Unterpunkte und plazieren Sie den Mauscursor über dem ✛, so daß der Mauscursor die ✛-Form annimmt.

❷ Schieben Sie bei gedrückter Maustaste den Mauscursor nach *rechts* oder nach *links* (nicht aber nach oben oder nach unten!). Der Mauscursor nimmt die Form eines Doppelpfeils ein: ↔. Dabei wird er von einer gepunkteten Linie gefolgt, die von einer Hierarchieebene zur nächsten springt. Schieben Sie die gepunktete Linien an die gewünschte Hiererchieebene.

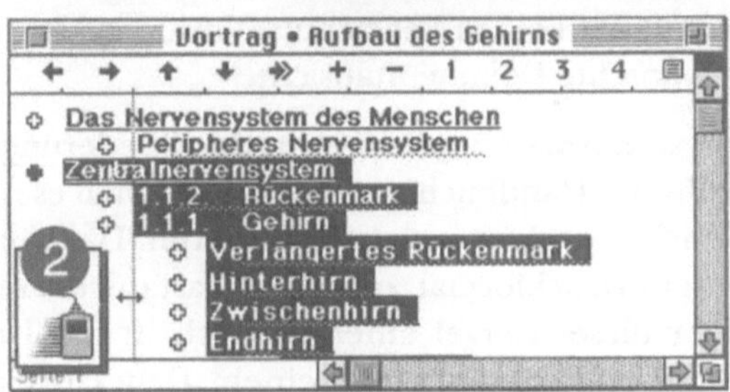

❸ Lassen Sie die Maustaste los. Sofort ändert Word die Hierarchieebenen aller aktivierten Überschriften und formatiert diese entsprechend ihrer neuen Position.

30.4 Tips & Tricks

• Gleichzeitiges Arbeiten mit Gliederung und Text

Für Vielschreiber sehr interessant ist das Arbeiten mit Gliederung und gesplittetem Fenster. Word stellt nämlich auf Wunsch in einem Teil des Fensters die Gliederungsansicht, im anderen Teil den normalen Textmodus dar. Scrollen Sie nun in der Gliederungsansicht, so zeigt Word im anderen Fensterausschnitt jeweils den zugehörigen Text - und umgekehrt.

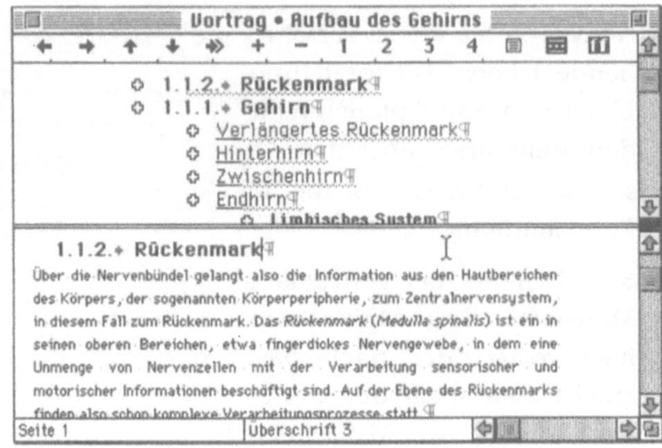

Um in dieser Weise zu arbeiten, müssen Sie Ihr Arbeitsfenster zunächst teilen. Das erreichen Sie entweder per Maus und Fensterteiler oder mit der Tastenkombination APPLE-OPTION-S. Plazieren Sie anschließend den Eingabecursor in einem der beiden Fensterausschnitte und wählen Sie über das Ansicht-Menü die gewünschte Dokumentansicht.

• Druckformate applizieren in der Gliederungsansicht

Selbst im Handbuch von Word steht, daß es nicht möglich ist, in der Gliederungsansicht Druckformate zu applizieren. Das stimmt allerdings nicht ganz. Wenn Sie einem Druckformat zuvor ein Tastaturkürzel verpaßt haben, dann können Sie über dieses Kürzel einer Überschrift das Druckformat zuweisen - auch in der Gliederungsansicht. Um einem Druckformat ein Tastaturkürzel zuzuordnen, drücken Sie APPLE-SHIFT-OPTION-CURSOR LINKS, so daß der Mauscursor eine Kleeblattform erhält. Klicken Sie mit diesem Cursor nun auf das gewünschte Druckformat. Word fordert Sie auf, ein Tastaturkürzel für das Druckformat zu definieren. Geben Sie das gewünschte Kürzel ein und ab sofort steht das Druckformat auf Tastendruck bereit - auch in der Gliederungsansicht.

• Automatisches Durchnumerieren der Überschriften

Die Funktion „Numerieren..." aus dem Extras-Menü erlaubt das automatische Durchnumerieren der Überschriften in der Gliederungsansicht. Mehr dazu in Kapitel ☞ K.41.1.

• Gliederungshilfe und Inhaltsverzeichnis

Wer mit der Gliederungshilfe arbeitet, kommt in den Genuß einer sehr schnellen Inhaltsverzeichnis-Funktion. Auf der Grundlage der Gliederung ist es Word nämlich möglich, in kürzester Zeit ein Inhaltsverzeichnis Ihres Dokuments mit Seitenzahlen zu erstellen. Außerdem ersparen Sie sich das relativ mühsame Arbeiten mit.c.-Absätzen. Mehr zum Thema Inhaltsverzeichnis in Kapitel ☞ K.37.

• Standardtabulatoren bestimmen die Einzugstiefe
Der Zeilenabstand in einer Gliederung läßt sich leider nicht verändern, wohl aber das Ausmaß, mit dem die Gliederungspunkte eingerückt sind. Dieses entspricht nämlich der Weite der Standardtabultoren im Lineal und diese wiederum definieren Sie über die Dialogbox „Dokument" aus dem Format-Menü.

• Wie machen Sie einen bestehende Text gliederungtauglich?
Nehmen wir an, daß Ihnen die Gliederungshilfe zusagt, und Sie einen bereits angefangenen Text mit der Gliederungshilfe weiterbearbeiten wollen. Wie teilen Sie der Gliederungshilfe mit, was von Ihrem Dokument Überschrift und was Textkörper ist? Ganz einfach: Sie müssen die Überschriften Ihres Text entsprechend ihrer Hierarchieebene mit den Druckformaten „Überschrift 1" bis „Überschrift 9" formatieren. Dazu positionieren Sie - im normalen Textmodus - den Textcursor irgendwo in der Überschrift, halten Die SHIFT-Taste gedrückt und klappen im Lineal das Popup-Menü für die Druckformate aus. Für die Hierarchieebene 2 wählen die „Überschrift 2", für die Ebene 5 „Überschrift 5". Formatieren Sie auf diese Weise alle Überschriften Ihres Dokuments und rufen Sie anschließend die Gliederungsansicht auf. Das Aussehen der Überschriften ändern Sie über Manipulationen der entsprechenden Druckformate (☞ K.24.5).

• Zusammenspiel mit MORE
Wenn Sie im Outliner More einen Text als Worddatei exportieren, so weist More den Überschriften automatisch entsprechend ihrer Hierarchieebene die Druckformate „Überschrift 1" bis „Überschrift 9" zu. Exportdateien von More lassen sich also direkt mit der Gliederungshilfe von Word weiterbearbeiten. Änderungen am Layout sollten Sie soweit wie möglich über Änderungen der Druckformate (☞ K.24.5) durchführen.

• Shortcuts
Eine Reihe von Funktionen der Gliederungshilfe lassen sich auch per Tastaturkürzel ausführen:

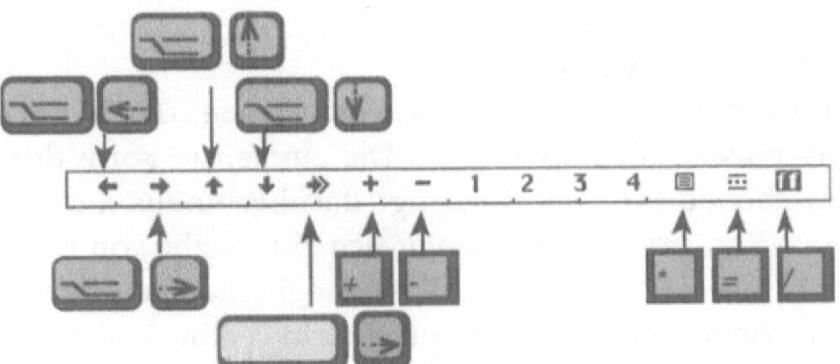

31. GRAFIKEN

31.1 Wissenswertes in Kürze … … 228
31.2 Laden einer Grafik 229
31.3 Einbinden einer Grafik in ein bestehendes Word-Dokument 230
• Grafikimport über die Zwischenablage 230
• Grafikimport über das Einfügen-Menü 231
31.4 Umzeichnen von Grafiken 232
31.5 Skalieren von Grafiken 233
31.6 Umrahmen einer Grafik 234
31.7 Arbeiten mit Grafik-Platzhaltern 236
31.8 Tips und Tricks 237
• Grafiken verschieben mit Drag&Paste 237
• Abbildungsverzeichnis erstellen 238
• Einsatz von Leergrafiken 238

31.1 WISSENSWERTES IN KÜRZE ...

Die Verknüpfung von Text und Grafik ist eines der wichtigsten Elemente einer modernen Textverarbeitung, da Medien immer mehr auf die Vermittlung von Information durch Bilder bauen. Außerdem lockern Bilder einen Text auf und vermeiden so den Eindruck einer Bleiwüste. Kein Wunder also, daß auch Word einiges für das Zusammenspiel von Grafik und Text zu bieten hat. Vom Zusammenspiel gibt es vier Variationen:

• Erstellen und Bearbeiten der Grafik
Word wird mit einem Plug-In-Modul ausgeliefert, das zum Erstellen einfacher, objektorientierter 8-Farb-Grafiken taugt und im Kapitel „Grafikmodul" ausführlich dargestellt ist.

▐ ➡ K.32 ▌

• Einbinden der Grafik
Grafiken aus anderen Grafikprogrammen, die Word in einen Text einbinden soll, müssen Sie importieren. Die einfachste Form des Imports erfolgt über die Zwischenablage. Word verfügt darüberhinaus auch über verschiedene Dateitypen-Konvertierer, mit denen sich eine Reihe von Grafikdateien auch direkt von Word aus öffnen lassen. Diese Möglichkeiten sind auf den folgenden Seiten beschrieben. Im Zeitalter von System 7 gibt es aber auch die Inter-Application-Communication, also den direkten und dynamischen Datenaustausch zwischen zwei Programmen. Drei verschiedene Typen dieser Kommunikation sind in Word realisiert. Mehr dazu im Kapitel „Dynamischer Datenaustausch".

▐ ➡ K.25 ▌

• Formatieren der Grafik

Ist eine Grafik in ein Textdokument eingebunden, zählt nicht nur der Inhalt der Grafik, sondern auch das Design der Einbindung: Rahmen und Schattierungen sind dabei ebenso beliebt wie gut plazierte Bildunterschriften und ausgewogene Größenverhältnisse in Bezug auf Seite und Text (Skalierungesmöglichkeiten). Mehr dazu finden Sie weiter unten in diesem Kapitel.

• Positionieren der Grafik und die Verwendung von Fließtext

Der vielleicht wichtigste Faktor für ein gelungenes Zusammenspiel von Text und Grafik ist die Positionierung der Grafik auf einer Textseite und die Art und Weise, wie der Text um die Grafik herumfließt. Beide Aspekte sind in Word durch die sogenannten Positionsrahmen berücksichtigt. Hierbei handelt es sich um Rahmen, die Grafiken, Tabellen, Texte, Formeln, andere Dokumente usw. aufnehmen, frei auf einer Textseite positionierbar sind und von normalem Text umflossen werden. Mehr dazu in Kapitel „Positionsrahmen".

⇒ K.43

31.2 LADEN EINER GRAFIK

Word verfügt über eine Reihe von Konvertierprotokollen, die es zusammen mit den Plug-In-Modulen im Ordner „Word-Befehle" speichert. Diese Protokolle erlauben das direkte Öffnen einiger word-fremder Dateiformate, darunter auch die Grafikformate EPS, PICT und TIFF.

Um eine Grafikdatei direkt von Word aus zu laden, aktivieren Sie den Befehl „Öffnen" im Datei-Menü:

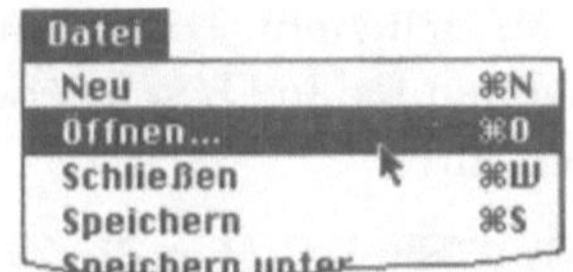

Wählen Sie im Popup-Menü „Dateitypen auflisten" das zu ladende Grafikformat:

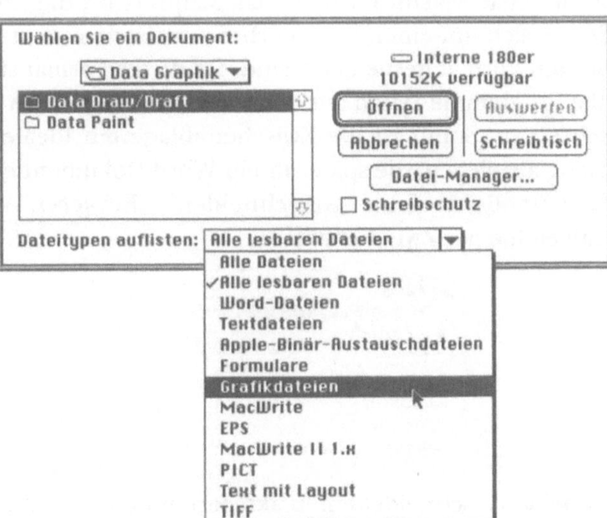

 Sollten bei Ihnen nicht so viele Dateitypen aufgelistet sein, so haben Sie wahrscheinlich die entsprechenden Konverter nicht installiert. Verlassen Sie Word, kopieren Sie den gewünschten Konverter von den Originaldisketten in den Word-Befehlsordner und starten Sie dann Word erneut.

Word listet nun in der Datei-Auswahlbox alle Grafikdateien auf, die in bekanntem Format auf der Platte abgelegt wurden, das Word bekannt ist. Klicken Sie die gewünschte Datei an und drücken Sie den Button **Öffnen**. Word schließt die Dialogbox und öffnet ein neues Dokument, in dem es die Grafik darstellt. Der Weg über „Öffnen" führt also immer dazu, daß die Grafik in ein neues Dokument geladen wird.

31.3 EINBINDEN EINER GRAFIK IN EIN BESTEHENDES WORD-DOKUMENT

Bevor Sie eine Grafik in ein bestehendes Word-Dokument einbinden, müssen Sie sich entscheiden, ob die Einbindung dynamisch oder statisch sein soll. Bei der *statischen Einbindung* hat eine Änderung der Originalgrafik keinerlei Effekt auf die ins Word-Dokument eingebundene Kopie. Bei der *dynamischen Einbindung* hingegen sorgt Word dafür, daß jede Änderung am Original sofort die entsprechende Änderung an der im Word-Dokument eingebundenen Kopie nach sich zieht. Das dynamische Einbinden ist komplexer und daher in einem eigenen Kapitel beschrieben (☞ K.25). Für die statische Einbindung gibt es zwei Verfahren:

• **Grafikimport über die Zwischenablage**
Schon der erste Macintosh hatte das „Clipboard", die „Zwischenablage". Hierbei handelt es sich um einen Speicherbereich, in dem Texte und Grafiken in einem definierten Format gespeichert sind. Da dieses Format standardisiert ist, können fast alle Programme Daten aus der Zwischenablage lesen oder Daten in diese hinein schreiben. Somit ist die Zwischenablage ein idealer Platz, um eine Grafik kurzzeitig abzulegen, die später in ein Word-Dokument eingefügt werden soll.
Die drei Standardbefehle „Ausschneiden", „Kopieren" und „Einfügen" sind die Zentralbefehle der Zwischenablage:

Bearb.	
Rückgängig Grafik bearbeiten...	⌘Z
Wiederholen	⌘Y
Ausschneiden	⌘H
Kopieren	⌘C
Einfügen	⌘U
Inhalte einfügen	

Die drei Befehle der Zwischenablage

Ausschneiden   schneidet einen aktivierten Bereich aus dem aktuellen Dokument aus und schreibt ihn in die Zwischenablage.

Kopieren kopiert einen aktivierten Bereich des aktuellen Dokuments und schreibt die Kopie in die Zwischenablage.

Einfügen schreibt den Inhalt der Zwischenablage in das aktuelle Dokument.

Für das Archivieren von Grafiken und Bildern hat Apple - ebenfalls seit dem ersten Mac - das sogenannte Album entwickelt, zu dem Sie über das Apfel-Menü gelangen. Es gehört zu Standard-Ausstattung eines jeden Macs und findet sich auf den Macintosh-Systemdisketten. Den Umgang mit dem Album erläutert das Macintosh-Handbuch.

Um eine Grafik aus dem Album in das Word-Dokument einzufügen, gehen Sie folgendermaßen vor:

❶ Plazieren Sie den Textcursor an der Stelle des Dokuments, an der die Grafik erscheinen soll.

❷ Öffnen Sie das Album und blättern Sie zu dem gewünschten Bild.

❸ Wählen Sie „Kopieren" oder „Ausschneiden" aus dem Bearb.-Menü.

Das Bild befindet sich nun in der Zwischenablage. Um sich davon zu überzeugen, können Sie den Befehl **„Zwischenablage"** im Fenster-Menü aktivieren. Word zeigt nun den Inhalt der Zwischenablage in einem eigenen Fenster gleichen Namens:

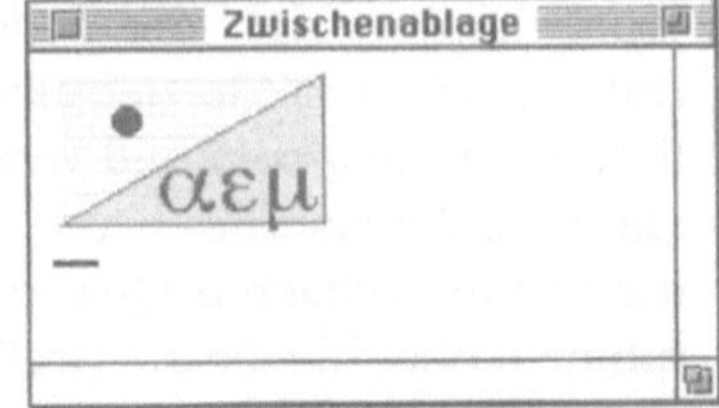

❹ Schließen Sie das Album und wählen Sie den Menüpunkt „Einfügen" aus dem Bearb.-Menü. Word fügt nun den Inhalt der Zwischenablage ins Dokument ein und zwar an der Stelle des Textcursors:

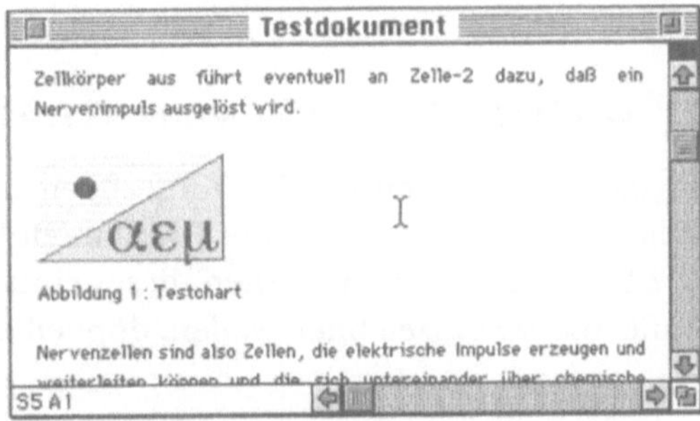

• **Grafikimport über das Einfügen-Menü**

Um eine Grafik direkt an eine bestimmte Stelle Ihres Word-Dokuments zu laden, gehen Sie folgendermaßen vor:

❶ Positionieren Sie den Mauscursor an der Stelle des Dokuments, an dem Sie die Grafik plaziert wollen.

❷ Wählen Sie den Menüpunkt „Grafik..." aus dem Einfügen-Menü:

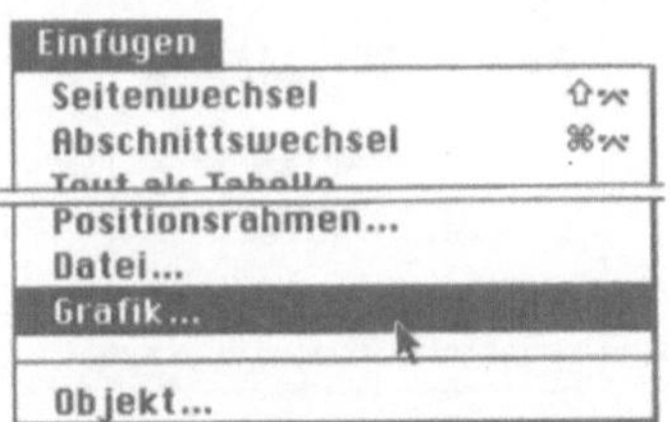

❸ Aktivieren Sie die gewünschte Datei und drücken Sie dann den Button **Einfügen**, um die Daten ins Textdokument zu übernehmen.

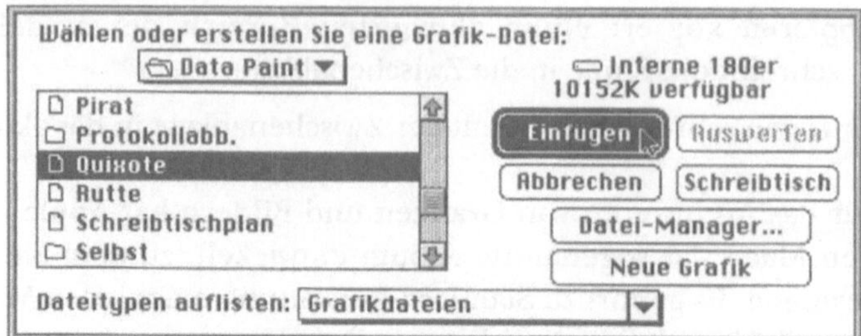

Über den Button **Datei-Manager** gelangen Sie zu dem Dateimanager, der Ihnen beim Aufspüren von Dateien behilflich ist (☞ K.17). Der Button **Neue Grafik** öffnet das Grafikmodul (☞ K.32).

❹ Word kopiert sich die Daten aus der Datei, plaziert sie an der aktuellen Position des Textcursors und versieht sie mit Handles. Bei Handles handelt es sich um die kleinen scharzen Quadrate am Bildrahmen, über die Sie die Grafik skalieren, also in ihrer Größe verändern.

31.4 UMZEICHNEN VON GRAFIKEN

Für das Umzeichnen von Vektorgrafiken und das Weiterverarbeiten von Pixelbildern stellt Word ein eigenes Grafikmodul bereit, das ausführlich in Kapitel ☞ K.32 beschrieben ist. Sie öffnen dieses einfache Grafikprogramm, indem Sie die Grafik, die Sie umzeichnen wollen, doppelklicken:

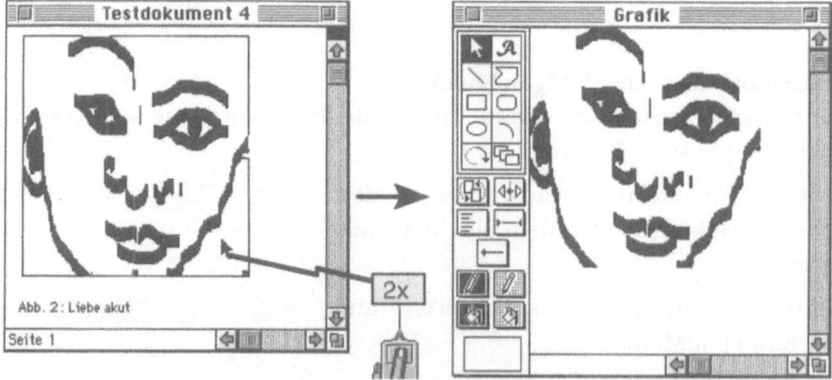

Wenn das Bild mehr als acht Graustufen beziehungsweise Farben aufweist, erscheint eine Warnung:

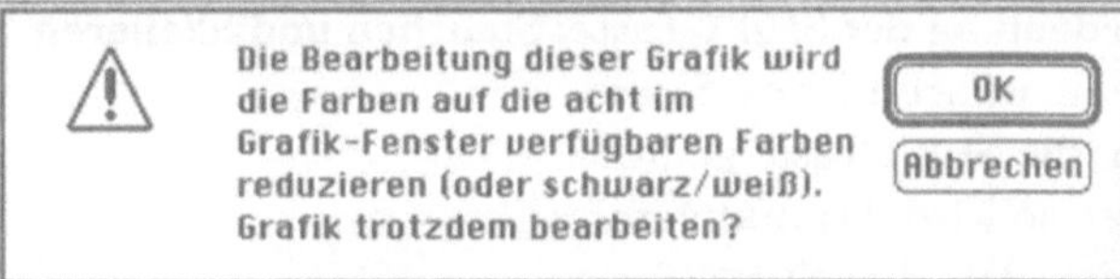

Acht Farben sind nicht viel, so daß in der Regel die Transformation eher unbefriedigend ausfällt. Aber probieren Sie es auf alle Fälle mal aus: vielleicht klappt's ja doch - mit „Rückgängig" aus dem Bearb.-Menü können Sie jede unerwünschte Änderung sofort rückgängig machen.

31.5 SKALIEREN VON GRAFIKEN

Klicken Sie eine im Dokument plazierte Grafik an, so umschließt Word diese mit einem schwarzen Rahmen, an dem drei schwarze Quadrate zu sehen sind. Hierbei handelt es sich um sogenannte Handles oder Griffe.

Die Handles dienen dem Skalieren, also der Größenänderung der Grafik. Während der Skalierung erscheinen im Infofeld Informationen über das Maß der Skalierung. Bei Skalierungen mit horizontalem und vertikalem Griff erscheint die Bildbreite bzw. -höhe, bei Benuttung des Eckgriffes die prozentuale Größenänderung.

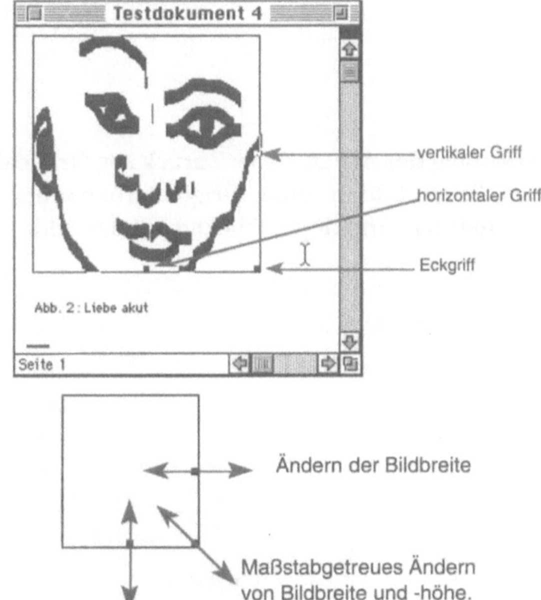

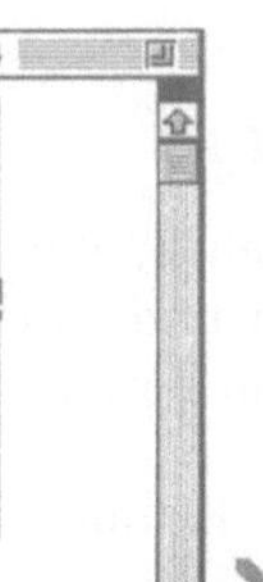

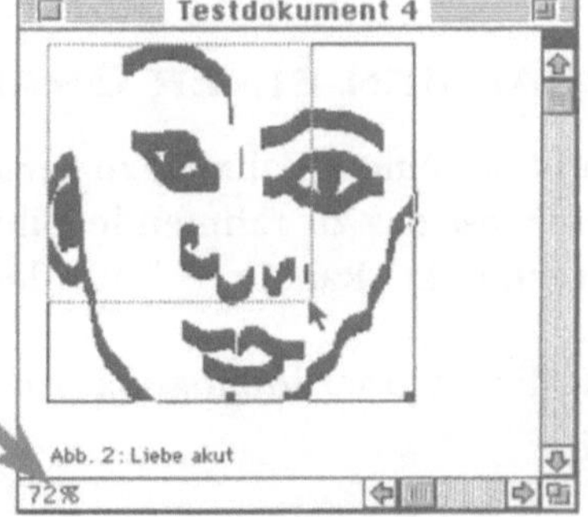

• Bedeutung der SHIFT-Taste: Stauchen und Skalieren
Wenn während des Skalie-
rens die SHIFT-Taste gedrük-
kt ist, so wird das Bild defor-
miert. Ist die SHIFT-Taste
hingegen nicht gedrückt, so
ändert sich lediglich der
sichtbare Ausschnitt des
Bildes.

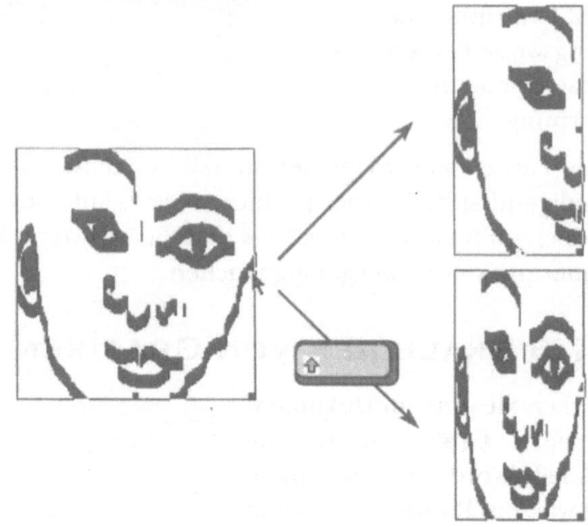

• Bedeutung der APPLE-Taste: Zurück zur Originalgröße
Wenn Sie ein Bild in seiner Originalgröße sehen wollen, so halten Sie die APPLE-
Taste gedrückt und doppelklicken auf das Bild:

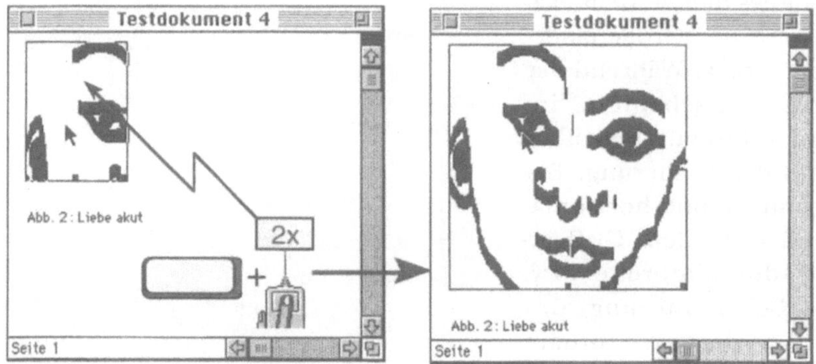

31.6 UMRAHMEN EINER GRAFIK

Um eine Grafik mit einem Rahmen zu versehen, aktivieren Sie zunächst das zu rahmende Bild und ruft
dann den Menüpunkt „Rahmen..." aus dem Format-
Menü auf.

Es erscheint die Standarddialogbox zur Rahmenformatierung:

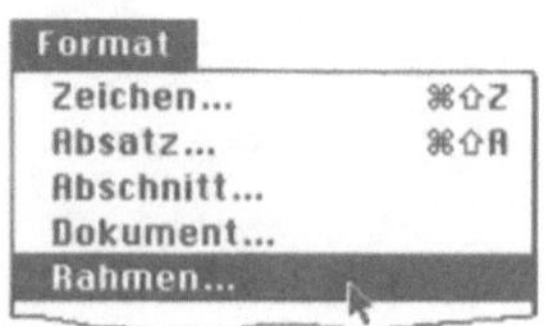

Bevor Sie nun mit der Rahmung (siehe ☞ K.45) beginnen, sollten Sie sich klar darüber werden, ob Sie den ganzen Absatz, in dem sich eine Grafik befindet, mit einem Rahmen versehen wollen, oder nur die Grafik. In der Regel ist nämlich die Grafik deutlich schmaler als der Absatz, in dem sie steht:

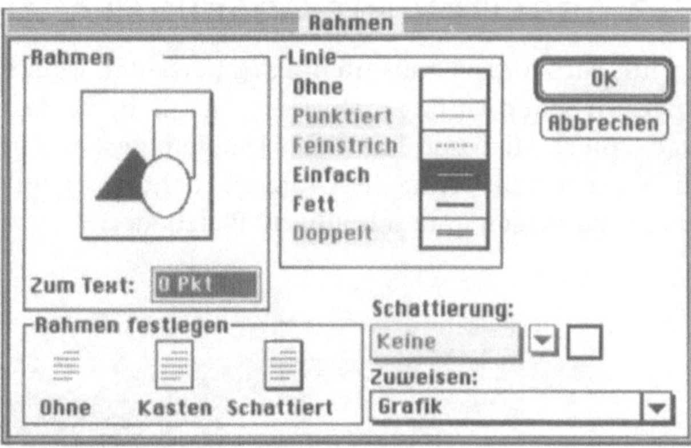

Wenn Sie sich entschieden haben, den gesamten Absatz zu umrahmen, so müssen Sie im Popup-Menü **Zuweisen** den Menüpunkt „Absatz" aktivieren. Sie erhalten dann in der Dialogbox zusätzliche Möglichkeiten zur Absatzformatierung, die in ☞ K.9 beschrieben sind.

Normalerweise aber werden Sie lediglich die Grafik mit einem Rahmen versehen. In der Dialogbox zeigt ein Beispiel, welche Parameter aktuell eingestellt sind. Dieses Beispiel ändert sich aber erst, wenn Sie auf eines der drei Icon im Feld **Rahmen festlegen** klicken. Wählen Sie deshalb zunächst die Linienstärke des Rahmens und erst danach die Rahmenart. Entsprechen die Parameter Ihren Vorstellungen, drücken Sie **OK**. Word zeigt die Grafik sofort mit Rahmen.

31.7 ARBEITEN MIT GRAFIK-PLATZHALTERN

Wer mit Farb- oder Graustufenbildern arbeitet, weiß es aus leidvoller Erfahrung: zügiges Arbeiten ist fast nicht mehr möglich, da das Blättern im Dokument zu lange dauert. Microsoft hat dieses Problem gesehen und bietet folgende Lösung: Auf Wunsch stellt Word die Grafiken nicht mehr im Original dar, sondern verwendet stattdessen grau schraffierte Platzhalter:

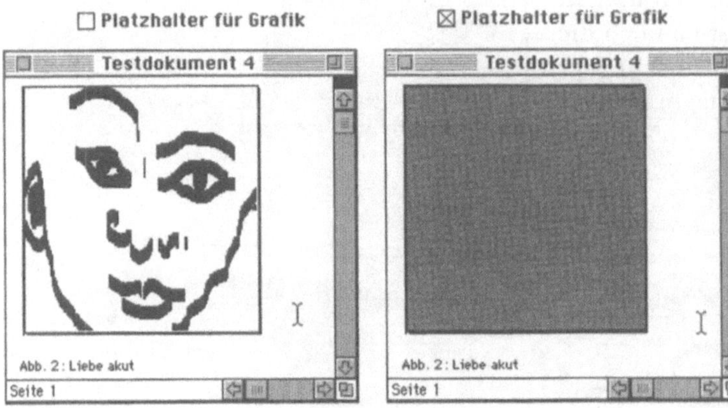

Mit welchem der beiden Darstellungsmodi Word arbeiten soll legen Sie in der „Einstellungen"-Dialogbox fest (Extras-Menü):

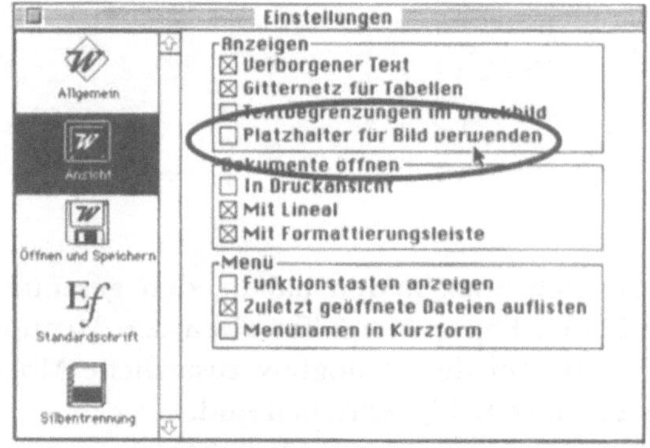

 Wenn bestimmte Grafiken immer wieder vorkommen, wie zum Beispiel die Icons in diesem Buch, empfiehlt sich ein anderer Trick: schreiben Sie an die Stelle, an der die Grafik erscheinen soll, zunächst nur einen Code für diese, zum Beispiel ##G1. Zum Schluß ersetzten Sie dann mit der Ersetzen-Funktion den Code durch die Grafik. Wie das genau geht, erfahren Sie in den Tips&Tricks von Abschnitt „Suchen & Ersetzen ☞ K.55.6.

31.8 TIPS UND TRICKS

• Grafiken verschieben mit Drag&Paste

❶ Klicken Sie auf die zu verschiebende Grafik, so daß die Handles sichtbar werden.

❷ Klicken Sie erneut auf die Grafik aber halten Sie dann die Maustaste gedrückt. Word unterstreicht die Grafik mit einer gepunkteten Linie und der Mauscursor erhält ein graues Rechteck.

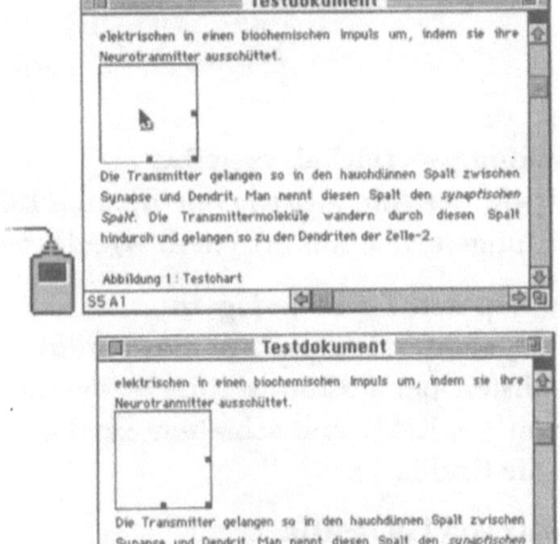

❸ Wenn Sie jetzt bei gedrückter Maustaste über den Text ziehen, fügt Word immer möglichst nah am Mauscursor eine gepunktete Linie in den Text ein. Positionieren Sie diese gepunktete Linie am Zielort der Verschiebung.

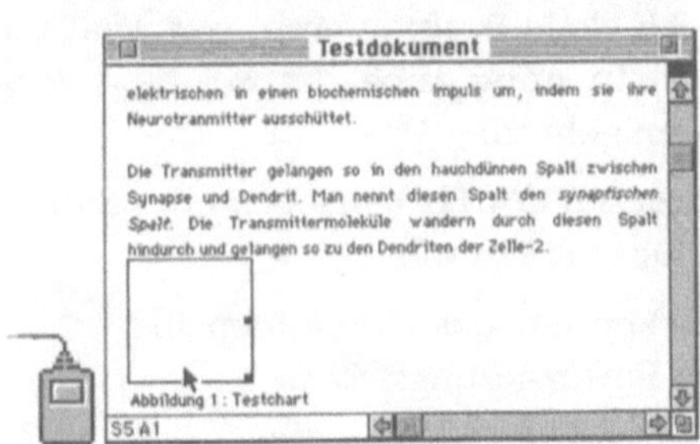

❹ Lassen Sie die Maustaste los. Sofort verschiebt Word die Grafik.

Kopieren statt Verschieben
Wenn Sie während dieses Procederes die OPTION-Taste gedrückt halten, so beläßt Word die Grafik in der alten Position und verschiebt lediglich eine Kopie derselben.

 **Achten Sie auf das ¶**
Wenn die Grafik über einen Rahmen oder sonstige Formatierungen verfügt, müssen Sie dafür sorgen, daß auch das Absatzzeichen (¶) hinter der Grafik aktiviert wird, sonst wird nämlich die Grafik ohne Formatierung verschoben. Sie aktivieren Grafik und Absatzzeichen, indem Sie rechts neben dem Paragraphenzeichen doppelklicken und dann bei gedrückter Maustaste den Mauscursor über die Grafik ziehen. Sowohl Absatzzeichen, als auch Grafik werden dann aktiviert.

• Abbildungsverzeichnis erstellen

Mit Hilfe der Stichwortverzeichnisfunktionen läßt sich auf einfache Weise ein Abbildungsverzeichnis erstellen. Wie das funktioniert, steht in ☞ K.35.5.

• Grafiken und Text überlagern

Wenn Sie einer Textpassage eine Grafik hinterlegen wollen, dann geht dies am einfachsten per Positionsrahmen. Versehen Sie Grafik und Text mit Positionsrahmen (☞ K.43) und schieben Sie dann in der Seitenansicht den Textrahmen über die Grafik.

• Einsatz von Leergrafiken

Häufig sollen nach dem Ausdruck des Dokuments noch Grafiken in das Dokument hineinmontiert werden. Es empfiehlt sich in einem solchen Falle sogenannte Leergrafiken als Platzhalter zu verwenden. Derartige Leergrafiken lassen sich exakt positionieren, von Text umfließen, millimetergenau aufspannen und wenn nötig auch mit Rahmen versehen. Die Montage derartiger Leergrafiken geht so:

❶ Plazieren des Textcursors an der Stelle, an der die Leergrafik in den Text eingefügt werden soll.

❷ Klicken auf das Grafik-Icon in der Formatierungsleiste.

❸ Schließen des Grafikmoduls.

❹ Aktivieren der „unsichtbare" Grafik, so daß die Griffe sichtbar werden. Mit Hilfe der Griffe läßt sich die Grafik auf die gewünschten Maße bringen.

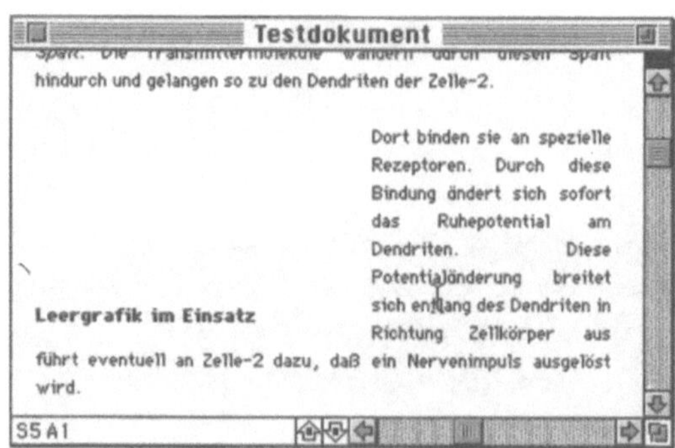

32. GRAFIKMODUL

32.1	Wissenswertes in Kürze	239
32.2	Installation des Grafikmoduls	240
32.3	Aufruf des Grafikmoduls	240
32.4	Arbeiten mit den Werkzeugen	241
	• Pfeilcursor	242
	• Beschriftung und Schriftmanipulation	242
	• Editieren von Text in einer Grafik	243
	• Ändern der Buchstabenformate in einer Beschriftung	243
	• Ändern der Textausrichtung in einem Textfeld	244
	• Duplizieren eines Textfeldes	244
	• Spezialeffekte	244
	• Rechtecke	246
	• Linien und Pfeile	247
	•Unregelmäßige Polygone	248
	• Kreise und Ellipsen	249
	• Kreissegmente	250
32.5	Bearbeiten von geometrischen Figuren	252
	• Aktivieren mehrerer Objekte	252
	• Deaktivieren eines Objekts	253
	• Verschieben eines Objektes per Maus	253
	• Pixelgenaues Verschieben von Objekten per Cursortasten	253
32.6	Tips & Tricks	257
	• Erstellen einer gemusterten, schattierten Textbox	257
	• Vom Mittelpunkt aus zeichnen	257

32.1 WISSENSWERTES IN KÜRZE ...

Das Grafikmodul von Word ist ein einfaches Zeichenprogramm, mit dem sich aber schon allerhand zuwege bringen läßt. Es taugt zum flotten Erstellen und Bearbeiten von Abbildungen aus geometrisch schlichten Grundformen und Textelementen. Bezier-Kurven oder Splines bietet das Modul ebensowenig wie Farbverläufe und Blocksatz.

Das Modul ist kein Malprogramm. Anders als etwa Mac Paint oder die Zeichenwerkzeuge von Hypercard arbeiten Sie nicht mit Pinsel, Bleistift und Farbeimer - also auf der Ebene von Bildpunkten - sondern immer mit grafischen Objekten. Das bedeutet, daß jedes Grafikelement als mathematisch definiertes Objekt vorliegt und sich daher jederzeit von Ihnen in Größe und Form verändern läßt.

Ein pixelorientiertes Bild aus Mac Paint und Co läßt sich zwar in das Grafikmodul laden, kann aber nicht bearbeitet werden. Es kann lediglich als Hintergrund für eine objektorientierte Grafik dienen.

Haben Sie hingegen eine Grafik in einem objektorientierten Programm wie Mac Draw, Vellum CAD oder Claris CAD erstellt, so lassen sich Beschriftungen nachträglich einfügen, bestehende Beschriftungen im Schrifttypus an den Text anpassen, Linienstärken verändern und so weiter. Genau für solche Zwecke hat Microsoft sein Grafikmodul konzipiert.

Wenn Sie komplexere Grafiken in Ihrem Dokument unterbringen wollen, so sei Ihnen dringend geraten, diese mit leistungsfähigen Grafikprogrammen zu erstellen und über eine „System-7-Pipeline" in Word einzubinden. Mehr zu diesem Thema in Abschnitt ☞ K.25.

Veränderungen an der Form eines Grafikobjekts erfolgt über sogenannte *Handles*. Hierbei handelt es sich um „Griffe" an einem Objekt, über die Sie mit der Maus das Objekt ergreifen und anschließend verformen können. Diese Griffe sind durch kleine schwarze Rechtecke symbolisiert und erscheinen dann, wenn Sie ein Objekt mit dem Pfeilcursor anklicken:

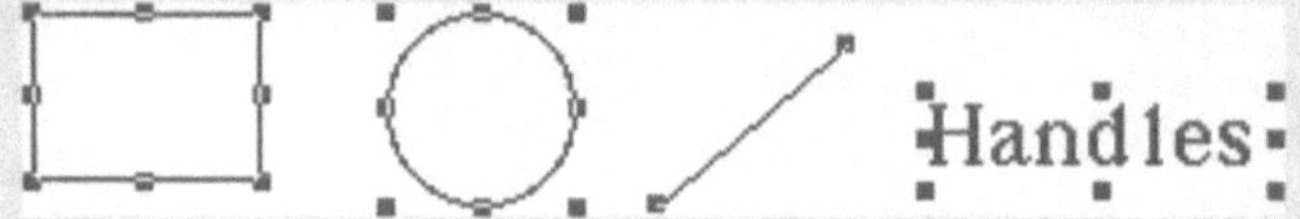

32.2 INSTALLATION DES GRAFIKMODULS

Beim Grafikmodul von Word handelt es sich um ein Plug-In-Modul, was Sie schon am Icon erkennen: wie bei allen Plug-In-Modulen umfaßt es nämlich eine Hand mit ausgestrecktem Zeigefinger.

Wie alle Plug-In-Module muß auch das Grafikprogramm beim Starten von Word im Befehlsordner oder aber auf derselben Ebene wie Word selbst liegen.

Tut es das nicht, erscheint beim Versuch, eine Grafik zu erstellen oder zu bearbeiten die nebenstehende Mitteilung.

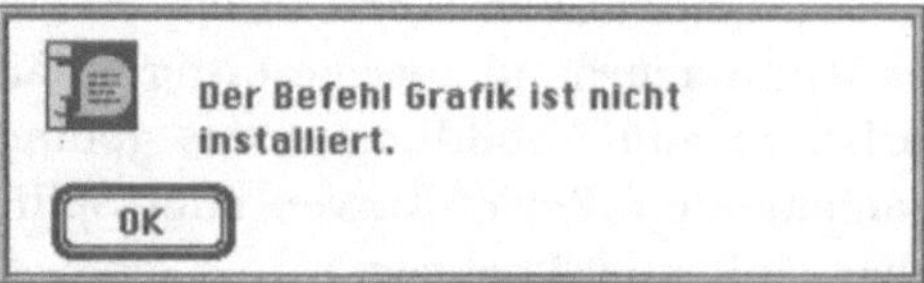

32.3 AUFRUF DES GRAFIKMODULS

Nehmen wir an, Sie wollen an einer bestimmten Stelle Ihres Word-Dokuments eine einfache Grafik plazieren und diese mit dem Grafikmodul von Word erstellen. Plazieren Sie dazu den Textcursor an der Stelle, an der die Grafik erscheinen soll und klicken Sie auf das Grafiksymbol in der Formatierungsleiste:

Die gleiche Bedeutung hat der Menüpunkt „Grafik" im Einfügen-Menü.

In beiden Fällen fügt Word einen leeren Grafikrahmen von 2,5x2,5cm Größe in den Text ein und startet dann sofort das Grafikprogramm. Das Grafikfenster besteht aus Werkzeugpalette und Arbeitsfläche. Leider gibt es weder ein unsichtbares Raster, noch Lineale.

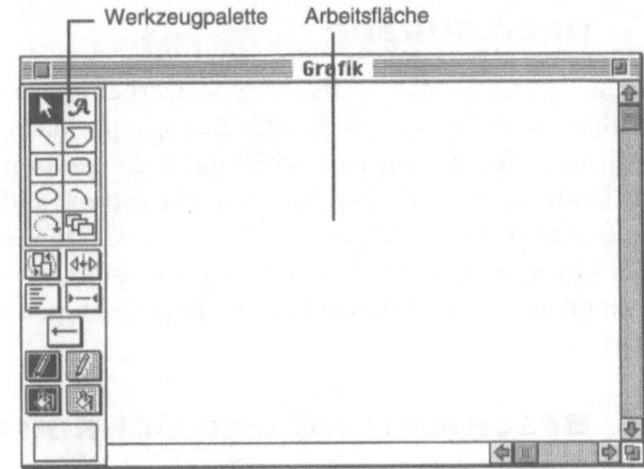

Doppelklick auf bestehende Grafik
Um eine bestehende Grafik mit dem Grafikmodul zu bearbeiten, klicken Sie zweimal mit der Maus auf die Grafik.

32.4 ARBEITEN MIT DEN WERKZEUGEN DES GRAFIKMODULS

Die Werkzeugpalette umfaßt Standardwerkzeuge für Schrift, Geraden, Polygone, Rechtecke, Kreise, Kreiselemente und Rechtecke mit abgerundeten Ecken. Außderdem verfügt sie über Buttons zum Rotieren und Duplizieren von Objekten sowie über eine Reihe von Popup-Menüs, hinter denen sich nützliche Hilfen verbergen:

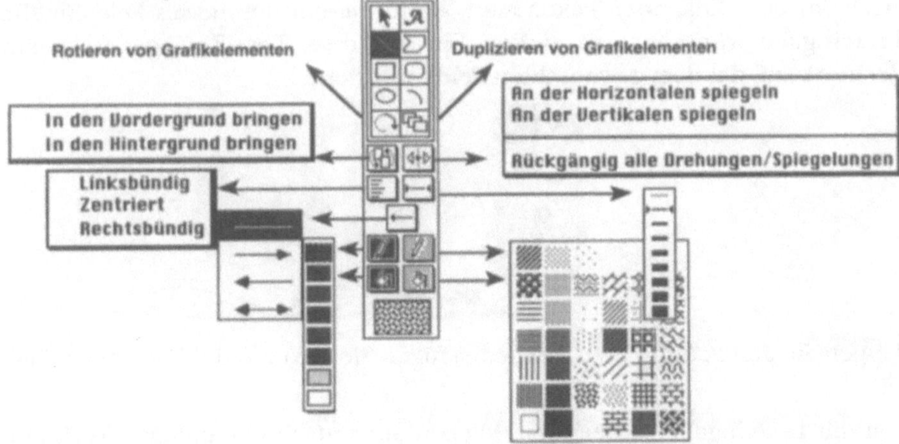

 ## PFEILCURSOR

Immer, wenn Sie ein Grafikelement bearbeiten wollen, müssen Sie zunächst den Pfeilcursor aktivieren. Klicken Sie ihn mit der Maus an, so daß er invertiert dargestellt wird. Der Mauscursor erhält dann die gewohnte Pfeilform. Klicken Sie nun ein Grafikelement an, so erhält es sogenannte Handles, also kleine schwarze Quadrate, die als Griffe fungieren. Über diese Griffe verändern Sie das Erscheinungsbild eines Grafikobjekts. Wie das genau geht, ist von Objekt zu Objekt unterschiedlich und wird daher bei den Erläuterungen der jeweiligen Werkzeuge erklärt.

 ## BESCHRIFTUNG UND SCHRIFTMANIPULATION

Der Vorteil eines objektorientierten gegenüber einem pixelorientierten Zeichenprogramm macht sich auch bei der Beschriftung bemerkbar. Jeder Text den Sie in eine Grafik einfügen läßt sich später umformatieren, umstellen, umschreiben, korrigieren, löschen oder auf einen farbigen Hintergrund plazieren. Doch bevor Sie sich an die Formatierung machen, müssen Sie den Text zunächst einmal eingeben:

- **Einfügen von Text in eine Grafik**

Um Text in eine Grafik einzufügen, gehen Sie folgendermaßen vor:

❶ Klicken Sie auf das „A" in der Werkzeugpalette, so daß es invertiert dargestellt wird:

❷ Der Mauscursor erhält das mac-übliche Text-Einfügen-Outfit: I

❸ Klicken Sie an die Stelle der Arbeitsfläche, an der der Text erscheinen soll. Es erscheint ein blinkender Textcursor. Wenn Sie ein definiertes Feld für die Texteingabe wünschen, so ziehen Sie mit dem Text-Einfügecursor ein Rechteck auf, das dem gewünschten Feld entspricht:

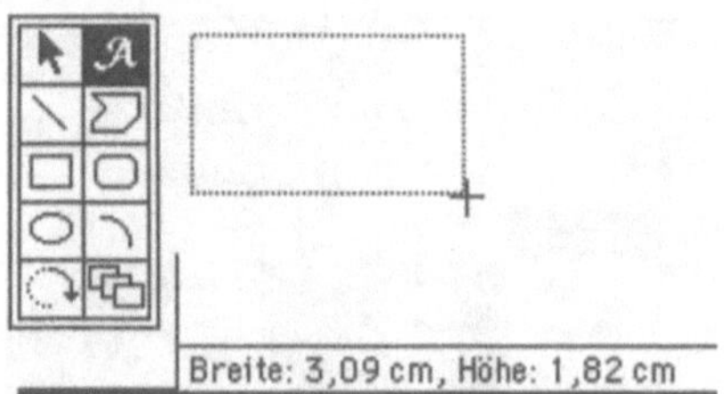

❹ Tippen Sie den gewünschten Text oder fügen Sie Text aus der Zwischenablage ein.

❺ Um die Texteingabe zu beenden, klicken Sie einfach ein anderes Werkzeug oder den Pfeilcursor an.

• Editieren von Text in einer Grafik

Der Textcursor läßt sich nur sehr schwerfällig bewegen. Die vertikalen und horizontalen *Cursortasten* funktionieren nur, wenn Sie gleichzeitig die SHIFT- oder die OPTION- oder die APPLE-Taste drücken. Die anderen Cursortasten sowie DELETE- und HILFE-Taste funktionieren überhaupt nicht. Selbst Springen von Wort zu Wort oder das Springen an Textanfang und Textende ist unmöglich. Dafür funktioniert die *Backspacetaste* in gewohnter Weise.

Doppelklick mit dem Mauscursor auf ein Wort aktiviert dieses. Halten Sie die Maustaste gedrückt und zieht über den Text, so aktiviert das Grafikmodul den Text wortweise. *APPLE-A* aktiviert den gesamten Text in einem Textfeld und auch der Gebrauch der *Zwischenablage* ist erlaubt.

Um Text in ein Textfeld einzufügen, klicken Sie in word-üblicher Manier mit dem Text-Einfüge-Cursor auf die Stelle, an der Text eingefügt werden soll: sofort erscheint dort der Textcursor. Während der Texteingabe bricht Word den Text automatisch um.

• Ändern der Buchstabenformate in einer Beschriftung

Das Grafikmodul bietet Buchstabenformate wie Fett-, Kursiv-, Standarddruck und Unterstreichungen. Auch Schriftfarbe, -größe und -typ sind veränderbar.

Leider gilt jede Formatierung für den gesamten Text eines Textfeldes. Es ist also nicht möglich, innerhalb eines Textfeldes verschiedene Worte unterschiedlich zu formatieren: entweder alle oder keins.

Um Text in einem Textfeld zu formatieren, müssen Sie zunächst das Textfeld aktivieren, indem Sie es mit dem Pfeilcursor oder dem Textcursor anklicken.

Anschließend wählen Sie aus den Menüs „Schrift" oder „Format" oder dem Popup-Menü der Werkzeugpalette die gewünschten Buchstabenformate.

Mit den Formatierungsmöglichkeiten lassen sich interessante Effekte erzielen. Im Beispiel rechts wurde das unterstrichene Wort „Überschrift" zunächst dupliziert (siehe unten), das Duplikat grau coloriert, und der graue Schriftzug leicht versetzt vor den schwarzen gesetzt.

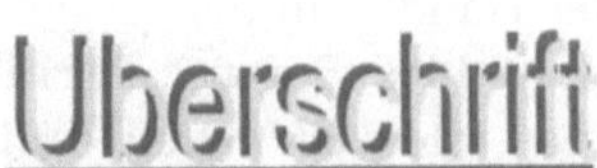

• Ändern der Textausrichtung in einem Textfeld

Um die Ausrichtung des Textes in einem Textfeld zu ändern, bedienen Sie sich eines Popup-Menüs aus der Werkzeugpalette.

Klicken Sie zunächst das Textfeld an, dessen Ausrichtung Sie ändern wollen und
aktivieren Sie dann den gewünschten Menüpunkt. Blocksatz ist nicht möglich.

• Duplizieren eines Textfeldes

Um ein Textfeld zu duplizieren, müssen Sie es zunächst aktivieren. Anschließend
wählen Sie dann das „Duplizieren"-Icon aus der Werkzeugpalette. Sofort produ-
ziert das Grafikmodul eine Kopie des Textfeldes:

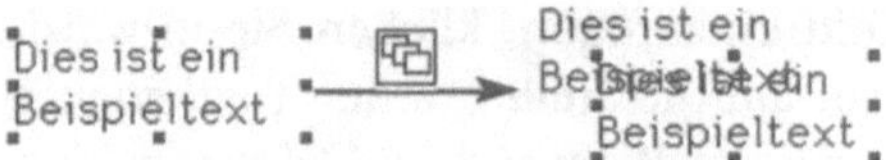

• Spezialeffekte

Besondere Effekte erzielen Sie mit den Spiegel- und Rotationswerkzeugen. Ein
Textblock läßt sich nämlich nach Belieben rotieren und spiegeln:

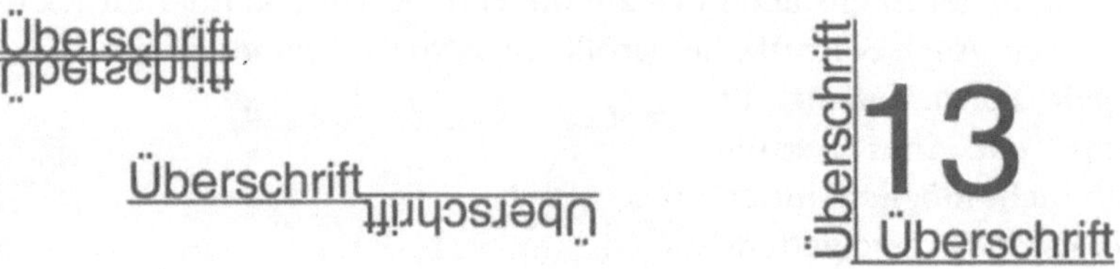

Um ein Textfeld zu **spiegeln**, gehen Sie folgendermaßen vor:

❶ Aktivieren Sie das zu spiegelnde Textfeld.

❷ Wählen Sie einen der beiden Spiegel-Menüpunkte im Popup-Menü „Spiege-
lungen" aus.

Um hingegen einen Textblock zu **rotieren**, verfahren Sie so:

❶ Aktivieren Sie den Textblock, der rotiert werden soll.

❷ Klicken Sie auf das „Rotieren"-Icon in der Werkzeugpalette:

❸ Der Mauscursor nimmt die Form eines Kreises mit Fadenkreuz an: ⊗

❹ Klicken Sie nun mit diesem Cursor auf eine
der Handles in den Ecken (!) des aktivierten
Textfeldes. Sofort umschließt eine gepunktete Linie das Textfeld und unter der Arbeitsfläche erscheint eine Mitteilung über den
Drehwinkel.

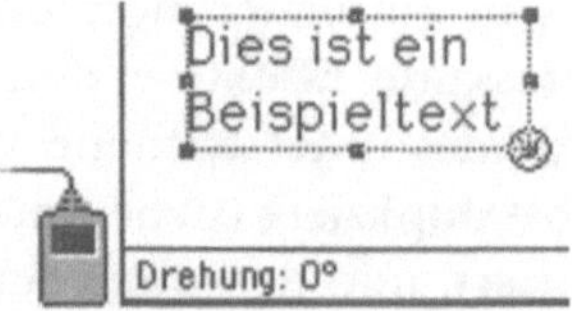

❺ Drehen Sie das Textfeld in den gewünschten Winkel.

Das Textfeld wird immer um den Mittelpunkt des Textfeldes gedreht.

❻ Lassen Sie die Maustaste los. Sofort erscheint der Text im eingestellten Winkel:

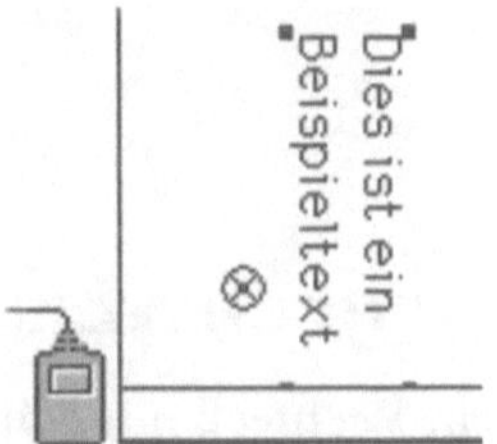

 Ein gedrehtes Textfeld kann weder formatiert, editiert noch umgeformt werden. Um Änderungen vorzunehmen, müssen Sie zunächst das gedrehte Textfeld aktivieren und anschließend den Menüpunkt „Rückgängig alle Drehungen/Spiegelungen" aus dem dem Popup-Menü „Spiegelungen" aktivieren.

• Umformen des Textfeldes

Nachdem die Texteingabe abgeschlossen ist, klicken Sie wieder auf den Pfeilcursor. Wie Sie sehen, faßt das Grafikmodul den Text mit sogenannten Handles ein.

Über diese kleinen schwarzen Quadrate läßt sich die Form des Textfeldes verändern. Klicken Sie mit der Maus einen der Handles an. Sofort erscheinen in der unteren Fensterzeile die Abmessungen des Textfeldes und der Text wird von einer gepunkteten Linie umrandet:

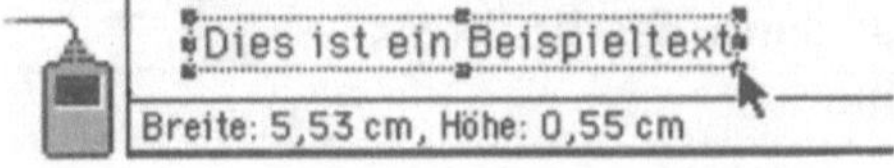

Halten Sie die Maustaste gedrückt und bewegen Sie den Mauscursor. Die gepunktete Linie zeigt die neue Form des Textfeldes an und die Maßangaben in der Festerbasis geben Auskunft über Breite und Höhe des neuen Rechtecks. Stoßen Sie beim Umformen des Textfeldes an den Fensterrand, so scrollt das Grafikmodul automatisch nach:

Hat das Grafikfeld die gewünschten Maße, lassen Sie einfach die Maustaste los. Sofort formatiert das Grafikmodul den Text um:

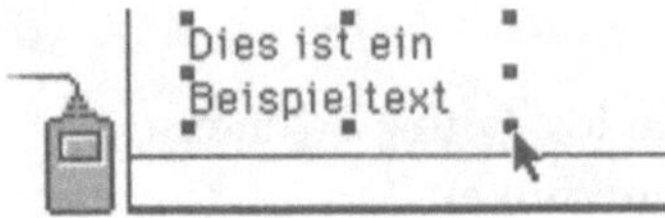

RECHTECKE

Um ein Rechteck mit echten oder abgerundeten Ecken zu erstellen, gehen Sie folgendermaßen vor:

❶ Klicken Sie auf eines der beiden Rechteckwerkzeuge in der Werkzeugpalette. Der Mauscursor nimmt die Form eines **+** ein.

❷ Plazieren Sie den Mauscursor auf einer Stelle des Arbeitsblattes, an der eine Ecke des Rechtecks liegen soll.

❸ Drücken Sie die Maustaste und ziehen Sie bei gedrückter Maustaste das gewünschte Rechteck auf. Im unteren Fensterbalken erscheinen währenddessen die Abmessungen des aufgezogenen Rechtecks.

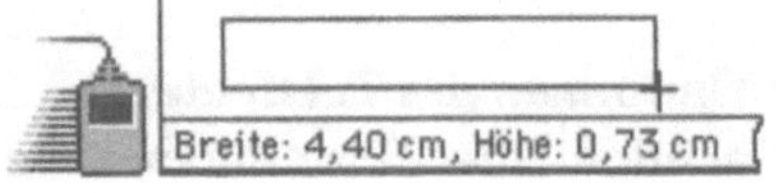

 Wenn Sie ein Quadrat zeichnen wollen, so halten Sie während der Mausbewegung die SHIFT-Taste gedrückt.

❹ Wenn das Rechteck die gewünschten Maße hat, lassen Sie einfach die Maustaste los. Word faßt dann das Rechteck mit acht Handles ein:

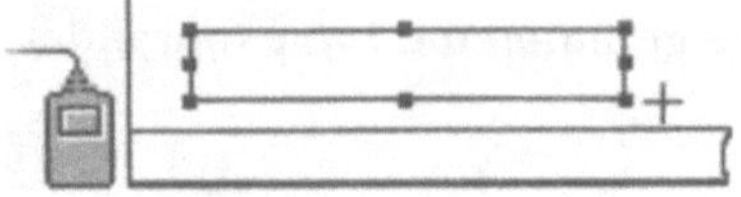

• Umformen eines Rechtecks
Die Handles deuten darauf hin, daß das Rechteck „aktiv" ist, daß sich also alle folgenden Befehle auf dieses Rechteck beziehen werden. Wie Sie ein aktiviertes Rechteck mit farbigen Mustern und unterschiedlichen Linienstärken versehen, wie Sie es drehen, spiegeln, pixelgenau verschieben und seine Zeichenebene verändern - all das erfahren Sie in Abschnitt ☞ K.32.5.
Hier nur noch eine Anmerkung zu den Handles. An diesen „Griffen" läßt sich ein Rechteck mit der Maus fassen und in seiner Form verändern. Um lediglich die

Höhe eine Rechtecks zu variieren, ergreifen Sie am besten einen der beiden vertikalen Handles —■—. Die Breite des Rechtecks bleibt dann unverändert. Wollen Sie hingegen lediglich die Breite verändern, sollten Sie einen der beiden horizontalen Handles benutzen: ┃ . Sollen aber sowohl Breite wie auch Höhe korrigiert werden, so sind die Eckhandles am zweckmäßigsten: ┓ .

 LINIEN UND PFEILE

Um eine Linie zu ziehen, folgen Sie folgenden Schritten:

❶ Aktivieren Sie das Linienwerkzeug auf der Werkzeugpalette.

❷ Der Mauscursor nimmt die Form eines Kreuzes an. Positionieren Sie dieses Kreuz an dem Punkt der Arbeitsfläche, an der die Linie beginnen soll.

❸ Drücken Sie die Maustaste und bewegen Sie, bei gedrükkter Maustaste, die Maus. Es spannt sich nun eine Linie auf, wobei die Länge der Linie im unteren Fensterbalken vermerkt ist.

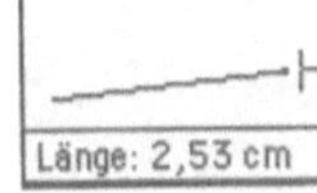

 Wenn Sie ein waagrechte oder senkrechte Linien ziehen wollen, so halten Sie während der Mausbewegung die SHIFT-Taste gedrückt.

❹ Wenn Ausrichtung und Länge der Linien stimmen, lassen Sie die Maustaste los. Sofort erscheinen am Anfang und Ende der Linie ein Handle.

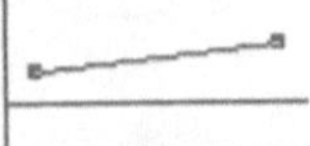

• Ändern einer Linien
Stärke, Farbe und Muster einer Linie manipulieren Sie über Popup-Menüs im Werkzeugkasten. Auch Rotieren, Spiegeln, Verschieben und das Ändern der Zeichenebene erfolgt in üblicher Weise.
Um die Länge oder Ausrichtung einer Linie zu korrigieren, bedienen Sie sich der Handles. Klicken Sie mit dem Pfeilcursor auf die Linien, die verändert werden soll. An den Enden der Linie erscheinen die üblichen Handles. Klicken Sie einen der Handles an, halten Sie die Maustaste gedrückt und verschieben Sie dann das Linienende. Eine gepunktete Linie folgt dem Mauscursor und im unteren Fensterbalken zeigt Word die aktuelle Länge der neuen Linie:

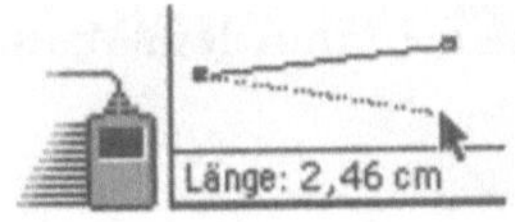

• Verwenden von Pfeilen

Bei Pfeilspitzen handelt es sich um besondere Attribute einer normalen Linie. Es läßt sich also jede Linie jederzeit in einen Pfeil umwandeln und vice versa. Aktivieren Sie dazu lediglich eine gezeichnete Linie und wählen Sie anschließend aus dem Popup-Menü der Werkzeugpalette den gewünschten Pfeiltyp aus.

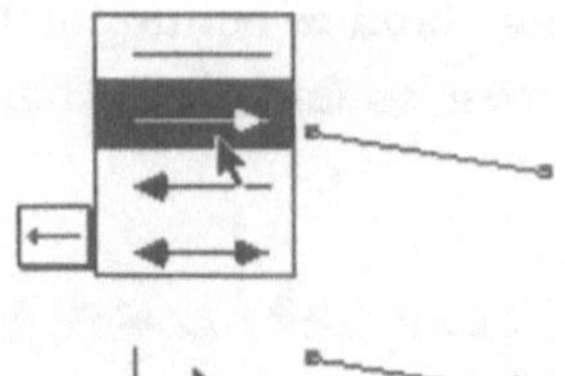

Sofort stellt Word die Linie im neuen Dress dar:

Natürlich ist auch hinsichtlich Farbe, Muster und Liniendicke der Pfeile fast jeder Wunsch per Popup-Menü erfüllbar:

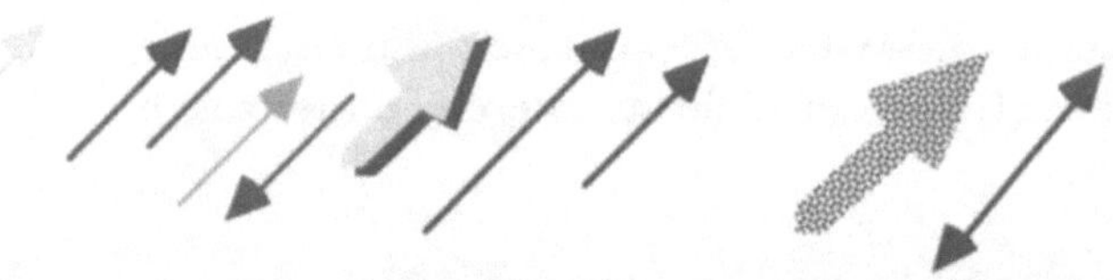

- Um das Muster von Linien und Pfeilen zu wechseln, müssen Sie nicht das Füllmuster (Eimer), sondern das Linienmuster (Stift) verändern

- Einen schattierten Pfeil erhalten Sie einfach dadurch, daß Sie einen Pfeil duplizieren, das Duplikat hell einfärben und dann das Duplikat leicht versetzt über das scharze „Original" setzten..

UNREGELMÄSSIGE POLYGONE

Polygone, also Vielecke, sind vielfältig einsetztbar. Das Grafikmodul von Word kennt nur geschlossene Polygone. Wenn Sie also das Polygon nicht schließen, dann übernimmt Word diese Arbeit. Um ein Polygon zu erstellen, verfahren Sie folgendermaßen:

❶ Aktivieren Sie das Polygonwerkzeug der Werkzeugpalette.

❷ Positionieren Sie den Mauscursor auf einer Stelle der Arbeitsfläche, an der ein Eckpunkt des Polygons liegen soll.

❸ Klicken Sie *einmal* mit der Maus. Word setzt dann den Startpunkt des Polygons. Von diesem Startpunkt folgt eine Linie dem Mauscursor.

❹ Ziehen Sie nun zum nächsten Eckpunkt des Polygons und klicken Sie einmal mit der Maus. Word verbindet ersten und zweiten Eckpunkt und zieht erneut eine Linie zum Mauscursor.

❺ Um das Polygon zu beenden, tätigen Sie einfach einen **Doppelklick**. Sofort schließt Word das Polygon, versieht es mit Handles und aktiviert den Pfeilcursor:

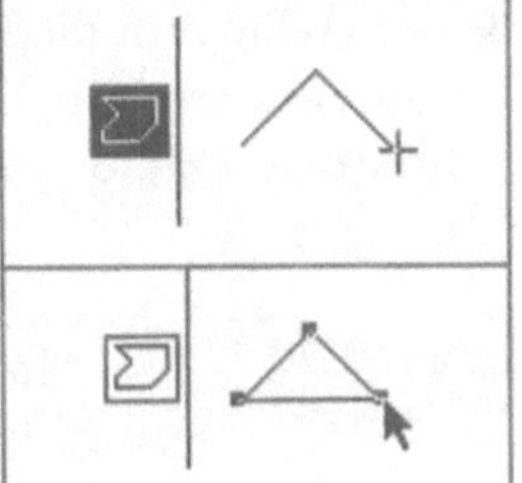

• **Verändern eines Polygons**

Ändern des Füllmusters, der Linienstärke, der Linienfarbe oder Drehen, Spiegeln und Verschieben eines Polygons erfolgt über die Popup-Menüs der Werkzeugpalette.

❶ Eine Korrektur der Form hingegen erfolgt über die Handles. Aktivieren Sie mit dem Mauscursor das Polygon und greifen Sie sich dann jenen Handle, über den Sie am ehesten die gewünschte Formänderung herbeiführen.

❷ Bewegen Sie nun bei gedrückter Maustaste die Maus. Word führt eine gestrichelte Linie nach, die zwischen den beiden nächstliegenden Handles aufgespannt ist

❸ Wenn Sie nun die Maustaste loslassen, zeichnet Word das Polygon neu.

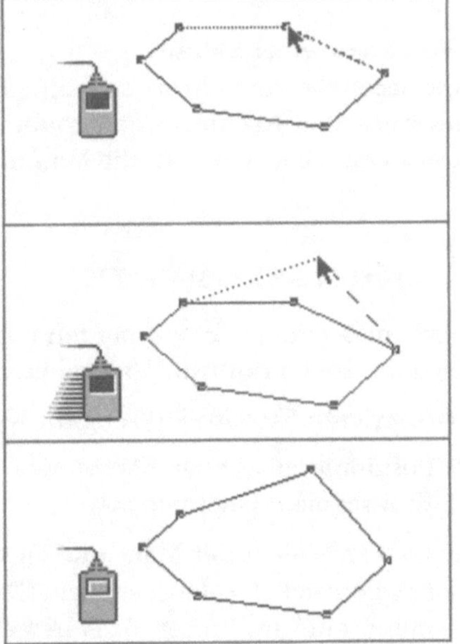

KREISE UND ELLIPSEN

Beim Zeichnen einen Kreises verfährt Word folgendermaßen. Der Anwender spannt mit seinem Werkzeug ein Rechteck auf und in dieses Rechtseck hinein zeichnet Word den Kreis. Am leichtesten verständlich wird dies, wenn Sie einfach einen Kreis zeichnen:

❶ Aktivieren Sie das Kreis-Werkzeug in der Werkzeugpalette.

❷ Klicken Sie irgendwo auf die Arbeitsfläche des Grafikmoduls und halten Sie die Maustaste gedrückt.

❸ Ziehen Sie nun die Ellipse auf. Word zeigt währenddessen im unteren Fensterbalken Breite und Höhe der Ellipse an.

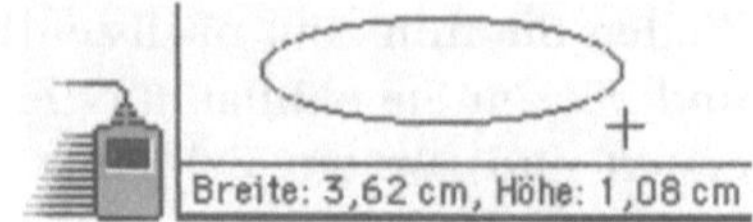

 Wenn Sie einen *echten Kreis* zeichnen wollen, müssen Sie während der Mausbewegung die SHIFT-Taste gedrückt halten.

❹ Hat die Ellipse die gewünschte Form und Abmessung, lassen Sie die Maustaste einfach los. Sofort versieht Word die Ellipse mit Handles.

• Verändern einer Ellipse

Aktivieren Sie einen Kreis, so fällt auf, daß die Anordnung der Handles denen eines normalen Rechtecks entspricht. In der Tat gilt für die Manipulation eines Kreises das gleiche wie für die Manipulation eines Rechtecks (☞ K.32.5).

KREISSEGMENTE

Der Umgang mit Kreissegmenten ist verhältnismäßig komplex und abstrakt, und dazu nur selten sinnvoll. Aber sehen Sie selbst:

❶ Aktivieren Sie das Werkzeug für Kreissegmente in der Werkzeugpalette.

❷ Positionieren Sie den Mauscursor an einer Stelle der Arbeitsfläche, an der das Kreissegment beginnen soll.

❸ Klicken Sie mit der Maus und ziehen Sie bei gedrückter Maustaste ein Kreissegment auf. Im unteren Fensterbalken zeigt Word Breite und Höhe des Segments.

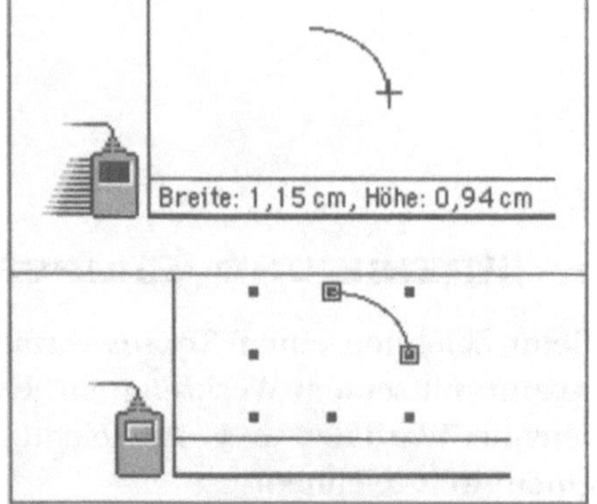

❹ Entspricht das Segment Ihren Vorstellungen, lassen sie die Maustaste los. Word versieht das Kreissegment mit zwei Sorten von Handles (siehe unten).

Die Positionierung der normalen, schwarzen Handles entspricht jener eines normalen Rechtecks und in der Tat verändern Sie Breite und Höhe eines Kreissegments in derselben Weise wie beim Rechteck (☞ K.32.5).

Anfangs- und Endpunkt des Kreissegments besitzten aber eigene Handles, die die Form von weißen Rechtecken besitzen. Über Sie läßt sich der Öffnungswinkel des Kreissegments verändern:

• Ändern des Öffnungswinkels eines Kreissegments

❶ Klicken Sie exakt auf den Rand des Rechteckhandles. Die Vergrößerung zeigt die Verhältnisse deutlicher:

❷ Sofort verschwinden alle schwarzen Handles und Word zeichnet eine Skizze des zum Kreissegment gehörigen Kreises. Ziehen Sie diesen bei gedrückter Maustaste bis zur gewünschten Größe auf.

❸ Lassen Sie dann die Maustaste los. Word zeichnet das Kreissegment mit dem neuen Öffnungswinkel. Die Abbildung zeigt jetzt deutlich das Rechteckhandle am Ende der Segmentlinie:

❹ Mit Farbe und Muster füllen Sie das Kreissegmet mit Hilfe der beiden Eimer-Popup-Menüs in der Werkzeugpalette.
Auch Strichstärke und Strichfarbe lassen sich so manipulieren.

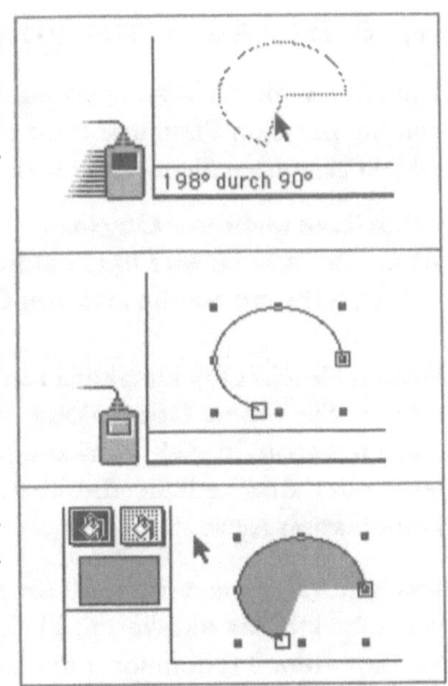

• Komplettierung zu einem Kreis
Ein Kreissegment läßt sich folgendermaßen zu einem Kreis komplettieren:

❶ Wählen Sie das Kreis-Werkzeug aus der Werkzeugpalette.

❷ Stellen Sie den Mauscursor auf den Mittelpunkt des Kreissegments.

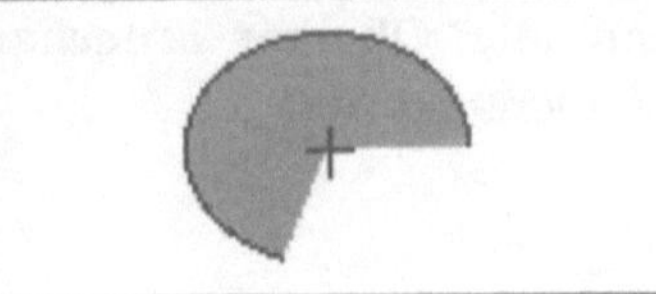

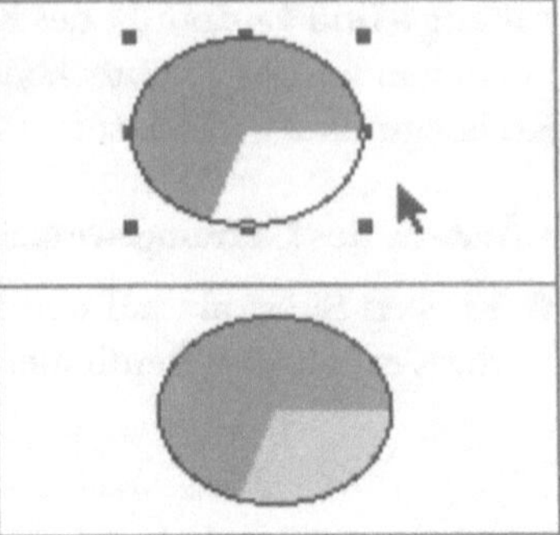

❸ Halten Sie die OPTION-Taste gedrückt, drücken Sie die Maustaste und ziehen Sie einen Kreis auf, der exakt den Maßen des Kreissegments entspricht und lassen Sie dann die Maustaste los:

❹ Wählen Sie eine geeignete Farbe aus dem Popup-Menü für die Füllfarben (Eimer). Word färbt den Kreis sofort ein:

32.5 BEARBEITEN VON GEOMETRISCHEN FIGUREN

Um ein Grafikobjekt zu bearbeiten, müssen Sie es zunächst aktivieren. Dazu klicken Sie mit dem Pfeilcursor auf einen farbigen Pixel des Objekts. Ein aktiviertes Objekt erkennen Sie an seinen Handles.

• Aktivieren mehrerer Objekte
Wenn Sie *mehr als ein* Objekt aktivieren wollen, so halten Sie die SHIFT-Taste gedrückt, während Sie die anderen Objekte anklicken.

Wollen Sie *alle* Objekte aktivieren so tätigen Sie einen Doppelklick auf das Pfeil-Icon in der Werkzeugpalette oder drücken Sie die Tastenkombination APPLE-A.

Um eine *zusammenliegende Gruppe* von Objekten zu aktivieren, klicken Sie mit dem Pfeilcursor nahe der Gruppe auf die leere Arbeitsfläche und ziehen dann bei gedrückter Maustaste einen Rahmen um die Objekte.
Sobald Sie die Maustaste loslassen, sind alle Objekte innerhalb des Rahmens aktiviert.

Wie Sie per Handle die Form eines Objekts verändern, ist bei den jeweiligen Objekttypen besprochen.

• Deaktivieren eines Objekts

Wenn Sie ein aktiviertes Objekt deaktivieren wollen, so halten Sie die SHIFT-Taste gedrückt und klicken das Objekt nochmals an. Wollen Sie alle aktivierte Objekte deaktivieren, klicken Sie einfach irgendwo auf eine freie Fläche des Arbeitsblattes.

• Verschieben eines Objektes per Maus

❶ Plazieren Sie die Spitze des Positionscursors über einem farbigen Pixel des Objekts. Bei geschlossenen Figuren können Sie auch einfach mitten in das Objekt hinein klicken.

❷ Drücken Sie die Maustaste und halten Sie sie gedrückt. Word versieht das Objekt mit Handles und zeichnet es mit einer gepunkteten Linie nach.

❸ Bewegen Sie nun bei gedrückter Maustaste die Maus. Word verschiebt das gepunktete Objekt entsprechend der Mausbewegungen.

❹ Haben Sie die Zielposition erreicht, lassen Sie einfach die Maustaste los. Word setzt das Objekt an seine neue Position und versieht es mit Handles.

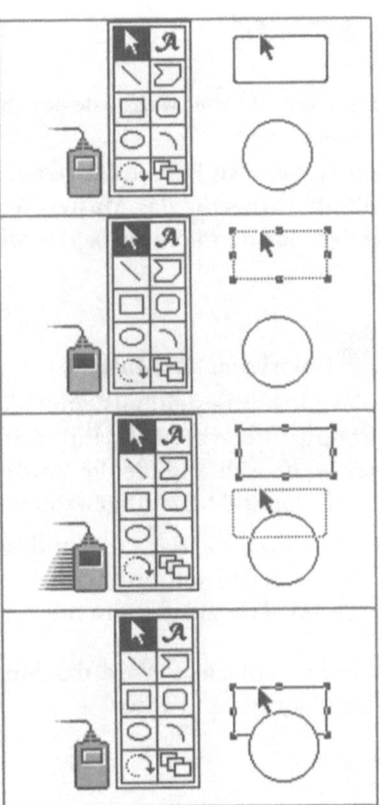

• Pixelgenaues Verschieben von Objekten per Cursortasten

Für die Feinpositionierung eines Objekts ist es häufig einfacher, die Cursortasten zur Hilfe zu nehmen. Jedes aktivierte Objekt, aber auch eine Gruppe aktivierter Objekte, läßt sich mit den vier Cursortasten Pixel für Pixel verschieben.

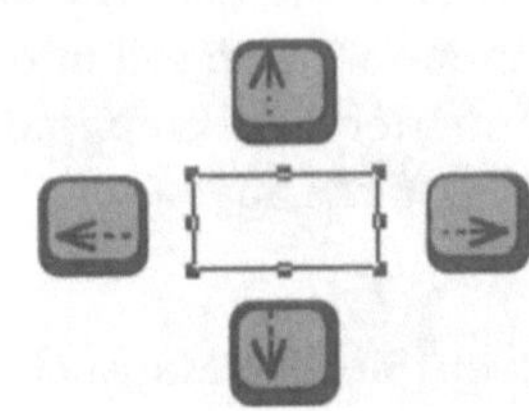

 **Füllmuster**

Jedes geschlossene Objekt läßt sich mit einem Füllmuster versehen, das Sie aus einem Popup-Menü der Funktionsleiste auswählen:

❶ Aktivieren Sie das zu füllende Objekt.

❷ Wählen Sie aus dem Popup-Menü des gewünschte Muster.

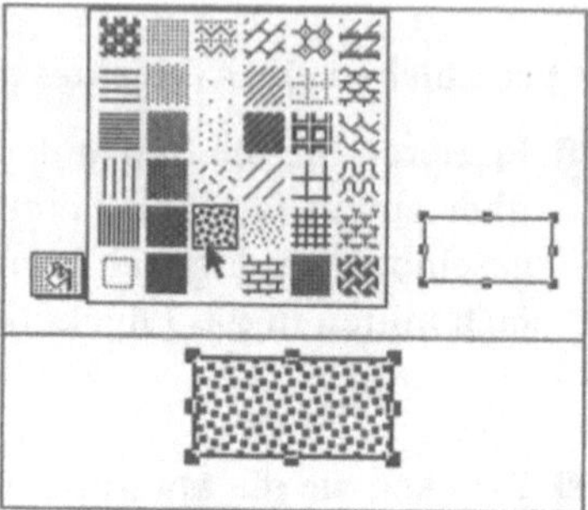

❸ Lassen Sie die Maustaste los. Sofort füllt Word das Objekt.

Sollten Sie kein Füllmuster sehen, so kann es sein, daß als Farbe für das Muster Weiß selektiert ist. Ändern Sie dann die Farbe des Musters.

 **Kolorieren des Musters**

Jedes Muster besteht aus einer Vorder- und einer Hintergrundfarbe. Die Hintergrundfarbe ist immer Weiß, während Sie die Vordergrundfarbe aus einem Popup-Menü ausgewählen können:

❶ Aktivieren Sie das Objekt, dessen Farbe verändert werden soll und wählen Sie dann aus der Farbpalette die gewünschte Farbe.

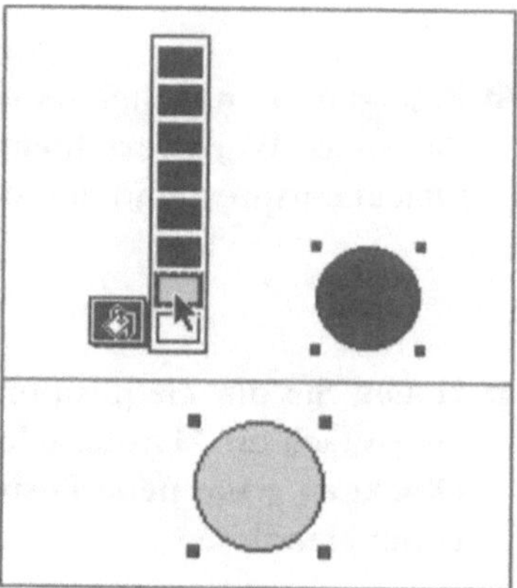

❷ Sofort coloriert Word das Muster des Objekts mit der neuen Farbe:

 **Ändern der Linienstärke**

❶ Aktivieren Sie das Objekt, dessen Linienstärke geändert werden soll und suchen Sie im Popup-Menü der Werkzeugpalette die gewünschte Linienstärke aus.

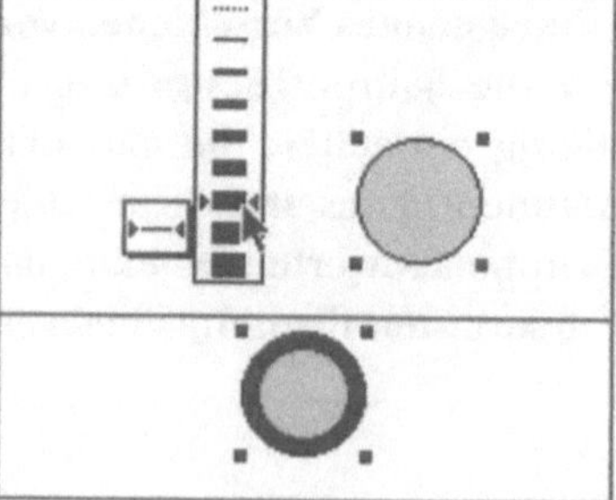

❷ Lassen Sie die Maustaste los. Sofort zeichnet Word das Objekt mit der neuen Linienstärke:

 Colorieren der Linie

❶ Aktivieren Sie das Objekt, dessen Linienfarbe verändert werden soll und wählen Sie aus dem Popup-Menü die gewünschte Linienfarbe aus:

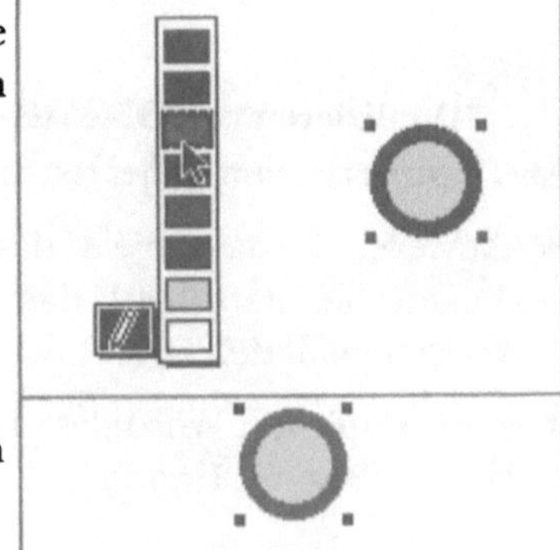

❷ Sofort zeichnet Word die Linie in der neuen Farbe.

Ändern des Linienmusters

Auch das Linienmuster läßt sich per Popup-Menü ändern:

❶ Aktivieren Sie das Objekt, dessen Linienmuster verändert werden soll und wählen Sie aus dem Popup-Menü in der Werkzeugpalette das gewünschte Linienmuster aus:

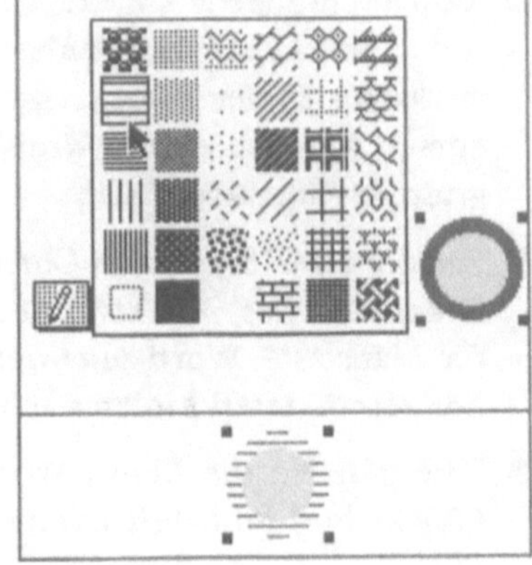

❷ Sofort zeichnet Word die Linien mit dem neuen Muster.

Wechseln zwischen Vordergrund und Hintergrund

Das Grafikmodul von Word zeichnet Objekte in zwei unterschiedlichen Ebenen: im Vordergrund und im Hintergrund. Sie können jedes Objekt auf einer der beiden Ebenen positionieren.

Wollen Sie zum Beispiel im folgenden Bild den grauen Balken hinter den Kreis legen, so müssen Sie diesen aktivieren und dann den Menüpunkt „In den Hintergrund bringen" auswählen.

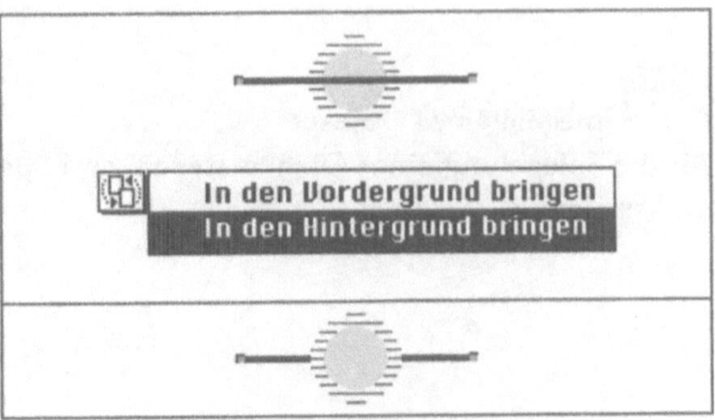

Sofort legt Word die Linie in den Hintergrund.

Mit dem Menüpunkt „In den Vordergrund bringen" legen Sie den grauen Balken wieder vor den Kreis.

• 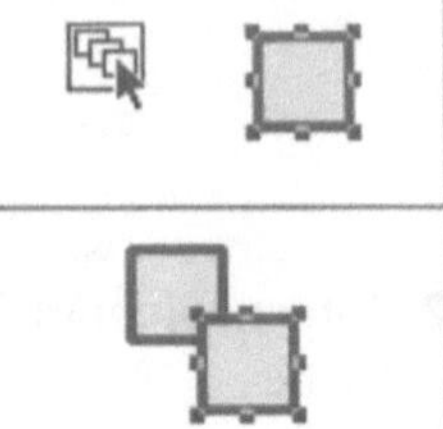 Duplizieren von Objekten

Das Duplizieren von Objekten ist einfach:

❶ Aktivieren Sie das Objekt, das verdoppelt werden soll und klicken Sie dann auf das „Duplizieren"-Icon in der Werkzeugpalette.

❷ Sofort dupliziert Word das aktivierte Objekte und versieht das Duplikat mit Handles.

• Rotieren von Objekten

❶ Aktivieren Sie das Objekt, das gedreht werden soll, und klicken Sie dann auf das Rotationswerkzeug in der Werkzeugpalette. Der Mauscursor wird zu einem Kreis mit einem integrierten Fadenkreuz.

❷ Positionieren Sie diesen Cursor über einen der Eckpunkte des Objekts und drücken Sie dann die Maustaste. Word zeichnet das Objekt in einer gepunkteten Linien nach.

❸ Bewegen Sie die Maus. Word dreht nun das Objekt und gibt den Drehwinkel in Grad im unteren Fensterbalken an.

❹ Ist die gewünschte Position erreicht, lassen Sie die Maustaste einfach los. Sofort zeichnet Word das Objekt in neuer Ausrichtung:

• 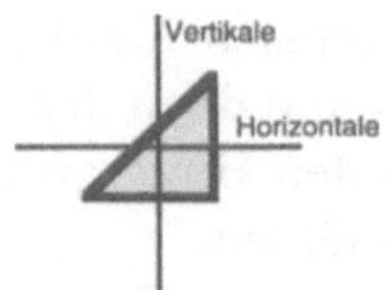 Spiegeln eines Objekts

Für die Spiegelung eines Objekts stehen zwei Spiegelachsen zur Verfügung.

An welcher der beiden Achsen ein Objekt gespiegelt werden soll legen Sie über ein Popup-Menü der Werkzeugpalette fest.

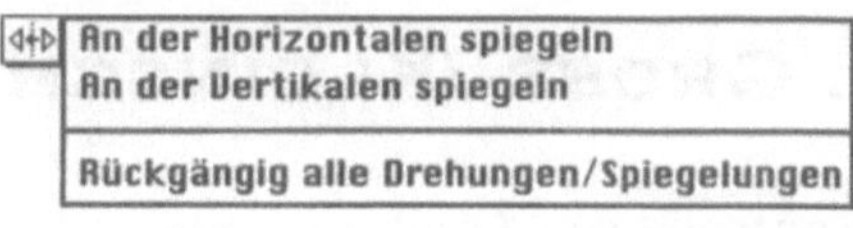

Ausgangsposition	An der Horizontalen spiegeln	An der Vertikalen spiegeln

32.6 TIPS & TRICKS

• **Erstellen einer gemusterten, schattierten Textbox**

❶ Zeichnen Sie ein Rechteck mit abgerundeten Ecken und füllen Sie es mit einem dunklen Grauton.

❷ Duplizieren Sie das Rechteck, füllen Sie das Duplikat mit dem gewünschten Muster und plazieren Sie es leicht versetzt über dem grauen Recheck.

❸ Aktivieren Sie das Werkzeug zur Texteingabe und ziehen Sie damit ein Textfeld auf, das der Größe des gemusterten Rechtecks entspricht.

❹ Wählen Sie aus dem Popup-Menü der Werkzeugpalette die Textausrichtung „Zentriert" und geben Sie den gewünschten Text ein.

• **Vom Mittelpunkt aus zeichnen**
Wenn Sie den Mittelpunkt eines Kreises oder Rechtecks exakt auf den Schnittpunkt zweier andere Linien wollen, so gehen Sie folgendermaßen vor:

❶ Aktivieren Sie das Kreis-Werkzeug.

❷ Plazieren Sie den Cursor exakt über dem Schnittpunkt der beiden Linien.

❸ Halten Sie die OPTION-Taste gedrückt, klicken Sie mit der Maus und ziehen Sie dann den Kreis auf. Der Mittelpunkt des Kreises liegt exakt über der Ecke des Quadrates.

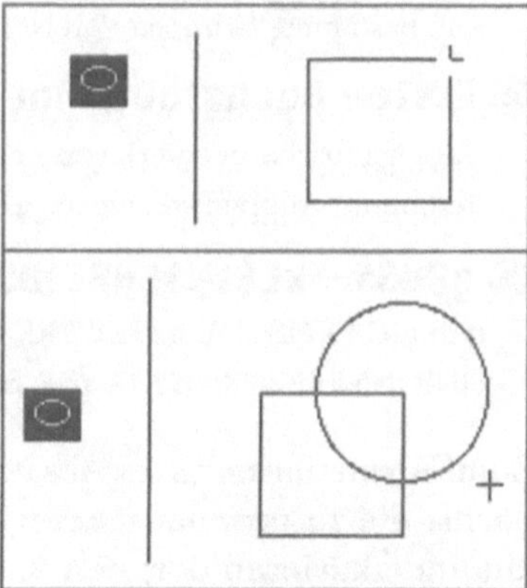

33. GROSS-/KLEINSCHREIBUNG

Die Kontrolle von Groß- und Kleinschreibung gehört bei Word nicht zum Bereich der Buchstabenformatierung sondern stellt einen eigenen Funk-
tionsbereich dar, den Sie über den Menüpunkt
„Groß-/Kleinschreibung" aktivieren:
Word öffnet eine Dialogbox mit fünf Radiobuttons:

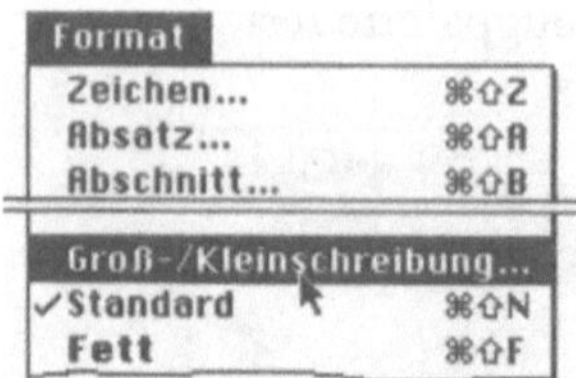

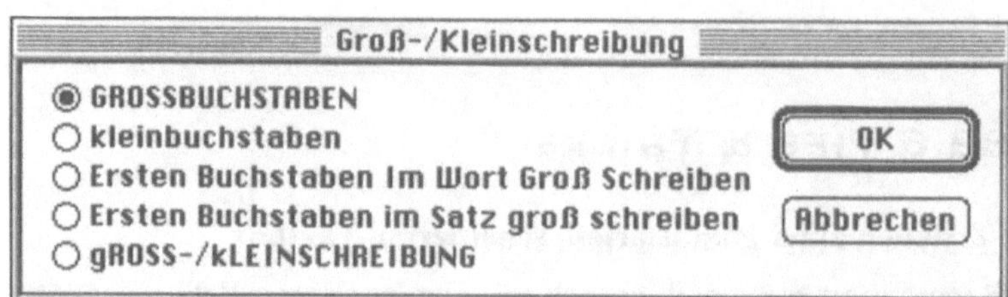

Zwar trägt jeder Button eine Erläuterung, die in ihrer Groß-/Kleinschreibung
schon illustriert, welche Funktion der Button hat, dennoch soll die folgende
Zusammenstellung die Auswirkungen der einzelnen Buttons nochmals darstellen:

⦿ GROSSBUCHSTABEN

DAS GIGANTISCHE NETZWERK VON NERVENZELLEN, UNSER NERVENSYSTEM, WEIST
EINE INNERE STRUKTUR AUF. BESTIMMTE GRUPPEN VON NERVENZELLEN ...

⦿ kleinbuchstaben

das gigantische netzwerk von nervenzellen, unser nervensystem, weist eine innere struktur auf. bestimmte gruppen von nervenzellen ...

⦿ Ersten Buchstaben Im Wort Groß Schreiben

Das Gigantische Netzwerk Von Nervenzellen, Unser Nervensystem, Weist Eine Innere Struktur
Auf. Bestimmte Gruppen Von Nervenzellen ...

⦿ Ersten Buchstaben im Satz groß schreiben

Das gigantische netzwerk von nervenzellen, unser nervensystem, weist eine innere struktur auf.
Bestimmte gruppen von nervenzellen ...

⦿ gROSS-/kLEINSCHREIBUNG

dAS gIGANTISCHE nETZWERK vON nERVENZELLEN, aLSO uNSER nERVENSYSTEM, wEIST
eINE iNNERE sTRUKTUR aUF. bESTIMMTE gRUPPEN vON nERVENZELLEN ...

Zum Formatieren eines Absatzes mit Groß-/Kleinschreibung aktivieren Sie zunächst die zu formatierenden Textelemente, rufen anschließend die Dialogbox
auf und aktivieren dort den Radiobutton mit der gewünschten Formatierungsart.
Klicken Sie dann den OK-Button. Word kehrt zum Dokument zurück und zeigt
die Textelemente in der gewünschten Form.

34. HILFEFUNKTIONEN

- Die Aktive Hilfe...259
- Öffnen des Hilfefensters (On-line-Hilfe) 259

Es gibt eine Reihe unterschiedlicher Methoden, an Informationen über bestimmte Fähigkeiten und Eigenschaften von Word heranzukommen. Sehen wir mal vom Nachschlagen im Handbuch oder - immer erste Wahl - vom Lesen dieses Buches ab, so gibt es zwei word-interne Methoden: Das Öffnen des Hilfefensters oder Das Starten der „Aktiven Hilfe" (Balloon Help). .

Die „Aktive Hilfe" ist optimal zur Erläuterung der auf dem Bildschirm sichtbaren Strukturen und sei deshalb besonders Anfängern empfohlen. Mit Hilfe der Sprechblasen wird dieser nämlich sehr schnell mit den vielen Icons, Menüs und Fensterelementen von Word vertraut werden.

Weniger gut geeignet ist die „Aktive Hilfe", wenn es darum geht, bestimmte Funktionsweisen und Mechanismen von Word zu verstehen. Hierfür gut geeignet ist das Hilfefenster von Word.

• Die Aktive Hilfe

Bei der aktiven Hilfe handelt es sich um ein On-line Hilfesystem, das erst ab System 7 verfügbar ist.

Sie aktivieren es über ein Menü in der rechten oberen Bildschirmecke, das als Icon ein Fragezeichen in einer Sprechblase trägt.

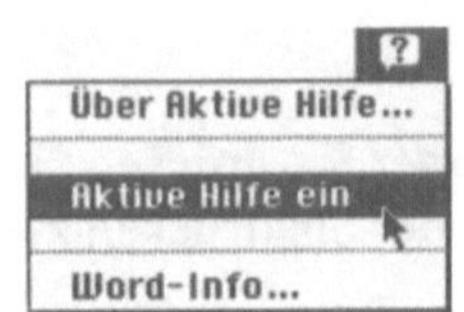

Nach der Initialisierung der „Aktiven Hilfe" zeigen Sie nun mit dem Mauscursor auf jenes Element auf dem Bildschirm, zu dem Sie nähere Informationen wünschen. Ohne daß Sie mit der Maus klicken erscheint eine Sprechblase, die Kurzinformationen über das Element enthält.

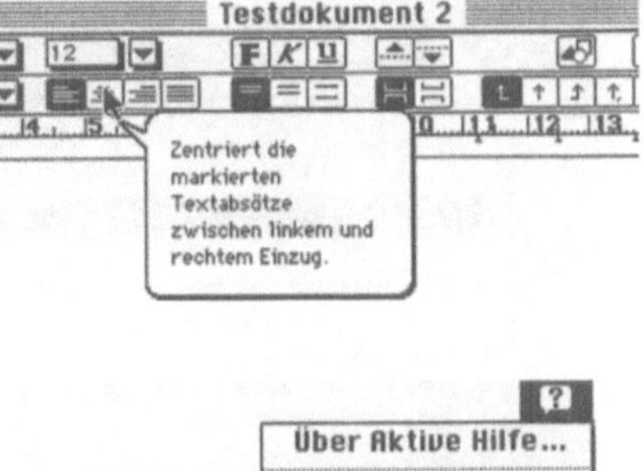

Haben Sie von der Aktiven Hilfe genug, so fahren Sie erneut in das Fragezeichenmenü und aktivieren den Menüpunkt „Aktive Hilfe aus".

• Öffnen des Hilfefensters (On-line-Hilfe)

Das Hilfefenster läßt sich auf mehrere Weisen öffnen. Wollen Sie sich ganz allgemein über Word informieren, wählen Sie am besten eine der fünf folgenden Methoden:

- Sie aktivieren den Menüpunkt „Hilfe..." im Fenster-Menü,

- oder aktivieren den Menüpunkt „Word-Info..." im Fragezeichen-Menü (nur ab System 7.x),

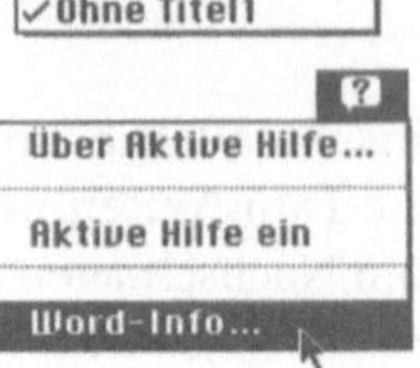

- oder aktivieren den Menüpunkt „Word-Info..." im Apfel-Menü und drücken in der nun erscheinenden Dialogbox den **Hilfe**-Button:

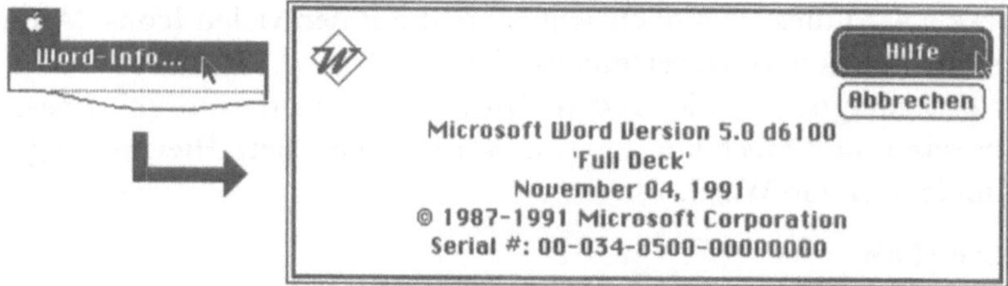

- oder Sie drücken Sie zweimal die HILFE-Taste (erweiterte Tastatur),
- oder Sie drücken zweimal APPLE-ß.

In allen fünf Fällen öffnet sich das Word-Hilfefenster:

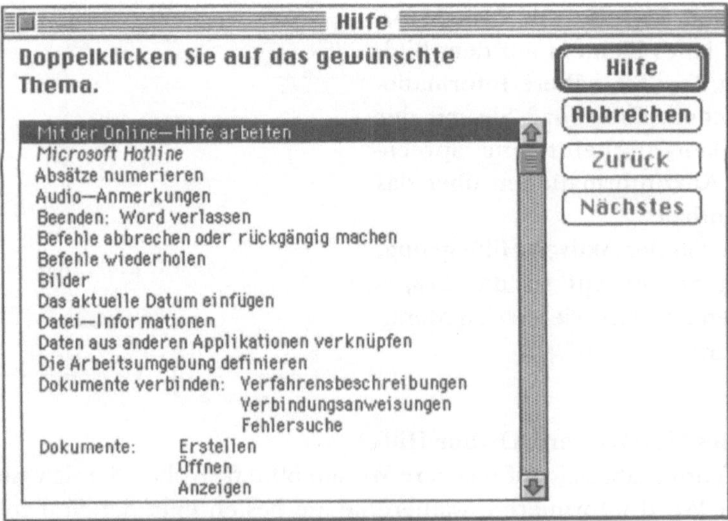

In alphabetischer Reihenfolge finden sich verschiedene Überschriften und Stichwörter aufgelistet, die sich mit der Maus anklicken lassen. Mit Hilfe des Rollbalkens hangeln Sie sich nun zur gewünschten Überschrift vor, klicken sie an und wählen den Button **Hilfe**. Schneller allerdings ist ein Doppelklick auf die Überschrift. Sofort erscheint im selben Fenster der erläuternde Text:

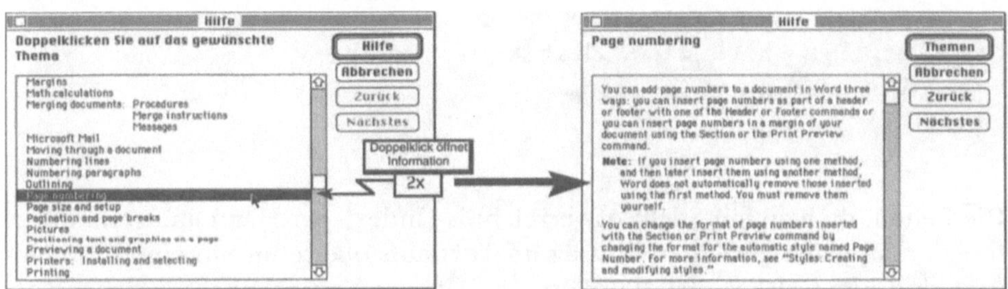

Die Buttons haben folgende Funktion:

Themen	kehrt zur Gliederung zurück,
Abbrechen	schließt das Hilfefenster,
Zurück	geht in der Gliederung ein Thema zurück,
Nächstes	geht in der Gliederung ein Thema weiter.

Um das Hilfefenster zu schließen, drücken Sie entweder **Abbrechen** oder klicken Sie mit der Maus auf das Schließfenster.

Wünschen Sie zu einem Menüpunkt oder einer Dialogbox nähere Informationen, so gibt es zwei Verfahren, direkt zu den entsprechenden Eintragungen im Hilfefenster zu gelangen: Entweder Sie drücken die HILFE-Taste auf der erweiterten Tastatur, oder die Tastenkombination APPLE-ß. Ist eine Dialogbox geöffnet erscheint sofort die Hilfedatei und präsentiert Ihnen Informationen zur dieser Dialogbox. Ist keine Dialogbox geöffnet, wechselt der Mauscursor seine Form und wird zu einem Fragezeichen:

?

Mit diesem klicken Sie nun die Struktur an, zu der Sie nähere Informationen wünschen (Menüpunkt, Fensterelement, Lineal, Formatierungsleiste etc.). Sofort öffnet Word das Hilfefenster und zeigt erläuternden Abschnitte an.

 Drücken auf die ESCAPE-Taste deaktiviert den Fragezeichencursor. Sofort erscheint wieder der Pfeilcursor.

35. INDEX

35.1   Wissenswertes in Kürze ... .262
35.2   Erstellen eines einfachen Index 263
        • Phase 1: Markieren der Stichworte 263
        • Phase 2: Erstellen des Stichwortverzeichnis 264
35.3   Erstellen eines hierarchisch strukturierten Index......................265
35.4   Besonderheiten beim Formatieren 267
35.5   Tips & Tricks...269

Die Zeiten, da man ein Stichwortverzeichnis (Index) per Hand anlegen mußte, indem man jeden einzelnen Eintrag im Text aufstöberte und in eine Liste eintrug, sind zum Glück vorbei. Word erstellt derartige Verzeichnisse weitgehend automatisch.

35.1 WISSENSWERTES IN KÜRZE ...

Ein Stichwortverzeichnis ist eine alphabetisch sortierte Liste von Stichwörtern. Jedes Stichwort kann Unterstichworte besitzen, die ebenfalls alphabetisch sortiert und in der Regel eingerückt sind. Man spricht dann von einem *hierarchischen Stichwortverzeichnis*:

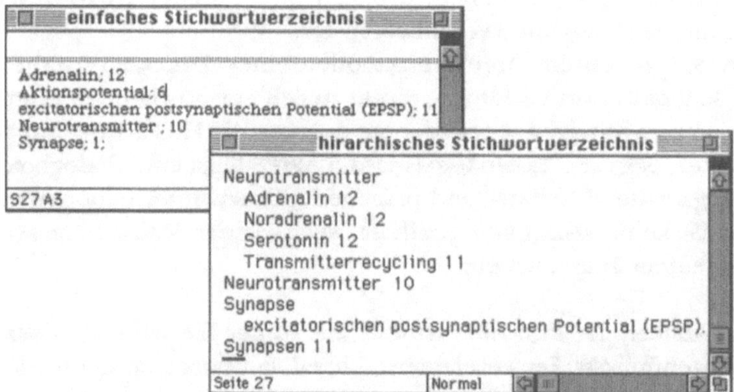

Hinter jedem Stichwort stehen die Seitenzahlen, auf denen nähere Erläuterungen zu diesem Stichwort zu finden sind. Besitzt ein Stichwort mehrere Seitenzahlen so sollten Seiten mit den wichtigsten Informationen oder Abbildungen durch besondere Formatierung (zum Beispiel fett und/oder kursiv) hervorgehoben sein.
Word beherrscht sowohl das Anlegen hierarchischer Stichwortverzeichnisse als auch automatisches Hervorheben von Seitenzahlen durch Fett- und Kursivdruck.

Das Grundprinzip beim Anlegen eines Stichwortverzeichnis ist folgendes: Word durchsucht das gesamte Dokument nach Textpassagen, die mit dem als „verborgen" definierten Steuercode beginnen und mit einem, als „verborgen" definierten Semikolon enden: zum Beispiel  .

Um ein Wort in den Index zu übernehmen, müssen Sie es also lediglich mit den entsprechenden Steuerzeichen umklammern. Hinter dem i lassen sich dann zusätzliche Steuerzeichen plazieren, die zum Beispiel bewirken, daß eine Seitenzahl fett gedruckt wird.

- Da die Steuerzeichen als „verborgen" formatiert sind, sollten Sie, wenn Sie mit Indexeinträgen arbeiten, die Option „Verborgener Text" in den Word-Einstellungen aktivieren (☞ K.26.2).

- Leider ist ein Stichwortverzeichnis von Word nicht dynamisch. Das bedeutet, daß nach jeder Änderung, die Sie am Text vornehmen und die einen neuen Seitenumbruch zur Folge hat, das aktuelle Stichwortverzeichnis neu erstellt werden muß. Aufwendige Überarbeitungen oder Formatierungen von Stichwortverzeichnissen sollten Sie also erst vornehmen, wenn der Haupttext fertig geschrieben und formatiert ist.

35.2 ERSTELLEN EINES EINFACHEN INDEX

Ein einfaches Stichwortverzeichnis ohne hierarchische Anordnung der Begriffe ist einfach zu erstellen. Die Arbeit gliedert sich für Sie in zwei Phasen:

• Phase 1: Markieren der Stichworte

❶ Aktivieren Sie das Stichwort oder die Textpassage, die im Index erscheinen soll.

❷ Wählen Sie den Menüpunkt „Eintrag Index" aus dem Einfügen-Menü.

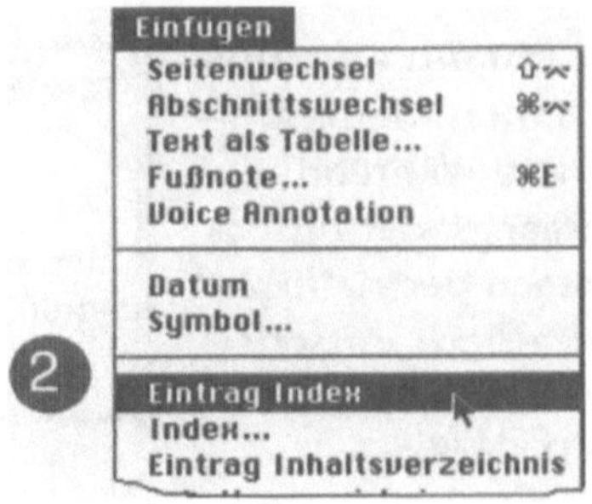

❸ Word schreibt vor den aktivierten Text ein als verborgen formatiertes und hinter den Text ein als verborgen formatiertes Semikolon.

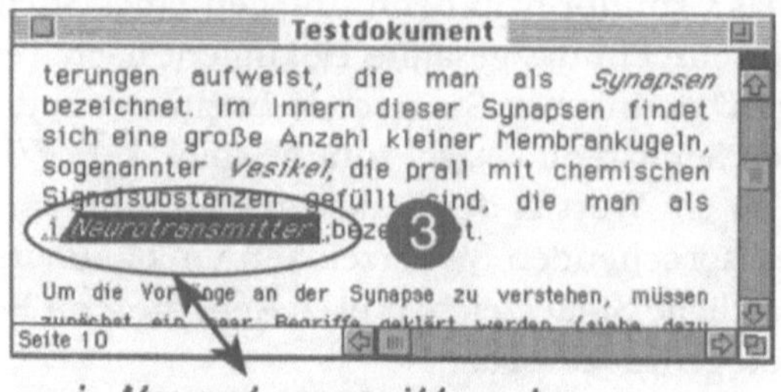

• **Phase 2: Erstellen des Stichwortverzeichnis**

❶ Wählen Sie den Menüpunkt „Index..." aus dem Einfügen-Menü.

❷ Aktivieren Sie in der Dialogbox „Index" den Radio-Button **Alle** und drücken Sie dann **Beginnen**. Die Option **Format** spielt für nicht hierarchisch organisierte Stichwortverzeichnisse keine Rolle.

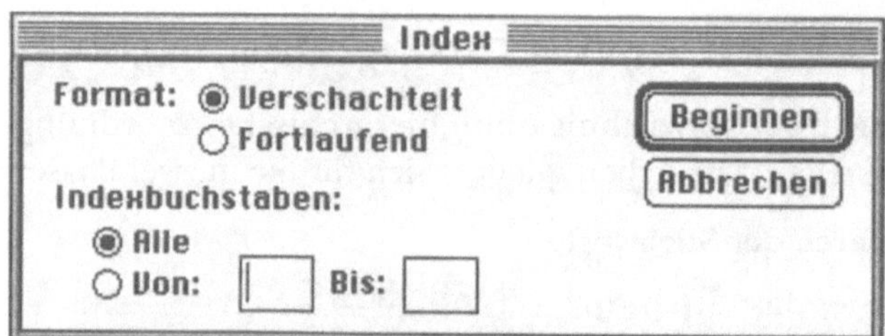

❸ Wenn bereits ein Stichwortverzeichnis existiert, aktiviert Word dieses, zeigt es am Bildschirm an und fragt, ob dieses ersetzen werden soll.

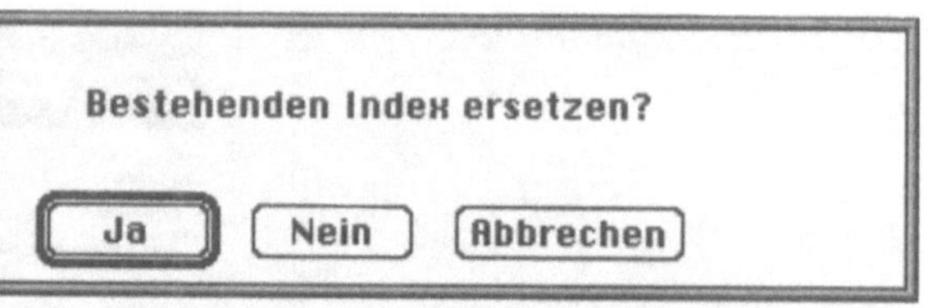

❹ Word nimmt anschließend einen Seitenumbruch vor. Während dieses Vorgangs, der für das Bestimmen der richtigen Seitenzahlen entscheidend ist, erscheint folgende Dialogbox.

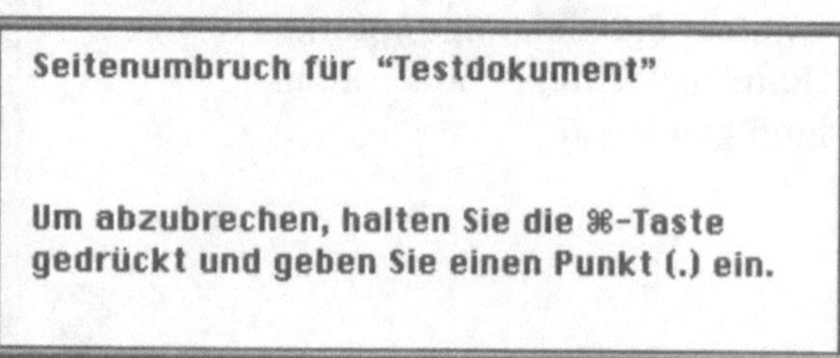

❺ Word sortiert die Indexeinträge alphabetisch und schreibt sie ans Ende des Dokuments in einen neuen Abschnitt (daher die doppelt gepunktete Linie). Dabei verwendet es zur Formatierung der Stichwörter und Seitenzahlen das Druckformat „Index 1".

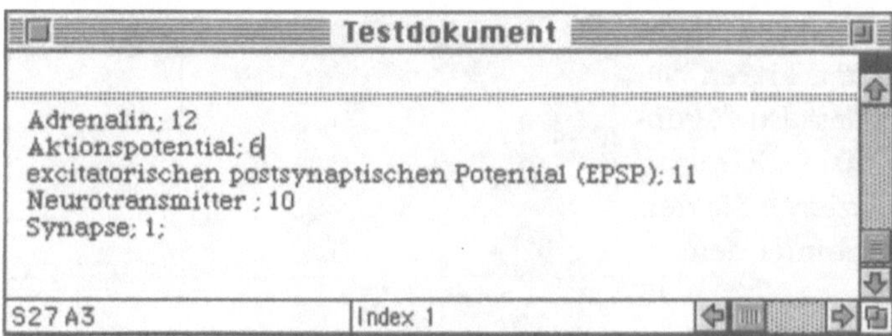

35.3 ERSTELLEN EINES HIERARCHISCH STRUKTURIERTEN INDEX

Word kennt zwei Typen von hierarchisch strukturierten Stichwortverzeichnissen: verschachtelte und fortlaufende. Beim „verschaltelten" Typ sind die hierarchisch untergeordneten Stichwörter eingerückt und jedes steht auf einer eigenen Zeile. Beim „fortlaufenden" Typ hingegen sind die untergeordneten Stichwörter durch einen Doppelpunkt vom Haupt-Stichwort getrennt und durch ein Semikolon voneinander abgesetzt:

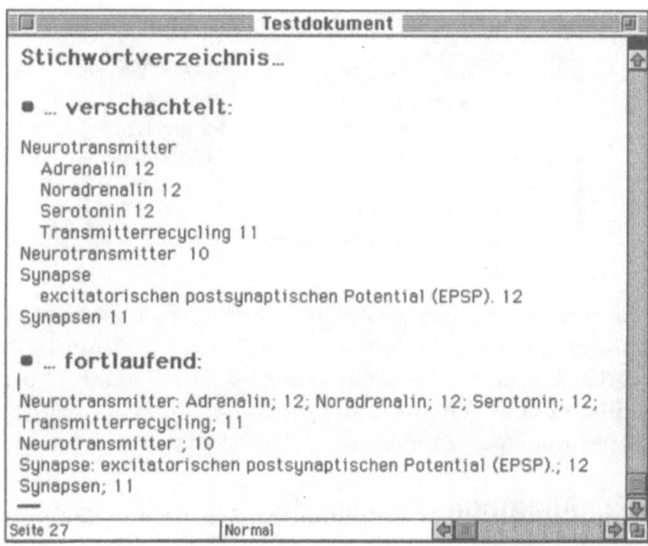

Ob Sie lieber den verschachtelten oder den fortlaufenden Typus verwenden wollen, müssen Sie erst festlegen, wenn Sie das Stichwortverzeichnis erstellen. Die Markierung der Stichwörter im Text verläuft in beiden Fällen gleich:

❶ Aktivieren Sie das Stichwort und markieren Sie es über das Einfügen-Menü als „Eintrag Index". Plazieren Sie den Textcursor hinter dem

❷ Geben Sie nun das hierarchisch übergeordnete Stichwort ein. Achten Sie darauf, daß dieses als „verborgen" formatiert ist und mit einem Doppelpunkt endet!

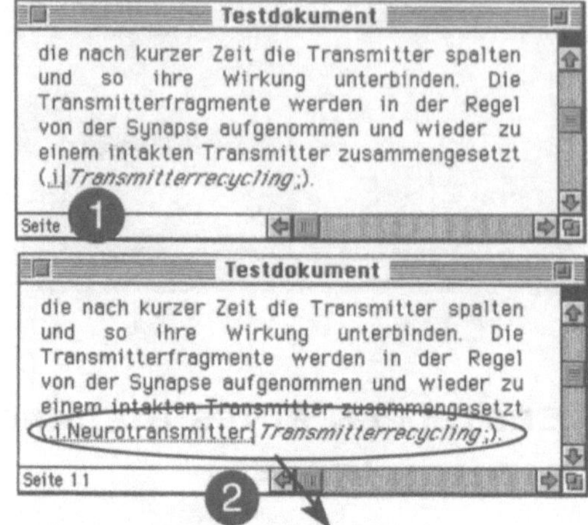

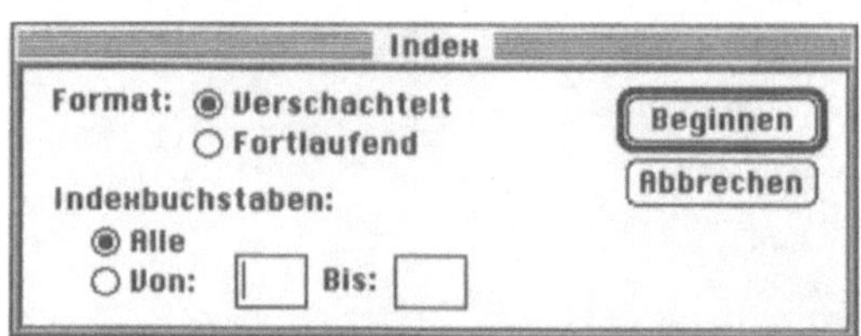

Wie Sie sich diese doch recht mühsame Arbeit erleichtern können, erfahren Sie im Abschnitt Tips&Tricks am Ende dieses Kapitels.

Das Stichwortverzeichnis erstellen Sie über den Menüpunkt „Index…" im Einfügen-Menü. In der Dialogbox „Index" wählen Sie per Radio-Button das gewünschte Index-**Format** („fortlaufend" oder „verschachtelt"):

 Wenn Sie mit einem sehr umfangreichen Stichwortverzeichnis (mehr als 1500 Einträge) arbeiten, empfiehlt es sich, zunächst nur die Buchstaben A bis N und in einem zweiten Durchgang die Buchstaben M bis Z suchen zu lassen. Eine solche Beschränkung nehmen Sie über die Eingabefelder **Von-Bis** der **Indexbuchstaben** vor.

Drücken Sie dann **Beginnen**. Word nimmt zunächst einen Seitenumbruch vor. Anschließend durchsucht es das Dokument nach Indexeinträgen, staffelt die gefundenen Einträge hierarchisch, sortiert sie alphabetisch und schreibt dann das fertige Verzeichnis in einen neuen Abschnitt ans Ende des Dokuments.

Für die Darstellung verwendet Word die Druckformate „Index 1" bis „Index 7", wobei die Indexnummer der Hierarchieebene des Stichworts entspricht:

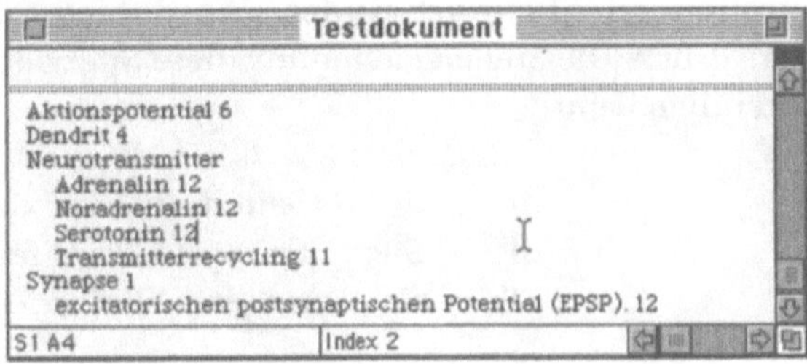

35.4 BESONDERHEITEN BEIM FORMATIEREN EINES INDEX

Beim Erstellen des Index verwendet Word die Druckformate „Index 1" bis „Index 7". Dabei entspricht die Indexnummer der Hierarchieebene, in der ein Stichwort plaziert ist. Um das Layout des Stichwortverzeichnis Ihren individuellen Anforderungen anzupassen, sollten Sie Formatierungen immer nur auf der Ebene der Druckformate durchführen, und zwar aus folgendem Grund: Wenn Sie - aus welchen Gründen auch immer - zu einem späteren Zeitpunkt das Stichwortverzeichnis nochmals anlegen müssen, erscheint es direkt im gewünschten Outfit. (Wie Sie ein Druckformat ändern ist ausführlich in Abschnitt ☞ K.24.5 dargestellt).

• **Stichwortverzeichnis formatieren**

 Eine peppige und sinnvolle Formatierung für eingerückte Unterstichworte ist zum Beispiel eine feine Linie als Absatzeinfassungen an der linken Absatzseite. Diese setzen Sie über die Dialogbox „Rahmen".

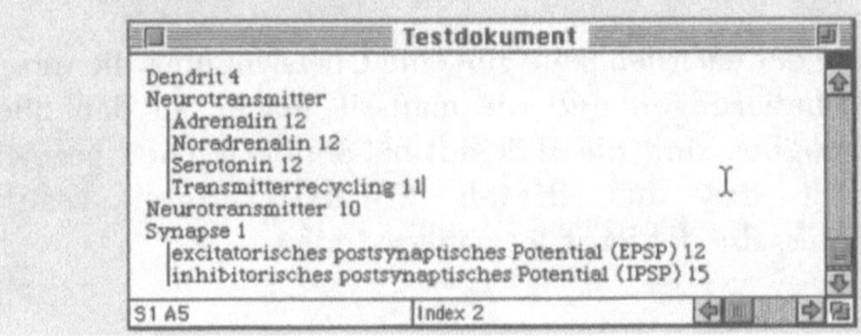

• **Seitenzahlen formatieren**

Eine von den Druckformaten völlig unabhängige Formatierung betrifft die Seitenzahlen hinter den Stichworten. Besitzt ein Stichwort mehrere Seitenzahlen, so sollten in einem guten Index bestimmte Formatierungen der Seitenzahlen

Hinweise darauf geben, wo zum Beispiel die Hauptmenge an Information zum Stichwort zu finden ist, oder wo der Leser zum Beispiel eine Abbildung zu dem betreffenden Stichwort findet. Word bietet zum Herausheben Fett- und Kursivdruck. Die Steuerzeichen für diese Spezialformatierungen geben Sie direkt hinter dem i ein:

.ik   5   (Seitenzahl wird kursiv gedruckt),
.if   5   (Seitenzahl wird fett gedruckt),
.ifk   5   (Seitenzahl wird fett und kursiv gedruckt).

Neben diesen reinen Seitenzahlenformatierungen gibt es noch zwei interessante Varianten für professionelle Indeces (Beispiele siehe nächste Seite):

- *Seitenbereiche*

  Wollen Sie im Index auf einen Seitenbereich und nicht auf eine einzelne Seitenzahl verweisen, so geben Sie bei dem indizierten Stichwort, bei dem der Bereich beginnt, eine „(" als Steuerzeichen an, und bei dem indizierten Stichwort, bei dem der Bereich abgeschlossen ist, eine „)". Word nimmt dann die beiden Seitezahlen und schreibt im Index einen Bindestrich dazwischen:

  .i(....Text....i)   3-6   (Seite, Bindestrich, Seite).

- *Querverweise auf andere Strichwörter*

  Soll der Leser ein Stichwort unter einem anderen Begriff nachschlagen, ist die Bemerkung „(siehe …)" nützlich. Dies erreichen Sie, indem Sie hinter das Stichwort ein „#" schreiben und direkt dahinter die Notiz, die statt der Seitenzahl im Index erscheinen soll:

  Nervenzelle#(siehe Neuron);   → (siehe Neuron)

Die Abbildung auf der nächsten Seite gibt eine Übersicht über die verschiedenen Index-Spezialformatierungen und wie man sie macht. In den oberen zwei Dritteln der Dialogbox sind die Indexformat-Sonderzeichen gezeigt und im unteren Drittel das aus diesen Formatierungen resultierende Stichwortverzeichnis, also der fertig formatierte Index.

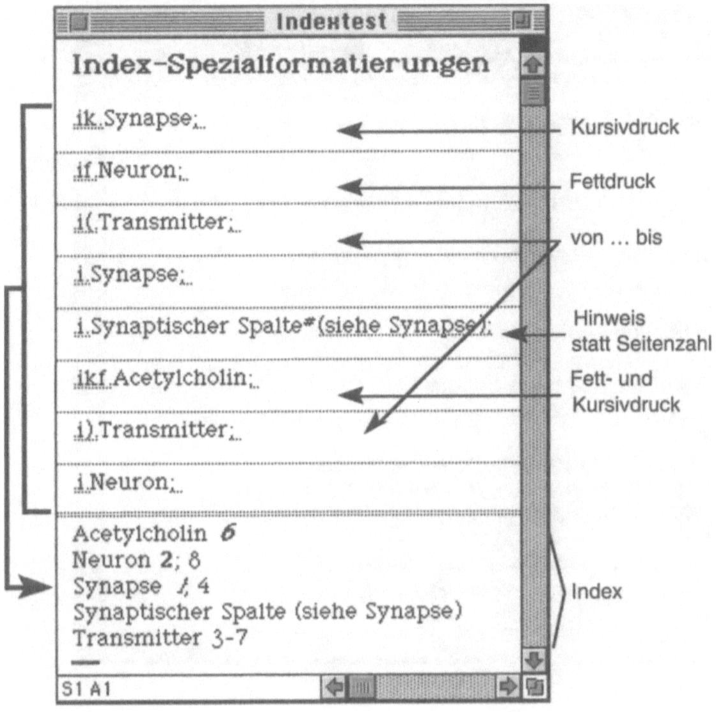

35.5 TIPS & TRICKS

• Erstellen von Abbildungs- und Tabellenverzeichnissen

Die Besonderheiten des hierarchischen Index lassen sich dazu verwenden, ein Abbildungs- und Tabellenverzeichnis zu erstellen. Dabei tragen Sie einfach die Abkürzungen Abb und Tab als hierarchisch höherstehendes Stichwort vor die Legenden der Abbildungen und Tabellen ein.

Sie sollten die Legenden mit einem Tabulator beenden und mit einfachen, „verborgenen" Anführungsstrichen klammern. Dadurch wird die Seitenzahl im Stichwortverzeichnis durch einen Tabulator von der Legende getrennt. Formatiert man nun das Druckformat „Index 2" mit Tabulator und Punkt als Füllzeichen, so erhalten Sie ein Inhaltsverzeichnis der Abbildungen und Tabellen, wie in folgender Abbildung dargestellt:

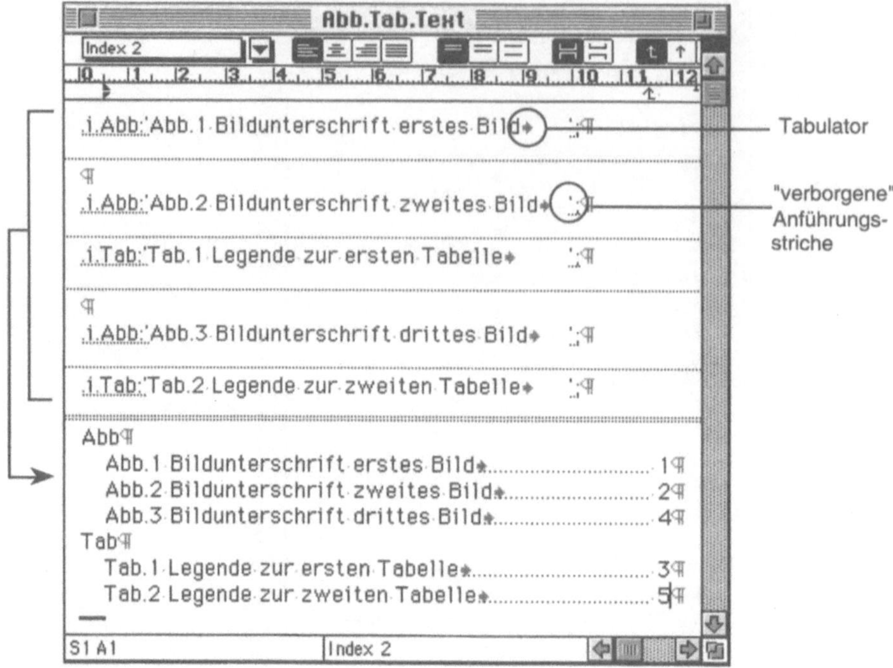

Auch lassen sich bei dieser Vorgehensweise Abbildungs- und Tabellenverzeichnisse unabhängig vom restlichen Stichwortverzeichnis anfertigen. Wollen Sie zum Beispiel ein Abbildungsverzeichnis erstellen, so geben Sie in der Dialogbox „Index" bei der Option **Indexbuchstaben** einfach **Von:** „Abb" **Bis:** „Abb" ein:

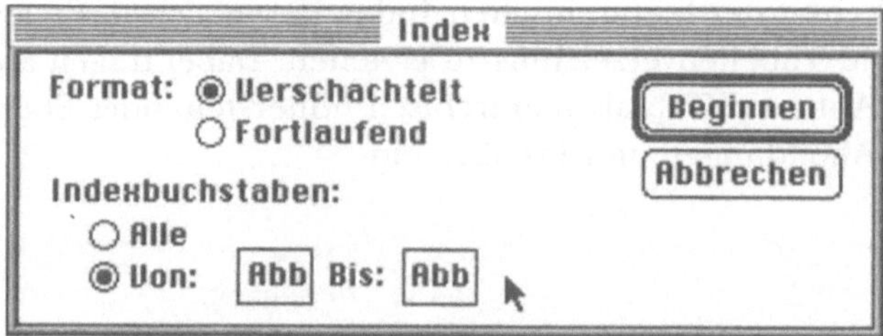

Word sammelt dann nur die Indexeinträge, die mit Abb beginnen.

• Textbausteine bei Arbeiten mit hierarchischem Index
Bei Arbeiten mit hierarchischem Stichwortverzeichnis kann es viel Zeit sparen, die hierarchisch höherstehenden Stichworte komplett, mit dem Steuerzeichen als Textbausteine zu definieren. Dasselbe gilt für Arbeiten mit Tabellen- und Abbildungsverzeichnissen nach der oben genannten Methode. Auch sollten Sie das

„verborgene" Semikolon als Textbaustein parat haben, da Sie es ja manuell ans Ende jeden Eintrages einfügen müssen.

• Vermeiden von Indexeinträgen in Überschriften
Hier nochmals der Hinweis: Vermeiden Sie Indexeinträge in Überschriften. Das „verborgene" Semikolon, das den Indexeintrag beendet, beendet gleichzeitig die Überschrift. Verstümmelte Überschriften im Inhaltsverzeichnis sind die Folge.

• Unsichtbare Stichwörter
Wenn Sie bei einem Stichwort auf eine Textpassage verweisen wollen, in der das Stichwort selbst nicht explizit vorkommt, so sollten Sie das Stichwort einfach irgendwo in die Textpassage schreiben, es als Indexeintrag markieren und es dann als „verborgen" formatieren.

• Tastaturshortcut für „Verborgenen Text" anzeigen
Beim intensiven Gebrauch von Steuerzeichen für Index und Inhaltsverzeichnis kann ein Textdokument recht unübersichtlich werden. Um nicht für das Ausblenden der „verborgenen" Steuerzeichen immer über die Word-Einstellungen gehen zu müssen, sollten Sie sich den Befehl „Verborgenen Text anzeigen" als Tastaturshort verfügbar machen. Per Tastendruck sind dann die „verborgenen" Steuerzeichen ein- und ausblendbar. Wie Sie Befehlen Tastaturshortcuts zuordnen, steht in Kapitel ☞ K.14.8.

• Stichwortverzeichnisse bei langen Dokumenten
Wenn Sie Ihr Dokument in mehrere Teildokument zerlegt haben, nun aber ein Gesamt-Index anlegen wollen, so müssen Sie die Teildokumente zunächst miteinander verknüpfen. Dann laden Sie das erste Teildokument und rufen den Menüpunkt „Index" aus dem Einfügen-Menü auf. Word durchsucht dann alle Teildokumente und erstellt einen Gesamtindex. Sollte dieser über 1500 Einträge umfassen, empfiehlt es sich, den Index in zwei Schritten anzulegen. Geben Sie dazu in der Dialogbox „Index" im ersten Schritt als Indexbuchstaben von „a" bis „m" und im zweiten Schritt als Indexbuchstaben „n" bis „z" an.

36. Info- und Eingabefeld

36.1   Informationen im Infofeld 272
36.2   Eingabefeld 273

In der linken unteren Ecke des Arbeitsfenster findet sich ein kleines unschein-
bares Feld, in dem normalerweise die Seitenzahl zu sehen ist. Dieses Fenster ist
eine wichtige Schnittstelle zwischen Word und dem Anwender, da es zum einen
Informationen über aktuell stattfindende Ereignisse enthält, und zum anderen
als Eingabefeld für ASCII-Code und Textbausteinnamen dient.

36.1 Informationen im Infofeld

`Seite 1`

Normalerweise erscheint in dem Feld die Seitenzahl der ersten Textzeile, die auf
dem Bildschirm sichtbar ist. Aber es gibt noch eine Unmenge anderer
interessanter Infos - hier die wichtigsten ...

`S 13 A 3` Besitzt ein Dokument mehrere Abschnitte findet sich im
Infofeld nicht nur die Seitenzahl, sondern auch die Ab-
schnittnummer angegeben (☞ K.10)

`4120 Zeichen` Nach dem Laden oder Sichern einer Datei erscheint die
Anzahl der Buchstaben der Datei.

`33%` Während aufwendiger Vorgänge, wie Sichern einer Datei,
Suchen & Ersetzen und Repaginieren erscheint im Infofeld
eine Prozentangabe über die bereits absolvierte Arbeit.

`198%` Beim Skalieren von Grafiken erscheint im Infofeld die
Vergrößerung/Verkleinerung in %.

`0,99 cm` Beim Verschieben von Tabulatoren und Einzugsmarken im
Lineal erscheint im Infofeld die aktuelle Position in Relation
zum jeweiligen Dokumentrand.

`7,76 cm` Beim Ändern der Breite und Höhe einer Grafik zeigt das
Infofeld die aktuelle Breite bzw. Höhe an.

`Seite 1` Beim Scrollen mittels der vertikalen Rollbox erscheint im
Infofeld die Seitennummer der Seite, an der sich die
Rollbox grade befindet.

`Zahlensperre` Ist der Zahlenblock auf Normalmodus (=Zahleneingabe) ge-
schaltet (über die "Num."-Taste), erscheint im Infofeld der
Hinweis "Zahlensperre". Erneutes Drücken der "Num."-
Taste schaltet den Zahlenblock wieder auf Befehlsmodus.

Das Endergebnis von Berechnungen wird ebenfalls im Infofeld angezeigt (☞ K.46).

Steuerung der Textaktivierung über den Zehnerblock (☞ K.59.2).

Übertragen von Formatierungen.

Kontrolle der Sprachaufnahme (☞ K.13.3).

Kurz und gut: Sie sollten das Infofeld im Auge behalten. Immer wenn Ihnen etwas suspekt ist, Sie warten müssen oder sich Word sonstwie merkwürdig verhält, sollten Sie einen kurzen Blick auf das Infofeld werfen. Ist Word grade beschäftigt, so zeigt es dies in der Regel hier an.

36.2 EINGAB INS EINGABEEFELD

Aber das Feld ist nicht nur eine Anzeigetafel - es dient auch noch als Eingabefeld für Textbausteinname und ASCII-Nummern:

Eingabe von Textbausteinnamen:

Wenn Sie die Tastenkombination APPLE-BACKSPACE, drücken oder mit dem Mauscursor auf das Feld klicken, so erscheint der invertiert dargestellte Begriff "Name" im Eingabefeld. Sie können nun den Namen eines Textbausteins eingeben und die RETURN-TASTE drücken. Sofort setzt Word an der aktuellen Textcursorposition den Textbaustein ein. Mit ESC verlassen Sie das Eingabefeld und kehren zum Text zurück.

Beispiel: Einfügen der aktuellen Uhrzeit über ein Textbaustein:

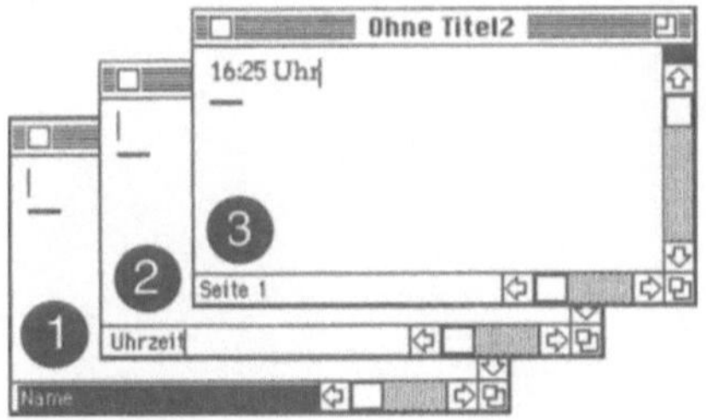

Eingabe von ASCII-Nummern

: Die Tastenkombination APPLE-OPTION-Q bringt den invertiert dargestellte Begriff "Code" ins Infofenster. Sie können nun die ASCII-Nummer eines Zeichens eingeben und die RETURN-Taste drücken. Sogleich erscheint an der aktuellen Textcursorposition das Zeichen der eingegebenen ASCII-Nummer. Mit ESCAPE verlassen Sie das Eingabefeld und kehren zum Text zurück.

Beispiel: Gibt man zum Beispiel die Zahl 65 ein und drückt die Returntaste, erscheint im Text ein "A":

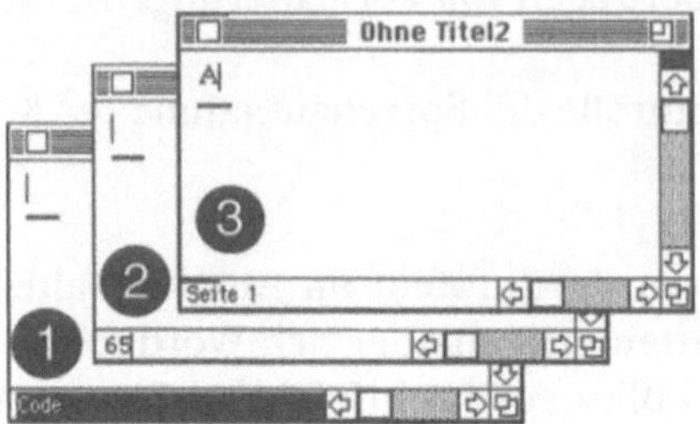

 **Doppelklick**
Kleiner Tip am Rande: Doppelklick auf das Info-Feld fördert die Dialogbox „Gehe zu Seite…" zutage.

37. INHALTSVERZEICHNIS

37.1   Wissenswertes in Kürze … … 275
37.2   Inhaltsverzeichnis per .c.-Absätze 276
 • Markieren einer Überschrift als .c.-Absatz 277
 • Erstellen des Inhaltsverzeichnises nach .c.-Absätzen 278
37.3   Inhaltsverzeichnis entsprechend der Gliederung 280
37.4   Formatieren eines Inhaltsverzeichnisses 281
37.5   Tips & Tricks 282

37.1 WISSENSWERTES IN KÜRZE …

Auch beim Erstellen eines Inhaltsverzeichnisses läßt Word Sie nicht im Stich. Das Programm bietet komfortable Hilfen beim Anlegen und Aktualisieren desselben. Ein Inhaltsverzeichnis besteht aus einer meist hierarchisch gestaffelten Liste der Kapitel- und Abschnittsüberschriften, wobei die Überschriften mit der Seitenzahl versehen sind, auf der sie zu finden sind.

Word kennt zwei Verfahren, ein Inhaltsverzeichnis automatisch zu erstellen:

• **Inhaltsverzeichnis entsprechend der Gliederung**
Dazu nimmt Word eine Kopie der mit der Gliederungshilfe (☞ K.30) erstellten Gliederung und schreibt hinter jeden Gliederungspunkt die Seitenzahl.

• **Inhaltsverzeichnis entsprechend spezieller Steuerzeichen (.c. Absätze)**
Hierbei durchsucht Word den gesamten Text nach speziell markierten Textpassagen, kopiert diese, formatiert sie entsprechend der jeweiligen Druckformate und versieht sie mit der aktuellen Seitenzahl.

Beim Erstellen eines Inhaltsverzeichnises ordnet Word jeder Überschrift ein ihrer Hierarchieebene entsprechendes Druckformat zu. Diese Druckformate sind vom Anwender veränderbar und heißen „Verzeichnis 1" bis „Verzeichnis 9".

• Die Druckformate „Verzeichnis 1" bis „Verzeichnis 9" dürfen nicht verwechselt werden mit den Druckformaten „Überschrift 1" bis „Überschrift 9". Letztere dienen dazu, die Überschriften im Text zu formatieren. Die Überschriften im Inhaltsverzeichnis und die Überschriften im Text besitzen also unterschiedliche Druckformate!

• Kein von Word erstelltes Inhaltsverzeichnis ist dynamisch. Das bedeutet, daß nachträgliche Änderungen in den Kapitelüberschriften oder Umformatierungen, die Textumbrüche nach sich ziehen, im Inhaltsverzeichnis nicht automatisch berücksichtigt werden. Es empfiehlt sich daher, ein Inhaltsverzeichnis erst nach Beendigung jeglicher Schreib- und Formatierungsangaben von Word anfertigen zu lassen.

37.2 INHALTSVERZEICHNIS PER .C.-ABSÄTZE

Bei .c.-Absätzen handelt es sich um Textpassagen, denen ein besonderes Steuerzeichen vorausgeht und die so als Überschrift gekennzeichnet sind.

Als Steuerzeichen verwendet Word die Trias .c., wobei diese mit dem Textformat „unsichtbar" versehen sein müssen (daher die gepunktete Linie unter den drei Zeichen). Direkt hinter dem „c" steht die Hierarchieebene, in die Word die Textpassage im Inhaltsverzeichnis eingetragen soll.

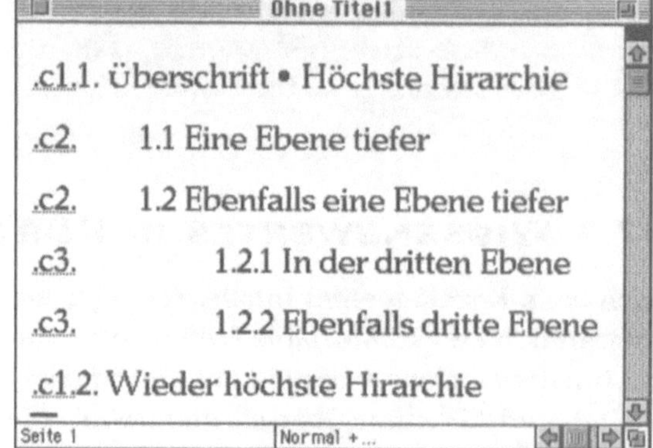

Wie im vorhergehenden Abschnitt erläutert, sind die Steuerzeichen der .c.-Absätze als „unsichtbar" formatiert. Um diese trotzdem auf dem Bildschirm zu sehen, müssen Sie in den Einstellungen (Extras-Menü) von Word den Eintrag „Verborgener Text" aktivieren:

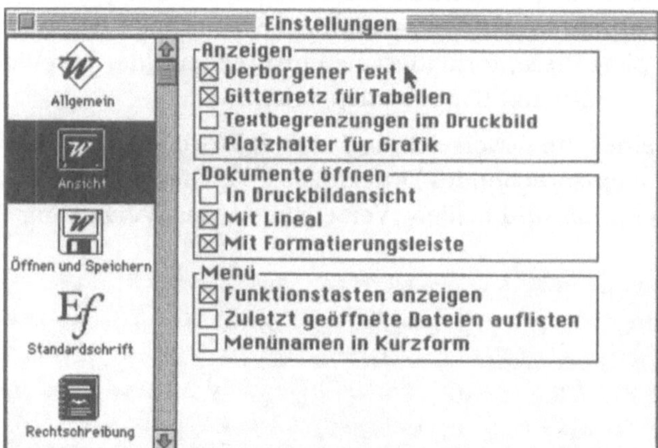

Bis zu neun Hierarchieebenen sind möglich, wobei die Kennung .c. gleichbedeutend ist mit .c1. Beim Eintrag in das Inhaltsverzeichnis ordnet Word den Überschriften, entsprechend ihrer Hierarchieebene die Druckformate „Verzeichnis 1" bis „Verzeichnis 9" zu. Über diese Druckformate können Sie später Einfluß auf das Layout des Inhaltsverzeichnis esnehmen (☞ K.37.4).

 Die Druckformate „Verzeichnis 1" bis „Verzeichnis 9" gehören zu den Standardformaten von Word. Um sie kennenzulernen, drücken Sie die SHIFT-Taste, während Sie im Lineal das Popup-Menü für die Druckformate anklicken, oder in der Dialogbox „Druckformate" den Radio-Button **Alle** drücken. Eine Beschreibung aller Standard-Druckformate findet sich in ☞Anhang A.

• Markieren einer Überschrift als .c.-Absatz

Das Markieren von Überschriften oder Textpassagen als .c.-Absatz erfolgt normalerweise in vier Schritten:

❶ Aktivieren Sie die Textpassage, die Word ins Inhaltsverzeichnis übernehmen soll.

❷ Wählen Sie den Menüpunkt „Eintrag Inhaltsverzeichnis" aus dem Einfügen-Menü.

❸ Word schreibt vor den aktivierten Text ein .c..

❹ Tragen Sie direkt hinter dem c die Hierarchieebene der Überschrift ein.

❺ Wiederholen Sie die Schritte 1 bis 4 für alle Überschriften Ihres Textes.

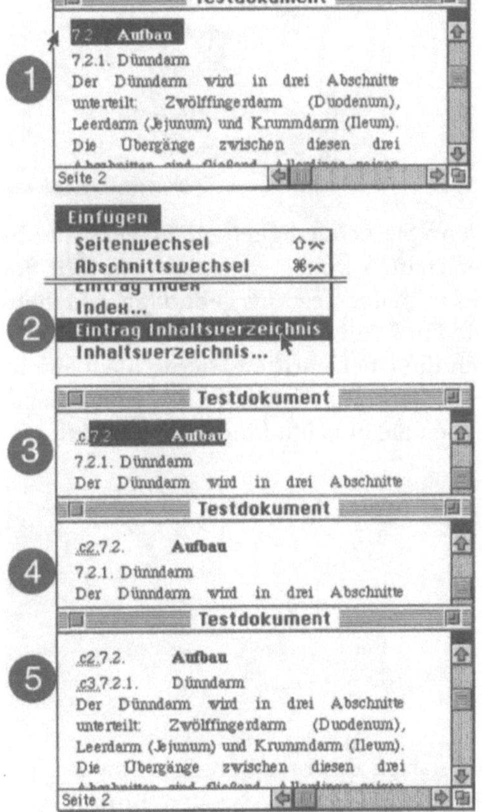

 Endet die aktivierte Textpassage *nicht* mit einem Paragraphenzeichen, so schreibt Word ans Ende der Textpassage ein als „unsichtbar" formatiertes Semikolon!

• Erstellen des Inhaltsverzeichnises nach .c.-Absätzen
Um nun aus Ihren .c.-Absätzen ein Inhaltsverzeichnis zu erstellen, rufen Sie den Menüpunkt „Inhaltsverzeichnis" im Einfügen-Menü auf.

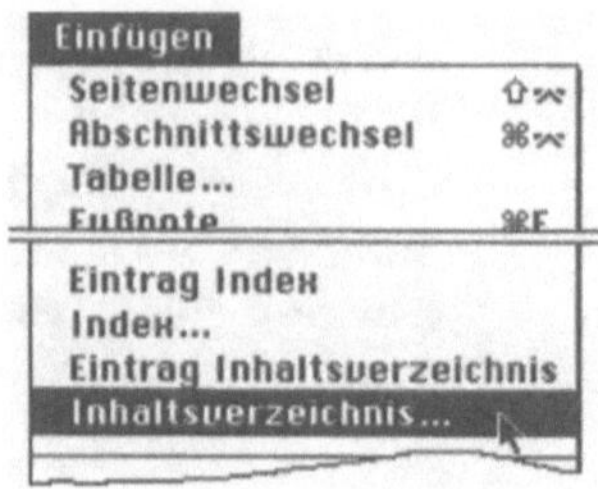

Es erscheint folgende Dialogbox, in der Sie den Radio-Button .c. **Absätze"** aktivieren:

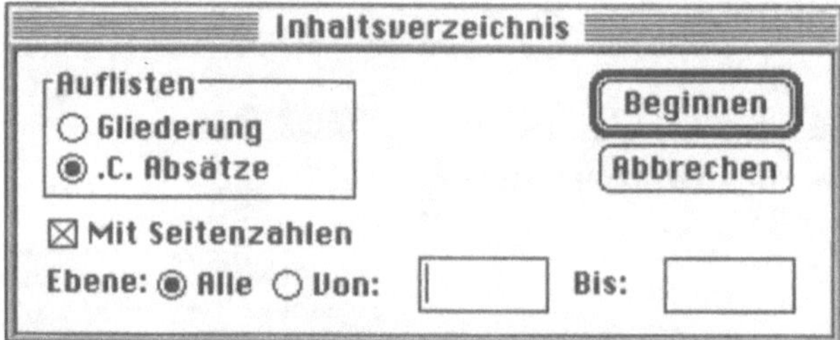

Wenn Sie sich lediglich eine Übersicht über die Überschriften Ihres Dokumentes
verschaffen wollen, so sollten Sie „**Mit Seitenzahlen**" deaktivieren. Das Erstellen
des Inhaltsverzeichnis geht dann sehr viel schneller vonstatten.
Die Funktion „**Ebene**" kann ebenfalls sehr hilfreich sein: Über sie legen Sie nämlich die Überschriften-Hierarchieebene fest, bis zu der das Inhaltsverzeichnis erstellt werden soll. Wollen Sie zum Beispiel nur die oberste Hierarchieebene, so
tragen Sie in beide Eingabefelder eine „1" ein.

 Diese Funktion empfielt sich besonders bei stark zergliederten Texten und
ist in amerikanischen Sachbüchern üblich: in einem kurzen Inhaltsver-
zeichnis wird erst mal eine Übersicht über die Abschnitte und Kapitelüberschriften eines Buches gegeben (zum Beispiel Ebene 1 und 2). Ein
zweites Inhaltsverzeichnis ist dann bereits detailierter (zum Beispiel
Ebenen 1 bis 4) und am Anfang eines jeden Kapitels findet sich dann ein
Inhaltsverzeichnis bis zur untersten Ebene.

Sie starten das Erstellen des Inhaltsverzeichnis, indem Sie den Button
Beginnen drückt. Wurde bereits
ein Inhaltsverzeichnis erstellt, so
aktiviert Word dieses und fragt, ob es
dieses überschreiben soll.

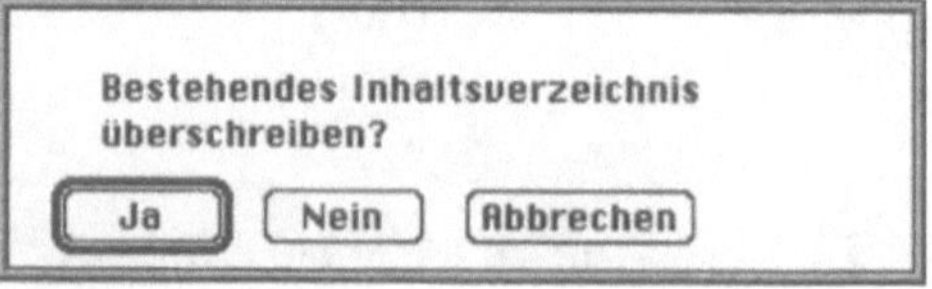

Word verteilt dann den Text auf die Seiten. Es ist daher wichtig, daß Sie zu diesem Zeitpunkt bereits alle wichtigen Seiten-Parameter, wie Ränder, Kopf- und Fußzeilen festgelegt haben. Während des Seitenumbruchs erscheint nebenstehende Mitteilung auf dem Bildschirm.

Im Infofeld in der linken unteren Fensterecke gibt Word währenddessen Auskunft über die Seite, die gerade neue gesetzt wird:. Dabei bedeutet die Zahl hinter dem „S" die Seitenzahl und die Zahl hinter dem „A" die Nummer des aktuellen Abschnitts.

Nachdem der Seitenumbruch abgeschlossen ist, durchläuft Word das gesamte Dokument erneut, kopiert die Überschriften und notiert sich jeweils Hierarchieebene und Seitenzahl der Überschrift. Im Infofeld erscheint währenddessen die Seitenzahl, die Word gerade nach einer Überschrift hin durchsucht.

 Wenn Word eine Mitteilung macht, daß es keine .c.-Absätze gefunden hätte, dann kann das daran liegen, daß Sie .c. nicht als „verborgen" formatiert haben. Dies sollten Sie bei einer solchen Nachricht als erstes überprüfen.

Ist auch dieser Durchgang beendet, richtet Word vor der ersten Seite des aktuellen Textes einen neuen Abschnitt ein und plaziert dort das neue Inhaltsverzeichnis. Ab sofort besteht also das Dokument aus mindestens zwei Abschnitten! Die Trennlinie zwischen zwei Abschnitte ist mit einer doppelt gepunkteten Linien gekennzeichnet:

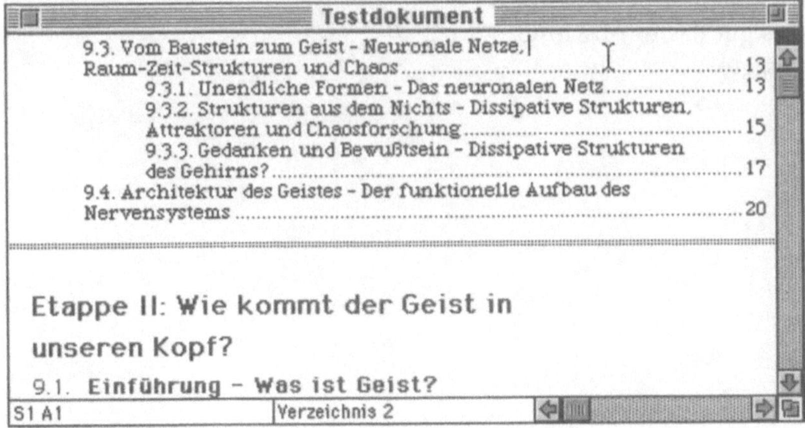

Zur Formatierung des Inhaltsverzeichnis verwendet Word die Druckformate „Verzeichnis 1" bis „Verzeichnis 9". Wie Sie über diese Druckformate Einfluß auf das Layout des Inhaltsverzeichnisses nimmt, erläutert Kapitel ☞ K.37.4.

37.3 INHALTSVERZEICHNIS ENTSPRECHEND DER GLIEDERUNG

Word besitzt eine eigene Gliederungshilfe, die das Bearbeiten von längeren Dokumenten auf der Ebene des Inhaltsverzeichnis ermöglicht (☞ K.30). Haben Sie die Gliederungshilfe für das Strukturieren Ihres Dokuments genutzt, so ist das Erstellen eines Inhaltsverzeichnis sehr einfach, da Sie in der Gliederungshilfe das Inhaltsverzeichnis ja bereits vorgegeben haben. Jegliche Markierung von Textpassagen mit Steuerzeichen entfällt dabei, da Word in diesem Fall Überschriften anhand ihrer Druckformate („Überschrift 1" bis „Überschrift 9") erkennt.

• Inhaltsverzeichnis nach der Gliederung erstellen
Um nun ein Inhaltsverzeichnis entsprechend der Gliederung aus der Gliederungshilfe aufzubauen, rufen Sie den Menüpunkt „Inhaltsverzeichnis" aus dem Einfügen-Menü auf.

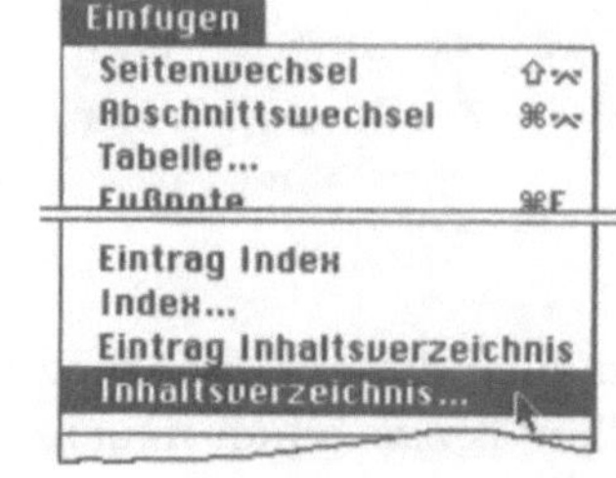

Es erscheint eine Dialogbox, in der Sie den Radio-Button „Gliederung" aktivieren.
Für die Optionen „Mit Seitenzahlen" und „Ebene" sowie für das eigentliche Erstellen des Inhaltsverzeichnisses gilt das in Abschnitt ☞ K.37.2 Gesagte.

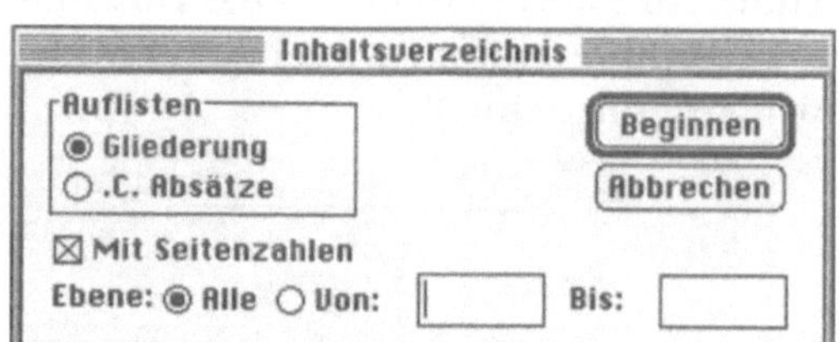

37.4 FORMATIEREN EINES INHALTSVERZEICHNISSES

Ein typisches Inhaltsverzeichnis á la Word zeigt die folgende Abbildung:

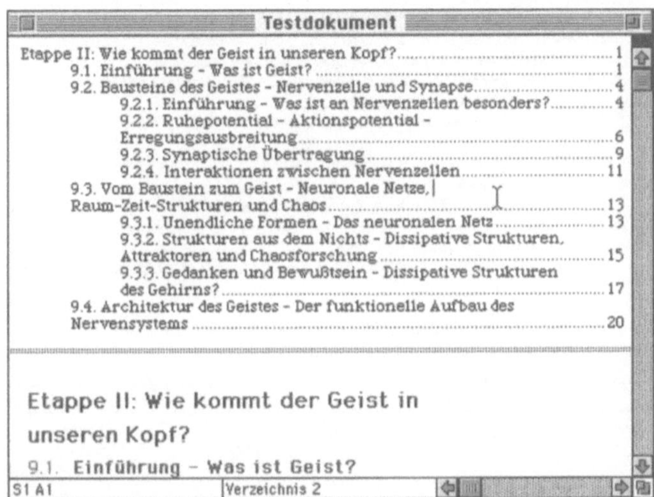

Wie Sie sehen, ist das Layout keineswegs zufriedenstellend und es gilt nun, diesen Mißstand zu beseitigen. Das ist nicht weiter schwierig, da Word die Einträge im Inhaltsverzeichnis über Druckformate formatiert.

Formatierungen per Druckformat durchführen
Sie sollten die Formatierungen des Inhaltsverzeichnis soweit wie möglich über Druckformate durchführen. Müssen Sie nämlich - aus welchen Gründen auch immer - später erneut ein Inhaltsverzeichnis erstellen, so erscheint dieses dann sofort im gewünschten Outfit.

Wie Sie Druckformate umdefinieren ist ausführlich in Kapitel ☞ K.24.5 erläutert. Für die Formatierung des Inhaltsverzeichnis sind die Druckformate „Verzeichnis 1" bis „Verzeichnis 9" zuständig, wobei die Nummer jeweils die Hierarchieebene der Überschrift angibt.

Bei drei Hierarchieebenen empfiehlt sich zum Beispiel folgende Zusatzformatierungen:

Verzeichnis 1: Ein Punkt größere Schrift als Verzeichnis 2 und Fettdruck.

Verzeichnis 2: Doppelter Abstand vor Absatz, Kursivdruck.

Verzeichnis 3: Zwei Punkt kleinere Schrift als Verzeichnis 2.

Das oben dargestellten Inhaltsverzeichnis nimmt nach diesen einfachen Maßnahmen folgende Form an - noch nicht perfekt aber schon ansehnlich:

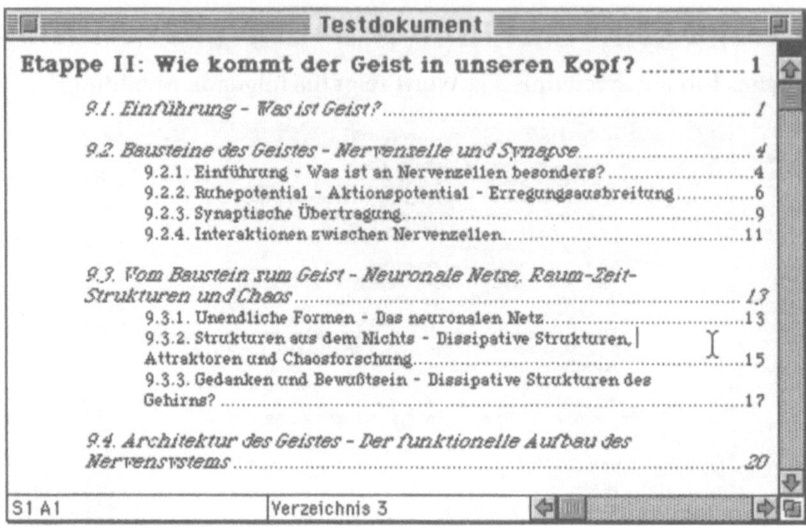

37.5 TIPS & TRICKS

• Schneller per Tastaturkürzel …

Beim Arbeiten mit .c.-Absätzen empfiehlt es sich, ein Tastaturkürzel zu erstellen (☞ K.14.8), mit dem Sie den Menüpunkt „Eintrag Inhaltsverzeichnis" aktivieren. Wie wär's zum Beispiel mit APPLE-CONTROL-I"?

Wollen Sie sich auch noch das Eingeben der Hierarchieebene sparen, so können Sie die .c.-Kennungen auch als Textbausteine (☞ K.58) definieren. Wie wärs zum Beispiel.c1. bis.c9. auf die Tasten APPLE-CONTROL-1 bis 9 zu legen?

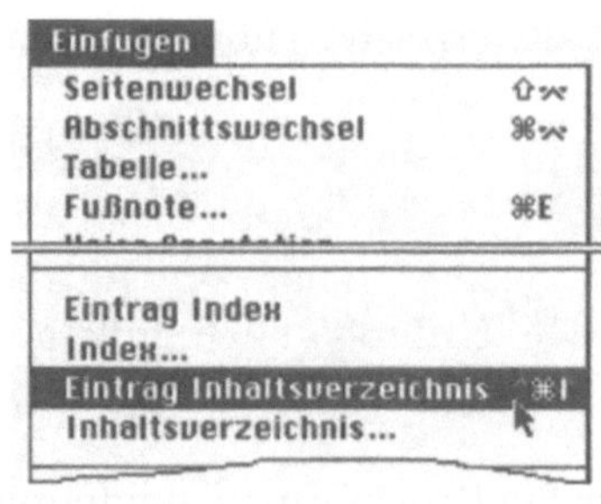

• Vermeiden von doppelten Seitenzahlen …

Seitenzahlen hinter Abschnittsüberschriften und doppelte Seitenzahlen wirken unprofessionell. Um sie zu vermeiden, müssen Sie hinter die Überschrift einen als „verborgen" formatierten Doppelpunkt setzten.

 Wenn Sie in einer hierarchischen Überschrift einen Doppelpunkt als Bestandteil der Überschrift verwenden wollen, so müssen Sie diesen besonders kennzeichnen. Schreiben Sie vor und hinter die Überschrift ein, als verborgen formatiertes, einfaches Anführungszeichen: '.

Die folgende Abbildung zeigt im unteren Abschnitt, wie Sie eine Überschriften markieren müssen, um - wie im oberen Abschnitt der Abbildung gezeigt - doppelte Seitenzahlen zu vermeiden:

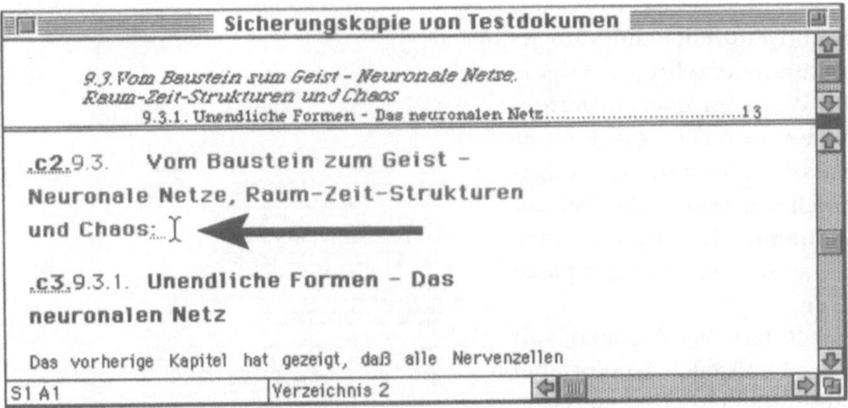

• **Vermeiden Sie Indexeinträge in Überschriften**
Sie sollten es vermeiden, Bestandteile einer Überschrift als Stichwort für ein Stichwortverzeichnis zu verwenden, da das Seminkolon, mit dem Word einen Indexeintrag abschließt (☞ K.35) auch die Überschrift beendet und so zu verstümmelten Einträgen im Inhaltsverzeichnis führt.

• **Inhaltsverzeichnis bei langen Dokumenten**
Wenn Sie Ihr Dokument in mehrere, eigenständige Einzeldokumente aufgeteilt haben und wollen nun ein Inhaltsverzeichnis für das Gesamtdokument erstellen, so müssen Sie die Einzeldokumente über „Nächste Datei..." untereinander verbinden. Plazieren Sie dann den Textcursor im ersten Dokument und rufen Sie dann den Menüpunkt „Inhaltsverzeichnis" aus dem Einfügen-Menü auf. Word geht nun Teildokument für Teildokument durch und sammelt die Überschriften. Das Inhaltsverzeichnis für das Gesamtdokument wird dann vor die erste Seite des ersten Teildokuments geschrieben.

38. KOPF- UND FUSSZEILEN

38.1   Wissenswertes in Kürze 284
38.2   Einrichten von Kopf- und Fußzeilen 285
38.3   Positionieren von Kopf- und Fußzeilen 286
        • Mit der Maus in der Seitenansicht 286
        • Numerisch: über die Abschnitt-Dialogbox 287
38.4   Spiegelsatz, Gesonderte Titelseite ... .288
38.5   Tips & Tricks: Kapitelüberschrift in der Kopfzeile 291

38.1 WISSENSWERTES IN KÜRZE ...

Kopf- und Fußzeilen sind auf jeder Seite wiederkehrende Objekte, die Word im oberen beziehungsweise unteren Rand einer Seite plaziert. Sie enthalten Informationen wie Seitenzahl, Datum, Kapitelname, Dateiname aber auch Logos, Icons und komplexe Grafiken.

Microsoft hat das Anlegen von Kopf- und Fußzeilen komfortabel und die Möglichkeiten vielseitig gestaltet, so daß sich das Studium der folgenden Seiten sicherlich lohnt - auch wenn es sich zum Teil um recht komplexen Stoff handelt.

Sowohl Kopf- als auch Fußzeilen besitzen jeweils ein eigenes Fenster, in denen der Benutzer ihre Inhalte festlegt. Dazu kann er alle word-üblichen Hilfsmittel wie Lineal, Formatierungsleiste und Grafikmodul verwenden. Zusätzlich erhält er über Icons Zugriff auf Seitenzahl, Datum und Uhrzeit.

Seitenformatierung bleibt
Da Word Kopf- und Fußzeilen in den Rand hineinmontiert, bleibt die Seitenformatierung erhalten. Nachträgliches Einfügen von Kopf- und Fußzeilen ist also ohne Umformatieren des Dokuments jederzeit möglich.

In Büchern sind die Fuß- und Kopfzeilen zweier gegenüberliegender Seiten spiegelbildlich aufgebaut. Ungerade Seitenzahlen befinden sich zum Beispiel auf der rechten Seite in der rechten oberen Ecke, gerade Seitenzahle auf der linken Seite in der linken oberen Ecke. Man spricht von „*Spiegelsatz*". Word unterstützt diese Layout-Variante.

38.2 EINRICHTEN VON KOPF- UND FUSSZEILEN

Das Einrichten von Kopf- und Fußzeilen geht in identischer Weise vor sich. Im folgenden soll daher nur das Einrichten der Kopfzeile erläutert werden.

❶ Aktivieren Sie den Menüpunkt „Kopfzeile" aus dem Ansicht-Menü.

❷ Es erscheint ein leeres Fenster mit einer Reihe von Kontrollelemente und einem blinkenen Textcursor:

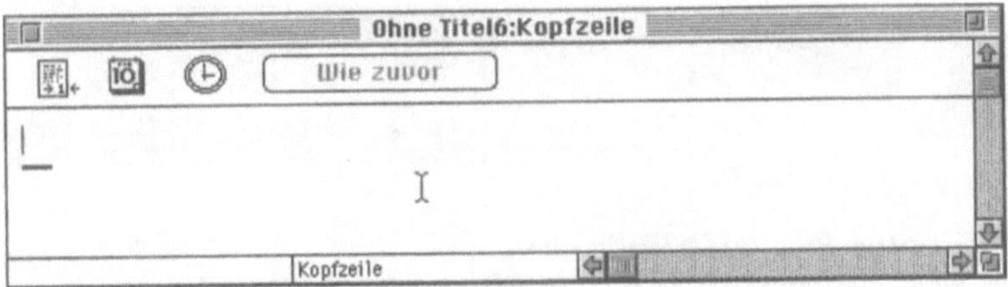

Seitenzahl: Wenn Sie dieses Icon anklicken, fügt Word an der Textcursorposition die Seitenzahl ein.

Datum: Klicken Sie dieses Icon an, um an der Textcursorposition das aktuelle Datum einzutragen.

Uhrzeit: Wenn Sie die aktuelle Uhrzeit einfügen wollen, klicken Sie auf die Uhr.

- Schrifttype, -größe und -stil von Seitenzahl, Datum und Uhrzeit lassen sich in gewohnter Weise ändern.

- Kopf- und Fußzeilen besitzen jeweils ein eigenes Druckformat. Änderungen an den Absatzformaten sollten also, wenn sie endgültig sein sollen, über Manipulationen an diesen Druckformat erfolgen.

❸ Um die Kopfzeile zu formatieren, sollten Sie sich zunächst Lineal und Formatierungsleiste einblenden. Dann sehen Sie auch genauer, welche Absatzformat das Druckformat „Kopfzeile" umfaßt:

❹ Nun können Sie loslegen. Eine Kopfzeile könnte zum Beispiel so aussehen:

 **Löschen von Fuß- und Kopfzeilen**
Um Fuß- oder Kopfzeilen zu löschen, öffnen Sie das Fuß- oder Kopfzeilenfenster, löschen den gesamten Inhalt desselben und schließen es wieder.

38.3 POSITIONIEREN VON KOPF- UND FUSSZEILEN

Word plaziert Kopf- und Fußzeilen innerhalb der eingestellten Dokumentränder. Dabei verwendet es die in Word üblichen Positionsrahmen (☞ K.43). Auf deren Positionierung können Sie Einfluß nehmen:

• **Mit der Maus in der Seitenansicht**

❶ Rufen Sie die Seitenansicht auf (Menüpunkt „Seitenansicht" im Datei-Menü).

❷ Klicken Sie auf das Rahmen-Symbol:

❸ Word zeigt nun in gepunkteter Form die Einfassungen der Positionsrahmen:

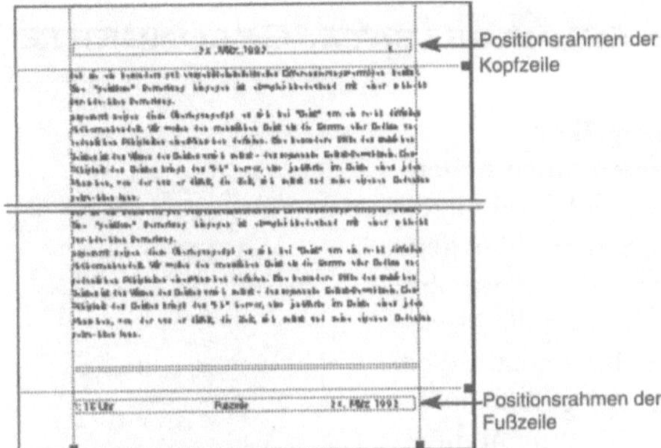

Positionsrahmen der Kopfzeile

Positionsrahmen der Fußzeile

❹ Positionsrahmen können Sie mit der Maus greifen und verschieben.
Wie Sie merken, läßt sich der Positionsrahmen nur in der Vertikalen, nicht aber in der Horizontalen verschieben.

• **Numerisch: über die Abschnitt-Dialogbox**

❶ Aktivieren Sie den Menüpunkt „Abschnitt" im Format-Menü:

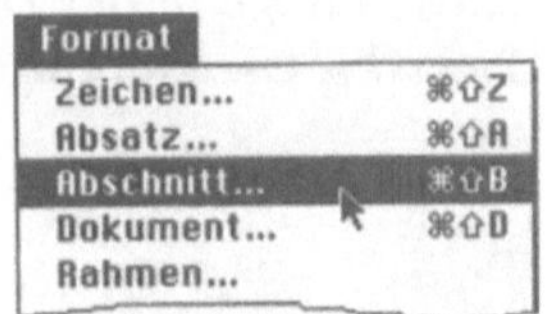

❷ Die nun erscheinende Dialogbox besitzt in ihrer linken unteren Ecke zwei Eingabefelder, in denen Sie die vertikale Position von Kopf- und Fußzeile festlegen:

Dabei gibt **Von oben** den Abstand der Kopfzeile vom Papierrand und **Von unten** den Abstand der Fußzeile vom unteren Papierrand an.

38.4 SPIEGELSATZ, GESONDERTE TITELSEITE ...

• **Spiegelsatz**
In einem Buch stehen sich gerade und ungerade Seitenzahlen gegenüber und sind, was ihre Ränder und die Plazierung der Seitenzahl betrifft, spiegelbild aufgebaut. Man nennt diese Form des Layouts „Spiegelsatz".

Word unterstützt Spiegelsatz, indem es auf Wunsch für gerade und ungerade Seitenzahlen getrennte Kopf- und Fußzeilen bereitstellt. Um mit Spiegelsatz zu arbeiten, gehen Sie folgendermaßen vor:

❶ Aktivieren Sie den Menüpunkt „Dokument" aus dem Format-Menü:

❷ Aktivieren Sie in der Dialogbox „Dokument" die Checkbox **Gerade/Ungerade Kopfzeile**:

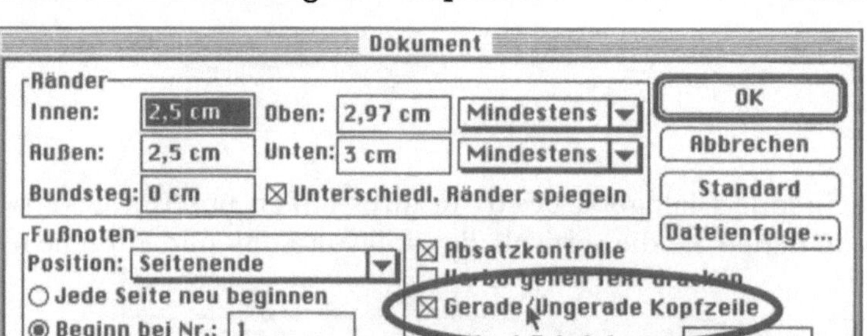

❸ Schließen Sie die Dialogbox. Word hat das Ansicht-Menü umgeschrieben. Statt „Kopfzeile" und „Fußzeile" finden sich nun vier Einträge:

❹ Formatieren Sie gerade und ungerade Zeilen spiegelbildlich:

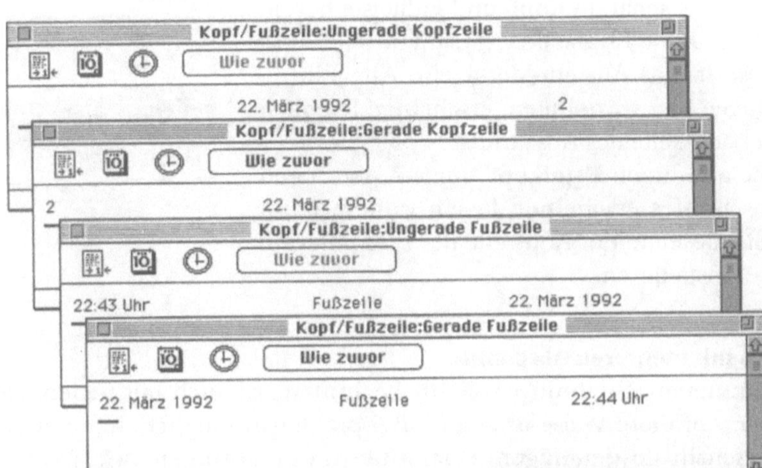

❺ Kehren Sie zum Dokument zurück und betrachten Sie sich Ihr Dokument in der Seitenansicht.

● **Gesonderte Titelseite**

Die erste Seite eines längeren Dokuments, aber auch eines mehrseitigen Briefes, ist häufig mit anderen Kopf- und Fußzeilen versehen als die laufenden Seiten. Word trägt dem Rechnung, indem es auf Wunsch die Titelseite eines Abschnittes gesondert behandelt. Sie finden diese Option unter „Abschnitt" (Format-Menü).

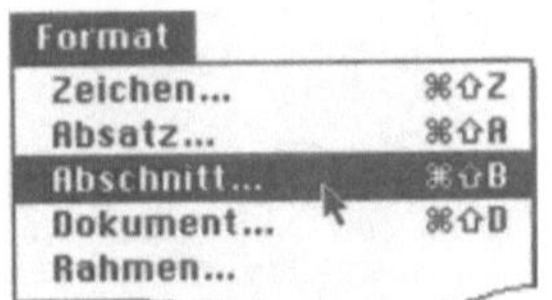

In der Dialogbox aktivieren Sie die Checkbox „Gesonderte Titelseite":

Ab sofort stellt Ihnen Word für die erste Seite des Abschnitts eine separate Kopf- und Fußleiste bereit, nennt diese „Erste Kopfzeile"/„Erste Fußzeile" und trägt diese in das Ansicht-Menü ein. Alle Eintragung, die Sie hier vornehmen, erscheinen lediglich auf der ersten Seite des Abschnitts.

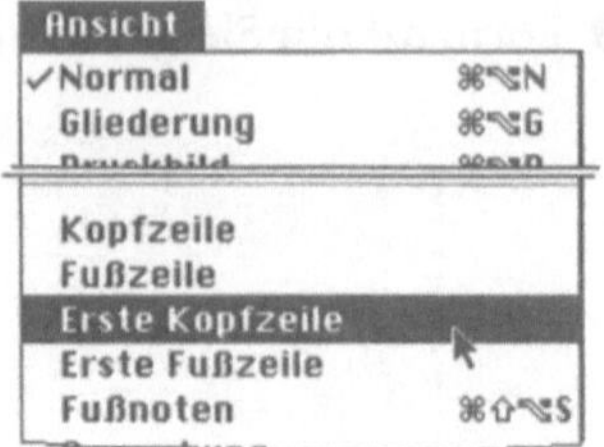

Wenn Sie also einen **Briefkopf** nur auf der ersten Seite des Briefes erscheinen lassen wollen, dann sollten Sie diesen in der Kopfzeile der „gesonderten Titelseite" installieren.

• Arbeiten mit mehreren Abschnitte

Mit einem neuen Abschnitt (☞ K.10) beginnt Word auch mit neuen Kopf- und Fußzeilen. Auf diese Weise ist es zum Beispiel leicht möglich, in einer Kopfzeile die Überschrift des jeweiligen Abschnittes unterzubringen (wie das besonders elegant geht, erfahren Sie in den Tips&Tricks am Ende dieses Kapitels).

Um dem Gesamtdokument in seinem Erscheinungsbild innere Konsistenz zu geben, ist es ratsam, die Grundstruktur der Kopf- und Fußzeilen im gesamten Dokument beizubehalten und allenfalls die Inhalte zu ändern. Word hilft dabei, indem es den Button **Wie zuvor** bereitstellt:

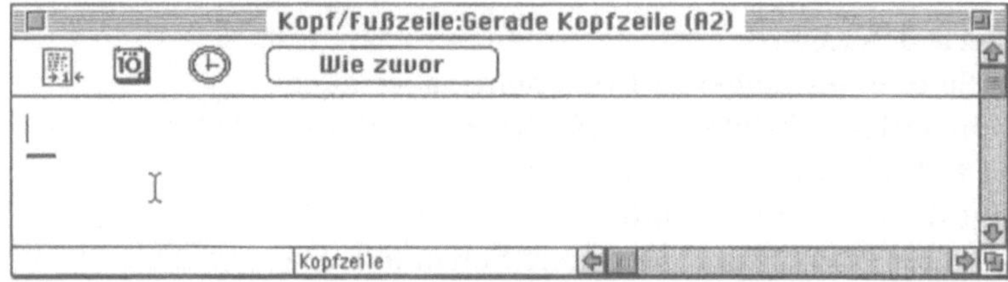

Die Titelleiste hat den Eintrag (A2). Das bedeutet, daß es sich bei diesem Fenster um das Kopfzeilenfenster von Abschnitt 2 handelt. Wenn Sie nun den Button **Wie zuvor** drücken, erhält die Kopfzeile dieselbe Kopfzeile wie Abschnitt 1:

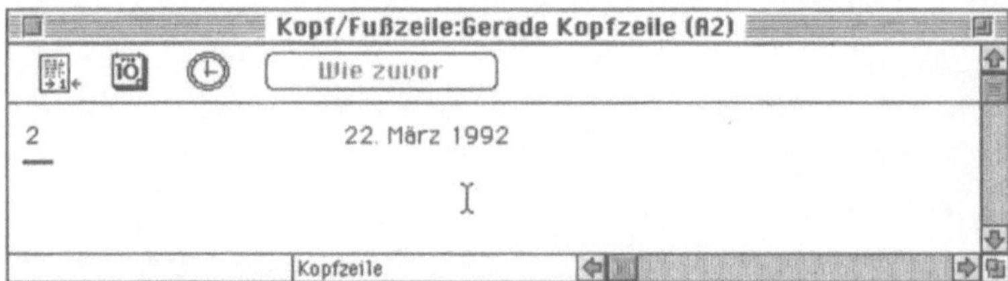

Sie sollten es sich zur Angewohnheit machen, die Grundstruktur (Tabulatoren, Schrifttype, Schriftformate etc.) der vorherigen Kopf/Fußzeilen zu übernehmen und lediglich die Inhalte zu ändern.

38.5 TIPS & TRICKS

• Kapitelüberschrift in der Kopfzeile

Kapitel ☞ K.25 beschreibt den Gebrauch dynamischer Querverweise innerhalb
von Word. Ein dynamischer Querverweis kann auch dazu verwendet werden, in
einer Kopfzeile immer die aktuelle Kapitelüberschrift darzustellen. Folgende vier
Schritte führen zum Erfolg:

❶ Aktivieren Sie die Überschrift, die auch in der Kopfzeile erscheinen soll und
kopieren Sie diese in die Zwischenablage:

❷ Rufen Sie die Kopfzeile des zur Überschrift gehörigen Abschnittes auf und positionieren Sie den Eingabecursor an der Stelle der Kopfzeile, an der der
Name des Abschnitts erscheinen soll:

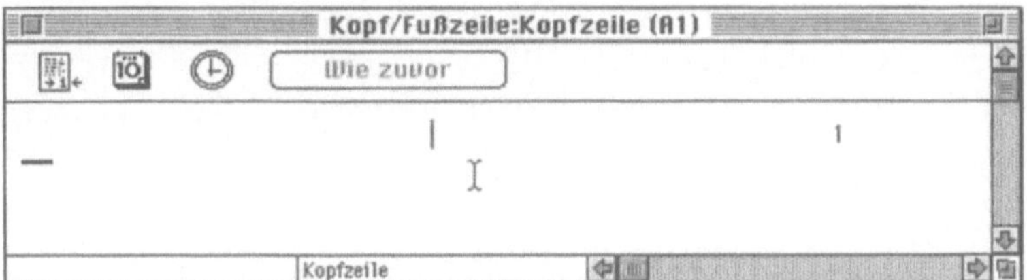

❸ Halten Sie die SHIFT-Taste gedrückt und wählen Sie den Menüpunkt
„Verknüpfung einfügen" aus dem Bearb.-Menü.

❹ Word fügt nun eine dynamische Kopie der Überschrift in die Kopfzeile ein:

Diese können Sie - wenn auch in eingeschränktem Maße - formatieren. Sobald
Sie eine Änderung in der Überschrift vornehmen, erscheint sofort in allen
Kopfzeilen die veränderte Überschrift.

39. MATHEMATISCHE FORMELN

39.1 Wissenswertes in Kürze … … 292
39.2 Installation von Formel-Editor und Editor-Hilfe 293
• Installation wichtiger Zeichensätze...293
• Installation der editoreigenen Hilfe-Datei 294
39.3 Erstellen einer Formel...294
• Einfügen eines Formel-Objektes in den Text 294
• Eingabe einer Gleichung 296
• Verschieben des Eingabecursors und Wechseln der Platzhalter 297
• Einfügen von Leerzeichen 298
• Beenden des Formel-Editors...298
39.4 Editieren einer Formel...298
• Einfügen von Elementen..298
• Aktivieren von Formelelementen 299
• Löschen von Formelelementen 299
• Kopieren/Ausschneiden/Einfügen von Formelelementen.............299
39.5 Formatieren der Formelelemente 300
• Lokale Formatierung der Zeichensätze...301
• Globale Formatierung der Zeichengröße 301
• Lokale Formatierung der Zeichengröße..302
• Globales Formatieren der Abstände 302
39.6 Positionieren einer Formel auf der Seite..304
39.7 Die mathematischen Steuerzeichen 305
39.8 Tips & Tricks 308

39.1 WISSENSWERTES IN KÜRZE … …

Word bietet zwei grundsätzlich unterschiedliche Wege, mathematische Formeln zu erstellen:
• über den Formel-Editor,
• über Mathematik-Steuerzeichen.

Bis zur Version 4.x von Word war die Eingabe von Formeln nur über spezielle **Steuerzeichen** möglich, was das Arbeiten mit komplexeren Formeln zu einer wahren Tortur werden ließ - zumal das gedruckte Resultat häufig alles andere als zufriedenstellend war. Dank des Formel-Editors sind diese Zeiten endgültig vorbei. Die Eingabe komplexer Gleichungen wird mit diesem Editor geradezu zu einem Vergnügen, so daß wohl kaum jemand auf die umständlichen Mathematik-Steuerzeichen zurückgreifen wird. Daß Word diese Zeichen überhaupt noch unterstützt verdankt sich dem Zwang, mit alten Word-Dokumenten kompatibel sein zu müssen. Wie Sie allerdings sehen werden, können Sie die Mathematik-Steuerzeichen von Word aber für andere Aufgaben durchaus sinnvoll einsetzen - zum Beispiel für Kerning, also das pixelgenaue Verschieben von Buchstaben. Mehr dazu am Ende dieses Kapitels.

Beim **Formel-Editor** von Word handelt es sich um ein eigenständiges Programm der Firma Design-Science, das an Microsoft lizensiert wurde. Genauer gesagt handelt es sich um eine Weiterentwicklung des Programms Mathtype, das zu den anwenderfreundlichste Formeleditoren für PCs gehört.
Da der Formel-Editor ein eigenständiges Programm darstellt, läßt er sich auch jederzeit und word-unabhängig per Doppelklick starten oder als DA im Apfelmenü installieren.
Eine mit Formel-Editor erstellte Gleichung wird von Word als „Objekt" in das Word-Dokument eingefügt. Das bedeutet, daß sie mit einem Rahmen versehen oder über einen Positionsrahmen an belieber Stelle einer Seite plaziert werden kann, wobei Text auf Wunsch als Fließtext um die Gleichung herumfließt.
Formel-Editor stellt die Gleichungen im Arbeitsblatt normalerweise in doppelter Größe (200%) dar. Wundern Sie sich also nicht, wenn die Gleichung, nachdem sie ins Worddokument eingefügt wurde, plötzlich nur noch halb so groß ist. Über das Ansicht-Menü des Formel-Editors können Sie den Prozentwert der Formelansicht verändern.

39.2 INSTALLATION VON FORMEL-EDITOR UND EDITOR-HILFE

Im Gegensatz zum Grafik-Programm, dem Thesaurus oder der Rechtschreibprüfung handelt es sich bei Formel-Editor nicht um ein Plug-In-Modul, sondern um ein eigenständiges Programm. Es verfügt sogar um eine eigene Hilfedatei.
Für die Installation gelten daher nicht die Plazierungsregeln der Plug-In-Module. Sie können den Formel-Editor in jeden beliebigen Ordner Ihrer Festplatte legen.

Ich habe ihn zum Beispiel in den Ordner „Apple-Menü" im Systemordner. Auf diese Weise ist er jederzeit über das Apfel-Menü zugänglich.

• Installation wichtiger Zeichensätze
Um mit dem Formel-Editor in vollem Umfang arbeiten zu können, müssen die beiden Zeichensätze „Symbol" und „MT-Extra" im System vorhanden sein. Ist dies nicht der Fall, so kann der Editor eine Reihe mathematischer Spezialzeichen weder auf dem Bildschirm darstellen, noch drucken und tut dies durch eine Dialogbox in grauenhaftem Deutsch kund:

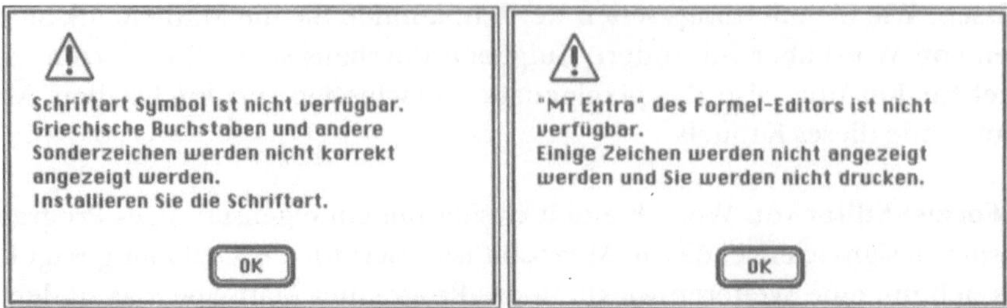

Der Zeichensatz „MT Extra" befindet sich auf den Word-Disketten, der Zeichensatz „Symbol" auf den Macintosh-Systemdisketten. Wie Sie Zeichensätze installieren, erfahren Sie in Ihrem Macintosh-Benutzerhandbuch.

• Installation der editoreigenen Hilfe-Datei
Damit Formel-Editor seine Hilfedatei findet, muß diese im selben Ordner liegen wie er selbst.

39.3 ERSTELLEN EINER FORMEL

Um mit Formel-Editor eine Formel zu erstellen, gehen Sie folgendermaßen vor:

• Einfügen eines Formel-Objektes in den Text
Jede Formel stellt innerhalb des Worddokuments ein Objekt dar. Es handelt sich also bei einer Formel um eine, von einem bekannten Fremdprogramm erstellte Datenstruktur, die mit einem Positionsrahmen versehen, an jeder Stelle des Textes eingefügt werden kann.

Positionieren Sie zunächst den Textcursor an der Stelle Ihres Dokuments, an dem das Formel-Objekt stehen soll. Das Einfügen der Formel erfolgt über den Menüpunkt „Objekt..." aus dem Einfügen-Menü.

Es erscheint die Dialogbox „Neues Objekte einfügen" mit einem Auswahlfeld, in dem Sie den Eintrag „Formel-Editor" aktivieren und anschließend den **OK**-Button tätigen.

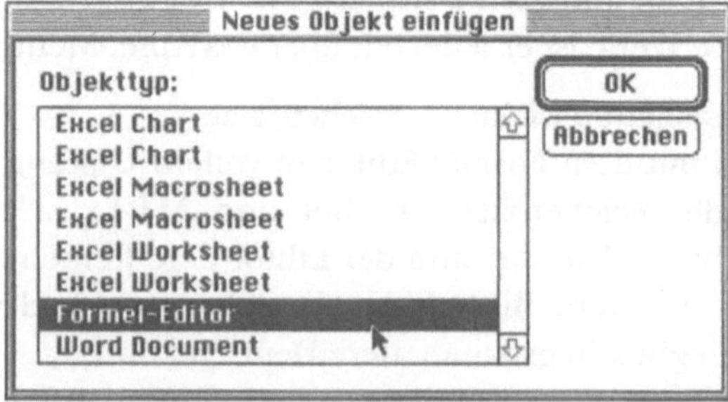

Word fügt nun ein Objekt in den Text ein und ruft anschließend den Formel-Editor auf, der ein Eingabefenster mit 19 Popup-Menüs und eine eigene Menüleiste besitzt:

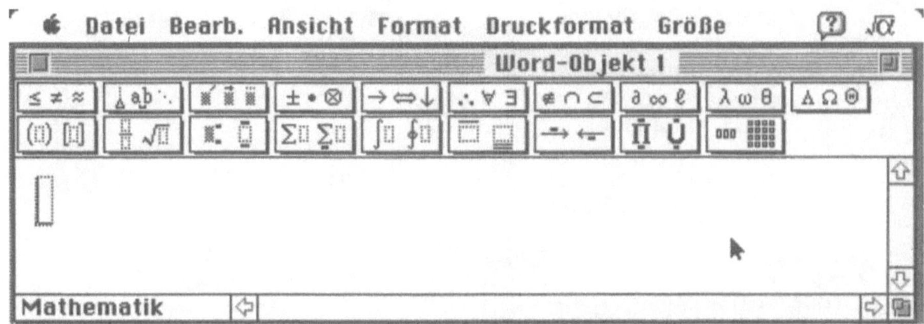

Wenn Sie mit System 7 arbeiten, so sehen Sie, daß Formel-Editor einen eigenen Eintrag im Programmmenü besitzt. Es handelt sich also bei Formel Editor um ein vollkommen eigenständiges Programm.

Die Popup-Menüs stellen den Werkzeugkasten von Formel-Editor dar. Sie enthalten die Formelbausteine und Symbole, aus denen Sie Ihre Gleichungen zusammensetzen, wie zum Beispiel Summen-, Integral- und Wurzelzeichen, Klammern und Bruchstriche, Exponenten, leere Matrizen, Operatoren- und Vektorensymbole, griechische Zeichen, Vektorpfeile usw:

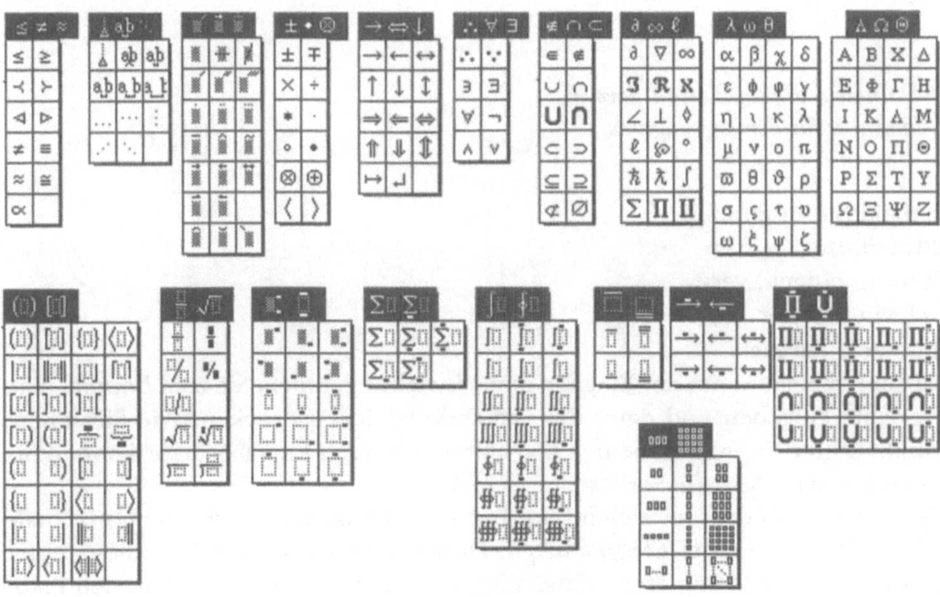

Die Menüs enthalten im wesentlichen Formatierungs-, Kopier- und Darstellungshilfen:

• Eingabe einer Gleichung

Wie Sie sehen, zeichnet der Editor im Arbeitsblatt ein Rechteck mit gepunktetem Rahmen, in dem emsig ein Eingabecursor blinkt:

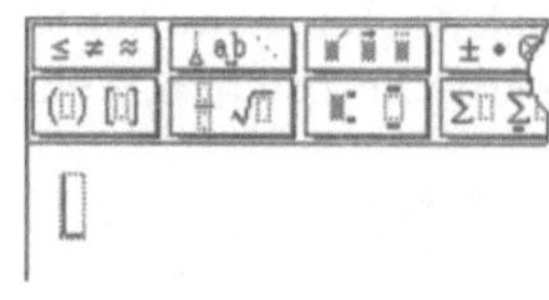

Gepunktete Rahmen sind immer Platzhalter für Benutzereingaben.

$$\sum_{\square}^{\square}\square \qquad \int_{\square}^{\square}\square \qquad \sqrt{\square} \qquad [\square] \qquad \frac{\square}{\square}$$

Sobald Sie in einen Platzhalter einen Eintrag tätigen, verschwindet der gepunktete Rahmen.

$$\sum_{0}^{\infty}x \qquad \int_{0}^{j}x^2 \qquad \sqrt[3]{3x_n^4} \qquad [\Im \otimes \wp] \qquad \frac{\vartheta}{\psi}$$

Beginnen Sie nun mit der Eingabe einer Gleichung, indem Sie zum Beispiel eine Variable eingeben und dann das Gleichheitszeichen drücken. Wie Sie sehen, blinkt hinter Ihrer Eingabe der *Eingabecursor*. Diesen Eingabecursor können Sie auch per Maus oder Cursortasten verschieben.

Gemeinsam mit dem vertikalen Eingabecursor, blinkt aber noch eine horizontale Linie, der sogenannte *Ebenenanzeiger*. Dieser zeigt an, auf welcher Ebene einer Formel Sie gerade editieren - dabei entsprechen die Ebenen meistens den Platzhaltern eines Formelbausteins. Denken Sie zum Beispiel an einen Bruchstrich;

dieser eröffnet drei Ebenen: die Ebene des Bruchstriches, die Ebene über und die Ebene unter dem Bruchstrich:

Ebene des Bruchstriches   *Ebene über dem Bruchstrich*   *Ebene unter dem Bruchstrich*

$$x = \frac{\sqrt[3]{3x_n^4}}{\sum\limits_0^\infty x} \qquad x = \frac{\sqrt[3]{3x_n^4}}{\sum\limits_0^\infty x} \qquad x = \frac{\sqrt[3]{3x_n^4}}{\sum\limits_0^\infty x}$$

Bei komplexen Gleichungen mit Hoch- und Tiefstellung, Brüchen, Wurzeln, Summen und Matrizen ist es häufig nicht einfach, die Eingabe der Formel auf der richtigen Ebene fortzusetzen. In solchen Fällen ist der Ebenenanzeiger eine wertvolle, unabdingbare Hilfe.

Wenn Sie nun hinter dem Gleichheitszeichen zum Beispiel die nte-Wurzel eines Terms eingeben wollen, so aktivieren Sie aus dem entsprechenden Popup-Menü das gewünschte Formelsymbol.

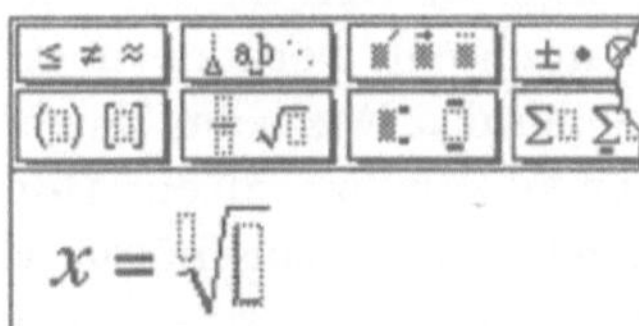

Sofort fügt Formel-Editor das gewünschte Zeichen samt Platzhalter an der Stelle des Eingabecursors ein:

In einem der Platzhalter blinkt der Eingabecursor und Sie können nun mit der Eingabe Ihrer Gleichung fortfahren.

In jeden Platzhalter können Sie natürlich auch weitere Formelbausteine aus den Popup-Menüs einfügen, die ihrerseits wieder Platzhalter umfassen, in die Sie wiederum Formelbausteine einsetzen können … und so weiter…und so weiter.

- **Verschieben des Eingabecursors und Wechseln der Platzhalter**

Um den Eingabecursor innerhalb eines Platzhalters (oder von Platzhalter zu Platzhalter oder von Formelebene zu Formelebene) zu verschieben, bedienen Sie sich der Cursortasten sowie der TABULATOR- und ENTER-Taste. Die RETURN-Taste hat eine andere Funktion: sie fügt eine neue Eingabeebene in die Formel ein.

Um die Wirkung der verschiedenen Tasten kennenzulernen, können Sie diese einfach ausprobieren.

 Sehr hilfreich ist die OPTION-Taste. Wenn Sie diese beim Betätigen der vertikalen Cursor gedrückt halten, verschiebt Formel-Editor den Einfügecursor innerhalb der aktuellen Formelebene und läßt zum Beispiel hoch- und tiefgestellte Zeichen aus.

• Einfügen von Leerzeichen

Die Eingabe von Text erfolgt normal über die Tastatur. Nur die Leerzeichen unterliegen einer gesonderten Regelung. Sie müssen über ein Popup-Menü eingefügt werden.

Fünf verschiedene Abstände stehen zur Wahl. Übrigens lassen sich mit den Tastenkombinationen SHIFT-, OPTION- und APPLE-LEERZEICHEN der kleinste, mittlere und größte Zeichenabstand auch über Tastatur einfügen!

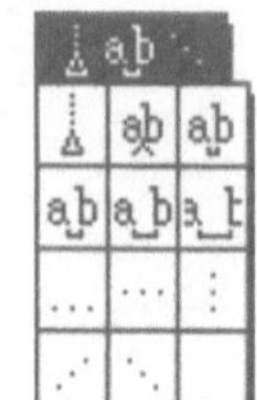

• Beenden des Formel-Editors

Nachdem Sie die Gleichung fertig gestellt haben, brauchen Sie lediglich das Fenster des Formel-Editors zu schließen oder den Menüpunkt „Beenden" im Datei-Menü zu aktivieren.

Sofort gelangen Sie wieder zu Ihrem Worddokument, in dem die Formel bereits eingefügt ist.

39.4 EDITIEREN EINER FORMEL

In der Regel werden Sie Ihre mathematische Formel nochmals verändern wollen. Nichts einfacher als das. Wie beim Umgang mit Word-Objekten üblich, reicht ein Doppelklick auf das Objekt, um das zugehörige Programm zu laden und das Objekt zu bearbeiten. Doppelklick auf das Formel-Objekt in Ihrem Worddokument startet also Formel-Editor.

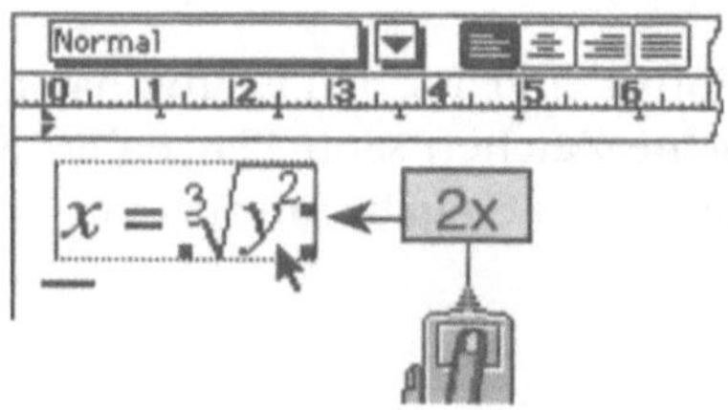

Sobald die Formel im Arbeitsfenster erscheint, können Sie mit Ihren Änderungen beginnen.

• Einfügen von Elementen

Sie können jederzeit an jeder Stelle Ihrer Formel jedes beliebige Zeichen einfügen. Positionieren Sie den Eingabecursor per Maus an der Stelle, an der Sie das Element einfügen möchten und geben Sie dann über Tastatur, Zwischenablage oder Popup-Menü das gewünschte Element ein.

• Aktivieren von Formelelementen

Egal, ob Sie Formelelemente löschen, kopieren, ausschneiden oder formatieren wollen, immer müssen Sie das zu verändernde Objekt zuvor aktivieren. Ein aktiviertes Formelelement wird, wie beim Macintosh üblich, invertiert dargestellt:

$$\frac{dE}{dt} = \frac{E + \sum_{i=1}^{3} G_i(EQ_i - E) + I_e}{\tau_M} \qquad \frac{dE}{dt} = \frac{E + \sum_{i=1}^{3} G_i(EQ_i - E) + I_e}{\tau_M}$$

Das Aktivieren von Formelelementen ist etwas gewöhnungsbedürftig und nicht sehr konsistent. Daher gilt auch hier die Devise: Probieren geht über Studieren. Hier ein paar Tips:

- Aktivieren per Maus

Doppelklick: Wie beim Macintosh üblich, ist der Doppelklick eine sehr hilfreiche Methode beim Aktivieren. In der Regel aktiviert ein Doppelklick alle Formelelemente, die auf der angeklickten Formelebene liegen.

Gedrückte Maustaste: Eine ebenfalls hilfreiche Methode ist folgende: Plazieren Sie den Mauscursor über dem Formelelement, das Sie aktivieren wollen. Drücken Sie die Maustaste und bewegen Sie nun bei gedrückter Maustaste den Mauscursor über die Formel. Formelelement für Formelelement wird nun aktiviert.

- Aktivieren per Tastatur

Beim Aktivieren von Formelelementen per Tastatur spielen folgende Tasten eine Rollen:

BACKSPACE: steht der Eingabecursor rechts von einem Formelbaustein, so aktiviert das Drücken der BACKSPACE-Taste diesen Formelbaustein.

SHIFT-vertikaler-CURSOR: Halten Sie die SHIFT-Taste gedrückt und tätigen dann die vertikalen Cursortasten, so aktiviert Formel-Editor Element für Element einer Formel.

APPLE-A: Diese Tastenkombination aktiviert die gesamte Gleichung.

• Löschen von Formelelementen

Um einen Platzhalter zu löschen, aktivieren Sie ihn und drücken dann BACKSPACE.

Innerhalb eines Platzhalters löscht BACKSPACE das Zeichen links vom Eingabecursor. DELETE hingegen löscht das Zeichen rechts vom Eingabecursor.

• Kopieren/Ausschneiden/Einfügen von Formelelementen

Formel-Editor unterstützt das Arbeiten mit der Zwischenablage. Um also ein Formelelement an eine andere Stelle Ihrer Gleichung zu kopieren, gehen Sie folgendermaßen vor:

❶ zunächst müssen Sie das Formelelement aktivieren (siehe oben).

❷ Anschließend kopieren Sie es über den Menüpunkt „Kopieren" (Bearbeiten-Menü) in die Zwischenablage.

❸ Plazieren Sie nun den Eingabecursor an der Stelle, an der das kopierte Formelement in Ihrer Gleichung erscheinen soll.

❹ Wählen Sie den Menüpunkt „Einfügen" aus dem Bearbeiten-Menü.

39.5 FORMATIEREN DER FORMELELEMENTE

Es gibt kaum eine Größe im Formel-Editor, die Sie nicht verändern könnten. Das gilt vor allem für die Abstände: egal, ob es nun um die Stärke von Bruchstrichen und Unterbruchstrichen geht, oder ob Sie den Abstand des Wurzeldaches vom Wurzelterm verändern wollen - Formel-Editor läßt Ihnen freie Hand. Sie müssen zwei Arten der Formatierungen unterscheiden: globale und lokale.

Globale Formatierungen: Globale Formatierungen wirken sich auf alle Elemente des aktuellen Arbeitsblattes aus und werden auch beim erneuten Aufruf des Formel-Editors berücksichtigt. Sie entsprechen somit den Voreinstellungen des Editors. Sie können die Voreinstellungen für Schrifttyp, -format und -größe bestimmen. Außerdem die Abstände der Formelelemente untereinander und die Formatierung von Matrizen.

Lokale Formatierungen: wenn Sie ein Formelelemente mal anders als nach den Voreinstellungen formatieren wollen, so stehen Ihnen dazu zwei Wege offen: entweder über ein paar „Druckformate" von Formel-Editor oder über freie Eingaben. Auf diese Weise lassen sich aber nur Zeichenattribute (Schrifttyp, Schriftgröße etc.) ändern, nicht aber die Abstände.

• **Globale Formatierung der Zeichensätze**

Über den Menüpunkt „Definieren" im Druckformat-Menü gelangen Sie zu folgender Dialogbox.

Druckformat	Schriftart	Zeichenformat Fett	Kursiv	
Text	Times	☐	☐	OK
Funktion	Times	☐	☐	Abbrechen
Variable	Times	☐	☒	Hilfe...
Griech. Kleinbuchstaben	Symbol	☐	☒	
Griech. Großbuchstaben	Symbol	☐	☐	
Symbol	Symbol	☐	☐	
Vektor/Matrix	Times	☒	☐	
Zahl	Times	☐	☐	

Für acht verschiedene Formelelementtypen können Sie hier über Popup-Menüs den Zeichensatz voreinstellen, den Formel-Editor für die Darstellung auf dem Bildschirm und den Druck verwenden soll. Zusätzlich können Sie bestimmen, ob Sie die Attribute Fett- oder Kursivdruck wünschen.

• Lokale Formatierung der Zeichensätze

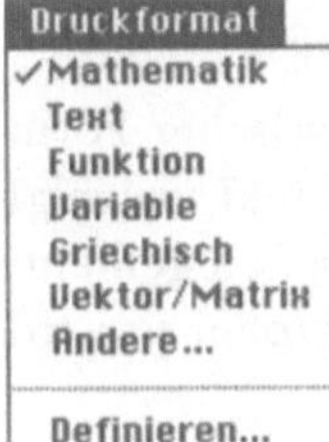

Wenn Sie ein Zeichen einer Formel anders formatieren wollen als in den Voreinstellungen festgelegt, so müssen Sie dieses Zeichen zunächst aktivieren und anschließend formatieren. Dazu stehen Ihnen sechs Druckformate zur Verfügung.

Wollen Sie keine dieser Formate verwenden, so gibt es noch eine weitere Möglichkeit lokaler Formatierung. Über den Menüpunkt „Andere..." gelangen Sie zu folgender Dialogbox:

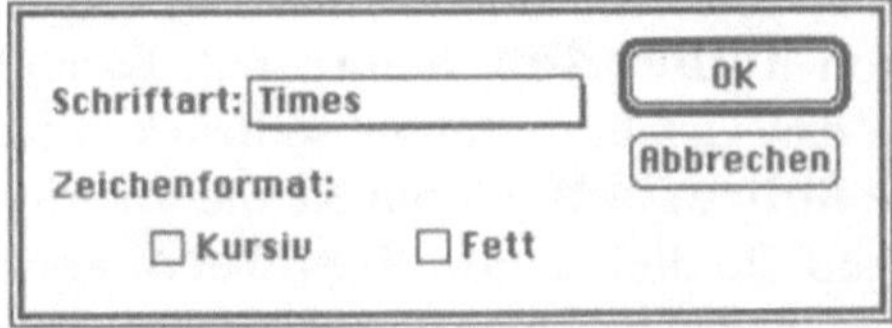

Wählen Sie über das Popup-Menü den gewünschten Schrifttyp und über die Checkbox das Attribut fett oder kursiv. Andere Formatierungen sind nicht möglich. Wie Sie die Schriftgröße ändern, erfahren Sie weiter unten.

Tastaturshortcuts zur Formatierung
Sie können die Attribute fett und kursiv übrigens auch per Tastatur setzen und zwar mit APPLE-SHIFT-B für Fettdruck und APPLE-SHIFT-I für Kursivdruck.

• Globale Formatierung der Zeichengröße

Um die Zeichengröße global zu formatieren, aktivieren Sie den Menüpunkt „Definieren" im Größe-Menü. Es erscheint folgende Dialogbox:

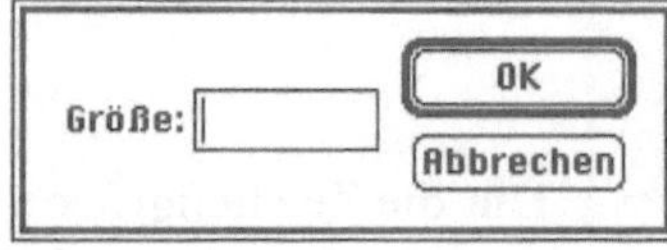

Für die verschiedenen Typen von Zeichen läßt sich hier in tabellarischer Form die Zeichengröße in Punkt festlegen. Klicken Sie in ein Eingabefeld, so zeigt Formel-Editor sofort anhand des dargestellten Beispiels, welche Zeichen gemeint sind, indem es diese invertiert darstellt. Ändern Sie die Zeichengröße, so wird diese Änderung im Beispiel - leider - nicht berücksichtigt.

Um die Auswirkung einer Änderung auf die Formel zu sehen, drücken Sie einfach den Button **Anwenden**. Sofort stellt Formel-Editor die Formel mit den neuen Größen dar. Gefällt sie Ihnen, so drücken Sie **OK**, gefällt sie Ihnen nicht, so drücken Sie **Abbrechen**. Wissen Sie die ursprünglich eingestellte Größe nicht mehr, so klicken Sie den Button **Standard**. Formel-Editor setzt dann alle (!) Größen auf ihre ursprünglichen Werte zurück, macht also alle Benutzerangaben rückgängig.

• Lokale Formatierung der Zeichengröße

Wenn Sie einem Zeichen eine andere Größe zuordnen wollen, als sie die Voreinstellungen abbieten, so gibt es hierfür zwei Wege. Entweder Sie verwenden eines der fünf globalen Formate, die Sie zuvor festgelegt haben und die über das Pulldownmenü verfügbar sind. Oder Sie aktivieren den Menüpunkt „Andere...". Sie gelangen dann zu folgender Dialogbox, in der Sie die gewünschte Zeichengröße in Pixeln eingeben:

• Globales Formatieren der Abstände

Das Formatieren von Abständen zwischen Formelelementen ist ein Highlight von Formel-Editor. Die folgende Abbildung zeigt, welche Abstände Sie festlegen können:

Um diese Abstände festzulegen, aktivieren Sie den Menüpunkt „Abstand" im Format-Menü. Es erscheint folgende Dialogbox:

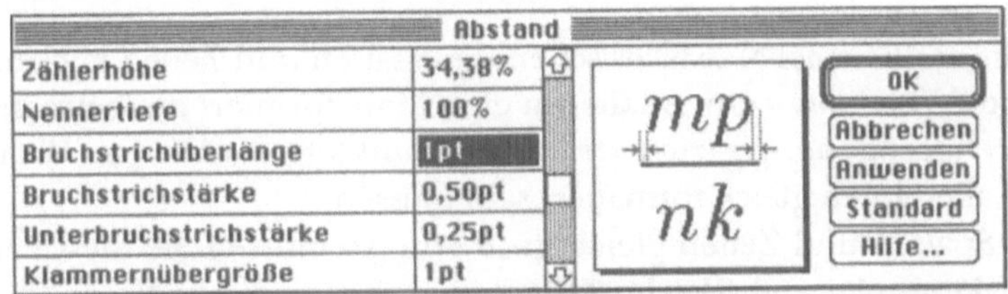

Links steht der Name des Abstandes, daneben der aktuelle Wert. Viele Werte werden in Prozent angegeben, so daß der Abstand immer in Relation zu der Zeichengröße gesetzt wird. Rechts neben dem Rollbalken der tabellarischen Auflistung findet sich ein Icon, in dem der Abstand illustriert ist.

Um einen neu eingestellten Abstand an Ihrer Formel auszuprobieren, drücken Sie den Button **Anwenden**. Formel-Editor formatiert dann Ihre Gleichung um, ohne die Dialogbox zu schließen. Um alle (!) Werte wieder auf ihre Ursprungswerte zurückzusetzen, betätigen Sie den Button **Standard**.

 Bedenken Sie, daß jede Änderung eines Abstandes immer global ist, sich also auf alle Elemente Ihrer Gleichungssysteme beziehen.

• Formatieren einer Matrix

Der Formel-Editor unterstützt das Erstellen von Matrizen und Tabellen. Wenn Sie eine Matrix formatieren wollen, so müssen Sie diese zunächst aktivieren und anschließend den Menüpunkt „Matrix…" aus dem Format-Menü auswählen. Es erscheint nebenstehende Dialogbox.

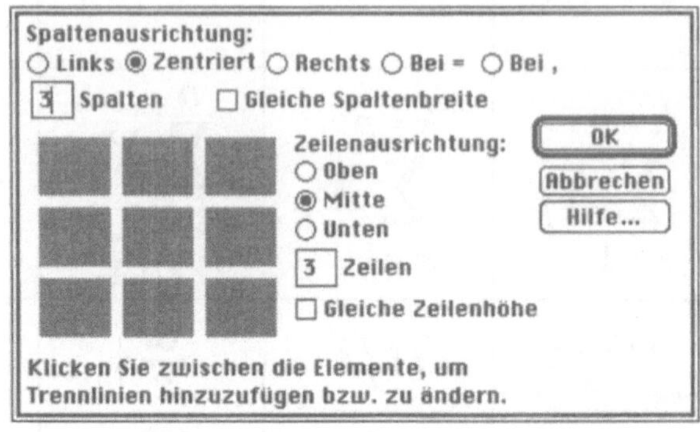

Zunächst sollten Sie die Anzahl der Spalten und Zeilen festlegen, die Ihre Matrix haben soll. Formel-Editor zeigt jede Veränderung sofort an der grau schraffierten Beispiel-Matrix an.

Über die Radio-Buttons legen Sie fest, welche Ausrichtung der Eintrag in einem Matrix-Feld haben soll. Dabei können Sie neben rechter, linker und zentrierter Ausrichtung bei der Spaltenausrichtung auch noch auf „=" oder „," ausrichten. Es stehen dann jeweils die Kommata oder die Gleichheitszeichen der Matrixeinträge übereinander.

Wenn Sie in der Beispiel-Matrix zwischen die Spalten und Zeilen klicken, so fügt Formel-Editor *Trennlinien* ein. Anklicken eine Linie formiert diese um. Insgesamt stehen durchgezogene, gestrichelte und gepunktete Linien zur Wahl, wobei keineswegs alle Linien gleich formatiert sein müssen.

Sollen alle Spalten und Zeilen gleich groß sein, so müssen Sie die Checkboxen **Gleiche Spaltenbreite** und **Gleiche Zeilenhöhe** aktivieren. Die Breite/Höhe aller Matrixfelder richtet sich dann nach dem jeweils größten Eintrag.

39.6 POSITIONIEREN EINER FORMEL AUF DER SEITE

Wie schon in der Einleitung zu diesem Abschnitt erwähnt, wird jede Formel von Word als ein eigenständiges Objekt in das Dokument eingefügt - eine Formel unterscheidet sich unter diesem Aspekt in keiner Weise von einer Grafik. Für das Skalieren und das Positionieren einer Formel auf einer Druckseite gilt also dasselbe wie für eine Grafik. Mehr dazu in Abschnitt ☞ K.43.

39.7 DIE MATHEMATISCHEN STEUERZEICHEN

Ein Relikt aus alten Word-Versionen sind die mathematischen Steuerzeichen. Hierbei handelt es sich um Zeichenkombinationen, mit deren Hilfe Sie mathematische Formeln erstellen. Diese Steuercodes waren in alten Word-Versionen die einzige Möglichkeit, derartige Gleichungen aufs Papier zu bringen. Heute wird wohl niemand mehr komplexe Formeln über derartige Steuerzeichen in Word neu eingeben. Dazu ist Formel-Editor eine zu gute Hilfe.

Doch soll an dieser Stelle - nicht nur der Vollständigkeit halber - auf die Steuerzeichen eingegangen werden. Sie können nämlich zumindest teilweise für andere interessante Aufgaben eingesetzt werden, wie zum Beispiel für punktgenaues Verschieben von Buchstaben, sprich *Kerning* (siehe Tips&Tricks).

Dreh- und Angelpunkt der mathematischen Stuerzeichen ist die Tastenkombination APPLE-OPTION-<. Auf dem Bildschirm erscheint ein normaler Backslash „\", aber wenn Sie sich die Steuerzeichen einblenden lassen (Menüpunkt „¶ einblenden" im Ansicht-Menü), dann sehen Sie, daß vor dem Backslash ein als unsichtbarer formatierter Punkt eingetragen ist: ·\ .Dieser Backslash teilt Word mit, daß das nachfolgende Zeichen kein normaler Buchstabe, sondern ein mathematisches Steuerzeichen ist. „\F" leitet zum Beispiel das Erstellen eines Bruches ein, „\A" das Erstellen einer Matrix. Geben Sie hinter dem „F" nun noch (123;234) ein, so wandelt Word diesen Ausdruck sofort in einen Bruch um:

$$\text{\\F(123;234)} \quad \longrightarrow \quad \frac{123}{234}$$

Dies geschieht allerdings nur im normalen Textmodus. Ist hingegen die Option „¶ einblenden" aktiv, so zeigt Word nicht den Bruch, sondern die Steuerzeichen. Beachten Sie, daß die Parameter in den Klammern durch Semikolons voneinander getrennt sind. In der amerikanischen Word-Version sind es Kommata. Es gibt insgesamt neun Hauptsteuerzeichen für mathematische Formeln:

Zeichen		Bedeutung
A	(=Array)	zum Erstellen von Matrizen
B	(=Brackets)	zum Erstellen von Klammern
D	(=Displace)	zum pixelgenauen Verschieben von Zeichen
F	(=Fraction)	zum Erstellen von Brüchen
I	(=Integral)	erstellt Summen, Produkte, Integrale u.a.
O	(=Overstrike)	zum Übereinanderschreiben von Zeichen
R	(=Radical)	zum Erstellen von Wurzel
S	(=Sub-/Superscript)	pixelgenaues Hoch-/Tiefstellen
X	(=Box)	zum Einfassen von Zeichen

Die meisten dieser Zeichen besitzen eine Reihe zusätzlicher Optionen. Diese bestehen ebenfalls aus Buchstaben und auch ihnen stellen Sie den besonderen Backslash voran.

Eine Summe stellt sich in Word z.B. folgendermaßen dar:

$$\text{\I\SU(i=0;10;i)} \longrightarrow \sum_{i=0}^{10} i$$

Das „I" ist ergänzt um „SU" (=Sum) und dahinter stehen in Klammern die Parameter.

Die folgende Tabelle zeigt eine Übersicht über die mathematischen Steuerzeichen von Word und gibt jeweils ein Beispiel:

Opt.		Erläuterung	Beispiel	
A	AC	Spalten in einer Matrix zentriert ausrichten	.\A.\AC(1;23;345)	1 23 345
	AL	Spalten in einer Matrix links ausrichten	.\A.\AL(1;23;345)	1 20 345
	AR	Spalten in einer Matrix rechts ausrichten	.\A.\AR(1;23;345)	1 23 345
	COn	Anzahl Spalten in einer Matrix festlegen	.\A.\CO2(1;2;3;4;5;6)	12 34 56
	HSn	Horizontaler Abstand zwischen Spalten in einer Matrix. Einheit: Punkte	.\A.\CO2.\HS4(1;2;3;4;5)	3 5 7 11
	VSn	Vertikaler Abstand zwischen Zeilen in einer Matrix. Einheit: Punkte.	.\A.\CO2.\VS4(1;2;3;4;5)	12 34 5
B	BC.\x	Setzt das Zeichen x links und rechts neben das Argument	.\B.\BC.\{(.\A.\CO2(1;2;3;4;5))	12 34 5
	LC.\x	Setzt das Zeichen x links neben das Argument	.\B.\LC.\{(.\A.\CO2(1;2;3;4;5))	12 34 5
	RC.\x	Setzt das Zeichen x rechts neben das Argument	.\B.\RC.\{(.\A.\CO2(1;2;3;4;5))	12 34 5
D	FOn()	Verschiebt das Argument um n Pixel nach rechts. Die Klammer muß leer sein!	Fuld.\D.\FO5()a	Fuld a

	BAn()	Verschiebt das Argument um n Pixel nach links. Die Klammer muß leer sein!	Fuld.\D.\BA2()a	Fulda
	LI	Zeichnet eine Linie vom vorherigen zum nächsten Zeichen	Fuld.\D.\LI()a	Fulda
F		Erstellt einen Bruch	.\F(123;234)	$\dfrac{123}{234}$
I	PR	Erstellt ein Produkt-Zeichen	.\I.\PR(i=0;∞;i)	$\prod\limits_{i=0}^{\infty} i$
	SU	Erstellt ein Summenzeichen	.\I.\SU(i=0;∞;i)	$\sum\limits_{i=0}^{\infty} i$
	IN	Die Limes werden seitlich des Zeichens dargestellt	.\I.\SU\IN(i=0;∞;i)	$\sum_{i=0}^{\infty} i$
	FC.\x	Verwendet das Zeichen x statt dem Summenzeichen; x wird nicht skaliert	.\I.\FC.\C(i=0;∞;i)	$\overset{\infty}{\underset{i=0}{C^i}}$
	VC.\x	Verwendet das Zeichen x statt dem Summenzeichen; x wird der Größe des Integranden entsprechend skaliert	.\I.\VC.\c(i=0;∞;i)	$\overset{\infty}{\underset{i=0}{\mathbf{C}^i}}$
O	AL	Setzt die linken Ränder zweier Zeichen übereinander	.\O.\AL(=;/)	$\neq$
	AR	Setzt die rechten Ränder zweier Zeichen übereinander	.\O.\AR(=;/)	$\neq$
	AC	Setzt zwei Zeichen zentriert übereinander	.\O.\AC(=;/)	$\neq$
R		Erzeugt ein Wurzelzeichen	.\R(3;x)	$\sqrt[3]{x}$
S	UPn	Stellt das Argument um n Pixel über die Grundlinie	x.\S.\UP5(3)	x^3
	DOn	Stellt das Argument um n Pixel unter die Grundlinie	x.\S.\UP5(3)	x_3
X		Umschließt das Argument mit einer Box	.\X(123)	$\boxed{123}$
	BO	Setzt den Boden einer Box	.\x.\BO(123)	$\underline{123}$
	LE	Setzt den linken Rand einer Box	.\x.\LE(123)	$|123$
	RI	Setzt den rechten Rand einer Box	.\x.\RI(123)	$123|$

| TO | Setzt den oberen Rand einer Box | .\x.\TO(123) | 123 |

39.8 TIPS & TRICKS

• Kerning mit mathematischen Steuerzeichen

Das punktgenaue Plazieren von Buchstaben innerhalb eines Wortes nennt man *Kerning*. Man benötigt diese Funktion vor allem dann, wenn man mit großen Schriften arbeitet, denn hier ist häufig das Spacing der Buchstaben nicht mehr befriedigend.

Das nebenstehende Beispiel mag dies illustrieren. Das Wort Vase sieht in 48 Punkt Times auf dem Bildschirm so aus:

Es zerfällt optisch in zwei Anteile, das „V" und die „ase". Das liegt daran, daß das „a" normalerweise nicht mit dem „V" überlappen darf, der rechte Rand des „V" aber sehr weit nach rechts reicht.

Um diesen Mißstand zu beheben, bedienen Sie sich der sogenannten *Unterschneidung*, das bedeutet, Sie schieben „ase" näher an das „V" heran, also quasi in das „V" hinein. Das ganze sieht dann folgendermaßen aus:

Kerning ist eigentlich nur professionellen DTP-Programmen wie QuarkXPress oder Pagemaker vorbehalten und auch im Word-Handbuch findet sich kein Eintrag zu diesem Thema.

Daß es aber mit Word trotzdem geht, ist den mathematischen Steuerzeichen zu verdanken. Diese sehen beim unterschnittenen Wort „Vase" so aus:

Sie bedienen sich also des Befehls „Displace BAckward" (siehe Tabelle in Abschnitt ☞ K.39.7). Die 7 hinter BA gibt die Anzahl Pixel an, die nach links verschoben werden soll. Die Einheit ist Pixel, also 1/72inch, also etwa 0,4mm. Das bedeutet, daß Sie mit dieser Methode den Abstand der Buchstaben auf 0,4mm genau kontrollieren. Nicht Weltklasse, aber für viele Zwecke völlig ausreichend.

Mit Kerning lassen sich interessante Effekte erzielen. Im folgenden Beispiel wurde zusätzlich der Befehl „Superscript" verwendet:

C\D\BA28()\S\UP11(opacabana)

Cococabana

40. Movie (Quicktime)

40.1   Wissenswertes in Kürze 309
40.2   Wie installieren Sie einen Film? 310
40.3   Wie Setzen Sie die Abspielparameter? 310
40.4   Wie spielen Sie einen Film ab? 311
        • Abspielen eines Films von Platte 311
        • Abspielen eines bereits in Word integrierten Films 311

40.1 Wissenswertes in Kürze

• Was ist Quicktime?

Quicktime ist eine von Apple-Computer entwickelte Systemerweiterung für den Macintosh, die die Verarbeitung dynamischer Daten wie digitalem Video, Animation und Ton standardisiert. Quicktime legt fest, wie derartige Daten komprimiert, gespeichert, geladen, dekomprimiert und auf den Bildschirm gebracht werden. Durch diese Festlegung ist es möglich, Film und Ton zeitsynchron ablaufen zu lassen - egal, ob es sich beim Abspielgerät um einen Macintosh Performa oder eine Quadra 950 handelt. Desweiteren stellt Quicktime Hilfsmitteln zur Bewältigung dynamischer Daten bereit. So gibt es unter anderem eine Buttonleiste, mit deren Hilfe Sie digitales Video steuern:

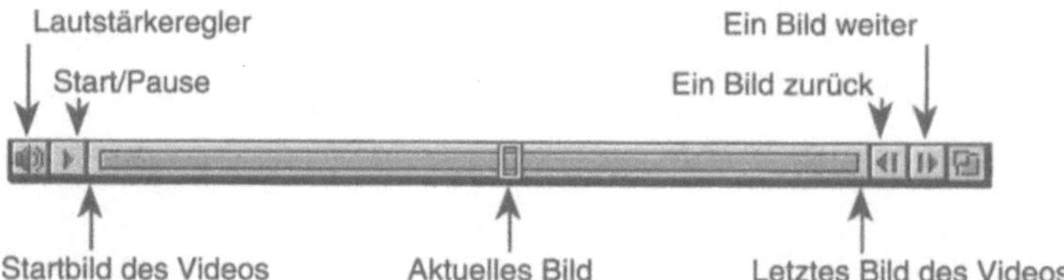

Ein ruhender Quicktime-Film erscheint in einem Dokument zunächst als Standbild, wobei das Standbild meistens dem ersten Bild im Film entspricht. Um dieses Bild von einem normalen Bild zu unterscheiden, erhält es - auf Wunsch - in seiner linken unteren Ecke folgende Markierung:

• Wie installieren Sie das Quicktime-Modul?

Um Quicktime-Filme in ein Word-Dokument zu integrieren, müssen mindestens zwei Bedingungen erfüllt sein: zum einen müssen Sie die Systemerweiterung Quicktime im Systemordner installiert haben, zum anderen muß das Plug-In-Modul im Word-Befehlsordner liegen (mehr dazu in Kapitel ☞ K.42).

• Apropos Sound

Zwar gehören Soundsequenzen auch zu den dynamischen Daten, aber für ihre Verwaltung gibt es in Word ein eigenes Plug-In-Modul: Audio-Anmerkung. Dieses ist in Kapitel ☞ K.13 ausführlich besprochen.

40.2 WIE INSTALLIEREN SIE EINEN FILM?

Um einen Quicktime-Film in Ihr Word-Dokument zu integrieren, müssen Sie lediglich den Menüpunkt „Movie" aus dem Einfügen-Menü wählen. Dieser ist allerdings nur vorhanden, wenn das Plug-In-Modul korrekt installiert wurde.

Der Menüpunkt führt zu einer Datei-Auswahlbox, über die Sie den gewünschten Film aufstöbern und auf Wunsch auch das erste Bild dieses Films sehen können.

Aktivieren Sie den gewünschten Film und drücken Sie dann den Button „Öffnen":

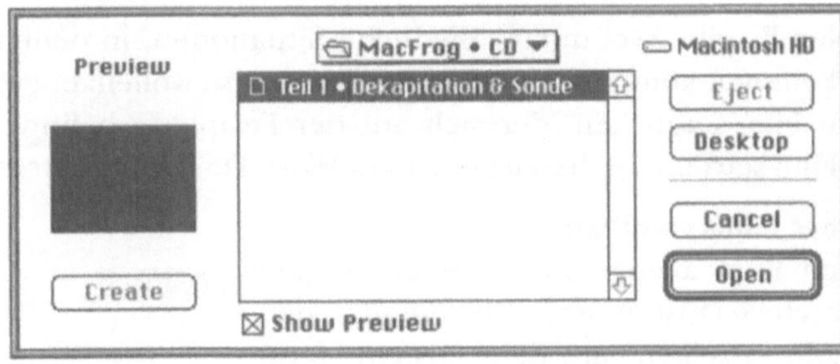

Word öffnet nun den Quicktimefilm und installiert ihn an der Stelle Ihres Dokuments, an dem sich vor dem Aufruf der Datei-Auswahlbox der Textcursor befand. Dabei ist - wie bei Quicktime üblich - das erste Bild des Films sichtbar.

40.3 WIE SETZEN SIE DIE ABSPIELPARAMETER?

Movie:Abspielparameter;Nachdem Sie einen Film installiert haben, lassen sich verschiedene Abspielparameter einstellen. Zu der Dialogbox, die diese Parameter kontrolliert, gelangen Sie über den Menüpunkt „Bearbeiten Movie" aus dem Bearb.-Menü.

Es erscheint eine Dialogbox, die lediglich sechs Checkboxen und zwei Standardbuttons beinhaltet:

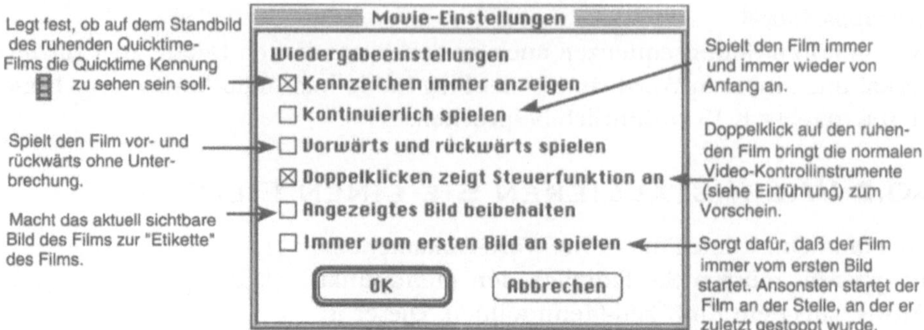

Die Abbildung zeigt, daß Sie auf eine ganze Reihe von Abspieloptionen Einfluß nehmen können - vom Erscheinungsbild des ruhenden Quicktime-Films bis hin zur Art der Wiederholung. Um die Optionen genau kennenzulernen, probieren Sie diese am besten selber aus - schief gehen kann dabei nichts.

40.4 Wie spielen Sie einen Film ab?

Movie:Abspielen;Es gibt zwei unterschiedliche Situationen, in denen Sie in die Verlegenheit kommen könnten, einen Film abspielen zu wollen: entweder wollen Sie sich einen Film angucken, der sich auf der Festplatte befindet, oder Sie wollen einen Film starten, der bereits in einem Word-Dokument integriert ist.

• Abspielen eines Films von Platte

Um sich einen Film anzugucken, der auf einem Datenträgen archiviert ist, müssen Sie lediglich den Menüpunkt „Movie zeigen" aus dem Ansicht-Menü wählen. Sofort öffnet Word eine Datei-Auswahlbox, über die Sie den gewünschten Film öffnen.

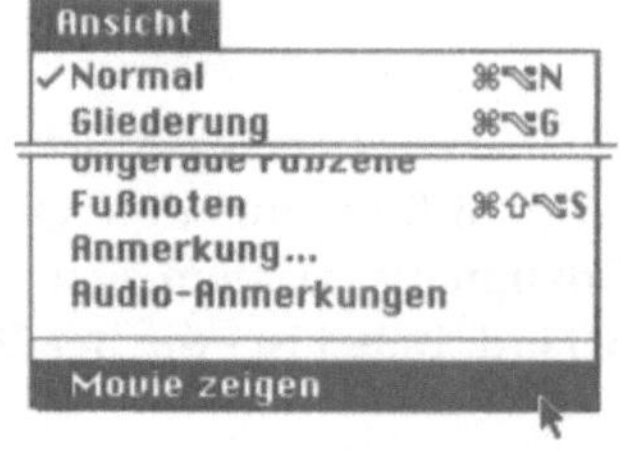

Der Film erscheint nicht in Ihrem Dokument, sondern wird im Standard-Quicktime-Fenter geöffnet, samt der in der Einleitung zu diesem Kapitel erwähnten Video-Kontrollstrukturen.

• Abspielen eines bereits in Word integrierten Films

Noch einfacher spielen Sie aber einen bereits in Word integrierten Film ab: nämlich per Doppelklick. Doppelklick startet das Video und bringt eventuell auch die quicktimeüblichen Kontrollstrukturen hervor.

41. NUMERIEREN

41.1 Absatznumerierung 312
  • Die Dialogbox „Numerieren" 312
  • Wie numeriert man Absätze? 314
      • Numerieren einfach organisierter A¬ƒbsätze 314
      • Numerieren hierarchisch strukturierter Absätze 315
  • Wie löscht man Absatznummern? 316
41.2 Zeilennumerierung 317
  • Aktivieren der Zeilennumerierung.....................................318
  • Zeilennumerierung bei verknüpften Dokumenten.............320
41.3 Seitennumerierung...320
  • ... per Dialogbox „Abschnitt" 321
  • ... in der Seitenansicht 321
  • ... über Kopf- und Fußzeilen..322

41.1 ABSATZNUMERIERUNG

Die Numerierung von Absätzen besitzt sicherlich ein kleineres Anwendungsgebiet als die Zeilennumerierung, ist aber n dann hilfreich, wenn es darum geht, die Absätze einer Gliederung durchzunumerieren. Im Gegensatz zur Zeilennumerierung gehören die Absatznummern nach der Numerierung zum Absatztext und sind deshalb in jeder Ansicht des Dokuments zu sehen. Hierarchisch angeordnete Absätze, wie zum Beispiel Überschriften in der Gliederungsansicht, lassen sich auch mit hierarchischen Absatznumerierungen versehen. Dafür hält Word insgesamt fünf Numerierungsarten parat die beliebig mischbar sind.

Zwischen die von Word eingefügte Absatznummer und den Absatztext schreibt Word einen Tabulator.

• Die Dialogbox „Numerieren"

Sie erreichen diese Dialogbox über den Menüpunkt „Numerieren..." aus dem Extras-Menü. Die Dialogbox sieht überschaubar aus, hat es aber in sich.

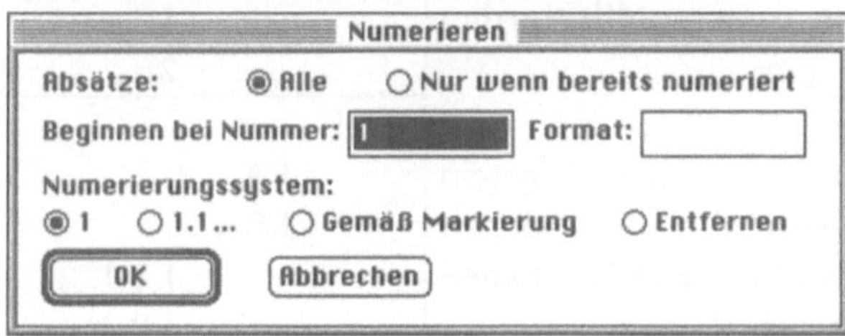

Absätze: Über die beiden Radiobuttons legen Sie fest, ob alle aktivierten Absätze durchnumeriert werden sollen oder nur die bereits numerierten.

Beginnen bei Nummer: In dem Eingabefeld legen Sie die Startziffer der Absatznumerierung fest.

Format: In diesem Eingabefeld legen Sie die das Format und die Strukturzeichen fest, die Word bei der Numerierung verwenden soll. Für das Format stehen fünf Numerierungsarten zur Wahl:

Arabische Ziffern	1, 2, 3, 4, 5 …
Große römische Ziffern	I, II, III, IV, V …
Kleine römische Ziffern	i, ii, iii, iv, v …
Große Buchstaben	A, B, C, D, E …
Kleine Buchstaben	a, b, c, d, e, …

Neben den Absatznummern spielen häufig auch noch andere *Strukturzeichen* eine Rolle. So ist zum Beispiel die Absatznummer häufig in Klammern gefaßt z.B. (A) oder in Gedankenstriche z.B. -A- oder nur mit einer schließenden Klammer versehen z.B. b). Word bietet Ihnen folgende Strukturzeichen zur Auswahl:, - / ;: () {} [ ].

In das Eingabefeld „Format" schreiben Sie nun hinein, für welche Hierarchieebene Word welche Numerierungsart verwenden soll und wie es die Ziffern der Nummerierung untereinander trennt. So würde zum **Beispiel** der Eintrag I.A.1. bedeuten, das Word die oberste Hierarchieebene mit großen römischen Ziffern, die zweite Ebene mit großen Buchstaben und die dritte Ebene mit arabischen Ziffern durchnumerieren soll und daß als Strukturzeichen ein Punkt eingesetzt werden soll.

Was die Eingabebox „Format" allerdings nicht festlegt, ist das Numerierungssystem, also ob Word zum Beispiel die Absätze der zweiten Ebene lediglich mit A., B., C. … oder mit I.A., I.B., I .c., II.A., II.B. etc. durchnumerieren soll. Dies legen Sie fest mit den Radiobuttons unter dem Numerierungssystem.

Numerierungssystem: Vier Radiobuttons stehen zur Wahl des Numerierungssystems bereit.

◉ **1**

Der Button mit der schlichten „1" bedeutet, daß jedem Absatz lediglich die Zeichen seiner Hierarchieebene vorangestellt werden soll.	I. …
	  A. …
	  B. …
	    1.
	    2.

◉ **1.1…**

Im Gegensatz dazu ist das „1.1…"-System hierarchisch organisiert, d.h. die Zeichen der jeweils höherstehenden Hirachieebenen sind ebenfalls aufgeführt.	I. …
	  I.A. …
	  I.B. …
	    I.B.1. …
	    I.B.2. …

○ Gemäß Markierung

Den Radiobutton „Gemäß Markierung" aktivieren Sie dann, wenn Sie bereits numerierte Absätze nochmal numerieren und dabei deren Numerierungsart nicht ändern wollen.

○ Entfernen

Diesen Radio-Button klicken Sie an, wenn Word die Numerierung der aktivierten Absätze entfernen soll.

• Wie numeriert man Absätze?

Beim Numerieren von Absätzen müssen Sie zwei Situationen unterscheiden: (1) Numerieren von einfach organisierten Absätzen und (2) Numerieren von hierarchisch organisierten Absätzen. Bei hierarchisch organisierten Absätzen kommt es zu Numerierungen wie I.A.1 oder III.B.2 während bei einfach organisierten Absätzen alle Absätze dieselbe Hierarchieebene innehaben, also zum Beispiel 1, 2, 3 und so weiter.

• Numerieren einfach organisierter A¬fbsätze

Das Numerieren von Absätzen, die alle dieselbe Hierarchieebene besitzen ist verhältnismäßig einfach:

❶ Aktivieren Sie alle Absätze, die durchnumeriert werden sollen.

❷ Rufen Sie den Menüpunkt „Numerieren..." aus dem Extras-Menü auf und setzten Sie in der Dialogbox die Parameter auf die gewünschten Werte:

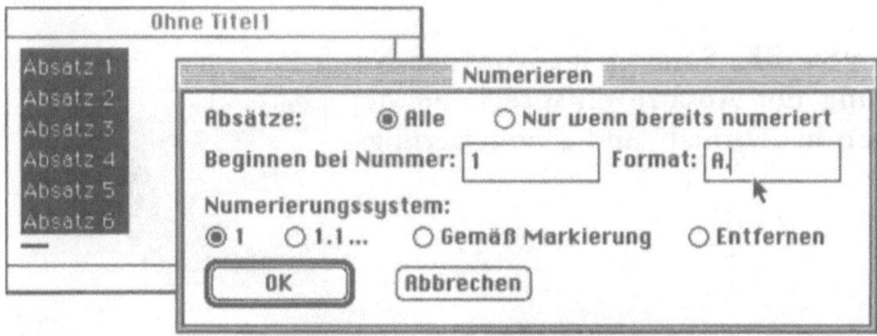

❸ Drücken Sie **OK**. Sofort numeriert Word die Absätze entsprechend dem eingegebenen Format durch:

• *Numerieren hierarchisch strukturierter Absätze*
Word betrachtet alle Absätze als hierarchisch unterschiedlich die unterschiedliche Absatzformate besitzen, also zum Beispiel deren linke Randbegrenzungen unterschiedlich sind.
Ebenfalls berücksichtigt Word bei der Hierarchieermittlung eines Absatzes, ob dieser das Druckformat „Überschrift n" aufweist. Dann betrachtet es die Nummer hinter „Überschrift" als die Hierarchieebene. Dadurch wird das Numerieren von Überschriften aus der Gliederungshilfe zum Kinderspiel.

Beispiel 1: *Numerieren von Absätzen mit unterschiedlichem linkem Rand.*

❶ Aktivieren Sie alle Absätze, die numeriert werden sollen und wählen Sie dann den Menüpunkt „Numerieren" aus dem Extras-Menü.

❷ Stellen Sie in der Dialogbox die gewünschten Parameter ein:

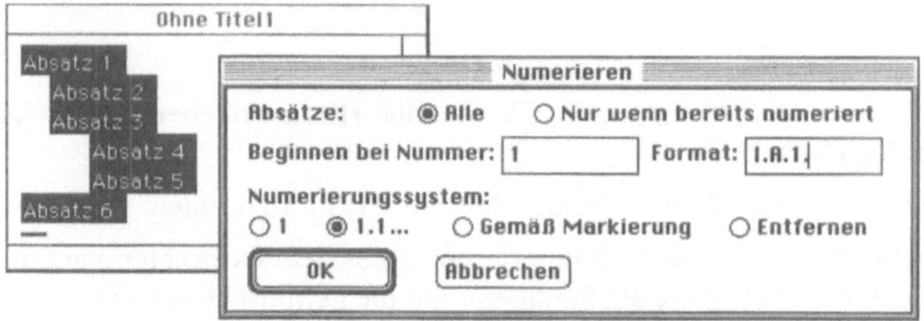

❸ Drücken Sie **OK**. Sofort zeigt Word die Numerierung der Absätze entsprechend der Vorgaben in „Format" und „Numerierungssystem":

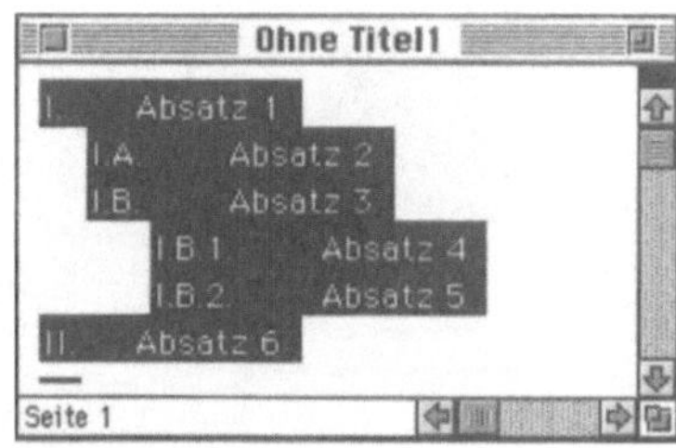

Beispiel 2: *Numerieren von Überschriften in der Gliederungshilfe*
Die Gliederungshilfe ist eine Art Outliner und dient zum Bearbeiten langer Dokumente auf der Ebene des Inhaltsverzeichnisses (☞ K.30).
Um ein solches Inhaltsverzeichnis durchzunumerieren gehen Sie folgendermaßen vor:

❶ Aktivieren Sie die gesamte Gliederung in der Gliederungsansicht und aktivieren Sie anschließend den Menüpunkt „Numerieren" aus dem Extras-Menü.

❷ Wählen Sie das gewünschte Numerierungssystem und geben Sie das gewünschte Format ein:

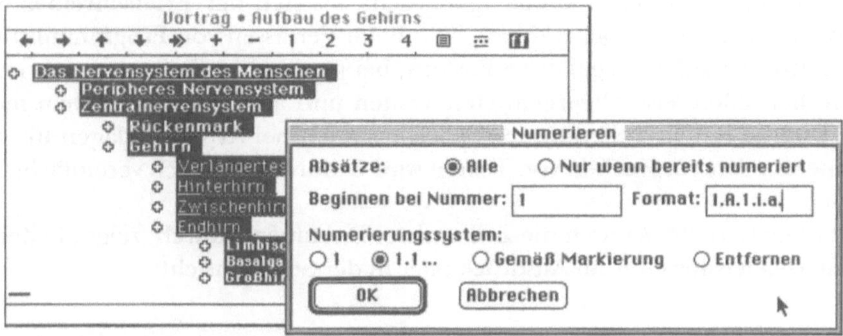

❸ Drücken Sie den Button **OK**. Sofort stellt Word die Gliederung mit der neuen Numerierung dar:

• **Wie löscht man Absatznummern?**

Jede Absatznummer können Sie wie jedes andere Zeichen löschen. Eine einfachere und schnellere Methode ist aber folgende:

❶ Aktivieren Sie die Absätze, deren Nummern Sie löschen wollen.

❷ Wählen Sie den Menüpunkt „Numerieren" aus dem Extras-Menü.

❸ Wählen Sie unter „Numerierungssystem" die Option **Entfernen** und drücken Sie dann **OK**:

317

41.2 ZEILENNUMERIERUNG

Zeilennummern werden häufiger gebraucht, als sich der Briefschreiber oder schöngeistige Vielschreiber träumen läßt: Beim Verfassen von Programmlistings, beim Layouten auf vorgegebenen Rastern, bei juristischen Texten, numerierten Listen, bei zeilenweise abgerechneten Texten und ähnlichen Bereichen mehr. Gute Dienste leisten Zeilennumern übrigens auch bei Arbeitsvorlagen für eine Gruppe: Das Durchsprechen von Texten wird dadurch erheblich vereinfacht.

Word numeriert auf Wunsch die Zeilen Ihres Dokuments durch, zeigt die Zeilennummern allerdings nur im Ausdruck oder in der Seitenansicht:

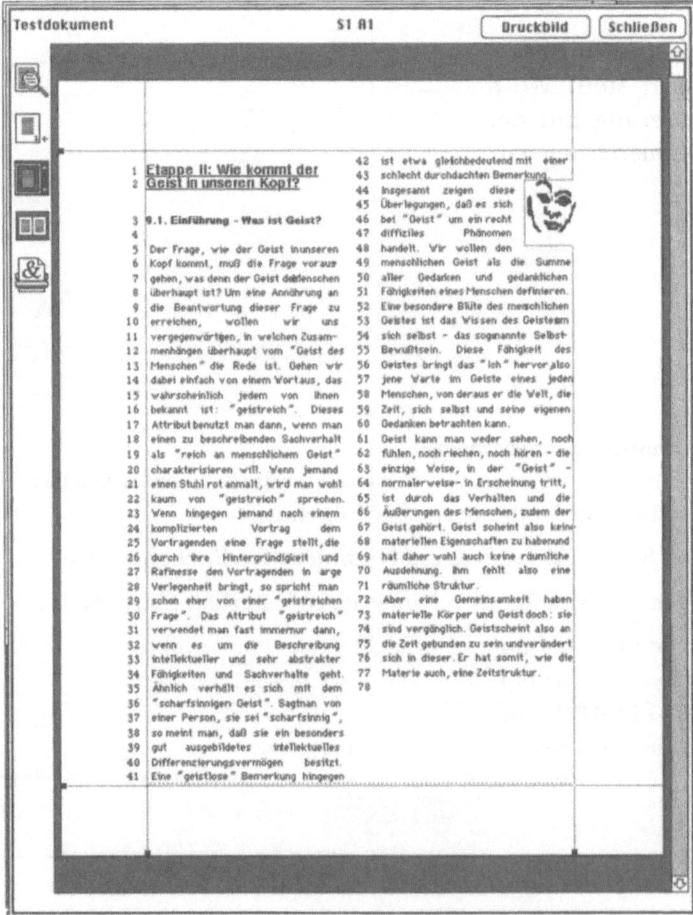

- Word numeriert auch leere Zeilen mit.
- Word schreibt die Zeilennummern in die Ränder der Seite. Die Breite einer Textzeile ist also durch die Zeilennumerierung nicht beeinflußt.
- Word numeriert nur laufenden Text. Fußnoten, Kopfzeilen und Fußzeilen werden nicht numeriert.

• Aktivieren der Zeilennumerierung

Zeilennummern gehören in Word zu den Abschnittformaten. Um daher die Zeilennumerierung zu veranlassen, müssen Sie zunächst die Formatierungsbox für Abschnitte aufrufen (Menüpunkt „Abschnitt" im Format-Menü.

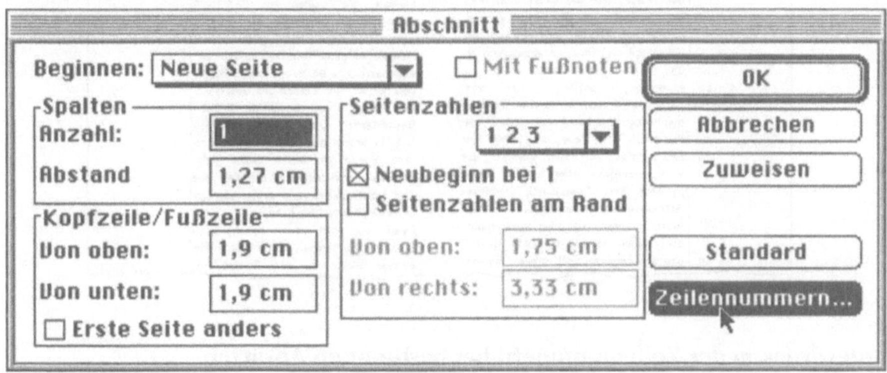

In dieser Dialogbox klicken Sie auf den Button **Zeilennummern**. Es erscheint folgende Dialogbox:

Hier legen Sie die Parameter der Zeilennumerierung fest:

Zeilennummern: Definiert den Numerierungsmodus :

Keine: unterdrückt die Nummer im aktuellen Absatz.

Seite: Zeilennumerierung beginnt auf jeder Seite neu.

Abschnitt: numeriert die Zeilen eines Abschnitts durch.

Durchgehend: numeriert die Zeilen des Dokuments.

Abstand zum Text: In diesem Eingabefeld legen Sie fest, wieweit links vom linken Textrand Word die Zeilennummern drucken soll.

Zählintervall: ist ein wichtiger Parameter und sollte eigentlich „Beschriftungsintervall" heißen. Hier legen Sie nämlich fest, jede wievielte Zeile Word mit einer Nummer versehen soll. Geben Sie hier zum Beispiel eine 10 ein, so schreibt Word nur an jede zehnte Zeile die Zeilennummer:

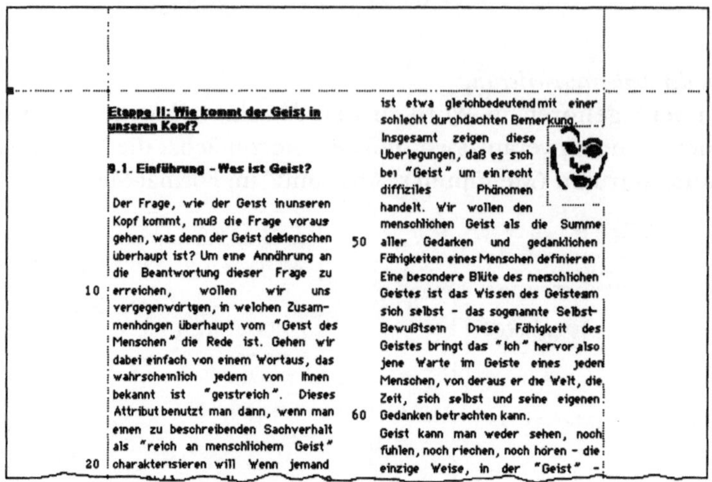

• Unterdrücken der Zeilennummern bei bestimmten Absätzen

Word gibt Ihnen die Möglichkeit, die Zeilennumerierung in bestimmten Absätzen zu unterdrücken. Das bedeutet, daß die letzte Zeile vor einem Absatz zum Beispiel die Nummer 4 und die erste Zeile nach dem Absatz die Nummer 5 trägt:

❶ Plazieren Sie den Textcursor in dem Absatz, in dem die Zeilennumerierung unterdrückt werden soll.

❷ Aktivieren Sie den Menüpunkt „Absatz" im Format-Menü.

❸ Aktivieren Sie in der Dialogbox „Absatz" die Checkbox „Zeilennum. unterdrücken":

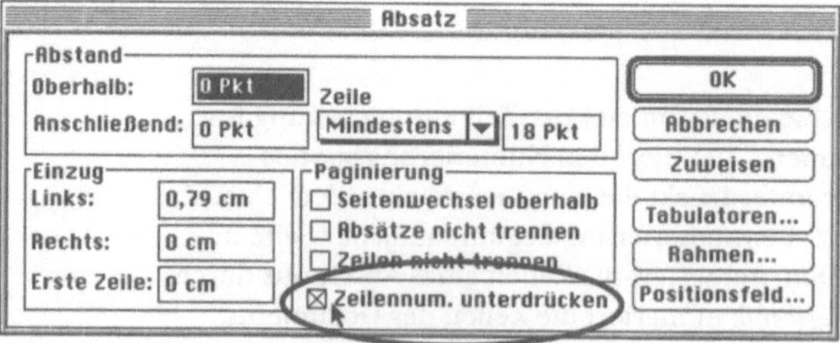

❹ Word läßt ab sofort diesen Absatz bei der Numerierung der Zeilen aus.

• Zeilennumerierung bei verknüpften Dokumenten

Bei verknüpften Dokumenten können Sie die Zeilennummer vorgeben, mit der die Zählung im aktuellen Dokumentteil starten soll. Sie finden das Eingabefeld für das Startintervall in der Dialogbox „Dateienfolge".

Zu dieser Dialogbox gelangen Sie über den Button **Dateienfolge** in der Dialogbox „Dokument" (Format-Menü).

41.3 SEITENNUMERIERUNG

Seitennummern sind ein wichtiges Element eines jeden längeren Dokuments. Meist stehen Sie oben oder unten auf der Seite, manchmal aber auch im jeweils äußeren Rand einer jeden Seite. Auf der ersten Seite eines Kapitels oder eines längeren Textes findet sich meist keine Seitenzahl, dafür sind aber Inhaltsverzeichnis und Anhänge jeweils separat durchnumeriert - und dann häufig noch in römischen oder alphabethischen Lettern. Alles in allem ist der Umgang mit den vermeintlich harmlosen Seitenzahlen nicht ganz unproblematisch, wird aber von Word gut gemeistert.

In Word gehören Seitenzahlen zu den *Abschnittsformaten*. Das bedeutet, daß wenn Sie einen Teil Ihres Dokuments anders numerieren wollen als ein anderen, Sie diese beiden Teile jeweils als eigene Abschnitte definieren müssen. Innerhalb eines jeden Abschnittes lassen sich dann spezielle Seitenzahlformate und eine eigene Numerierung realisieren. Wie Sie Abschnitte einrichten steht in ☞ K.10.2.

Beim Schreiben von Büchern ist der *Spiegelsatz* von Bedeutung: Seitenzahlen stehen auf der linken Seite links, auf der rechten Seite rechts - die Seiten sind gespiegelt. In Word stellen Sie diese Option in der Dialogbox „Dokument" aus dem Format-Menü ein. Egal auf welche der unten beschriebenen Weisen Sie eine Seitennummer gesetzt haben, wird sie von Word gespiegelt.

Es gibt drei verschiedene Verfahren, Ihr Dokument mit Seitennummern zu versehen:

> • per Dialogbox „Abschnitt,
> • in der Seitenansicht,
> • über Kopf- und Fußzeilen.

Alle drei Methoden sind auf den folgenden Seiten nachzulesen.

• ... per Dialogbox „Abschnitt"

Wenn Sie die Dialogbox „Abschnitt" (Format-Menü) aufrufen, dann finden Sie dort in einem eingerahmten Feld eine Reihe von Optionen zum Setzen der Seitenzahl. Welchen Typus von Seitenzahl Sie haben wollen, wählen Sie aus dem Popup-Menü **Format**.

Wünschen Sie, daß die Seitennummerierung des aktuellen Abschnittes erneut bei 1 beginnt, dann aktivieren Sie die Checkbox mit dem elegischen Namen „**Neubeginn bei 1**". Alle eingestellten Optionen gelten übrigens auch für die Seitenzahlen, die Sie in Fuß- oder Kopfzeilen setzten (siehe unten)!

Die Checkbox **Seitenzahlen am Rand** aktivieren Sie dann, wenn Sie die Seitenzahl numerisch kontrolliert setzten wollen. Sie können dieselbe Seitenzahl auch in der Ganzseitenansicht per Maus setzen. Wenn Sie die Checkbox ankreuzen, werden die beiden Eingabefelder aktiviert. Geben Sie in das Feld „**Von oben**" den Abstand der Seitenzahl vom oberen Papierrand ein und in das Feld „**Von rechts**" den Abstand der Seitenzahl vom rechten Papierrand. Die Seitenzahl, die Sie über auf diese Weise setzen ist identisch mit der Seitenzahl aus der Seitenansicht.

In der Dialogbox „Abschnitt" legen Sie übrigens auch fest, ob auf der ersten Seite den Abschnitts die Seitenzahl erscheinen soll oder nicht.

Soll sie nicht, dann aktivieren Sie die Checkbox „Gesonderte Titelseiten".   ☐ **Gesonderte Titelseite**

Keine Formatierung
Leider läßt sich eine Seitenzahl, die Sie in der Seitenansicht oder per Dialogbox gesetzt haben nicht formatieren. Sie hat immer die in „Normal" festgelegten Eigenschaften.

• ... in der Seitenansicht

Wenn Sie in die Seitenansicht wechseln (Datei-Menü), dann finden Sie im linken Rand der Dialogbox ein Icon, in dem ein kleiner Pfeil auf die Seitenzahl einer Seite zeigt.

Klicken Sie dieses Icon an, so wechselt der Mauscursor seine Form und sieht dann so aus: →1←. Wenn Sie mit diesem Cursor irgendwo auf die Seite klicken, stellt Word die Seitenzahl an diese Stelle. Dabei setzt Word die Seitenzahl in einen Positionsrahmen, also in einen frei plazierbaren und frei formatierbaren „Rahmen" (☞ K.45).

Nachdem Sie die Seitenzahl plaziert haben, wechselt Word automatisch in einen speziellen Darstellungsmodus, in dem es die Randbegrenzungen von Positionsrahmen und Text als gepunktete Linien anzeigt. Wenn Sie nun mit dem Mauscursor über den Positionsrahmen der Seitenzahl fahren, wechselt der Mauscursor zu einem Kreuz: . Drücken Sie jetzt die Maustaste, so können Sie den Rahmen mit der Maus greifen und verschieben. Während Sie dies tun, zeigt Word im Bildrahmen über der verkleinerten Seite die Zentimeter-Angaben der aktuellen Rahmenposition: **(5,57; 1,75) cm**

Wenn Sie den Rahmen so an die gewünschten Position geführt haben, lassen Sie einfach die Maustaste los. Wie Sie merken, hat zwar der Rahmen eine neue Position, die Seitezahl steht aber noch am alten Ort. Klicken Sie jetzt mit der Maus irgendwo auf den grauen Seitenhintergrund oder warten Sie einfach etwa 15 Sekunden. In beiden Fällen baut Word die Seite neu auf und berücksichtigt dabei die veränderte Rahmenposition der Seitenzahl.

Löschen der so gesetzten Seitenzahl
Um die Seitenzahl samt ihrem Positionsrahmen zu löschen, müssen Sie sie einfach auf den grauen Seitenhintergrund schieben.

• ... über Kopf- und Fußzeilen

Kopf- und Fußzeilen erscheinen auf jeder Seite - sie sind somit ein idealer Ort für Seitenzahlen. Rufen Sie über das Ansicht-Menü die Kopf- bzw. Fußzeile Ihres Dokuments auf.

Unter der Titelleiste des Fensters finden Sie drei Icons. Eines davon gleicht dem Seitenzahl-Icon aus der Seitenansicht. Wenn Sie dieses Icon  anklicken, fügt Word an der Textcursorposition die Seitenzahl ein.

Diese Seitenzahl können Sie übrigens nach Herzenslust formatieren. Wem es also auf formatierte Seitenzahlen ankommt, für den sind die Kopf- und Fußzeilen der ideale Weg, Seitenzahlen zu setzen. Übrigens lassen sich die so gesetzten Seitenzahlen auch mit einem Positionsrahmen versehen und dann an beliebiger Stelle der Seite plazieren. Wie Sie Positionsrahmen einrichten und auf der Seite positionieren, das lesen Sie Kapitel ☞ K.43.

Seitenzahl als Textbaustein
Die Seitenzahl ist auch als gleichnamiger Textbaustein verfügbar. Aber nicht nur das. Über die Textbausteine „Vorherige Seitenzahl" und „Nächste Seitenzahl" sind auch die jeweils vorausgegangene bzw. folgende Seitenzahl verfügbar.

42. PLUG-IN-MODULE

* Wie werden Plug-In-Module installiert? 324
* Wie werden Plug-In-Module inaktiviert? 324
* Plug-In-Module versus Objekte 324

Zum grundlegenden Konzept von Word gehören die Plug-In-Module. Das sind Programmerweiterungen, die von Word während des Programmstarts erkannt und, falls genügend Arbeitsspeicher verfügbar ist, auch installiert werden.

Über diese Module passen Sie Word an Ihre individuellen Bedürfnisse oder an spezielle Arbeitsumgebungen an. Bei einem Powerbook mit relativ wenig Arbeitsspeicher sollten Sie zum Beispiel auf speicherfressende Module wie Rechtschreibprüfung, Thesaurus und Formeleditor verzichten. In einem Übersetzungsbüro hingegen können Sie mit englischen, deutschen und spanischen Wörterbüchern, Thesauren und Trennungshilfen gleichzeitig arbeiten.

Aber noch einen weiteren Vorteil bringen die Plug-In-Module: sie regen Drittanbieter an, Hilfsprogramme für Word zu schreiben. Es bedarf keiner hellseherischen Fähigkeiten, um schon für die nächsten Zeit Spezialmodule für alle möglichen Disziplinen vorauszusagen: ein Grafikbaukasten zum Erstellen von chemischen Strukturformeln, eine kleine Datenbank oder eine Bibliothek mit Bildern zur Illustration von Broschüren und Prospekten. Auch verbesserte Wörterbücher oder Übersetzungshilfen werden nicht lange auf sich warten lassen.

Im Lieferumfang von Word sind eine Reihe nützlicher Plug-In-Module enthalten. Sie erkennen sie an der Hand mit dem ausgestreckten Zeigefinger - zum Glück ist es nicht der Mittelfinger - die sie in ihrem Icon tragen. Und hier ist die Heerschar kleiner Helfer:

Modul	Funktion	Kapitel
Abgesetzter Großbuchstabe	Beginnt einen Abschnitt mit einem großen Schmuckbuchstaben.	☞ K.9.6
Anmerkung	„Haftzettelchen" mit denen Sie Kommentare an Texte kleben.	☞ K.12
Audio-Anmerkung	Erlaubt Sprachkommentare an jeder beliebigen Textstelle.	☞ K.13
Datei-Manager	Hilft Ihnen, Dateien zu archivieren und wiederzufinden.	☞ K.17
Funktionsleiste	Iconleiste mit frei wählbaren Funktionen.	☞ K.28
Grafik	Kleines objektorientiertes Zeichenprogramm.	☞ K.32

Mail	E-Mail Modul	-
Microsoft Movie	Läßt in Ihrem Word-Dokument die Bilder tanzen.	☞ K.40
Rechtschreibung	Kontrolliert Ihre Orthographie.	☞ K.47
Symbol	Hilft beim Aufstöbern von Sonderzeichen	☞ K.52
Thesaurus	Bietet Synonyme zu Begriffen.	☞ K.60

• Wie werden Plug-In-Module installiert?

Leider besitzt Word keinen Modul-Manager, über den Sie Module ein- und ausschalten oder nachladen könnten. Stattdessen lädt Word beim Programmstart alle Plug-In-Module, die entweder in demselben Ordner liegen wie das Word Programm oder aber im Ordner Word-Befehle (kein anderer Name ist zulässig) - aber auch dieser Ordner *muß* auf derselben Finder-Ebene liegen wie das eigentliche Word Programm:

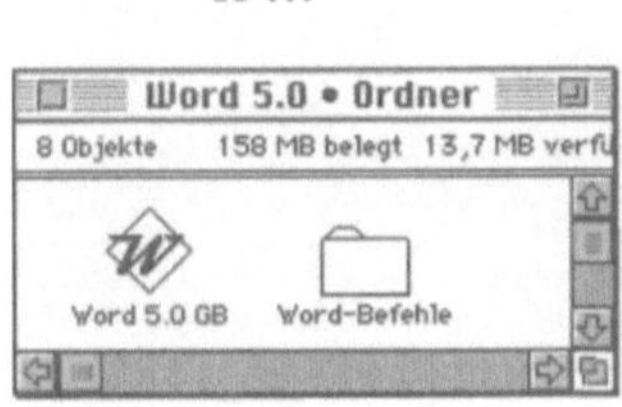

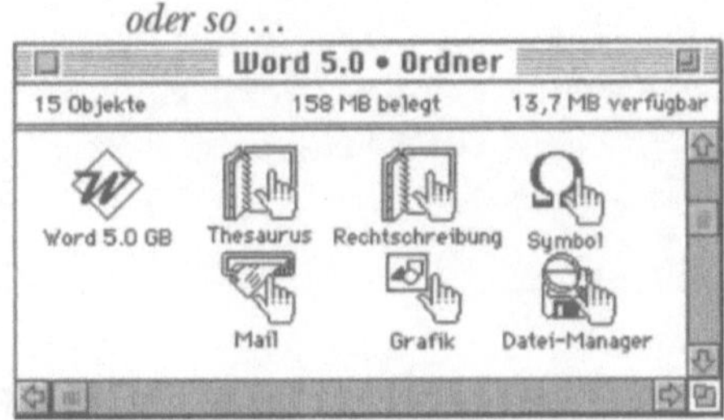

Alias reicht nicht
Es reicht nicht, wenn die Module oder der Ordner „Word-Befehle" auf derselben Ebene liegen wie ein Word-Alias. Sie müssen auf derselben Ebene liegen wie das eigentliche Word Programm.

• Wie werden Plug-In-Module inaktiviert?

Um ein Plug-In-Modul zu inaktivieren, müssen Sie es vor dem Starten von Word in einen anderen Ordner legen. Sie können sich zu diesem Zweck einen Ordner mit dem Namen „Inaktive Module" anlegen.

• Plug-In-Module versus Objekte

Formeleditor und MS-Graph sind keine Plug-In-Module sondern eigenständige Programme. Das Grafikprogramm hingegen ist als Plug-In realisiert. Wo sind die Unterschiede?

Der Übergang zwischen Objekten und Plug-In-Modulen ist fließend. Grundsätzlich kommen Plug-In-Module immer dann zum Einsatz, wenn eine enge Verzahnung zwischen Funktionsumfang des Moduls, Word-Programm und Word-Dokument nötig ist. So muß zum Beispiel eine Rechtschreibhilfe ein Word-Dokument lesen können, ein Formeleditor hingegen nicht. Das Grafik-Modul von Word hätte also auch als Objekt konzipiert sein können.

43. POSITIONSRAHMEN & FLIESSTEXT

43.1 Wissenswertes in Kürze … … 325
43.2 Einrichten eines Positionsrahmens 326
• Manuelle Eingabe der Positionsrahmenbreite 328
• Lineal, Steuerzeichen und Positionsrahmen 328
• Löschen eines Positionsrahmens 329
43.3 Plazieren eines Positionsrahmens..329
• Wissenswertes in Kürze … 329
• Vertikale Ausrichtung eines Positionsrahmens..........................331
• Horizontale Ausrichtung eines Positionsrahmens......................332
• Dynamische Positionierung..334
• Statische Positionierung 334
43.4 Beispiele 335
• Plazieren von Bildern mit Bildunterschriften.............................335
• Plazieren einer mathematischen Formel 336
• Erstellen einer grauhinterlegten Textbox mit Schattenwurf.............338
43.5 Tips & Tricks 340

43.1 WISSENSWERTES IN KÜRZE … …

Positionsrahmen sind eine spezielle Form der Absatzformatierung. Sie ermöglichen ein freies Plazieren bestimmter Absätze auf einer Seite. Ein solcher Positionsrahmen wird auch von Text umflossen (Fließtext), so daß eine Grafik oder eine Tabelle nicht die gesamte Breite einer Seite für Text blockiert:

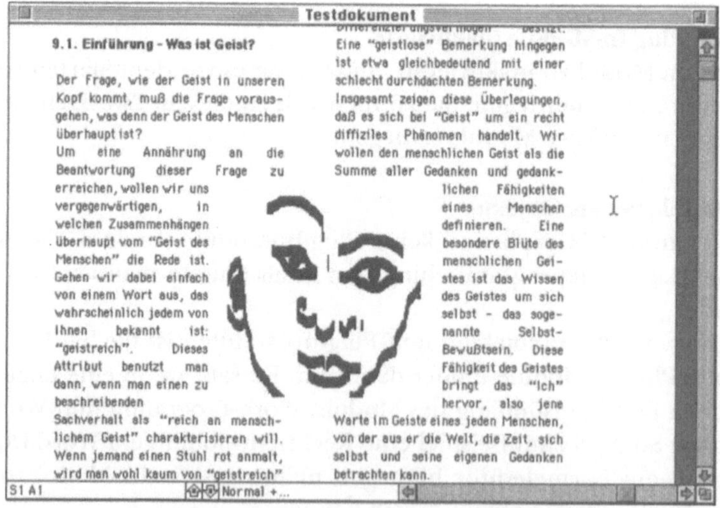

In dem dargestellten Beispiel ist die Grafik in einem rechteckigen Positionsrahmen eingeschlossen, dessen Umrisse Sie deutlich erkennen, da sie sich scharf gegen den Text absetzen. Leider erlaubt die derzeitige Version von Word nur rechteckige Positionsrahmen, so daß ein engeres Anschmiegen des Textverlaufs an eine Grafik nicht möglich ist.

Alles was in ein Worddokument einfügbar ist, läßt sich auch in einen Positionsrahmen packen: Tabellen, Text, mathematische Formeln, Grafiken, Diagramme - oder gar Quicktime Filme. Auch importierte Excel-Tabellen und Excel-Diagramme lassen sich frei positionieren und von Text umfließen.

Wann kommen Positionsrahmen zum Einsatz?
Der Gebrauch von Positionsrahmen ist also immer dann angesagt, wenn bestimmte Elemente des Dokuments, wie Grafiken, Diagramme und Merkboxen frei auf einer Seite plaziert und von Text umflossen werden sollen.

43.2 EINRICHTEN EINES POSITIONSRAHMENS

Arbeiten mit Positionsrahmen sollten Sie im Druckbild-Modus durchführen, da Sie nur in diesem Modus sowohl editieren, als auch Fließtext sehen können.

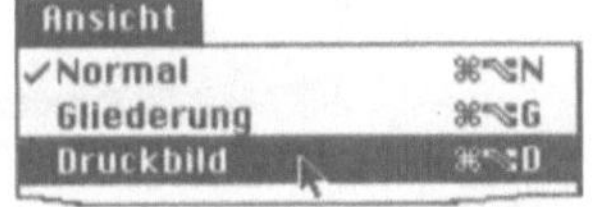

Positionieren Sie nun das Objekt, das in einen Positionsrahmen eingefügt werden soll, ungefähr an der Stelle Ihes Dokuments an der es später mal erscheinen soll und aktivieren Sie es per Einfachklick:

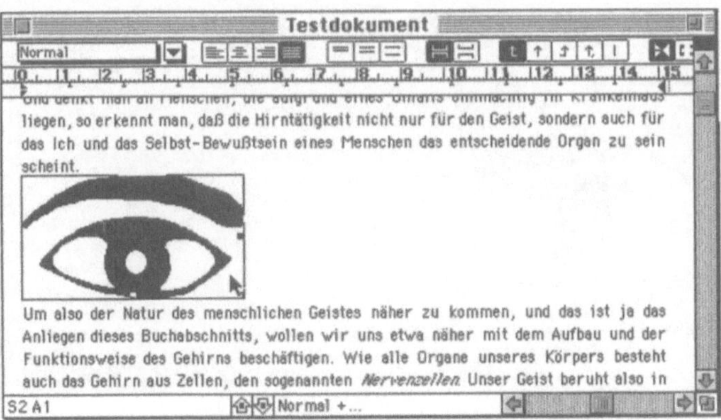

Eine Grafik zum Beispiel aktiviern Sie dadurch, daß Sie diese anklicken. Es erscheint dann ein Rahmen und die drei Griffe zum Umformen der Grafik. Aktivieren Sie dann den Menüpunkt Positionsrahmen im Einfügen-Menü.

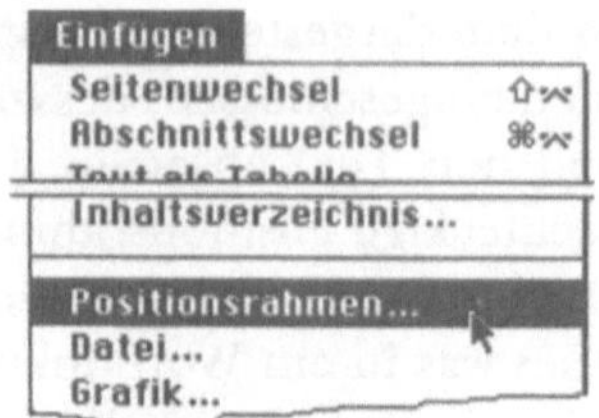

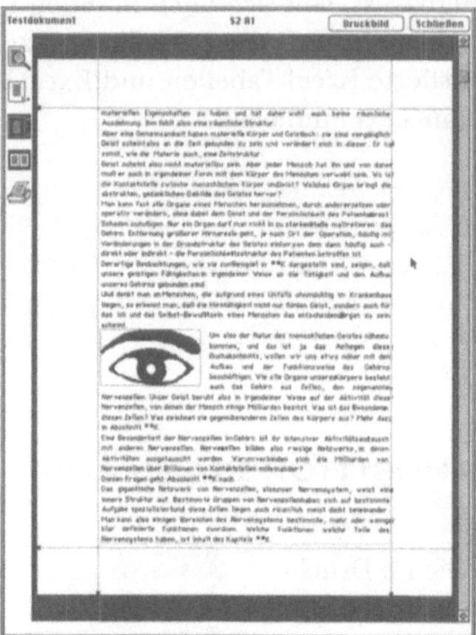

Word legt nun um das aktivierte Objekt einen Positionsrahmen und wechselt sofort in die Seitenansicht.

In der Seitenansicht können Sie nun die Grafik nach Belieben positionieren. Mehr dazu in Abschnitt ☞ K.48. Über den Button **Druckansicht** gelangen Sie zurück zum Ausgangspunkt:

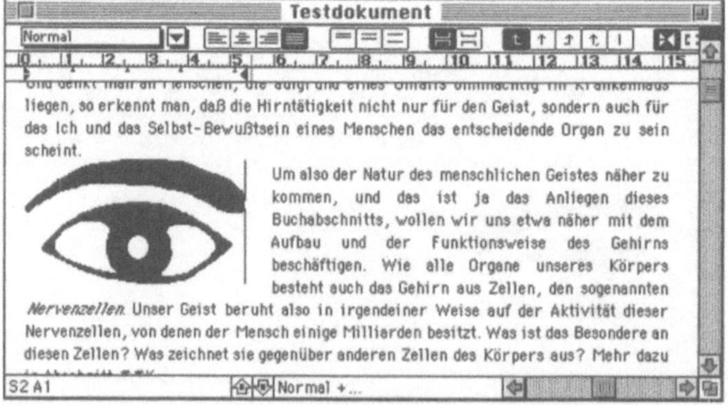

• Manuelle Eingabe der Positionsrahmenbreite

Bei dem eben beschriebenen Verfahren setzt Word die Breite des Positionsrahmen automatisch auf die Breite der Grafik. Wenn Sie aber eine Textpassage in einen Positionsrahmen setzten wollen, so kann Word nicht wissen, welche Breite der Rahmen haben soll und setzt ihn deshalb auf die Breite des aktuellen Absatzformates.

In den meisten Fällen wollen Sie aber ein schmaleres Format. Das heißt, Sie müssen die Breite des Positionsrahmens manuell eingeben. Aktivieren Sie dazu den Positionsrahmen und rufen Sie dann den Menüpunkt „Positionsrahmen" im Format-Menü auf.

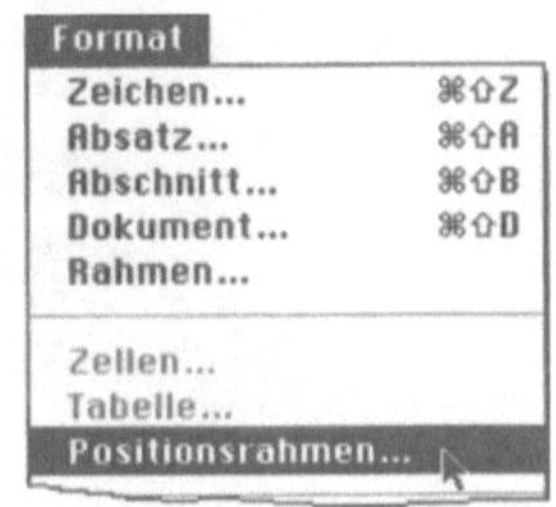

Es erscheint folgende Dialogbox:

Die für die manuelle Eingabe der Positionsrahmenbreite wichtigen Felder sind **Breite** und **Abstand zum Text**. Breite legt die Breite des Positionsrahmens fest. Bei Grafiken und fixen Objektbreiten fügt Word hier den Eintrag „Auto" ein, der auch über das Popup-Menü einstellbar ist. In diesem Fall wird auch der Abstand des Positionsrahmens zum Text von Word selbst gesetzt.

Um nun dem Positionsrahmen die von Ihnen gewünschte Breite zu geben, aktivieren Sie das Eingabefeld und tippen die Abmessung ein.

Textpassagen mit manuell festgelegtem Positionsrahmen sind beliebig auf einer Druckseite plazierbar und eignen sich daher besonders gut zum Erstellen von „Textboxen". Mehr dazu in Abschnitt ☞ K.43.4.

• Lineal, Steuerzeichen und Positionsrahmen

Betrachten Sie einmal das Formatierungslineal im folgenden Bild etwas genauer. Exakt bei 5,5 Zentimeter verläuft eine gepunktete Linie. Diese markiert die Breite des Positionsrahmens. Zudem gibt es noch die normalen rechten und linken Absatzeinzüge. *Innerhalb eines Positionsrahmen gelten also sehr ähnliche Formatierungsregeln wie im normalen Absatz.* Dies ist besonders dann von Bedeutung, wenn Sie einen Textblock mit Positionsrahmen versehen.

Und auf noch ein Detail sei an dieser Stelle hingewiesen. Wenn Sie die Steuerzeichen einblenden (Menüpunkt „¶ einblenden" im Ansicht-Menü), sehen Sie links am Positionsrahmen ein kleines schwarzes Quadrat:

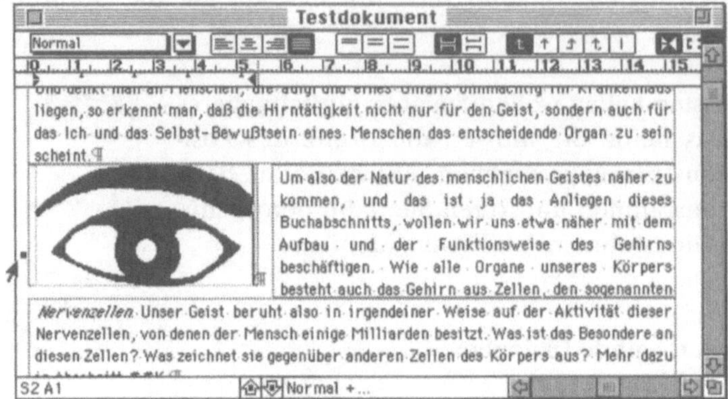

Wenn Sie dieses mit der Maus anklicken, aktivieren Sie den Inhalt des Positionsrahmens. Doppelklick auf dieses Zeichen öffnet die Dialogbox für die Formatierung des Positionsrahmens.

Nachdem Sie nun erfahren haben, wie Sie einen Positionsrahmen einrichten, ist die nächste Frage, wie Sie einen Positionsrahmen in der Seite plazieren.

• Löschen eines Positionsrahmens

Um einen Positionsrahmen zu löschen, plazieren Sie den Textcursor innerhalb dieses Rahmens und wählen dann den Menüpunkt "Positionsrahmen" aus dem Format-Menü. Drücken Sie dort den Button **Standard** und kehren Sie dann zum Dokument zurück.

43.3 PLAZIEREN EINES POSITIONSRAHMENS

• Wissenswertes in Kürze ...

Bevor Sie sich an die Plazierung eines Positionsrahmens machen, sollten Sie die Frage klären, ob der Positionsrahmen beim Umformatieren eines Textes mit dem Text mitschwimmen, also an einen bestimmten Textabsatz gebunden sein soll, oder ob er, wie der Fels in der Brandung, unterschütterlich auf einem bestimmten Platz einer Seite ruhen soll.

Wenn Sie zum Beispiel - wie in diesem Buch - mit Icons auf bestimmte Textabsätze aufmerksam machen, so müssen diese Icons bei einem veränderten Seitenumbruch mit den zugehörigen Textabschnitten mitschwimmen. Man nennt dies daher eine **dynamische Positionierung**.

Wenn Sie hingegen eine Grafik zur Illustration des Gesamttextes verwenden, ist der Abschnitt, neben dem die Grafik zu liegen kommt, relativ egal. In einem solchen Fall stehen mehr die Aspekte des Seitenlayouts im Vordergrund. Damit eine Umformatierung des Textes nicht das ganze Layout durcheinanderbringt, sollten Sie derartige Grafiken fest in einer Seite montieren. Es handelt sich dann um eine sogenannte **statische Positionierung**.

Bei einer statischen Positionierung eines Positionsrahmens muß der Anwender sowohl die horizontale, wie auch die vertikale Position des Rahmens vorgeben.

Bei der dynamischen Positionierung hingegen legt er lediglich die horizontale Position fest, da die vertikale Position vom Textumbruch abhängig ist. Sowohl horizontale als auch vertikale Position eines Positionsrahmens wird in der Dialogbox „Positionsrahmen" festgelegt. Zu dieser gelangen Sie über das Format-Menü.

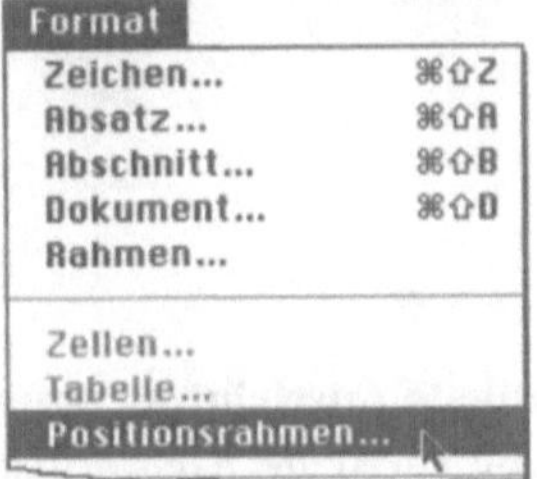

Wenn Sie den Positionsrahmen nach der oben beschriebenen Weise eingerichtet haben, erscheint folgende Dialogbox:

Um die Positionierungsmöglichkeiten zu verstehen sollten Sie zunächst die Benennungs-Konvention kennenlernen, die in den Popup-Menüs verwendet wird. Als Orientierungshilfe mag die Einteilung in horizontale und vertikale Ausrichtung hilfreiche sein. Als Orientierungsstrukturen dienen Spalten, Ränder, Seite und bei Spiegelsatz der Bundsteg (z.B. die Bindung dieses Buches). Die Abbildung auf der nächsten Seite mag dies veranschauliche:

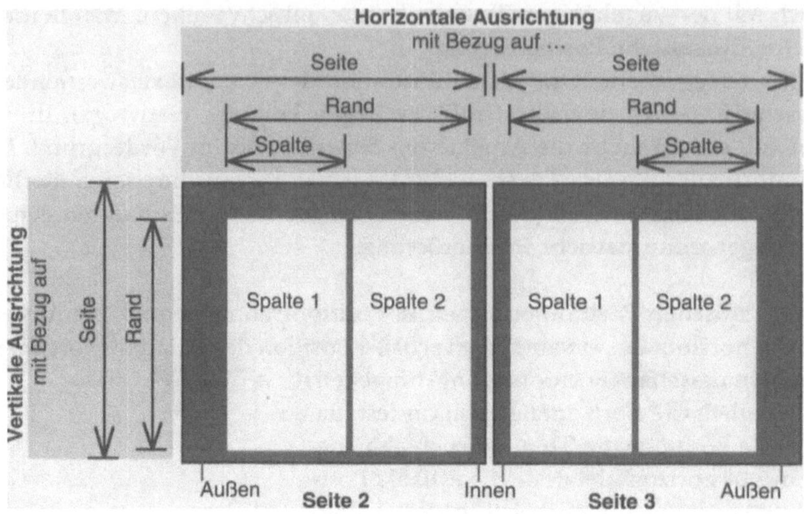

• Vertikale Ausrichtung eines Positionsrahmens

Für die vertikale Ausrichtung gibt zwei Bezugsgrößen, nämlich Seite und Rand.
Bei der Positionierung gibt es fünf Möglichkeiten:

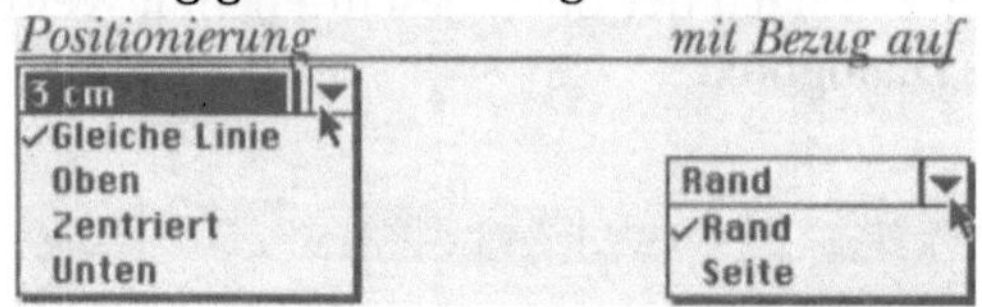

Die nebenstehende
Abbildung veran-
schaulicht die Posi-
tionen **Oben, Unten**
und **Zentriert** in
Bezug auf Rand und
Seite:

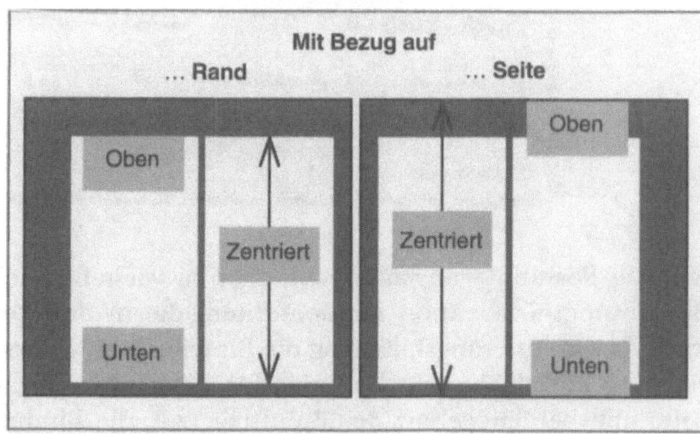

Neben diesen drei Positionen gibt es noch zwei weitere:

Gleiche Linie: bedeutet soviel wie „auf gleicher Höhe wie der nebenstehende
Absatz". Das bedeutet, daß bei dieser Positionierungsart ein Positionsrahmen
mit dem neben ihm stehenden Textabsatz mitschwimmt! Die vertikale Position
eines solchen Rahmens hängt also vom Textumbruch ab. „Gleiche Linie" ist

immer dann gefragt, wenn es um *dynamische Positionierung* geht. Bei dieser Positionierungsform spielt die Bezugsgröße (Seite oder Rand) keine Rolle, da der Positionsrahmen immer auf der Höhe des zugeordneten Textabschnittes steht.

Absolute Angaben: Statt einen der Einträge im Popup-Menü zu verwenden, können Sie in das Eingabefeld auch eine absolute Position eintippen. Die Angaben werden von oben her abgetragen:

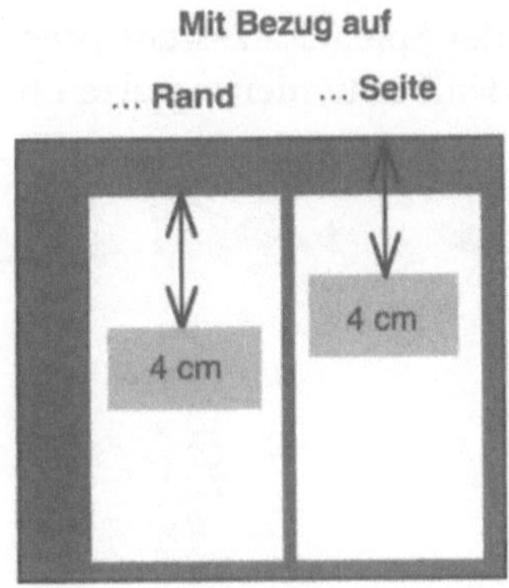

• Horizontale Ausrichtung eines Positionsrahmens

Noch komplexer sind die Verhältnisse bei der horizontalen Positionierung eines Grafikrahmens. Das liegt daran, daß als Bezugsgröße zu Rand und Seite noch die Spalte hinzukommt, und daß es bei der Positionierung neben absoluten Angaben, Zentriert, Rechts und Links auch noch Innen und Außen gibt:

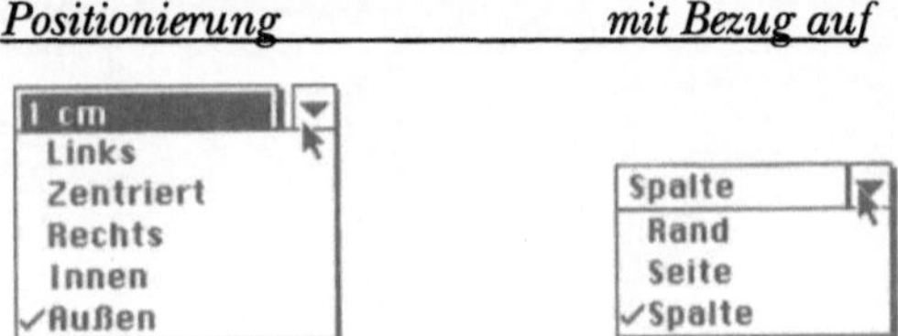

Verhältnismäßig überschaubar sind die Verhältnisse bei den Positionierungen **Links**, **Zentiert** und **Rechts**:

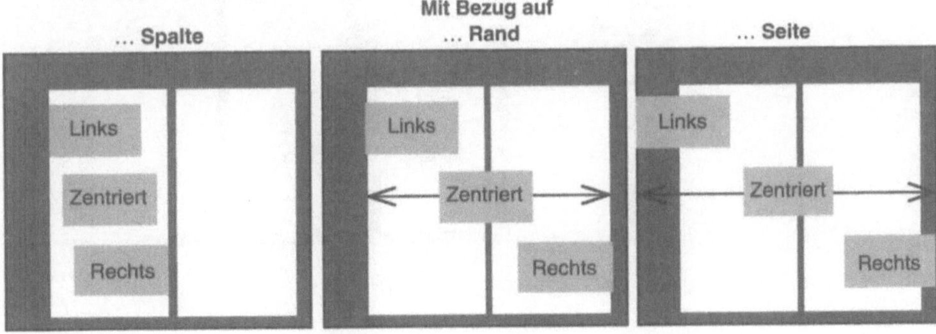

Die Positionierungsarten **Innen** und **Außen** spielen beim Spiegelsatz eine wichtige Rolle. Bei Büchern stehen sich in der Regel zwei Seiten gegenüber, die meist einen gespiegelten Satz haben. So auch in diesem Buch. Word unterstützt Spiegelsatz (☞ K.22.1) und muß daher auch Instrumente anbieten, Grafiken den Regeln des Spiegelsatzes entsprechend zu plazieren. Und eben dies erfolgt mit den beiden Positionierungsarten Innen und Außen.

Was bedeutet Innen/Außen?
Innen bedeutet immer „zur Bindung hin", Außen bedeutet „von der Bindung weg":

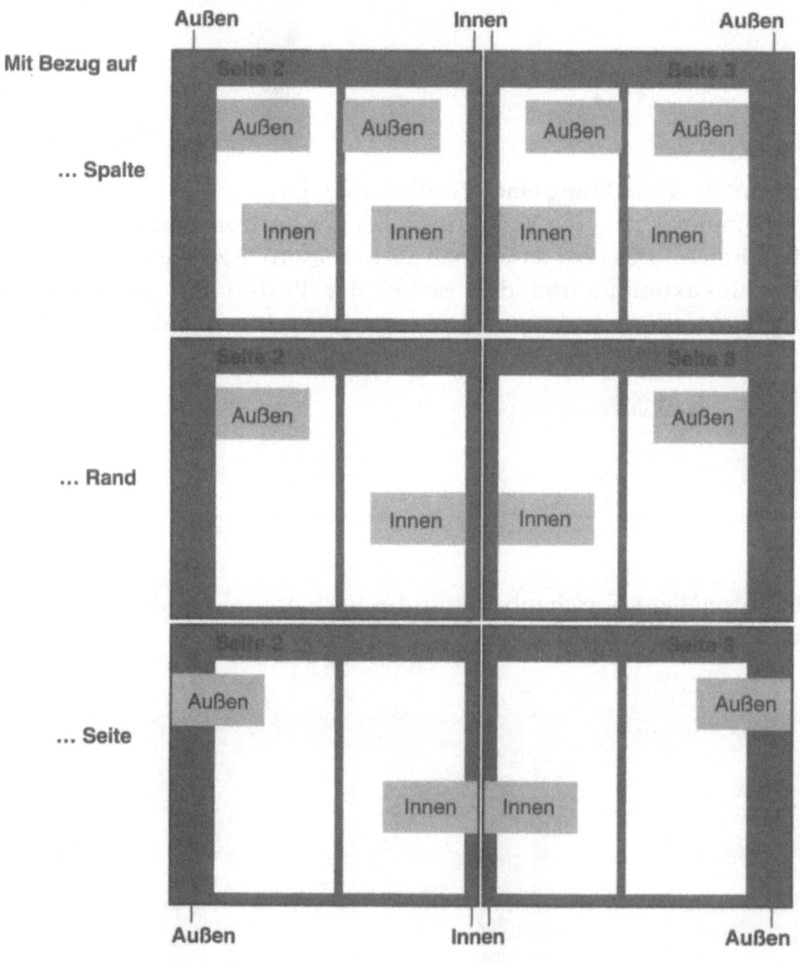

Auch bei der horizontalen Positionierung ist die Angabe **absoluter Abstände** möglich. Diese beziehen sich immer auf die linken Ränder der Bezugsgröße, werden beim Spiegelsatz also nicht gespiegelt:

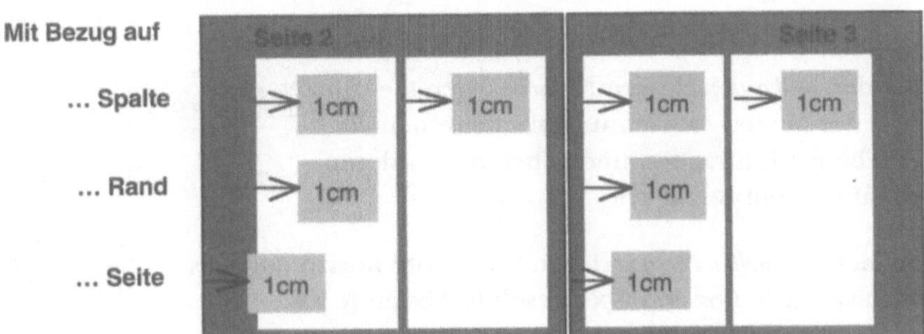

• **Dynamische Positionierung**

Wenn der Positionsrahmen beim Textumbruch mit dem Text mitschwimmen soll, so ist die vertikale Position des Rahmens immer auf „gleicher Linie" wie der Textabsatz. Das Popup-Menü **Vertikal** muß also immer den Eintrag **Gleiche Linie** haben:

Sobald Sie hier etwas anderes eintragen, ist die Positionierung nicht mehr dynamisch sondern statisch.

Der Eintrag im Popup-Menü „Mit Bezug auf:" ist bei dynamischer Positionierung ohne Bedeutung. Für die horizontale Plazierung gilt das oben gesagte.

 Den Textabsatz, mit dem der Grafikrahmen mitschwimmen soll, legen Sie am leichtesten im Darstellungsmodus „Normal" fest. Plazieren Sie einfach die Grafik exakt vor dem gewünschten Textabsatz und definieren Sie anschließend den Positionsrahmen wie in Abschnitt ☞ K.43.2 erläutert.

• **Statische Positionierung**

Bei der statischen Plazierung von Positionsrahmen müssen Sie drei Methoden unterscheiden: die vollautomatische, die halbautomatische und die manuelle.

Bei der *vollautomatischen* legen Sie sowohl die horizontale als auch die vertikale Position über vorgegebene Popup-Menüeinträge der Positionsrahmen-Dialogbox fest.

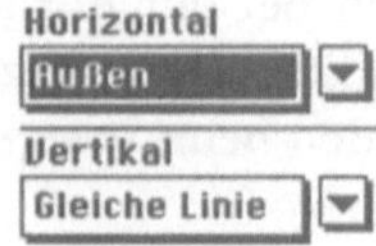

Bei der *halbautomatischen Methode* legen Sie nur eine der beiden Ausrichtungen über einen vor-gegebenen Eintrag fest und geben den anderen per absolutem Betrag vor.

Bei der *manuellen Methode* legen Sie sowohl horizontale, als auch vertikale Position über absolute Abstände fest.

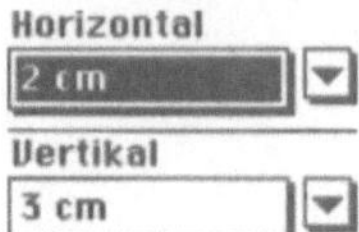

Eine ebenso anschauliche wie einfache Durchführung der manuellen Methode erlaubt die Seitenansicht. Hier lassen sich Positionsrahmen mit der Maus greifen und an beliebige Positionen einer Dokumentseite schieben (siehe Kapitelanfang).

Alle Plazierungen von Positionsrahmen, die in der Seitenansicht durchge-führt werden, sind statisch und verändern sich nicht, wenn das Dokument umformatiert wird. Wenn also ein Positionsrahmen in Bezug auf Dokumentränder positioniert werden soll, so sollten Sie dies immer über die voll- oder halbautomatische Methode realisieren - auch wenn die Plazierung eines Positionsrahmens in der Seitenansicht anschaulicher und einfacher vonstatten geht.

43.4 BEISPIELE

• Plazieren von Bildern mit Bildunterschriften
Um ein Bild samt Bildunterschrift frei auf einer Seite zu plazieren, müssen Sie beide mit demselben Positionsrahmen versehen. Gehen Sie folgendermaßen vor:

❶ Schreiben Sie die Bildunterschrift direkt unter das zugehörige Bild und aktivieren Sie beide:

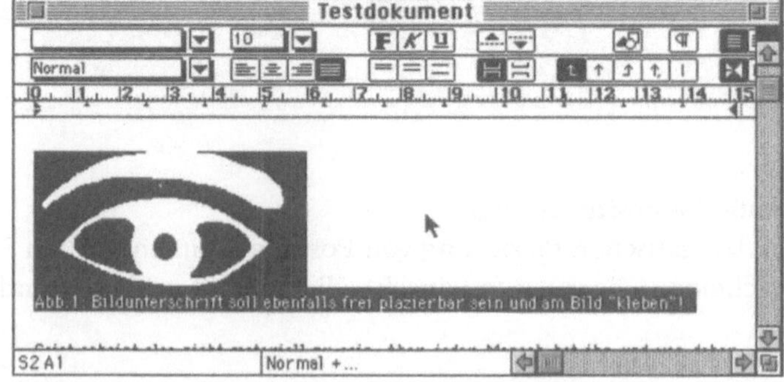

❷ Aktivieren Sie den Menüpunkt „Positionsrahmen" im Format-Menü:

❸ Geben Sie in der Dialogbox die **Breite** an, die Bild und Bildunterschrift haben sollen und drücken Sie dann **OK**:

❹ Bild samt Bildunterschrift werden nun von Text umflossen. Die Bildunterschrift läßt sich übrigens unabhängig vom umliegenden Text formatieren:

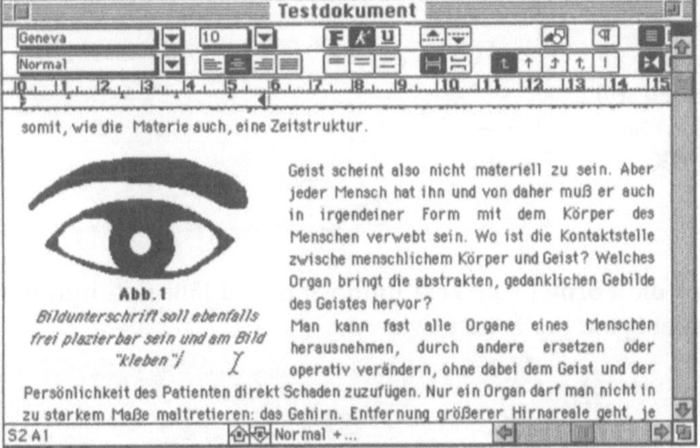

• **Plazieren einer mathematischen Formel**

Wie eine Grafik auch, stellt eine mathematische Formel, die mit dem Formeleditor erstellt wurde (☞ K.39.3) für Word ein Objekt dar. Und wie jedes Objekt, läßt sich auch eine Formel mit einem Positionsrahmen versehen und von Text umfließen:

❶ Geben Sie die Formel in gewohnter Weise ein und aktivieren Sie anschließend die Gleichung per Einfachklick mit der Maus. Die Formel wird nun von einem Rahmen umschlossen:

❷ Wählen Sie den Menüpunkt „Positionsrahmen" aus dem Format-Menü.

Sie könnten auch über den entsprechenden Menüpunkt des Einfügen-Menüs gehen, aber die Ergebnisse sind meistens recht unbefriedigend.

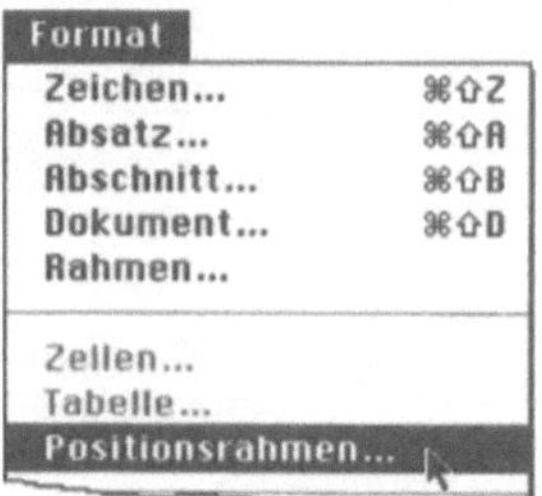

❸ Geben Sie in der Dialogbox die Breite ein, die die Formel haben soll und drücken Sie dann den **OK**-Button:

❹ Sofort wird die Formel von Text umflossen und läßt sich nun in der Seitenansicht beliebig auf der Seite plazieren.

• Erstellen einer grauhinterlegten Textbox mit Schattenwurf

Ein beliebtes Gestaltungsmittel, um Textseiten aufzulockern und bestimmte Aspekte des Textes hervorzuheben, sind die sogenannten Textboxen. Häufig grau hinterlegt, manchmal auch noch durch einen dunkelgrauen Schatten von der Papierebene abgehoben, stehen sie meistens zwischen den Spalten eines mehrspaltigen Textes. Wie Sie solche Boxen erstellen, wird im folgenden gezeigt:

❶ Geben Sie den Text der Textbox in die linke Spalte (!) ein und aktivieren Sie ihn:

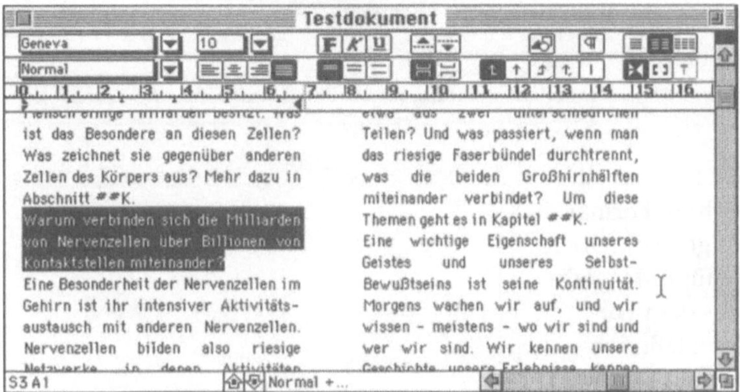

❷ Aktivieren Sie den Menüpunkt „Positionsrahmen" aus dem Format-Menü.

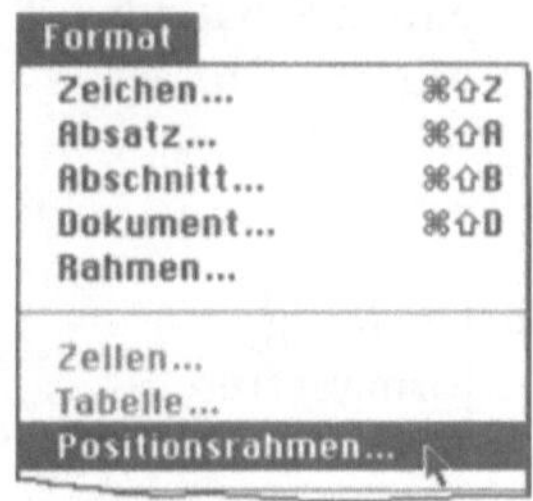

❸ Geben Sie die Breite an, die die Textbox haben soll. Wenn die Box exakt zwischen zwei Spalten stehen soll, so müssen Sie die horizontale Ausrichtung auf „Zentriert" mit Bezug auf „Rand" einstellen. Drücken Sie anschließend den Button **OK**:

❹ Sofort plaziert Word den Text neu:

❺ Nehmen Sie nun alle gewünschten Format-änderungen vor. Über den Menüpunkt „Rahmen" aus dem Format-Menü läßt sich die Box zum Beispiel mit 10%-Grau und einem Schattenwurf hinterlegen.

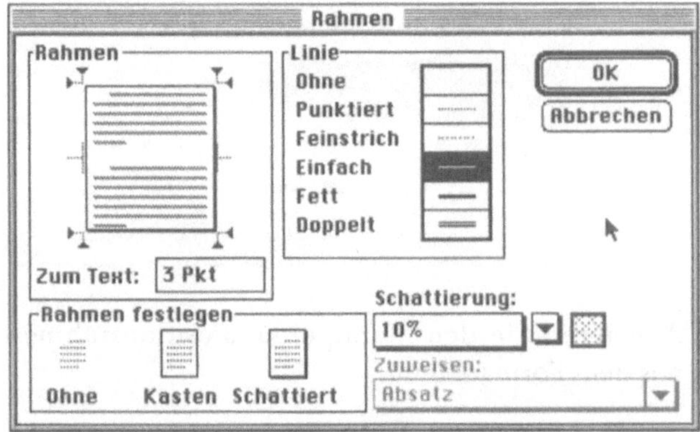

❻ Die fertig formatierte Textbox sieht auf dem Bildschirm nicht sonderlich attraktiv aus. Aber drukken Sie diese mal aus...

Sie können das Format dieser Textbox übrigens als Druckformat speichern, so daß Sie es in Zukunft per Mausklick parat haben. Wie das geht, lesen Sie im nächsten Abschnitt.

43.5 TIPS & TRICKS

• Positionsrahmen als Druckformate

Egal, ob Sie eine Grafik, eine Formel, ein Bild mit Bildunterschrift oder eine Textbox mit einem Positionsrahmen versehen haben - jegliche Positionsrahmenformatierung läßt sich in einem Druckformat speichern und steht dann per Mausklick zur Verfügung. Das folgende Prozedere zeigt, wie Sie ein Druckformat für die im vorherigen Abschnitt erstellte Textbox anlegen:

❶ Positionieren Sie den Textcursor inmitten der Textbox.

❷ Aktivieren Sie den Menüpunkt „Druckformate" aus dem Format-Menü.

❸ Geben Sie in das Eingabefeld der Dialogbox den Namen des Druckformats ein, unter dem Sie es später aufrufen wollen. Unter dem Eingabefeld sind die Formatierungen der Textbox eingetragen. Drücken Sie anschließend den Button **Definieren**:

Ab sofort steht Ihnen im aktuellen Dokument das Druckformat im Druckformatmenü des Lineals zur Verfügung:

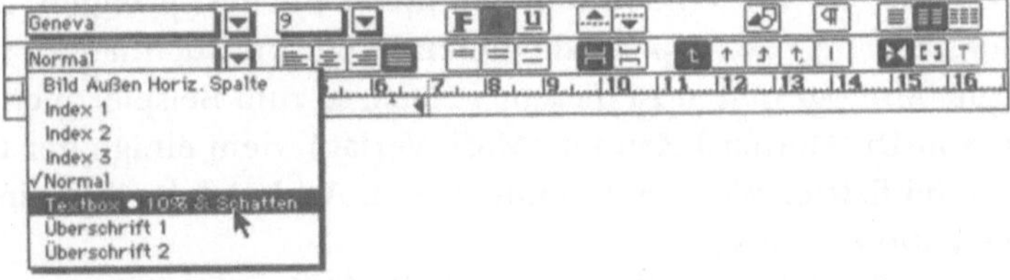

Soll das Druckformat auch in anderen Dokumenten Verwendung finden, müssen Sie den Button **Standard** drücken (☞ K.24.2).

44. POSTSCRIPT

* PostScript-Besonderheiten von Word … 343
* Eingabe eines Postscript-Listings...344
* Drucken von Postscript-Grafiken...345
* Beispiele 345

For cracks only …
Wem es vor Programmiertätigkeiten gruselt, wer Parameterübergaben
haßt, wer schnelle Ergebnisse haben will und wem Pedanterie ein Greul ist
- dem sei nachdrücklich empfohlen, diesen Kapitel zu überspringen.
Postscript in Word bringt zwar hübsche Ergebnisse hervor - ist aber nix für
Leute mit dünnen Nerven. Viele vergebliche Versuche, lange Wartezeiten
auf den Drucker und viel Papierverschwendung sind der Preis für die
Postscriptspielereien. Aber wer diesen Preis zahlt, und gute Postscriptge-
bilde erstellen kann, der darf sich zurecht zu den Königen der Textverarbeiter zählen.

Postscript ist eine von Adobe entwickelte Programmiersprache, um Schrift und
Grafik auf Papier oder Film zu drucken. Buchstaben und Kurvenzüge liegen
nicht als Pixelgrafik vor sondern sind rein mathematisch über Bezier-Kurven
definiert. Der Vorteil dieser komplexen Vorgehensweise liegt darin, daß eine so
beschriebene Seite unabhängig vom Auflösungsvermögen des Ausgabemediums
ist. Ein Linotype-Belichter rechnet die Bezierkurven mit 2450 Linien/Inch, der
Personal-Laserdrucker NT von Apple mit 300 Linien/Inch.
Wie bei jeder Programmiersprache gibt es auch in Postscript eine Reihe von
Befehlen mit einer definierten Syntax. Um mit einer Programmiersprache arbeiten zu können, müssen Sie diese Befehle und die jeweiligen Parameter für ihre
Steuerung kennen. Es würden den Rahmen dieses Buches sprengen, die Seiten-
beschreibungssprache Postscript zu dokumentieren. Im Buchhandel finden Sie
genügend gute Monographien zu diesem Thema, so zum Beispiel auch das Buch
„PostScript" von Dr. Gerhard Renner (M&T Verlag), dem einige der folgenden
Beispiele in modifizirter Weise entnommen sind. Auch Adobe gibt eine gelung-
ene Dokumentation heraus.
Eine Abfolge von Befehlen und Parametern heißt Listing. Sie haben nun in Word
die Möglichkeit, solche Postscript-Listings direkt in Word zu erstellen. Ein solches
Listing sieht zum Beispiel so aus:

```
.para.% ¶
/word.{.(Word).}.def¶
/Helvetica-Bold.findfont.20.scalefont.setfont¶
/ShowOutline.{true.charpath.stroke}.def¶
/spin.{15.15.345.{gsave.rotate.0.0.moveto.word.ShowOutline.grestore}¶
for}.def¶
wp$x.2.div.wp$y.2.div.translate¶
.5.setlinewidth¶
spin.0.0.moveto.word.true.charpath¶
gsave.1.setgray.fill.grestore¶
stroke¶
```

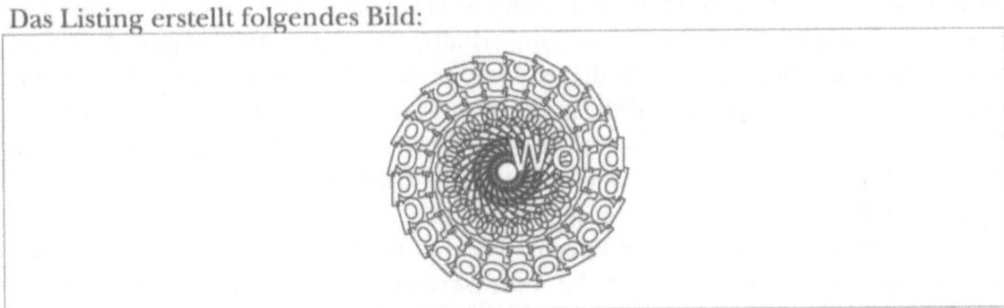

Das Listing erstellt folgendes Bild:

Um Word mitzuteilen. daß es diese Textzeilen nicht als Text drucken sondern als Postscript-Befehle verstehen soll müssen Sie diese mit dem Druckformat „PostScript" versehen. Dieses Druckformat erscheint im Popup-Menü des Lineals, wenn Sie die SHIFT-Taste gedrückt halten:

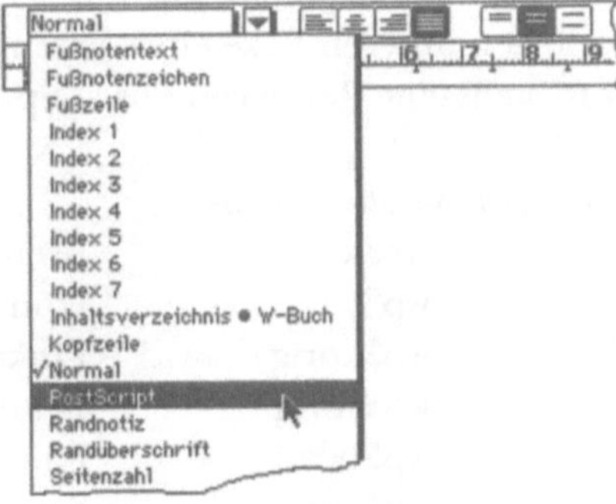

 **Postscript-Listing sind „verborgen"**
Das Druckformat Postscript umfaßt das Textattribut „verborgen". Normalerweise erscheinen die Postscript-Listings also überhaupt nicht auf dem Bildschirm. Um sie sichtbar zu machen, müssen Sie die Checkbox „Verborgener Text" aus den Ansicht-Einstellungen aktivieren (Extras-Menü;).

Alle Textpassagen, die mit diesem Druckformat definiert sind, interpretiert Word als Postscript-Listings und schickt diese nicht als Text sondern als Postscript-Befehle zum Drucker. Ist der Drucker nicht postscriptfähig, wie zum Beispiel der Imagewriter, so ignoriert er die Befehle. Ist das Listing fehlerhaft, kommt es nur selten zum Systemabsturz - in der Regel wird lediglich der Druckvorgang abgebrochen.

Das Arbeiten mit Postscript in Word hat einen entscheidenden Nachteil: **Word ist nicht in der Lage, die von Postscript beschriebenen Grafiken und Zeichen auf dem Bildschirm darzustellen.** Auch dauert das Ausführen komplexer Postscript-Listings seine Zeit. Die Programmierung ist also recht zeit- und papierintensiv. Dennoch lohnt sich die Arbeit, denn die Resultate sind häufig verblüffend und sehr effektvoll.

• POSTSCRIPT-BESONDERHEITEN VON WORD ...

Jedes Postscript-Listing in einer Worddatei ist ein in sich abgeschlossenes Gebilde namens „Gruppe". Prozeduren, die innerhalb einer solchen Gruppe definiert sind, gelten auch nur innerhalb dieser Gruppe. Sie können sie also nicht von einer anderen Gruppe aus aufrufen, sondern müssen sie dort erneut definieren.

Am Anfang einer jeden Gruppe steht die Information, wohin Word Grafik und Text zeichnen soll. Dabei unterscheidet Word fünf Bereiche: eine ganze Seite (.page.), einen Absatz (.para.), eine Grafik (.pic.), ein Tabellenfeld (.cell.) und eine Tabellenzeile (.row.). Der Bereich.dict. ist relativ fehleranfällig und sollte daher besser vermieden werden. Ist kein Bereich spezifiziert, verwendet Word den Bereich.page..

Das Koordinatensystem, das Postscript verwendet hat seinen Ursprung (0,0) in der linken unteren Ecke eines jeden dieser Bereiche.

Word stellt eine Reihe von Postscript-Variablen bereit.

• *Variablen für alle Bereiche*

wp$x	Breite des Bereiches
wp$y	Höhe des Bereiches
wp$xorig	Linker Rand des Bereiches
wp$yorig	Unterer Rand des Bereiches
wp$box	Rahmen des angesprochenen Bereiches
wp$fpage	Seitenzahl mit Formatierung
wp$page	Seitenzahl

wp$date	aktuelles Datum
wp$time	aktuelle Uhrzeit

- *Variablen für den Bereich.page.*

wp$top	Oberer Rand
wp$buttom	Unterer Rand
wp$left	Linker Rand
wp$right	Rechter Rand
wp$col	Anzahl Spalten
wp$colx	Breite einer Spalte
wp$colxb	Anstand zwischen zwei Spalten

- *Variablen für den Bereich.para.*

wp$top	Abstand zum vorherigen Absatz
wp$buttom	Abstand zu nachfolgenden Absatz
wp$left	Einzug links
wp$right	Einzug rechts
wp$first	Einzug erste Zeile
wp$style	Name des Druckformats

- *Variablen für den Bereich.cell.*

wp$top	Abstand zum vorherigen Absatz
wp$buttom	Abstand zu nachfolgenden Absatz
wp$left	Einzug links
wp$right	Einzug rechts

• EINGABE EINES POSTSCRIPT-LISTINGS

Beim Arbeiten mit Postscript-Listings gilt es zwei Dinge zu beachten:

- **Keine Leerzeilen mit ¶**
  Innerhalb eines Postscript-Listings dürfen keine Leerzeilen vorkommen, die einen normalen „Return" (¶) enthalten. Derartige Zeilen brechen den Druckvorgang ab. Leerzeilen dürfen also immer nur durch weiche Returns erzeugt werden (↵ = SHIFT-RETURN).

- **Allgmeine Postscript-Befehle vermeiden**
  Da die Postscript-Anweisungen auf dieselbe Seite gezeichnet wird wie der übrige Word-Text, sollten Postscript-Befehle vermieden werden, die die aktuelle Postscript-Umgebung beeinflussen oder den aktuellen Drucker zurücksetzen. Derartige kritische Befehle wie „showpage", „nulldevice", „initgraphics" oder „copypage" sind im Word-Handbuch dokumentiert.

Ansonsten können alle Befehle aus der einschlägigen Postscript-Literatur verwendet werden. Ein einfaches **Beispiel** möge dies veranschaulichen. Um den Schriftzug „Vertraulich" als Wasserzeichen in Helvetica 70 Punkt Fettdruck, einem Grauwert von.65 an der Position 120/280, in 45° einem normalen Text zu hinterlegen, gehen Sie folgendermaßen vor:

❶ Geben Sie oben auf
der Seite, auf der der
Schriftzug erschei-
nen soll, nebenste-
hendes Listing ein.

Die erste Zeile legt fest, daß sich die Postscript-Befehle auf die aktuelle Seite beziehen sollen. Die zweite Zeile weist der Variablen „Beispiel" den Wert „Vertraulich" zu. Zeile drei setzt Schrifttyp, Schriftgröße und Fettdruck. In der Zeile 4 wird der Grauwert gesetzt. Zeile 5 bewegt den unsichtbaren „Stift" an die Position 160/100, leitet ein Abwinkeln um 45° ein und schreibt dann den Inhalt der Variablen „Beispiel" aufs Papier.

❷ Formatieren Sie das Listing mit dem Druckformat „Postscript" (evtl. SHIFT-Taste gedrückt halten, wenn Sie das Popup-Menü im Lineal ausklappen).

❸ Tippen Sie direkt im Anschluß an das Listing den normalen Text.

❹ Drucken Sie die Seite aus.

• DRUCKEN VON POSTSCRIPT-GRAFIKEN

Da Word die Postscript Anweisungen nicht auf dem Bildschirm ausgeben kann, ist die einzige Möglichkeit, der Arbeit Mühen zu bewundern, die Ausgabe auf einem postscriptfähigen Drucker. Dies kostet Zeit, Papier und Nerven, da nur in den seltensten Fällen das Gedruckte auf Anhieb dem Gewünschten entspricht. Normalerweise druckt Word den Text einer Textseite über die Postscript-Grafik. Im obigen Beispiel war dies auch sinnvoll. Wenn Sie aber die Grafik auf den Text legen wollen, müssen Sie dies Word mitteilen und zwar über die Dialogbox „Seite einrichten" aus dem Datei-Menü. Hier findet sich die Checkbox „Postscript über den Text drucken", die Sie aktivieren müssen:

⊠ **PostScript über den Text drucken**

• BEISPIELE

Die zwei Beispiele auf den folgenden Seiten sollen zum Experimentieren mit PostScript anregen. Weitere Beispiele finden Sie im Ordner „Textbausteine", den Word beim Installieren einrichtet. In diesem Ordner liegt die Textbausteinsammlung „Seitenlayout-Textbaustein" sowie eine Textdatei, die die Textbausteine erläutert.

Seitenlayout-Textbaustein.

Seitenlayout-Textbaust.-Info

Beispiel 1: Schattierte Schriftzüge

```
.para.% bildet mehrere Schatten eines Wortes innerhalb eines
eingerahmten Absatzes ab.
/phrase { (Word 5.1) } def    % Ihr Satz hier!
/left 64 def         % linker Einzug des zentrierten Wortes
/bottom {vp$y 2 div 35 sub} def
/Times-Bold findfont 35 scalefont setfont
/say { left bottom moveto phrase show} def
/retreat { gsave .02 .01 .78 { setgray say dx dy translate } for grestore
} def
/dx -1 def /dy .5 def retreat
/dx 1 def /dy -.5 def retreat
/dx -1 def /dy -.5 def retreat
/dx 1 def /dy .5 def retreat
1 setgray say
```

Das Resultat sieht so aus:

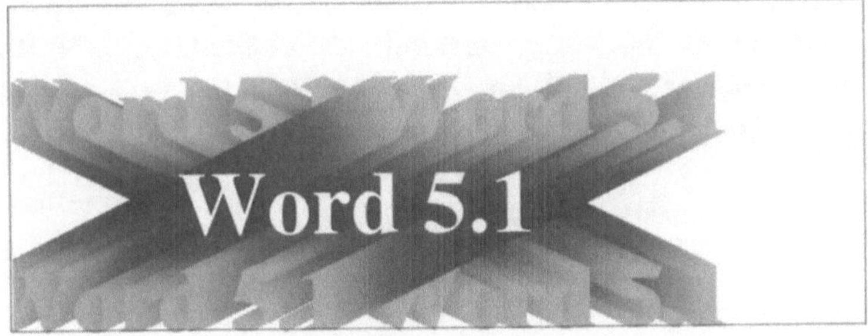

Beispiel 2: Textspirale

Das folgende Listing erzeugt die auf der nächsten Seite abgebildete Textspirale. Leider verfügt Postscript standardmäßig nicht über Umlaute. Es ersetzt diese einfach durch Leerzeichen.

```
.page.¶
/cm {28.346456 mul} def¶
/DINA4w 21.0 cm def¶
/DINA4h 29.7 cm def¶
/Neigung 0.4 def¶
/Zeichenhoehe 0.3 def¶
/Zeichenwinkel 10 def¶
¶
/kProc {pop pop Zeichenwinkel rotate¶
/theta currentpoint atan def 0 0 moveto theta neg rotate¶
/scaleFactor 1 theta Neigung mul 360 div sub def¶
¶
scaleFactor dup scale¶
/Times-Roman findfont Zeichenhoehe scaleFactor mul scalefont setfont 0
1 moveto Zeichenwinkel neg rotate} def¶
¶
DINA4w 2 div DINA4h 2 div translate DINA4w 0.4 mul dup scale¶
/Times-Roman findfont Zeichenhoehe scalefont setfont¶
76 rotate 0 1 moveto Zeichenwinkel neg rotate¶
{kProc}¶
(Das ist der Beispielsatz, \der in die Spirale hineingedreht\ werden soll
und\ von dem möglichst\ viele Leser\ dieses Buches profitieren\ sollen.
Auch soll\ das Beispiel zum Experimentieren\ anregen, denn\ erst dann
bringt\ die Kombination\ von Word und\ Postscript optimalen\ Nutzen.
Dieses\ Beispiel wurde\ übrigens dem Buch "Postscript"\ von Dr. Renner
entnommen\ und vom Autor\ an die Word-Verhältnisse\ angepaßt. Das\
Buch enthält eine\ Reihe hübscher Beispiele.)¶
kshow¶
¶
```

Das ist der BeispielsatZ, der in die Spirale hineingedreht werden soll und von dem m glichst viele Leser dieses Buches profitieren sollen. Auch soll das Beispiel zum Experimentieren anregen, denn erst dann bringt die Kombination von Word und Postscript optimalen Nutzen. Dieses Beispiel wurde brigens dem Buch "Postscript" von Dr. Reinert entnommen und vom Autor an die Word

45. RAHMEN & GRAUHINTERLEGUNG

- Die Dialogbox „Rahmen"...349
- Das Setzen von Standardrahmen......................................351
- Formatieren einer einzelnen Rahmenlinien.........................352
- Ziehen von Zwischenlinien...353
- Tips & Tricks..354

Rahmen gehören zu den Absatzformaten, das heißt, sie beziehen sich immer nur auf einen Absatz und lassen sich in Druckformaten archivieren.

Alles was in einem Absatz steht läßt sich mit einem Rahmen und einer Grauhinterlegung versehen: mathematische Formeln, Textpassagen, Abbildungen ja sogar ganze Tabellen oder einzelne Tabellenfelder. In Kombination mit den Positionsrahmen lassen sich daher auch attraktive Strukturelemente wie grau hinterlegte und mit schattiertem Rahmen versehene Merkboxen erstellen, um die der restliche Text herumfließt.

• Die Dialogbox „Rahmen"

Um einen Absatz, eine mathematische Formel oder eine Abbildung mit einem Rahmen oder einer Grauhinterlegung zu versehen, rufen Sie den Menüpunkt „Rahmen" im Format-Menü auf. Es erscheint folgende Dialogbox:

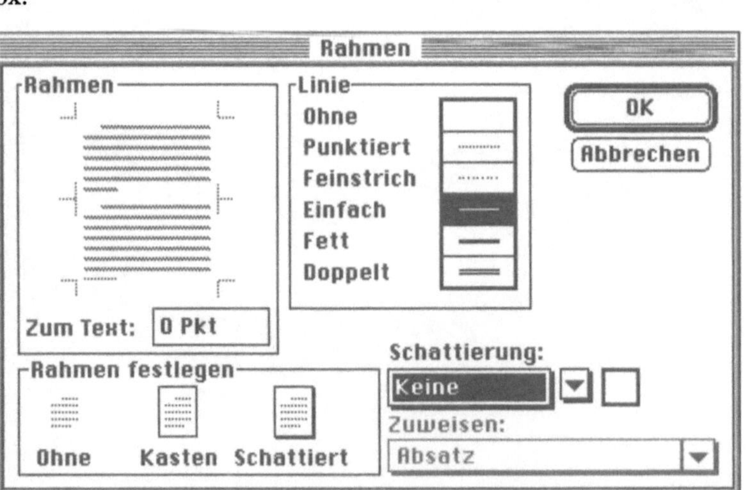

Rahmen: Dieses Feld hat zweierlei Funktionen. Zum einen veranschaulicht es die aktuell eingestellten Rahmenparameter zum anderen können Sie dort die

Rahmenlinien setzen. Word zeigt eine stilisierte Darstellung des Objekts, das mit einem Rahmen versehen werden soll:

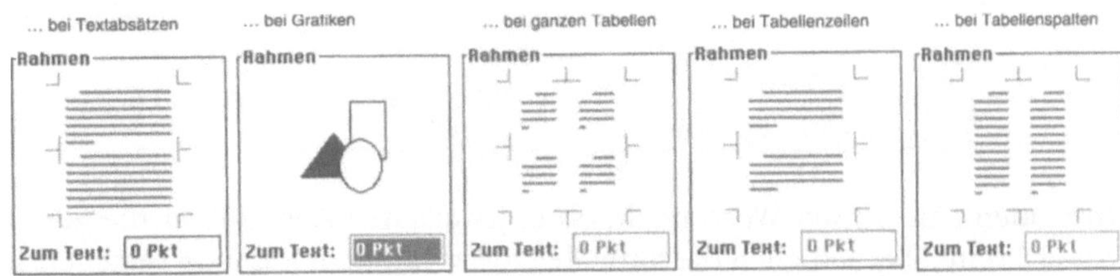

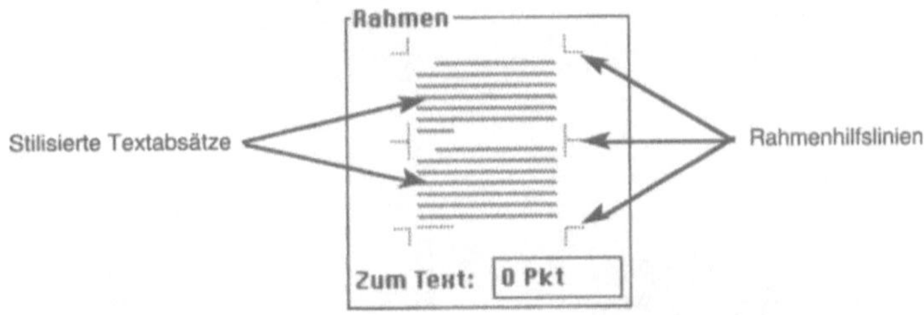

Zum Text: Ebenfalls im Rahmen-Feld findet sich ein Eingabefeld, in dem Sie den Abstand einer Linien zum nebenstehenden Text festlegen. Die dabei verwendete Einheit ist „Punkt", also etwa 0.3 Millimeter. Es ist hilfreich zu wissen, daß dieser Wert für jede Linie anders sein kann.

Linie: Zur Wahl stehen fünf verschiedene Linientypen. Die aktuelle ist jeweils invertiert dargestellt. Auch hier gilt: jede Linie eines Rahmens kann einen eigenen Linientyp haben.

Rahmen festlegen: Die drei Icons erlauben das schnelle Setzen von drei Standardeinstellungen: ohne Rahmen, mit einfachem und mit schattiertem Rahmen.

Schattierung: Die Bezeichnung „Schattierung" ist etwas unglücklich. Genauer wäre „Grauhinterlegung". Über dieses Popup-Menü und Eingabefeld legen Sie nämlich einen Grauwert fest, den Word dem aktuellen Absatz hinterlegen soll. Hinter dem Popup-Menü verbirgt sich eine Liste mit häufig verwendeten Grautönen.

Sie müssen aber keinen Eintrag aus diesem Popup-Menü verwenden. Das Eingabefeld nimmt jeden beliebigen Wert auf. Tippen Sie mit der Tastatur einfach den von Ihnen gewünschten Wert ein:

Zuweisen: Dieses Popup-Menü ist bei Grauhinterlegung einer Textpassage nicht aktivierbar. Bei Grafiken und ganzen Tabellen hingegen gibt es zwei Optionen:

In beiden Fällen fragt Word nach, ob es jeweils den Absatz über die gesamte Absatzbreite oder lediglich das aktuelle Objekt mit dem Rahmen versehen soll. Den Unterschied zwischen diesen beiden Optionen veranschaulicht folgende Abbildung:

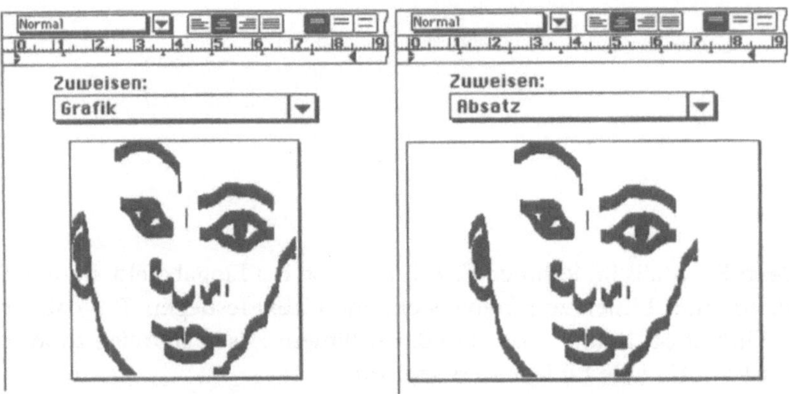

Im linken Bild wurde der schattierte Rahmen lediglich der Abbildung, im rechten Bild hingegen dem gesamten Absatz zugewiesen.

- **Das Setzen von Standardrahmen**
erfolgt über die drei Icons im Feld „Rahmen festlegen". Sie haben die Wahl zwischen „Ohne", „Kasten" und „Schattiert".

 Der Rahmentyp „Schattiert" hat nichts mit den „Schattierungen" also Grauhinterlegungen zu tun. Sie können also alle drei Standardrahmen gleichermaßen mit Grautönen hinterlegen.

Die beiden Rahmentypen „Kasten" und „Schattiert" sind mit den verschiedenen Linientypen kombinierbar. Gehen Sie beim Setzen eines Standardrahmens folgendermaßen vor:

❶ Geben Sie im Feld „Zum Text" den gewünschten Abstand des Rahmens zum Text ein.

❷ Wählen Sie dann den gewünschten Rahmentyp aus dem Feld „Rahmen festlegen". Zum Beispiel „Schattiert". Word stellt dann im Feld „Rahmen" den Rahmentyp mit dem vorgegebenen Abstand des Rahmens zum Text dar:

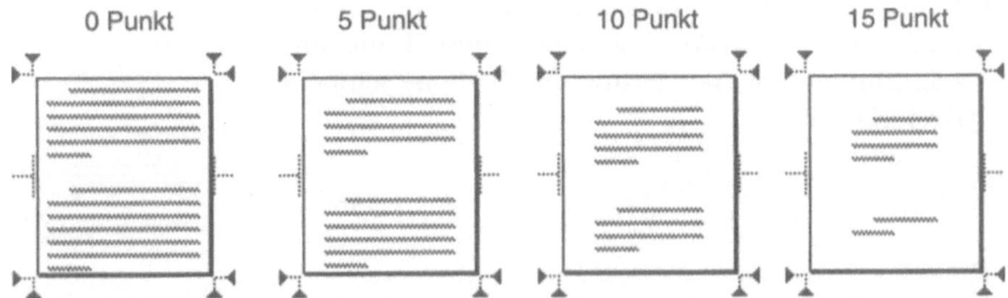

❸ Wählen Sie anschließend den von Ihnen bevorzugten Linientyp. Wie Sie sehen, stellt Word die aktuelle Einstellung sofort im Feld „Rahmen" dar. Hier einige Beispiele:

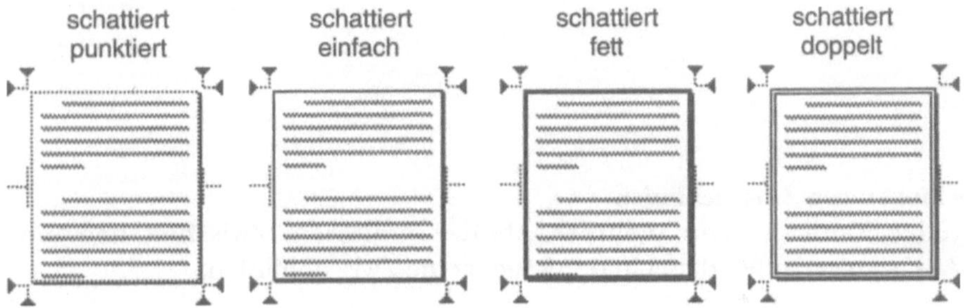

❹ Ist der Standardrahmen zu Ihrer Zufriedenheit, drücken Sie den Button **OK**, sonst **Abbrechen**.

• Zurücksetzen auf die Standardparameter
Um die Parameter in der „Rahmen"-Dialogbox wieder auf ihren Ausgangswert zurückzusetzten, klicken Sie in die Titel der jeweiligen Felder:

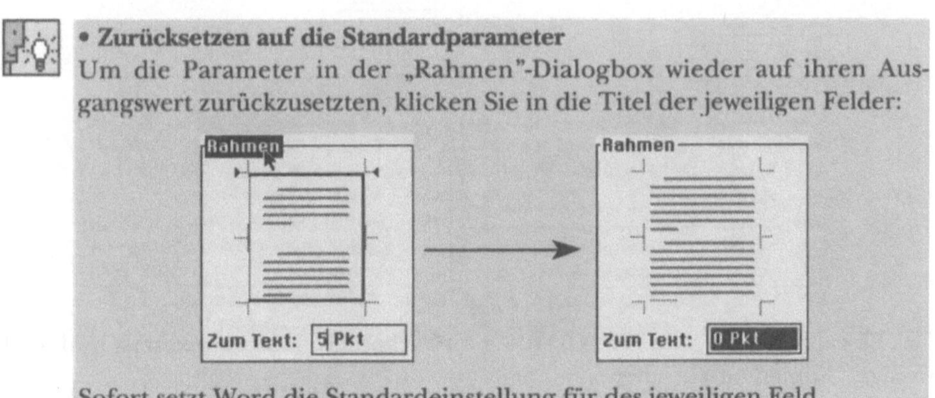

Sofort setzt Word die Standardeinstellung für des jeweiligen Feld.

• Formatieren einer einzelnen Rahmenlinien

Die Linien eines Rahmens besitzen jeweils zwei Formatierungsattribute: Linientyp und Abstand zum Text. Jede Linie eines Rahmens läßt sich mit diesen beiden Parametern individuell formatieren. Gehen Sie wie folgt vor:

❶ Klicken Sie mit der Maus auf die Linie, die Sie formatieren wollen. Word aktiviert diese Linie und zeigt Ihnen diese Aktivierung durch kleine schwarze Dreiecke an:

❷ Geben Sie nun den Abstand ein, den diese Linie vom Text haben soll und/oder wählen Sie den gewünschten Linientyp für diese Rahmenlinie. Sobald Sie einen neuen Linientyp anklicken oder erneut die Linie anklicken, zeigt Word das neue Format:

• Ziehen von Zwischenlinien

Jeder Rahmen kann mehrere Absätze umfassen. Zwischen den einzelnen Absätzen verlaufen dabei in der Regel keine Zwischenlinien:

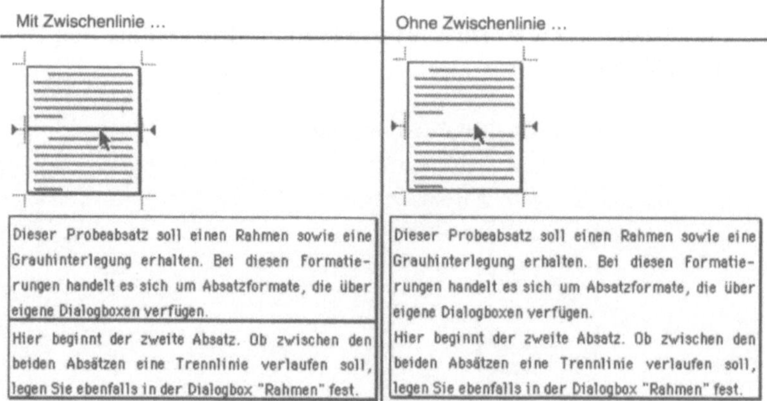

Das **Einrahmen von Tabellen, Grafiken und schattierten Merkboxen** ist in den jeweiligen Kapitel beschrieben.

• Tips & Tricks

• *Schneller per Doppelklick ...*

Doppelklick auf die Rahmenmarkierungen oder in deren Nähe setzt den eingestellten Linientyp an allen vier Rahmenseiten:

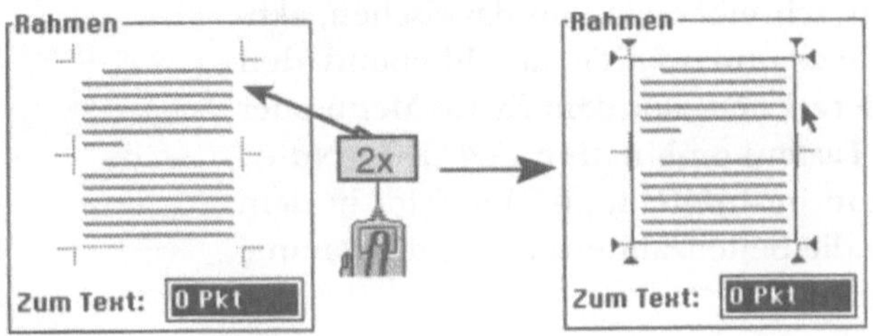

• *... und per Shortcut*

Wenn Sie häufig Absätze mit Rahmen oder Grauhinterlegungen versehen, dann sollten Sie sich ein Tastaturkürzel dafür anlegen. Öffnen Sie die Dialogbox zur Rahmenformatierung. Drücken Sie APPLE-OPTION-SHIFT-CURSOR LINKS. Der Mauscursor wird zu einem Kleeblatt. Klicken Sie damit auf den Rahmentyp oder die Grauschraffierung, die Sie wünschen. Word fordert Sie nun auf, eine Tastenkombination einzugeben. Sie brechen dieses Procedere über ESCAPE ab.

46. RECHNEN

Word beherrscht die vier Grundrechenarten und einfache Prozentrechnung. Um die Summe von 243,4 und 54,5 zu erhalten, tippen Sie diese Zahlen ins Worddokument, schreiben ein Plus dazwischen, aktivieren das Ganze und wählen anschließend den Menüpunkt „Berechnen" aus dem Extras-Menü oder drücken die Tastenkombination APPLE-0 (Null). Word zeigt dann im Infofeld, also im Feld, in dem normalerweise die Seitenzahl erscheint, die Summe der beiden Zahlen.

Gleichzeitig schreibt Word das Ergebnis in die Zwischenablage, so daß Sie es direkt in Ihr Dokument einsetzen können.

- **Addition ist Standard und Text zwischen Zahlen wird ignoriert**
  Ist kein mathematisches Zeichen zwischen den Zahlen vorhanden, setzt Word zwischen die Zahlen ein „+". Aktivieren Sie also in Ihrem Dokument die Textpassage „Die Summe aus 243,4 und 54,5 beträgt ... „ und rufen anschließend den Menüpunkt „Berechnen" auf, so erscheint im Infofeld ebenfalls 297,9.

- **Zahlen in Klammern betrachtet Word als negativ.** Der Text „es gab 5 Bananen und (12) Äpfel" bringt also das Ergebnis -7 hervor.

Word beherrscht die vier Grundrechenarten und einfache Prozentrechnung. Hier einige Beispiele: 5*4; 12,3/34; 34,5+56,9; -23+19,78; 14%*253,89.

- **Keine Punkt- und Strichrechnung**
  Word beherrscht keine Punkt- vor Strichrechnung. Die Aufgabe 12+4*5 beantwortet Word mit 80 und nicht mit 32. Um eine solche Aufgabe korrekt zu errechnen, müssen Sie Klammern setzen: 12+(4*5). In diesem Fall liefert Word das richtige Ergebnis.

- **Achten Sie auf die Anzahl der Nachkommastellen**
  Das Rechenergebnis in der Infobox hat dieselbe Anzahl Nachkommastellen, wie die Zahlen, die in die Rechnung einfließen. Fragen Sie zum Beispiel nach dem Ergebnis von 3/154 so antwortet es mit 0. Fragen Sie hingegen nach 3/154,000 so liefert es als Ergebnis 0,019.

Beispiel Mehrwertsteuer: Sie wollen zu der Zahl 253,98 15% hinzuaddieren. Geben Sie ein: 253,98*15%+253,98 oder einfacher: 253,98*115%. Wenn Sie von 292,08 15% abziehen wollen: 292,08-(15%*292,08) oder -15%*292,08+292,08.

47. RECHTSCHREIBPRÜFUNG

47.1 Wissenswertes in Kürze 356
47.2 Installation der Rechtschreibprüfung 357
47.3 Hauptwörterbuch und allgemeine Kontrollparameter 358
47.4 Arbeiten mit Benutzerwörterbüchern 358
   • Externes Benutzerwörterbuch öffnen 359
   • Neues Benutzerwörterbuch anlegen 359
   • Benutzerwörterbuch löschen 359
   • Benutzereinträge löschen 360
   • Drucken eines Benutzerwörterbuchs 360
   • Aktivieren und Deaktivieren eines Benutzerwörterbuchs 360
47.5 Kontrolle eines Textes und Erweitern des Benutzerwörterbuchs 361
   • Ändern des lexikonfremden Begriffes 362
   • Erweitern des Benutzerwörterbuchs 363
   • Anlegen oder Aktivieren eines Benutzerwörterbuchs 363
   • Überführen des lexikonfremden Begriffes in das Eingabefeld 363
47.6 Kontrolle einzelner Wörter 364
47.7 Bearbeiten von Benutzerwörterbüchern 365
   • Drucken eines Benutzerwörterbuchs 365
   • Mischen zweiter Benutzerlexika 366
   • Direktes Erweitern eines Benutzerwörterbuchs 367
47.8 Tips & Tricks... 367
   • Schnelle Bedienung per Tastatur 367
   • Shortcut für das Aktivieren der Rechtschreibprüfung 367
   • Rechtschreibprüfung eines Textausschnitts 368

47.1 WISSENSWERTES IN KÜRZE ... ...

Auch beim Aufspüren von Schreibfehlern hilft Ihnen Word. Dazu dient eine Funktion mit dem oberlehrerhaften Namen "Rechtschreibprüfung". Da wir alle natürlich keine Rechtschreibfehler machen, sollte sie vielleicht besser "Tipfehlerprüfung" heißen. Das ist auch die Disziplin, in der sich dieser Programmzusatz am meisten bewährt: Er findet die Fehler, die Sie am Bildschirm einfach überlesen (wie diese beliebten Verdreher infolge zu schnellen Tippens).
Eine Rechtschreibprüfung vergleicht die Begriffe eines Textes mit den Begriffen eines Lexikons. Findet sie im Lexikon einen entsprechenden Begriff, bricht sie den Suchvorgang ab, geht zum nächsten Begriff und sucht diesen. Gibt es keinen entsprechenden Begriff, so sucht sie den Begriff im Lexikon heraus, der dem Suchbegriff orthografisch am ähnlichsten ist und fragt den Anwender in einer Dialogbox, ob er den Suchbegriff durch den Lexikonbegriff ersetzten soll. Eine

Rechtschreibprüfung benötigt also immer den Anwender als „letzte Entscheidungsinstanz".

Die Rechtschreibprüfung von Word ist lernfähig. Ein Begriff, den das Hauptlexikon nicht kennt, kann in einem von Ihnen angelegten „Benutzerwörterbuch" eingetragen werden. Vorteil: die Rechtschreibprüfung wird immer hilfreicher - Nachteil: die Prüfung wird immer langsamer.

Die Anzahl unterschiedlicher Benutzerlexika ist nicht begrenzt. Welche von ihnen während einer aktuellen Rechtschreibprüfung von Word benutzt werden, legen Sie in „Einstellungen" (Extras-Menü) fest.

Um die Arbeitsgeschwindigkeit der Rechtschreibhilfe nicht allzusehr zu drosseln, ist es günstiger, lieber viele kleine Spezial-Benutzerwörterbücher anzulegen, als ein riesiges. Sie müssen sich dann zwar immer entscheiden, welches Wörterbuch wohl am besten zum aktuellen Text paßt, aber diese Überlegungszeit ist deutlich kürzer, als das Warten auf die Ergebnisse der Rechtschreibprüfung.

Die Rechtschreibprüfung von Word erkennt auch doppelte Worte (die die) oder obskure Kombinationen von Groß- und Kleinbuchstaben (DAmenball) als Fehler und checkt das gesamte Dokument, inclusive Kopf-, Fußzeilen und Fußnoten. Wenn Sie nur einen bestimmten Teil Ihres Dokuments überprüfen wollen, so müssen Sie ihn erst aktivieren und dann die Rechtschreibprüfung aufrufen.

47.2 INSTALLATION DER RECHTSCHREIBPRÜFUNG

Wie der Thesaurus auch, besteht die Rechtschreibprüfung aus mindestens zwei Modulen:

• **Rechtschreib-Programm**: Es geht das aktuelle Dokument Wort für Wort durch, vergleicht die Wörter mit Wörtern aus dem Rechtschreib-Lexikon und legt bei Bedarf Benutzerlexika an. Das Rechtschreib-Programm ist als Plug-in-Modul konzipiert und besitzt das rechts dargestellte Icon.

Ist beim Programmstart das Rechtschreib-Programm nicht im gleichen Ordner wie Word, so wird es nicht installier. Beim Versuch, die Rechtschreibprüfung zu aktivieren, erscheint nebenstehende Meldung.

Sie müssen dann Word verlassen, das Rechtschreib-Programm in den Word-Ordner legen und Word erneut starten.

• **Rechtschreib-Wörterbuch**: In den Rechtschreib-Lexika ist die korrekte Rechtschreibung von Begriffen. Word unterscheidet zwei Typen von Lexika: Hauptwörterbuch und Benutzerwörterbuch. Das Hauptwörterbuch stellt den Grundwortschatz bereit, während die Benutzerwörterbücher dazu dienen, die Rechtschreibprüfung an benutzerspezifische Wortgebrauch anzupassen.

Haben Sie zwar das Rechtschreib-Programm installiert, aber kein Wörterbuch, so erscheint eine Dialogbox, über die Sie ein Wörterbuch nachladen sollen.

47.3 HAUPTWÖRTERBUCH UND ALLGEMEINE KONTROLLPARAMETER

Die Auswahl des Hauptwörterbuchs wählen Sie über ein Popup-Menü im Feld „Einstellungen" (Extras-Menü). Word listet hier alle im Word-Ordner befindlichen Hauptwörterbücher auf.

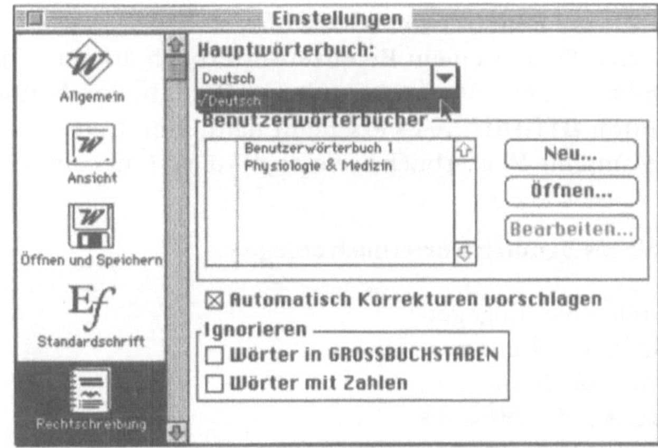

Drei Checkboxen erlauben das Setzten allgmeiner Kontrollparameter. Wollen Sie einen Fachtext durchgehen, um ein Benutzerwörterbuch anzulegen, so empfiehlt es sich, **Automatische Korrekturen vorschlagen** zu deaktivieren. Das Rechtschreib-Programm arbeitet dann sehr viel zügiger.

Das **Ignorieren** von **Großbuchstaben** und **Zahlen** ist dann sinnvoll, wenn ein Text eine größere Anzahl von Abkürzungen oder Zahlen enthält.

47.4 ARBEITEN MIT BENUTZERWÖRTERBÜCHERN

In der Dialogbox „Einstellungen" legen Sie nicht nur das Hauptwörterbuch fest, sondern auch die sogenannten Benutzerwörterbücher. Hierbei handelt es sich um anwenderspezifische Ergänzungen zum Hauptwörterbuch. Umfangreiche Benutzerwörterbücher reduzieren die Arbeitsgeschwindigkeit der Rechtschreibkontrolle dramatisch, so daß Sie lieber mit mehreren, nicht so umfangreichen Benutzerwörterbüchern arbeiten sollten. Mit welchem Wörterbuch Sie arbeiten wollen legen Sie über „Einstellungen" fest. Hier erscheint eine Liste mit allen Benutzerwörterbüchern, die im Word-Ordner vorliegen.

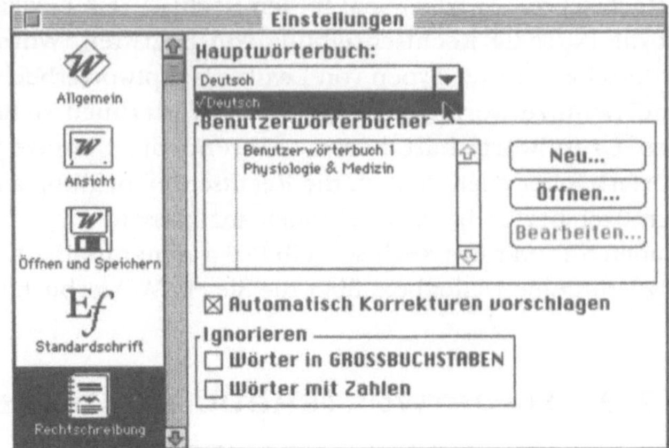

• Externes Benutzerwörterbuch öffnen

Wollen Sie mit einem Benutzerwörterbuch arbeiten, das sich in einem anderen Ordner oder auf einem anderen Datenträger befindet, so drücken Sie den Button **Öffnen...**. Es erscheint dann eine Datei-Auswahlbox, über die Sie das gewünschte Wörterbuch wie eine normale Datei aufstöbern und öffnen:

• Neues Benutzerwörterbuch anlegen

Wollen Sie hingegen ein neues Benutzerwörterbuch anlegen, drücken Sie **Neu**. Es erscheint dann eine Dialogbox mit Eingabefeld, in das Sie den Namen des neuen Benutzerwörterbuchs eintragen.

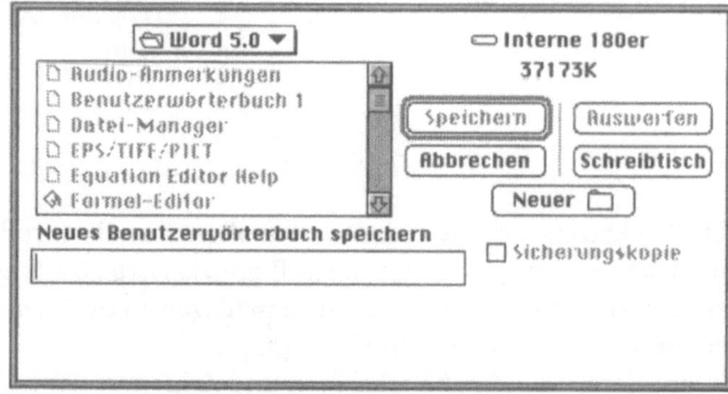

Geben Sie den gewünschten Namen des neuen Lexikons an und drücken Sie dann den Button **Speichern**. Über den Button **Neuer Ordner** läßt sich sogar ein neuer Ordner für das Benutzerwörterbuch anlegen.

• Benutzerwörterbuch löschen

Löschen können Sie ein Benutzerwörterbuch über den Finder. Schieben Sie das Icon des zu löschenden Lexikons in den Papierkorb und wählen Sie anschließend den Menüpunkt „Papierkorb entleeren" aus dem Spezial-Menü des Finders.

• Benutzereinträge löschen

Klicken Sie auf das Benutzerwörterbuch in der Liste, das Sie bearbeiten
wollen. Word stellt es invertiert dar.
Drücken Sie nun den Button **Bearbeiten...**, erscheint nebenstehende Dialogbox.

Links sind die Begriffe des Benutzerwörterbuchs alphabetisch aufgelistet. Über
der Liste steht der Name des Benutzerwörterbuchs. Um einen Eintrag zu löschen,
müssen Sie ihn mit der Maus anklicken - er wird dann invertiert - und den Button
Löschen drücken.

Leider lassen sich auf dieser Ebene keine neuen Begriffe in das Benutzerwörterbuch eintragen. Das Hinzufügen neuer Begriffe zu einem bestehenden Benutzerwörterbuch erfolgt immer nur während der Rechtschreibprüfung eines bestehenden Textes. Mit einem kleinen Trick können Sie allerdings ein Benutzerlexikon
auch auf andere Art und Weise um Begriffe erweitern (☞ K.47.7).

• Drucken eines Benutzerwörterbuchs

Auch Drucken mag Word ein Benutzerwörterbuch eigentlich nicht. Es geht aber
trotzdem! Wie? Das erfahren Sie weiter unten in diesem Kapitel.

• Aktivieren und Deaktivieren eines Benutzerwörterbuchs

Jedes Benutzerwörterbuch benötigt Arbeitsspeicher. Um Arbeitsspeicher zu sparen, sollten
Sie stets sowenig Benutzerlexika
wie unbedingt nötig aktivieren.
Das Aktivieren und Deaktivieren eines Wörterbuchs erfolgt
per Mausklick in den weißen
Balken links neben dem Namen
eines Benutzerwörterbuchs.
Klicken Sie den Freiraum an, so
erscheint ein Häckchen, klicken
Sie nochmals, so verschwindet
es wieder. Versehen Sie alle Benutzerwörterbücher, die Sie für
Ihre aktuelle Arbeit benötigen,
mit Häckchen.

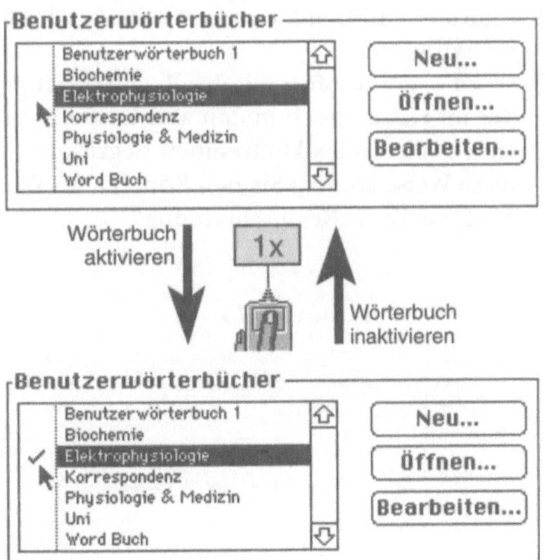

Mit möglichst wenig Benutzerlexika gleichzeitig arbeiten
Je mehr Benutzerlexika Sie aktivieren, um so weniger Arbeitsspeicher haben Sie zur Verfügung und desto langsamer arbeitet die Rechtschreibprüfung!

47.5 KONTROLLE EINES TEXTES UND ERWEITERN DES BENUTZERWÖRTERBUCHS

Nachdem Sie Haupt- und Benutzerwörterbücher in der Dialogbox „Einstellungen" festgelegt haben, können Sie sich an die Kontrolle Ihres Textes machen.

Keine Kontrolle von Fußnoten und Fuß-/Kopfzeilen
Wenn Sie ein Dokument mit der Rechtschreibkontrolle prüfen, dann bedenken Sie, daß Word weder die Fußnoten noch die Kopf- und Fußzeilen automatisch kontrolliert. Um diese ebenfalls zu prüfen, öffnen Sie deren Fenster, plazieren den Textcursor darin und rufen dann erneut die Rechtschreibprüfung auf. Text mit dem Attribut „verborgen" wird nur dann kontrolliert, wenn verborgener Text eingeblendet ist (über „Einstellungen" aus dem Extras-Menü).

❶ Plazieren Sie den Textcursor an der Stelle, an der die Rechtschreibprüfung beginnen soll.

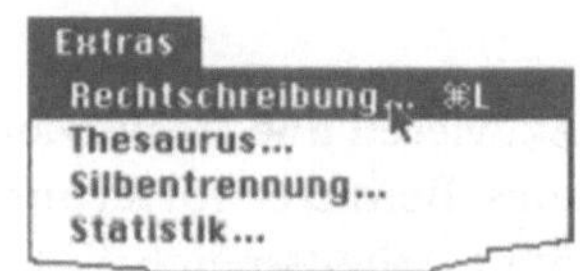

❷ Aktivieren Sie den Menüpunkt „Rechtschreibung" im Extras-Menü.

❸ Word beginnt sofort mit der Rechtschreibprüfung. Findet es ein Wort, das weder im Haupt- noch in den aktivierten Benutzerlexika eingetragen ist, so aktiviert es diesen lexikonfremden Begriff und zeigt ihn im Arbeitsfenster an. Auf diese Weise können Sie den Kontext des Wortes sehen. Außerdem öffnet Word die Dialogbox „Rechtschreibung":

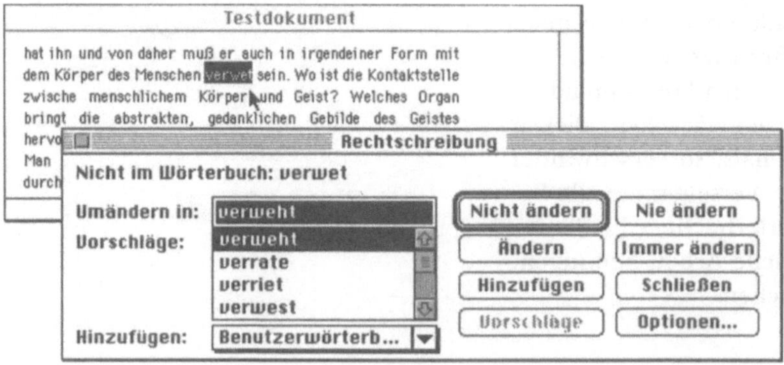

Links oben steht das lexikonfremde Wort - in unserem Beispiel „verwet". Im darunter liegenden Eingabefeld präsentiert Word seinen Änderungsvorschlag („verweht").

Unter dem Eingabefeld erscheint eine Liste mit weiteren **Vorschlägen**. Per Mausklick überführen Sie einen dieser Begriffe in das Eingabefeld.

Unter der Liste mit Vorschlägen befindet sich ein Popup-Menü mit allen aktiven Benutzerwörterbüchern. Das Wörterbuch, dessen Name aktuell sichtbar ist, läßt sich jederzeit um den neuen Begriff ergänzen.

• Ändern des lexikonfremden Begriffes

Wollen Sie das lexikonfremde Wort durch den Begriff im Eingabefeld ersetzen, so brauchen Sie lediglich den Button **Ändern** zu drücken. Word ersetzt dann das Wort und setzt die Rechtschreibprüfung fort. Wollen Sie, daß Word das unbekannte Wort, falls es nochmals im Text auftaucht, automatisch, also ohne Rücksprache mit Ihnen ersetzt, so sollten Sie den Button **Immer ändern** drücken. Wenn Word das lexikonfremde Wort auch in Zukunft akzeptieren soll wie es ist, so tätigen Sie den Button **Nie ändern**.

Nun kann der Spezialfall auftreten, daß das lexikonfremde Wort tatsächlich falsch geschrieben ist, die richtige Version aber nicht im Lexikon steht. Im folgenden Beispiel ist der Begriff „verwet" dem Lexikon zu Recht unbekannt - allerdings ist auch der Vorschlag „verweht" im bestehenden Kontext nicht zu gebrauchen, da das Wort „verwebt" gemeint war:

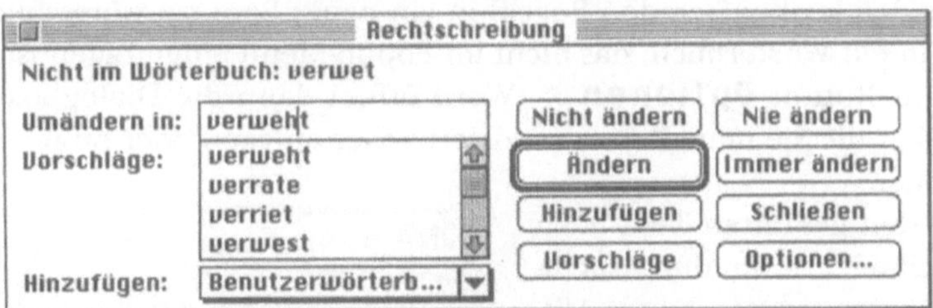

In einem solchen Fall müssen Sie die richtige Version des Wortes per Tastatur eingeben und dann den Button **Ändern** drücken:

Zu jedem manuell eingegebenen Begriff präsentiert Ihnen Word auf Wunsch eine Reihe von Rechtschreibvorschlägen. Geben Sie den gewünschten Begriff ein und drücken Sie dann den Button **Vorschläge**. In der Vorschlagsliste erscheinen dann orthografisch ähnliche Begriffe aus dem Haupt- und Benutzerwörterbuch.

• Erweitern des Benutzerwörterbuchs
Um den lexikonfremden Begriff dem Benutzerwörterbuch hinzuzufügen, brauchen Sie lediglich den Button **Hinzufügen** zu tätigen. Der Begriff wird dann dem Benutzerwörterbuch zugefügt, dessen Name im Popup-Menü sichtbar ist. Wollen Sie den Begriff einem anderen Wörterbuch hinzufügen, so müssen Sie vorher aus dem Popup-Menü das gewünschte Benutzerwörterbuch auswählen. Wenn kein Benutzerwörterbuch aktiv ist, dem der lexikonfremde Begriff zugewiesen werden könnte, erscheint folgende Dialogbox:

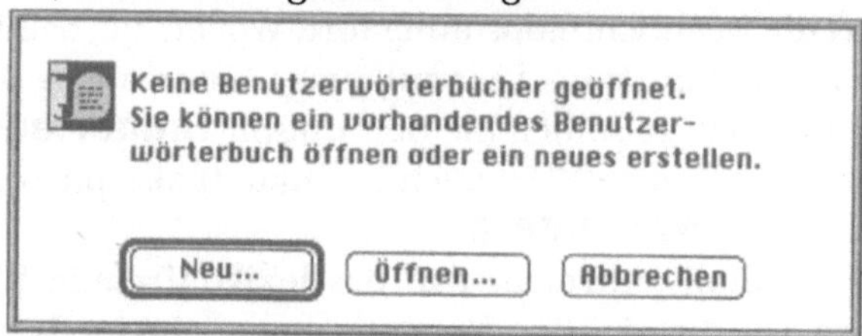

• Anlegen oder Aktivieren eines Benutzerwörterbuchs
Wollen Sie den lexikonfremden Begriff in ein neues Benutzerwörterbuch eintragen, oder in ein Wörterbuch, das nicht im Popup-Menü eingetragen ist, so drücken Sie den Button **Optionen...**. Word öffnet dann die Dialogbox „Einstellungen", über die Sie neue Benutzerwörterbücher anlegen oder bestehende aktivieren können.

Hat Word den gesamten Text nach Rechtschreibfehlern hin durchsucht, so erscheint eine entsprechende Mitteilung.

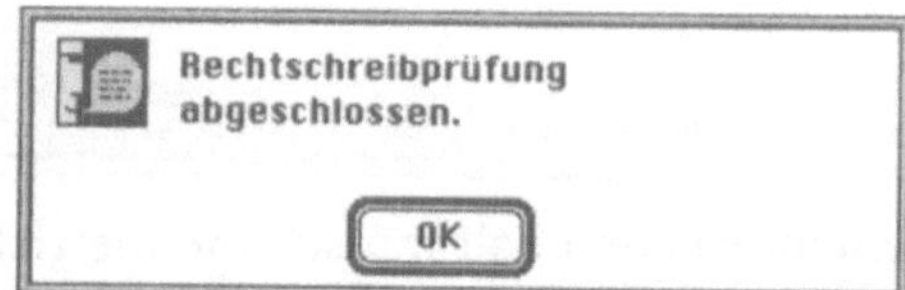

• Überführen des lexikonfremden Begriffes in das Eingabefeld
Wollen Sie, aus welchen Gründen auch immer, den lexikonfremden Begriff wie er unter „Nicht im Wörterbuch:" steht in das Eingabefeld überführen, so zeigen Sie lediglich mit dem Mauscursor auf diesen Begriff. Der Mauscursor wechselt dann zu einem nach unten zeigenden Pfeil:

Nicht im Wörterbuch: saltatowische

Klicken Sie nun einmal mit der Maustaste, so schreibt Word den lexikonfremden Begriff ins Eingabefeld.

47.6 KONTROLLE EINZELNER WÖRTER

Die Rechtschreibung eines einzelnen Wortes überprüfen Sie so:

❶ Aktivieren Sie das kritische Wort (am einfachsten per Doppelklick).

❷ Aktivieren Sie den Menüpunkt „Rechtschreibung" (= APPLE-L).

❸ Ist das Wort korrekt, so erscheint die dargestellte Dialogbox, wurde das Wort falsch geschrieben, so erscheint die im Abschnitt weiter unten beschriebene „Rechtschreibung"-Dialogbox.

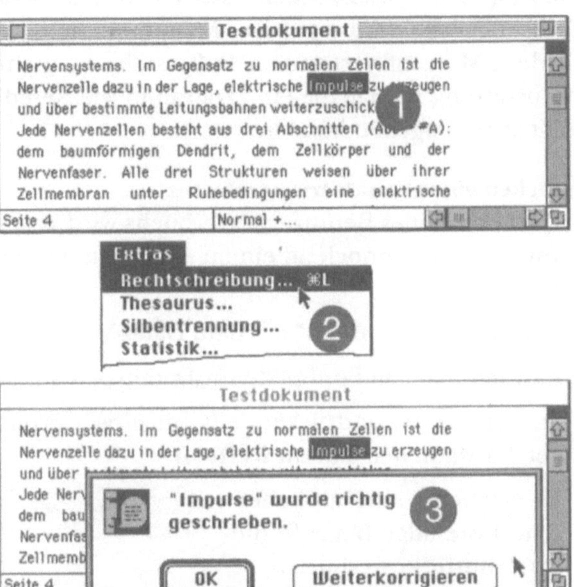

 Wenn Sie von einem Wort einige oder nur einen Buchstaben nicht genau wissen, so geben Sie stattdessen Joker ein „?" für einen einzelnen unbekannten Buchstaben, „*" für mehrere unbekannte. Aktivieren Sie das Wort samt Joker und rufen Sie dann die Rechtschreibprüfung auf:

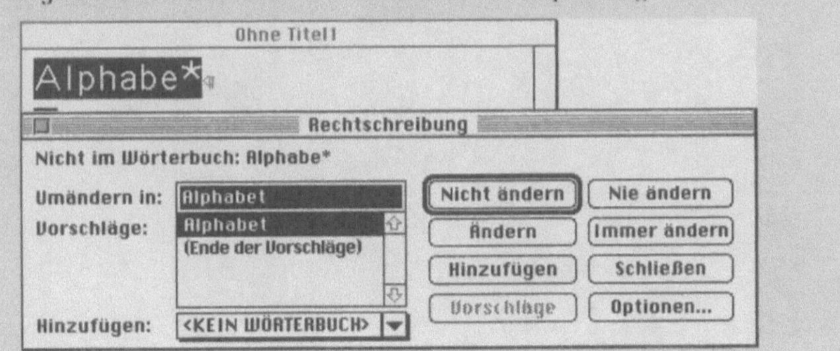

47.7 Bearbeiten von Benutzerwörterbüchern

Hier seien noch einige besondere Veränderungen an Benutzerwörterbüchern beschrieben, die Word von Haus aus nicht zuläßt, die aber sehr hilfreich sein können. Es geht um das **Drucken, Mischen** und das **schnelle Erweitern** von Benutzerwörterbüchern. **Warnung**: Diese Manipulationen sind nur für Leute gedacht, die mit dem Mac auf vertrautem Fuße stehen - nicht für Anfänger. Eine weitere Voraussetzung ist, daß Sie ein Programm wie Resedit oder Mactools besitzen und damit auch umgehen können.

• Drucken eines Benutzerwörterbuchs
Das Drucken eines Benutzerwörterbuchs wird von Word nicht direkt unterstützt. Wenn Sie aber dennoch an einem Ausdruck interessiert sind, gehen Sie wie folgt vor:

❶ Aktivieren Sie „Öffnen" aus dem Datei-Menü.

❷ Aktivieren Sie im Popup-Menü „Dateitypen auflisten" den Menüpunkt „Alle".

❸ Suchen Sie das zu druckende Benutzerwörterbuch, aktivieren Sie es und drücken Sie dann den Button **Öffnen**.

❹ Es erscheint eine alphabetische Liste aller Begriffe dieses Benutzerwörterbuchs.

❺ Formatieren Sie das Dokument am besten dreispaltig und setzten Sie die gewünschte Schrifttype.

❻ Wählen Sie den Menüpunkt „Drucken" aus dem Datei-Menü.

❼ Wenn Sie das Dokument wieder schließen, müssen Sie alle Änderungen verwerfen. Wenn Sie die Änderungen im Dokument sichern wollen, dann nur unter einem anderen Namen. Word erkennt sonst die Datei nicht mehr als Lexikondatei an. Sichern Sie das Lexikon aus Versehen, so müssen Sie die Datei wieder als Lexikon kennzeichnen. Verfahren Sie dabei wie unter „Mischen" geschildert.

• Mischen zweiter Benutzerlexika
Wenn Sie von Ihrem Kollegen ein Benutzerwörterbuch erhalten, das Sie mit einem eigenen Lexikon mischen möchten, oder wenn Sie aus anderen Gründen die Inhalte zweier Lexika verschmelzen wollen, so gehen Sie dabei wie unten beschrieben vor. Voraussetzung ist allerdings, daß Sie ein Programm wie Mac Tools oder Resedit besitzen und mit diesen auch vertraut sind.

❶ Öffnen Sie in Word die beiden Lexika als normale Textdateien (siehe oben).

❷ Kopieren Sie eines der beiden Lexika komplett in die Zwischenablage (APPLE-A und dann APPLE-C).

❸ Fügen Sie das kopierte Lexikon irgendwo in das zweite Lexikon ein.

❹ Aktivieren die gesamte, so entstandene Datei (APPLE-A).

❺ Wählen Sie den Menüpunkt „Sortieren" aus dem Spezial-Menü. Die Datei wird nun alphabetisch sortiert.

❻ Wählen Sie den Menüpunkt „Speichern unter..." aus dem Datei-Menü.

❼ Aktivieren Sie den Dateityp „Nur Text".

❽ Geben Sie den gewünschten Dateinamen ein und speichern Sie das neue Lexikon.

❾ Öffnen Sie das neue Lexikon mit dem Programm Resedit. Quittieren Sie die Mitteilung, daß Resedit eine Ressource anlegen wird mit **OK**.

❿ Rufen Sie das Resedit-Datei-Info auf und geben Sie im Feld **Type** die Abkürzung WDCD ein und benennen Sie als **Creator** WDSE. Die folgende Dialogbox mag dies veranschaulichen:

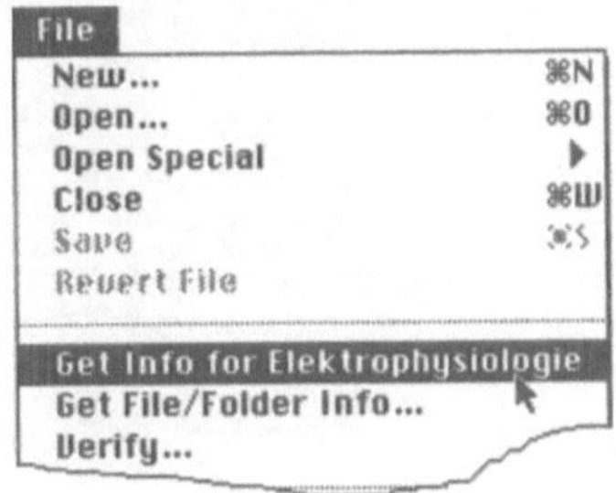

Schließen Sie dann Resedit und speichern Sie die Änderungen an Ihrem neuen Lexikon.

Starten Sie Word und kontrollieren Sie, ob Ihr neues Lexikon funktionstüchtig ist.

Hope so ...

• Direktes Erweitern eines Benutzerwörterbuchs

Um die Wort-Listen eines Benutzerlexikons zu erweitern, müssen Sie nicht immer den etwas mühsamen Weg der Rechtschreibprüfung gehen. Sie können die Wort-Listen auch direkt in Word laden und dort um die gewünschten Begriffe ergänzen: Öffnen Sie zunächst das zu bearbeitende Benutzerwörterbuch. Fügen Sie an beliebiger Stelle die neuen Begriffe hinzu und/oder löschen Sie überflüssige Wörter. Ab hier verfahren Sie so, wie unter „Mischen" in den Schritten 4 bis 13 beschrieben (siehe oben).

47.8 TIPS & TRICKS...

• Schnelle Bedienung per Tastatur

Zwar lassen sich in Word fast immer alle Buttons einer Dialogbox per Tastatur aktivieren, aber selten ist das Wissen um diese Tatsache so nützlich wie bei der Rechtschreibprüfung:

• Shortcut für das Aktivieren der Rechtschreibprüfung

Wie der Thesaurus, so ist auch die Rechtschreibprüfung ein hilfreiches Instrument für Vielschreiber. Um nicht immer den Weg über das Menü gehen zu müssen, ist es sinnvoll, einen Tastaturshortcut für die Aktivieren der Rechtschreibprüfung zu definieren. Zwar ist bereits Apple-L installiert, sinnvoller ist vielleicht OPTION-HILFE. Legen Sie dann noch den Thesaurus auf SHIFT-HILFE, haben Sie alle wichtigen Hilfsmittel auf der „Hilfe"-Taste. Leider taugt dieser Tip nur für Besitzer der erweiterten Tastatur.

• Rechtschreibprüfung eines Textausschnitts
Um die Rechtschreibprüfung nicht auf einen gesamten Text, sondern nur auf einen Textausschnitt zu beschränken, müssen Sie den gewünschten Textausschnitt aktivieren und dann die Rechtschreibprüfung aufrufen.

Word kontrolliert dann nur den invertiert dargestellten Bereich und präsentiert zum Schluß nebenstehende Dialogbox.

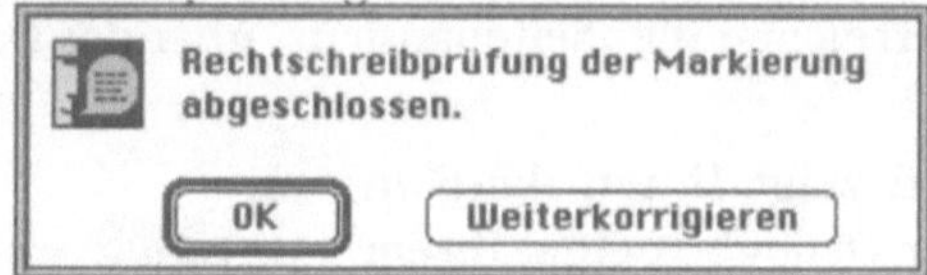

48. SEITENANSICHT

Die Seitenansicht ist eine Dokumentansicht, in der Sie sich auch auf kleinen Bildschirmen eine Übersicht über die fertig formatierte und gesetzte Seite verschaffen und einige grundlegende Formatierungen durchführen können. Somit ist die diese Funktion ideal geeignet, vor dem Drucken nochmal das Seitenlayout zu überprüfen.

Sie erreichen die „Seitenansicht" über das Datei-Menü.

Word zeigt Ihnen dann in einer Dialogbox eine, Ihrem Bildschirm entsprechend verkleinerte Darstellung der fertigen Druckseiten.

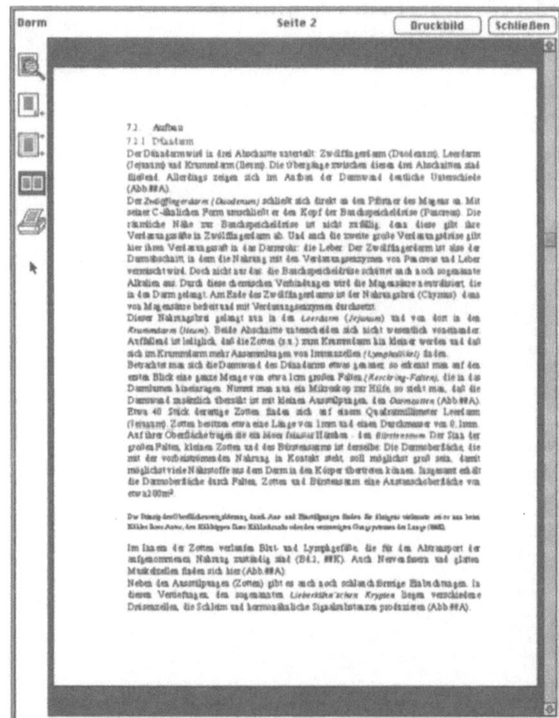

Oberhalb, sowie rechts und links der Seite finden Sie eine ganze Reihe von Kontrollelementen:

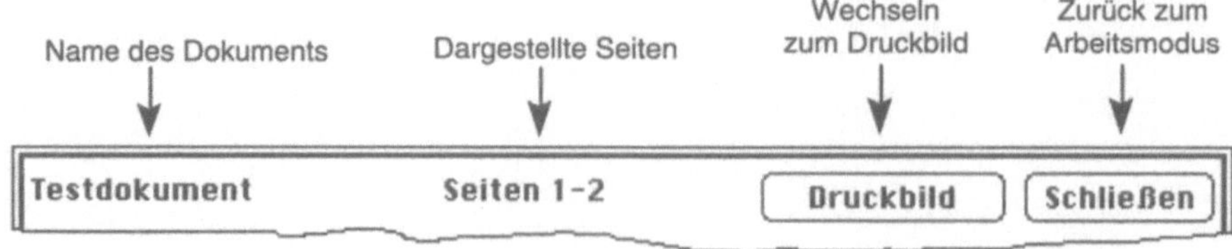

 Statt des Buttons „Schließen" können Sie auch einfach die ESCAPE-Taste drücken.

• Blättern

Der Rollbalken am rechten Dialogboxrand dient dem Blättern im Dokument. Sie können aber auch über die Cursortasten blättern.

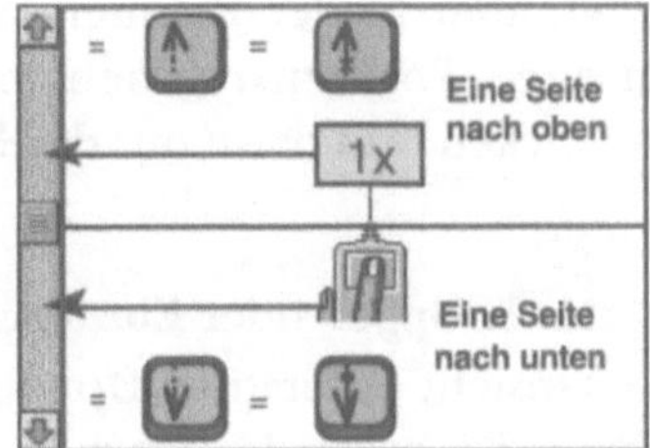

 **Lupe:**

Bei der Verkleinerung der Seite treten häufig Ungenauigkeit in der Formatierung auf (so stehen zum Beispiel Textzeilen über den rechten Rand). Um kritische Bereiche genauer unter die Lupe zu nehmen, sollten Sie auf diesen Button klicken. Der Mauscursor wechselt dann zu einer Lupe. Klicken Sie mit dieser auf eine Stelle der Seite, wird der Ausschnitt sofort im 1:1-Maßstab dargestellt.

 **Seitenzahl:**

In der Seitenansicht läßt sich ein kleiner Positionsrahmen auf der Seite plazieren, der die Seitenzahl enthält. Klicken Sie das Icon für die Seitenzahl an, wechselt der Mauscursor seine Form und sieht dann so aus: →1←. Wenn Sie mit diesem Cursor irgendwo auf die Seite klicken, stellt Word die Seitenzahl an diese Stelle. Wie Sie die so gesetzte Seitenzahl umstellen oder löschen und welche Besonderheiten es sonst beim Arbeiten mit Seitenzahlen zu beachten gilt erfahren Sie in Kapitel ☞ K.41.3.

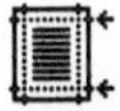 **Rahmendarstellung:**

Wenn Sie dieses Icon anklicken, wird es invertiert dargestellt, und Word zeigt dann die Ränder von Text und Positionsrahmen als gepunktete Linien an.

Die *Dokumentränder* sind identisch mit jenen, die Sie in der Dialogbox „Dokument" (☞ K.22.2) festgelegt haben. Jede gepunktete Randlinie hat an einem Ende ein schwarzes Rechteck. Dieses können Sie mit der Maustaste ergreifen und dann die Randlinien verschieben.

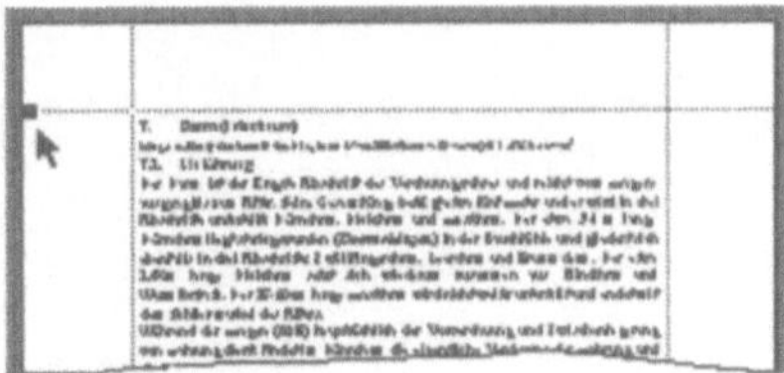

In der Infozeile über der Seitendarstellung zeigt Word währenddessen die aktuelle Randbreite in der voreingestellten Maßeinheit.

Nachdem Sie die Ränder neu eingestellt haben, klicken Sie entweder auf den grauen Seitenhintergrund oder wartete etwa 15 Sekunden. Word baut dann die Seiten neu auf und berücksichtigt dabei die veränderten Ränder.

Sie können aber in der Rahmendarstellung nicht nur die Textränder ändern, sondern auch Positionsrahmen innerhalb der Seite verschieben, indem Sie diesen anklicken und dann mit der Maus an die gewünschte Stelle schieben.

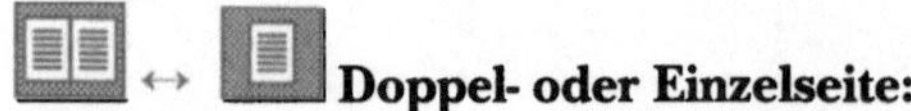 **Doppel- oder Einzelseite:**

Die Seitenansicht unterstützt Doppel- und Einzelseitenansicht. Die Ansicht einer Doppelseite ist besonders zur Kontrolle des spiegelbildlichen Aufbaus von Buchseiten nützlich.

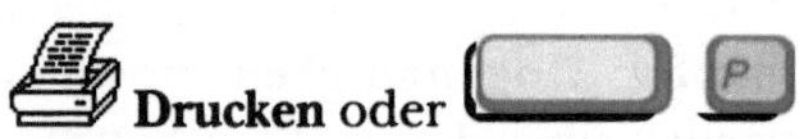 **Drucken** oder

Wollen Sie das Dokument drucken, so klicken Sie entweder das Druckericon an oder drückt APPLE-P. In beiden Fällen erscheint der normale Druckerdialog (☞ K.23.1).

49. SEITENUMBRUCH/SEITENWECHSEL

Unter Seitenumbruch versteht man das Verteilen des Textes auf die Seiten. Sie veranlassen Word, den Seitenumbruch vorzunehmen, indem Sie den gleichnamigen Menüpunkt aus dem Extras-Menü aktivieren.
Auf Wunsch vollzieht Word den Seitenumbruch aber auch automatisch im Hintergrund. Diese Option legen Sie über eine
Checkbox in den allgemeinen Einstellungen
(Extras-Menü) fest.

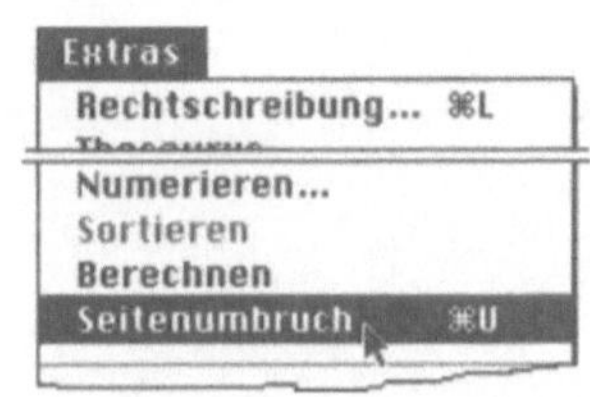

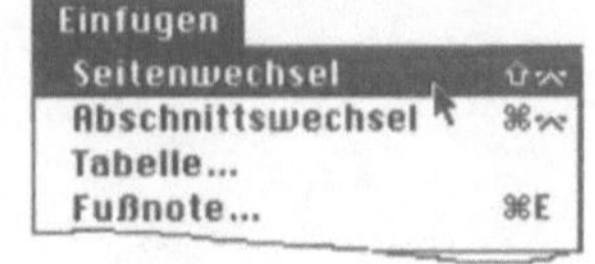

Häufig zeigt sich nach einem automatischen Seitenumbruch, daß der Wechsel
zwischen zwei Seiten ungünstig verläuft. Am schnellsten beheben Sie diesen Mißstand, indem Sie manuell einen Seitenwechsel an einer geeigneten Stelle setzten:
Positionieren Sie zu diesem Zweck den Textcursor an
der Stelle Ihres Dokuments, an der Sie den Seitenumbruch wünschen. Wählen Sie dann aus dem Einfügen-
Menü den Menüpunkt „Seitenwechsel" oder drücken
Sie die Tastenkombination SHIFT-ENTER.

Word fügt sofort an der aktuellen Textcursorposition einen sogenannten *harten*
Seitenumbruch ein.

Während ein word-
eigener „weicher"
Seitenumbruch im Nor-
mal-Modus durch eine
locker gepunktete Linie
angedeutet wird, zeigt
Word einen harten
Seitenumbruch als dicht
gepunktete Linie.

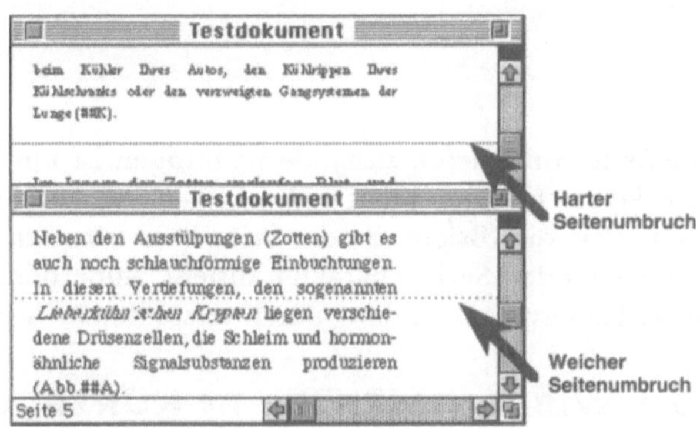

Zwei andere Methoden, einen ungünstigen Seitenumbruch abzuwenden, basieren auf besonderen Absatzformatierungen und sind in Kapitel ☞ K.9 ausführlich dargestellt.
Um einen *harten Seitenumbruch zu entfernen* müssen Sie ihn nur mit der Maus anklicken. Word stellt den Seitenumbruch dann invertiert dar. Drücken Sie dann
die BACKSPACE-Taste oder wählen Sie aus dem Bearb.-Menü den Menüpunkt
„Löschen". Sofort entfernt Word den Seitenumbruch aus Ihrem Dokument.

50. SERIENBRIEFE

50.1   Wissenswertes in Kürze 373
50.2   Aufbau einer Steuerdatei 374
50.3   Aufbau einer Serienbriefvorlage....................................375
50.4   Erstellen einer Steuerdatei 376
         • Steuerdateien aus Datenbanken 376
         • Steuerdateien aus Word 376
50.5   Erstellen eines einfachen Serienbriefes 378
50.6   Intelligente Serienbriefe 382
         • Einfache WENN...dann-Abfragen 383
         • Benutzerabfragen...385
         • Berechnungen 386
         • Einbinden von Dateien...386
50.7   Die Schlüsselworte der Serienbrieffunktion 388
         • „WENN...EWENN..."...388
         • „SONST"...389
         • „FRAGE..." 389
         • „BESTIMMEN..."..391
         • „EINFÜGEN..." 392
         • „NÄCHSTER"..393
         • „STEUERDATEI..." 393
         • „Berechnungen"...394
50.8   Tips & Tricks 395

Eine Serie von Briefen zustande zu bringen ist mit Word kein Problem mehr. Aber das reicht heute nicht mehr. Daher erfahren Sie in diesem Kapitel zusätzlich, wie Sie die „Briefe von der Stange" so trimmen, daß ihnen der Empfänger nicht gleich den Seriencharakter ansieht. Außerdem gibts eine Reihe Tips, wie Sie der Papierverschwendung durch verstümmelte Serienbriefe vorbeugen.

50.1 WISSENSWERTES IN KÜRZE ...

• **Wie entsteht ein Serienbrief?**

   Ein Serienbrief in Word entsteht aus der Fusion einer Steuerdatei mit einer Serienbriefvorlage.

Steuerdatei: Sie enthält die Daten, die in den Brief eingefügt werden sollen. An den Aufbau einer Steuerdatei stellt Word exakte Anforderungen. Sind diese nicht erfüllt, erstellt es die Briefe erst gar nicht.

Briefvorlage: Hierbei handelt es sich um ein Word-Dokument mit Platzhaltern an den Stellen, an denen Daten aus der Steuerdatei eingefügt werden sollen.

Serienbrief: Er entsteht dadurch, daß die Daten der Steuerdatei in die entsprechenden Platzhalter der Briefvorlage hineinfließen.

• Speicher oder Druck

Word kennt zwei Zieladressen für einen fertigen Serienbrief: den Drucker und den Arbeitsspeicher (RAM). Beide Adressen haben ihre Vorteile. Steht der Serienbrief im Arbeitsspeicher, läßt er sich nochmal auf Fehler hin durchsehen. Bei Routinebriefen oder großen Mengen von Briefen können Sie diese aber auch direkt auf den Drucker geben.

• Automatischer Textumbruch

Nach dem Ersetzen eines Platzhalters durch die entsprechenden Daten der Steuerdatei bricht Word den Absatz automatisch neu um. Das bedeutet, daß Sie Platzhalter auch inmitten längerer Textpassagen verwenden können.

• Zusatzinformationen in Datenbanken erleichtern Serienbrieferstellung

Beim Anlegen einer Adreßdatenbank sollten Sie immer schon im Hinterkopf haben, ob die Daten eventuell mal der Erstellung eines Serienbriefes dienen sollen. Ist dies der Fall, dann empfiehlt sich das Anlegen verschiedener Felder, die Zusatzinformationen wie „Geschlecht", „privat/geschäftlich", „Ehestand" und so weiter aufnehmen. Derartige Zusatzinformationen erleichtern das Erstellen ansprechender „individueller" Serienbriefe erheblich.

50.2 AUFBAU EINER STEUERDATEI

Steuerdateien enthalten die Daten, die Word in die Platzhalter der Serienbriefvorlage einfügen soll (siehe Einführung).

Hinsichtlich des Aufbaus der Steuerdatei hat Word genaue Vorstellungen:

- *Datensätze sind voneinander durch ¶ getrennt,*

- *Datenfelder eines Datensatzes sind voneinander durch Tabulatoren getrennt,*

- *der erste Absatz einer Steuerdatei wird von Microsoft Steuersatz genannt. Er ist in seinem Aufbau identisch mit den nachfolgenden Datensätzen der Steuerdatei, nur daß er statt Daten die Namen der Datenfelder (Datenfeldnamen) trägt.*

Ein typischer Steuersatz sieht folgendermaßen aus:

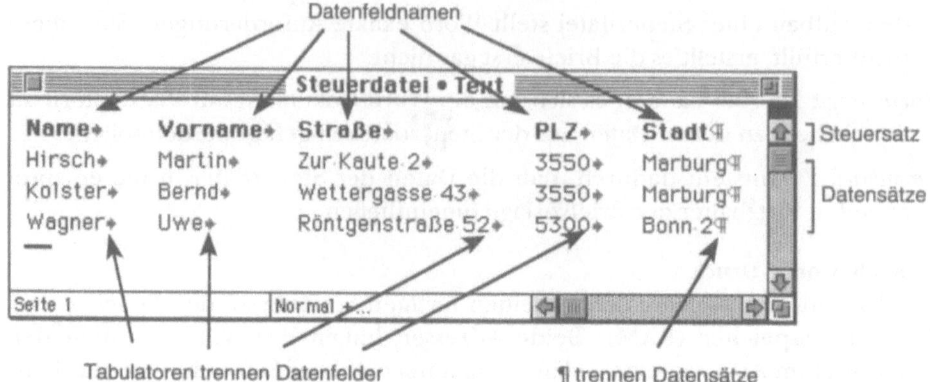

Jedes Datenfeld besitzt einen Namen, den *Datenfeldnamen* (zum Beispiel Name, Vorname, Straße, ...). Dieser Name taucht auch - wie Sie im nächsten Abschnitt sehen werden - als Platzhalter in der Briefvorlage auf. Über diese Namen ordnet Word also den Platzhaltern die entsprechenden Datensätze zu.

50.3 AUFBAU EINER SERIENBRIEFVORLAGE

• Serienbriefvorlage: Platzhalter
Die Serienbriefvorlage ist ein Word-Dokument, das an den Stellen, an denen Text aus der Steuerdatei einfließen soll, Platzhalter trägt.

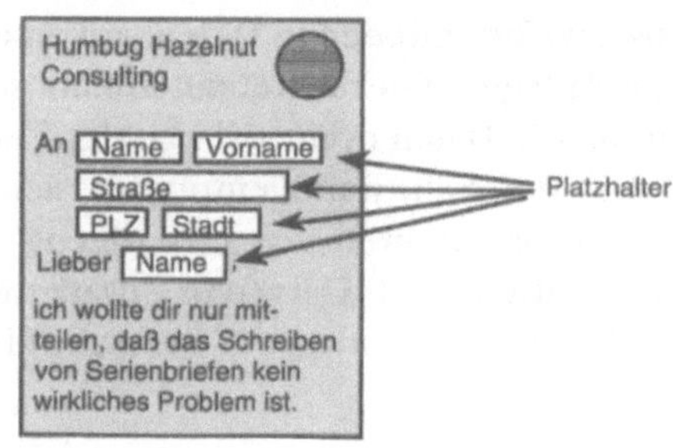

Word ersetzt bei der Serienbrieferstellung einen Platzhalter durch den Inhalt eines gleichnamigen Datenfeldes aus der Steuerdatei:

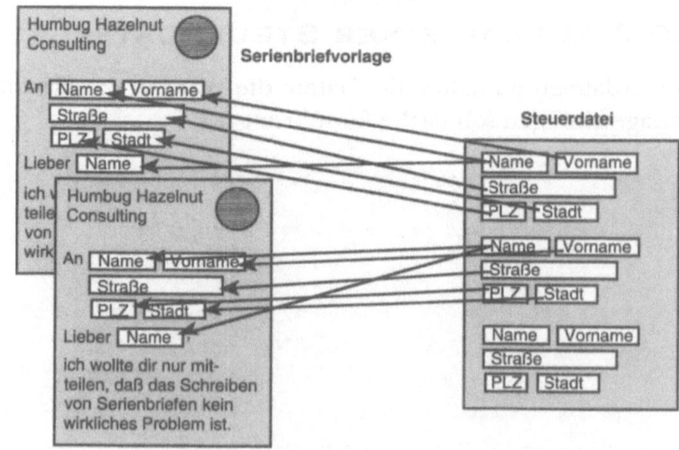

Platzhalter erkennt Word an den besonderen Klammern, mit denen sie eingefaßt sind. Aber nicht nur die Platzhalter, sondern auch die Steuerbefehle der Serienbrieffunktion sind so geklammert:

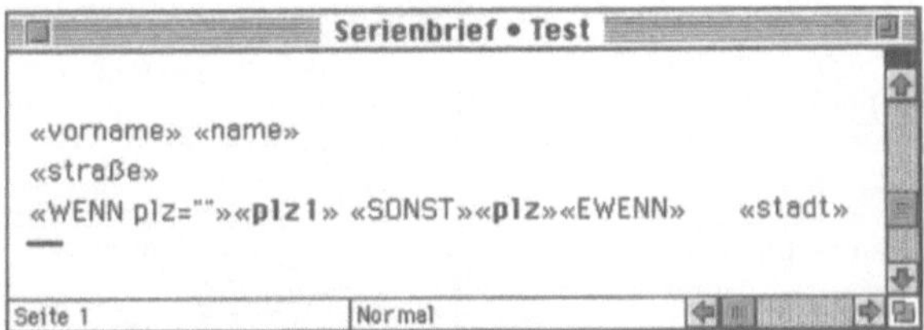

50.4 ERSTELLEN EINER STEUERDATEI

• Steuerdateien aus Datenbanken

Die meisten Datenbanken besitzen keine direkte Exportfunktion für Word-Serienbriefe. In solchen Fällen exportieren Sie die Datensätze als „Nur Text"- oder „ASCII"-Dateien. Als Trennzeichen zwischen Datenfeldern verwenden Sie Tabulatoren und als Trennmarken zwischen Datensätzen Absatzzeichen (¶).

Eine solche Datei laden Sie dann in Word. Geben Sie nun in die erste Zeile die gewünschten Datenfeldnamen ein. Achten Sie darauf, daß Sie diese durch Tabulatoren voneinander trennen und daß am Ende ein Return (¶) steht. Die fertige Steuerdatei sieht dann z.B. so aus:

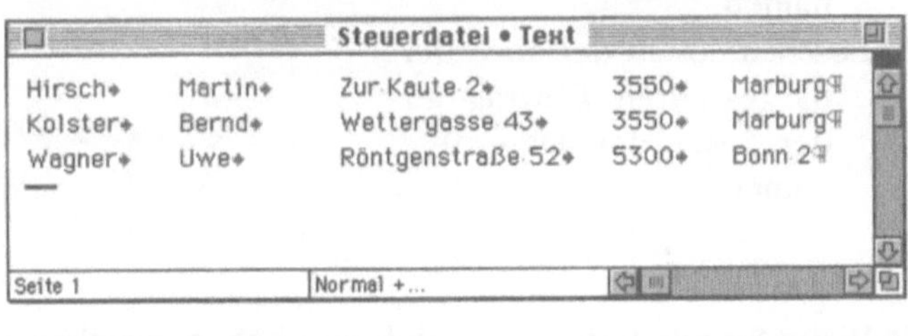

• Steuerdateien aus Word

Nicht immer ist das Zusammenspiel mit einer Datenbank erwünscht oder nötig. In solchen Fällen bietet Word tatkräftige Hilfe zum Erstellen von Steuerdateien an. Gehen Sie folgendermaßen vor:

❶ Legen Sie ein Dokument an („Neu" aus Datei-Menü). Dieses Dokument wird Word später als Serienbriefvorlage dienen - aber zunächst wollen wir eine Steuerdatei erstellen.

❷ Aktivieren Sie den Menüpunkt „Seriendruck vorbereiten…" aus dem Ansicht-Menü.

❸ Word fragt nun nach einer Steuerdatei. Drücken Sie den Button **Neu**:

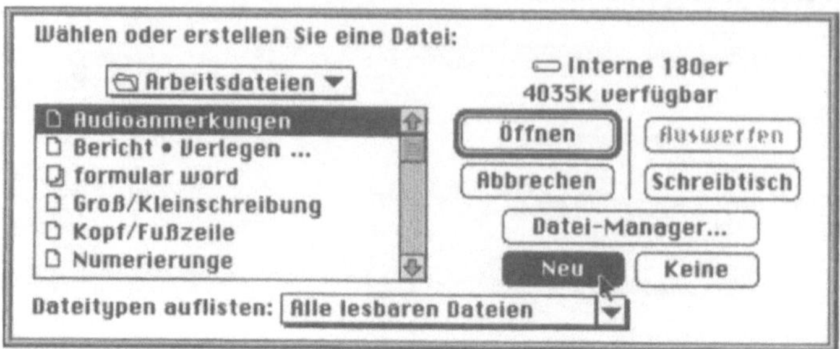

❹ Geben Sie in der nun erscheinenden Dialogbox die Namen der Datenfelder ein, die Ihre Steuerdatei enthalten soll:

Hinzufügen: Überträgt den Inhalt des Eingabefeldes in die Liste der Datenfeldnamen.

Löschen: löscht den invertiert dargestellten Eintrag aus der Liste der Datenfeldnamen.

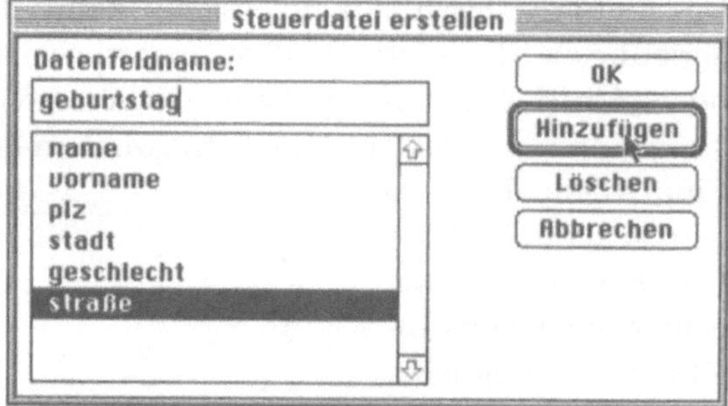

❺ Wenn Sie alle Datenfelder definiert haben, drücken Sie **OK**. Word schließt die Dialogbox und öffnet eine neue, in der Sie die soeben angelegte Steuerdatei benennen:

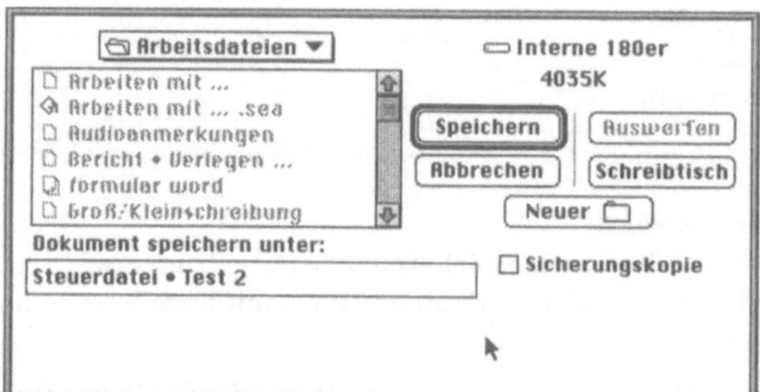

Speichern Sie nach der Namensgebung die Datei, indem Sie den Button **Speichern** drücken.

❻ Word sichert die Datei und legt folgendes Dokument auf den Desktop:

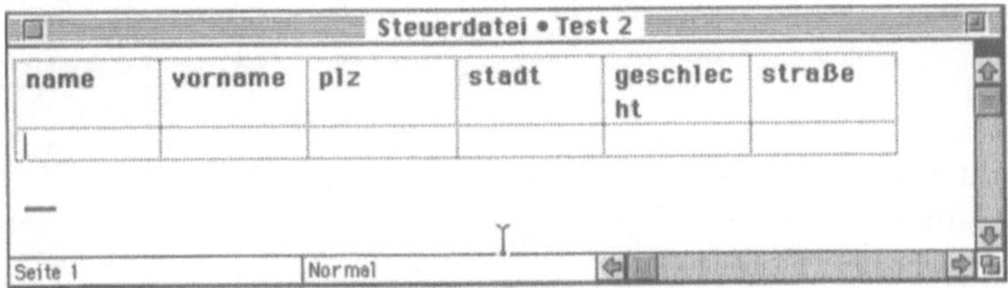

Dieses Dokument enthält eine Tabelle mit den zuvor definierten Datenfeldern. In der ersten Zeile stehen die Datenfeldnamen in Fettdruck, entsprechen also dem anfangs erwähnten „Steuersatz".

 Wenn Sie in der letzten Zelle der Tabelle (unten rechts) die Tabulatortaste drücken, hängt Word eine neue Zeile an die Tabelle an.

❼ Word legt jetzt diese Steuerdatei in den Hintergrund, holt das Dokument von Schritt ❶ hervor und bereitet die Serienbriefdatei vor, indem es den Pfadnamen der Steuerdatei in die erste Zeile schreibt und das Serienbrieflineal öffnet:

50.5 ERSTELLEN EINES EINFACHEN SERIENBRIEFES

Unter der Voraussetzung, daß Sie eine richtig aufgebaute Steuerdatei besitzen, ist das Erstellen eines Serienbriefes mit Word kein Problem mehr. Sie müssen lediglich eine korrekte Serienbriefvorlage erstellen und diese anschließend mit der Steuerdatei fusionieren. Vier Schritte sind hierzu notwendig:

- Serienbrief vorbereiten
- Serienbriefvorlage fertigstellen
- Serienbriefvorage überprüfen
- Serienbriefvorlage und Steuerdatei fusionieren

Auf den folgenden Seiten sind diese vier Schritte ausführlich erläutert:

• Schritt 1: Serienbrief vorbereiten
Öffnen Sie ein neues Dokument („Neu" im Datei-Menü) und fordern Sie Word auf, den Serienbrief vorzubereiten.

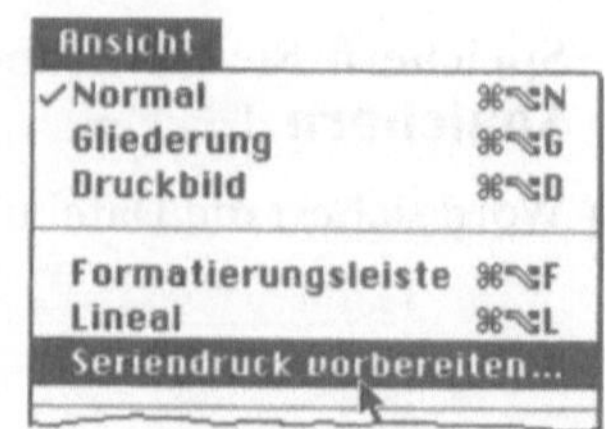

Es erscheint eine Dialogbox, über die Sie Word die Steuerdatei zeigen sollen:

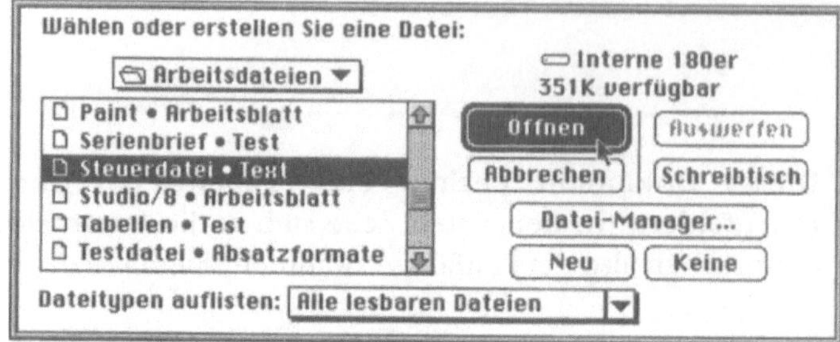

Klicken Sie im Auswahlfeld auf den Namen der gewünschten Steuerdatei und drücken Sie dann den Button **Öffnen**.

Neu: Drücken Sie diesen Button, wenn Sie ein neue Steuerdatei anlegen wollen.

Keine: Öffnet das Serienbrieflineal, ohne eine Steuerdatei.

Datei-Manager...: öffnet den Dateimanager, der Ihnen beim Suchen nach Dateien behilflich ist (☞ K.17).

Word kehrt zur Serienbriefvorlage zurück, blendet das Serienbrieflineal ein und plaziert den Pfadnamen der Steuerdatei in der ersten Zeile der Serienbrief-vorlage:

• Schritt 2: Serienbriefvorlage fertigstellen

Beim Erstellen der Serienbriefvorlage ist das Serienbrieflineal extrem hilfreich. Dieses enthält nämlich zwei Popup-Menüs, die sowohl die Datenfeldnamen wie auch sämtliche Schlüsselwörter enthalten. Bei Schlüsselwörtern handelt es sich um Befehle zum Erstellen intelligenter Serienbriefe.

Nun können Sie mit dem Verfassen der Serienbriefvorlage beginnen. Geben Sie den gewünschten Text ein. Sobald Sie an eine Stelle kommen, an der später ein Eintrag aus der Steuerdatei erscheinen soll, wählen Sie den dem Eintrag zugehörigen Platzhalter aus dem Popup-Menü „Datenfeldnamen einf.":

Sofort fügt Word den entsprechenden Platzhalter samt der erforderlichen Klammerung ins Dokument ein:

Schreiben Sie den Brief zuende. Bevor Sie allerdings die Serienbriefvorlage mit der Steuerdatei fusionieren, sollten Sie Ihre Vorlage auf Fehler hin überprüfen.

• Schritt 3: Serienbriefvorlage überprüfen

Zum Überprüfen der Serienbriefvorlage klicken Sie auf das Icon mit dem Korrekturhäkchen, rechts neben den Popup-Menüs im Serienbrieflineal:

Word tut nun so, als würde es die Serienbriefproduktion beginnen und öffnet dazu ein neues Fenster. Dabei überprüft es, ob alle notwendigen Informationen vorhanden sind und ob die Syntax der Befehle stimmt. Wenn Sie Glück haben, erscheint nebenstehende Mitteilung.

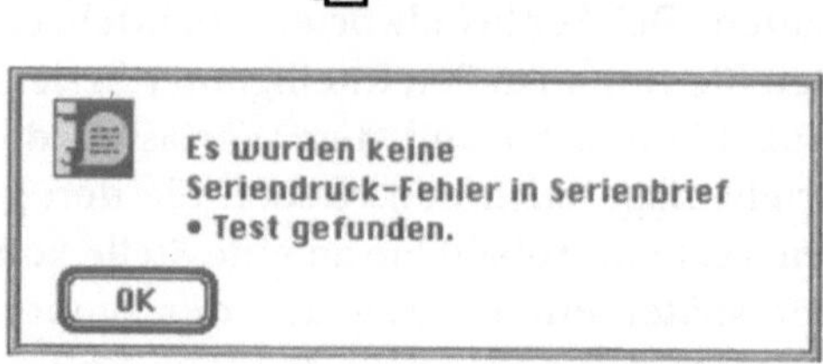

Wenn Sie allerdings einen Fehler in Ihrer Vorlage haben, dann stoppt Word den Testlauf und präsentiert an der fehlerhaften Stelle einen mit drei Sternchen eingerahmten Fehlerkommentar, wie zum Beispiel:

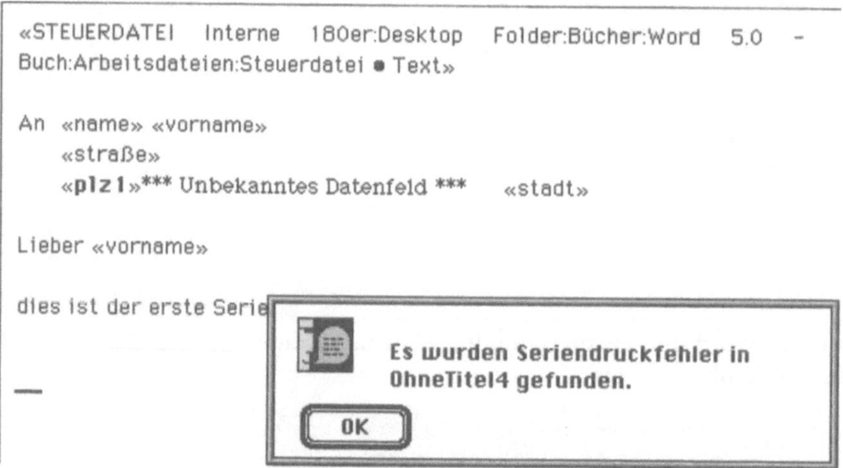

In diesem Fall ist Word auf einen Platzhalter gestoßen, zu dem es in der Steuerdatei kein entsprechendnamiges Datenfeld gibt.

Kehren Sie zur Serienbriefvorlage zurück und beheben Sie den aufgetretenen Fehler.

• Schritt 4: Serienbriefvorlage und Steuerdatei fusionieren

Nachdem die Serienbriefvorlage fehlerfrei ist, geht es an die Fusion der Vorlage mit der Steuerdatei. Auch dieses Ineinanderfließen steuern Sie über Icons im Serienbrieflineal:

führt Vorlage und Steuerdatei zu einem editierbaren Word-Dokument zusammen,

 führt Vorlage und Steuerdatei zusammen und gibt das Resultat sofort zum Drucker.

Wählen Sie die erste Methode und klicken Sie auf

Word öffnet nun ein neues Fenster mit dem Titel „Serienbrief x" und beginnt mit dem Erstellen der Serienbriefe. Sind alle Datensätze der Steuerdatei verbraucht, stoppt Word und Sie können die Briefe editieren. Dabei steht jeder Brief in einem eigenen Abschnitt des neuen Dokuments.

Ist Word mit der Serienbriefproduktion fertig, sind Sie wieder an Reihe. Die Serienbriefe lassen sich wie jedes normale Dokument formatieren und editieren.

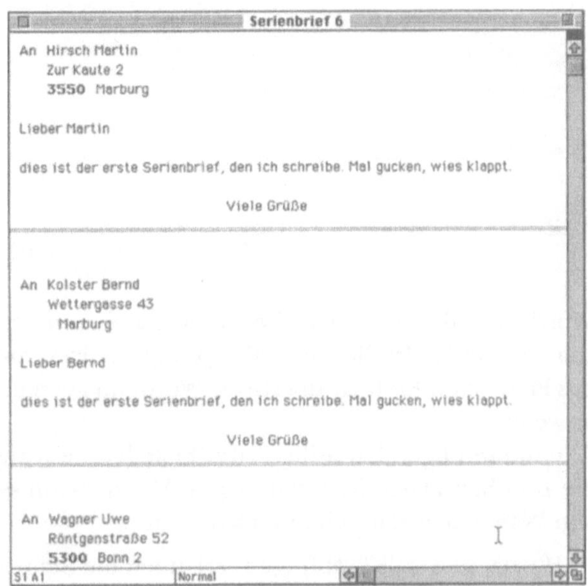

50.6 INTELLIGENTE SERIENBRIEFE

Keine Frage: das Arbeiten mit Serienbriefen kann papierintensiv sein. Fehlt in einem Datensatz die Postleitzahl, der Name der Stadt oder sonst ein wichtiger Eintrag, dann bleibt der zugehörige Platzhalter der Serienbriefvorlage leer, und der Brief landet im Papierkorb.

Word bietet eine Reihe sogenannter Schlüsselworte, über die Sie die Serienbriefherstellung kontrollieren und steuern. Alle Schlüsselwörter finden sich in dem Popup-Menü „Schlüssenwort einfügen" im Serienbrieflineal.

Mit Hilfe dieser Schlüsselwörter läßt sich Word zum Beispiel dazu überreden, einen Datensatz auszulassen, wenn das Feld Name, Straße oder Stadt leer ist. Dazu schreiben Sie drei Anweisungen direkt hinter den Namen der Steuerdatei. Das ganze sieht dann folgendermaßen aus:

Word lädt also zunächst die Steuerdatei und schaut nach, ob das Datenfeld
„name" leer ist. Ist dies der Fall, springt es direkt zum nächsten Datensatz. Besitzt
das Feld einen Eintrag, überprüft Word, ob auch eine „straße" vorhanden ist und
so weiter.

Alle notwendigen Utensilien zum Erstellen derartiger Kontrollsequenzen finden
Sie im oben abgebildeteten Popup-Menü „Schlüsselwort einfügen". Vier Arten
von Befehlen lassen sich unterscheiden:

- WENN ... SONST-Abfragen: erlauben die Steuerung der Serienbrieferstellung
  in Abhängigkeit von bestimmten Parameterkonstellationen. So läßt sich zum
  Beispiel ein Datensatz überspringen, wenn ein bestimmtes Datenfeld leer ist.

- FRAGE... und BESTIMMEN ... erlauben das Arbeiten mit Variablen, die nicht
  in der Steuerdatei enthalten sind. FRAGE öffnet eine Dialogbox und fragt
  während der Serienbrieferstellung nach dem Wert einer bestimmten
  Variablen. BESTIMMEN legt den Wert einer Variablen fest.

- EINFÜGEN...: erlaubt das Einbinden anderer Dateien in den Serienbrief. In
  Abhängigkeit von bestimmten Variablen lassen sich also jeweils unterschiedliche Dateien in den Serienbrief einfügen.

- Berechnungen...: erlauben die mathematische Verknüpfung von Variablen
  der Steuerdatei.

• Einfache WENN...dann-Abfragen

Jede WENN-Abfrage muß mit einem EWENN enden (E steht dabei für Ende).
Wie Sie eine „Wenn-dann"-Abfrage in eine Serienbriefvorlage einbauen, ist im
folgenden kurz beschrieben:

❶ Plazieren Sie den Textcursor an der Stelle des Dokuments, an der die Abfrage
  stehen soll.

❷ Wählen Sie den Menüpunkt „WENN…EWENN…" aus dem Popup-Menü „Schlüsselwort einfügen".

❸ Word öffnet eine Dialogbox, über die Sie die Bedingung formulieren, die erfüllt sein muß, damit Word etwas Bestimmtes ausführt:

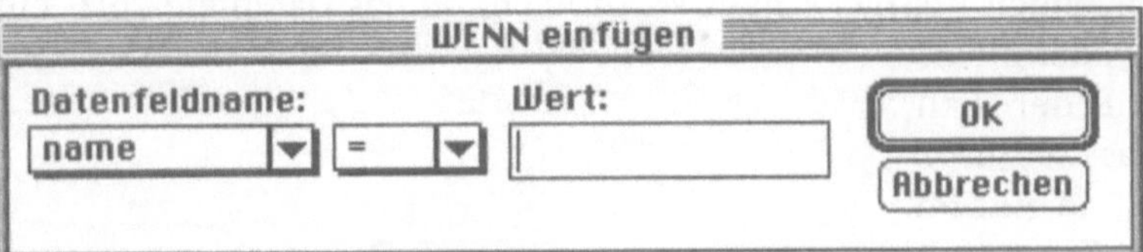

Im Popup-Menü **Datenfeldnamen** finden Sie alle Serienbriefvariablen, die bis zu diesem Zeitpunkt eingeführt worden sind. Die beiden letzten Variablen stehen für die Nummer des aktuellen Datensatzes („Datensatz-Nummer") sowie für den folgenden Datensatz („Folgenummer").

Wählen Sie aus dem Popup-Menü die Variable, deren Wert Sie überprüfen wollen.

Aktivieren Sie anschließend aus dem Popup-Menü mit den Vergleichs-Bedingungen die gewünschte Prüfbedingung für Ihre Variabe. Nebenstehende Vergleichsmöglichkeiten stehen zur Wahl.

Als drittes geben Sie nun im Eingabefeld den Vergleichswert an.

Die Dialogbox rechts prüft, ob das Postleitzahl-Datenfeld leer ist.

Klicken Sie **OK**

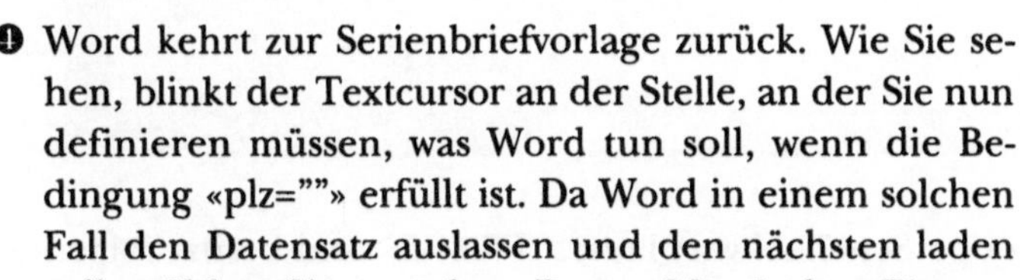

❹ Word kehrt zur Serienbriefvorlage zurück. Wie Sie sehen, blinkt der Textcursor an der Stelle, an der Sie nun definieren müssen, was Word tun soll, wenn die Bedingung «plz=""» erfüllt ist. Da Word in einem solchen Fall den Datensatz auslassen und den nächsten laden soll, wählen Sie aus dem Popup-Menü den Eintrag „NÄCHSTER". Sofort fügt Word die Aufforderung ein:

«WENN plz=""»«NÄCHSTER»|«EWENN»

❺ Zum Schluß sollten Sie die Syntax Ihrer Bedingung von Word überprüfen lassen. Klicken Sie auf ☑ im Serienbrieflineal. Word teilt Ihnen dann mit, ob ein Fehler vorliegt oder nicht.

• Benutzerabfragen

Die Schlüsselwörter von Word lassen auch die Steuerung der Serienbriefproduktion im Dialog mit dem Benutzer zu. So präsentiert Word auf Wunsch zum Beispiel eine Dialogbox, in der es vom Serienbrieferhersteller bestimmte Informationen fordert. Im folgenden Beispiel schaut Word nach, ob das Datenfeld „plz" einen Eintrag besitzt oder nicht.

Ist dies nicht der Fall, dann tritt das Schlüsselwort „FRAGE" in Aktion. Dieses fragt in Form einer Dialogbox nach der fehlenden Postleitzahl:

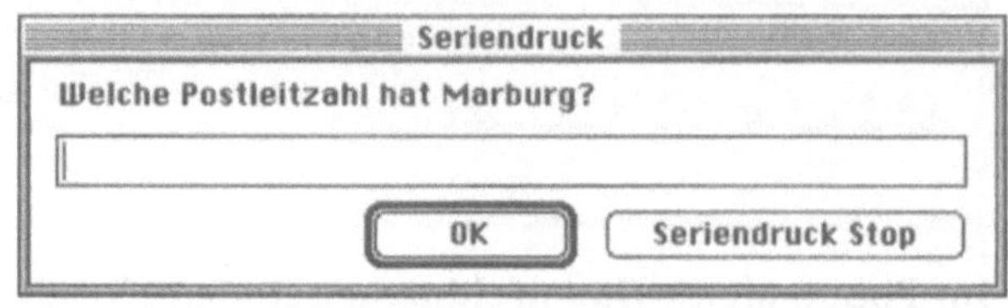

Dabei verwendet Word in der Frage den Inhalt der Variablen „stadt", in unserem Falle ist dies „Marburg". Wenn der Anwender keine Postleitzahl eingibt, das Eingabefeld also leer läßt, dann wechselt Word zum nächsten Datensatz, andernfalls verwendet es die eingegebene Nummer, indem es diese der Variablen „plz1" zuordnet und diese statt dem Datenfeld „plz" verwendet.

Die Abfolge von Schlüsselwörtern, die eine derartige Steuerung erlaubt, sieht folgendermaßen aus:

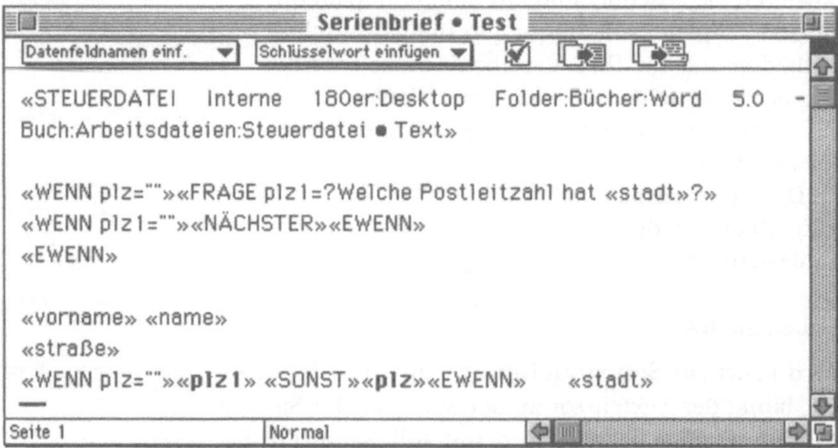

Das zur Abfrage zugehörige Schlüsselwort lautet „FRAGE" und besitzt folgende Dialogbox:

Über den Button **Neues Datenfeld definieren...** wurde in unserem Beispiel die Variable „plz1" definiert, und in der Eingabeaufforderung stand der Satz „Welche Postleitzahl hat ?".

• Berechnungen

Word checkt nicht nur logische Bedingungen, sondern führt auf Wunsch auch Berechnungen mit den Inhalten von Datenfeldern durch. Die einfachen mathematischen Fähigkeiten verbergen sich hinter dem Eintrag „Berechnungen" im Popup-Menü „Schlüsselwort einfügen". In der nun erscheinenden Dialogbox legen Sie fest, welche Datenfelder miteinander über welche mathematische Funktion verknüpft werden sollen:

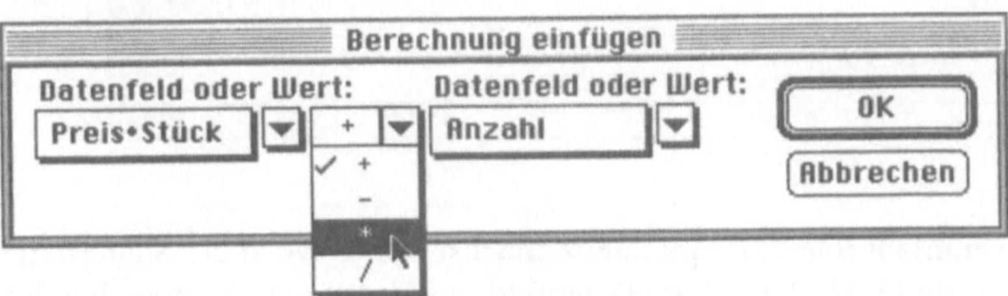

Dabei müssen Sie sich allerdings auf die fünf Grundrechenarten beschränken. Worauf Sie sich allerdings nicht beschränken müssen sind die Datenfeldnamen in den Popup-Menüs. Stattdessen nehmen die Eingabefelder auch numerische Eingaben auf:

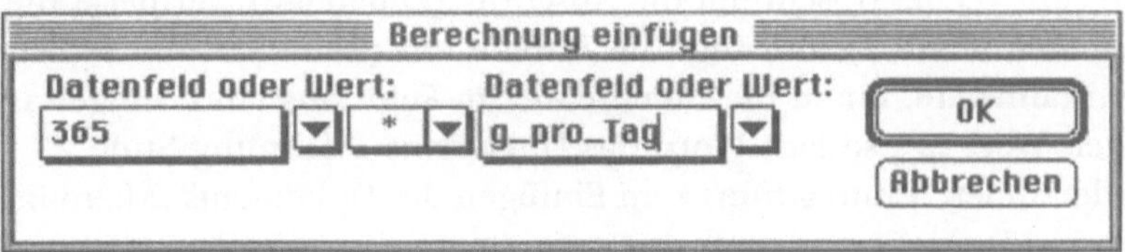

• Einbinden von Dateien

Das Einbinden unterschiedlicher Dateien in Abhängigkeit von bestimmten Variablenwerte eröffnet eine Fülle von Einsatzgebieten für die Serienbrieferstellung. Die folgende Abbildung zeigt ein typisches Einsatzgebiet: Anmahnen einer nicht-bezahlten Rechnung in Abhängigkeit von der Mahnstufe:

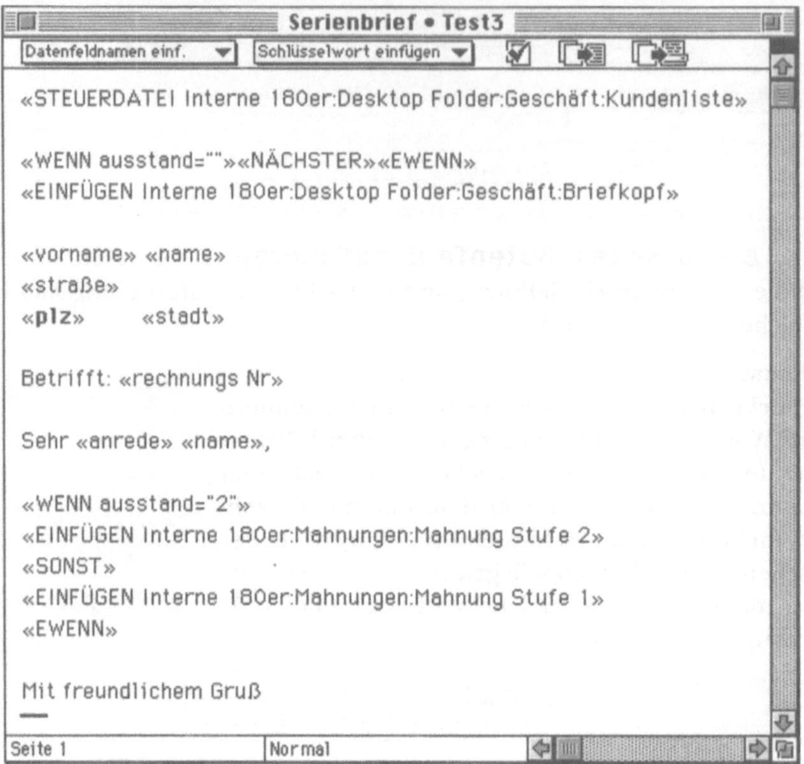

Dieses Listing veranlaßt folgende Abläufe: Zunächst öffnet Word die Steuerdatei „Kundenliste" (Zeile 1). Findet sich im Datenfeld „ausstand" kein Eintrag, hat der Kunde bereits alle Rechnungen beglichen und Word lädt den nächsten Datensatz (Zeile 2). Findet es in dem Feld aber eine Zahl, so signalisiert dies, daß der Kunde eine offenstehende Rechnung hat. In diesem Fall beginnt Word mit dem Verfassen der Mahnung. Zunächst fügt es den Briefkopf aus dem Ordner „Geschäft" ein (Zeile 3), schreibt die Anschrift (Zeilen 4-6), vermerkt die Rechnungsnummer (Zeile 7) und fügt die Anrede ein (Zeile 8). Nun schaut Word nach der Mahnstufe, die in der Steuerdatei im Feld „ausstand" eingetragen ist. Hat sie den Wert „2", so lädt Word das Dokument „Mahnung Stufe 2" (Zeilen 9+10). Jeder andere Eintrag führt zum Einfügen des Dokuments „Mahnung Stufe 1" (Zeilen 11-13).

In Abhängigkeit der Variablen „ausstand" entstehen also zwei völlig verschiedene Serienbriefe, deren Haupttext in unterschiedlichen Dateien gespeichert ist.

 Beachten Sie, daß die eingefügte Datei kein Worddokument sein muß. Der Briefkopf zum Beispiel ist eine PICT-Datei.

50.7 DIE SCHLÜSSELWORTE DER SERIENBRIEFFUNKTION

Das Popup-Menü rechts zeigt die Schlüsselwörter, die zur Serienbriefkontrolle bereitstehen. Sie sollen im Folgenden besprochen werden.

• **„WENN...EWENN..."**
Modifiziert die Serienbrieferstellung in Abhängigkeit von Variablenwerten. Beachten Sie, daß jede WENN-Bedingung mit einem EWENN enden muß.

Beispiel: Wenn im Datenfeld „geschlecht" der Eintrag „m" steht, soll die Anrede „Sehr geehrter Herr" lauten:

❶ Plazieren Sie den Textcursor an die Stelle der Serienbriefvorlage, an der die Anrede stehen soll.

❷ Rufen Sie den Menüpunkt „WENN... EWENN..." aus dem Menü Schlüssel-wort-einfügen auf. Es erscheint eine Dialogbox mit zwei popup-Menüs und einem Eingabefeld:

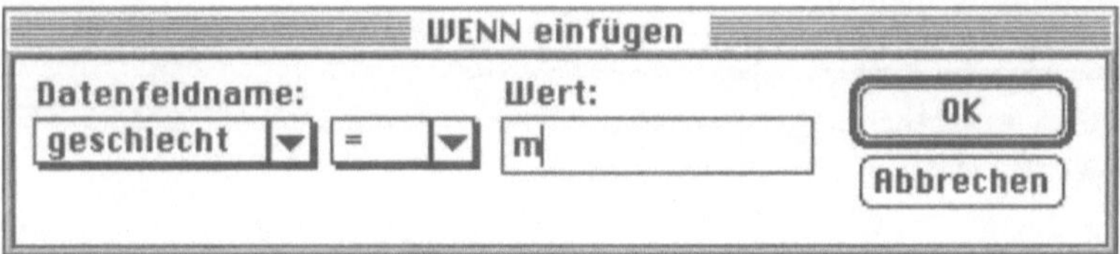

Im Popup-Menü „Datenfeldname" sind die Datenfeld-namen der Steuerdatei eingetragen. Wählen Sie hier den Feldnamen „geschlecht". Das Popup-Menü rechts daneben enthält verschiedene Komparatoren. Wählen Sie hier den Eintrag „=".
Tragen Sie in das Eingabefeld „Wert" den Buchtaben „m" ein und drücken Sie dann **OK**.

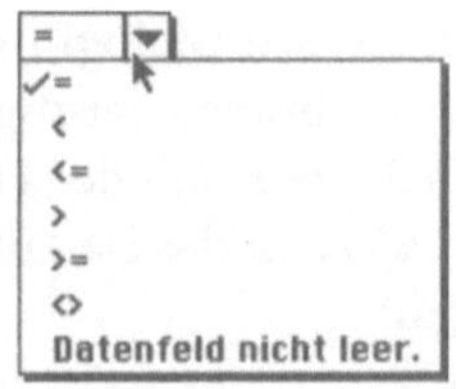

❸ Word kehrt zur Serienbriefvorlage zurück und trägt die entsprechende Bedingung ein. Auch das EWENN fügt Word von sich aus ein und plaziert davor den Eingabecursor:

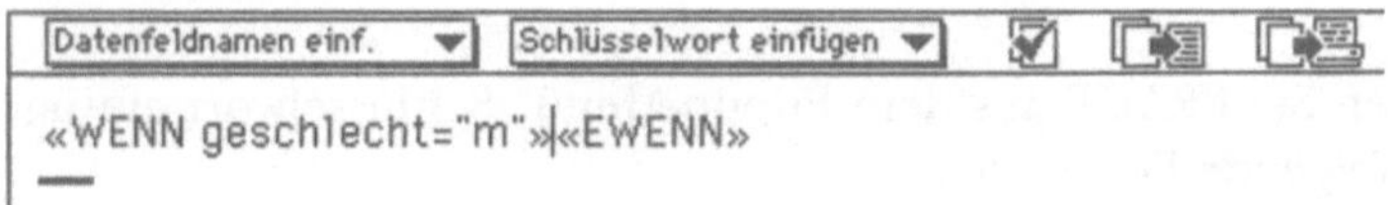

Word wartet nun auf Befehle, die es ausführen soll, wenn die Bedingung wahr, also das Geschlecht männlich ist.

❹ Geben Sie zum Beispiel ein „Sehr geehrter Herr ":

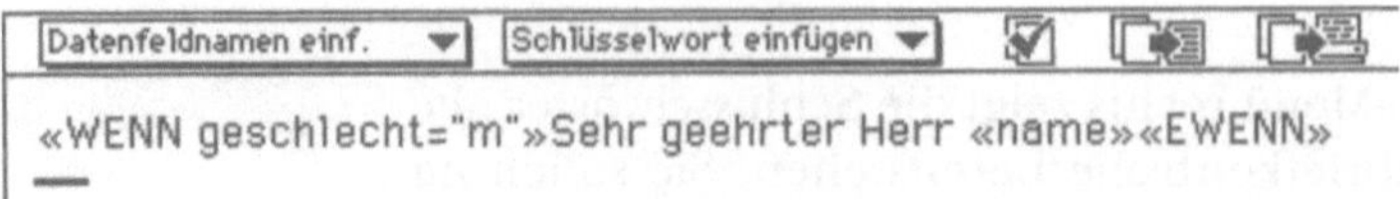

Ist das Geschlecht männlich, schreibt Word vor den Namen die Anrede „Sehr geehrter Herr". Das Beispiel zeigt, daß auch Datenfeldnamen in der Bedingung stehen können. Diese erhalten Sie aus dem Popup-Menü „Datenfeldnamen einf.".

• „SONST"

Das Schlüsselwort SONST tritt immer innerhalb einer WENN...EWENN-Verzweigung auf und startet eine Befehlsabfolge, wenn die WENN-Bedingung nicht erfüllt ist.

Beispiel: Wenn der Eintrag im Datenfeld „geschlecht" „m" ist, soll Word die Anrede „Sehr geehrter Herr " verwenden, sonst „Sehr geehrte Frau":

❶ Erstellen Sie die WENN...EWENN Bedingung, wie im obigen Beispiel.

❷ Fügen Sie vor «name» das Schlüsselwort SONST ein. Schreiben Sie die Anrede für eine weibliche Adressatin und ziehen Sie das EWENN vor den Datenfeldnamen „name":

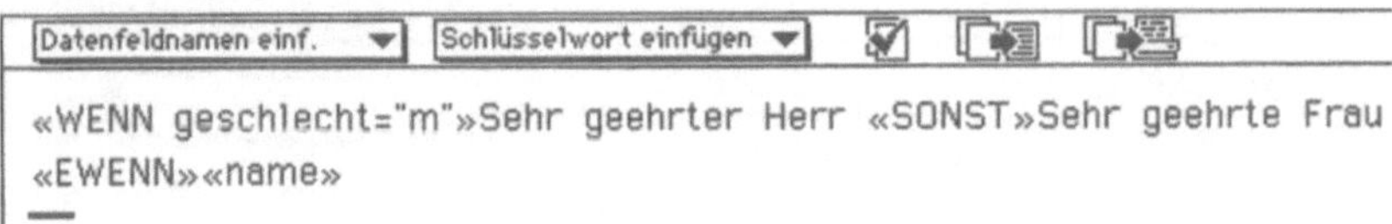

• „FRAGE..."

Die Word-Dialogfunktion FRAGE ist eine sehr komfortable Erweiterung der Serienbriefsteuerung. Sie unterbricht die Serienbrieferstellung und öffnet eine Dialogbox, mit der Frage nach dem Wert einer Variablen.

Beispiel: Ist das Datenfeld „plz" leer, soll Word nach der Postleitzahl der Stadt fragen:

❶ Starten Sie eine normale „WENN...EWENN"-Bedingung, in der Sie abfragen, ob das Datenfeld plz leer ist:

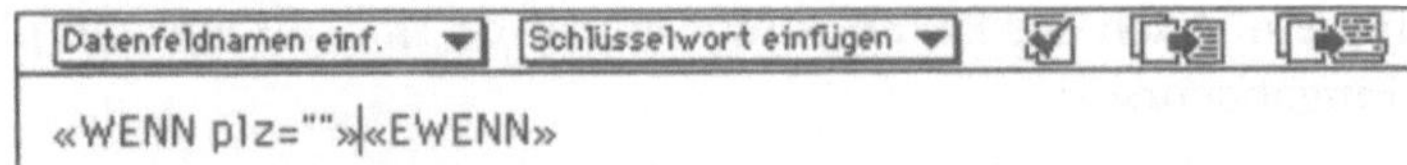

❷ Aktivieren Sie FRAGE aus dem Popup-Menü „Schlüsselwort einfügen". Es erscheint folgende Dialogbox:

❸ Wenn Sie die hier eingegebene Postleitzahl zu weiterer Verwendung in einer Variablen speichern wollen, müssen Sie ein neues Datenfeld definieren.

Drücken Sie dazu **Neues Datenfeld definieren** und schreiben Sie in die erscheinende Dialogbox zum Beispiel plz1. Drücken Sie dann **OK**.

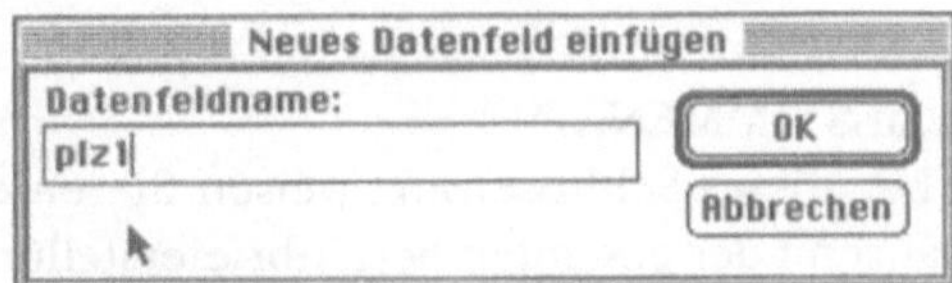

❹ Word kehrt zur Dialogbox „Frage einfügen" zurück und trägt den Namen des neuen Datenfeldes im popup-Menü ein. Geben Sie in das Eingabefeld die Frage ein, die in der Dialogbox erscheinen soll und drücken Sie dann den Button **OK**:

❺ Word kehrt zur Serienbriefvorlage zurück und trägt die Schlüsselwörter ein:

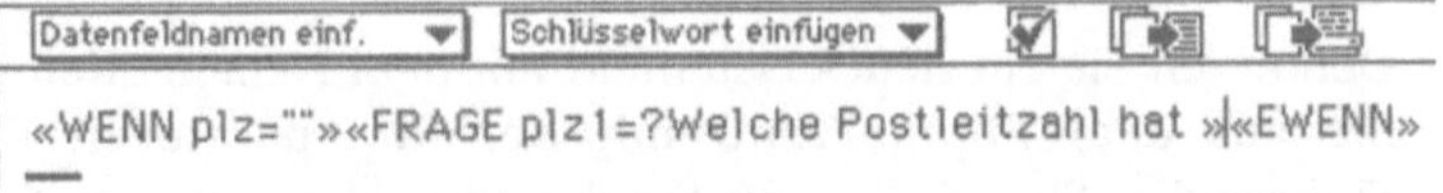

❻ Damit in der Dialogbox der Name der Stadt erscheint, müssen Sie den entsprechenden Datenfeldnamen noch in den Text der Dialogbox einbauen:

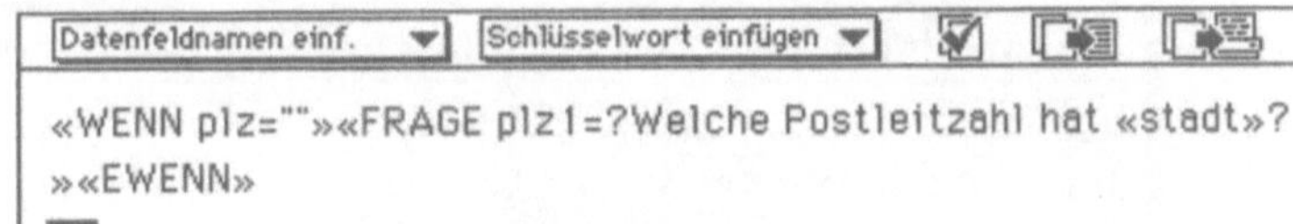

❼ Wenn während der Serienbrieferstellung ein Datensatz ohne Postleitzahl auftaucht, öffnet Word folgende Dialogbox:

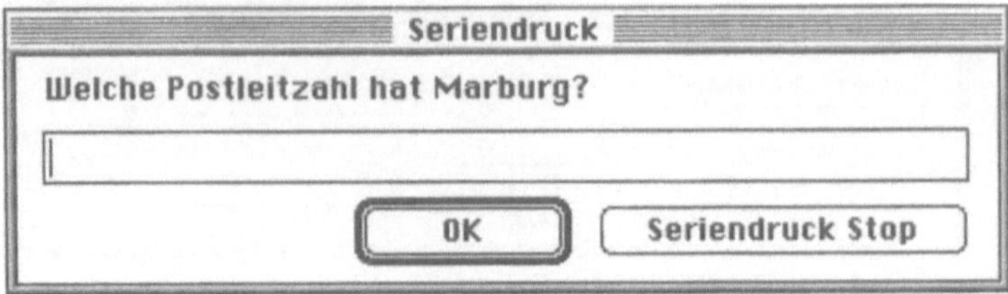

Den Wert, den Sie eingeben, speichert Word in der Variablen plz1.

• „BESTIMMEN..."

Über dieses Schlüsselwort weisen Sie einer Variablen einen Wert zu, den diese während der gesamten Serienbrieferstellung beibehält. Den Wert können Sie entweder im Script festlegen, oder beim Erstellen des ersten Briefes abfragen lassen.
Beispiel: Alle Serienbriefe sollen eine Kennung für den Tag ihrer Entstehung tragen. Diese Kennung soll Word erfragen, wenn es mit der Serienbrieferstellung beginnt.

❶ Plazieren Sie den Textcursor direkt unter dem Namen der Steuerdatei und wählen Sie dann BESTIMMEN aus dem Popup-Menü „Schlüsselwort einfügen". Es erscheint folgende Dialogbox:

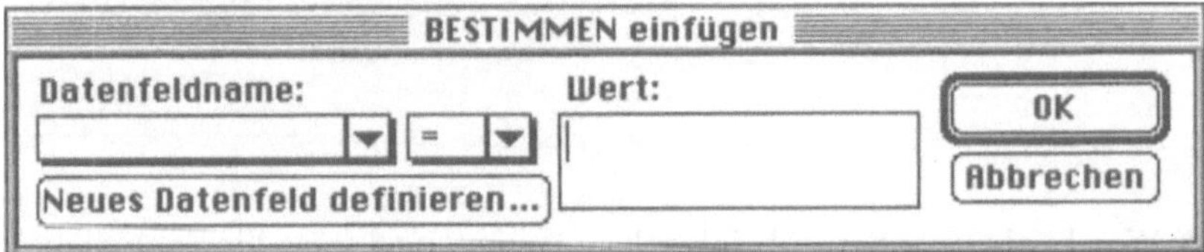

❷ Definieren Sie ein neues Datenfeld mit dem Namen „Kennung" und wählen Sie aus dem Popup-Menü mit den Komparatoren den Eintrag „=?" (Verwenden Sie „✓=", wenn Sie der Variablen einen festen Wert zuordnen wollen):

Das bedeutet, daß Word den Wert, den die Variablen „kennung" haben soll, beim Starten der Serienbrieffunktion in einer Dialogbox abfragt. Die Frage, die in der Dialogbox erscheinen soll, schreiben Sie in das Eingabefeld der Dialogbox:

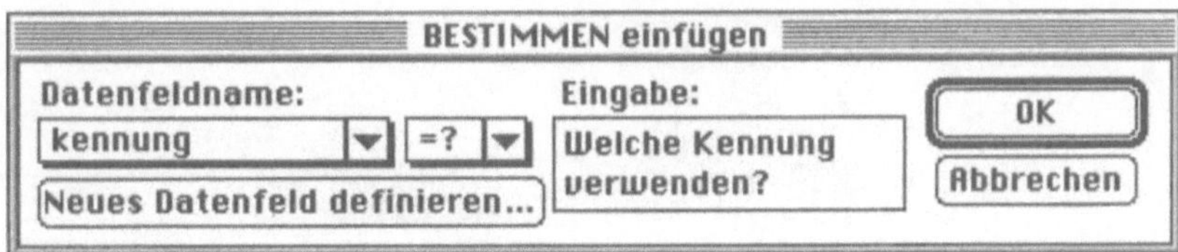

❸ Drücken Sie **OK** und kehren Sie zur Serienbriefvorlage zurück. Word hat bereits die Schlüsselwörter in die Vorlage hineingeschrieben:

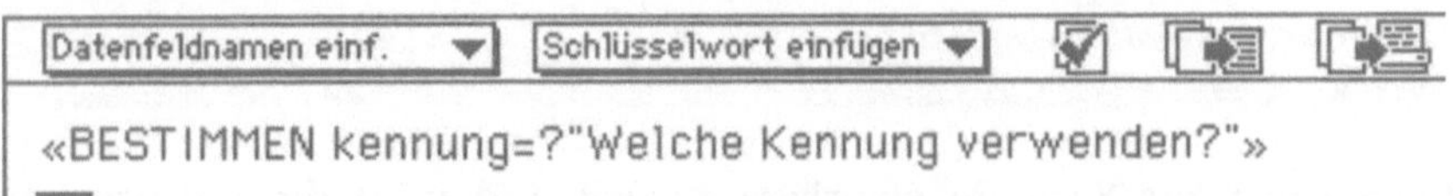

 Word kleidet die Frage in Anführungsstriche. Diese erscheinen leider auch in der Dialogbox. Wenn Sie dies stört, können Sie die Anführungsstriche auch getrost löschen.

❹ Wenn Sie den Serienbrief erstellen, öffnet Word eine Dialogbox und fragt nach der Kennung:

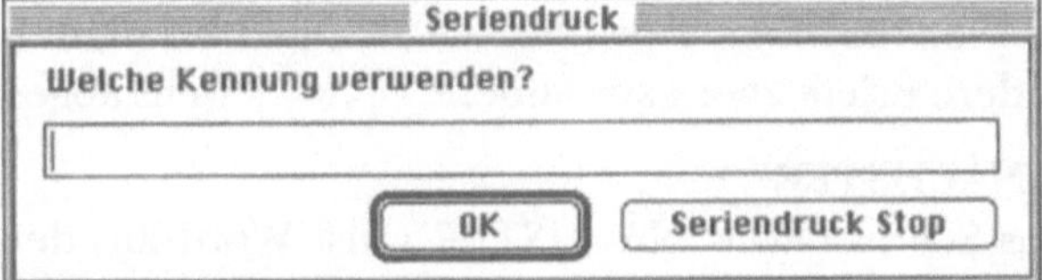

Den Wert, den Sie eingeben, ordnet Word der Variablen „kennung" zu und verwendet ihn dann in allen weiteren Briefen.

● **„EINFÜGEN..."**

Diese Funktion erlaubt das Einbinden von Dateien in einen Serienbrief. Dabei müssen die Dateien keineswegs Word-Dateien sein. Alle Dateiformat, die Word kennt, sind erlaubt.

Beispiel: Sie wollen, daß jeder Serienbrief mit dem Briefkopf beginnt, der in einer gleichnamigen PICT-Datei auf der Festplatte vorliegt.

❶ Plazieren Sie den Textcursor dort, wo der Briefkopf erscheinen soll.

❷ Aktivieren Sie den Menüpunkt EINFÜGEN aus dem Popup-Menü „Schlüsselwort einfügen". Word öffnet eine Dateiauswahlbox. Aktivieren Sie die Datei „Briefkopf" und drücken Sie dann **Öffnen**:

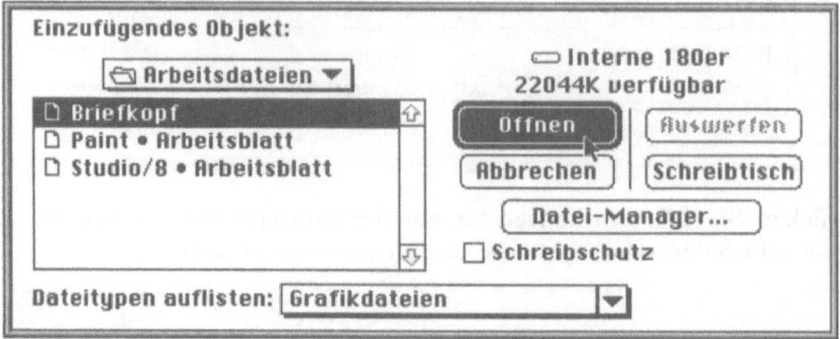

❸ Word kehrt zur Serienbriefvorlage zurück und trägt die entsprechenden Schlüsselwörter ein:

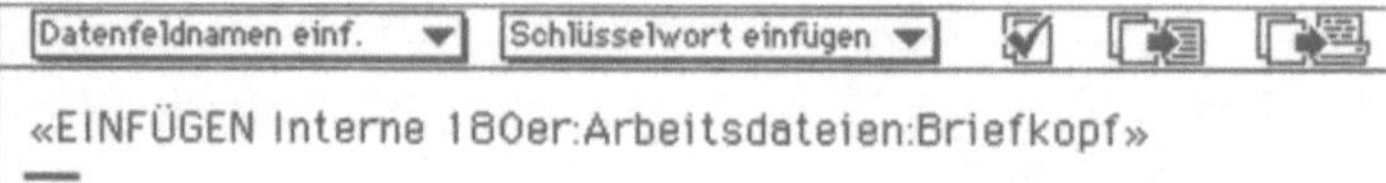

Besonders elegant ist es freilich, das Einfügen an eine Bedingung zu knüpfen. So können Sie einen Text, den Sie als Datei laden, in bestimmte Briefe einfügen, in andere Briefe aber ganz andere Texte - jeweils abgestimmt auf den Empfänger.

• „NÄCHSTER"

Das Schlüsselwort NÄCHSTER weist Word an, den grade aktiven Datensatz zu überspringen und den nächsten zu laden. Das können Sie nutzen, um bestimmte Daten abhängig von einer Bedingung zu überspringen und so aus der Serienbriefproduktion auszuschließen. *Beispiel:* Wenn das Datenfeld „name" leer ist, soll Word den Datensatz auslassen und den nächsten laden.

❶ Erstellen Sie eine WENN...EWENN Bedingung, in der Sie prüfen, ob das Datenfeld „name" leer ist:

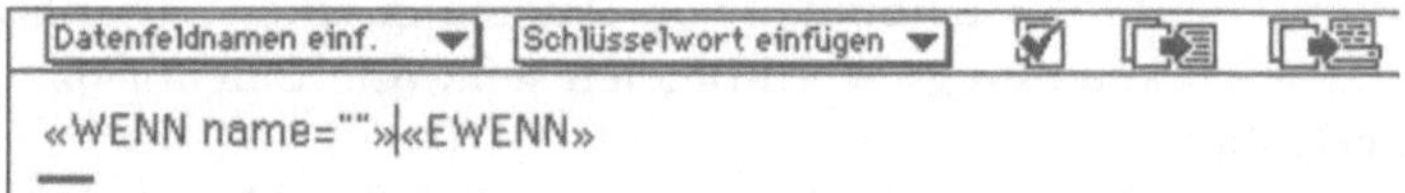

❷ Tragen Sie an der Stelle, an der Word die Anweisung erwartet, das Schlüsselwort NÄCHSTER ein:

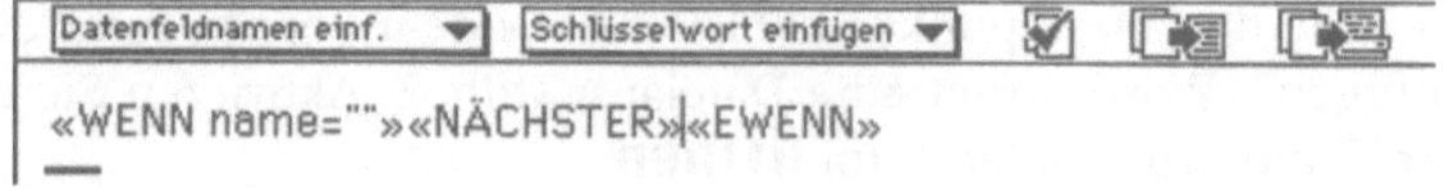

• „STEUERDATEI..."

Legt die Datei fest, aus der Word die Daten für die Serienbrieferstellung bezieht.

Beispiel: Word soll für den Serienbrief die Daten aus der Datei „Adressen" verwenden.

❶ Plazieren Sie den Textcursor in der ersten Zeile Ihrer Serienbriefvorlage.

❷ Aktivieren Sie den Schlüsselbegriff „STEUERDATEI" aus dem Popup-Menü „Schlüsselwort einfügen". Word öffnet eine Dateiauswahlbox. Aktivieren Sie die Datei „Adressen" und drücken Sie dann **Öffnen**:

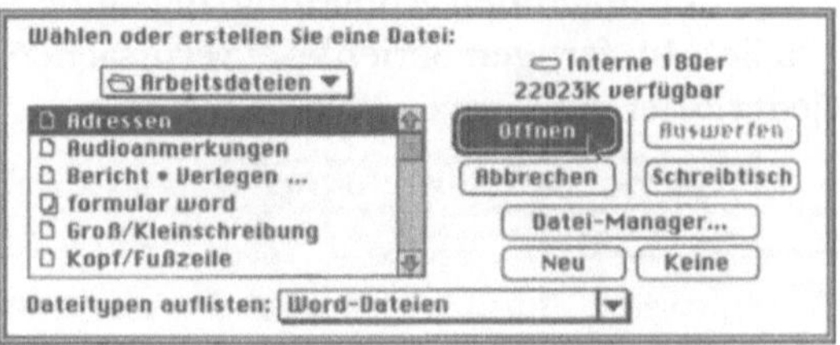

❸ Word kehrt zur Serienbriefvorlage zurück und trägt die entsprechenden Schlüsselbegriffe ein:

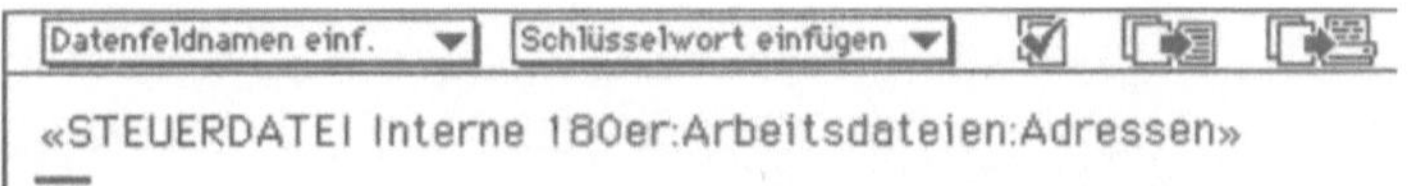

• **„Berechnungen"**

Diese Funktion erlaubt Ihnen, Datenfelder mathematisch zu verknüpfen:

Beispiel: Sie wollen die Mehrwertsteuer des Datenfeldes „preis" in den Serienbrief einfügen.

❶ Plazieren Sie den Textcursor an der Stelle des Dokuments, an der die Mehrwertsteuer erscheinen soll.

❷ Aktivieren Sie den Eintrag „Berechnungen" aus dem Popup-Menü „Schlüsselwort einfügen" und füllen Sie die Dialogbox wie folgt aus:

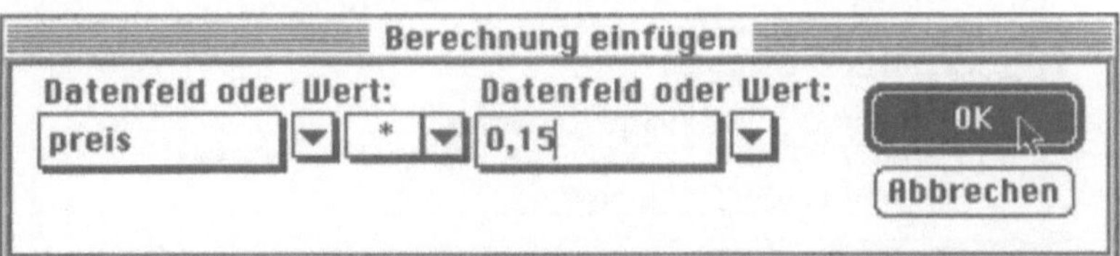

❸ Drücken Sie **OK**. Word kehrt zur Serienbriefvorlage zurück und trägt die entsprechenden Schlüsselwörter ein:

50.8 Tips & Tricks

• Vermeiden von Leerzeilen

Jede Zeile der Serienbriefvorlage, die lediglich mit Steuercode vollgeschrieben ist, erzeugt nach der Fusion mit der Steuerdatei eine Leerzeile. Diese wird verursacht durch das „»"-Zeichen am Zeilenende einer Steuerzeile. In der Serienbriefvorlage, die der folgenden Abbildung zugrunde liegt, wurden diese Zeichen gelöscht (Pfeile). Im fertigen Serienbrief verursachen diese Zeilen keine Leerzeilen, so daß jeder Brief mit Vorname-Name beginnt.

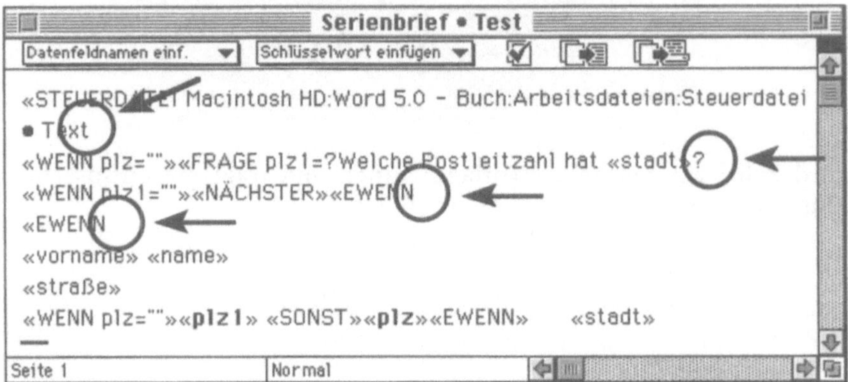

• Nur bestimmte Datensätze für den Serienbrief verwenden

Die Dialogbox „Seriendruck" aus dem Datei-Menü sieht folgendermaßen aus:

In den Eingabefeldern **Von-Bis** geben Sie die Nummern der Datensätze an, die Word mit der Serienbriefvorlage verknüpfen soll. Auf diese Weise ist es möglich, Serienbriefe nur mit bestimmten Datensätzen der Steuerdatei zu fusionieren.
Die Radio-Buttons **Seriendruck-Ergebnis** entsprechen den Icons im Serienbrieflineal.

51. Silbentrennung

51.1 Wissenswertes in Kürze 396
51.2 Installation der Silbentrennung 397
51.3 Trennen einzelner Wörter...397
      • Manuelles Trennen von Wörtern 397
      • Worttrennung per automatischer Silbentrennung 398
51.4 Trennen eines Textes...398
51.5 Trennen eines Textabschnitts..399

Die Trennung von Wörtern ist grade bei leistungsfähigen Textverarbeitungs-u401nd Satzprogramme ein notwendiges Übel. Schuld daran ist vor allem der Blocksatz - besonders in Kombination mit zwei- oder dreispaltigem Text. Word verteilt beim Blocksatz die Wörter einer Zeile gleichmäßig über die Zeilenbreite. Paßt ein längeres Wort gerade nicht mehr in eine Zeile, so plaziert Word es auf der nächsten und verteilt den Leerraum gleichmäßig zwischen den verbliebenen Wörtern. Um derartige Leerinseln zu vermeiden, sollten Sie Wörter trennen:

51.1 Wissenswertes in Kürze ...

Silbentrennung ist kein banales Problem. Die Zerlegung „Nerven-zelle" folgt normalen Regeln. Aber schon „Kontakt-stelle" ist ein Sonderfall, denn eigentlich wird nur ein Konsonant in die nächste Zeile gezogen. Gegen „Kontakts-tellen" ist aber ein Kraut gewachsen, nämlich die alte Regel „Trenn nie st, denn es tut im weh". Word kennt diese Regel und beherzigt sie. Trotzdem tappt es nicht in die Falle, die ihm das Wort „...austausch" stellt. Vor solchen Trennfehlern schützt das umfangreiche Ausnahmenwörterbuch. Natürlich hat dieses Nachschlagewerk Grenzen, die der beanspruchte Arbeitsspeicher und der zum Nachschlagen nötige Zeitaufwand ziehen. Besonders bei zusammengesetzten Wörtern müssen Sie mit Fehlern rechnen, ebenso bei Fremdwörtern und bei Wörtern aus anderen Sprachen. Aber auch die Zerlegung des „ck" beherrscht Word nicht (drük-ken). Ein weiteres Manko von Words Silbentrennung ist seine Trennfaulheit. Ohne größere Not läßt diese nämlich ein Wort lieber, wie es ist, als sich mit der Trennung zu plagen. Vor allem kurze Wörter rührt es so schnell nicht an. Wenn Sie Wert auf ein ausgewogenes Schriftbild legen, bleibt Ihnen daher nichts anderes übrig, als nach der automatischen Trennung den Text nochmal „zu Fuß" durchzugehen und sichtliche Mißstände auszubügeln.

In Word führen Sie Worttrennungen auf drei verschiedene Weisen durch:

- manuell, durch Einsetzen eines unsichtbaren, „weichen" Trennstriches,
- vollautomatisch durch die Trennungshilfe,
- in Interaktion mit der Trennungshilfe.

51.2 INSTALLATION DER SILBENTRENNUNG

Die Silbentrennung von Word ist nicht als Plug-in-Modul konzipiert. Das bedeutet, daß die Interaktion mit dem Anwender über einen integralen Bestandteil des Wordprogramms vonstatten geht.

Die Trennungsregeln aber sind landesspezifisch und daher in einer externen Datei untergebracht. Diese besitzt in der deutschen Version nebenstehendes Icon und sollte in dem Ordner untergebracht sein, von dem aus Word startet.

Standard-Silbentrennung

Ist dies nicht der Fall, und Sie versuchen in Word die Silbentrennung zu aktivieren, so erscheint eine Datei-Auswahlbox, über die Sie die Silbentrennung aufspüren sollen.

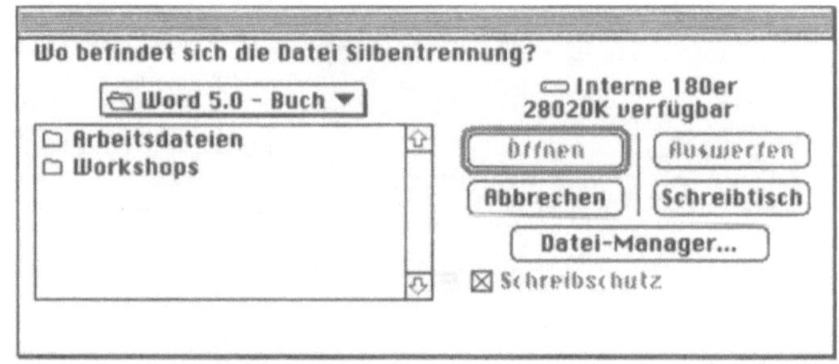

• Englisch, Deutsch, Französisch oder ...

Wenn Sie häufiger Texte in anderen Sprachen verfassen, können Sie auch fremdsprachige Trennungshilfen im Word-Ordner plazieren. Über die Dialogbox „Einstellungen" (Extras-Menü) wählen Sie dann die gewünschte Landessprache per Popup-Menü.

51.3 TRENNEN EINZELNER WÖRTER

Das Trennen eines einzelnen Wortes erfolgt entweder manuell oder per Word-Trennunghilfe:

• Manuelles Trennen von Wörtern

❶ Plazieren Sie den Textcursor an der Stelle, an der das Wort getrennt werden soll.

❷ Halten Sie die APPLE-Taste gedrückt und tätigen Sie die Bindestrichtaste. Dadurch fügen Sie einen optionalen Trennstrich ein.

❸ Wenn das Wortsegment vor dem optionalen Trennstrich noch in die vorherige Zeile paßt, trennt Word das Wort und der Trennstrich wird sichtbar, andernfalls bleibt der Trennstrich unsichtbar.

• Worttrennung per automatischer Silbentrennung

❶ Aktivieren Sie - zum Beispiel per Doppelklick - das Wort, das getrennt werden soll.

❷ Rufen Sie den Menüpunkt „Silbentrennung" aus dem Extras-Menü auf.

❸ Es erscheint ein Vorschlag für die Silbentrennung Wenn Sie mit dem Trennvorschlag einverstanden sind, drücken Sie den Button **Ändern**, andernfalls **Abbrechen**.

❹ Word fügt in das getrennte Wort einen optionalen Trennstrich ein. Dieser ist auf dem Bildschirm erst sichtbar, wenn Sie entweder Sonderzeichen (¶) einblenden lassen, oder wenn das Wort getrennt wird.

• Harte Bindestriche

Sind Bindestriche erwünscht, die beim Textumbruch *nicht* getrennt werden, so müssen Sie APPLE-ANFÜHRUNGSZEICHEN drücken. Diese Trennstriche werden beim einblenden der ¶ mit einer Tilde und einem Punkt gekennzeichnet:

$$132\text{-}100=32$$

• Sichtbarmachen der optionalen Trennstriche

Mit dem Aktivieren des Menüpunkts „¶ einblenden" machen Sie die optionalen Trennstriche sichtbar.

Word zeigt dann die optionalen Trennstriche und kennzeichnet diese mit einem Punkt unter dem Strich:

Kon-tinuität

51.4 TRENNEN EINES TEXTES

Um einen längeren Text interaktiv oder automatisch zu trennen, gehen Sie folgendermaßen vor:

❶ Plazieren Sie den Textcursor an der Stelle des Dokuments, an der Sie mit der Silbentrennung beginnen wollen.

❷ Rufen Sie den Menüpunkt „Silbentrennung" im Extras-Menü.

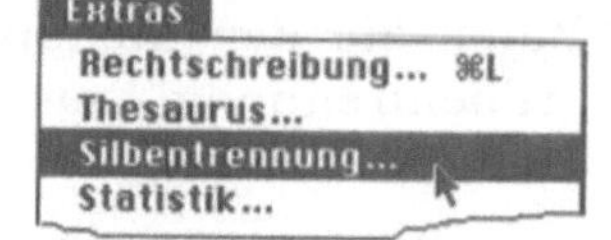

❸ Word öffnet die Silbentrennung.

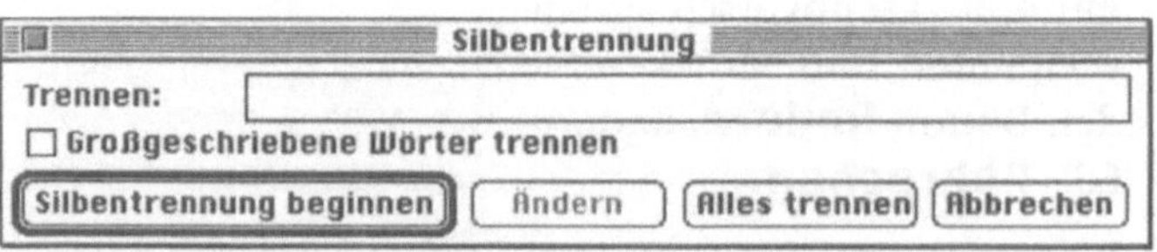

❹ Entscheiden Sie, ob Word interaktiv oder automatisch trennen soll:

• Automatische Silbentrennung: Um Rückfragen von Word zu unterbinden, drücken Sie den Button **Alles trennen**. Word geht dann das Dokument von der aktuellen Textcursorposition bis zum Dokumentende hin durch und führt die Silbentrennung aus, ohne mit Ihnen Rücksprache zu nehmen. Am Ende angelangt fragt Word, ob es am Anfang des Dokument weitermachen soll.

- **Interaktive Silbentrennung**: Drücken Sie den Button **Silbentrennung beginnen**. Word präsentiert Ihnen nun Trennungsvorschläge, die Sie akzeptieren, modifizieren oder ablehnen können. Im Hintergrund zeigt Word immer das aktuelle Wort in invertierter Darstellung, so daß Sie den Textzusammenhang sehen, in dem das zu trennende Wort steht.

 Es ist immer richtig, die Checkbox **Großgeschriebene Wörter trennen** zu aktivieren, da in der deutschen Sprache Substantive groß geschrieben werden.

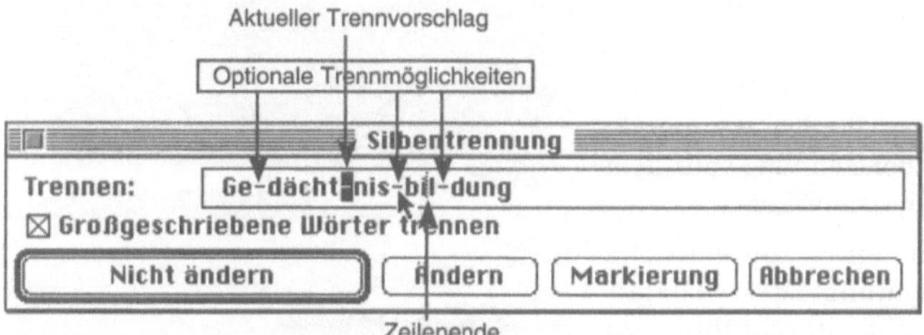

Die Dialogbox „Silbentrennung" ist verhältnismäßig einfach strukturiert. Im Eingabefeld steht das zu trennende Wort mit verschiedenen Trennvorschlägen. Dabei bedeutet jeder *horizontale Strich* eine Trennmöglichkeit. Der *invertiert dargestellte Strich* ist der aktuelle Word-Vorschlag. Wollen Sie diesen akzeptieren, so drücken Sie einfach den Button **Ändern**. Bevorzugen Sie hingegen einen anderen Trennstrich, so müssen Sie lediglich mit der Maus darauf klicken. Er wird dann invertiert und nach Drücken des Buttons **Ändern** führt Word die Trennung an dieser Stelle durch.

Die *vertikale, gepunktete Linien* zeigt das Zeilenende an. In unserem Beispiel paßt das Wort Gedächtnisbildung bis ...bi in die aktuelle Textzeile. Wenn Sie also den Trennstrich hinter dem l aktivieren, so kann Word keine Trennung durchführen, da das Wort zu lang für die aktuelle Zeile ist. Achten Sie also darauf, daß Sie einen Trennstrich links von der gepunkteten Linie aktivieren.

Haben Sie die Silbentrennung nicht am Anfang Ihres Dokuments begonnen, so erscheint, nachdem Word das Dokumentende erreicht hat, die Abfrage:

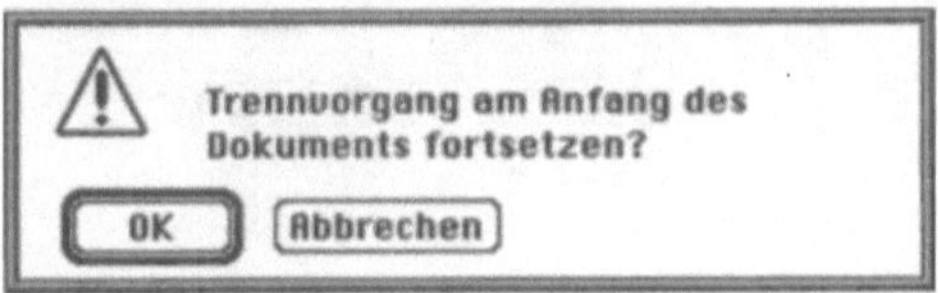

Wenn Sie wollen, daß Word die Silbentrennung am Dokumentanfang fortsetzt, so drücken Sie **OK**, andernfalls **Abbrechen**.

51.5 TRENNEN EINES TEXTABSCHNITTS

Wollen Sie nicht den gesamten Text, sondern lediglich einen Textabschnitt mit der Silbentrennung bearbeiten, weicht die Prozedur etwas von dem eben beschriebenen Vorgehen ab:

❶ Aktivieren Sie den zu bearbeitenden Textabschnitt.

❷ Rufen Sie den Menüpunkt „Silbentrennung" aus dem Extras-Menü auf.

❸ Um eine automatische Trennung des Textabschnitts durchführen zu lassen, drücken Sie den Button **Markierung**. Wenn Sie hingegen den aktivierten Textabschnitt interaktiv bearbeiten wollen, so wählen Sie den Button **Silbentrennung beginnen**.

❹ Nachdem der aktivierte Textbereich getrennt ist, erscheint die Mitteilung, daß die Silbentrennung der Markierung abgeschlossen wurde.

❺ Word formatiert den getrennten Text sofort um.

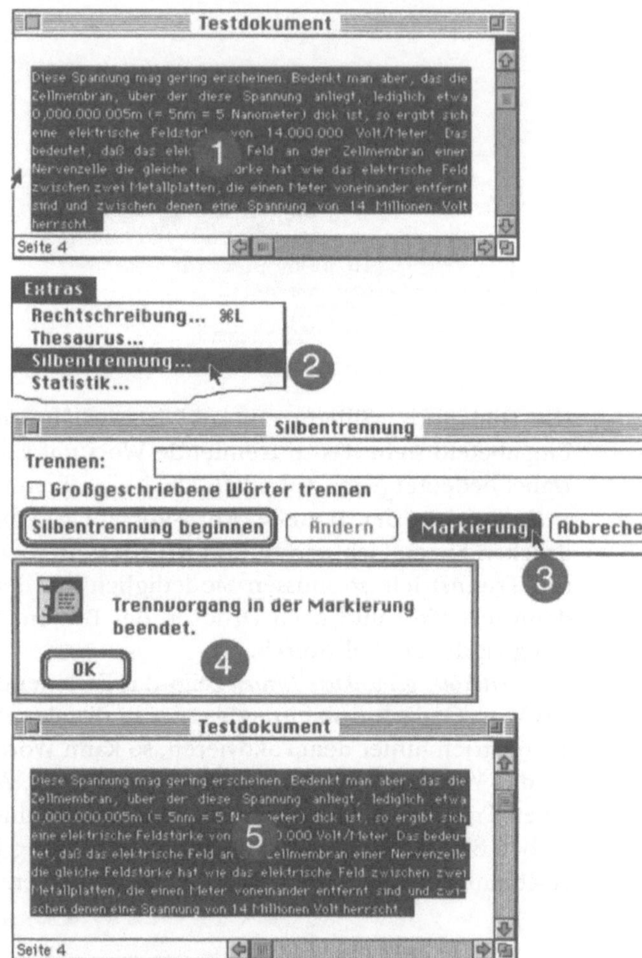

52. $ÔNDERZEÏCHËN (SYMBOL)

• Einfügen eines Sonderzeichens in den Text 403
• Ändern von Schrifttype und Schriftgröße 403

Das Arbeiten mit Sonderzeichen (zum Beispiel •, µ, ±, ») ist in der Regel ein mühsames Unterfangen. Zwar erleichtert das von Apple einem jeden Macintosh beigelegte Programm „Tastatur" das Aufspüren von Sonderzeichen, aber das Programm besitzt einige gravierende Nachteile:

- Sie sehen nie alle Zeichen auf einen Blick,
- haben Sie das gesuchte Zeichen endlich gefunden, so können Sie es nur über den Umweg der Zwischenablage in das Worddokument überführen,
- Sie können Zeichensätze nicht mischen,
- es wird immer nur die Schriftgröße 12-Punkt angezeigt,
- einige Zeichen sind überhaupt nicht erreichbar, so zum Beispiel die Zeichen 16-20 im Schrifttyp Chicago

Kurz und gut: für schnelles, effektives Arbeiten taugt das Programm „Tastatur" nur sehr begrenzt.

Dieses Problem vor Augen hat Microsoft nun seinem Word ein kleines Zusatzprogramm mitgeliefert, das diese Probleme allesamt behebt. Es besitzt nebenstehendes Icon.

Wie die Hand mit dem ausgestreckten Zeigefinger andeutet, handelt es sich bei „Symbol" um ein Plug-In-Modul.

Wie alle derartigen Programmerweiterungen muß es beim Starten von Word entweder auf derselben Ebene wie Word liegen, oder im Word-Befehlsordner, sonst erscheint eine Fehlermeldung.

Sie erreichen Symbol über den gleichnamigen Menüpunkt im Einfügen-Menü.

Word öffnet nun ein Fenster, in dem alle 16x16=256 Zeichen des erweiterten Apple-Zeichensatzes auf einmal dargestellt sind.

Dabei zeigt Symbol den Zeichensatz an, der zur Zeit in Ihrem Dokument aktiviert ist. Arbeiten Sie also gerade mit dem Zeichensatz Helvetica, stellt Symbol alle Zeichen von Helvetica dar.

• Einfügen eines Sonderzeichens in den Text

Um nun eines der dargestellten Zeichen in Ihren Text zu übernehmen, klicken Sie einfach mit dem Mauscursor drauf. Word fügt die angeklickten Zeichen sofort an der aktuellen Position des Textcursors ein.

Gleichzeitig erscheint in der linken unteren Ecke des Symbol-Fensters der angeklickte Buchstabe und die Tastaturkombination, über die Sie das Zeichen direkt erreichen. Ebenfalls dargestellt ist der Dezimalcode des Zeichens, also die dezimale Nummer im Zeichensatz.

• Ändern von Schrifttype und Schriftgröße

Ist das gewünschte Zeichen im dargestellten Zeichensatz nicht enthalten, wählen Sie über das Schrift-Menü den Zeichensatz, der das Zeichen enthält. Sofort stellt Word alle Zeichen dieses Zeichensatzes dar. Über dasselbe Menü ändern Sie übrigens auch die Größe der Zeichendarstellung.

Darstellung von Fett-, Kursivdruck oder anderen Buchstabenformaten ist mit Symbol leider nicht möglich.

 Während das Symbol-Fenster geöffnet ist, können Sie die Tastatur normal weiterbenutzen. Word zeigt jede gedrückte Taste auf der Symbol-Tafel an und fügt sie in den Text ein. Leider werden Befehlstasten wie BACKSPACE oder DELETE nicht ausgeführt, sondern als unbekanntes Zeichen (=Rechteck) in den Text eingefügt.

53. SORTIEREN

Die Sortier-Funktion ist nur aktivierbar, wenn Sie zuvor einen Bereich Ihres Dokuments aktiviert haben, den Sie sortieren wollen.

Word sortiert Text, Zahlen und Tabellen auf- und absteigend. Um aufsteigend zu sortieren, wählen Sie einfach nur den Menüpunkt „Sortieren" aus dem Extras-Menü, um absteigend zu sortieren, halten Sie die SHIFT-Taste gedrückt und wählen dann den Menüpunkt „Absteigend sortieren", ebenfalls aus dem Extras-Menü.

Die Sortierfunktion sortiert immer Absätze - außer bei Tabellen (siehe unten). Eine Adreßdatei, bei der Name und Anschrift durch ein ¶ getrennt sind, wird also beim Sortieren hoffnungslos zerrissen.

Absätze, die durch weiche Returns (SHIFT-RETURN) voneinander getrennt sind werden beim Sortieren nicht zerrissen. Trennen Sie zum Beispiel Name und Anschrift durch einen weichen Return, „klebt" die Anschrift am Namen und wird mit diesem zusammen einsortiert.

Sortieren von Tabellen
Eine weitere Besonderheit gilt für echte Word-Tabellen. Wenn Sie hier eine Spalte aktivieren und diese sortieren, sortiert Word nicht nur die Felder der Spalte, sondern alle Zeilen der Tabelle.

54. STATISTIK

Wenn es Sie interessiert, wieviele Buchstaben, Wör-
ter, Zeilen oder Absätze Ihr Dokument besitzt, rufen
Sie doch mal den Menüpunkt „Statistik" aus dem
Extras-Menü auf. Word öffnet eine Dialogbox, in der
Sie über Checkboxen festlegen, welche Textelemen-
te Sie gezählt haben wollen.

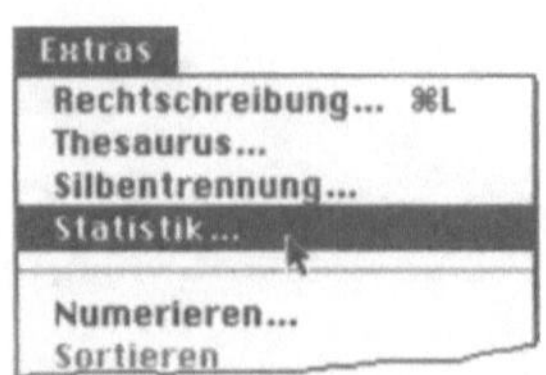

Sie brauchen dann nur noch den Button **Zählen** zu drücken und Word macht
sich an die Fleißarbeit. Währenddessen erscheint in der rechten unteren Ecke
der Dialogbox eine Prozentangabe über den bereits ausgewerteten Anteil des
Dokuments.

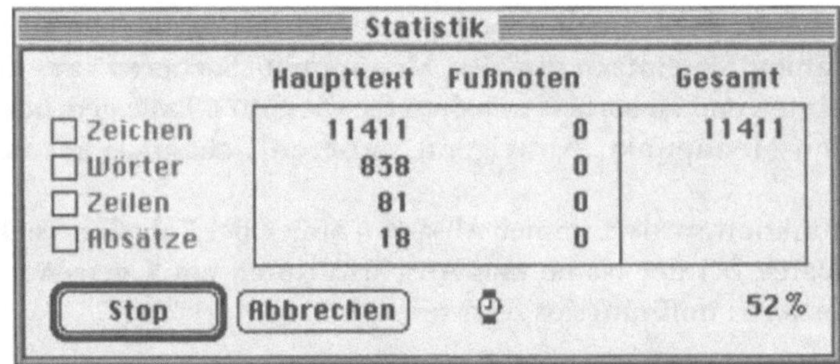

Wird Ihnen das Zählen zu langwierig, drücken Sie einfach den Button **Stop**.
Word stoppt dann sofort die Zählerei.
Da **Haupttext** und **Fußnoten** zwei voneinander unabhängige Dokumentteile sind,
führt Word sie auch in der Dialogbox getrennt auf. Doch keine Bange - auch das
Zusammenaddieren der beiden Werte übernimmt Word und stellt die Summe in
der Spalte **Gesamt** dar.

Definierte Bereiche zählen
Wenn Sie diese Daten lediglich von einem bestimmten Bereich Ihres
Dokuments wünschen, müssen Sie diesen vorher aktivieren. Word zählt
dann automatisch nur diese Passage durch.

55. Suchen (& Ersetzen)

55.1	Wissenswertes in Kürze … …	406
55.2	Dialogbox und Grundfunktionen	407
	• Abbrechen eines Suchvorgangs	408
	• Rückgängig machen von Änderungen	409
55.3	Suchen (und Ersetzen) von Zeichen	409
	• Suchen und Ersetzen ähnlicher Begriffe	410
	• Das Problem der Groß-/Kleinschreibung	410
	• Wie suchen Sie Text mit einigen unbekannten Zeichen?	410
55.4	Suchen (und Ersetzen) von Sonderzeichen	411
55.5	Suchen (und Ersetzen) von Formaten	413
	• Eingabe der gesuchten Formate in die Dialogbox	413
	• per Tastatur	413
	• per Lineal und Formatierungsleiste	414
	• per Hauptmenü	414
	• per Popup-Menü	415
	• Löschen von Formateinträgen	415
	• Beispiele: Suchen (und Ersetzen) von Zeichenformaten	416
	• Beispiele: Suchen (und Ersetzen) von Absatzformaten	419
	• Beispiele: Suchen (und Ersetzen) von Druckformaten	421
55.6	Tips & Tricks	421

Das Suchen und Ersetzen gehört zu den Funktionen, die eine Textverarbeitung der Schreibmaschine haushoch überlegen macht. In Word ist die Suchen/ Ersetzen Funktion so stark erweitert, daß sie nicht allein Wörter aufspürt und ändert, sondern auch Formate und sogar Kombinationen von Zeichen und Formaten. Darüberhinaus bildet sie den Rahmen für eine ganze Kiste voll Tricks, die wir Ihnen im Verlauf dieses Kapitels verraten.

55.1 Wissenswertes in Kürze … …

Bis einschließlich Word 4.0 waren die Suchen/Ersetzen-Funktionen lediglich auf das Aufspüren von Zeichen und einigen Sonderzeichen beschränkt. Diese Zeiten sind vorbei: Alles, was Sie in Word formatieren und schreiben können, läßt sich mit der Suchen-Funktion finden und bei Bedarf durch etwas anderes Ersetzen. Während das Suchen von Zeichen und Zeichenketten noch verhältnismäßig einfach vonstatten geht, ist das Aufspüren von Formaten schon verzwickter. Das liegt daran, daß die Kombinationsmöglichkeiten der verschiedenen Formatattribute so immens groß ist. So gibt es zum Beispiel bei nur vier Zeichenattributen allein schon 16 Kombinationsmöglichkeiten. Die Eingabe der Attributkombinationen ist in Word gut gelöst: sie erfolgt über dieselben Dialogboxen, über die zuvor die Formatierung vorgenommen wurde. Dadurch bleibt es dem Anwender erspart, sich mit neuen komplexen Dialogboxen auseinandersetzen zu müssen, wie es in anderen Programmen der Fall ist. Außerdem wird auf diese Weise gewährleistet, daß wirklich alle Attributkombinationen, die der Anwender setzen kann, auch gesucht und gegebenenfalls ersetzt werden können.

55.2 DIALOGBOX UND GRUNDFUNKTIONEN

Sie erreichen die Suchen- und Ersetzen-Funktionen über gleichnamige Menüpunkte im Bearb.-Menü oder über die Tastenkombinationen APPLE-F (Suchen) beziehungsweise APPLE-H (Ersetzen).

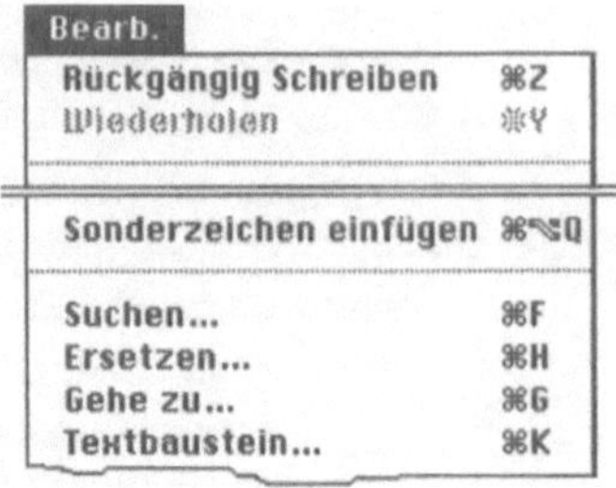

Folgende Dialogboxen sind den beiden Funktionen zugeordnet:

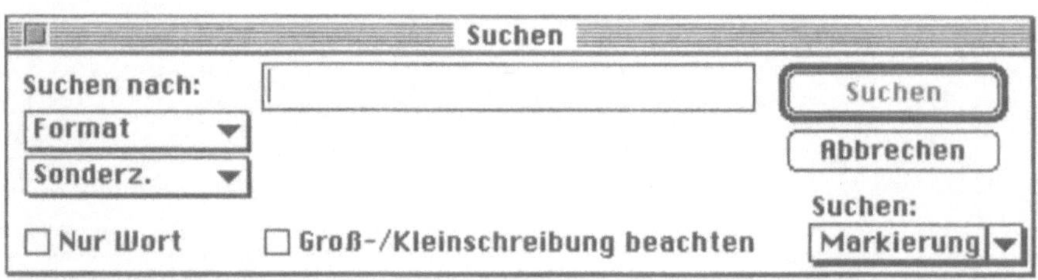

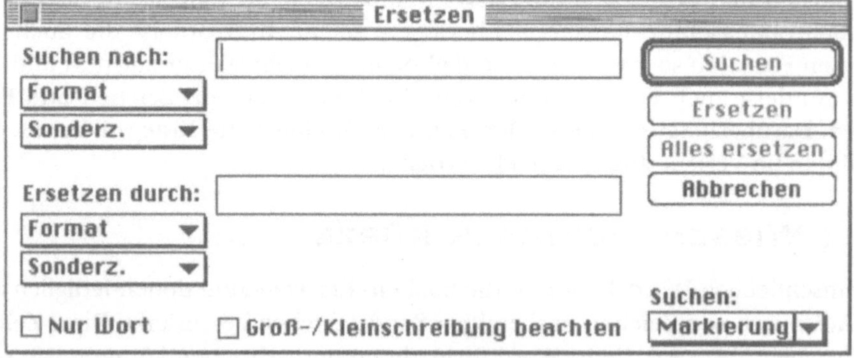

Wie Sie erkennen, ist die Suchen-Dialogbox voll in der Ersetzen-Dialogbox enthalten, so daß wir auf eine eigene Beschreibung dieser Box verzichten können. Die Dialogboxen umfassen Popup-Menüs, Eingabefelder, Checkboxen und Buttons. Die folgende Abbildung zeigt die aufgeklappten Popup-Menüs der Ersetzen-Dialogbox:

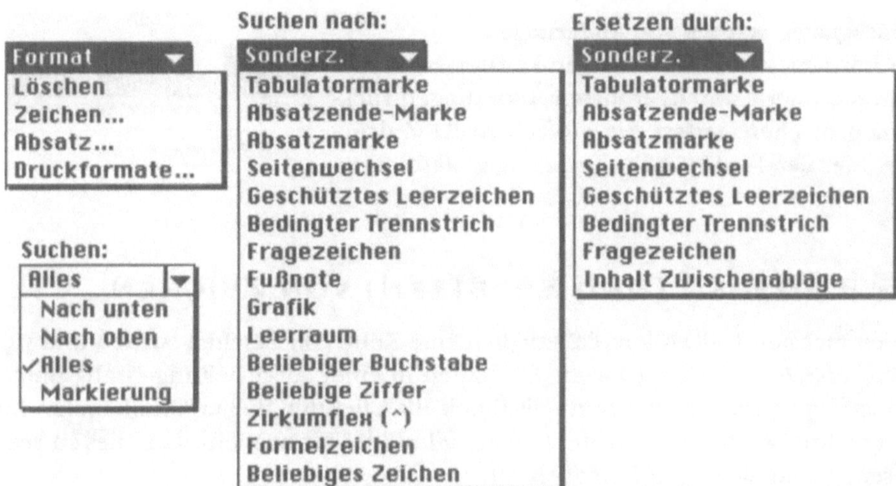

Dabei fällt auf, daß die Sonderz.-Menüs für Suchen und Ersetzen unterschiedlich sind. Bei genauerem Hinsehen wird deutlich warum: Es ist zum Beispiel wenig sinnvoll, ein gefundenes Textelement durch ein „Beliebiges Zeichen" oder ein „Formelzeichen" o.ä. zu ersetzen.

Daß das Ersetzen-Menü zusätzlich den Eintrag „Inhalt Zwischenablage" besitzt, hat eine besondere Bewandtnis: dadurch ist es möglich, ein gefundenes Zeichen zum Beispiel durch eine Grafik zu ersetzen, die Sie zuvor in die Zwischenablage kopiert haben. Doch alles der Reihe nach …

Zunächst ein paar wichtige Aspekte der Suchen-/Ersetzen-Funktionen:

• Festlegen des Suchbereichs

Über das Popup-Menü „Suchen" legen Sie den Bereich fest, in dem Word den Suchen/ Ersetzen-Vorgang durchführen soll. Vier Einträge stehen zur Wahl. Der Eintrag **Markierung** erscheint nur, wenn in Ihrem Text ein Abschnitt aktiviert und somit invertiert dargestellt. *Wenn Sie also nur einen Teil Ihres Dokuments bearbeiten wollen, müssen Sie diesen vorher aktivieren.*

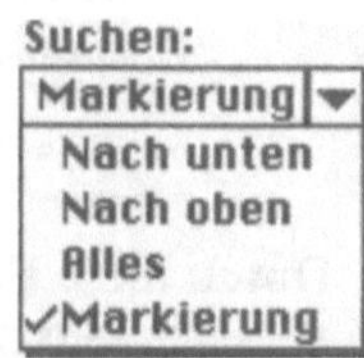

Der Suchbereich **Nach unten** bedeutet, daß Word von der aktuellen Textcursorposition bis zum Textende sucht. Entsprechend sucht Word beim Suchbereich **Nach oben** von der aktuellen Textcursorposition bis zum Textanfang.

Beim Eintrag **Alles** durchsucht Wort das gesamte Dokument, unabhängig von der aktuellen Textcursorposition.

• Abbrechen eines Suchvorgangs

Den Suchen/Ersetzten-Vorgang können Sie jederzeit abbrechen, indem Sie entweder die ESCAPE-Taste oder APPLE-PUNKT drücken. Word stellt dann im Info-Feld des Arbeitsfensters dar, wieviele Änderungen es bereits durchgeführt hat.

• Rückgängig machen von Änderungen
Sie können, ohne das Ersetzen-Fenster zu schließen, die zuletzt durchgeführten Änderungen rückgängig machen, indem Sie einfach APPLE-Z drücken oder den Menüpunkt „Rückgängig" aktivieren:

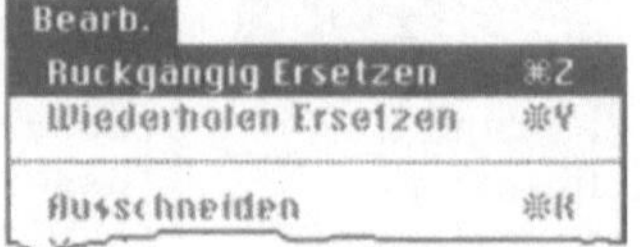

55.3 SUCHEN (UND ERSETZEN) VON ZEICHEN

Im einfachsten Fall wollen Sie lediglich eine Kette von Zeichen suchen und vielleicht ersetzen. Nehmen wir an, Sie hätten in einer Ausarbeitung Grafik immer
mit „ph" geschrieben und nun teilt Ihnen Ihr Chef mit, daß er Grafik immer mit
„f" geschrieben haben möchte, weil es viel moderner aussieht. Um dies zu realisieren, gehen Sie folgendermaßen vor:

❶ Plazieren Sie den Eingabecursor am Anfang Ihres Dokuments.

❷ Aktivieren Sie die Ersetzen-Dialogbox über den Menüpunkt „Ersetzen" im
Bearb.-Menü.

❸ Geben Sie in das **Suchen nach:**-Eingabefeld „Graphi" und in das **Ersetzen
durch:**-Feld „grafi" ein:

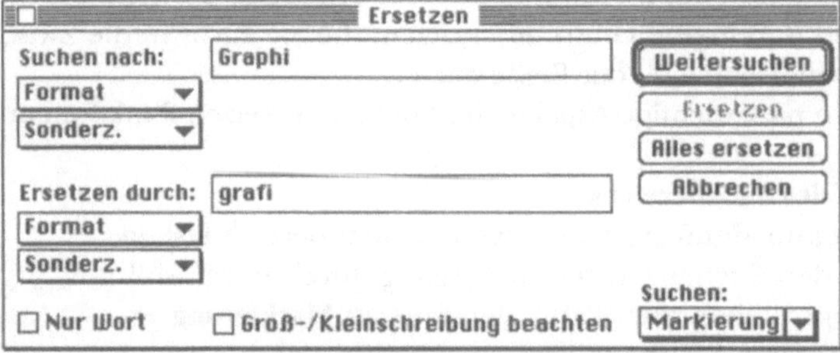

Durch diese Eingabe ändern Sie nicht nur das Word „Graphik" sondern auch
abgeleitete Wörter, wie „graphisch", „graphische", „Graphiker" und so weiter.

❹ Definieren Sie über das Popup-Menü „Suchen" den Suchbereich (siehe oben),
innerhalb dessen Word suchen und ersetzten soll.

❺ Starten Sie den Suchvorgang. Hierfür stehen zwei Buttons zur Verfügung:
Alles Ersetzen: ersetzt alle Suchbegriffe im Suchbereich, ohne Rück-
sprache. Während dieses Vorgangs teilt Word Ihnen den Status der Arbeit im
Info-Feld des Arbeitsfensters mit, zum Beispiel:

Weitersuchen: startet den Suchvorgang. Sobald ein passender Begriff gefunden ist, stoppt Word den Suchvorgang, invertiert den gefundenen Begriff und stellt ihn in der ersten Zeile des Arbeitsfensters dar.

Nun ist auch der Button **Ersetzten** aktivierbar. Drücken Sie diesen Button, wenn Sie den invertierten Begriff ersetzten wollen. Word ersetzt das Wort und fährt automatisch mit dem Suchvorgang fort. Wenn Sie das Wort nicht ersetzten wollen, drücken Sie einfach den Button „Weitersuchen".

Beim Arbeiten mit der Suchen-Dialogbox ist es sehr hilfreich, daß Sie in Word (in der Regel) sämtliche Buttons per Tastatur ansprechen können. Für den Button „Ersetzen" drücken Sie APPLE-E und für Weitersuchen entweder RETURN oder APPLE-W.

❻ Hat Word den Suchbereich fertig durchsucht, erscheint eine Dialogbox, die je nach Suchbereich etwas anders aussieht. In jedem Fall teilt Word nach Beendigung des Suchen/Ersetzen-Vorgangs in der Info-Box des Arbeitsfensters mit, wieviele Begriffe ersetzt wurden, zum Beispiel:

• Suchen und Ersetzen ähnlicher Begriffe
Um auch abgeleitete Wörter zu berücksichtigen, darf die Checkbox **Nur Wort** nicht aktiviert sein. Ist diese aktiv, so berücksichtigt Word nur Wörter, die in ihrer gesamten Länge mit dem Suchbegriff identisch sind. Die oben dargestellt Dialogbox berücksichtigt aber auch „Graphikbetrieb" und „graphisch". Wäre „Nur Wort" aktiviert, so würden nur die Begriffe „Graphi" und „graphi" ersetzt.

• Das Problem der Groß-/Kleinschreibung
Ein wichtiges Suchattribut ist **Groß-/Kleinschreibung beachten**. Diese Checkbox teilt Word mit, ob es beim Suchen (nicht beim Ersetzen!) der Begriffe darauf achten soll, daß der Text mit dem Suchbegriff hinsichtlich seiner Groß-/Kleinschreibung übereinstimmt, oder nicht. Die oben dargestellt Suchen-Dialogbox ersetzt also sowohl „graphisch" wie auch „Graphiker".

Wenn Sie die Groß-/Kleinschreibung des gefundenen Begriffes unverändert lassen wollen, müssen Sie im „Ersetzen durch"-Eingabefeld den Begriff *klein* schreiben. Schreiben Sie ihn groß, so werden alle ersetzten Begriffe ebenfalls groß geschrieben. Die oben dargestellte Suchen-Dialogbox macht also aus „graphisch" „grafisch" und aus „Graphiker" „Grafiker".

• Wie suchen Sie Text mit einigen unbekannten Zeichen?
Wenn Sie zum Beispiel alle Jahreszahlen aus den 1980er Jahren suchen, so müssen Sie hinter 198 einen Platzhalter einfügen. Für unbekannte Zeichen bietet

Word drei unterschiedliche Platzhalter. Diese finden Sie in dem Popup-Menü „Sonderz." in den „Suchen" und „Ersetzen" Dialogboxen:

Um also alle 80er-Jahre Einträge im Dokument aufzuspüren, müßte der Suchen-Dialog folgendermaßen aussehen:

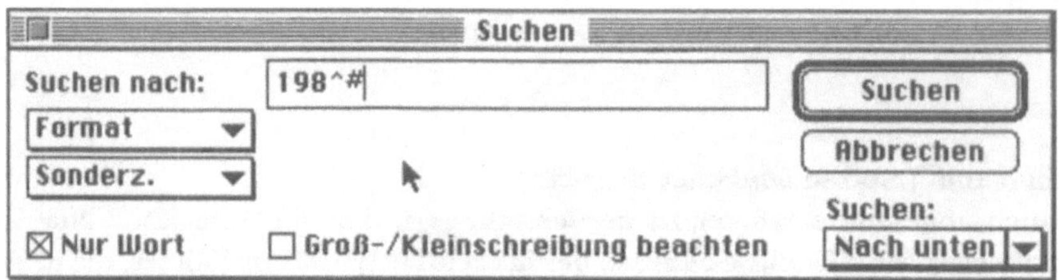

55.4 SUCHEN (UND ERSETZEN) VON SONDERZEICHEN

Egal, ob Sie Tabultoren ersetzen, Grafiken suchen, Fußnotenzeichen umformatieren, Abkürzungen durch Grafiken ersetzen oder geschützte Leerzeichen eliminieren wollen: stets sind Sonderzeichen im Spiel.

Word stellt über ein Popup-Menü in den Dialogboxen eine Reihe von Sonder- und Steuerzeichen zur Verfügung, die sich in die Suchen-/Ersetzen-Eingabefelder einsetzen lassen.

Bei den „Ersetzen durch" Sonderzeichen findet sich zudem noch „Inhalt Zwischenablage".

Die meisten Steuer- und Sonderzeichen eines Dokuments werden sichtbar, wenn Sie den Menüpunkt „¶ einblenden" aktivieren. Word ordnet dann den Steuerzeichen bestimmte Symbole zu, die Sie der folgenden Tabelle entnehmen:

Sonderzeichen	Symbol	zugehörige Tastenkombination	Eintrag Dialogbox
Tabulatormarke	→	Tabulator	^t
Zeilenende-Marke	↵	Shift-Return	^n
Absatzmarke	¶	Return	^p
Seitenwechsel	....	Shift-Enter	^d
Geschütztes Leerzeichen	~	Option-Space	^s
Bedingter Trennstrich	¬	Apple-Trennstrich	^-
Fragezeichen	?	Shift-ß	^?
Fußnote	1	Apple-E	^5
Grafik	☐		^1
Leerraum			^w
Beliebiger Buchstabe			^*
Beliebige Ziffer			^#
Zirkumflex	^		^^
Formelzeichen	\	Apple-Option-<	^<
Inhalt Zwischenablage			^c

In das Eingabefeld der Suchen-/Ersetzen Dialogboxen werden diese Sonderzeichen codiert eingetragen. Dabei ist jeweils einem Zeichen ein Zirkumflex vorangestellt. In welcher Form Word die Sonderzeichen in die Eingabefelder der Dialogbox einträgt ist ebenfalls in obiger Tabelle dargestellt.
Die folgende Dialogbox würde im gesamten Dokument Zeilenende-Marken durch Absatzmarken ersetzen:

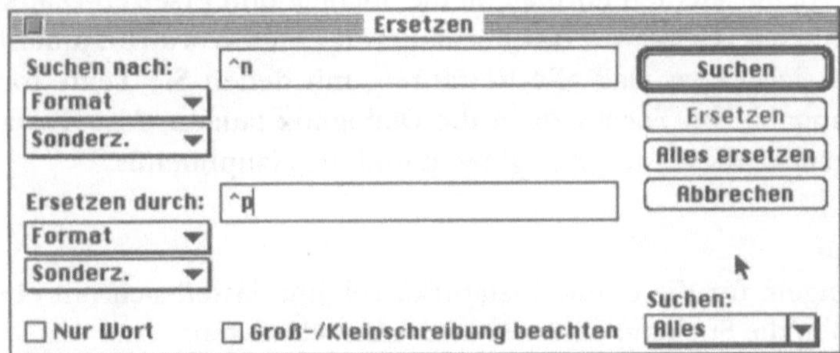

Wie Sie mit Sonderzeichen Fußnotenzeichen umformatieren oder Platzhalter durch Grafiken ersetzen, das lesen Sie im Abschnitt Tips & Tricks am Ende dieses Kapitels.

55.5 Suchen (und Ersetzen) von Formaten

Das Suchen und Ersetzen von Textformatierungen und Druckformaten erfolgt in Word über die normalen Suchen- und Ersetzen-Dialogboxen aus dem Bearb.-Menü. So ändert zum Beispiel die folgende Dialogbox im gesamten Dokument kursiv gedruckten Text der Größe 24 Punkt in fett gedruckten Text mit 26 Punkt Schriftgröße:

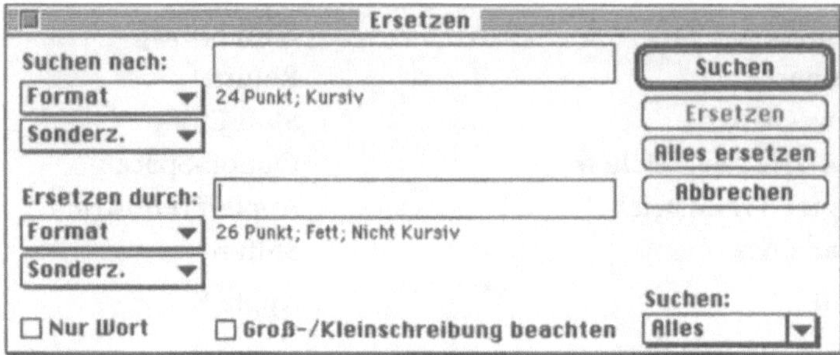

Zwei wichtige Such-Prinzipien gehen aus der Dialogbox hervor:

- Wenn Sie ein Format unabhängig von einem bestimmten Text suchen und ersetzen wollen (zum Beispiel: alle fettgedruckten Wörter durch kursive ersetzen), so lassen Sie die Eingabefelder „Suchen nach:" und „Ersetzen durch:" einfach leer!

- In Word ist es nicht möglich, ein Textattribut direkt in ein anderes zu überführen, also zum Beispiel das Attribut „kursiv" direkt durch das Attribut „fett" zu ersetzen. Um Kursivdruck in Fettdruck umzuwandeln, müssen Sie nach „kursiv" suchen und dieses durch „fett" und „nicht kursiv" ersetzen!

• Eingabe der gesuchten Formate in die Dialogbox
Die Eingabe der gesuchten Formate in die Suchen- und Ersetzen-Dialogboxen erfolgt in ähnlicher Weise wie das Formatieren eines Word-Dokuments. Grundsätzlich läßt sich sagen, daß alle Verfahren, mit denen Sie Texte formatieren, auch zur Eingabe von Formaten in die Dialogbox taugen. Also Tastaturkürzel, Lineal, Formatierungsleiste, Dialogboxen und die Hauptmenüs:

• *per Tastatur*
Formatierungen, für die es ein Tastaturkürzel gibt, lassen sich mit eben diesem Kürzel auch in die Suchen-/Ersetzen-Dialogbox eintragen:

❶ Rufen Sie die Suchen-Dialogbox auf.

❷ Drücken Sie die Tastenkombination APPLE-SHIFT-L (=linksbündig ausrichten)

❸ Sofort notiert Word den Eintrag „links" in der Dialogbox:

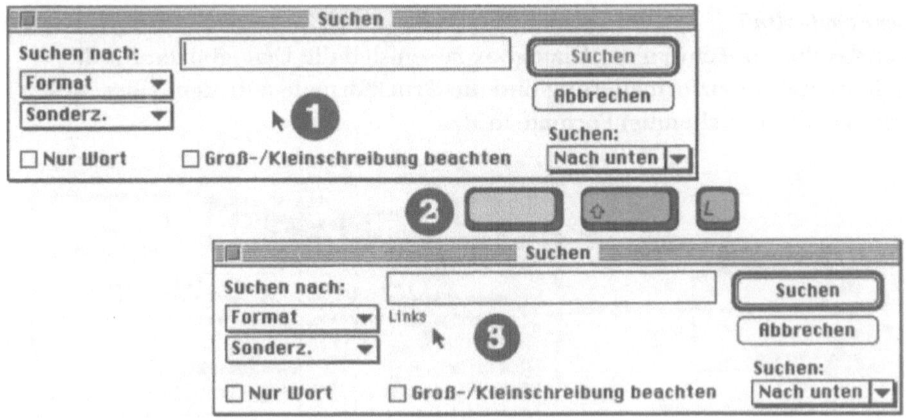

• *per Lineal und Formatierungsleiste*

Sowohl Lineal als auch Formatierungsleiste lassen sich anklicken, während die
Suchen- und Ersetzen-Dialogboxen geöffnet sind. Anklicken der verschiedenen
Kontrollelemente oder Auswahl bestimmter Druckformate aus dem Popup-Menü
im Lineal trägt diese in die Dialogbox ein:

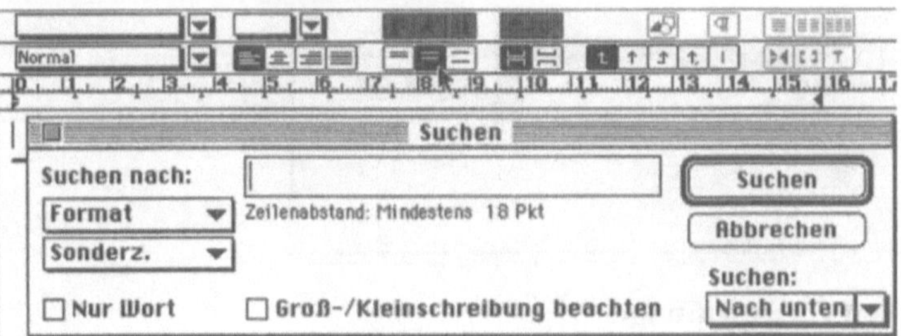

• *per Hauptmenü*

Einige Hauptmenüpunkte sind aktivierbar, während die Suchen- oder Ersetzen-
Dialogboxen geöffnet sind. Diese Menüpunkte taugen ebenfalls zum Ausfüllen
der Dialogboxen:

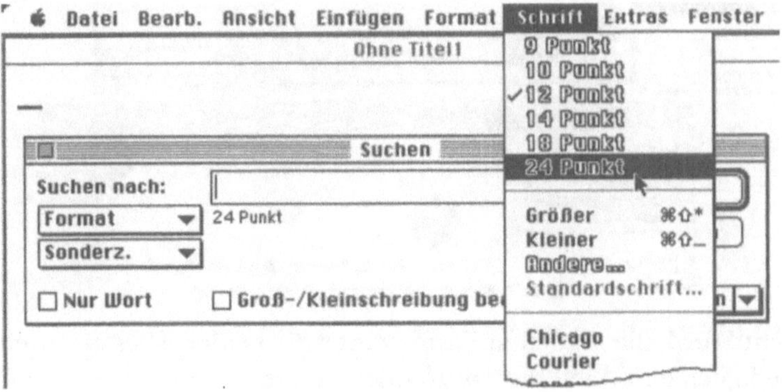

• *per Popup-Menü*

Über das Popup-Menü in der Dialogbox lassen sich die Dialogboxen für die Zeichen- und Absatzformatierung und die Druckformate aufrufen. Über diese legen Sie die zu suchenden Formate fest:

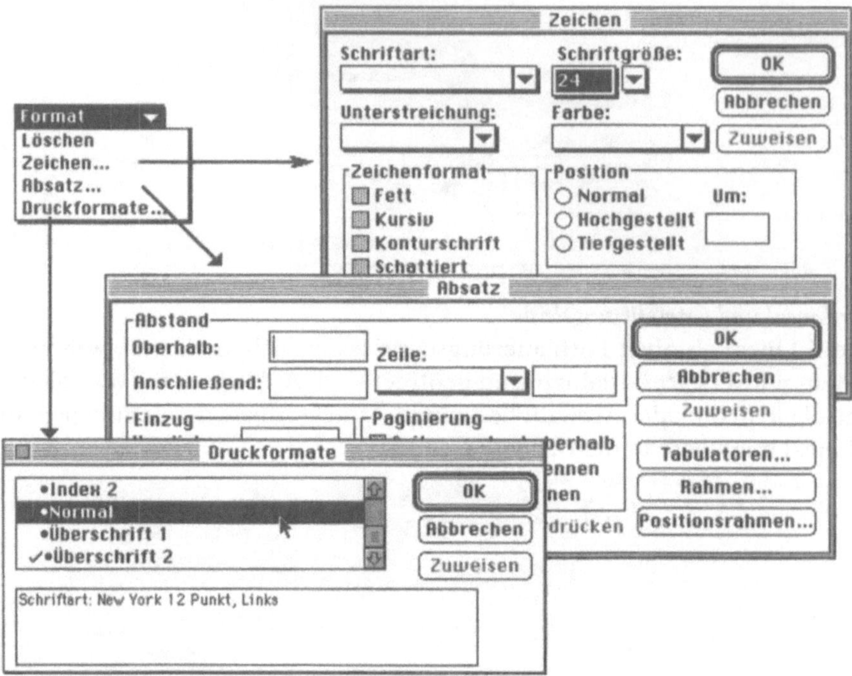

• Löschen von Formateinträgen

Um Formateintragungen in der Dialogbox zu löschen, aktivieren Sie einfach den Menüpunkt „Löschen „ im Format-Menü der Dialogbox:

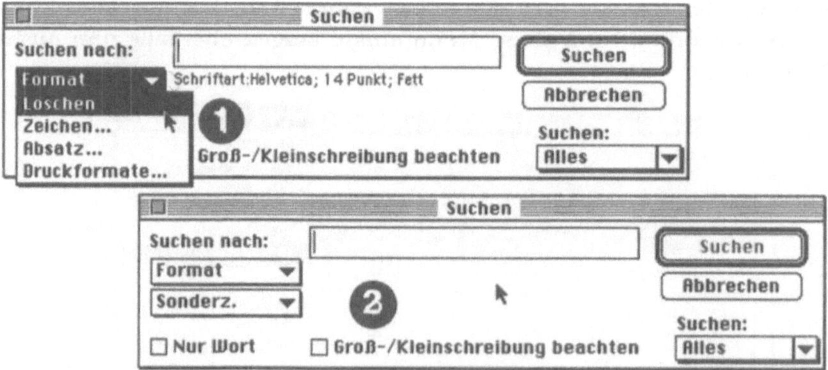

Sofort löscht Word alle aktuellen Formateinträge. Leider ist es einstweilen nicht möglich, lediglich einzelne Einträge zu löschen und andere bestehen zu lassen.

Ein Ausnahme allerdings betrifft die Buchstabenformate. Wählen Sie nämlich den Eintrag „Standard" aus dem Hauptmenü „Format", so verschwinden aus der Formatsammlung selektiv alle Buchstabenformat:

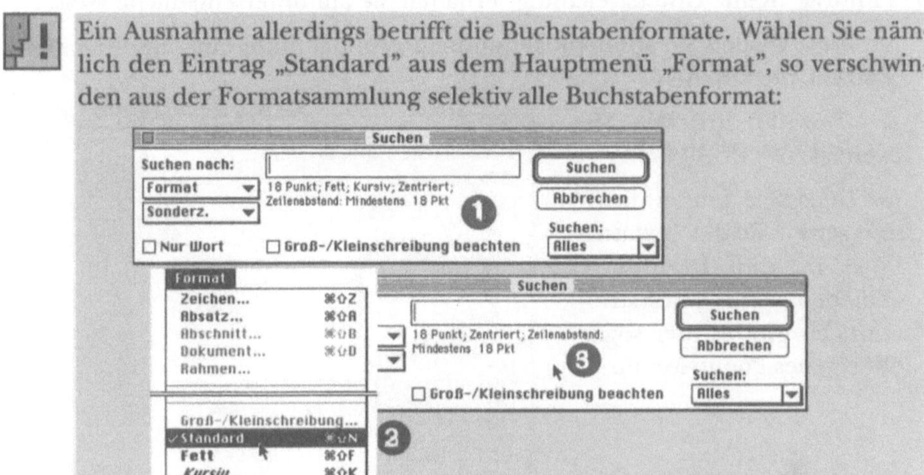

• **Beispiele: Suchen (und Ersetzen) von Zeichenformaten**

Beispiel 1:   <u>Lorenzinische Ampulle</u> → **Lorenzinische Ampulle**
Sie wollen in einem Text alle unterstrichenen Wörter statt durch Unterstreichung durch Fettdruck hervorheben. In Word lösen Sie dieses Problem mit folgendem Dialog:

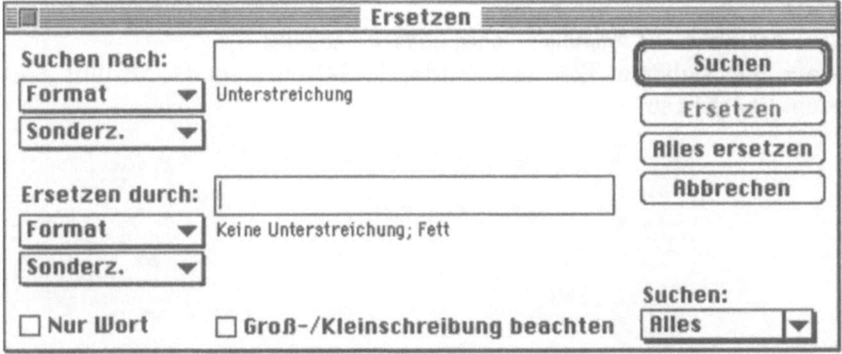

Wichtig: Das Attribut „Unterstreichung" muß ausdrücklich durch das Attribut „Keine Unterstreichung" aufgehoben werden. Würden Sie nur „Fett" eintragen, so wären nachher alle unterstrichenen Worte *zusätzlich* fett.

Den Eintrag „Keine Unterstreichung" erhalten Sie auf unterschiedliche Weise:

- *per Menü*: wählen Sie aus dem Hauptmenü zweimal hintereinander den Menüpunkt „Unterstrichen".

- *per Tastatur*: drücken Sie zweimal APPLE-SHIFT-U.

- *per Dialogbox*: am einfachsten setzen Sie die Textattribute in der Dialogbox „Zeichen". Für Unterstreichungen gibt es hier sogar ein eigenes Popup-Menü:

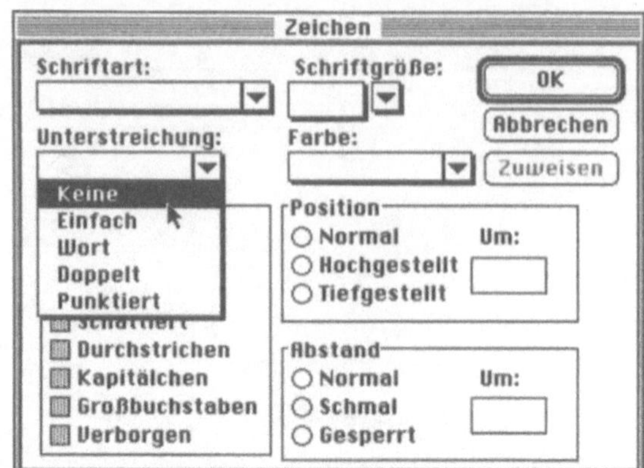

 Andere Attribute wie „kursiv" und „fett" sind nicht per Popup-Menüs kontrolliert, sondern per Checkboxen. Diese wechseln beim Anklicken zwischen drei Zuständen:

Der Zustand	bedeutet
▦ **Fett**	Attribut „fett" unverändert lassen
⊠ **Fett**	Attribut „fett" in jedem Fall setzen
☐ **Fett**	Attribut „fett" wegnehmen

Beispiel 2:   **Lorenzinische Ampulle** → *Lorenzinische Ampulle*

Sie wollen alle Buchstaben in 12-Punkt, Fettdruck, Helvetica um das Attribut „kursiv" ergänzen. Das geht so:

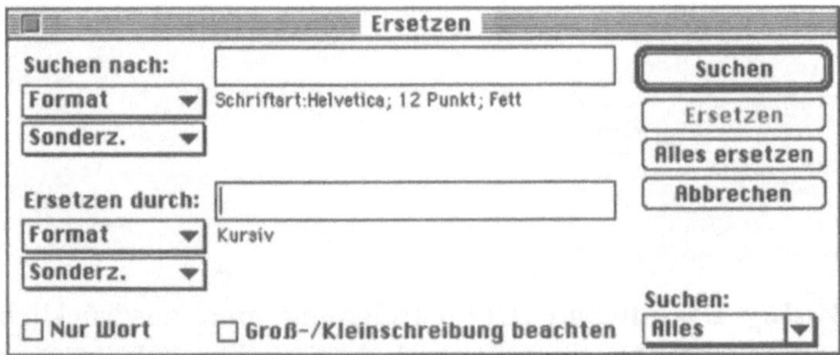

Es ist also nicht so, daß die Attribute Helvetica, 12-Punkt und fett durch kursiv *ersetzt* würden; vielmehr werden sie um dieses Attribut ergänzt.

Beispiel 3:   <u>Lorenzinische Ampulle</u> ➜ Lorenzinische Ampulle

Sie wollen alle Unterstreichungen in einem Dokument eliminieren. Folgender Dialog hilft:

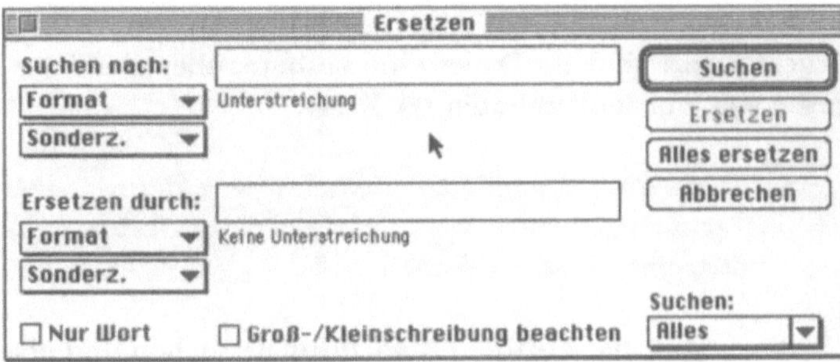

Beispiel 4:   **Abb.** ➜ *Abb.*

Sie haben in Ihrem Text die Abkürzung „Abb." durch Fettdruck hervorgehoben. Da Fettdruck beim Drucken zu massiv wirkt, wollen Sie „Abb." nunmehr lediglich durch kursiv hervorheben. Des Rätsels Lösung:

Beispiel 5:   **Lorenzinische Ampulle** ➜ Lorenzinische Ampulle

Sie wollen alle fettgeschriebenen Überschriften mit der Schrifttype Times und der Schriftgröße 12-Punkt in einfache Helvetica Type mit 14-Punkt Schriftgröße umwandeln. Das geht in einem Rutsch:

• Beispiele: Suchen (und Ersetzen) von Absatzformaten

Das Verändern von Absatzformatierungen über die Suchen-/Ersetzen-Funktion sollte mit Bedacht geschehen. Problemlos und einfach im Umgang, verleitet sie dazu, Absatzformate nicht konsequent über Druckformate festzulegen - und nur Druckformate sind auf Dauer eine saubere, überschaubare Lösung beim Formatieren von Worddokumenten (☞ K.24).

Wenn irgend möglich, sollten Sie Veränderungen der Absatzformate über Veränderungen der zugehörigen Druckformate durchführen und nicht über die „Ersetzen"-Funktion.

Für diejenigen, die trotzdem Absatzformate suchen und ersetzen wollen, hier ein paar Beispiel.

Beispiel 1: Zentriert → linksbündig

Sie wollen alle Textpassagen Ihres Dokuments, die zentriert ausgerichtet sind, linksbündig ausrichten. Folgende Dialogbox erfüllt den Job:

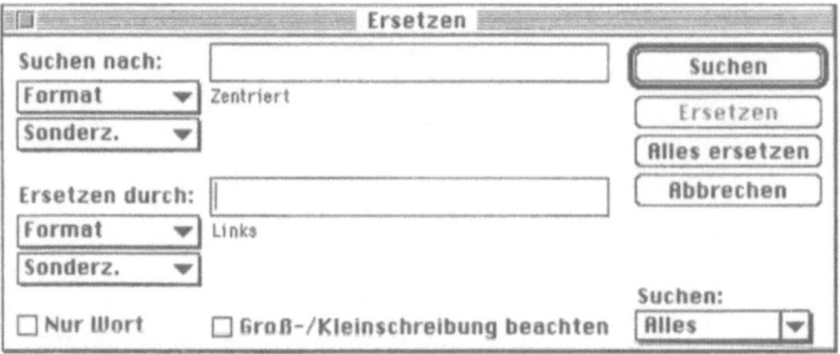

Beispiel 2: Komplexe Formate

Sie wollen alle Textpassagen, die Sie bisher durch 10%-Grau und zentrierte Ausrichtung hervorgehoben haben, einrücken, in Blocksatz darstellen und mit einem Balken auf der linken Seite versehen. Folgender Dialog erledigt das für Sie:

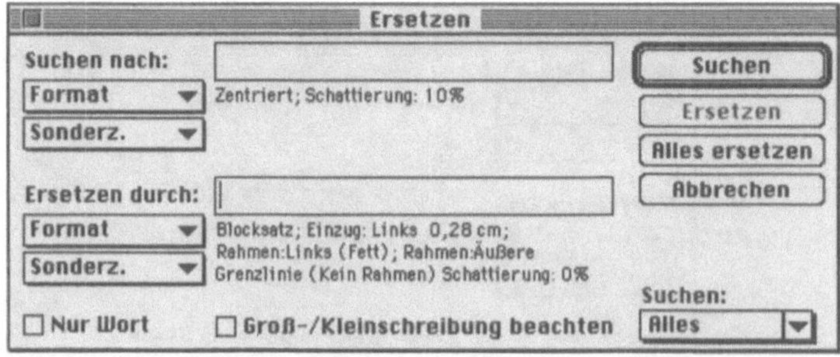

Beispiel 3: Arbeiten mit Formatplatzhaltern

Ein sinnvoller Einsatz von Formatänderungen mit der Ersetzenfunktion ist das Arbeiten mit Platzhaltern. Wenn Sie zum Beispiel in Ihrem Dokument mehrere Arten und Weisen haben wollen, einen Absatz hervorzuheben, aber noch nicht wissen, wie das zum Schluß exakt aussehen soll, so empfiehlt es sich, zunächst Platzhalter für diese Hervorhebungen zu verwenden. Also zum Beispiel ##H1, ##H2 und ##H3. Wichtig: Sie dürfen den Platzhalter und den hervorzuhebenden Absatz nur durch eine Zeilenende-Marke (← = Shift-Return) keinesfalls aber durch eine Absatzmarke (¶ = Return) trennen, sonst bleibt die Formatänderung lediglich auf den Platzhalter beschränkt:

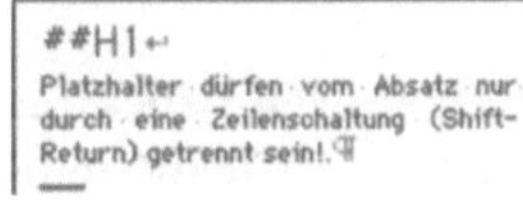

Nachdem Sie sich entschieden haben, wie die verschiedenen Hervorhebungen aussehen sollen, ersetzen Sie mit der folgenden Dialogbox die Platzhalter durch Absatzformate:

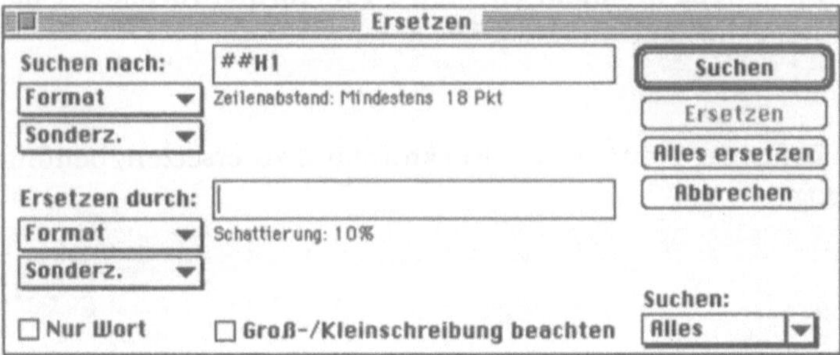

Um beim „Ersetzen durch" ein Absatzformat unterzubringen, müssen Sie zunächst beim „Suchen nach" ein Absatzformat definieren, sonst erscheint eine Fehlermeldung.

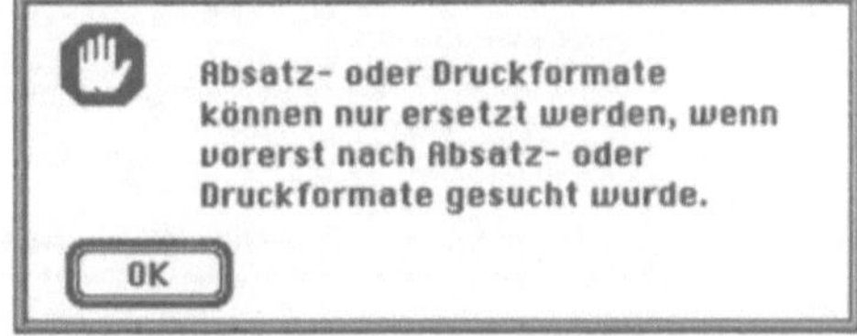

Geben Sie hier ein Absatzformat ein, daß allen gesuchten Absätzen gemeinsam ist, zum Beispiel 1.5-Zeilenabstand o.ä.

Leider löscht Word beim Ersetzen die Platzhalter nicht, so daß ein zweiter Durchgang erforderlich wird:

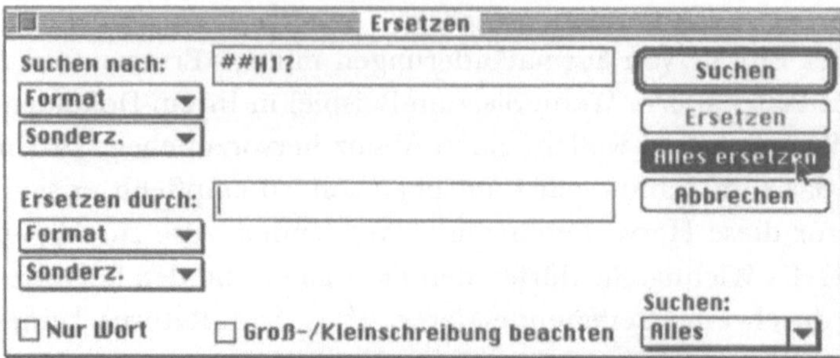

 Tip: Am besten geben Sie hinter dem Platzhalter das Sonderzeichen „Beliebiges Zeichen" ein, damit Word auch die Zeilenendemarke löscht.

• Beispiele: Suchen (und Ersetzen) von Druckformaten

Das Suchen und Ersetzen von Druckformaten ist eine überaus hilfreiche Funktion. Mit ihr können Sie nicht nur ein Druckformat gegen ein anderes austauschen, sondern auch schnell von Tabelle zu Tabelle, von Überschrift zu Überschrift oder von Bildunterschrift zu Bildunterschrift springen - zumindest, wenn Sie diese jeweils in einem eigenen Druckformat formatiert haben. Mehr zum Thema Druckformate im Kapitel ☞ K.24.

Beispiel

Um das Druckformat 1 durch das Druckformat 2 zu ersetzen, benötigen Sie folgenden Dialog:

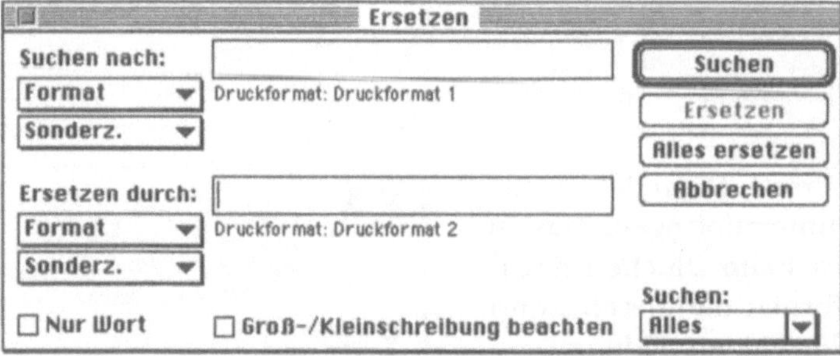

55.6 TIPS & TRICKS

• Ersetzen eines Platzhalters durch ein Bild

Das Bearbeiten von Wordtexten mit vielen Grafiken ist selbst mit dem Grafikspezialisten Macintosh nicht immer erträglich. Das Scrollen wird immer holpriger und Sie sehen immer weniger Text auf einer Seite. Kommen in einem Dokument bestimmte Grafiken immer wieder vor, wie zum Beispiel in diesem Buch die Icons, so ist es ratsam, statt dieser Grafiken zunächst Platzhalter in den Text einzufügen, also zum Beispiel das Wort „Icon#1". Nachdem Sie den Text dann fertig haben, können Sie per Suchen & Ersetzen diese Platzhalter durch die endgültigen Icons ersetzen:

❶ Kopieren Sie das Icon in die Zwischenablage.

❷ Füllen Sie die „Ersetzen"-Dialogbox folgendermaßen aus:

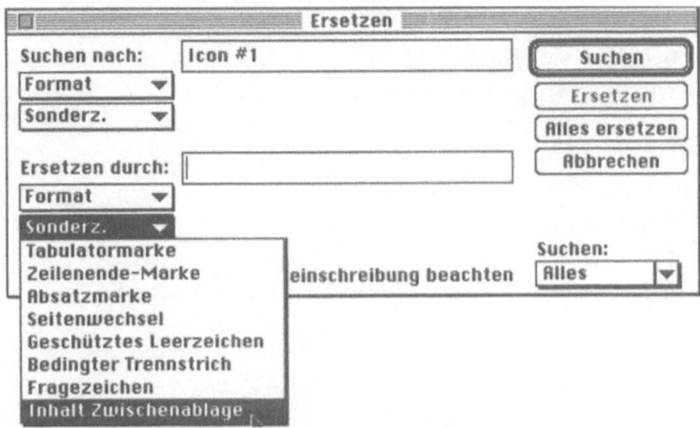

Durch diesen Trick ersetzen Sie den Platzhalter durch die entsprechende Grafik. Noch eleganter ist allerdings die Methode der dynamischen Querverweise. Bei dieser Methode steht das Originalicon an einer Stelle des Word-Dokuments. An anderen Stellen wird lediglich ein dynamischer Bezug auf dieses Icon eingesetzt. Dieses Verfahren hat den zusätzlichen Vorteil, daß Änderungen an den Icons sehr einfach durchführbar sind: Sie ändern nur das Original, sofort ändern sich automatisch alle Icons im Text. Mehr zum dynamischen Datenaustausch: ☞ K.25.

• **Tip für Vielschreiber**
Bei längeren Texten schleichen sich immer und immer wieder Standardfehler ein, die auch die Rechtschreibprüfung von Word nicht bemerkt. Mit im Spiel ist häufig das Leerzeichen. Folgende Ersetzen-Durchgänge bieten Abhilfe:

Suche nach …	*und ersetze durch…*
Doppelleerzeichen	Leerzeichen
Leerzeichen-Punkt	Punkt
Leerzeichen-Komma	Komma
Leerzeichen-Klammer-zu	Klammer zu
Klammer-Leerzeichen-auf	Klammer auf

• **„Erneut suchen" ohne Dialogbox**
Einen Suchvorgang setzten Sie ohne Dialogbox fort, indem Sie APPLE-OPTION-A drücken oder den Menüpunkt **„Erneut suchen"** aus dem Bearb.-Menü aktivieren.

56. Tabellen

56.1 Wissenswertes in Kürze 424
56.2 Erstellen einer einfachen Tabelle...425
• per Popup-Menü aus der Formatierungsleiste...........................426
• per Dialogbox...426
56.3 Bearbeiten einer Tabelle...428
• Aktivieren von Spalten, Zeilen und Zellen................................428
• Löschen und Einfügen von Spalten, Zeilen, Zellen 429
• Zellen verbinden 431
• Ändern der Spaltbreite...433
• per Lineal..433
• per Dialogbox...433
• Erzwingen einer bestimmten Zeilenhöhe 434
56.4 Formatieren von Zellinhalten 434
56.5 Rahmen und Grauhinterlegungen...436
56.6 Positionieren einer Tabelle auf der Seite 440
• Automatische Plazierung..440
• Manuelle Plazierung und Fließtext 440
56.7 Umwandlungen zwischen Text und Tabelle.................................441
56.8 Erstellen eines Formulars..442
56.9 Tabellenkalkulation in Word...445
56.10 Tips & Tricks 447
• Tabellenimport aus Excel...447
• Tabulatortaste drücken am Tabellenende 447
• Drag&Paste zum Verschieben von Zeilen 447
• Invertierte Tabelleneinträge für Überschriften..........................448
• Zweispaltig per Tabelle...448

Kaum ein Einsatzgebiet von Word ist so uferlos (und gelegentlich so nervtötend) wie das Erstellen komplexer Tabellen. Das liegt zum einen daran, daß Tabellen generell ein tückisches Terrin sind, zum anderen aber auch daran, daß Words Tabellenfunktionen - was die Benutzerführung betrifft - noch nicht wirklich ausgereift ist. Dabei könnte es so einfach sein: Word verfügt nämlich über alle gewünschten Befehle - nur sind diese nicht im Menü installiert. Wer häufiger mit Tabellen zu tun hat, sollte zunächst mal die einschlägigen Tabellen-Befehle installieren. Aber da sind wir schon fast bei Tips & Tricks angelangt.

Die Tabellenfunktionen von Word sind sehr mächtig und bieten Lösungen für eine Reihe von Problemen. So können Sie zum Beispiel Tabellenfunktionen und Positionsrahmen einsetzen, um *echte Formulare* zu erstellen, bei denen Word per Tabulator von Eingabefeld zu Eingabefeld springt. Ebenso können Sie Tabellen einsetzen, wenn es darum geht, *zwei oder mehr Absätze nebeneinander* zu plazieren - das ist of t einfacher und flexibler als der abschnittsorientierte Zweispaltensatz.

56.1 WISSENSWERTES IN KÜRZE ...

• Spalten, Zeilen, Zellen
Das sind die zentralen Begriffe beim Arbeiten mit Tabellen. Sie sind in der nebenstehenden Abbildung erläutert.

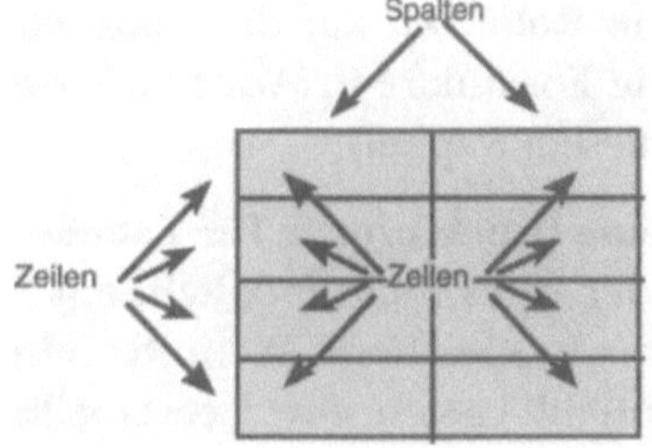

• Excel oder Word?
Bevor Sie sich in Word an komplexe Zahlen-Tabellen heranmachen, sollten Sie überlegen, ob Sie die Tabelle nicht lieber in Ihrer Tabellenkalkulation erstellen und formatieren. Einfügen, Löschen, Kopieren und Verschieben von Zeilen und Spalten ist dort schneller und einfacher als mit den Tabellenfunktionen von Word. Und eine fertige Excel-Tabelle können Sie samt allen Formatierungen über die Zwischenablage in Word einsetzen. Word macht dann eine Word-Tabelle daraus, mit der Sie ganz normal weiterarbeiten können.

• Tabellen: Hilfslinien ein/ausblenden
Beim Anlegen einer Tabelle zeigt Word gepunktete Hilflinien:

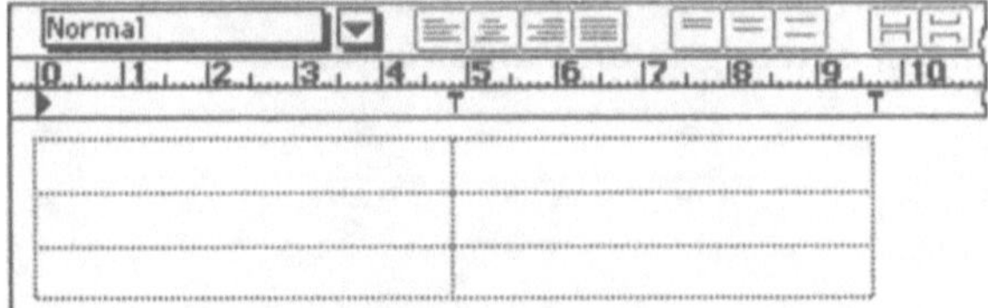

Ein- und Ausblenden dieser Linien erfolgt über die Einstellungen (Extras-Menü):

• Freies Positionieren einzelner Tabellenfelder: Das Erstellen echter Formulare
Jedes Tabellenfeld ist eine eigenständige Einheit, die Sie nach Belieben formatieren können. Dazu gehört auch, sie mit einem Positionsrahmen zu versehen und dann an beliebiger Stelle der Druckseite zu plazieren. Drücken Sie den Tabulator, so springt Word, wie in Tabellen üblich, von Zelle zu Zelle. Dabei spielt es keine Rolle, wo auf der Seite ein Tabellenfeld steht. Dadurch ist es möglich, echte Formulare in Word zu erstellen und auszufüllen (mehr dazu weiter unten in diesem Kapitel).

• Keine Druckformate für Tabellenformate
Leider ist es nicht möglich, das Format einer Tabelle in Form eines Druckformates zu speichern. Wenn Sie einen Tabellentyp häufiger verwenden wollen, so empfiehlt es sich, eine Leertabelle dieses Typs als Textbaustein abzulegen.

• Das Lineal spielt mit
Ab Version 5.0 bietet Word im Lineal spezielle Hilfsstrukturen zum Verändern der Spaltenbreite. Wenn der Textcursor in einer Tabelle plaziert ist und Sie das Icon ⊤ ganz rechts im Lineal anklicken, dann zeigt Word in der Tabulatorleiste statt der Absatzränder die Spaltenränder der Tabelle:

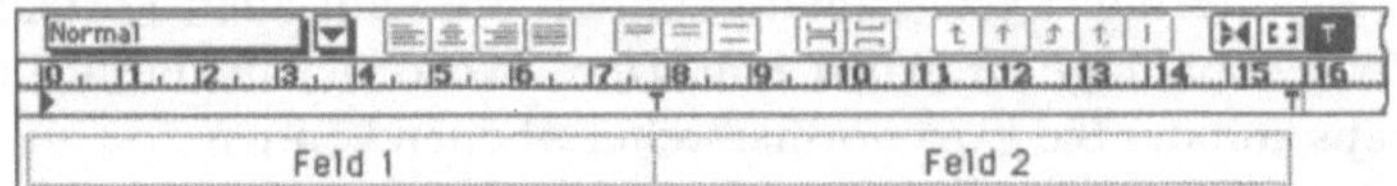

• Sonderzeichen von Tabellen
Jedes Tabellenfeld und das Ende einer Zeile ist beim Einblenden der Sonderzeichen mit einem grauen Punkt markiert:

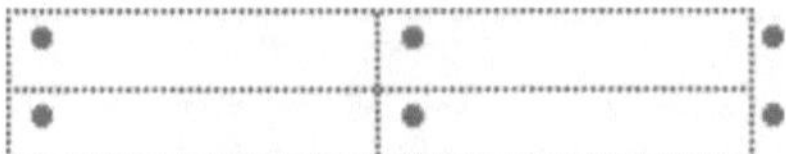

56.2 ERSTELLEN EINER EINFACHEN TABELLE

Tabellen können auf unterschiedlichste Weise zustande kommen. Es gibt zum Beispiel die Möglichkeit, zunächst eine Tabelle auf der Basis von Tabulatoren anzulegen und diese dann in eine „echte" Tabelle umzuwandeln. Eine andere Möglichkeit - die besonders bei langen Zahlenkolonnen zu empfehlen ist - besteht darin, zunächst die Tabelle in Excel zu erstellen und dann über die Zwischenablage ins Word-Dokument einzufügen.
Die dritte Methode ist die, an die Words Programmierer vor allem gedacht haben: Zunächst legen Sie einen Tabellenrohling an. Dieser besitzt die richtige Anzahl Zeilen und Spalten und weist auch schon die Berahmung und andere Eigenschaften der endgültigen Tabelle auf. Wenn dieser Rohling Ihre Wünsche

noch nicht erfüllt, folgt Schritt Zwei: die Feinarbeiten an der Tabelle. Unterschiedliche Spaltenbreiten, unterschiedliche Formatierungen der Zellen etc. Doch zunächst zum Anlegen einer Standardtabelle: Hier gibt es zwei Methoden

• per Popup-Menü aus der Formatierungsleiste

Klicken Sie dasTabellen-Icon in der Formatierungsleiste, so klappt ein Popup-Menü auf, das mit seinen Spalten und Zeilen einer Tabelle ähnelt

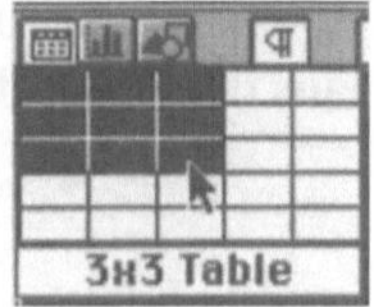

Wenn Sie nun mit der Maus in dieses Raster fahren, invertiert Word in Abhängigkeit von der Mausposition einige Zellen und gibt ihre Anzahl am unteren Rand der Tabelle an. Sie können auch über den unteren und rechten Rand hinausziehen. Word erweitert dann die Tabelle entsprechend.

Entspricht die Anzahl der invertiert dargestellten Felder der gewünschten Tabelle, lassen Sie einfach die Maustaste los. Sofort fügt Word an der Stelle des Textcursors eine Tabelle ein. Zwar ohne jegliche Formatierung - aber immerhin.

• per Dialogbox

Plazieren Sie den Textcursor an die Stelle des Dokuments, an der die Tabelle erscheinen soll. Aktivieren Sie nun den Menüpunkt „Tabelle" aus dem Einfügen-Menü.

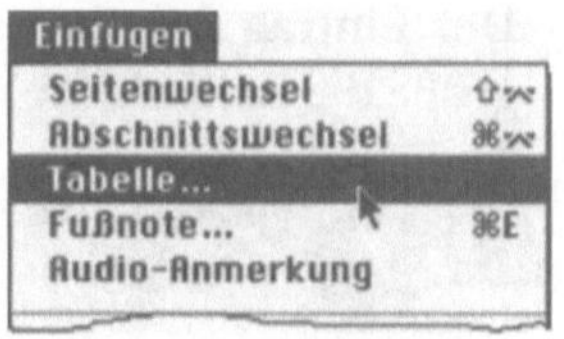

Word öffnet folgende Dialogbox:

Geben Sie hier die Anzahl der Spalten und Zeilen ein, die Ihre Tabelle haben soll. Die Spaltenbreite berechnet Word dadurch, daß es die Absatzbreite gleichmäßig an die Spalten verteilt.

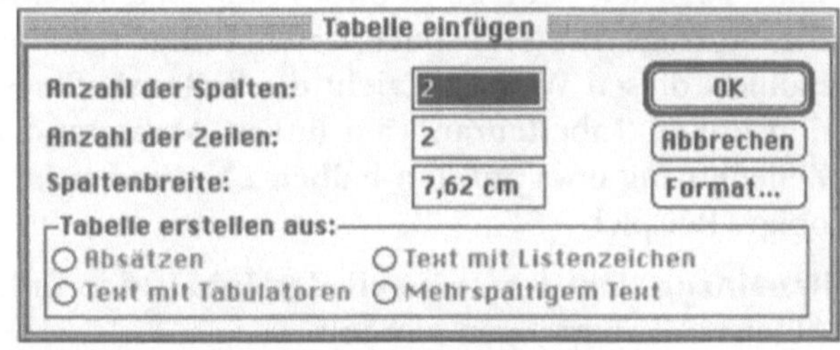

Zu diesem Zeitpunkt besitzten also alle Spalten die gleiche Breite.

Für weitere Grundformatierungen, drücken Sie **Format**. Dieser Button öffnet die Dialogbox für die Zellenformatierung.

Auch hier finden Sie ein Eingabefeld für die **Spaltenbreite**.

Doch interessanter sind die Eingabefelder zum Thema **Zeilen ausrichten**:

Zeilenhöhe: Das Popup-Menü „Zeilenhöhe" bietet die Wahl zwischen drei Einträgen. In der Einstellung *Auto* paßt Word die Zeilenhöhe dem jeweiligen Inhalt ein. Drücken Sie zum Beispiel in einer Tabellenzelle die Returntaste, vergrößert Word die Zeilenhöhe um den entsprechenden Wert. Beim Eintrag *Exakt* hingegen würde sich in einem solchen Falle die Zeilenhöhe nicht ändern, so daß der Text aus der Zelle hinausläuft:

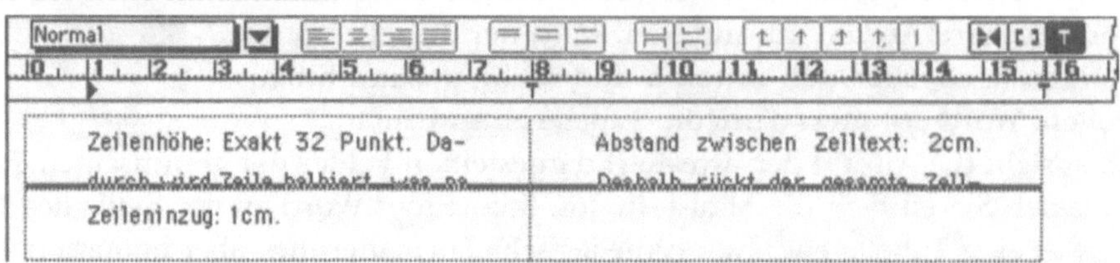

Der Eintrag *Mindestens* legt fest, daß auch nach Verkleinerung der Schriftgröße die Zellenhöhe den eingegebenen Wert nicht unterschreitet.

 Bei den Angaben „Exakt" und „Mindestens" müssen Sie in das Eingabefeld die Zeilenhöhe in Pixeln angeben!

Abstand zwischen Zelltext: In dieses Eingabefeld schreiben Sie den Abstand, den die Einträge zweier benachbarter Zellen voneinander haben sollen. Word halbiert diesen Wert und zieht die Zellenränder entsprechend neu. Um also den linken Tabellenrand am linken Absatzrand zu halten, müssen Sie den Zelleneinzug etwa auf den halben „Abstand zwischen Zelltext" setzten (siehe obiges Beispiel).

Zelleneinzug: legt fest, wieweit der Inhalt der linken Spalte gegenüber dem Absatzrand eingezogen sein soll.

Ausrichtung: betrifft die Position der Tabelle in Bezug auf die Seitenränder.

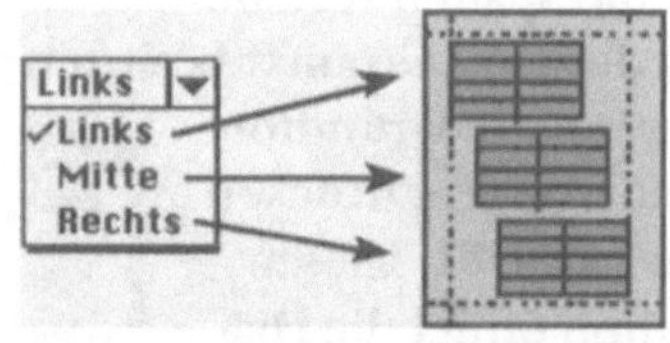

Zuweisen: Über diesen Button weisen Sie der Tabelle im Arbeitsblatt die aktuellen Parameter zu und können so die Wirkung Ihrer Einstellungen unmittelbar überprüfen. Die Dialogbox ist geöffnet, bis Sie **OK** oder **Abbrechen** drücken.

Rahmen: Dieser Button verzweigt zur Dialogbox „Rahmen", die in Abschnitt ☞ K.45 näher erläutert ist. Wählen Sie hier zunächst den gewünschten Linientyp und klicken Sie anschließend auf die gepunkteten Rahmenhilfslinien im Feld **Rahmen**, um die Linie zu setzen. Hier einige Beispiele:

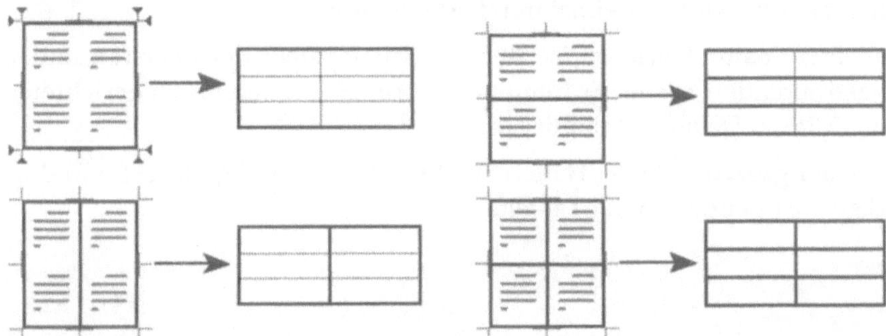

Nach der Umrahmung drücken Sie **OK** und kehren so zur Dialogbox „Zellen" zurück. Drücken Sie dort den Button **Zuweisen**, um die Rahmung direkt an der Tabelle zu sehen. Wenn Sie Ihnen gefällt, drücken Sie **OK**.

56.3 BEARBEITEN EINER TABELLE

• **Aktivieren von Spalten, Zeilen und Zellen**
Wenn Sie mit dem Mauscursor über eine Tabelle ziehen, dann sehen Sie, daß die Cursorform sich häufig ändert, je nachdem, wo sich der Cursor gerade befindet. Positionieren Sie den Cursor zum Beispiel über der obersten Linien einer Spalte, so nimmt er die Form eines nach unten gerichteten Pfeils ein. Dicht an einer vertikalen Linien hingegen stellt er einen nach rechts zeigenden Pfeil dar. Mitten über einer Zelle wiederum nimmt er die Form eines normalen Text-Einfügecursors an. Diese verschiedenen Formen haben bestimmte Bedeutungen, die Sie bemerken, wenn Sie jeweils ein- oder zweimal mit der Maustaste klicken. Je nach Cursorform werden nämlich unterschiedliche Tabellenelemente aktiviert. Die folgende Abbildung gibt eine Übersicht:

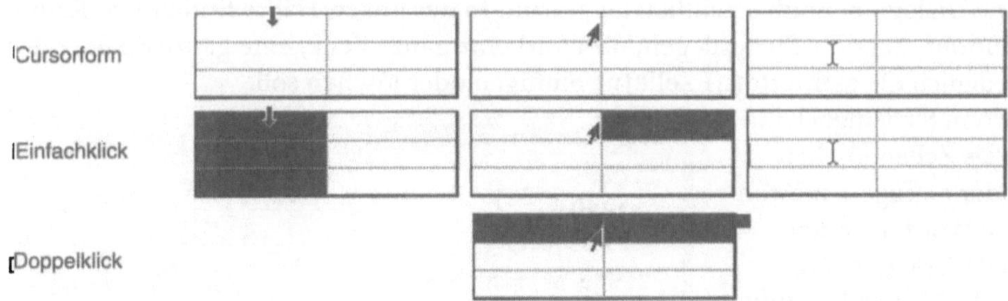

Aktivieren einer Zelle: Plazieren Sie den Mauscursor links neben der linken Randbegrenzung der zu aktivierenden Zelle. Der Cursor nimmt die Form eines nach rechts zeigenden Pfeils an. Klicken Sie einmal mit der Maustaste.

Aktivieren einer Zeile: Plazieren Sie den Mauscursor links neben der linken Randbegrenzung einer Zelle. Der Cursor nimmt die Form eines nach rechts zeigenden Pfeils an. Klicken Sie zweimal mit der Maustaste.

Aktivieren einer Spalte: Plazieren Sie den Mauscursor über der obersten Linien der zu aktivierenden Spalte. Er nimmt die Form eines nach unten gerichteten Pfeils an. Klicken Sie einmal mit der Maus.

Aktivieren einer ganzen Tabelle: Halten Sie die OPTION-Taste gedrückt und doppelklicken Sie irgendwo in die Tabelle.

Schneller mit der OPTION-Taste
Drücken Sie OPTION-Taste. Sobald der Cursor über einer Tabelle steht, nimmt er die Form eines nach unten gerichteten Pfeils an. Einfachklick aktiviert dann eine Spalte, Doppelklick die gesamte Tabelle.

• Löschen und Einfügen von Spalten, Zeilen und Zellen

Ein Manko der Tabellenverwaltung in Word ist das Fehlen einfach implementierter Funktionen zum Einfügen und Löschen von Zeilen und Spalten.

Ist zum Beispiel eine Spalte aktiviert, so sollte das Drücken auf die BACKSPACE-Taste diese Spalte löschen - stattdessen wird nur der Inhalt der obersten Zelle gelöscht.

Dreh- und Angelpunkt zum Einfügen und Löschen von Tabellenbestandteilen ist die Dialogbox „Tabelle", die Sie über den Menüpunkt „Tabelle…" aus dem Format-Menü erreichen.

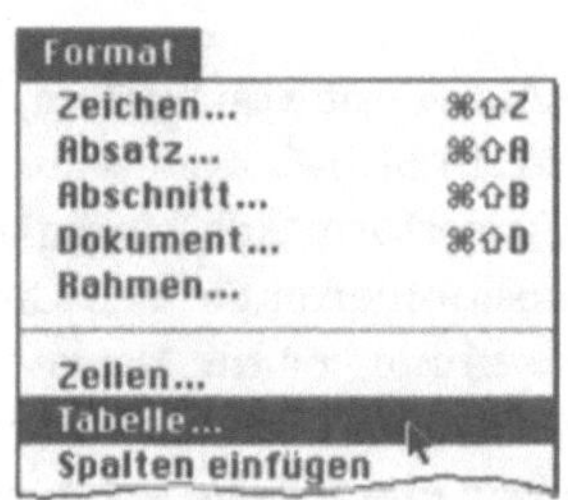

Schneller per : Wenn der Textcursor innerhalb einer Tabelle steht, bewirkt Anklicken des Tabellenicons den Aufruf der Dialogbox „Tabelle".

Die Dialogbox ist übersichtlich aufgebaut. In der linken Hälfte finden sich Radiobuttons, über die Sie festlegen, ob Word eine ganze Zeile, eine ganze Spalte oder lediglich die aktivierte(n) Zelle(n) einfügen oder löschen soll.

Wenn Sie lediglich ein paar Zellen löschen oder einfügen, müssen Sie Word noch mitteilen, ob es die restlichen Zellen horizontal oder vertikal verschieben soll.

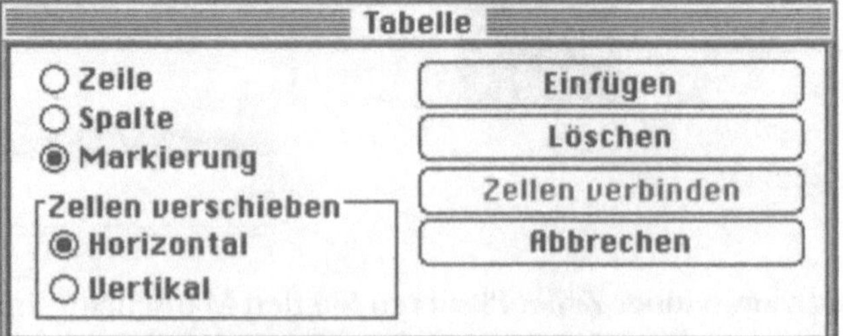

Anschließend drücken Sie dann **Löschen** oder **Einfügen**. Welche Kombination von Radiobuttons welche Effekte hat, zeigen die beiden folgenden Abbildungen:

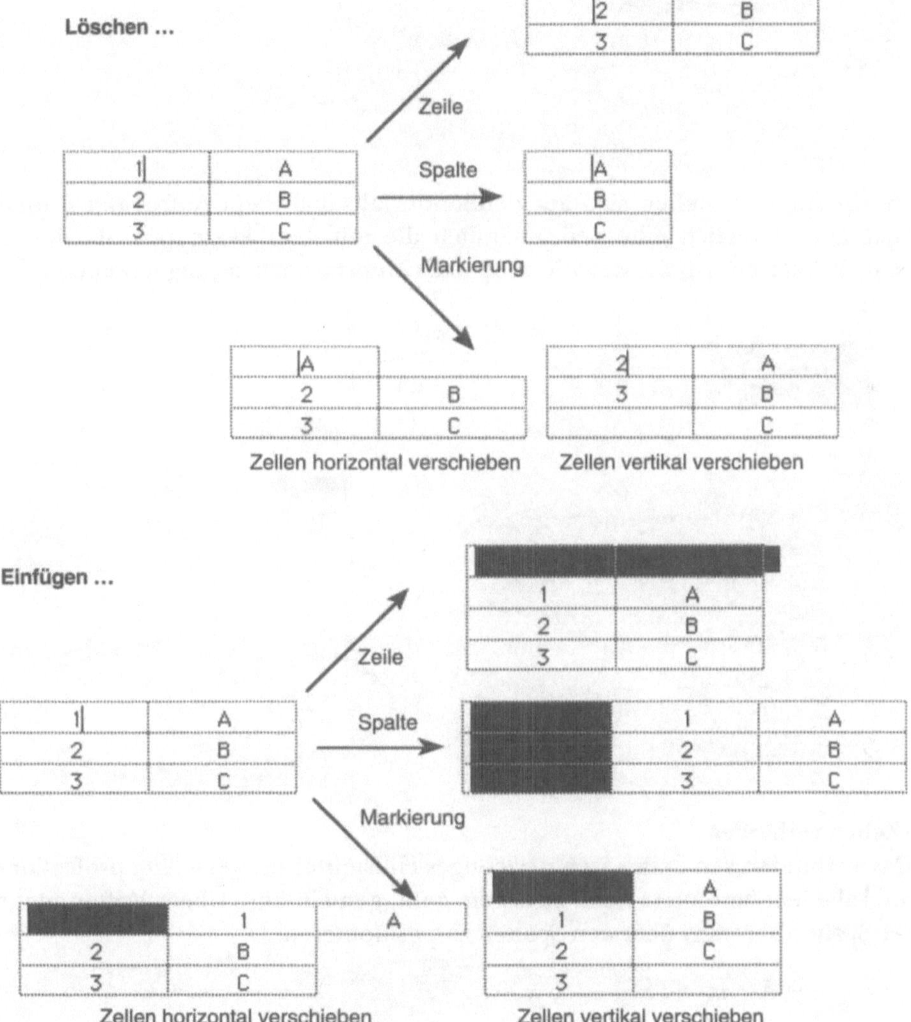

• Tabellen in der Mitte teilen
Um eine Tabelle in der Mitte zu teilen, plazieren Sie den Textcursor unterhalb der gewünschten Trennlinie und drücke die Tastenkombination APPLE-OPTION-ENTER.

• Schnelles Einfügen
Schnelles Einfügen von Spalten und Zeilen nutzt die Formatierungsleiste. Aktivieren Sie die Spalte/Zeile, vor die eine neue Spalte/Zeile eingefügt werden soll und drücken Sie dann den Button ▥ (ab Word 5.1). Sofort fügt Word eine Spalte/Zeile ein. Das geht übrigens auch mit mehreren Spalten und Zeilen ...

Die Beispiele beziehen sich auf denSonderfall, daß beim Aufruf der Tabelle-Dialogbox lediglich eine Zelle, nämlich die mit dem Textcursor aktiviert ist. Natürlich lassen sich die Befehle auch nach Mehrfachaktivierung anwenden:

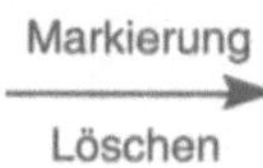

Um das Löschen und Einfügen von Tabellenbestandteilen zu beschleunigen, empfiehlt es sich, aus dem reichen Befehlsreperatoire von Word nebenstehende Befehle zusätzlich zu installieren. Wie das geht, steht in Kapitel ☞ K.14.3.

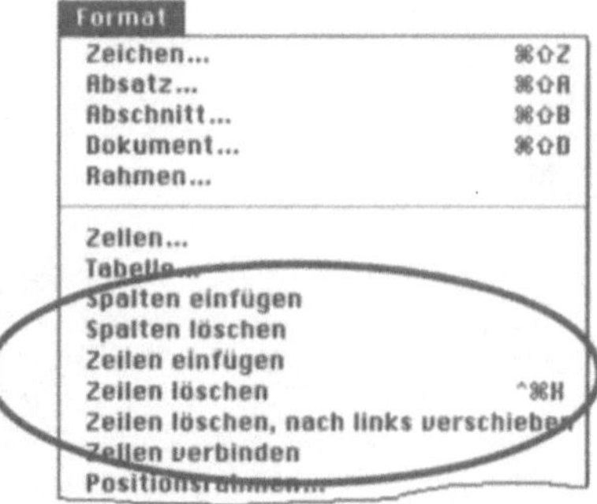

• Zellen verbinden
Das Verbinden von Zellen ist ein wichtiges Hilfsmittel zum Erstellen professioneller Tabellen, besonders wenn es darum geht, gemeinsame Überschriften mehrerer Spalten zentriert über den Spalten zu positionieren:

Dabei verbinden Sie einfach eine variable Anzahl horizontal nebeneinander liegender Zellen zu einer großen Zelle. Das geht folgendermaßen:

❶ Aktivieren Sie die Zellen, die Sie fusionieren wollen und rufen Sie den Menüpunkt „Zellen verbinden" aus dem Format-Menü auf:

❷ Word verbindet die Zellen und behandelt das Fusionsprodukt in Zukunft als eine einzige Zelle.

Geschäftsjahr '92					
München	Hamburg	München	Hamburg	Frankfurt	Berlin

Wenn Sie eine fusionierte Zelle *nachträglich wieder zerlegen* wollen, verfahren Sie so:

❶ Plazieren Sie den Cursor in der Zelle die Sie zerlegen wollen.

❷ Rufen Sie den Menüpunkt „Tabelle..." aus dem Format-Menü.

❸ Drücken Sie den Button **Zelle teilen**. Sofort präsentiert Word wieder die einzelnen Zellen.

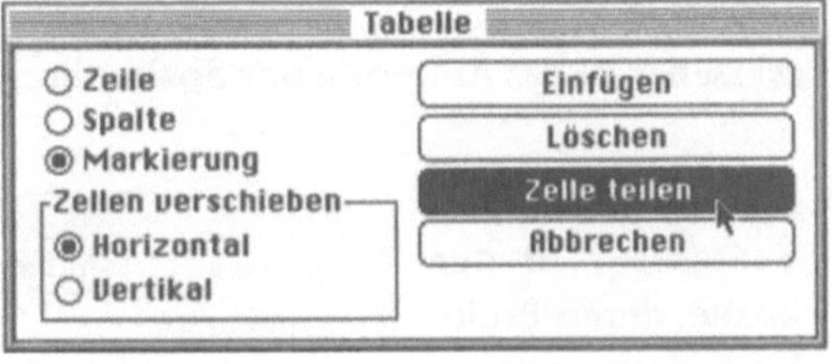

Zellen, die aus der Fusion von anderen Zellen hervorgegangen sind, lassen sich nicht erneut fusionieren.

• Ändern der Spaltbreite

Wird das nachträgliche Ändern der Spaltenbreiten erforderlich, gibt es zwei Wege zum Ziel:

• *per Lineal*

❶ Blenden Sie das Lineal ein (Ansicht-Menü) und aktivieren Sie die Tabellenansicht indem Sie das T-förmige Icon ganz rechts im Lineal anklicken.

❷ Word zeigt nun in der Tabulatorleiste statt der Randmarken die Ränder der Tabellenspalten an. Eine Reihe normaler Formatierungsicons sind in diesem Zustand nicht aktivierbar.

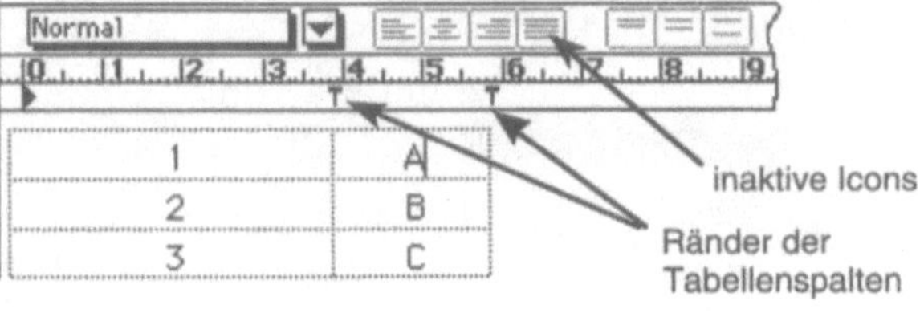

❸ Ergreifen Sie dann mit der Maus eine derartige Spaltenmarkierung und verschieben Sie diese. Wie Sie bemerken, wird lediglich die Breite der aktivierten (beziehungsweise mit dem Textcursor versehenen) Spalte verändert:

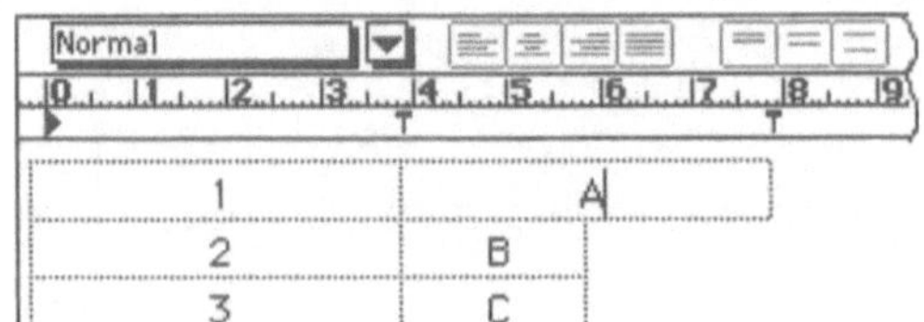

Wenn Sie die Breite einer ganzen Spalte verändern wollen, müssen Sie vorher die gesamte Spalte aktivieren.

• *per Dialogbox*

Universeller ist das Ändern einer Spaltenbreite per Dialogbox:

❶ Plazieren Sie den Textcursor in der Spalte, deren Breite Sie ändern wollen.

❷ Rufen Sie die Dialogbox „Zellen" aus dem Format-Menü und geben Sie die neue Breite ein:

❸ Legen Sie über das Popup-Menü fest, daß Word alle Zellen der Spalte verbreitern soll.

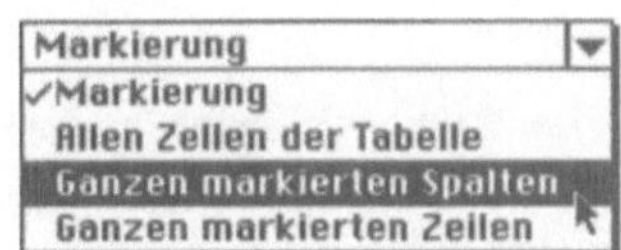

❹ Drücken Sie **Zuweisen**. Word weist der Tabelle die neue Spaltenbreite zu und stellt sie dar, ohne die Dialogbox zu schließen. Entsprechen die Änderungen Ihren Vorstellungen, drücken Sie **OK**.

• **Erzwingen einer bestimmten Zeilenhöhe**

Normalerweise wird die Zeilenhöhe dem Inhalt der Tabellenzellen angepasst. In manchen Fällen mag es aber gewünscht sein, daß die Zeilenhöhe einen definierten Wert besitzt und diesen auch beibehält.

In einem solchen Fall wählen Sie „Zellen" aus dem Format-Menü und geben ins Eingabefeld **Zeilenhöhe** die gewünschte Höhe an und wählen aus dem Popup-Menü den Eintrag „Exakt":

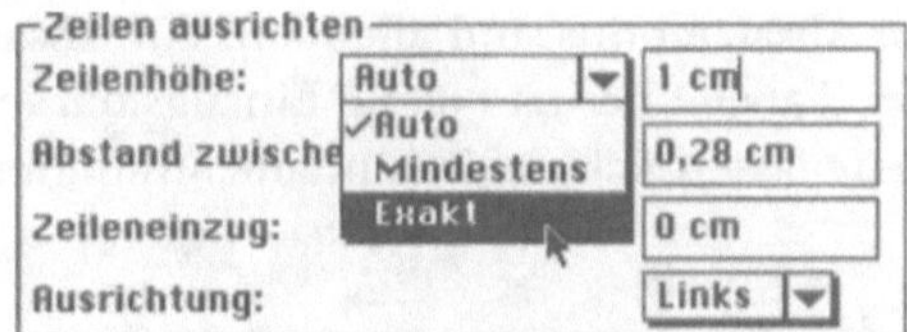

56.4 FORMATIEREN VON ZELLINHALTEN

Jede Zelle einer Tabelle ist eine eigenständige Einheit, die Sie nach Belieben formatieren können. Das Arbeiten mit mehreren Absätzen ist darin ebenso möglich wie das Einfügen von Grafiken und mathematischen Formeln. Auch das Einfassen eines Textabsatzes mit einem Rahmen ist innerhalb einer Zelle zulässig. Sogar das Arbeiten mit Tabulatoren ist erlaubt:

Tabelle als Alternative zum Spaltensatz
Wegen der vielfältigen Formatierungsmöglichkeiten sollten Sie die Tabellenfunktion von Word immer als Alternative zum Spaltensatz in Erwägung ziehen, wenn Sie mehrere Elemente nebeneinander auf einer Seite positionieren wollen.

• Besonderheiten des Lineals bei der Tabellenformatierung

Beim Einsatz des Lineals zur Tabellenformatierung sollten Sie folgendes beachten. Das Lineal besitzt zwei unterschiedliche Zustände:

Absatzmodus: 

Tabellenmodus:

Im Absatzmodus sind alle Icons zur Absatzformatierung erreichbar. Jede Zelle einer Tabelle besitzt eigene Einzugsmarken und Tabulatoren und auch Druckformate lassen sich auf Zellinhalte anwenden.

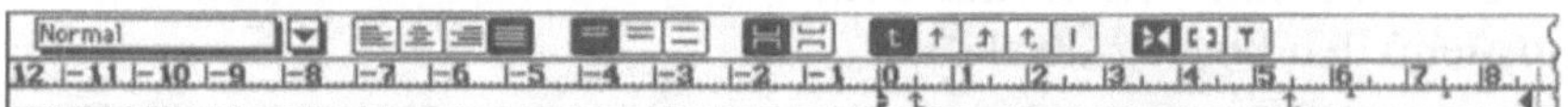

Im Tabellenmodus hingegen verschwinden alle Einzugsmarken und Tabulatoren aus der Tabulatorleiste, und stattdessen erscheinen T-förmigen Ranzbegrenzungen für die Spaltenbreite. In diesem Zustand sind auch die Icons zur Absatzformatierung nicht einsetzbar:

Einsatz von Tabulatoren
Wenn Sie innerhalb einer Tabelle die Tabulatortaste drücken, springt der Textcursor normalerweise in die nächste Zelle der Tabelle. Die Verwendung von Tabulatoren scheint daher nicht möglich - Irrtum:

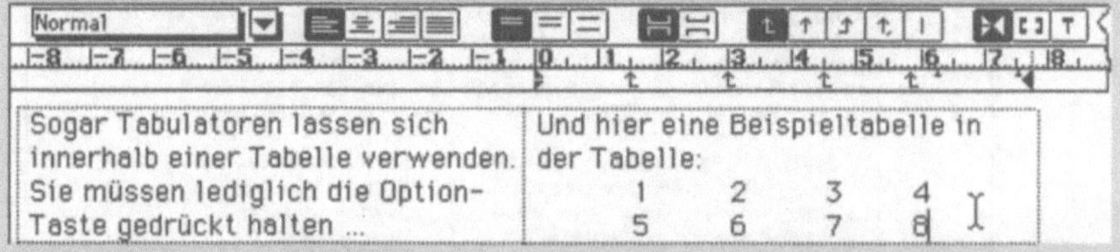

Sogar Tabulatoren lassen sich innerhalb einer Tabelle verwenden. Sie müssen lediglich die Option-Taste gedrückt halten ...	Und hier eine Beispieltabelle in der Tabelle:			
	1	2	3	4
	5	6	7	8

Die Lösung zum Problem heißt - wie so oft - **OPTION-Taste**. Wenn Sie diese gedrückt halten, während Sie die Tabulatortaste drücken, springt Word innerhalb einer Zelle zum nächsten Tabulator. Das Setzen und Formatieren von Tabulatoren erfolgt in normaler Manier (☞ K.57).

 Druckformate lassen sich innerhalb einer Tabellenzelle uneingeschränkt verwenden.

56.5 RAHMEN UND GRAUHINTERLEGUNGEN

Das Setzen von Rahmen und das Hinterlegen von Tabellenelementen mit einer Grauschraffierung sind wichtige Strukturierungshilfen beim Umgang mit komplexen Tabellen.

Aktivieren Sie die Tabellenbestandteile, die Sie umrahmen möchten oder plazieren Sie den Textcursor in einer Zelle der Tabelle. Wählen Sie dann den Menüpunkt „Rahmen…" aus dem Format-Menü. Es erscheint die Dialogbox „Rahmen", über die Sie auch Rahmen für Textabsätze, Grafiken, Formeln und so weiter setzen (☞ K.45):

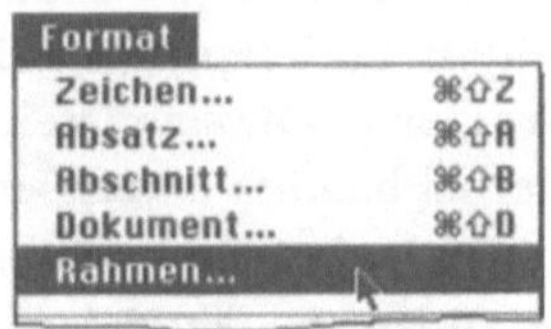

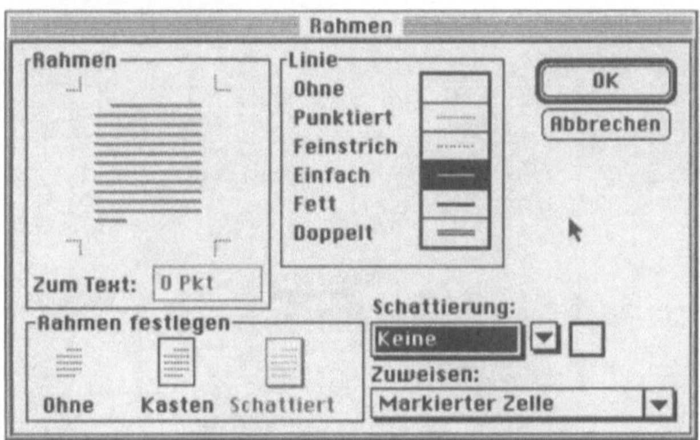

Im Feld „Rahmen" stellt Word eine kleine Beispieltabelle dar, die unterschiedlich aussieht, je nachdem, welche Elemente einer Tabelle aktiviert wurden:

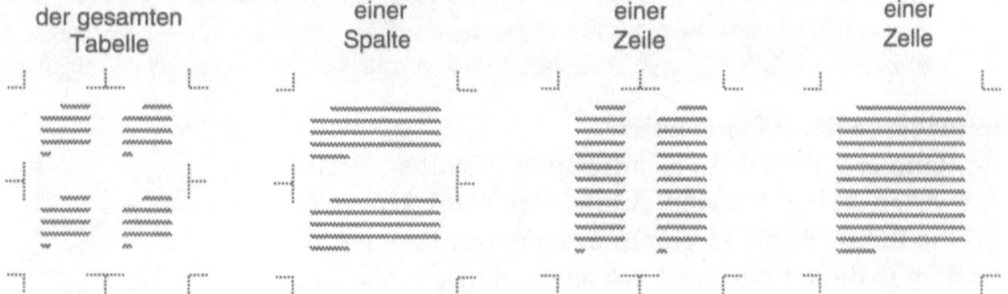

• Setzen der Rahmenlinien

Da weiter oben im Kapitel die Rahmung einer gesamten Tabelle bereits beschrieben wurde, wollen wir uns nun um das Gegenstück, nämlich die Rahmung einer einzelnen Zelle kümmern.

Setzen Sie zunächst die gewünschten Linien, indem Sie eine gepunktete Rahmenhilfslinie oder die Fläche, in der die Linie verlaufen soll *anklicken*. Word zieht dann sofort eine Linie im aktuell eingestellten Linietyp und faßt sie in zwei kleine schwarze Dreiecke ein.

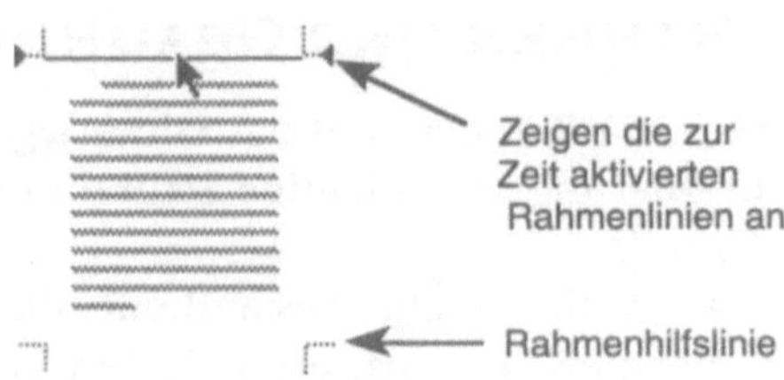

Hierbei handelt es sich um Aktivierungsmarkierungen. Befehle zum Ändern des Linientyps beziehen sich immer auf die Linien mit den schwarzen Dreiecken.

Das Anklicken der verschiedenen Elemente im Feld „Rahmen" hat unterschiedliche Auswirkungen:

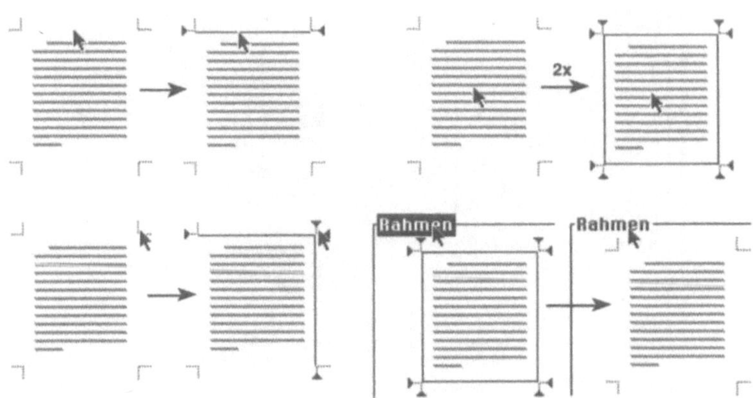

Schneller per Doppelklick

Doppelklick auf das grau linierte Feld setzt an allen vier Seiten eine Rahmenlinie im aktuellen Linientyp. Doppelklick in den Winkel zweier gepunkteter Rahmenhilfslinien setzt zwei Rahmenlinien gleichzeitig. Anklicken des Schriftzugs „Rahmen" macht alle Veränderungen rückgängig.

• Formatieren der Rahmenlinien

Jede Rahmenlinie läßt sich individuell gestalten. Sechs Linienarten stehen im Feld „Linie" zur Wahl. Um eine einzelne Rahmenlinie in einem besonderen Linietyp zu setzen, muß diese Linie zunächst allein aktiviert, also mit den schwarzen Dreieckmarkierungen versehen sein.

Dies erreichen Sie dadurch, daß Sie diese Linie mit der Maus anklicken:

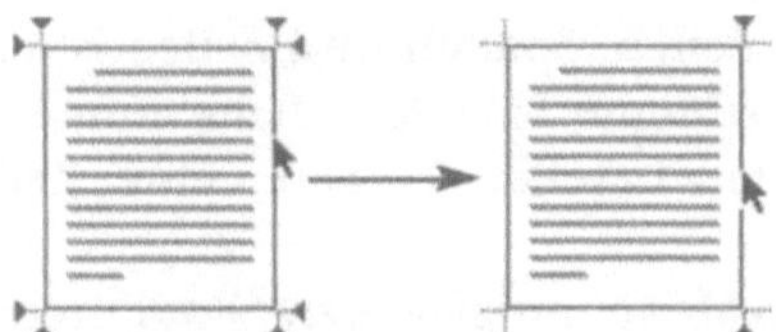

Um noch weitere Linien zu aktivieren, halten Sie die SHIFT-Taste gedrückt und klicken Sie dann mit der Maus die gewünschten Linien an.

Nachdem die zu formatierenden Linien aktiviert sind, klicken Sie auf den gewünschten Linientyp. Sofort formatiert Word die aktiven Linien um:

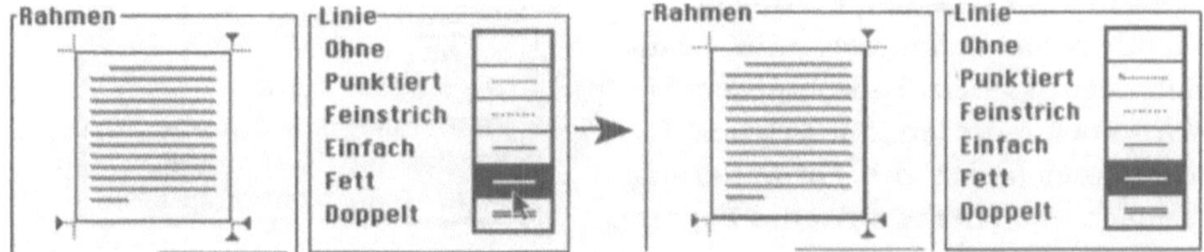

Wollen Sie eine *einzelne Linie löschen,* so müssen Sie diese zunächst aktivieren und anschließend den Linientyp **Ohne** wählen.

Schattierte Tabellen
In der Dialogbox Rahmen ist die Option „Schattiert" nicht aktivierbar. Dennoch läßt sich eine schattierte Tabelle erstellen: Formatieren Sie die untere und die rechte Rahmenlinien mit einem fetten und die linke sowie die obere Rahmenlinie mit einem dünnen Linientyp - fertig:

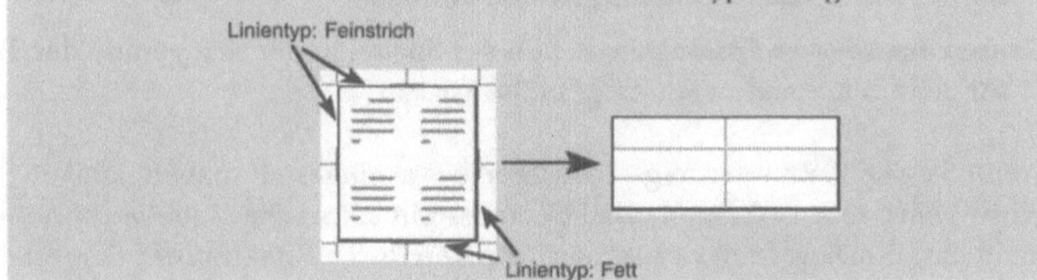

• Grauhinterlegung

Das Hinterlegen von Zeilen, Spalten und Zellen ist ein gutes Hilfsmittel, um auf bestimmte Tabelleninhalte aufmerksam zu machen oder bei breiten Tabellen das Lesen einer Zeile zu erleichtern.
Word stellt ein Popup-Menü mit gängigen Graurastern bereit. Doch sind Sie keineswegs an diese Auswahl gebunden. Wünschen Sie einen Zwischenwert, dann geben Sie ihn einfach in das Eingabefeld ein:

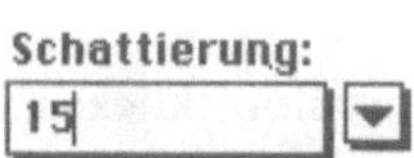

• Zuweisen der gesetzten Parameter
Nachdem Sie Rahmentyp und Grauhinterlegung gesetzt haben, müssen Sie Word noch mitteilen, auf welchen Tabellenbereich sich die Formatierung beziehen soll. Hierzu dient das Popup-Menü „Zuweisen".

Absatz: versieht den Absatz, indem sich gerade der Textcursor befindet, mit dem entsprechenden Rahmen. Hierbei kann es sich auch um einen Textabsatz in einer einzelnen Tabellenzelle handeln.

Markierter Zelle: Word weist lediglich den aktivierten Zellen das eingestellte Format zu.

Allen Zellen der Tabelle: jede Zelle der Tabelle wird einzeln mit den eingestellten Formaten versehen.

Ganzen marktierten Zeilen: Alle Zellen der Zeile, in der sich gerade der Textcursor befindet, erhalten das eingestellte Format.

Ganzen marktierten Spalte: Alle Zellen der Spalte, in der sich gerade der Textcursor befindet, erhalten das eingestellte Format.

Wenn Sie alle Parameter in gewünschter Weise eingestellt haben, klicken Sie **OK**. Word kehrt zum Dokument zurück und stellt sofort die Tabelle im neuen Gewand dar. Dabei werden Grauhinterlegungen durch Punktmuster dargestellt.

1	A
2	B
3	C

56.6 Positionieren einer Tabelle auf der Seite

Für die Plazierung der Tabelle auf der Seite stehen zwei Methoden zur Wahl:

• Automatische Plazierung
In diesem Fall sorgt Word dafür, daß die Tabelle in Bezug auf die Seitenränder immer richtig ausgerichtet ist:

❶ Plazieren Sie den Textcursor irgendwo in der Tabelle.

❷ Aktivieren Sie den Menüpunkt „Zellen..." aus dem Format-Menü.

❸ Setzen Sie das Popup-Menü „Zuweisen:" auf „Alle Zellen der Tabelle".

❹ Wählen Sie aus dem Popup-Menü „Ausrichtung:" die gewünschte Positionierungsart.

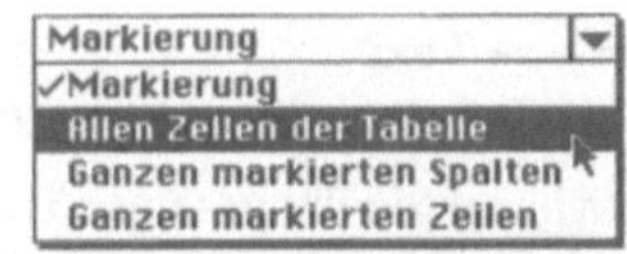

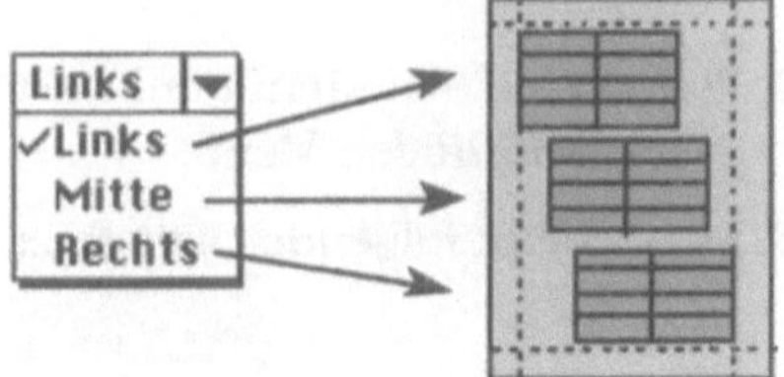

• Manuelle Plazierung und Fließtext
Wenn Sie die Tabelle frei auf der Seite plazieren wollen, oder wenn Sie wollen, daß der Haupttext um die Tabelle herumfließt, dann müssen Sie die Tabelle mit einem Positionsrahmen versehen:

Wie das geht und worauf Sie beim Arbeiten mit Positionsrahmen achten sollten, das erfahren Sie Kapitel ☞ K.43.

 Jede Zelle einer Tabelle läßt sich unabhängig von den anderen Zellen beliebig auf einer Seite positionieren. Wie Sie sich diese Tatsache zunutze machen können, um Formulare zu erstellen, das erfahren Sie weiter unten in diesem Kapitel.

56.7 UMWANDLUNGEN ZWISCHEN TABELLE UND TEXT

Word kann Tabellen in Text und Text in Tabellen umwandeln. Beide Überführungen starten Sie über das Einfügen-Menü.

• Tabelle → Text

Um eine Tabelle in einen Text zu überführen, verfahren Sie folgendermaßen:

❶ Aktivieren Sie die gesamte Tabelle oder die Tabellenabschnitte, die Sie in einen Text umwandeln wollen.

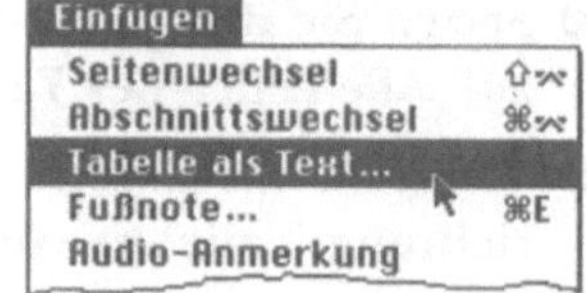

❷ Wählen Sie den Menüpunkt „Tabelle als Text …" aus dem Einfügen-Menü.

❸ Es erscheint folgende Dialogbox:

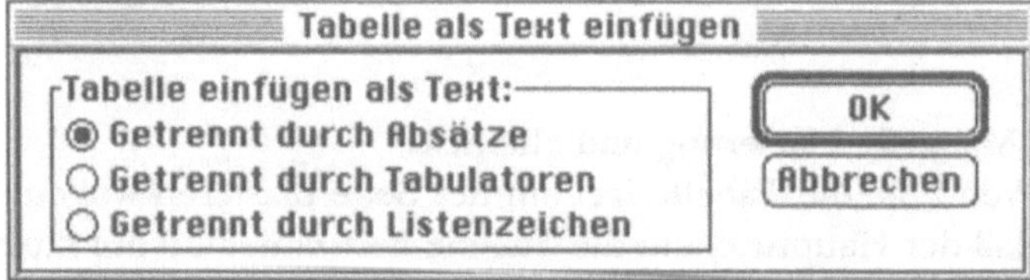

Klicken Sie auf den Radiobutton mit dem gewünschten Trennzeichen. Sie legen dadurch fest, wie Word die Einträge von Spalten voneinander trennen soll:

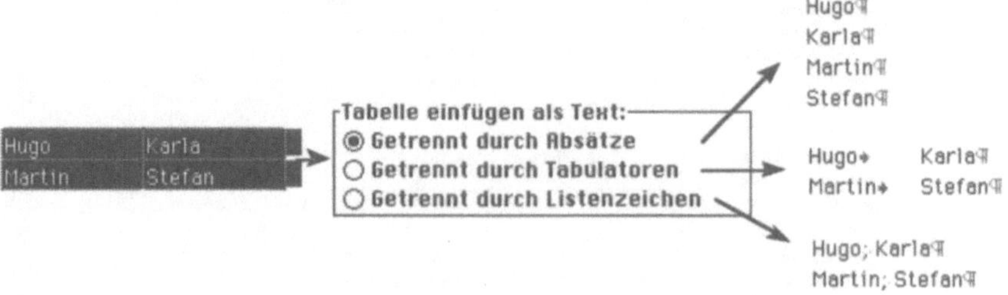

❹ Drücken Sie **OK**. Word kehrt zum Dokument zurück und wandelt die Tabelle in voll editierbaren Text um.

- **Text → Tabelle**

Um eine Textpassage in eine Tabelle zu überführen, verfahren Sie wie folgt:

❶ Aktivieren Sie den Text, den Sie in eine Tabelle umwandeln wollen.

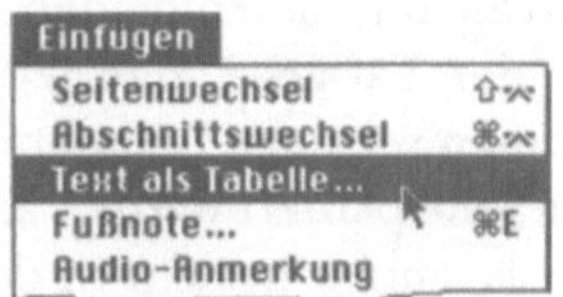

❷ Rufen Sie den Befehl „Text als Tabelle..." aus dem Einfügen-Menü.

❸ Es erscheint folgende Dialogbox:

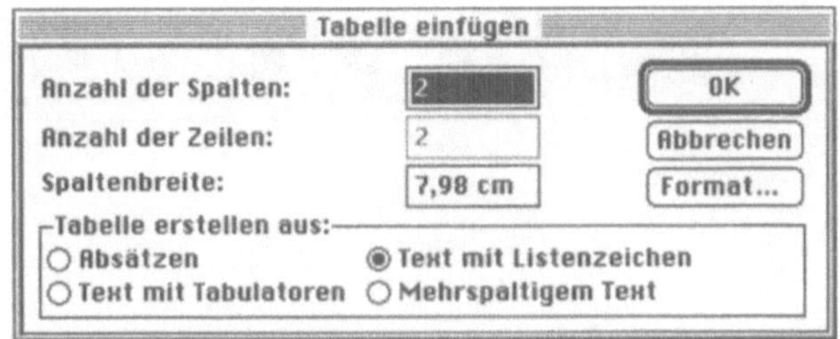

Im Feld **Tabelle erstellen aus** teilen Sie Word mit, nach welchen Regeln es den Text auf die Zellen der Tabelle verteilen soll:

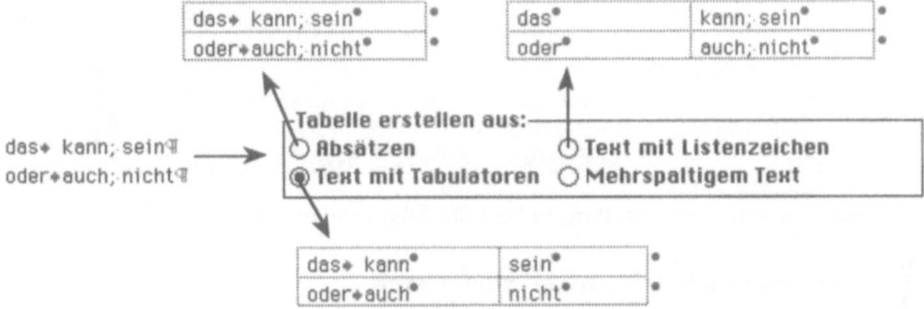

Der Eintrag „Mehrspaltigem Text" taugt nur, wenn Sie mehrspaltigen Text in eine entsprechend-spaltige Tabelle überführen wollen.

❹ Klicken Sie **OK**. Word kehrt zum Dokument zurück und verteilt den Text auf die Tabelle. Wenn Sie die Tabelle zuvor noch formatieren wollen, drücken Sie **Format**. Sie gelangen dann zur Dialogbox „Zellen" (☞ K.56.4).

56.8 ERSTELLEN EINES FORMULARS

Bei einem Formular handelt es sich um ein Dokument, das an definierten Stellen Textfelder besitzt, die zum Aufnehmen bestimmter Einträge gedacht sind. Drücken der Tabulatortaste läßt den Textcursor in einer bestimmten Reihenfolge von Feld zu Feld springen, so daß der Anwender nach und nach das gesamte Formular ausfüllt.

Um ein derartiges Formular in Word zu erstellen müssen Sie Bescheid wissen über das Arbeiten mit Positionsrahmen (☞ K.43) und das Arbeiten mit Tabellen. Daß Sie mit diesen beiden Bausteinen ein Formular erstellen können, verdanken Sie der Tatsache, daß jede Zelle einer Tabelle mit einem eigenen Positionsrahmen versehen und dann unabhängig von den anderen Zellen der Tabelle auf der Seite plaziert werden kann.

Ein Formular besteht in der Regel aus zwei Bestandteilen: erläuternden Schriftzügen und den Feldern, in die der Anwender seinen Text hineinschreiben soll:

Um dieses Formular zu erstellen, gehen Sie folgendermaßen vor:

- **Schritt 1: Erläuternde Schriftzüge positionieren**

❶ Richten Sie zunächst eine Seite ein, in der sämtliche erläuternden Schriftzüge eingetragen und mit jeweils einem eigenen Positionsrahmen (☞ K.43) versehen sind. Dabei sollte der Positionsrahmen möglichst eng am Text anliegen.

❷ Wechseln Sie in die Seitenansicht und positionieren Sie die erläuternden Texte Ihren Wünschen entsprechen.

❸ Notieren Sie sich die Koordinaten der Texte.

- **Schritt 2: Eingabefelder einrichten**

❹ Als nächstes legen Sie die Anzahl der nötigen Eingabefelder fest (in unserem Beispiel sind es 6).

❺ Erstellen Sie eine Tabelle, die genausoviele Zeilen wie das Formular Eingabefelder hat und numerieren Sie die Zellen durch, damit Sie wissen, in welcher Reihenfolge Word die Zellen anspringt.

❻ Stellen Sie die Breite der Zellen ungefähr auf den gewünschten Wert und legen Sie die Textausrichtung fest:

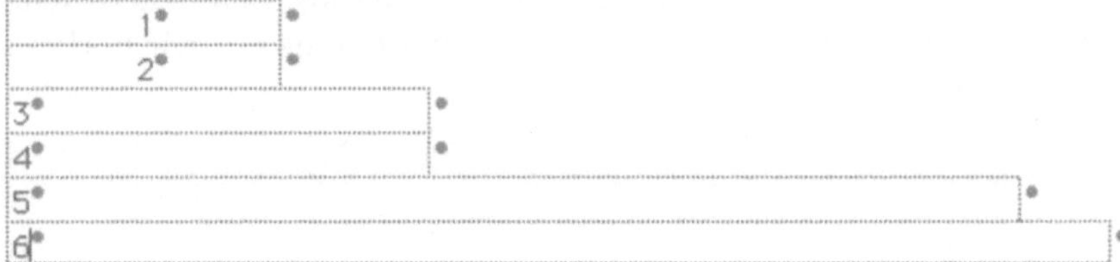

- **Schritt 3: Eingabefelder positionieren**

❼ Plazieren Sie nun den Textcursor in einer Zelle und rufen Sie die Dialogbox „Positionsrahmen" aus dem Format-Menü auf. Geben Sie hier die vertikale Position, die horizontale Position und die Breite des Positionsrahmen ein (hier zum Beispiel für Feld 6):

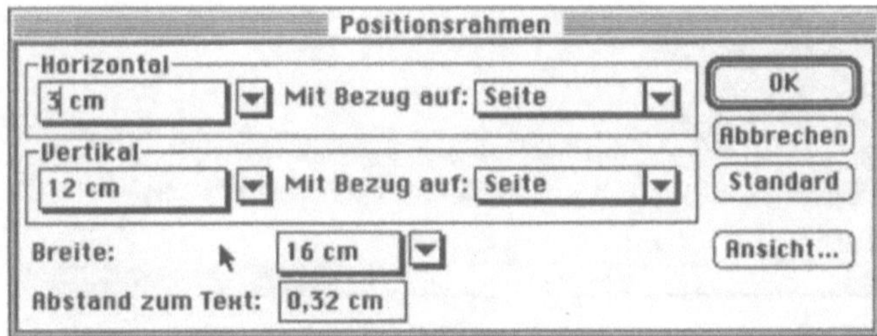

❽ Drücken Sie den Button **Ansicht**. Word wechselt zur Seitenansicht. Hier nehmen Sie mit der Maus die exakte Positionierung des Eingabefeldes vor.

❾ Verfahren Sie mit den anderen Tabellenfeldern in entsprechender Weise.

Nachdem Sie das Formular fertiggestellt haben, sollten Sie ein Leerexemplar als „Formular" speichern. Rufen Sie die Dialogbox „Speichern unter..." aus dem Datei-Menü und wählen Sie aus dem Popup-Menü für Dateiformate „Formulare" Wenn Sie in Zukunft dieses Formular öffnen, erhalten Sie eine Kopie des Formulars in einem Fenster „Ohne Titel". Sie laufen somit keine Gefahr, das Formular zu überschreiben.

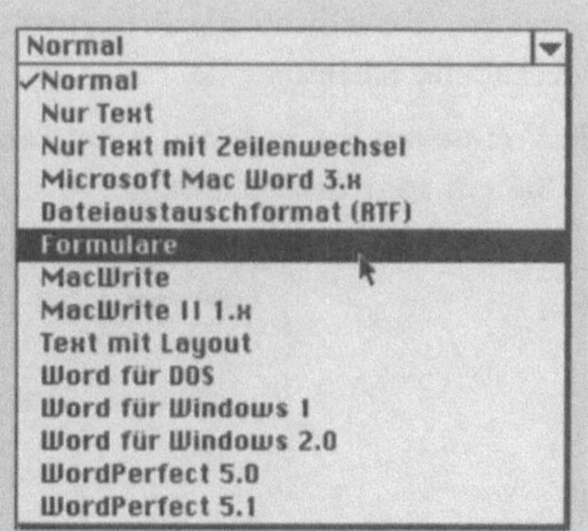

Das so erstellte Formular läßt sich nach Belieben formatieren. Auch Thesaurus, Silbentrennung und Rechtschreibprüfung sind weiterhin einsetzbar. Sie sollten beim Umgang mit derartigen Formularen in der Druckansicht arbeiten, denn das Bearbeiten eines Formulars in der Normal-Ansicht ist wenig erfreulich. Hier sieht der oben gezeigt Brief so aus:

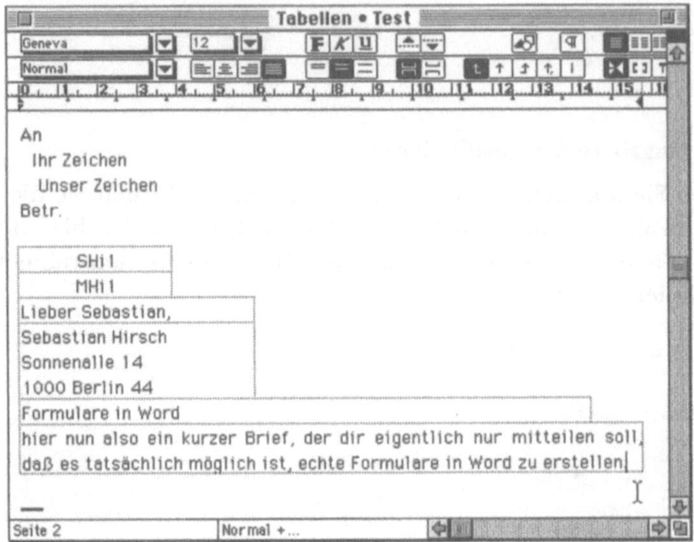

56.9 TABELLENKALKULATION IN WORD

Die dynamische Datenverknüpfung zwischen Dokumenten (☞ K.25) eröffnet in Kombination mit dem Tabellenmodul von Word eine Reihe interessanter Einsatzgebiete. Im folgenden soll kurz geschildert werden, wie Sie in Word eine Tabelle erstellen, die selbständig Prozentsätze errechnet und diese in die unterste Zeile der Tabelle schreibt:

❶ Definieren Sie in Word eine Tabelle mit vier Zeilen und drei Spalten, geben Sie ein paar Inhalte ein:

	München	Hamburg
1990	123,45	163,54
1991	123,56	345,67
%		

❷ Kopieren Sie die oberen drei Zeilen der Tabelle in die Zwischenablage (APPLE-C).

❸ Wechseln Sie zu Excel und fügen Sie dort über den Menüpunkt „Verknüpfung einfügen" (Bearbeiten-Menü) die Tabelle in ein Arbeitsblatt ein:

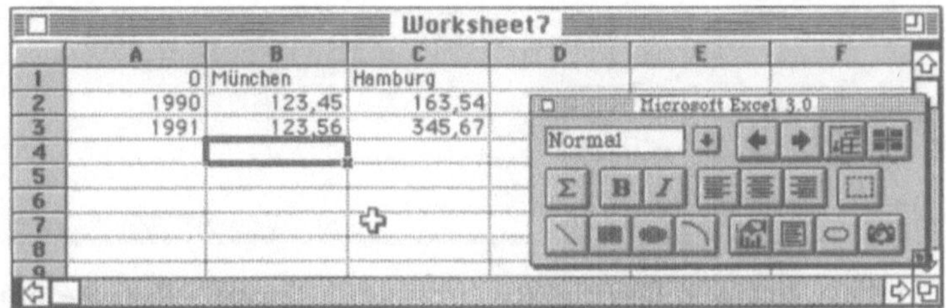

❹ Führen Sie nun die gewünschten Berechnungen durch:

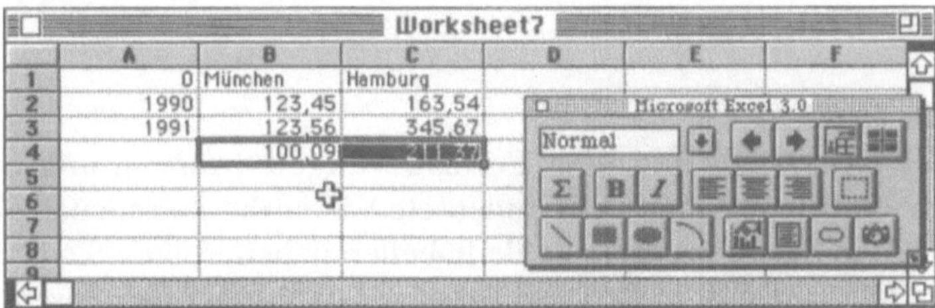

❺ Kopieren Sie zunächst ein Ergebnis der Berechnungen in die Zwischenablage (APPLE-C) und kehren Sie zu Word zurück.

❻ Plazieren Sie den Eingabecursor in der Tabellenzelle des Worddokuments, in der das Ergebnis der Berechnung erscheinen soll, und halten Sie dann die SHIFT-Taste gedrückt. Wählen Sie nun den Menüpunkt **Verknüpfung einfügen** aus dem Bearb.-Menü. Word fügt das Ergebis in die Tabelle ein.

❼ Verfahren Sie mit den anderen Ergebnissen ebenso. Die Tabelle sieht dann etwa aus wie folgt:

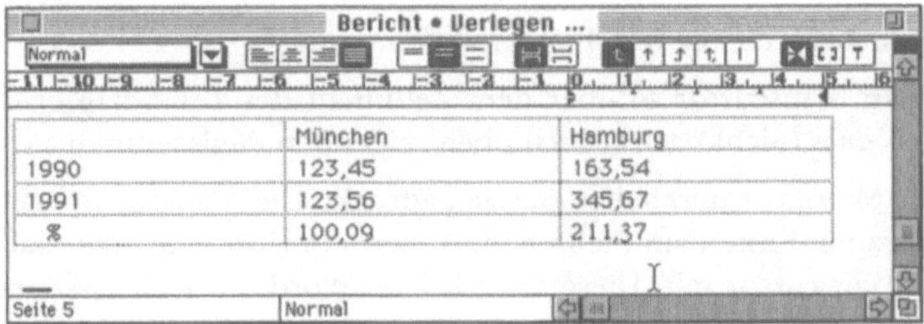

❽ Formatieren Sie die Zellinhalte nach Ihrem Geschmack und machen Sie dann die Probe aufs Exempel: Ändern Sie in einer der Zellen einen Wert und warten Sie ein paar Sekunden. Word übergibt die neuen Werte an Excel, Excel berechnet die Tabelle neu und gibt die korrigierten Ergebnisse an Word zurück, das diese in der Tabelle darstellt:

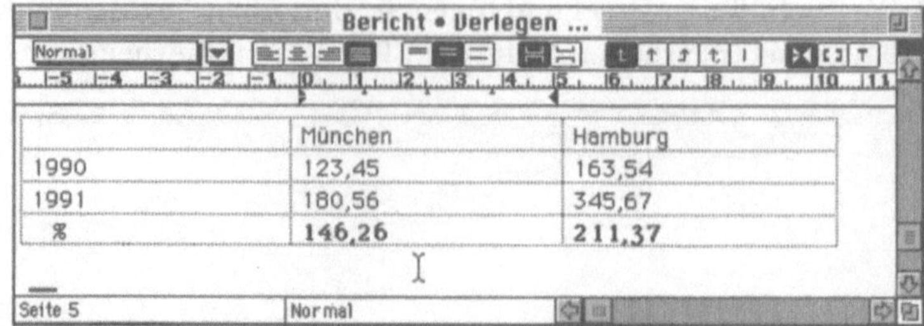

Auf diese Weise schreiben sich zum Beispiel Rechnungen wie von selbst. Sie müssen nur einmal eine Vorlage entwickeln.

56.10 TIPS & TRICKS

• **Tabellenimport aus Excel**
Tabellen aus Excel lassen sich mit allen Formatierungen (Ausrichtung des Zellinhalts, Buchstabenformatierung, Zellrahmen etc.) über die Zwischenablage in Word einfügen. Wenn Sie also längere Zahlentabellen haben, sollten Sie überlegen, ob Sie diese nicht zunächst in Excel anlegen und dann über die Zwischenablage ins Word-Dokument überführen.

• **Tabulatortaste drücken am Tabellenende**
Wenn Sie am Ende einer Tabelle eine weitere Tabellenzeile einfügen wollen, dann müssen Sie lediglich den Textcursor in der letzten Zelle (unten rechts) plazieren und die Tabulatortaste drücken. Sofort hängt Word eine Zeile an Ihre Tabelle ran und plaziert den Cursor in der ersten Spalte.

• **Drag&Paste zum Verschieben von Zeilen**
Umstellungen von Zeilen sind in Word-Tabellen am schnellsten über die Funktion Drag&Paste realisierbar:

❶ Aktivieren Sie die Zeile, die Sie verschieben wollen.

❷ Plazieren Sie den Mauscursor so über dem Zellinhalt der Zelle, daß er die Form eines nach *links* (nicht nach rechts) oben zeigenden Pfeils annimmt.

❸ Drücken Sie die Maustaste und halten Sie sie gedrückt. Der Mauscursor erhält einen kleinen grauen Kasten am Pfeilschaft. Außerdem läuft eine gepunktete Linie mit dem Mauscursor mit. Diese zeigt an, wo Word die Zeile plazieren wird, wenn Sie die Maustaste loslassen.

❹ Plazieren Sie die gepunktete Linie in der ersten Zelle der Zeile, die durch die invertiert dargestellte Zeile ersetzt werden soll und lassen Sie die Maustaste los.

• Invertierte Tabelleneinträge für Überschriften

Überschriften von Tabellen werden gerne mit weißer Schrift auf schwarzem Grund dargestellt. Mit Word ist das schnell formatiert:

❶ Aktivieren Sie die Zellen mit den Überschriften.

❷ Wählen Sie den Menüpunkt Rahmen..." aus dem Format-Menü und setzten Sie im Popup-Menü „Schattierung" die 100%:

❸ Drücken Sie **OK** und öffnen Sie dann die Dialogbox „Zeich-en..." aus dem Format-Menü. Aktivieren Sie hier im Popup-Menü „Farbe" den Eintrag „Weiß":

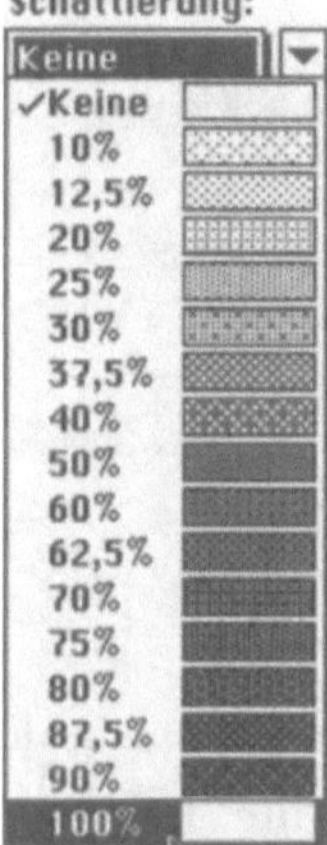

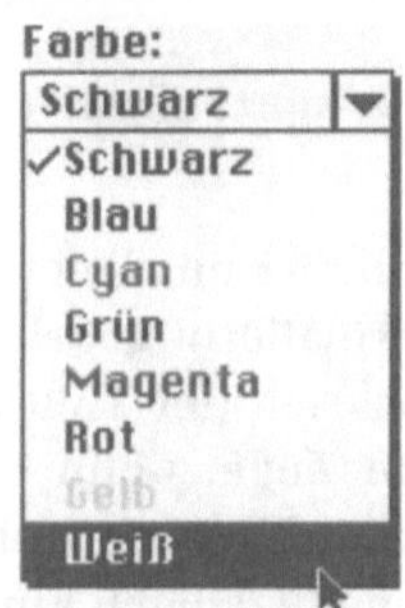

Außerdem empfiehlt es sich, auch das Attribut „fett" zu setzten, da sonst der weiße Schriftzug im schwarzen Feld unterzugehen droht.

❹ Drücken Sie **OK**. Word kehrt zum Dokument zurück und stellt die Tabelle in neuem Outfit dar:

Schriftfarbe:	Schattierung:
Weiß	100%
1	A
2	B

• Zweispaltig per Tabelle

Wenn Sie in Ihrem Dokument mal ein paar Textpassagen zweispaltig drucken wollen, dann müssen Sie nicht immer einen neuen Abschnitt einfügen. Einfacher geht es mit einer zweispaltigen Tabelle. Dies hat zudem den entscheidenden Vorteil, daß Sie die Spalten unterschiedlich breit gestalten können (mit Textspalten kann Word das nicht). Sämtliche Absatzformatierungen in Tabellenfeldern möglich. Übrigens: Überall, wo Sie in diesem Buch Abbildungen neben dem Text sehen, ist die entsprechende Passage als Tabelle formatiert ...

57. TABULATOREN

57.1	Setzen von Tabulatoren per Lineal	449
57.2	Füllzeichen und Ausrichtung	450
57.3	Bearbeiten von Tabulatoren	451
57.4	Standardtabulatoren	452
57.5	Tips & Tricks	452
	• Verschieben aller Tabultoren gleichzeitig	452
	• Weiche Returns zwischen Tabellenzeilen	452
	• Tabulatoren in Tabellen	453
	• Schneller per Doppelklick	453
	• Archivieren komplexer Tabulatorenarrangements	453

Tabulatoren sind unscheinbar, aber ungeheuer nützlich als Eingabe- und Layout-Hilfe. Ein Tabulator gehört zur Absatzformatierung. Seine Position ist gewissermaßen der Ansprungpunkt, den das Auslösen der TABULATOR-Taste ansteuert. Tabulatoren kommen immer dann zum Zuge, wenn einfache Tabellen und Listen erstellt werden sollen, bei denen die Einträge sauber ausgerichtet untereinander stehen sollen. Bei Tabellen mit mehrzeiligen Einträgen fahren Sie allerdings mit Words Tabellenfunktionen (☞ K.56) besser als mit Tabulatoren.

Word zeigt die Tabulatoren in der *Tabulatorzeile* des Lineals ein. Das Lineal umfaßt außerdem ein *Tabulatorreservoir*, in dem die verschiedenen Tabulatortypen auswählbar sind:

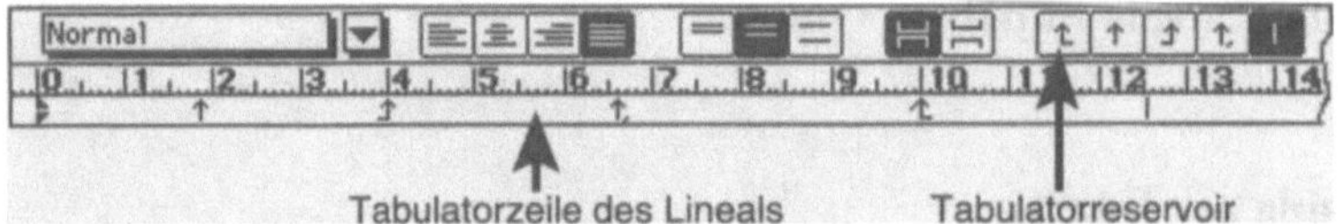

Tabulatorzeile des Lineals   Tabulatorreservoir

57.1 SETZEN VON TABULATOREN PER LINEAL

Wie Sie Tabulatoren mittels einer Dialogbox setzte, erfahren Sie weiter unten in diesem Kapitel. Die schnellste Art, Tabulatoren zu setzen, verraten wir Ihnen hier:

❶ Blenden Sie das Lineal ein (Ansicht-Menü).

❷ Klicken Sie im Tabulatorreservoir auf den Tabulator-typ, den Sie setzen wollen. Word stellt den aktiven Tabulatortyp invertiert dar.

❸ Klicken Sie mit der Maus an die Stelle der Tabulatorleiste, an der der Tabulator erscheinen soll. Halten Sie Maustaste gedrückt und schieben Sie den Tabulator an die exakte Position.

Im Infofeld des Arbeitsfensters zeigt Word währenddessen die exakte Position des Tabulators an

57.2 FÜLLZEICHEN UND AUSRICHTUNG EINES TABULATORS

Jeder Tabulator besitzt eine *Bündigkeit (=Ausrichtung)*. Diese legt fest, wie Einträge an dem Tabulator ausgerichtet werden. Word kennt vier Ausrichtungstypen:

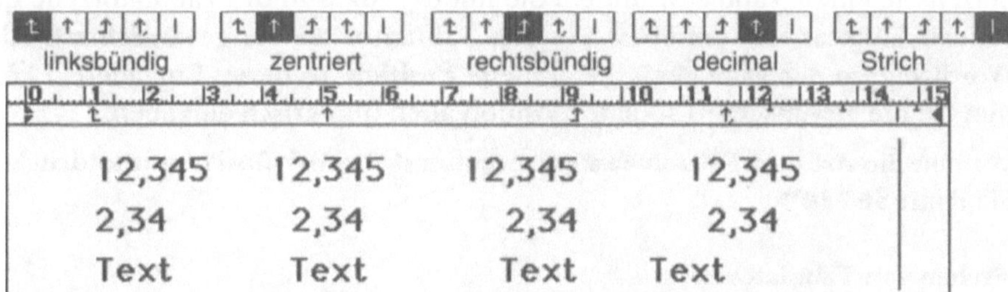

Linksbündig: der Tabulatortext wird vom gesetzten Tabultor nach rechts weggeschrieben. *Zentriert:* der Tabulator steht über der Mitte des Tabulatortextes. *Rechtsbündig:* der Tabulatortext wird nach links weggeschrieben. *Dezimaltabulator:* die Dezimalkommata der Zahlen stehen exakt übereinander. *Strichtabulator:* an diesem Tabulatortyp läßt sich überhaupt kein Text ausrichten. Er dient lediglich dazu, vertikale Linien zu ziehen - was die Übersichtlichkeit von Tabellen in der Regel beträchtlich erhöht.

Beim Anspringen eines Tabulators kann der Zwischenraum vom Absprungort zum Tabulator mit *Füllzeichen* ausgestattet werden, wie zum Beispiel mit Punkten:

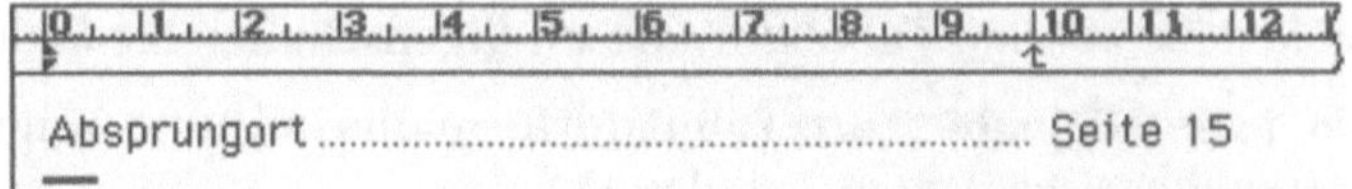

Ausrichtung und Bündigkeit legen Sie in der Dialogbox „Tabulatoren" fest, die nun besprochen wird.

57.3 BEARBEITEN VON TABULATOREN

PER DIALOGBOX

Wenn Sie Bündigkeit oder Füllinie eines Tabulators ändern wollen, dann geschieht dies über die Dialogbox „Tabulatoren":

❶ Doppelklicken Sie auf einen Tabulator im Tabulatorreservoir.

❷ Word öffnet die Dialogbox zur Tabulatorformatierung:

❸ Setzen Sie einen Tabulator, indem Sie mit der Maus in die Tabulatorzeile des Lineals klicken und schieben Sie den Tabulator an die gewünschte Stelle. Word zeigt in der Dialogbox die aktuelle **Position**. In dieses Eingabefeld können Sie die gewünschte Tabulatorposition auch numerisch eingeben.

❹ Wählen Sie **Art** und **Füllzeichen** entsprechend Ihren Wünschen und drücken Sie dann **Setzen**.

• **Löschen von Tabulatoren**
Um einen *einzelnen Tabulator* aus dem Lineal zu entfernen, müssen Sie ihn mit der Maus ergreifen, aus der Tabulatorzeile herausziehen und dann die Maustaste loslassen.
Um *alle Tabulatoren* zu löschen doppelklicken Sie auf das Tabulatorreservoir. Word öffnet nun die Dialogbox für die Tabulatorformatierung. Drücken Sie den Button **Alle löschen**.

• **Nachträgliches Ändern von Füllmuster und Ausrichtung**
Um Füllmuster und/oder Ausrichtung eines Tabulators nachträglich zu ändern, verfahren Sie folgendermaßen:

❶ Doppelklicken Sie auf den Tabulator, dessen Eigenschaften Sie ändern wollen.

❷ Word öffnet die Dialogbox zur Tabulatorformatierung und zeigt darin die Eigenschaften des angeklickten Tabulators.

❸ Ändern Sie die Eigenschaften Ihren Wünschen entsprechend, und drücken Sie dann **OK**.

57.4 STANDARDTABULATOREN

Auch wenn Sie keine Tabulatoren gesetzt haben, springt Word nach Drücken der
TABULATOR-Taste bestimmte Tabulatoren an. Diese sind in der Tabulatorzeile
des Lineals als kleine schwarze Dreiecke gekennzeichnet:

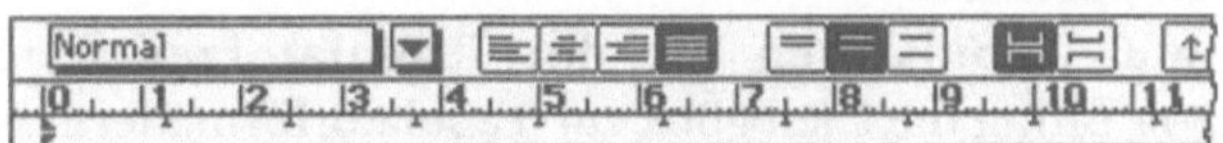

Hierbei handelt es sich um die sogenannten *Standardtabulatoren*. Ihr Abstand ist
im gesamten Dokument derselbe und beträgt normalerweise 1,25 Zentimeter. Sie
ändern diesen Abstand in der Dialogbox „Dokument" (Format-Menü):

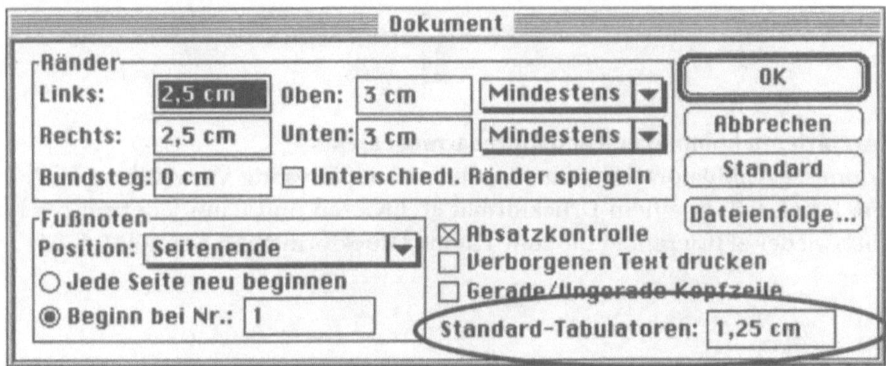

Wenn Sie den Abstand der Standardtabulatoren dauerhaft ändern wollen, dann
geben Sie hier den gewünschten Wert ein und drücken dann den Button
Standard. Word verwendet dann bei allen Dokumenten den neuen Wert für
die Standardtabulatoren.

57.5 TIPS & TRICKS

• **Verschieben aller Tabultoren gleichzeitig**
Um alle von Ihnen gesetzten Tabulatoren gleichzeitig um einen bestimmten
Wert zu verschieben, halten Sie die SHIFT-Taste gedrückt und verschieben dann
einen der Tabulatoren um den gewünschten Wert. Wie Sie sehen, folgen die
anderen automatisch.

• **Weiche Returns zwischen Tabellenzeilen**
Wenn Sie mit Tabulatoren eine Tabelle anlegen, und die Zeilen keine unterschiedlichen Formate besitzten, sollten Sie am Ende einer Zeile einen weichen
Return einfügen. Verschieben Sie nun nachträglich einen Tabulator, verschiebt
er sich automatisch bei allen anderen Zeilen mit.

• Tabulatoren in Tabellen

Tabulatoren lassen sich auch in Tabellenzellen verwenden. Gesetzt werden sie normal über das Lineal. Um die Tabulatoren anzuspringen, müssen Sie die OPTION-Taste gedrückt halten, wenn Sie die TABULATOR-Taste drücken.

• Schneller per Doppelklick

Doppelklick auf Tabulatoren in der Tabulatorzeile oder auf das Tabulatorreservoir öffnet die Dialogbox zur Tabulatorformatierung.

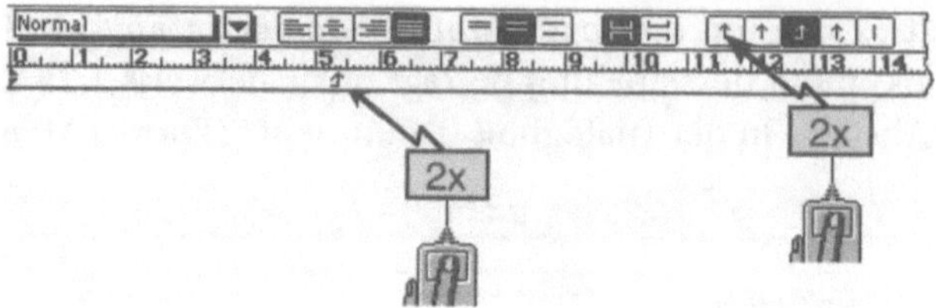

• Archivieren komplexer Tabulatorenarrangements

Komplexe Tabulatorarrangements, die noch anderweitig Verwendung finden sollen, lassen sich in einem Druckformat archivieren und dann jederzeit per Mausklick wieder aktivieren. Mehr zum Thema Druckformate in Kapitel ☞ K.24.

58. TEXTBAUSTEINE

58.1   Wissenswertes in Kürze 454
58.2   Erstellen eines Textbausteins...455
58.3   Abruf eines Textbausteins..456
        • Per Dialogbox..456
        • Per Tastatur 457
58.4   Textbausteine bearbeiten 458
        • Wie laden Sie ein bestehendes Textbausteinverzeichnis?..............458
        • Wie ändern Sie einen bestehenden Textbaustein? 458
        • Textbaustein löschen..459
        • Wie speichern Sie Textbausteinverzeichnisse? 459
        • Wie drucken Sie ein Textbausteinverzeichnis? 460
58.5   Tips und Tricks 460
        • Textbausteine per Tastaturkürzel..460
        • Textbausteine und Textbausteinverzeichnisse per Menü...............461

Textbausteine sind die Arbeitssparer schlechthin. Häufig verwendete Fomulierungen, Grafiken, Textpassagen, Tabellenformen und Formeln lassen sich über selbstdefinierte Kürzel aus dem Textbausteinverzeichnis ins Dokument einfügen. Es soll Vielschreiber geben, die über katalogartige Sammlungen von Textbausteinen gebieten. In der Tat sehen manche Druckerzeugnisse demnach aus. Kurz und gut: man kann es auch übertreiben, aber im Prinzip sind der Verwendung von Textbausteinen keine Grenzen gesetzt.

58.1 WISSENSWERTES IN KÜRZE ... ...

Ein Textbaustein ist eine Zusammenstellung von Textelementen, die über eine Abkürzung jederzeit in ein Dokument eingefügt werden kann. So läßt sich zum Beispiel ein kompletter Briefkopf samt Logo und aktuellem Datum als Textbaustein definieren und etwa über die Abkürzung „brief" in ein Word-Dokument einfügen. Weitere Beispiele für einen sinnvollen Einsatz von Textbausteinen sind häufig verwendete Adressen und Anredephrasen, gängige Textpassagen, Firmenlogos oder eingescannte Unterschriften.

Textbausteine sind in Textbausteinverzeichnissen zusammengefaßt, die sich auf Datenträgern archivieren, jederzeit laden und auf Wunsch auch drucken lassen. Sie besitzen nebenstehendes Icon.

Standard Textbausteinverz.

Das „**Standard-Textbausteinverz.**" ist Words eigene Kollektion von Bausteinen; es sollte immer im Word-Ordner liegen. Eigene Textbausteine können Sie nach Belieben definieren und gleichberechtigt neben den Standard-Textbausteinen verwenden. Da Textbausteinverzeichnisse im Arbeitsspeicher gehalten werden, sollten Sie darauf achten, daß Sie bei wenig RAM (<8MB) nicht zu viele definieren.

58.2 ERSTELLEN EINES TEXTBAUSTEINS

❶ Aktivieren Sie den Abschnitt Ihres Dokuments, den Sie als Textbaustein verwenden wollen.

❷ Rufen Sie den Menüpunkt „Textbaustein" aus dem Bearb.-Menü auf.

❸ Geben Sie in das Eingabefeld die Abkürzung ein, unter der Sie den Textbaustein in Zukunft aufrufen wollen und drücken Sie dann den Button „Definieren".

❹ Word fügt den Namen in das Textbausteinverzeichnis ein und zeigt unter dem Eingabefeld den Inhalt des Textbausteins.

58.3 ABRUF EINES TEXTBAUSTEINS

Es gibt zwei verschiedene Möglichkeiten, einen Textbaustein aus dem aktuellen Textbausteinverzeichnis in das Dokument einzufügen:

• Per Dialogbox

❶ Plazieren Sie den Textcursor an der Stelle Ihres Dokuments, an der der Textbausteins eingefügt werden soll.

❷ Aktivieren Sie den Menüpunkt „Textbaustein" im Bearb.-Menü oder drücken Sie die Tastenkombination APPLE-K.

❸ Klicken Sie in der Liste den gewünschten Textbaustein an und drücken Sie dann den Button **Einfügen**.

❹ Word fügt den invertiert dargestellten Textbaustein in das Dokument ein und schließt die „Textbaustein"-Dialogbox.

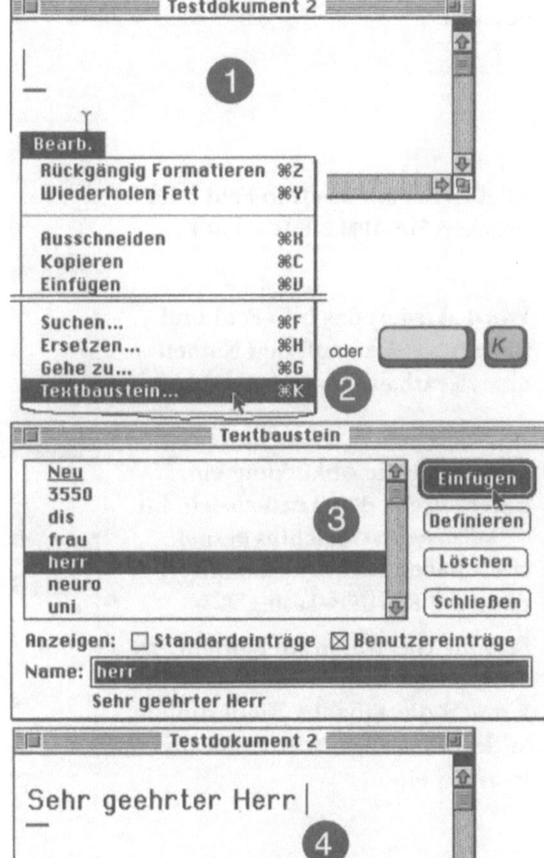

Gehört der gesuchte Textbaustein nicht zum Standardrepertoir von Word, so aktivieren Sie nur die Checkbox **Benutzereinträge**. Word blendet dann alle Standardeinträge aus. Suchen Sie hingegen einen Standard-Textbaustein, so aktivieren Sie am besten nur die Checkbox **Standardeinträge**.

• Per Tastatur

Schneller, aber gedächtnisintensiver, ist das Aufrufen eines Textbausteins per
Tastatur. Gehen Sie dabei wie folgt vor:

❶ Plazieren Sie den Textcursor an
der Stelle in Ihrem Dokument, an
der Word den Textbaustein einfügen soll.

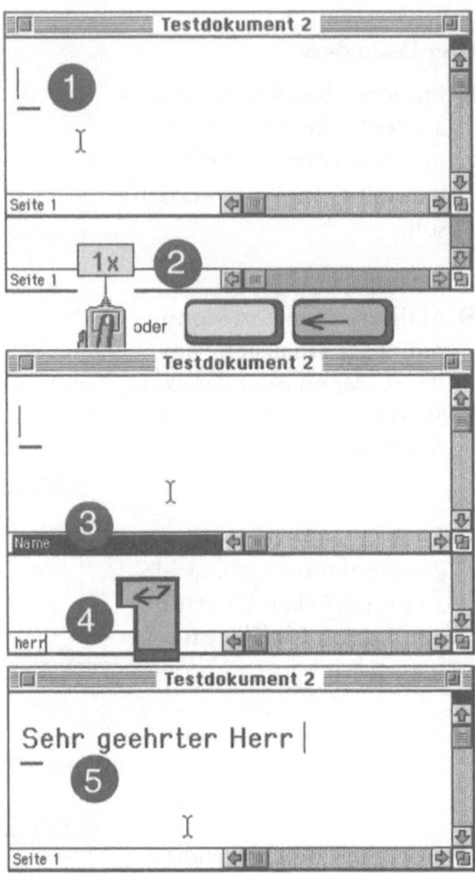

❷ Klicken Sie auf das Info-Feld oder
drücken Sie APPLE-BACKSPACE.

❸ Word aktiviert das Info-Feld und
fordert Sie dazu auf, den Namen
eines Textbausteins einzugeben.

❹ Tippen Sie die Abkürzung ein,
unter der Sie den Textbaustein im
Textbausteinverzeichnis gespeichert haben und drücken Sie
dann die RETURN-Taste.

❺ Stimmt die Abkürzung nicht, so
ertönt ein kurzer Warnton und Sie
können die Eingabe wiederholen,
andernfalls fügt Word den Textbaustein ein.

• Mit der ESCAPE-Taste können Sie dieses Procedere jederzeit abbrechen.
• Sie müssen zur Kennzeichnung des Textbausteins nur soviele Buchstaben eingeben, wie nötig sind, um den Textbaustein eindeutig anzusprechen. Wenn Sie also nur einen Textbaustein im Verzeichnis haben,
der mit einem H beginnt, so reicht die Eingabe von H.

58.4 Textbausteine bearbeiten

• Wie laden Sie ein bestehendes Textbausteinverzeichnis?

❶ Öffnen Sie die Dialogbox „Textbaustein" und wählen Sie dann den Menüpunkt „Öffnen…" aus dem Datei-Menü.

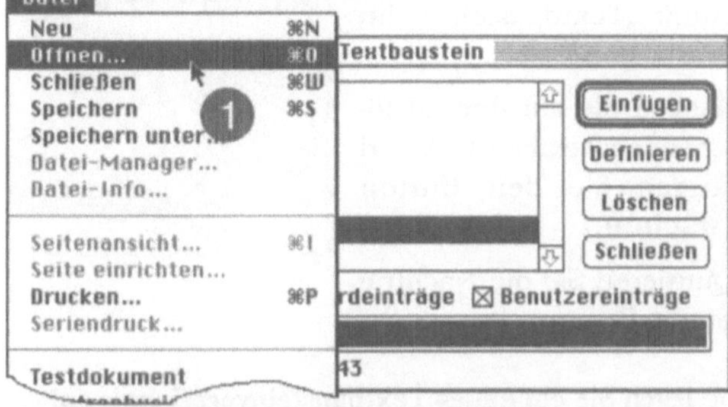

❷ Aktivieren Sie das zu öffnende Textbausteinverzeichnis und drücken Sie dann **Öffnen**.

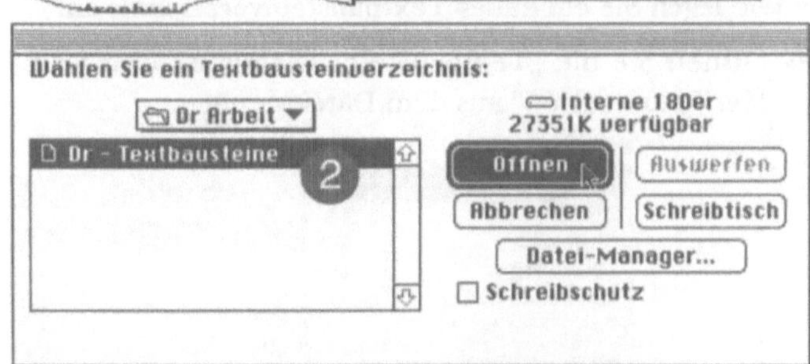

❸ Das aktuelle Textbausteinverzeichnis wird nun um das geöffnete Verzeichnis erweitert, und in der Textbaustein-Dialogbox erscheint das gesamte Textbausteinverzeichnis.

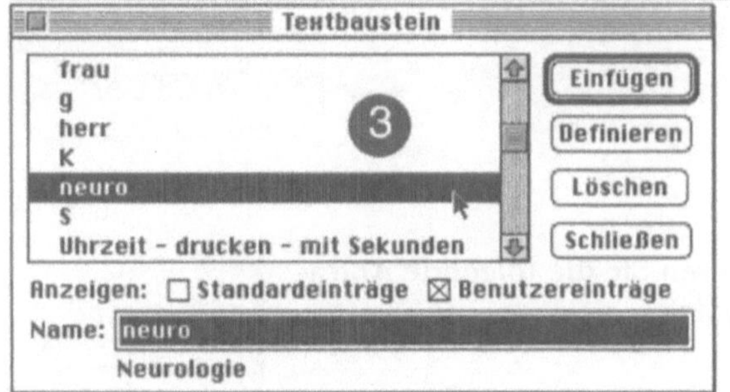

• Wie ändern Sie einen bestehenden Textbaustein?

❶ Fügen Sie den zu verändernden Textbaustein in Ihr Dokument ein.

❷ Ändern Sie den Textbaustein in gewünschter Weise.

❸ Aktivieren Sie den Inhalt des neues Textbausteins.

❹ Aktivieren Sie den Menüpunkt „Textbausteine" im Bearb.-Menü.

❺ Klicken Sie den Namen des zu verändernden Textbausteins an.

❻ Drücken Sie den Button **Definieren**.

• Textbaustein löschen

❶ Aktivieren Sie den Menüpunkt „Textbausteine" im Bearb.-Menü.

❷ Klicken Sie auf den zu löschenden Textbaustein und tätigen Sie den Button **Löschen**.

❸ Quittieren Sie die Nachfrage mit **Ja**.

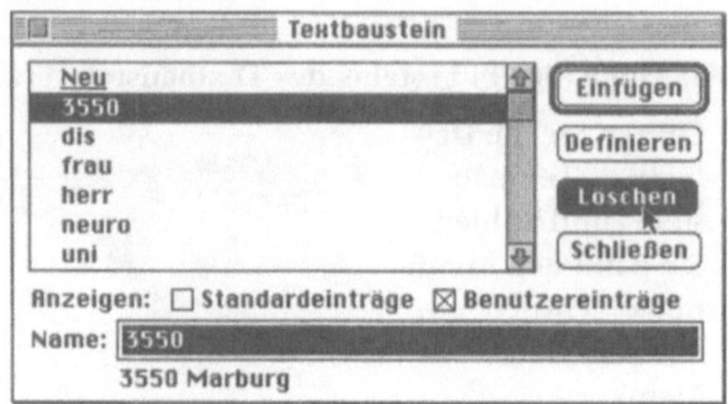

• Wie legen Sie ein neues Textbausteinverzeichnis an?

❶ Öffnen Sie die „Textbaustein"-Dialogbox und wählen Sie anschließend den Menüpunkt „Neu" aus dem Datei-Menü:

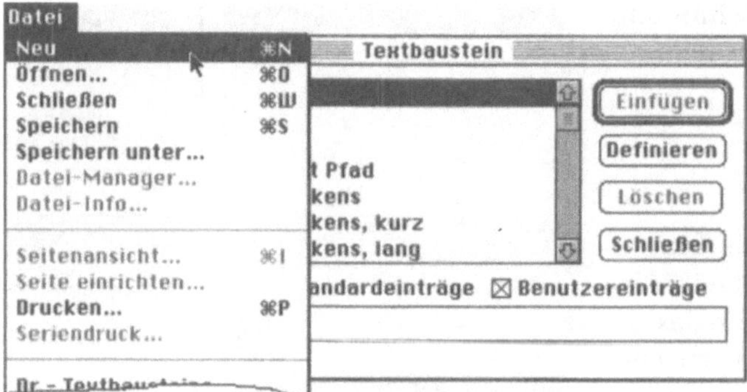

❷ Quittieren Sie die folgende Abfrage mit **Ja**.

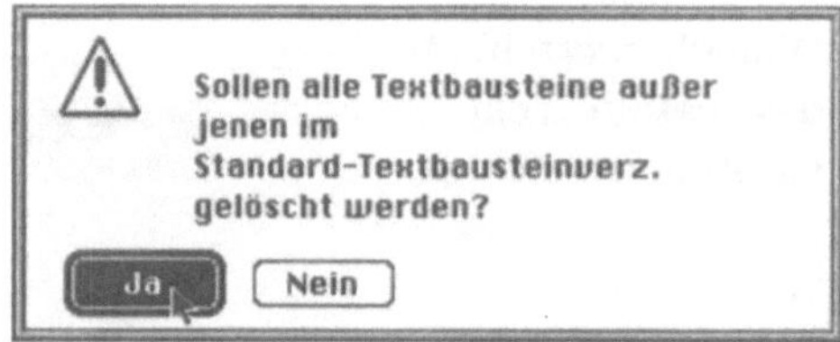

❸ Speichern Sie das Textbausteinverzeichnis unter dem von Ihnen gewünschten Namen.

• Wie speichern Sie Textbausteinverzeichnisse?

❶ Öffnen Sie die „Textbaustein"-Dialogbox und wählen Sie anschließend den Menüpunkt „Speichern" aus dem Datei-Menü:

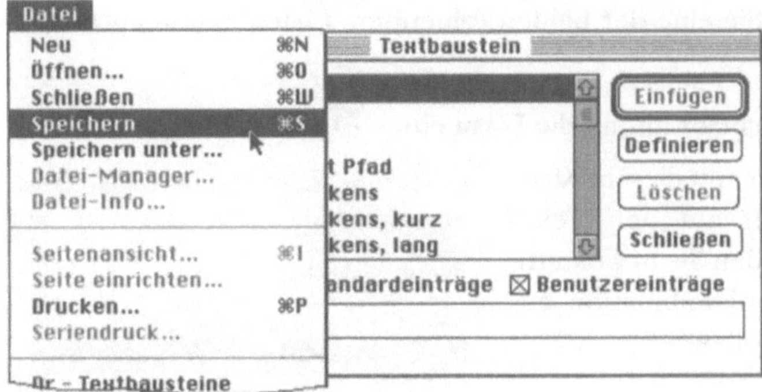

❷ Wurde das Textbausteinverzeichnis bisher noch nicht gesichert, erscheint eine Dialogbox, in die Sie den Namen, unter dem das Verzeichnis gespeichert werden soll, eingeben.

• Wie drucken Sie ein Textbausteinverzeichnis?

❶ Öffnen Sie das zu druckende Textbausteinverzeichnis, so daß es in der Dialogbox „Textbaustein" sichtbar ist. Wählen Sie anschließend den Menüpunkt „Drucken" aus dem Datei-Menü:

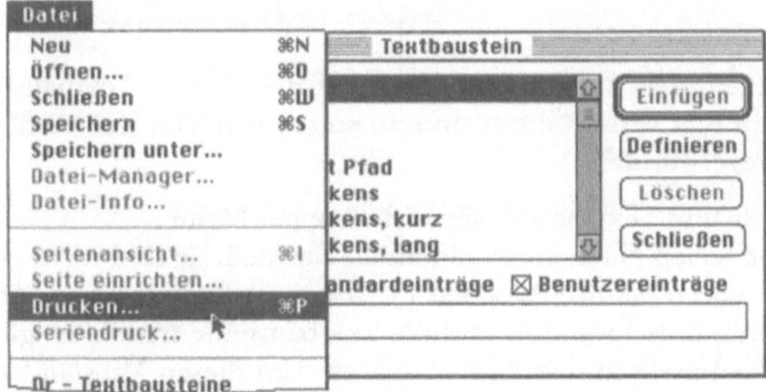

❷ Es erscheint der normale Standard-Druckerdialog. Auf die Formatierung der Liste haben Sie keinen Einfluß.

58.5 TIPS UND TRICKS

• Textbausteine per Tastaturkürzel
Den Abruf häufig verwendeter Textbausteine beschleunigen Sie, indem Sie ihnen Tastaturkürzel zuordnen. Sie brauchen dann nicht mehr die Abkürzung einzutippen, sondern lediglich eine zuvor definierte Tastenkombination. Gehen Sie dabei folgendermaßen vor:

❶ Öffnen Sie die Dialogbox „Textbausteine".

❷ Drücken Sie eine der beiden folgenden Tastenkombinationen: ⌘⌥⌨+ oder ⌘⇧⌥←.

❸ Der Mauscursor nimmt die Form eines ⌘ an.

❹ Klicken Sie mit diesem Klee-blattcursor auf den Text-baustein, den Sie in Zukunft per Tastenkombination er-reichen wollen.

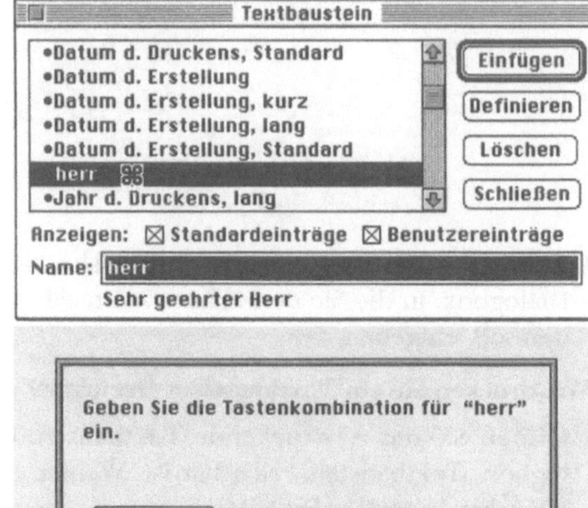

❺ Word fordert Sie nun auf, eine Tastenkombination für den angeklickten Textbau-stein einzugeben.

❻ Drücken Sie die Tastenkombination, über die Sie den Textbaustein abrufen wollen. Die Box verschwindet und ab sofort läßt sich der Textbaustein per Tastaturkürzel abrufen.

• Textbausteine und Textbausteinverzeichnisse per Menü
Textbausteine haben einen entscheidenden Nachteil: sie sind recht gedächtnisin-tensiv. Kaum waren Sie drei Wochen in Urlaub, sind die meisten Abkürzungen dem Gedächtnis entschwunden und die Textbausteine fristen lediglich ein spei-cherfressendes Dasein anstatt Zeit zu sparen. Um diesen Mißstand zu beheben, können Sie die häufigsten Textbausteine, aber auch ganze Textbausteinver-zeichnisse, in das „Opt.-Menü" übernehmen. Dort stehen sie dann per Mausklick zur Verfügung.

Die Übernahme eines Textbausteins ins Opt.-Menü funktioniert so:

❶ Öffnen Sie das Textbausteinverzeichnis, in dem die Textbausteine gespeichert sind, die Sie ins Menü übernehmen wollen.

❷ Drücken Sie eine der beiden folgenden Tastenkombinationen: ⌘⌥+ oder ⌘⇧⌥=

❸ Der Mauscursor nimmt folgende Form an: ✚

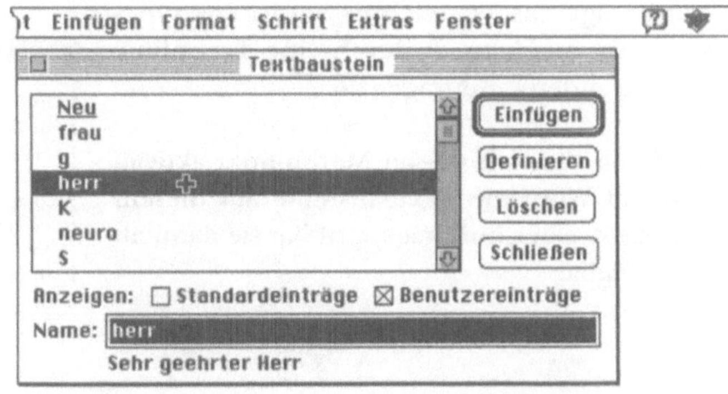

❹ Klicken Sie mit diesem Cursor auf die Textbausteine, die ins Opt.-Menü überführt werden sollen.

❺ Word richtet das Opt.-Menü ein und installiert den Textbaustein. Sogar ein evtl. definierten Tastaturshortcut trägt es mit ein.

Ein ganzes Textbausteinverzeichnis ins Opt.-Menü zu übernehmen, erfordert eine recht ähnliche Prozedur:

❶ Öffnen Sie die Dialogbox „Textbaustein".

❷ Aktivieren Sie den Menüpunkt „Öffnen" aus dem Datei-Menü.

❸ Drücken Sie eine der beiden folgenden Tastenkombinationen: ⌘⌥+ oder ⌘⇧⌥=

❹ Der Mauscursor nimmt folgende Form an: ✚

❺ Tätigen Sie in der Datei-Auswahlbox einen Doppelklick auf das Textbausteinverzeichnis, das ins Opt.-Menü überführt werden soll:

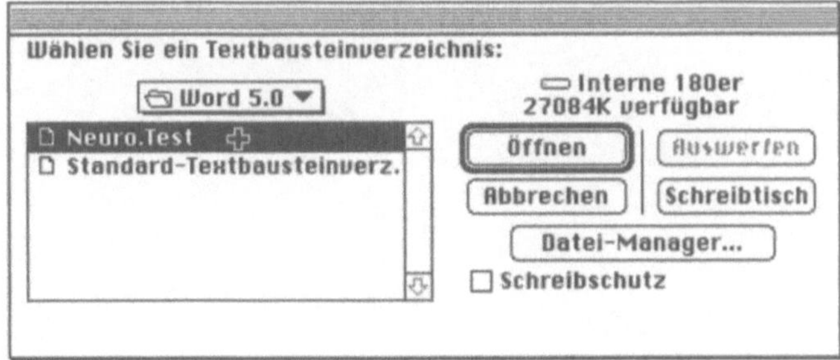

⑤ Word trägt das Verzeichnis sofort ins Opt.-Menü ein und setzt es durch eine Trennlinie von den anderen Einträgen ab.

Wenn Sie in Zukunft diesen Menüpunkt aktivieren, so lädt Word die Textbausteine aus diesem Textbausteinverzeichnis nach und hat sie dann ab sofort verfügbar.

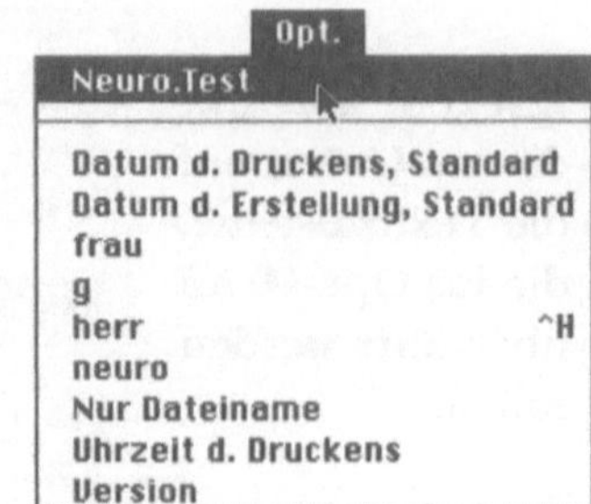

59. TEXTELEMENTE

● AKTIVIEREN, ENTFERNEN, KOPIEREN, VERSCHIEBEN

59.1 Was ist eine Textelement? 465
59.2 Aktivieren und Deaktivieren von Textelementen 466
● Aktivieren von Buchstaben per Maus 467
● Aktivieren von Buchstaben per Tastatur 467
● Aktivieren eines Wortes per Maus 468
● Aktivieren mehrerer Wörter per Maus 468
● Aktivieren eines Wortes per Tastatur 468
● Aktivieren eines Satzes 469
● Aktivieren mehrerer Sätze 469
● Aktivieren eines Absatzes per Maus: Methode 2 470
● Aktivieren mehrerer Absätze per Maus 470
● Aktivieren des gesamten Textes per Tastatur 471
● Aktivieren des gesamten Textes per Menü 471
● Aktivieren des gesamten Textes per Maus: Methode 1 472
● Aktivieren des gesamten Textes per Maus: Methode 2 472
● Aktivieren einer Zeile 473
● Aktivieren mehrerer Zeilen 473
● Aktivieren eines beliebigen Textabschnittes: Methode 1 473
● Aktivieren eines beliebigen Textabschnittes: Methode 2 474
● Aktivieren vertikaler Textabschnitte 475
● Aktvieren des Dokuments bis zum Textende 475
59.3 Entfernen von Textelementen 475
●Löschen per Menüpunkt „Löschen" 477
● Löschen per Überschreiben 478
● Ausschneiden von Textelementen 478
59.4 Einfügen, Kopieren, Verschieben 479
● Einfügen von Text mit der Tastatur 479
● Kopieren und Einfügen über die Zwischenablage 480
● Verschieben von Textelementen mit der Maus 481
● Import ganzer Dateien 482

482

Teile diese Kapitels kennen Sie vielleicht bereits aus Teil 1 dieses Buches. Der Vollständigkeit halber werden Sie hier aber nochmals aufgeführt.

59.1 WAS IST EINE TEXTELEMENT?

Dumme Frage - Zeichen, Wörter und Sätze natürlich! So würde vielleicht ein Sprachwissenschaftler diese Frage abtun. Aber in der Textverarbeitung herrschen eigene Regeln. Statt der drei kennt Word nämlich sechs verschiedene Textelemente:

- *Buchstaben*: das sind alle Zeichen des Alphabets, die Ziffern und die Sonderzeichen - ausgenommen Steuerzeichen wie ¶.

- *Wörter*: ein Wort ist eine zusammenhängende Folge von Buchstaben, die begrenzt wird durch: Leerzeichen, Punkt, Komma, Semikolon, Tabulatoren, Absatzzeichen und mehrere Handvoll weiterer Begrenzungszeichen.

- *Sätze*: sind eine Aneinanderreihung von Wörtern, Leer- und Sonderzeichen, die begrenzt wird durch Punkt, Abschnittswechsel, Seitenwechsel und Absatzzeichen.

- *Absätze*: Ein Absatz ist eine Aneinanderreihung von Sätzen, die begrenzt wird durch ein Absatzzeichen, ein Abschnittswechsel oder einen Seitenwechsel.

- *Abschnitt*: Abschnitte bestehen aus einer Aneinanderreihung von Absätzen und werden lediglich begrenzt durch Abschnittswechsel.

- *Dokument*: umfaßt alle Elemente eines Textes, also das gesamte Dokument und wird nach hinten begrenzt durch einen dicken, kurzen, schwarzen Balken:

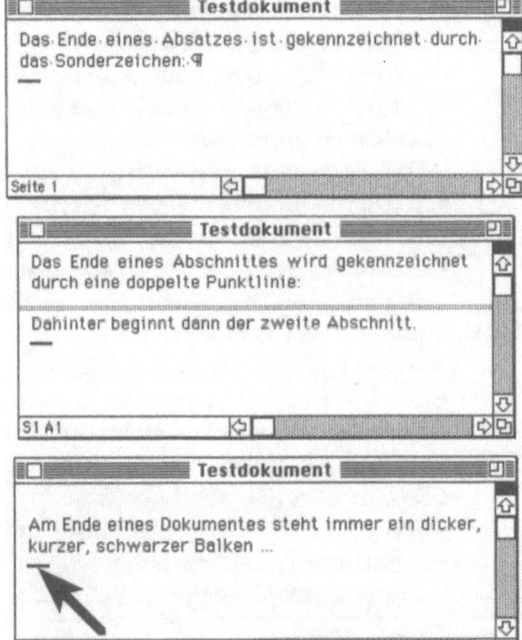

Grafiken, Formeln, importierte Objekte, Sounds und Quicktime-Filme gehören natürlich nicht zu den Textelementen von Word - Sie verhalten sich aber sehr ähnlich wie Absätze.

59.2 Aktivieren und Deaktivieren von Textelementen

 Sollten Sie aus Versehen mal ein aktiviertes Textelement löschen, rufen Sie sofort den Menüpunkt „Rückgängig" aus dem Bearb.-Menü auf. Sofort erscheint das Element wieder.

Die wichtigste Funktion in der Textverarbeitung ist das Aktivieren von Text. Bevor Sie Text umformatieren, löschen, kopieren, ersetzen, ausschneiden oder verschieben müssen Sie ihn aktivieren.

Aktivierten Text erkennen Sie daran, daß er invertiert (d.h. weiß auf scharz) dargestellt ist. Um eine Aktivierung aufzuheben (**Deaktivierung**), brauchen Sie nur an eine beliebige Stelle im Arbeitsfenster zu klicken.

Auf Farb- oder Graustufenmonitoren läßt sich die Hervorhebungsfarbe im Kontrollfeld „Farbe" einstellen. Sie heißt dort „Auswahlfarbe".

Es gibt nun eine Unmenge verschiedener Möglichkeiten, Textelemente in einer Word-Datei zu aktivieren. Es lohnt sich, die wichtigsten Aktivierungstechniken zu lernen, da gerade sie in der Praxis extrem viel Zeit sparen!

 **Denken Sie an die SHIFT-Taste**
Die wichtigste Taste beim Aktivieren von Text via Tastatur ist die SHIFT-Taste. Sie schaltet den Aktivierungsmodus ein. *Alle Bewegungen des Textcursors haben bei gedrückter SHIFT-Taste eine Textaktivierung zur Folge.* Um also die Möglichkeiten der Textaktivierung mit der Tastatur zu erlernen, müssen Sie lediglich den Abschnitt „Cursorsteuerung" (☞ K.16) aufsuchen und die dort beschriebenen Prozeduren zur Cursorbewegung bei gleichzeitig gedrückter SHIFT-Taste nachvollziehen.

Innerhalb von Tabellen und Formeln gibt es besondere Aktivierungstechniken. Sie sind in den jeweiligen Kapiteln ☞ K.59.2 beschrieben.

• Aktivieren von Buchstaben per Maus

❶ Positionieren Sie den Mauscursor neben dem Buchstaben der aktiviert werden soll (wo der Textcursor steht ist unerheblich).

❷ Drücken Sie die Maustaste.

❸ Ziehen Sie bei gedrückter Maustaste mit der Mauscursor über den zu aktivierenden Buchstaben.

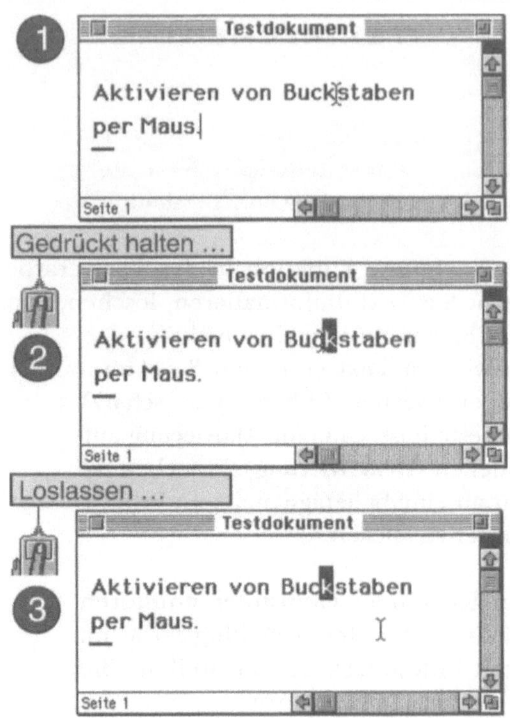

• Aktivieren von Buchstaben per Tastatur

❶ Positionieren Sie den Textcursor neben den zu aktivierenden Buchstaben.

❷ Drücken Sie SHIFT-Taste und dann jene Cursortaste, mit der Sie den Textcursor normalerweise über den zu aktivierenden Buchstaben springen lassen.

❸ Der zu aktivierenden Buchstabe wird invertiert dargestellt:

• Aktivieren eines Wortes per Maus

❶ Fahren Sie mit dem Mauscursor über das zu aktivierende Wort.

❷ Tätigen Sie einen Doppelklick.

❸ Das aktivierte Wort wird invertiert dargestellt.

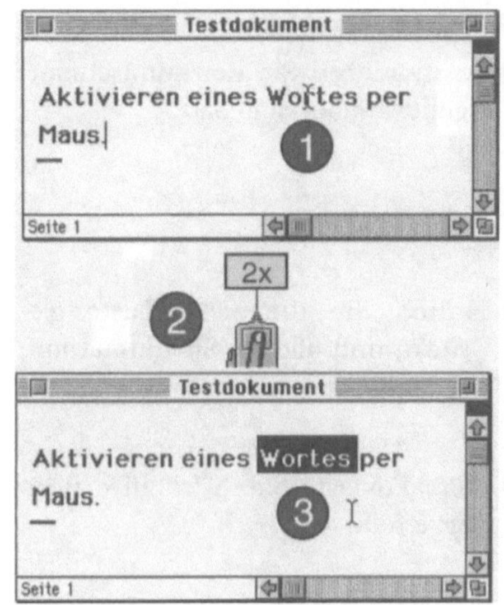

• Aktivieren mehrerer Wörter per Maus

❶ Gehen Sie wie beim Aktivieren eines einzelnen Worte vor (s.o.).

❷ Halten Sie aber nach dem Doppelklick die Maustaste gedrückt.

❸ Ziehen Sie mit gedrückter Maustaste über benachbarte Wörter. Word aktiviert den Text nun wortweise.

• Aktivieren eines Wortes per Tastatur

❶ Positionieren Sie den Textcursor in dem zu aktivierenden Wort.

❷ Halten Sie SHIFT- und APPLE-Taste gedrückt und drücken Sie CURSOR-RECHTS oder CURSOR-LINKS.

❸ Das Wort wird invertiert dargestellt.

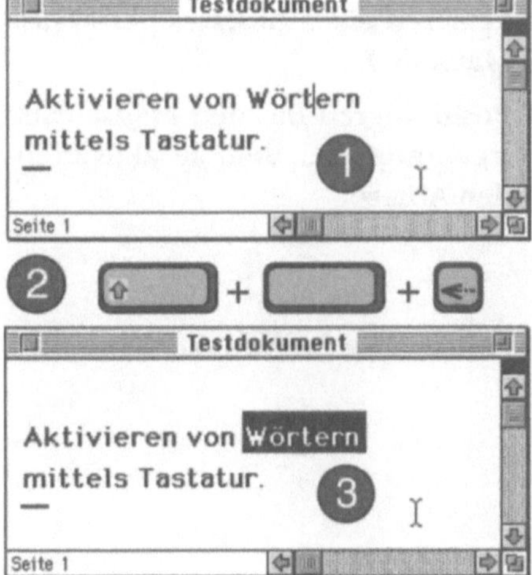

• Aktivieren eines Satzes

❶ Positionieren Sie den Mauscursor irgendwo über dem Satz.

❷ Halten Sie die APPLE-Taste gedrückt, und klicken Sie einmal mit der Maustaste.

❸ Der aktivierte Satz wird invertiert dargestellt:

• Aktivieren mehrerer Sätze

❶ Gehen Sie wie beim Aktivieren eines einzelnen Satzes vor (s.o.).

❷ Halten Sie aber nach dem Mausklick die Maustaste gedrückt.

❸ Ziehen Sie mit gedrückter Maustaste über benachbarte Sätze. Word aktiviert den Text nun satzweise.

• Aktivieren eines Absatzes per Maus: Methode 1

❶ Positionieren Sie den Mauscursor irgendwo über dem zu aktivierenden Absatz.

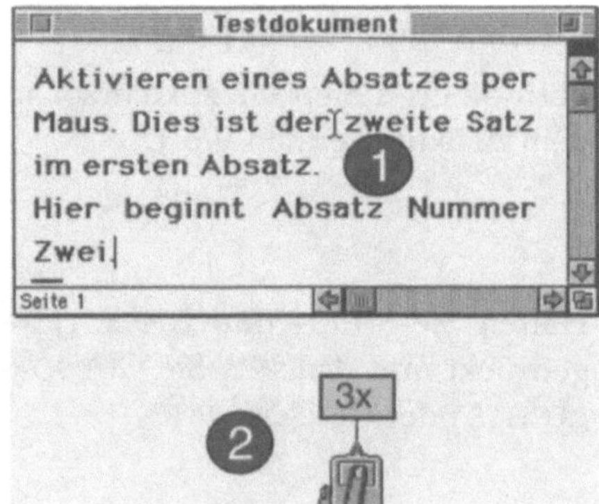

❷ Drücken Sie dreimal die Maustaste.

❸ Der Absatz wird invertiert dargestellt.

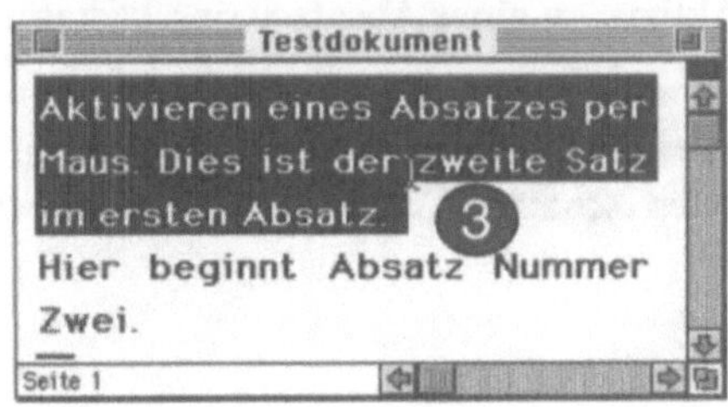

• Aktivieren eines Absatzes per Maus: Methode 2

❶ Positionieren Sie den Mauscursor
über der Aktivierungsleiste, links
neben dem zu aktivierenden Absatz.

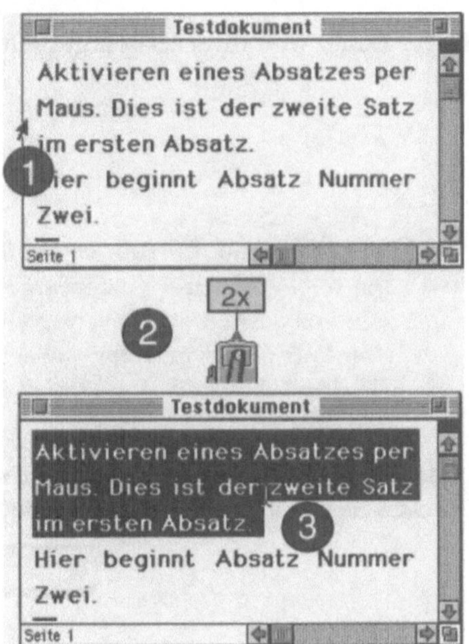

❷ Doppelklick mit der Maus.

❸ Der Absatz wird invertiert dargestellt.

• Aktivieren mehrerer Absätze per Maus

❶ Gehen Sie wie beim Aktivieren eines einzelnen Absatzes vor (Methode 1 oder
2).

❷ Halten Sie aber nach den Mausklicks die Maustaste gedrückt.

❸ Ziehen Sie dann mit gedrückter Maustaste über benachbarte Absätze. Word
aktiviert den Text nun absatzweise.

• Aktivieren eines Absatzes per Tastatur

❶ Positionieren Sie den Textcursor irgendwo innerhalb des zu aktivierenden Absatzes.

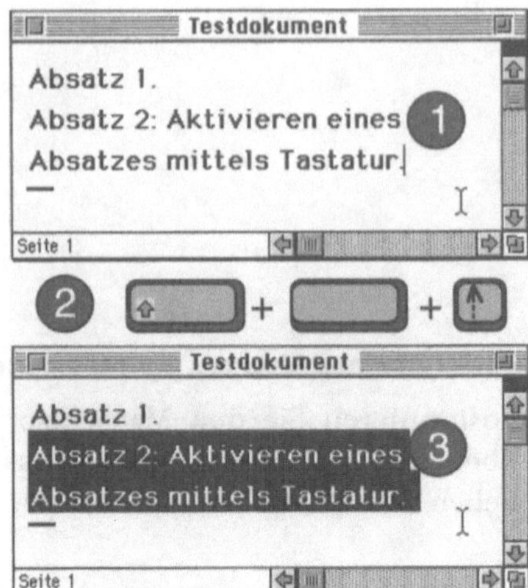

❷ Halten Sie APPLE- und SHIFT-Taste
gedrückt und tätigen Sie einen der
beiden vertikalen CURSOR-Tasten.

❸ Der Absatz wird invertiert dargestellt

Das Dokument läßt sich nie als Ganzes aktivieren
Die folgenden drei Verfahren beschreiben, wie Sie den gesamten Haupttext auf einmal aktivieren. Nicht von dieser Aktivierung betroffen sind
aber Fuß- und Kopfzeilen sowie Fußnoten. Um diese zu bearbeiten müssen
Sie deren Fenster öffnen und dort die folgenden Tastenkombinationen
durchführen.

• Aktivieren des gesamten Textes per Tastatur
Drücken Sie die Tastenkombination APPLE-A (für „All"):

• Aktivieren des gesamten Textes per Menü
Wählen Sie den Menüpunkt „Alles markieren" aus dem Bearb.-Menü.

• Aktivieren des gesamten Textes per Maus: Methode 1

❶ Positionieren Sie den Mauscursor über der Aktivierungsleiste.

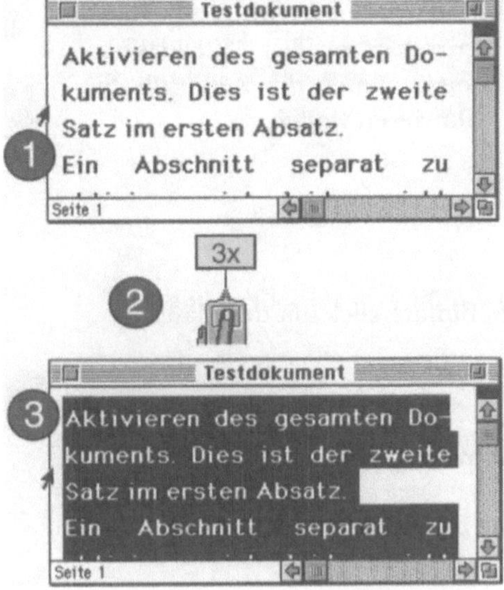

❷ Dreifachklick mit der Maus.

❸ Das gesame Dokument wird invertiert dargestellt und ist somit aktiviert.

• Aktivieren des gesamten Textes per Maus: Methode 2

❶ Positionieren Sie den Mauscursor über der Aktivierungsleiste.

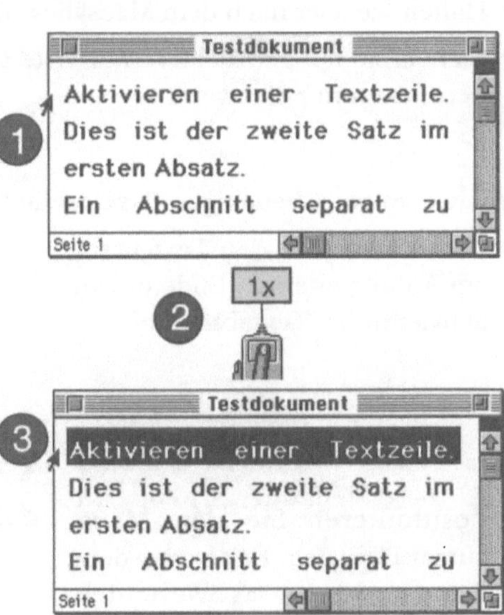

❷ Halten Sie die APPLE-Taste gedrückt und klicken Sie einmal mit der Maus.

❸ Das gesame Dokument wird invertiert dargestellt.

• Aktivieren einer Zeile

❶ Positionieren Sie den Maus-cursor über der Aktivierungs-leiste, neben der Zeile, die Sie aktivieren wollen.

❷ Einfachklick mit der Maus.

❸ Word aktiviert die Zeile.

• Aktivieren mehrerer Zeilen

❶ Gehen Sie wie beim Aktivieren einer einzelnen Zeile vor (s.o.).

❷ Halten Sie aber nach dem Mausklick die Maustaste gedrückt.

❸ Ziehen Sie mit gedrückter Maustaste über benachbarte Zeilen. Word aktiviert den Text nun zeilenweise.

• Aktivieren eines beliebigen Textabschnittes: Methode 1

❶ Positionieren Sie den Textcursor am Anfang oder am Ende des zu aktivierenden Textabschnittes.

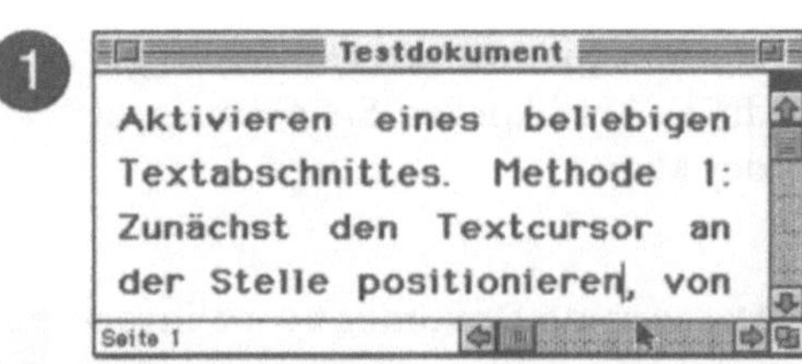

❷ Positionieren Sie den Maus-cursor über dem Ende oder dem Anfang des zu aktivierenden Textabschnittes.

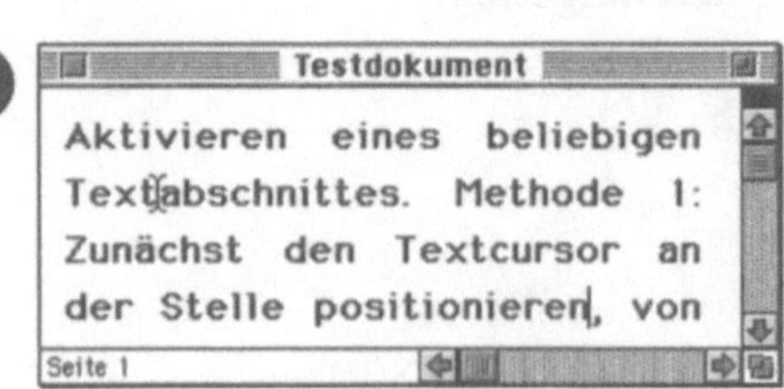

474

❸ Halten Sie die SHIFT-Taste gedrückt und klicken Sie mit der
Maus. Der Textabschnitt zwischen dem Text- und dem Mauscursor wird invertiert.

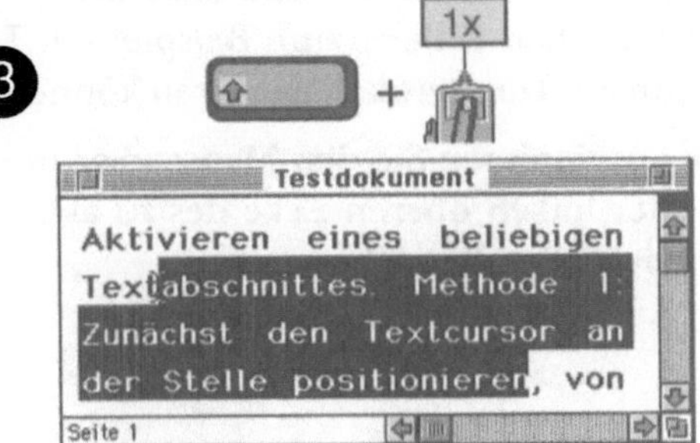

• **Aktivieren eines beliebigen Textabschnittes: Methode 2**

❶ Positionieren Sie den Mauscur-
sor über dem Ende oder dem
Anfang des zu aktivierenden
Textabschnittes.

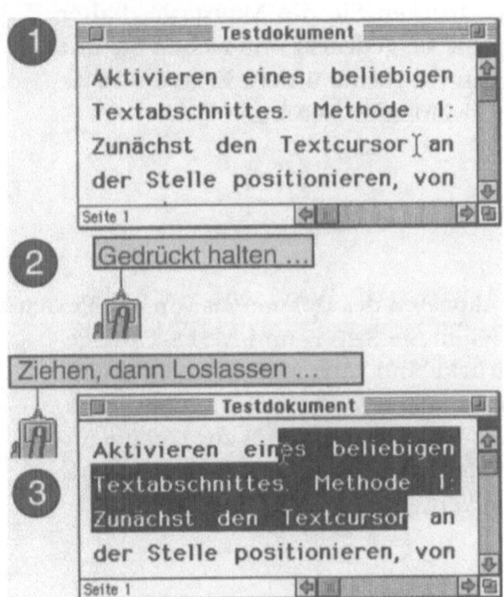

❷ Drücken Sie die Maustaste und
halten Sie diese gedrückt.

❸ Ziehen Sie nun den Mauscursor
zu der Stelle, bis zu der der
Text aktiviert werden soll und
lassen Sie die Maustaste los. Der
Textabschnitt wird invertiert
dargestellt.

• **Aktivieren bis zu einem bestimmten Zeichen**

❶ Positionieren Sie den Textcursor am Anfang des zu aktivierenden Textes.

❷ Drücken Sie die Minustaste des Zehnerblocks. Im Info-Feld taucht die
Mitteilung „Erweitern bis" auf.

❸ Geben Sie das Zeichen (Buchstaben) ein, bis zu dem Word den Text aktivieren
soll. Sofort aktiviert Word den Text von der Textcursorposition bis zum eingegebenen Zeichen.

• Aktivieren vertikaler Textabschnitte

In manchen Fällen (zum Beispiel bei Tabulator-Tabellen) ist es sehr hilfreich, wenn Sie Text vertikal aktivieren können. Gehen Sie dabei wie folgt vor:

❶ Positionieren Sie den Mauscursor in der linken oberen Ecke des zu aktivierenden Bereiches.

❷ Halten Sie die OPTION-Taste gedrückt.

❸ Drücken Sie die Maustaste, halten Sie sie gedrückt und ziehen Sie nun in die rechte untere Ecke des zu aktivierenden Bereichs.

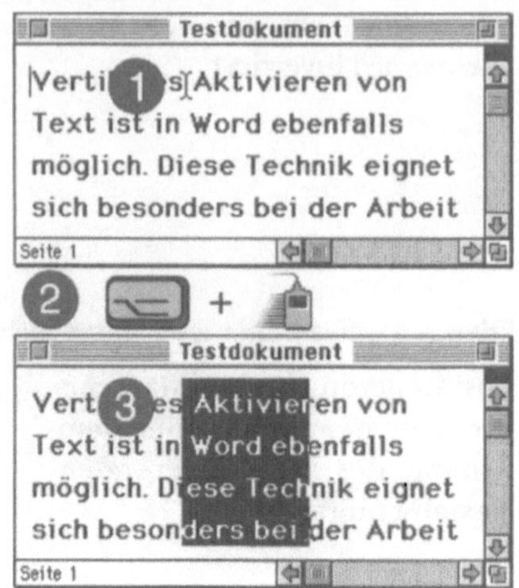

• Aktvieren des Dokuments von der Textcursorposition bis zum Textende

Halten Sie SHIFT- und APPLE-Taste gedrückt und tätigen Sie die CURSOR-Taste mit dem Pfeil nach rechts unten. Das Dokument wird bis zur Dokumentende aktiviert und das Dokumentende im Fenster dargestellt.

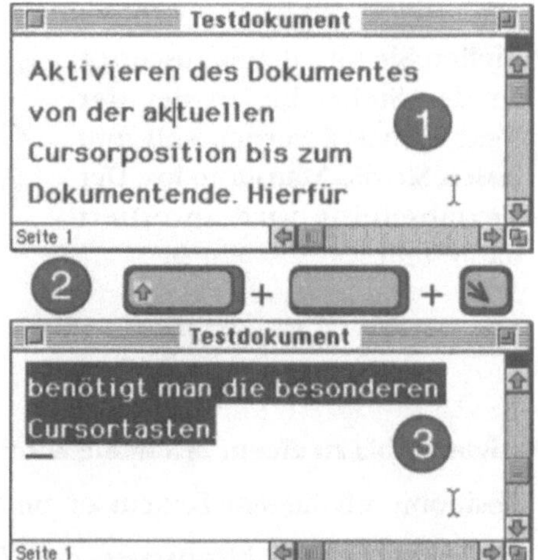

59.3 ENTFERNEN VON TEXTELEMENTEN

Entfernen von Textelementen hat meistens eine Verkürzung des bestehenden Dokuments zur Folge. Löschen Sie zum Beispiel ein Wort in einem Absatz, so wird dieser kürzer. Dies wiederum bedeutet, daß der Absatz neu umgebrochen, d.h. der Text neu auf die Zeilen verteilt werden muß. Diese Aufgabe erledigt Word automatisch und sofort, so daß Sie sich nicht weiter darum kümmern müssen. Das Entfernen von Textelementen erfolgt durch zwei grundsätzlich unterschiedliche Methoden:

- **Löschen** entfernt das Textelement vollständig,

- **Ausschneiden** entfernt das Textelement aus dem Dokument, schreibt es aber in die Zwischenablage, von wo aus Sie es wieder abrufen können.

● **Löschen per BACKSPACE- oder DELETE-Taste**
Jedes aktivierte Textelement (Buchstaben, Wörter, Sätze, Absätze, Dokumente etc.) läßt sich per BACKSPACE- oder DELETE-Taste löschen:

❶ Textelement aktivieren.

❷ BACKSPACE- oder DELETE-Taste drücken.

❸ Das Textelemente wird gelöscht.

Die Tasten BACKSPACE und DELETE löschen Buchstaben, auch ohne daß Sie diese zuvor aktiviert haben. Dabei löscht die BACKSPACE-Taste den Buchstaben links vom Textcursor ...

... während die DELETE-Taste den Buchstaben rechts vom Textcursor löscht:

•Löschen per Menüpunkt „Löschen"

❶ Textelement aktivieren.

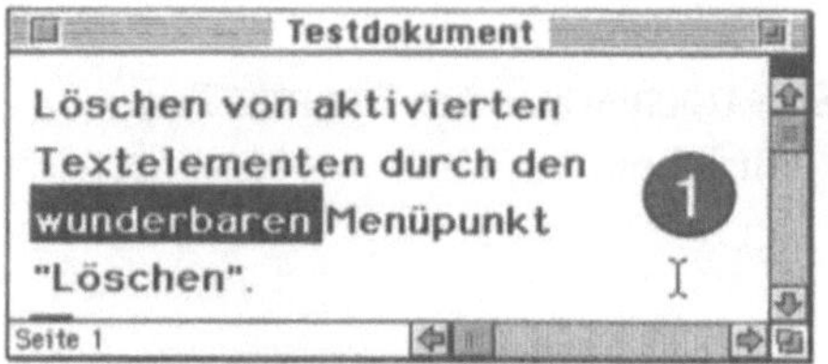

❷ Menüpunkt „Löschen" aus dem Bearbeiten-Menü auswählen.

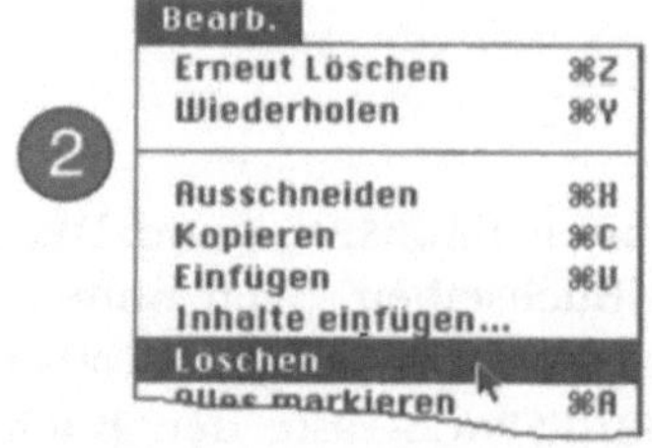

❸ Word löscht das Textelemente.

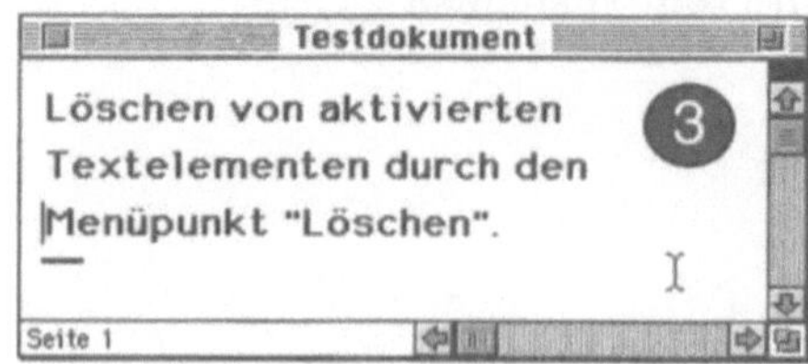

Löschen des Wortes links vom Textcursor
Drücken Sie die Tastenkombination APPLE-OPTION-BACKSPACE. Diese Methode eignet sich besonders dann, wenn Sie während des Schreibens das zuletzt geschriebene Wort löschen wollen.

Löschen des Wortes rechts vom Textcrusor
Mit dem Tastaturkürzel APPLE-OPTION-I löschen Sie das Wort oder den Wortabschnitt rechts vom Textcursor.

• Löschen per Überschreiben

Jedes aktivierte Textelemente läßt sich sofort überschreiben:

❶ Textelement aktivieren.

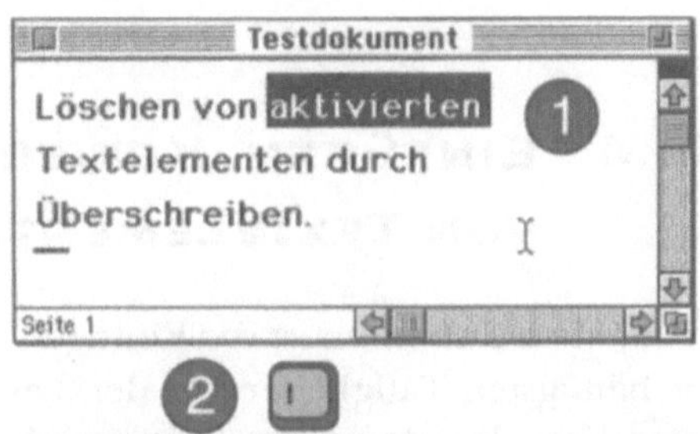

❷ beliebigen Buchstaben drücken.

❸ Das Textelemente ist überschrieben.

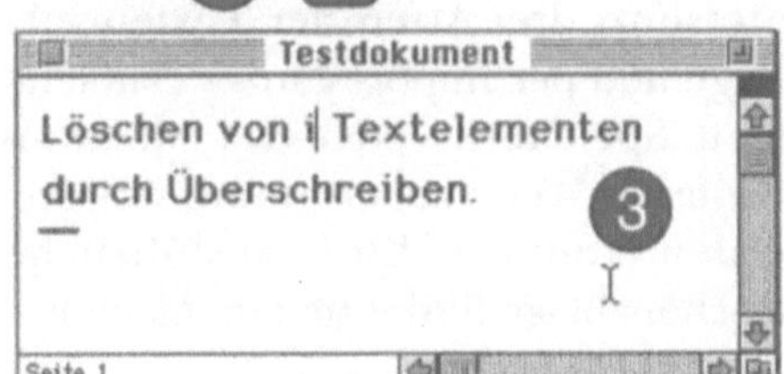

• Ausschneiden von Textelementen

Beim Ausschneiden nimmt Word das Textelement aus dem Dokument heraus und schreibt es in die Zwischenablage, von wo aus Sie es mit dem Befehl „Einfügen" (Bearb.-Menü) an einer anderen Stelle des Dokuments einsetzen können:

❶ Textelement aktivieren.

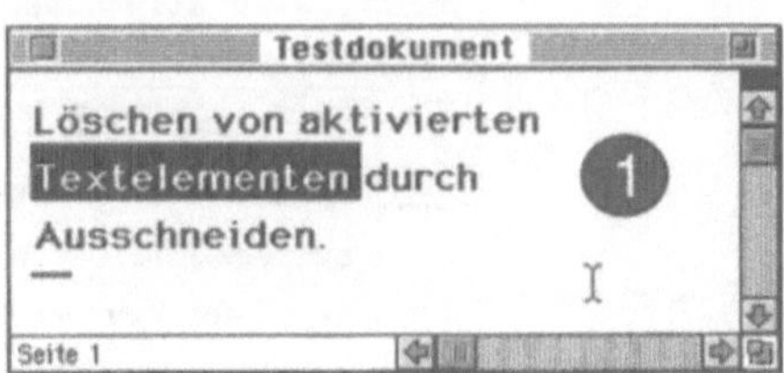

❷ Menüpunkt „Ausschneiden" aus dem Bearb.-Menü auswählen.

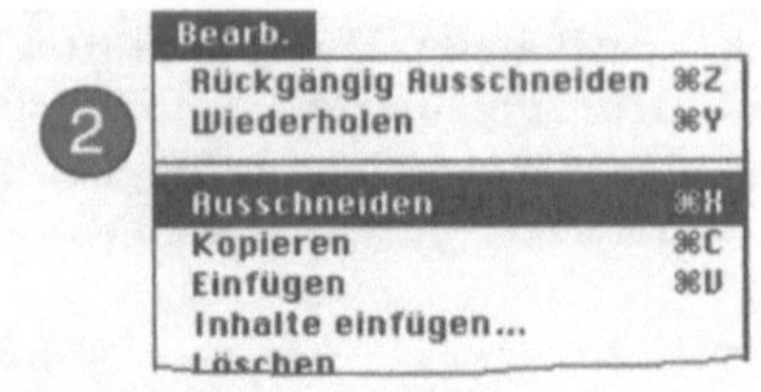

❸ Das Textelement ist ausgeschnitten und befindet sich nun in der Zwischenablage.

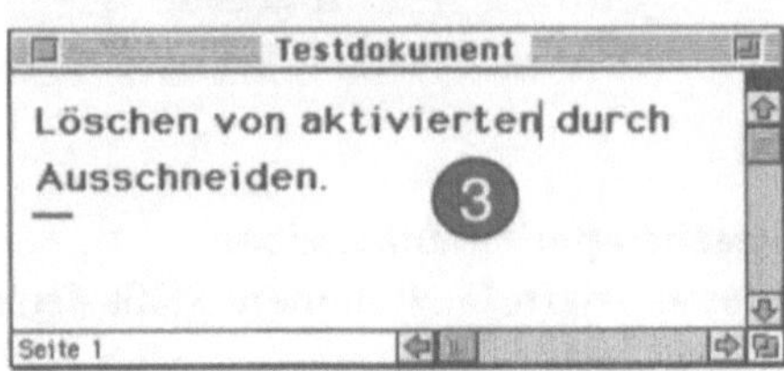

59.4 Einfügen, Kopieren, Verschieben von Textelementen

Neben dem Entfernen ist das Einfügen von Text in das Dokument sicherlich eine der häufigsten Tätigkeiten bei der Textverarbeitung. Der Texteditor von Word unterstützt drei Arten der Texteingabe: über die Tastatur, über die Zwischenablage und per Import ganzer Dateien. Bei der *Zwischenablage* handelt es sich um einen Speicherbereich des Macintosh, in dem Grafik- und Textdaten in definierter Weise abgelegt und von dort jederzeit wieder in eine Datei eingesetzt werden können. Eine ausführliche Darstellung des Umgangs mit der Zwischenablage findet sich im Macintosh-Benutzerhandbuch.

• **Einfügen von Text mit der Tastatur**
Die häufigste Art der Texteingabe ist sicherlich die über die Tastatur. Der Textcursor läßt sich an jeder Stelle eines Textes positionieren und Sie können dann an dieser Stelle sofort mit der Texteingabe beginnen. Den Text hinter der Eingabestelle bricht Word automatisch neu um:

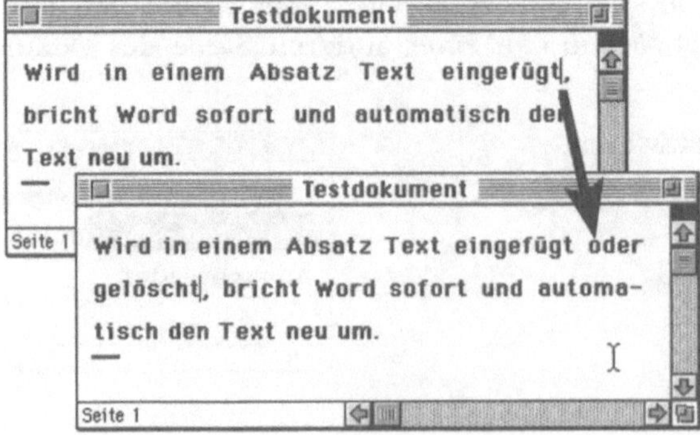

• Kopieren und Einfügen von Textelementen über die Zwischenablage
Ebenfalls recht häufig tritt der Fall ein, daß eine Textpassage in leicht abgewandelter Form an einer anderen Stelle des Dokuments nochmals verwendet werden
soll. In einem solchen Fall spart es viel Zeit, die bereits getippte Textpassage zu
kopieren und anschließend zu modifizieren. Gehen Sie dabei wie folgt vor:

❶ Aktivieren Sie die zu kopierende
Passage Ihres Dokuments.

❷ Wählen Sie den Menüpunkt „Kopieren" aus dem Bearbeiten-Menü.
Word kopiert den aktivierten Textabschnitt in die Zwischenablage.

❸ Plazieren Sie den Textcursor an der
Stelle des Dokuments, an der die
kopierte Passage eingefügt werden
soll.

❹ Wählen Sie den Menüpunkt „Einfügen" aus dem Bearb.-Menü.

❺ Word fügt den Text aus dem Zwischenablage ins aktuelle Dokument
ein und zwar an die Stelle, an der
gerade der Textcursor steht.

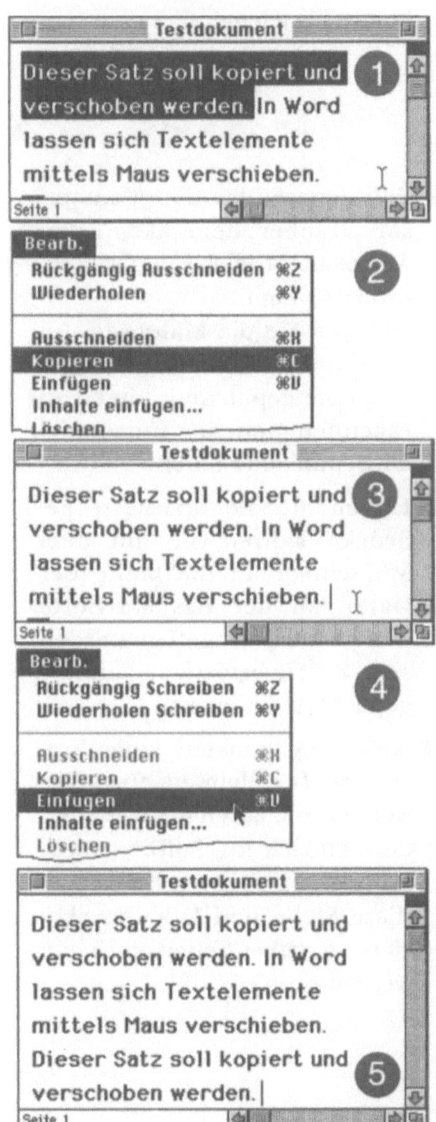

• Verschieben von Textelementen mit der Maus

Word unterstützt eine sehr mac-bezogene Art, aktivierte Textelemente innerhalb einer Datei zu verschieben, ohne dabei von der Zwischenablage Gebrauch zu machen:

❶ Aktivieren Sie das zu verschiebende Textelement.

❷ Positionieren Sie den Mauscursor so über dem aktivierten Textelement, daß er eine Pfeilform annimmt.
Drücken Sie die Maustaste. An der Pfeilspitze des Cursors ist nun eine gepunktete Linien zu erkennen und am Cursorstiel ein gepunkteter Kasten.

❸ Halten Sie die Maustaste gedrückt. Fahren Sie mit dem Mauscursor an die Stelle der Datei, an der das aktivierte Textelement eingefügt werden soll. Wie Sie bemerken, läuft die gepunktete Linie mit.

❹ Steht die gepunktete Linie dort, wo das Textelement eingefügt werden soll, lassen Sie die Maustaste einfach los. Sofort schiebt Word den aktivierten Bereich an diese Stelle und läßt ihn aktiviert, so daß er weiterverarbeitet werden kann.

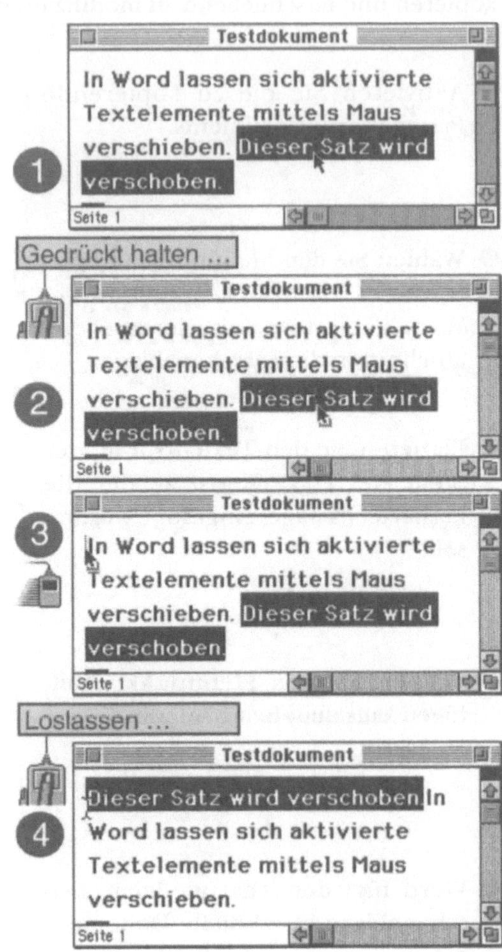

• Import ganzer Dateien

Wenn Sie den Inhalt einer anderen Datei komplett oder fast komplett in Ihr Worddokument überneh- men wollen, so hilft der Befehl „Datei" aus dem Einfügen-Menü.

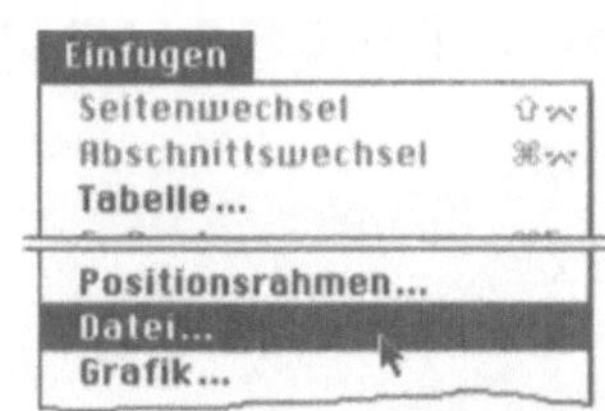

Word öffnet eine normale Dateiauswahlbox.

Über diese wählen Sie eine Datei aus und drücken dann den Button **Öffnen**. Word liest den Inhalt der Datei und fügt diesen an der Stelle des Textcursors in Ihr Dokument ein.

Die auf diese Weise eingebundene Datei ist nicht dynamisch mit der Original- datei verbunden: Änderungen am Original führen aber zu keinerlei Verände- rungen an Ihrer Datei. Ist dies erwünscht, so müssen Sie auf eine der „dynamic links" von Word zurückgreifen (☞ K.25).

Da keinerlei Verbindung zur Originaldatei besteht, lassen sich die importierten Daten in normaler Weise formatieren und editieren.

Vorsicht mit Druckformaten

Wenn Sie zwischen zwei Word-Dokumenten Daten über die Zwischen- ablage oder die soeben beschriebene Einfügen-Funktion austauschen, dann bedenken Sie, daß die eingefügten Daten nun mit den Druck- formaten des bestehenden Dokuments formatiert werden. Besitzten die eingefügten Abschnitte aber Druckformate, die im vorhandenen Doku- ment nicht vorkommen, werden diese Druckformate automatisch definiert und stehen dann ab sofort zu Ihrer Verfügung. Auf diese Weise lassen sich übrigens auch Druckformate zwischen verschiedenen Dokumenten aus- tauschen.

60. THESAURUS

60.1   Wissenswertes in Kürze … … 483
60.2   Installation des Thesaurus 483
60.3   Der Umgang mit dem Thesaurus 485
60.4   Tips & Tricks 486

60.1 WISSENSWERTES IN KÜRZE … …

Der Thesaurus ist eine Art Bedeutungslexikon und macht sich vor allem nützlich als Verzeichnis sinn- und sachverwandter Wörter. Sie füttern den Thesaurus mit einem beliebigen Begriff, und er liefert Ihnen eine Liste mit Begriffen und Redewendungen gleicher oder ähnlicher Bedeutung. Kann der Thesaurus mit dem von Ihnen vorgegebenen Begriff nichts anfangen, präsentiert er eine Liste ähnlich klingender und ähnlich geschriebener Begriffe. Ist ein brauchbares Synonym in der Auswahl, wird es auf Wunsch in den Text eingefügt.

60.2 INSTALLATION DES THESAURUS

Der Thesaurus von Word besteht aus zwei Teilen: dem Programm und einem Synonymen-Lexikon. Das Thesaurus-Programm hat die Aufgabe, den Suchbe-

• **Programm:**

Thesaurus

griff zu übernehmen und in einem Lexikon Begriffe ähnlicher Bedeutung und Schreibweise nachzuschlagen. Das Thesaurus-Programm ist ein Plug-in-Modul (☞ K.42).

Dieses Modul muß im selben Ordner liegen wie Word. Befindet es sich nicht dort, so erscheint beim Versuch, den Thesaurus zu aktivieren, die Fehlermeldung:

• **Lexika:**

Thesaurus.lex

In solchen Fällen müssen Sie Word beenden und den Thesaurus installieren. Schieben Sie das Thesaurus-Programm in denselben Ordner wie Word und starten Sie die Textverarbeitung erneut.

English Thesaurus

Das Thesaurus-Programm benötigt für seine Arbeit ein Lexikon mit Synonymen. Findet es kein solches Wörterbuch, erscheint eine Datei-Auswahlbox mit der Aufforderung, eins zu installieren:

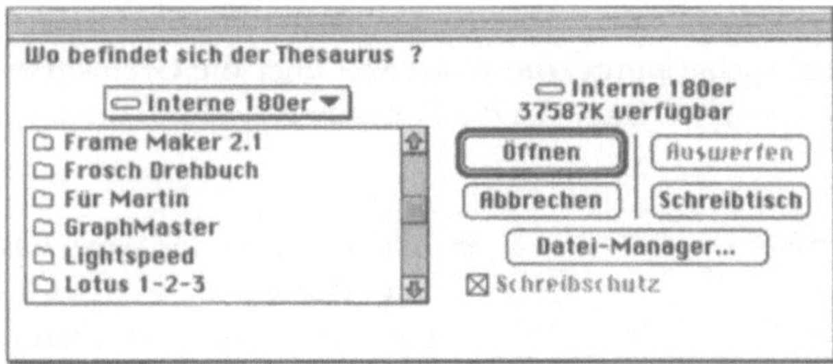

Die Trennung in Thesaurus-Programm und Thesaurus-Lexikon hat einen entscheidenden Vorteil: Sie können bei deutscher Benutzerführung
auch mit einem Fremdsprachen-Wörterbuch arbeiten. Mit welchem Thesaurus Sie arbeiten wollen, legen Sie übrigens in
der Dialogbox „Einstellungen" (Extras-Menü) fest:

In diesem Menü erscheinen alle Wörterbücher aus dem Word-
Ordner. Ein französisches Lexikon beispielsweise installieren Sie einfach durch Kopieren in diesen Ordner.
Auch ohne daß Sie Word neu starten, erscheint
dann in dem Fenster des Popup-Menüs das
Thesaurus-Lexikon in französischer
Sprache. Auf die gleiche Weise
lassen sich auch Fachwör-
terbücher und ähnli-
che Zusätze mit
Word verknü-
pfen.

60.3 DER UMGANG MIT DEM THESAURUS

Der Thesaurus ist eines der Hilfsprogramme, die Word weit über die Grenzen eines einfachen Editors hinaus erweitern. Dabei ist die Formulierungshilfe denkbar einfach zu benutzen:

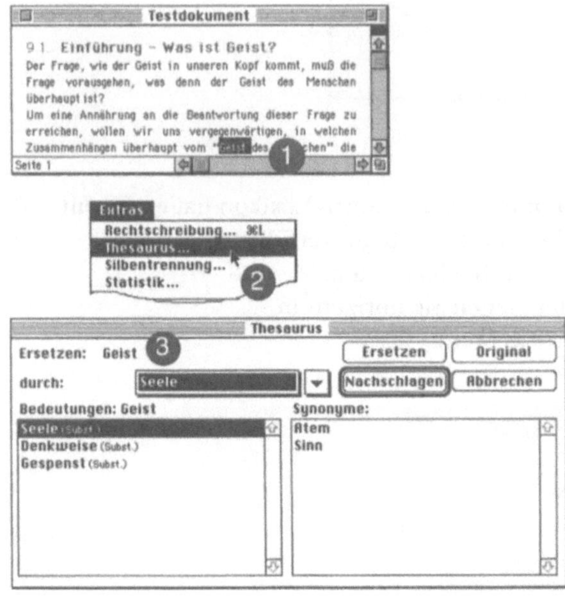

❶ Aktivieren Sie das Wort, das der Thesaurus nachschlagen soll (am einfachsten per Doppelklick).

❷ Wählen Sie den Menüpunkt „Thesaurus" aus dem Extras-Menü.

❸ Word aktiviert den Thesaurus und übergibt ihm das Suchwort. Das Thesaurus-Programm schlägt nun im aktiven Lexikon den Begriff nach und präsentiert den ähnlichsten Begriff in einer Eingabebox.

Links oben in der Dialogbox, hinter **Ersetzten**, findet sich der Suchbegriff, in unserem Beispiel „Geist". Darunter liegt das Eingabefeld für den neuen Begriff. Es ist gleichzeitig ein Popup-Menü, gleich mehr dazu.

Das Eingabefenster (es enthält oben das Wort „Seele"), stellt den Begriff invertiert dar, den der Thesaurus als Alternative zum Suchbegriff vorschlägt. Unter dem Eingabefeld erscheint eine Liste von Begriffen, aus der Sie einen Ausdruck wählen, wenn Sie die **Bedeutung** des Suchbegriffes genauer definieren wollen. Meinen Sie mit „Geist" eher „Seele", oder „Denkweise" oder vielleicht ein Gespenst? Klicken Sie mit der Maus den Begriff an, der am besten in den Bedeutungszusammenhang Ihres Textes paßt. Der Thesaurus zeigt dann in der rechten Liste **Synonyme** zu diesem Begriff, also Wörter mit gleicher oder ähnlicher Bedeutung.

Wenn Sie einen Begriff in der Bedeutungs- oder Synonymenliste anklicken, erscheint dieser sofort im Eingabefeld. Klicken Sie nun auf den Button **Nachschlagen**, um Synonyme zu dem Begriff zu bekommen. Die Eingabe von RETURN- oder ENTER auf der Tastatur hat denselben Effekt.

Alle Begriffe, die Sie nachschlagen, solange der Thesaurus geöffnet ist, werden gespeichert. Auf Wunsch können Sie diese anzeigen lassen, indem Sie auf den Pfeil neben dem Eingabefeld klicken. Es erscheint ein Popup-Menü, das Ihnen erlaubt, zu einem der Begriffe zurückzukehren:

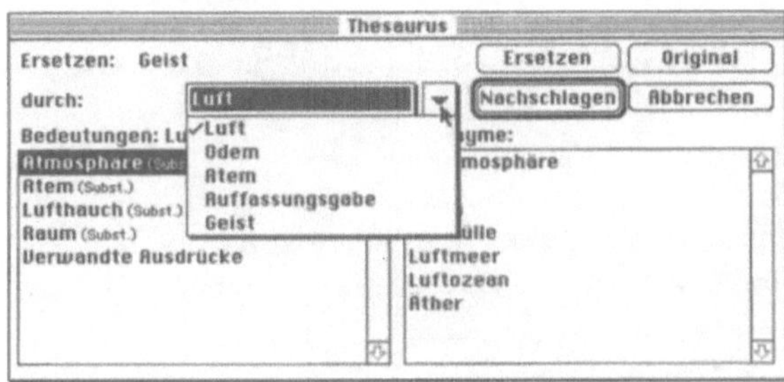

Wollen Sie zum ursprünglichen Suchbegriff zurück, so brauchen Sie nur den Button **Original** zu drücken.

Haben Sie einen Begriff gefunden, mit dem Sie den Suchbegriff ersetzen wollen, so drücken Sie einfach den Button **Ersetzen**. Word schließt dann den Thesaurus und ersetzt den Suchbegriff durch das im Eingabefeld stehende Wort. Ist kein passabler Begriff dabei, so drücken Sie **Abbrechen**. So kehren Sie unverrichteter Dinge zum Text zurück.

60.4 TIPS & TRICKS

• Aktivieren des Suchbegriffs
Sie müssen den Begriff, den der Thesaurus nachschlagen soll, nicht unbedingt aktivieren. Es reicht, wenn der Textcursor zwischen den Buchstaben des Wortes oder direkt am Wortende oder am Wortanfang steht.

• Nachschlagen per Doppelklick
Doppelklick auf einen Begriff in der Bedeutungs- oder Synonymenliste der Thesaurus-Dialogbox bewirkt das sofortige Nachschlagen dieses Begriffes.

• ⇧Hilfe für den Aufruf desThesaurus
Der Thesaurus ist für Vielschreiber eine wirkliche Hilfe. Wer ihn häufig benutzt, sollte dafür ein Tastaturkürzel einrichten. Empfohlen sei der Shortcut SHIFT-HILFE. (Wie Sie Befehlen Shortcuts zuweisen, erfahren Sie in Kapitel ☞ K.14.)

61. Zeichen-Formatierung

61.1 Was für Zeichenformate gibt es? 487
61.2 Hilfsmittel der Zeichenformatierung 491
  • Die Formatierungsleiste 491
  • Hauptmenü 493
  • Tastaturkürzel 494
  • Dialogbox 495
61.3 Kopieren und Übertragen von Zeichenformaten 496
61.4 Die Standardschrift...498
61.5 Tips & Trickes 499
  • Kerning & Unterschneidung 499
  • Suchen & Ersetzen 499

Um Zeichen zu formatieren, müssen Sie sich die gewünschten Attribute aus Menüs, Formatierungsleiste und Dialogbox zusammensuchen. Haben Sie die Parameter gesetzt, beginnen Sie mit der Texteingabe. Word schreibt die getippten Zeichen im gewünschten Format ins Dokument.

Um Zeichen *nachträglich* zu formatieren, müssen Sie diese zunächst aktivieren und dann die Attribute setzen. Wie Sie Buchstaben, Wörter, Sätze und Absätze aktivieren, steht ausführlich in Kapitel ☞ K.59.2. Sobald Sie die Zeichenformate eines gesamten Absatzes oder von noch mehr Text ändern wollen, sollten Sie dies über Druckformate erledigen.

61.1 Was für Zeichenformate gibt es?

• **Ändern des Erscheinungsbildes**

fett

kursiv

KAPITÄLCHEN

GROßBUCHSTABEN

<u>doppelt unterstreichen</u>

punktiert unterstreichen

<u>normal unterstrichen</u>

Wortweise <u>untersteichen</u>

~~durchgestrichen~~

hochgestellt 3 Pkt

tiefgestellt 2 Pkt

Konturschrift

schattiert

• Ändern der Buchstabengröße (4...16383)

Die Buchstabengröße läßt sich in Word pixelgenau einstellen. Die minimale Schriftgröße beträgt 4, die maximale 16383 Pixel. Hier einige Beispiele:

6 Punkt Schriftgröße

8 Punkt Schriftgröße

10 Punkt Schriftgröße

12 Punkt Schriftgröße

14 Punkt Schriftgröße

16 Punkt Schriftgröße

18 Punkt Schriftgröße

20 Punkt Schriftgröße

22 Punkt Schriftgröße

24 Punkt Schriftgröße

26 Punkt Schriftgröße

28 Punkt Schriftgröße

30 Punkt Schriftgröße

32 Punkt Schriftgröße

34 Punkt Schriftgröße

36 Punkt Schriftgröße

Wie gut die Qualität der Bildschirmdarstellung und des Ausdrucks ist, hängt von Ihrem Betriebssystem ab. Wenn Sie unter System 7 mit *Truetype-Schriften* arbeiten (alle Schriften auf den System-7-Disketten gehören dazu), so wird fast jede Schriftgröße sowohl auf dem Bildschirm, wie auch auf dem Drucker in akzeptabler Weise ausgegeben.

Das gleiche gilt für das Arbeiten mit *Adobe Type Manager* (*ATM*) und System 6.

Wenn Sie weder mit ATM noch mit Truetype arbeiten, so informieren Sie sich in Ihrem Macintosh-Handbuch und in dem Handbuch Ihres Druckers, welche Schriftgrößen optimal darstellbar sind.

• **Ändern der Schriftart, z.B.**

TIMES
abcdefghijklmnopqrstuvwxyzüäö1234567890ß
ABCDEFGHIJKLMNOPQRSTUVWXYZÜÄÖ1234567890ß

Futura
abcdefghijklmnopqrstuvwxyzüäö1234567890ß
ABCDEFGHIJKLMNOPQRSTUVWXYZÜÄÖ1234567890ß

Courier
abcdefghijklmnopqrstuvwxyzüäö1234567890ß
ABCDEFGHIJKLMNOPQRSTUVWXYZÜÄÖ1234567890ß

Imago Book
abcdefghijklmnopqrstuvwxyzüäö1234567890ß
ABCDEFGHIJKLMNOPQRSTUVWXYZÜÄÖ1234567890ß

Symbol
αβχδεφγηιφκλμνοπθρστυϖωξψζ 1234567890♣
ΑΒΧΔΕΦΓΗΙϑΚΛΜΝΟΠΘΡΣΤΥςΩΞΨΖ 1234567890♣

BrushScript
abcdefghijklmnopqrstuvwxyzüäö1234567890ß
ABCDEFGHIJKLMNOPQRSTUVWXYZÜÄÖ1234567890ß

Zapf Dingbates

New Century Schlbk
abcdefghijklmnopqrstuvwxyzüäö1234567890ß
ABCDEFGHIJKLMNOPQRSTUVWXYZÜÄÖ1234567890ß

New Baskerville
abcdefghijklmnopqrstuvwxyzüäö1234567890ß
ABCDEFGHIJKLMNOPQRSTUVWXYZÜÄÖ1234567890ß

HelveCompressed
abcdefghijklmnopqrstuvwxyzüäö1234567890ß
ABCDEFGHIJKLMNOPQRSTUVWXYZÜÄÖ1234567890ß

HelveUltCompressed
abcdefghijklmnopqrstuvwxyzüäö1234567890ß
ABCDEFGHIJKLMNOPQRSTUVWXYZÜÄÖ1234567890ß

• Ändern des Buchstabenabstandes

Der Abstand zwischen den Buchstaben läßt sich mit Word pixelgenau einstellen. Dabei entspricht ein Pixel 1/72 inch (=Zoll), also etwa 0.3 mm. Die Ergebnisse beim Drucken sind allerdings häufig sehr unbefriedigend - auch auf Laserdruckern. Bevor Sie also Buchstabenabstände ändern, sollten Sie über Probedrucke die optimalen Parameter ermitteln. Die folgende Tabelle gibt eine Übersicht, die die Grenzen von Words Formatierungskünsten offenlegt:

Schmal um ... (0...1,75)

... 0	Dies ist ein Beispielsatz
... 0,25	Dies ist ein Beispielsatz
... 0,5	Dies ist ein Beispielsatz
... 0,75	Dies ist ein Beispielsatz
... 1	Dies ist ein Beispielsatz
... 1,25	Dies ist ein Beispielsatz
... 1,5	Dies ist ein Beispielsatz
... 1,75	Dies ist ein Beispielsatz

Gesperrt um ... (0...14)

... 1	Dies ist ein Beispielsatz
... 3	D i e s i s t e i n B e i s p i e l s a t z
... 5	D i e s i s t e i n B e i s p i e l s a t z
... 7	D i e s i s t e i n B e i s p i e l s a t z
... 9	D i e s i s t e i n B e i s p i e l s a t z
... 11	D i e s i s t e i n B e i s p i e l s a t
... 13	D i e s i s t e i n B e i s p i e l

Die Beispiele machen deutlich, daß echtes *Kerning* mit diesen Funktionen nicht möglich ist, da keine *Unterschneidung* realisierbar ist. Wenn Sie auf diese Funktion aber nicht verzichten wollen, dann helfen Ihnen - wer hätte es gedacht - die mathematischen Steuerzeichen von Word. Wie Sie mit deren Hilfe zum Beispiel

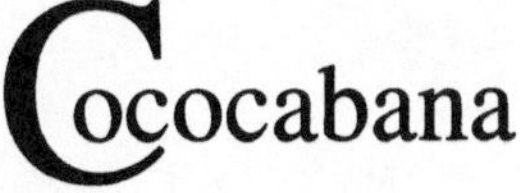

realisieren, das steht in Abschnitt ☞ K.39.8.

• Hoch- & Tiefstellen von Zeichen

Das Anheben von Zeichen über oder das Absenken unter die normale Zeichenebene ist bei Indizierung, Fußnoten, mathematischen Gleichungen und ähnlichen Einsatzgebieten gefragt.

Word erlaubt das Anheben und Absenken von Zeichen um bis zu 63 Pixel über beziehungsweise unter die Zeichenebene. Hier einige Beispiele:

Hochgestellt (0...63)

um eins zwei drei vier fünf sechs sieben acht neun zehn elf zwölf dreizehn Pixel

um eins zwei drei vier fünf sechs sieben acht neun zehn elf zwölf dreizehn Pixel

Tiefgestellt (0...63)

Zurück auf die normale Ebene
Um nach einer Hochstellung die Zeichen *wieder auf die normale Ebene* zu holen, bedienen Sie sich entweder der Dialogbox „Zeichen" oder, einfacher, des Befehls „Normale Position". Dieser ist in Word implementiert, erscheint aber weder im Menü, noch besitzt er ein Tastaturkürzel. Bevor Sie diesen Befehl verwenden wollen, müssen Sie ihn erst über „Befehle..." aus dem Extras-Menü installieren. Wie Sie Befehle installieren, erfahren Sie in Kapitel ☞ K.14.

61.2 HILFSMITTEL DER ZEICHENFORMATIERUNG

Für die Formatierung von Zeichen stehen vier Hilfsmittel zur Wahl:

• Die Formatierungsleiste
Wie das Lineal auch, läßt sich die Formatierungsleist auf Wunsch ein- und ausblenden. Verwenden Sie dafür entweder den Tastaturbefehl APPLE-OPTION-F oder „Formatierungsleiste" im Ansicht-Menü.

Am oberen Rand des Arbeitsfensters erscheint dann die Formatierungsleiste. Diese enthält eine Reihe wichtiger Strukturen zur Zeichenformatierung:

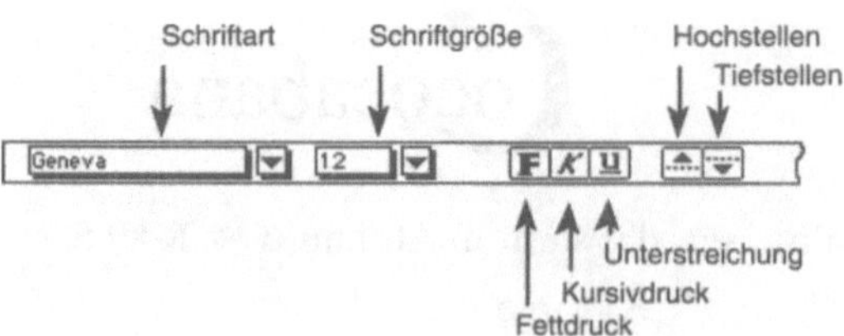

Diese sind schnell und einfach per Maus zu erreichen und bedeuten folgendes:

Über dieses Popup-Menü ändern Sie den aktuellen Schrifttyp des aktivierten oder zu schreibenden Textes. Dabei können Sie die Auswahl des Schrifttyps auf zwei Weisen durchführen:

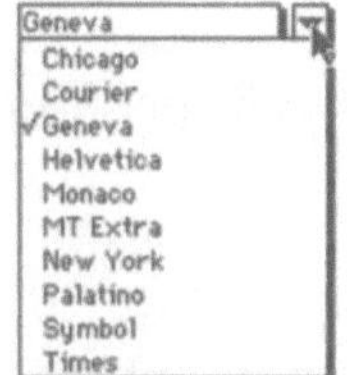

• per Popup-Menü
Klicken Sie mit der Maus auf das schwarze Dreieck. Es klappt dann in gewohnter Weise ein Menü auf, aus dem Sie mit der Maus die gewünschte Type auswählen.

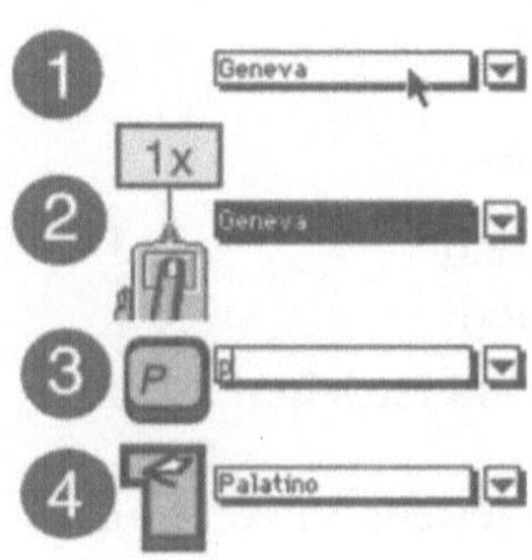

• per Tastatur

❶ Positionieren Sie den Mauscursor über dem Namensfeld.

❷ Klicken Sie auf den Namen der aktuellen Type. Diese wird sofort invertiert dargestellt.

❸ Geben Sie nun soviele Buchstaben ein wie nötig sind, um die gewünschte Type eindeutig anzusprechen. Beispiel: Wenn Sie die Type Palatino aktivieren wollen und diese ist die einzige Type, deren Name mit „P" beginnt, so brauchen Sie lediglich ein „P" einzugeben und die RETURN-Taste zu drücken. Sofort wird der erste Font mit dem Anfangsbuchstaben „P" dargestellt.

Diese Popup-Menü dient zum Ändern der Schriftgröße von aktiviertem oder zu schreibenden Text. Auch hier haben Sie zwei Möglichkeiten, die Größenänderung durchzuführen:

• per Popup-Menü
Klicken Sie mit der Maus auf das schwarze Dreieck. Es klappt dann ein Menü mit den häufigsten Schriftgrößen auf, aus dem Sie die gewünschte auswählen können.

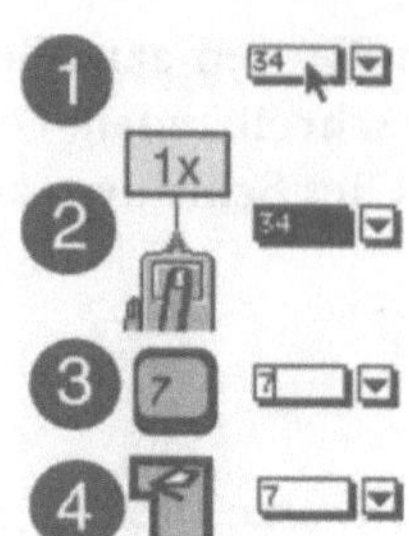

• per Tastatur

❶ Positionieren Sie den Maucursor über dem Größenfeld.

❷ Klicken Sie in das Feld. Sofort wird dieses invertiert dargestellt.

❸ Geben Sie nun die gewünschte Größe per Tastatur ein und

❹ drücken Sie die RETURN-Taste.

Über diese Icons erhalten Sie schnellen Zugriff auf die drei häufigst verwendeten Buchstabenformate,

F **K** **U**   Fettdruck

F **K** **U**   *Kursivdruck*

F **K** **U**   Unterstrichen

die Sie natürlich auch kombinieren können:

F **K** **U**   Fett und Unterstrichen

Mit diesen Schaltern stellen Sie Text um jeweils 3 Pixel hoch beziehungsweise tief:

Bewirkt das Hochstellen von Text

Bewirkt das Tiefstellen von Text

• Hauptmenü

Die zwei Hauptmenüs „Schrift" und „Format" enthalten ebenfalls Parameter zur Zeichenformatierung. Die Menüpunkte „**Größer**" und „**Kleiner**" ändern die Schriftgröße in Pixel-Schrittweite. **Andere...** öffnet die Dialogbox zur Zeichenformatierung. „**Standardschrift**" im Schrift-Menü öffnet eine Dialogbox zur Einstellung der bevorzugten Zeichengröße und Schriftart. „**Standard**" im Format-Menü setzt die Zeichenformate auf die unter „Standardschrift" festgelegten Werte. „**Standardformat**" wiederum setzt die Schriftparameter auf die des Druckformats (☞ K.24).

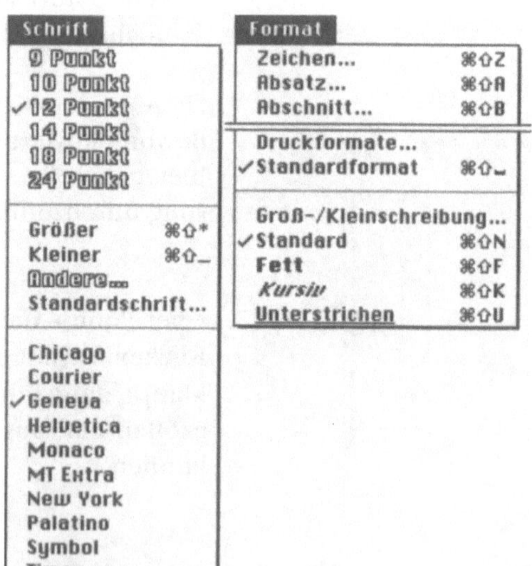

• Tastaturkürzel

Nahezu alle Zeichenformate sind auch über Tastaturkürzel einstellbar, wobei besonders die Funktionstasten Verwendung finden. Die folgende Tabelle gibt eine Übersicht über Microsofts Standardshortcuts:

Fett	APPLE-SHIFT-F F10
Kursiv	APPLE-SHIFT-K F11
<u>Unterstrichen</u>	APPLE-SHIFT-U
Punktiert Unterstreichen	APPLE-SHIFT-Ä OPTION-F12
<u>Wörter Unterstreichen</u>	APPLE-F12
GROSSBUCHSTABEN	APPLE-SHIFT-I SHIFT-F10
KAPITÄLCHEN	APPLE-SHIFT-G OPTION-F10
Durchgestrichen	APPLE-SHIFT-/
Outline	APPLE-SHIFT-O SHIFT-F11 F14
Schattiert	APPLE-SHIFT-S OPTION-F11
Verborgen	APPLE-SHIFT-X OPTION-F9
Normal	APPLE-SHIFT-N SHIFT-F9
Ein Pixel kleiner	APPLE-SHIFT- —
Nächstkleinere Schrift	APPLE-SHIFT-W
Ein Pixel größer	APPLE-SHIFT- +
Nächstgrößere Schrift	APPLE-SHIFT-Q

• Dialogbox

Sollen mehrer Zeichenattribute auf einmal gesetzt
werden, so empfiehlt sich die Zeichenformatierung
über die Dialogbox „Zeichen". Diese erreichen Sie
über den Menüpunkt „Zeichen..." im Format-Menü:

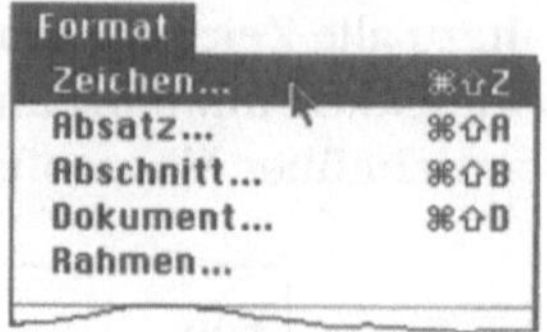

Die Dialogbox umfaßt alle Zeichenattribute, die in Word möglich sind. Einige
Attribute sind normalerweise nur über diese Dialogbox zugänglich:

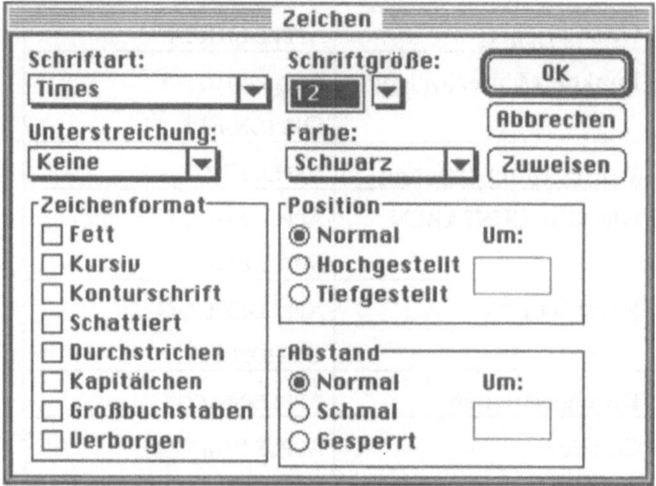

Über vier Popup-Menüs stellen Sie die Parameter Schriftart, Schriftgröße, Unterstreichung und Farbe ein:

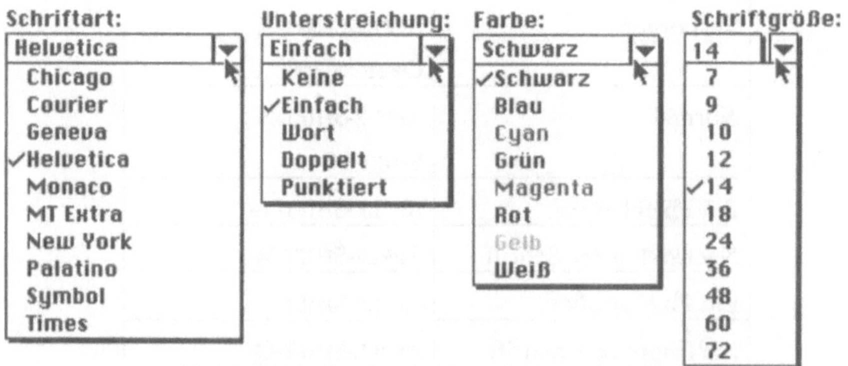

Schriftgröße, Position und Abstand lassen sich ebenfalls numerisch festlegen. Die Checkboxen unter Zeichenformat können drei Zustände einnehmen:

Der Zustand   bedeutet

> Attribut „fett" teilweise gesetzt
> Attribut „fett" überall gesetzt
> Attribut „fett" nicht gesetzt

Der Button **Zuweisen** erlaubt es, bei geöffneter Dialogbox dem aktivierten Text im Word-Dokument die eingestellten Attribute zuzuweisen. Sie können so die Attributkombination gut testen. Gefällt sie Ihnen nicht, so drücken Sie einfach **Abbrechen**. Wollen Sie diese übernehmen, drücken Sie **OK**.

61.3 KOPIEREN UND ÜBERTRAGEN VON ZEICHENFORMATEN

Das Kopieren und Übertragen von Zeichenformaten erfolgt in einem Drag&-Paste-ähnlichen Verfahren, also ohne Verwendung der Zwischenablage.

Keine Archivierung von Zeichenformatkombinationen
Leider bietet Word keine Möglichkeit, Zeichenformatkombinationen - analog zu Druckformaten - zusammenzustellen und zu archivieren.

• Übertragen von Zeichenformaten
Im folgenden Beispiel besitzt das Wort „Beispiel 1" die Zeichenformate kursiv, fett und unterstrichen:

Diese Attribute sollen nun alle aufeinmal auf das Wort „Beispiel 2" übertragen werden. Verfahren Sie dabei folgendermaßen:

❶ Aktivieren Sie - am einfachsten per Doppelklick - das Wort Beispiel von „Beispiel 1":

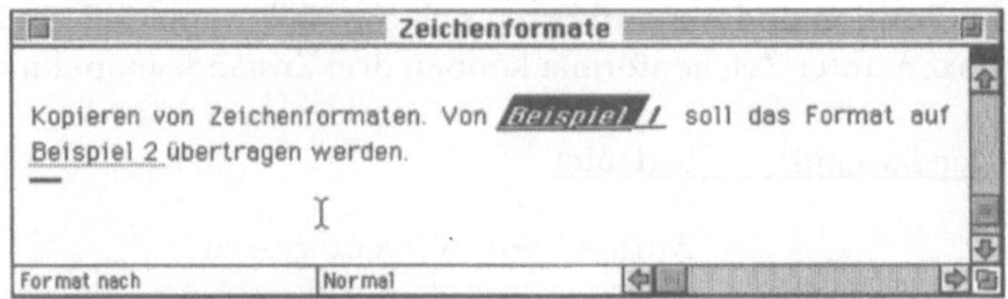

❷ Drücken Sie die Tastenkombination APPLE-OPTION-V oder SHIFT-F4. Im Info-Feld des Arbeitsfensters erscheint dann der Schriftzug „Format nach":

❸ Word erwartet nun, daß Sie die Textpassage festlegen, die Sie neu formatieren wollen. Dabei stehen Ihnen alle Hilfsmittel zur Verfügung, mit denen Sie sonst Text aktivieren (zum Beispiel Doppelklick auf Wort). Aktivieren Sie also nun „Beispiel 2". Dabei werden Sie feststellen, daß Word für die Aktivierung den Text nicht invertiert darstellt, sondern ihn gepunktet unterstreicht:

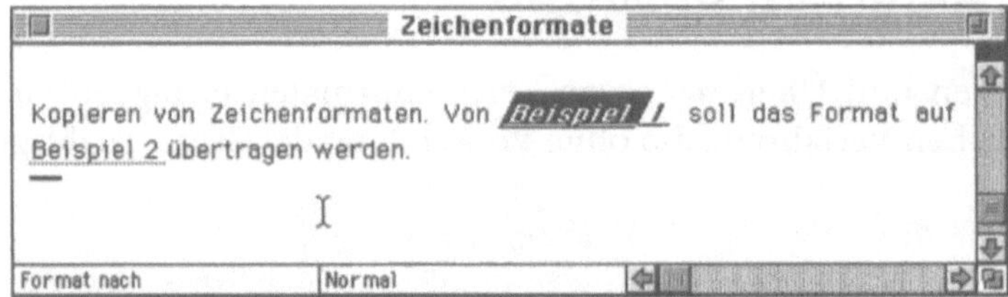

❸ Lassen Sie die Maustaste los und drücken Sie dann die ENTER- oder RETURN-Taste.

❹ Sofort überträgt Word sämtliche Zeichenformate vom invertierten auf den gepunktet-unterstrichenen Text und stellt diesen invertiert dar:

• Kopieren von Zeichenformaten

Wenn Sie mitten in einem Absatz mit einer bereits verwendeten Zeichenformatkombination weiterschreiben wollen, gehen Sie folgendermaßen vor:

❶ Drücken Sie die Tastenkombination APPLE-OPTION-V oder SHIFT-F4. Im Info-Feld des Arbeitsfensters (links unten) erscheint der Eintrag „Format von:"

❷ Klicken Sie nun irgendwo in das Wort, das die gewünschten Zeichenformate besitzt (in unserem Beispiel: „Beispiel 1"):

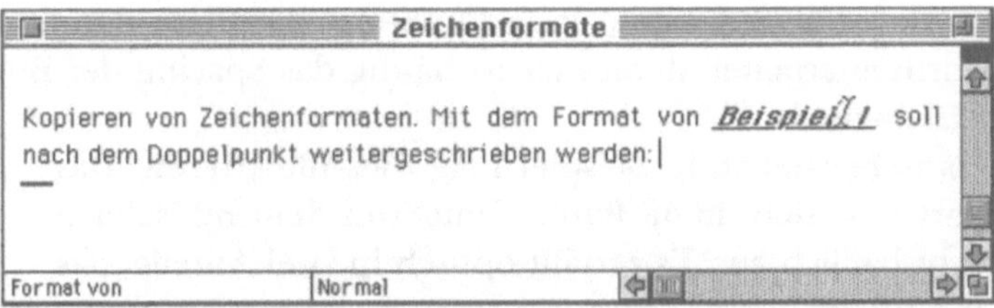

❸ Drücken Sie nun die Enter- oder Return-Taste und schreiben Sie dann ganz normal weiter. Word verwendet ab sofort die neue Zeichenformatierung:

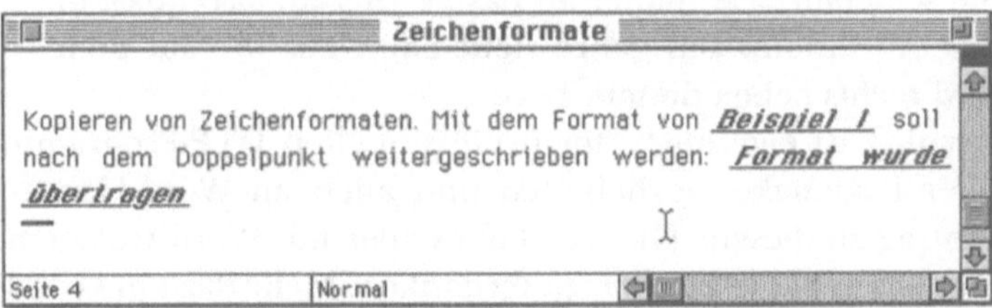

61.4 DIE STANDARDSCHRIFT

Die sogenannte *Standardschrift* spielt in Word eine wichtige Rolle. So setzt zum Beispiel die Tastenkombination APPLE-SHIFT-LEERTASTE das aktuelle Zeichenformat auf diese Schrift zurück. Auch wird jedes neue Dokument mit dieser Schrift geöffnet.

Die Standardschrift von Word legen Sie in den „Einstellungen" fest. Zu diesen gelangen Sie am schnellsten über den Menüpunkt „Standardschrift…" im Schrift-Menü.

In der Einstellungen-Dialogbox stellen Sie nun über Popup-Menüs die gewünschte Standardschrift ein.

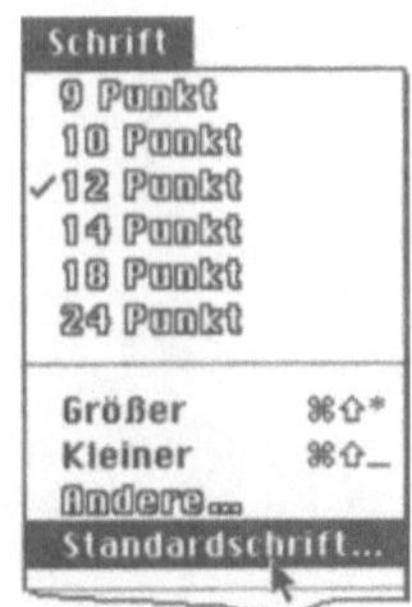

61.5 TIPS & TRICKES

• Kerning & Unterschneidung

Das punktgenaue Plazieren von Buchstaben innerhalb eines Wortes heißt *Kerning*. Sie benötigen diese Funktion vor allem dann, wenn Sie mit großen Schriften arbeitet, denn hier ist häufig das Spacing der Buchstaben nicht mehr befriedigend.

Das nebenstehende Beispiel mag dies illustrieren. Das Wort Vase sieht in 48 Punkt Times auf dem Bildschirm recht häßlich aus. Es zerfällt optisch in zwei Anteile, das „V" und die „ase".

Das liegt daran, daß das „a" normalerweise nicht mit dem „V" überlappen darf, der rechte Rand des „V" aber sehr weit nach rechts reicht. Um diesen Mißstand zu beheben, bedienen Sie sich der sogenannten *Unterschneidung*.

Sie schieben „ase" näher an das „V" heran, also quasi in das „V" hinein. Das ganze sieht dann aus wie auf dem Bild rechts neben diesem Text.

Kerning ist eigentlich nur professionellen DTP-Programmen wie QuarkXPress oder Pagemaker vorbehalten und auch im Word-Handbuch findet sich kein Eintrag zu diesem Thema. Daß es aber mit Word trotzdem geht, ist den mathematischen Steuerzeichen zu verdanken. Mehr dazu in ☞ K.39.8

• Suchen & Ersetzen

Wie Sie Zeichenformate suchen und ersetzen lesen Sie in aller Ausführlichkeit in Kapitel ☞ K.55.5.

62. ¶ EINBLENDEN

Steuerzeichen haben zwei Funktionen: zum einen speichern sie gewisse Informationen, die Word zum korrekten Texthandling benötigt, zum anderen stellen sie eine Informationsquelle für den Anwender dar.

Da Steuerzeichen nicht zu den Textelementen gehören sind sie in Word normalerweise unsichtbar. Über den Menüpunkt „¶ einblenden", mit dem Tastaturkürzel APPLE-J oder durch Anklicken des Icons  in der Formatierungsleiste lassen sich die Steuerzeichen allerdings sichtbar machen.

Word verfügt über eine ganze Reihe von Steuerzeichen:

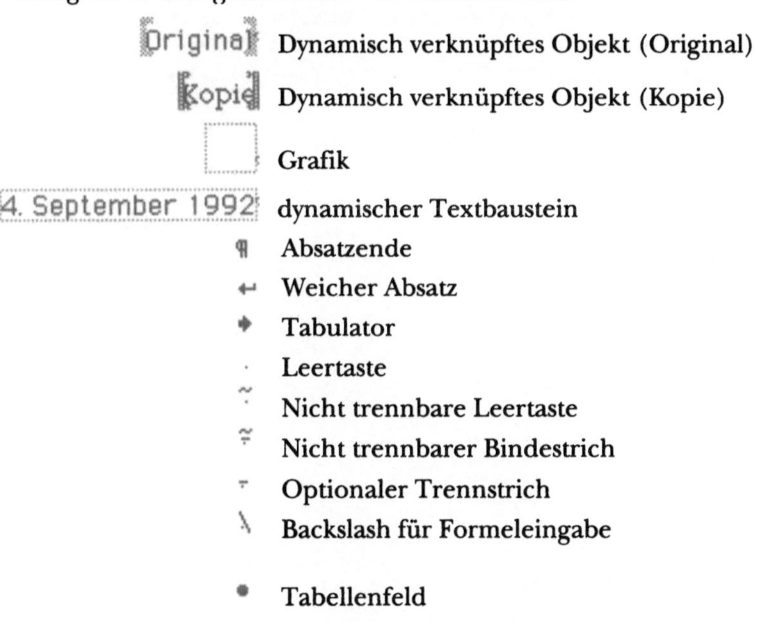

Original	Dynamisch verknüpftes Objekt (Original)
Kopie	Dynamisch verknüpftes Objekt (Kopie)
	Grafik
4. September 1992	dynamischer Textbaustein
¶	Absatzende
↵	Weicher Absatz
→	Tabulator
·	Leertaste
~	Nicht trennbare Leertaste
≈	Nicht trennbarer Bindestrich
⊤	Optionaler Trennstrich
\	Backslash für Formeleingabe
•	Tabellenfeld
■	Frei positionierter Absatz

TEIL 3

ANHANG

Anhang A

DIE STANDARD-DRUCKFORMATE
VON WORD 5.1

Wenn Sie die SHIFT-Taste gedrückt halten und das Druckformate-Pull-Down Menü im Lineal ausklappen, dann finden Sie die dort die Standard-Druckformate von Word aufgelistet. Die folgende Tabelle gibt Ihnen einen Eindruck von den Formaten, die sich hinter den Druckformaten verbergen.

Änderungen erwünscht
Übrigens können Sie diese Druckformate natürlich nach Belieben ändern. Vorsicht ist nur geboten, wenn Sie die geänderten Druckformate als „Standard" definieren wollen. Dann ändern sich nämlich auch die bereits erstellten Dokumente, wenn Sie diese mit den neuen Druckfomaten öffnen.

Druckformatname	Beispielsatz
Fußnotentext	Dies ist ein Beispielsatz, der die Auswirkungen des Druckformats zeigt.
Fußnotenzeichen	Dies ist ein Beispielsatz, der die Auswirkungen des Druckformats zeigt.
Fußzeile	Dies ist ein Beispielsatz, der die Auswirkungen des Druckformats zeigt.
Index 1	Dies ist ein Beispielsatz, der die Auswirkungen des Druckformats zeigt.
Index 2	Dies ist ein Beispielsatz, der die Auswirkungen des Druckformats zeigt.
Index 3	Dies ist ein Beispielsatz, der die Auswirkungen des Druckformats zeigt.
Index 4	Dies ist ein Beispielsatz, der die Auswirkungen des Druckformats zeigt.
Index 5	Dies ist ein Beispielsatz, der die Auswirkungen des Druckformats zeigt.
Index 6	Dies ist ein Beispielsatz, der die Auswirkungen des Druckformats zeigt.
Index 7	Dies ist ein Beispielsatz, der die Auswirkungen des Druckformats zeigt.
Postscript	

Seitenzahl	Dies ist ein Beispielsatz, der die Auswirkungen des Druckformats zeigt.
Überschrift 1	**Dies ist ein Beispielsatz, der die Auswirkungen des Druckformats zeigt.**
Überschrift 2	**Dies ist ein Beispielsatz, der die Auswirkungen des Druckformats zeigt.**
Überschrift 3	**Dies ist ein Beispielsatz, der die Auswirkungen des Druckformats zeigt.**
Überschrift 4	Dies ist ein Beispielsatz, der die Auswirkungen des Druckformats zeigt.
Überschrift 5	**Dies ist ein Beispielsatz, der die Auswirkungen des Druckformats zeigt.**
Überschrift 6	Dies ist ein Beispielsatz, der die Auswirkungen des Druckformats zeigt.
Überschrift 7	*Dies ist ein Beispielsatz, der die Auswirkungen des Druckformats zeigt.*
Überschrift 8	*Dies ist ein Beispielsatz, der die Auswirkungen des Druckformats zeigt.*
Überschrift 9	*Dies ist ein Beispielsatz, der die Auswirkungen des Druckformats zeigt.*
Verzeichnis 1	Dies ist ein Beispielsatz, der die Auswirkungen des Druckformats zeigt.
Verzeichnis 2	Dies ist ein Beispielsatz, der die Auswirkungen des Druckformats zeigt.
Verzeichnis 3	Dies ist ein Beispielsatz, der die Auswirkungen des Druckformats zeigt.
Verzeichnis 4	Dies ist ein Beispielsatz, der die Auswirkungen des Druckformats zeigt.
Verzeichnis 5	Dies ist ein Beispielsatz, der die Auswirkungen des Druckformats zeigt.
Verzeichnis 6	Dies ist ein Beispielsatz, der die …
Verzeichnis 7	Dies ist ein Bei- spielsatz …

Anhang B

DIE STANDARD-TEXTBAUSTEINE VON WORD 5.1

Was Textbausteine sind, wie Sie Textbausteine aufrufen und wie Sie diese selber definieren, steht ausführlich in Kapitel ##Q.

Die folgende Tabelle zeigt die Textbausteine von Word 5.1, die Sie als „Standardeinträge" in der Dialogbox „Textbausteine" finden.

Die Textbausteine **Autor**, **Schlüsselwörter**, **Thema**, **Titel** und **Version** beziehen sich übrigens auf die Einträge des Datei-Infos (mehr dazu in Kapitel ##Q).

Einige der Bausteine sind **dynamisch**. Das bedeutet, daß der Anwender ihren Inhalt nicht editieren - wohl aber formatieren - kann, da Word den Inhalt immer auf den neusten Stand bringt. So sind natürlich alle Einträge „Datum d. Druckens" dynamisch, da Word jeweils das aktuelle Druckdatum einfügen muß. Auf diese Weise erfahren Sie übrigens, an welchem Tag dieses Buch gedruckt wurde - wenn die Systemuhr richtig gestellt war ...

Name des Textbausteins	Beispiel	Dynamisch ja/nein
Autor	Martin Christian Hirsch	nein
Dateiname mit Pfad	Quadra 950:Desktop Folder:Word 5.1 - Buch:Arbeitsdateien:Anhang	nein
Datum d. Druckens	24. Februar 1993	ja
Datum d. Druckens, kurz	Mit, 24. Feb 1993	ja
Datum d. Druckens, lang	Mittwoch, 24. Februar 1993	ja

Datum d. Druckens, Standard	24.2.1993	ja
Datum d. Erstellung	21. Februar 1993	nein
Datum d. Erstellung, kurz	Son, 21. Feb 1993	nein
Datum d. Erstellung, lang	Sonntag, 21. Februar 1993	nein
Datum d. Erstellung, Standard	21.2.1993	nein
Jahr d. Druckens, lang	1993	ja
Jahr d. Druckens, Standard	93	ja
Jahr d. Erstellung, lang	1993	nein
Jahr d. Erstellung, Standard	93	nein
Monat d. Druckens, kurz	Feb	ja
Monat d. Druckens, lang	Februar	ja
Monat d. Druckens, Standard	2	ja
Monat d. Erstellung, kurz	Feb	nein
Monat d. Erstellung, lang	Februar	nein
Monat d. Erstellung, Standard	2	nein
Nächste Seitenzahl	VI	ja
Nur Dateiname	Buch • Anhang	nein
Schlüsselwörter	Druckformate, Textbausteine …	nein
Seitenzahl	V	ja
Seriendruck	«»	nein
Tag d. Druckens	24	ja
Tag d. Druckens, kurz	Mit	ja
Tag d. Druckens, lang	Mittwoch	ja
Tag d. Erstellung	21	nein
Tag d. Erstellung, kurz	Son	nein
Tag d. Erstellung, lang	Sonntag	nein
Thema	Anhänge Word-Buch	nein
Titel	Buch • Anhang	nein
Uhrzeit	15:42 Uhr	nein
Uhrzeit d. Druckens	10:27 Uhr	ja
Uhrzeit d. Druckens mit Sek.	10:27:42 Uhr	ja
Uhrzeit mit Sek.	15:42:37 Uhr	nein
Version	1.0	nein
Vorherige Seitenzahl	IV	ja
–Abschnitt–	2	ja

<u>Anhang C</u>

TASTATURKÜRZEL ZUR CURSORSTEUERUNG

Hier eine Übersicht über die wichtigsten Tastaturkürzel zur Cursorsteuerung. Die
dabei verwendeten Symbole bedeuten folgendes:

⌘	APPLE-Taste
⇧	SHIFT-Taste (Hochstelltaste)
⌥	OPTION-Taste
▦	Zehnerblock
←	CURSOR-Tasten
→	
↓	
↑	
↘	
↖	Spezielle CURSOR-Tasten der erweiterten Tastatur
⇟	
⇞	

Funktion	Tastenkombination
zum nächsten Zeichen	→ ▦6
zum vorhergehenden Zeichen	← ⌘⌥K ▦4
zum nächsten Wort	⌘→ ⌘▦6
zum vorherigen Wort	⌘← ⌘⌥J ⌘▦4
zum nächsten Satz	⌘▦1
zum vorhergehenden Satz	⌘▦7
zum nächsten Absatz	⌘↓ ⌘⌥B ⌘▦2

zum vorhergehenden Absatz	⌘↑ ⌘⌥Y ⌘⌨8
zur nächsten Bildschirmseite	⌨9 ⌘↧
zur vorhergehenden Bildschirmseite	⌨3 ⌘↥
zum Zeilenende	⌨1
zum Zeilenanfang	⌨7
eine Zeile nach unten	↓ ⌘⌥, ⌨2
eine Zeile nach oben	↑ ⌨8
zum Dokumentende	⌘⌨3 ⌘↘
zum Dokumentanfang	⌘⌨9 ⌘↖
zu den letzten drei Positionen	⌘⌥Z ⌨0
linke obere Bildschirmecke	↖
rechte untere Bildschirmecke	↘
Bildschirm eine Zeile nach oben	⌨*
Bildschirm eine Zeile nach unten	⌨+

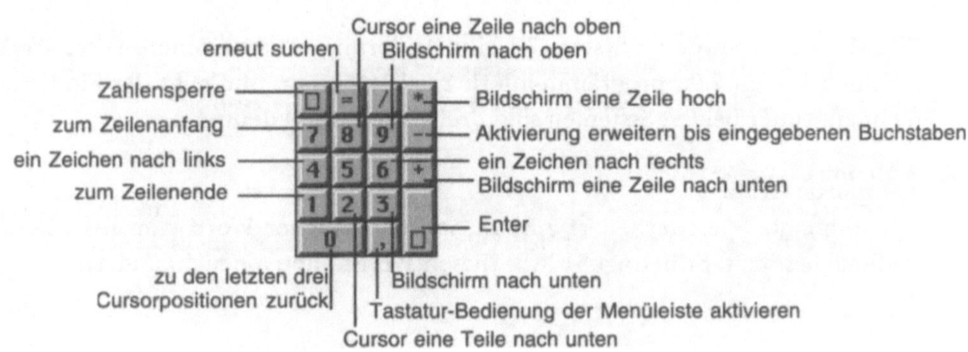

Anhang D

SPEICHERBEDARF VON WORD

Nachdem Sie Word per Doppelklick gestartet haben, versucht der Finder, genügend Arbeitsspeicher für Word aufzutreiben. Er richtet sich dabei nach den Angaben, die er in der Dialogbox „Information" über das Programm erhält. Sie öffnen diese Dialogbox, indem Sie Word im Finder per Einfachklick aktivieren und dann den Menüpunkt „Information" aus dem Ablage-Menü aufrufen.

Es erscheint eine der beiden folgenden Dialogboxen:

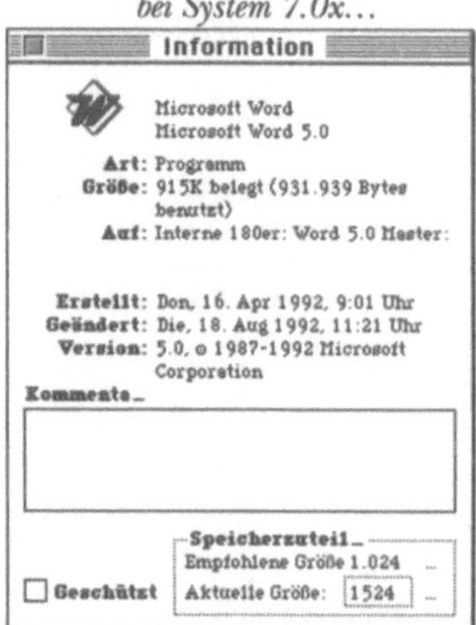

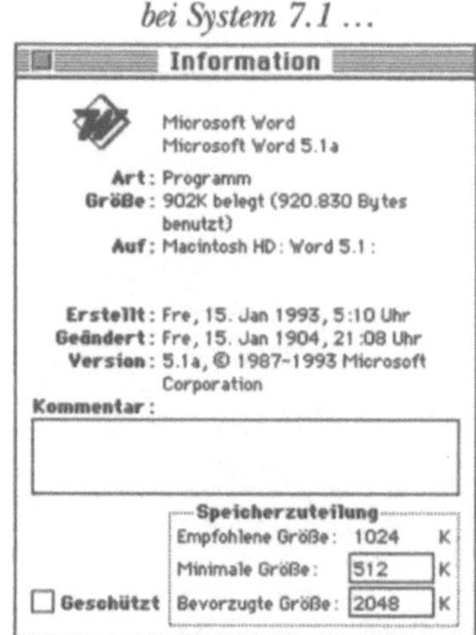

Wie Sie sehen, wurde ab System 7.1 eine Änderung vorgenommen. Diese Werte hat auch System 7.0x programm-intern zur Verfügung, nur zeigt der Finder sie nicht an. Unter beiden Systemen sind drei Werte von Bedeutung:

• Minimale Größe

Der minimale Speicherbedarf gibt an, wieviel Speicher Word zum Installieren minimal benötigt. Er beträgt 512KB. Diesen Wert sollten Sie nicht ändern.

Findet der Finder nicht genü-
gend freien Arbeitsspeicher
erscheint etwa nebenstehende
Mitteilung. In einem solchen
Falle müssen Sie zum Finder
zurückkehren und andere
Programme beenden oder
Fenster schließen.

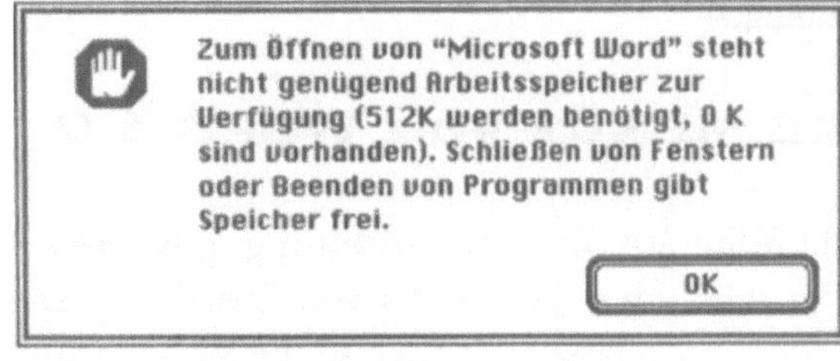

• Empfohlene Größe

Dieser Wert gibt an, wieviel Arbeitsspeicher für einen reibungsfreien Betrieb
ausreicht. Bei Word sind dies 1024 KB, also 1MB. Aber selbst unter diesen
Bedingungen geht das Arbeiten holprig von statten, da Word ständig Funktionen
von Festplatte nachladen muß - deshalb startet beim Powerbook auch die
Festplatte so oft.

Ist die empfohlene Speicher-
menge nicht vorhanden, erscheint unter System 7.0 nebenstehende Mitteilung.

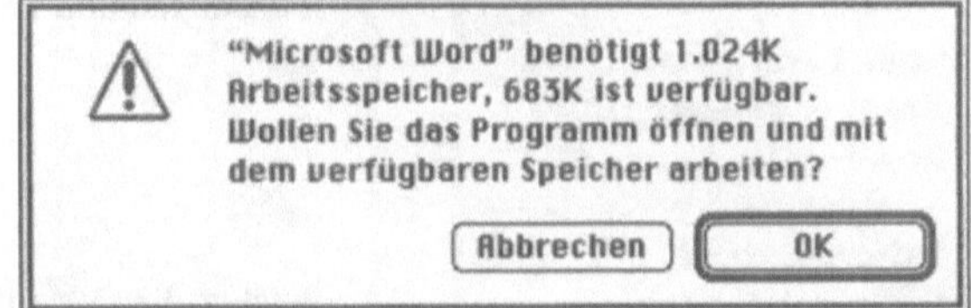

Drückt man "OK", so versucht Word sich in den zur Verfügung stehenden
Arbeitsplatz zu pressen, was allerdings zu Schwierigkeiten führen kann. Aufwendige Operationen wie Rechtschreibkontrolle und Trennungshilfe oder das
Umformatieren langer Dokumente werden unter derartigen Umständen zu einer
Schikane, da man aufgrund der häufigen Plattenzugriffe mit langen Wartezeiten
rechnen muß. Wenn man also gezwungen ist, mit so wenig Speicherplatz
auszukommen, dann sollte man nur mit kleinen Dokumenten arbeiten und keine
aufwendigen Vorgänge starten.
Ab System 7.01 erscheint diese Mitteilung übrigens nicht mehr. Word findet sich
kommentarlos mit dem mageren RAM ab.

• Bevorzugte Größe

Wie sollte es anders sein: die bevorzugte Menge ist natürlich die größte. Ist diese
vorhanden, kann Word problemlos arbeiten - zumindest nach Meinung von
Microsoft. Warum mir Word allerdings ständig Speichermangel signalisiert, bleibt
ein Rätsel - schließlich sind dem Programm 22 MB RAM zugeordet und weitere
29 MB RAM sind noch unbelegt. Kurz und gut: Word ist kein Meister der
Speicherverwaltung. Hoffentlich schafft Microsoft hier Abhilfe.

Anhang E

DIE MENÜS VON WORD 5.0

Die folgende Zusammenstellung gibt dem Anfänger eine kommentierte Übersicht über die Menüs von Word 5.0. Die Neuerungen von Version 5.1 wurden weggelassen, da auch so die Menüs schon komplex genug sind.

Datei : enthält alle Befehle, die die Wechselwirkungen von Wechselplatte und Dateien betreffen, die zur Erzeugung und Einrichtung neuer Dateien und zum Drucken der aktuellen Datei notwendig sind:

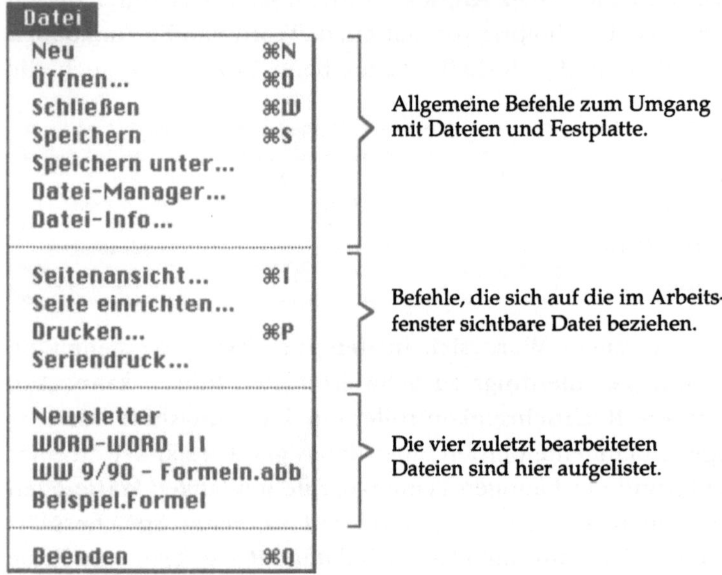

Allgemeine Befehle zum Umgang mit Dateien und Festplatte.

Befehle, die sich auf die im Arbeitsfenster sichtbare Datei beziehen.

Die vier zuletzt bearbeiteten Dateien sind hier aufgelistet.

Fenster: Enthält eine Liste aller aktuell geöffneten Fenster. Außerdem kann man hierüber das Hilfe-Fenster oder ein neues, leeres Fenster öffnen:

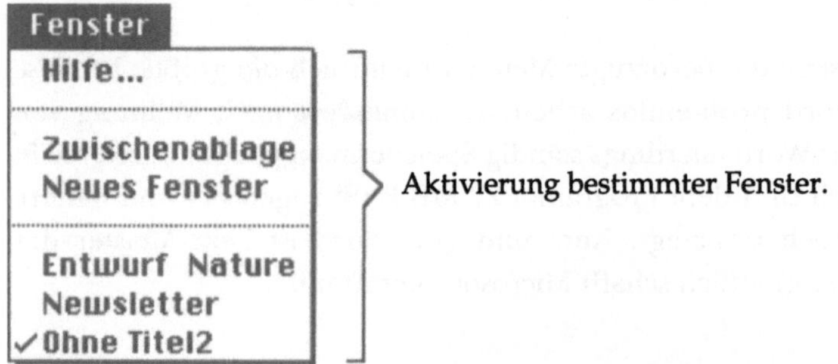

Aktivierung bestimmter Fenster.

X

Bearb.: enthält alle allgemeinen Anweisungen die das Zusammenspiel von Zwischenablage und Datei betreffen (Ausschneiden, Kopieren, Einsetzen usw.), die für Suchen & Ersetzen wichtig sind und die das Zusammenspiel mehrerer Dateien kontrollieren (Veröffentlichen & Abonnieren, Objektaustausch):

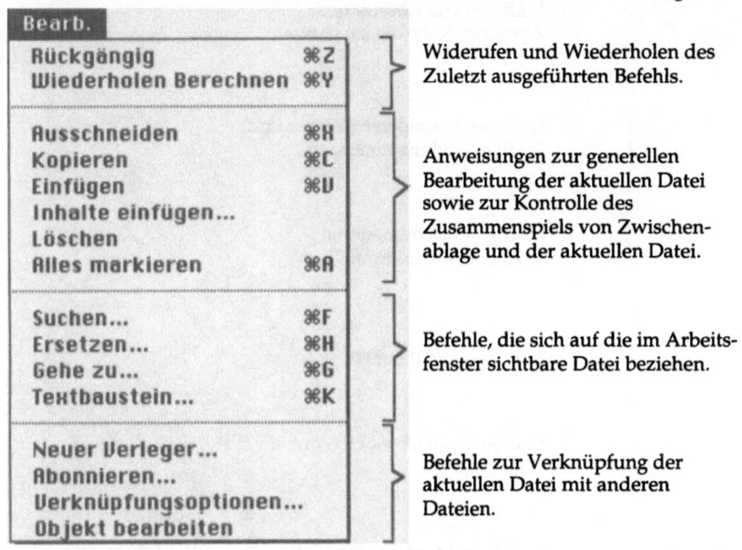

Widerufen und Wiederholen des Zuletzt ausgeführten Befehls.

Anweisungen zur generellen Bearbeitung der aktuellen Datei sowie zur Kontrolle des Zusammenspiels von Zwischenablage und der aktuellen Datei.

Befehle, die sich auf die im Arbeitsfenster sichtbare Datei beziehen.

Befehle zur Verknüpfung der aktuellen Datei mit anderen Dateien.

Ansicht: umfaßt alle Menüpunkte, die das Outfit der Datei auf dem Bildschirm betreffen (Fußnoten ein-/ausblenden, Steuerzeichen ein-/ausblenden, Lineal und Formatierungsleiste ein-/ausblenden etc.). Außerdem enthält es Menüpunkte zur Kontrolle der Kopf- und Fußzeilen.

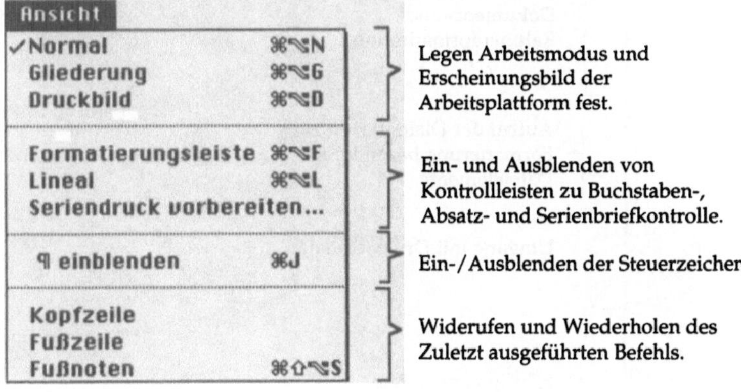

Legen Arbeitsmodus und Erscheinungsbild der Arbeitsplattform fest.

Ein- und Ausblenden von Kontrollleisten zu Buchstaben-, Absatz- und Serienbriefkontrolle.

Ein-/Ausblenden der Steuerzeichen

Widerufen und Wiederholen des Zuletzt ausgeführten Befehls.

Einfügen: Hier sind alle Befehle versammelt, die für das Einfügen besonderer Dateielemente nötig sind. Seitenumbruch, Abschnittswechsel, Datum, Sonderzeichen, Positionierungsrahmen, Grafiken usw. lassen sich über Menüpunkte aus diesem Menü in die aktuelle Datei einfügen:

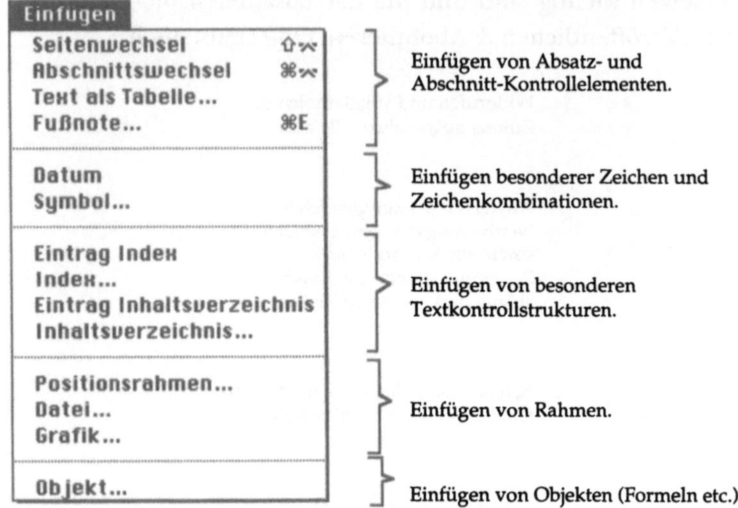

Einfügen von Absatz- und Abschnitt-Kontrollelementen.

Einfügen besonderer Zeichen und Zeichenkombinationen.

Einfügen von besonderen Textkontrollstrukturen.

Einfügen von Rahmen.

Einfügen von Objekten (Formeln etc.)

Format: Über die Menüpunkte dieses Menüs erreicht man alle Dialogboxen, die für die Formatierung von Zeichen, Absätzen, Abschnitten, Rahmen und dem Dokument benötigt. Auch Druckformate werden hierüber aufgerufen. Wichtige Buchstabenformate erreicht man direkt, also ohne Umweg über eine Dialogbox:

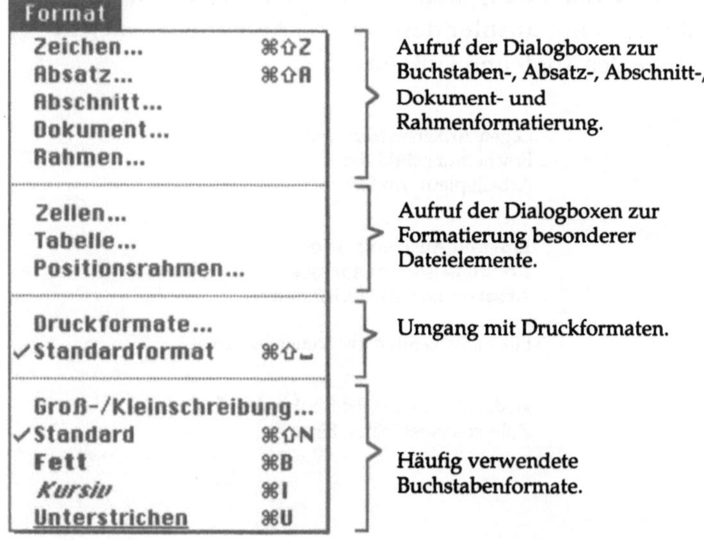

Aufruf der Dialogboxen zur Buchstaben-, Absatz-, Abschnitt-, Dokument- und Rahmenformatierung.

Aufruf der Dialogboxen zur Formatierung besonderer Dateielemente.

Umgang mit Druckformaten.

Häufig verwendete Buchstabenformate.

Schrift: Umfasst alle wichtigen Anweisungen zur Änderung von Schriftgröße und Schrifttyp:

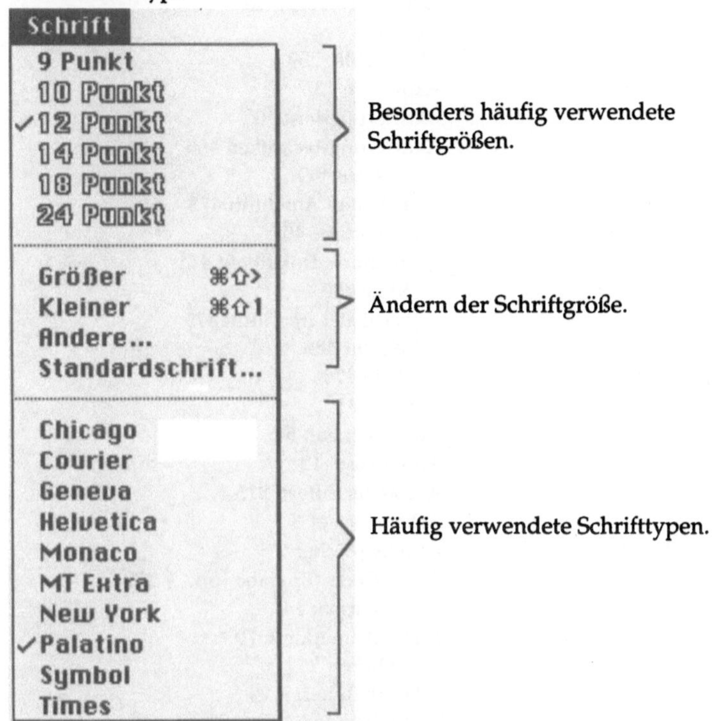

Besonders häufig verwendete Schriftgrößen.

Ändern der Schriftgröße.

Häufig verwendete Schrifttypen.

Extras: Hier sind alle Funktionen versammelt, die nicht unbedingt für die tägliche Arbeit wichtig sind, aber diese eventuell erheblich unterstützen (Trennungshilfe, Thesaurus usw.). Außerdem finden sich hier die Befehle, die zur Anpassung von Word an die individuellen Bedürfnisse des Anwenders nötig sind:

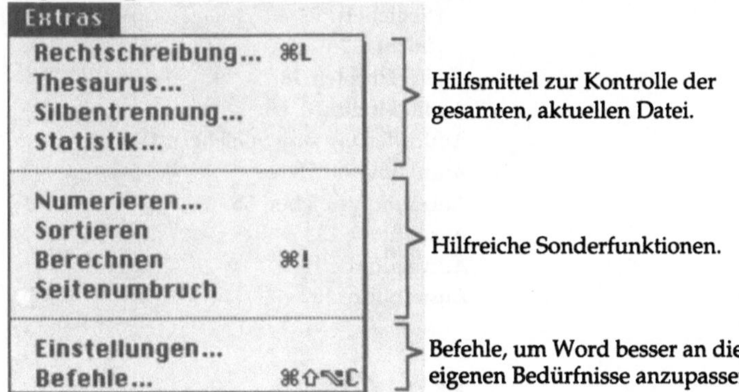

Hilfsmittel zur Kontrolle der gesamten, aktuellen Datei.

Hilfreiche Sonderfunktionen.

Befehle, um Word besser an die eigenen Bedürfnisse anzupassen.

INDEX

Fettgedruckte Seitenzahlen
enthalten die meisten
Informationen.

1 1/2 zeilig 42
3D-Diagramme 121

A

Abbildungsverzeichnis 269
Abgesetzte Großbuchstaben 53
Abonnent 167
Absatz 38
  frei plazieren 53
Absatzabstände 42; **48**
Absätze 11; 465
Absätze nicht trennen 40; 48
Absatzformate 40
  Drag&Paste 51
  kopieren 49
  übertragen 49
Absatzformatierung 193
Absatzkontrolle 146
Absatznumerierung **312**
  löschen 316
Absatzrand 49
Absatzzeichen 38
Abschnitt 12; 465
  beginnen 59; 62
  drucken 58
  Fußnoten 60; 62
  Markierung 59
  Seitennumerierung 60
  Spaltenbreite 63
  Titelseite 62
  Zeilennumerierung 59
Abschnitte 57
Abschnittformatierung 193
  Dialogbox 61
  Formatierungsleiste 61
  Hilfsmittel 61
Abschnittsformate

  übertragen 60
Abschnittsmarke 59
Abschnittsnummer 58
Adressverwaltung 66
AGB 54
Aktive Hilfe 259
Aktivieren 13
Aktivierungsleiste 6
Aktivierungstechniken 466
  Absätze 469
  beliebigr Abschnitt 473
  Buchstabe 467
  gesamtes Dokument 471
  Sätze 469
  vertikaler Abschnitt 475
  Wörter 468
  Zeile 473
Album 231
Anmerkungen **68**
Apple-Taste 12
Arabische Ziffern 313
Arbeitsfenster 3
Arbeitsspeicher 2
ASCII Code (Eingabe von...) 273
ASCII-Format 144
Audio-Anmerkung **70**
  Abhören 75
  Aufnahmezeit 79
  Dialogbox 72
  Erweitern 77
  Löschen 76
  Menüs 73
  Mikrofon 73
  per Tastatur 74
  Sounddateien einbinden 77
  Speichern 79
  Suchen 75
  Verknüpfen 78
Audio-Modul 70
Aufforderung zum Speichern 189
Aufnahmezeit 73; 79
Aufzählungszeichen 55
Auswahl 30; **133**
Auswahlfarbe 13
Auswahlliste 109

B - C

Backslash 305

Backspace 476
Backspace-Taste 12; 16
Balkendiagramm 119
Beenden 35
Befehle 81
  Dialogbox 82
  Einstellungesdatei 83
  Einstellungsdateien archivieren 86
  ins Menü übernehmen 83; 88
  Opt.-Menü installieren 84
  Tastaturkürzel zuordnen 85
Bemaßung 46
Benutzerdefiniertes Papierformat 187
Benutzerwörterbuch 358
  Aktivieren/Deaktivieren 360
  Direktes Erweitern 367
  drucken 365
  erweitern 363
  mischen 366
  neu anlegen 359
  öffnen 359
Benutzerwörterbücher 191
Bildschirmschoner 89
Bildunterschriften 335
Bindung 145
Blättern 93
Blocksatz 41
Briefkopf 290
Briefumschlag 90
Briefumschlagformate 91
Buchstaben 11; 465
Buchstabengröße 488
Bundsteg 145
Buttons 106; 108

Checkboxen 108
cm 46
Command-Taste 12
Control-Taste 12
Corporate Identity 153
Cursorsteuerung 92
Cursortaste 12

D

Datei-Info 98
Datei-Manager **97**; 99
Dateien importieren 137
Dateien suchen 99
Dateiname 140

Dateitypen 137
Datenfeldnamen 375
Datum einfügen 104
Deaktivieren 466
Deaktivierung 13
Delete 476
Delete-Taste 16
Dezimaltabulator 42; 450
Diagramm
  3D-Ansicht 129
  Achsen formatieren 124
  Beschriftung 126
  Diagramme 119
  Farbpalette 130
  Flächenformatierung 122
  Gitternetz 125
  Hintergrund 131
  Spezialeffekte 127
  Tabelle 114
  überlagern 131
Diagramme 112
Dialogboxen 9; 106
Dialogfenster 10
Dokument 12; 29; 465
  auf Diskette 141
  Dateityp 136
  Dialogbox 146
  Format 136
  Formate archivieren 148
  in Ordner sichern 142
  neu anlegen 30; **133**
  neuer Name 143
  öffnen 31; **136**
  Ränder 147
  retten 144
  schließen 34
  Sichern **139**
  speichern 32
  Spiegelsatz.i.Dokument
  Verknüpfen 146
Dokument-Druckformate 154
Dokumentformate archivieren 148
Dokumentformatierung 193
Dokumentränder 370
Drag & Paste 51
Druckbild 28
Drucken 29; 149
  Abschnittumfang 150
  Druckformatlisten 162

Nächste Datei 150
nur grade/ungrade Seiten 150
Nur Markiertes drucken 150
Umgekehrte Druckreihenfolge 151
Verborgenen Text drucken 150
Druckertreiber 134
Druckformate **152**; 193
"Normal" ändern 164
Ändern 160
Austausch zwischen Dokumenten 162
basiert auf…"Das Popup-Menü „i.Basiert auf 158
Definition 155
Dialogbox 155
Doppelnamen 165
Drucken 162
Hirarchie 154
Nachladen 162
nächstes… 158
Paragraphenzeichen 154
per Lineal 41
per Tastaturshortcut 164
Standardformate 153
Vorteile 152
zuweisen 159
Druckformatfeld 5; 153
Druckvorschau 27
Dynamische Querverweise 168; 176
Dynamischer Datenaustausch **166**
Grafiken 183
unter System 6 178

E

Edition 167; 171
Einbetten von Objekten 168; **173**
Objekt bearbeiten 175
Objekt einfügen 173
Verknüpfung aufheben 175
Einfügen von Text 17
Eingabeaufforderung 190
Eingabefeld 5; 108
Einstellungen
Allgemein 187
Ansicht 188
Öffnen und Speichern 189
Rechtschreibung 191
Standardschrift 190
Thesaurus/Silbentrennung 191

einzeilig 42
Einzug 49
Einzug Erste Zeile 44
Einzugsmarken 24; **44**
Enter-Taste 12
Ersetzen (siehe auch Suchen&Ersetzen) 406
Erweitern bis 474
Erweiterungsfeld 4
Escape-Taste 12

F

Fensterteiler 4
Flächendiagramm 119
Fließtext (siehe Positionsrahmen) **325**
Formatieren
Absätze 38
Abschnitte 57
Dokumente 145
Fußnotentext 203
Fußnotenzeichen 202
Tabellen 428
Text 487
Zeichen 487
Formatierungen, Übersicht 193
Formatierungsleiste 25
Formel-Editor 293
Beenden 298
Ebenenanzeiger 296
Editieren 298
Eingabefenster 295
Formatieren 300
Formel erstellen 294
Leerzeichen 298
Matrizen 304
Menüs 296
Popup-Menüs 295
Positionieren 304
Zeichensätze 293
Formular 148; **442**
Fortsetzungshinweis 211
Fortsetzungstrennlinie **211**
Füllinien 43
Füllzeichen 450
Funktionsleiste 195
Funktionstaste 12
Fußnoten **198**
Einfügen 208
Erstellen 199

Formatieren 201
Forsetzungstrennlinie 211
Fortsetzungshinweis 211
Löschen 208
nachträglich formatieren 215
Numerieren 205
Numerierungsart ändern 213
Plazieren 205
retten 214
Umfangreiche... 210
Fußnotenfenster 207
Öffnen 207
Schließen 207
Fußnotentext 203
Fußnotenzeichen 200; 202
Fußzeilen (siehe „Kopf- und Fußzeilen") 284

G

Gerade/Ungerade Kopfzeilen 147
Gesonderte Titelseite 62
Gitternetz für Tabellen 188
Gleiche Linie 331
Gliederungshilfe **216**
Gliederung erstellen 217
Kontrollinstrumente 221
Lineal 221
Löschen eines Gliederungspunktes 224
Numerieren 315
Umstrukturieren 222
Grafiken
Album 231
Einbinden 230
importieren 231
Laden 229
Platzhalter 236
Skalieren 233
über die Zwischenablage 230
Umrahmen 234
Umzeichnen 232
Verschieben 237
Grafiken bearbeiten 252
Grafiken, Umgang mit... **228**
Grafikmodul **239**
Aktivieren mehrerer Objekte 252
Beschriftung 242
Ellipsen 249
Ellipsenwerkzeug 249
Grafiken bearbeiten 252

Installation 240
Kreise 249
Kreissegmente 250
Kreiswerkzeug 249
Linien 247
Linien formatieren 255
Linienstärke 254
Objekte duplizieren 256
Objekte rotieren 256
Objekte spiegeln 256
Pfeilcursor 242
Pfeile 247
Polygone 248
Rechtecke 246
Starten 240
Textformatierung 244
Vorder-/Hintergrund 255
Werkzeuge 241
Grafikwerkzeuge 241
Grauhinterlegung **349**
Grauraster 439
Griffe 240
Groß-/Kleinschreibung **258**
Größeneinstellungsfeld 5
Grundrechenarten 355

H-I-J

Haftzettelchen 68
Handles 240
harter Seitenumbruch 372
Hauptwörterbuch 191; 358
Hervorhebungsfarbe 13
Hilfe für Word-5-Befehle 82
Hilfefenster 259
Hilfefunktion **259**
Aktive Hilfe 259
Hilfefenster 259
Hintergrunddruck 151
Hohe Auflösung 136
Hurenkinder 146

IAC 166
inch 46
Index **262**
Druckformate 267
einfach 263
hierarchisch 265
Seitenzahlen formatieren 268

Index 1 bis Index 7 267
Info- und Eingabefeld **272**
Infofeld 5
Inhalte einfügen 177
Inhaltsverzeichnis **275**
  .c.-Absätze 276
  Druckvormate 276
  entsprechend Gliederung 280
  Formatieren 281
Initialen 187
Installation 1
Inter Application Communication 166

K-L

Kerning **308**
Konvertierer 144
Konvertierer Informationen 137
Konvertierer-Information 144
Kopf- und Fußzeilen 284
  Abschnittweise 290
  einrichten 285
  Gesonderte Titelseite 289
  Kapitelüberschrifen 291
  positionieren 286
  Spiegelsatz 288
Kreisdiagramm 120
Kreissegmente zeichnen 250

Lineal 21; **40**
  3D-Ansicht 41
  Absatzabstände 42
  Druckformate aufrufen 41
  Einheiten 46
  grau gepunktet 40
  graue Buttons 41
  Tabulatoren 42
  Textausrichtung 41
  Zeilenabstand 42
Linien zeichnen 247
Liniendiagramm 120
Linienstärke ändern 254
Linksbündig 41
Listing 341
Löschtaste 16

M-N

Mail 324

Maßeinheit 187
Mathematische Formeln **292**
  Formel-Editor 293
  Mathematische Steuerzeichen **305**
Mathematische Steuerzeichen 305
Mehrspaltig arbeiten 63
Menüleiste 7
  Mausorientiertes Arbeiten 7
  Tastaturorientiertes Arbeiten 7
Menünamen in Kurzform 188
Menüpunkte entfernen 87
Menüpunkte löschen 84
Menüpunkte umstellen 84
Menüs, kommentiert 10
Movie 309
  Abspielen 311
  Abspielparameter 310
  Installation 310
  Kontrollinstrumente 309
MS-Windows 137
MT-Extra 293

Nächstes Druckformat 158
Namen 187
negativer Einzug 45
Nervenzelle (siehe Neuron)
Norton Utilities 144
Numerieren **312**
  Absatznumerierung 312
  Gliederungen 315
  Seitennumerierung 320
  Zeilennumerierung 317
Nur Text 144

O-P-Q

Objekt 168
On-line-Hilfe 259
Option-Taste 12
optionalen Trennstrich 398
Outliner 216

Paginierung 48
Papierformate 31
Pfeilcursor 242
Pfeile zeichnen 247
Pica 46
PICT 137
Platzhalter für Grafik 188

Plug-In-Module **323**
Polygone 248
Pop-up-Menüs 108
Positionsrahmen **53; 325**
   Bild mit Legende 335
   Druckformat 340
   Einrichten 326
   Horizontale Ausrichtung 332
   Innen/Außen 333
   löschen 329
   Math. Formel 336
   Plazieren 329
   Rahmenbreite 328
   Spiegelsatz 333
   Textbox 338
   vertikale Ausrichtung 331
positiver Einzug 45
Postscript 341
   Besonderheiten 343
   Drucken 345
   Listing erstellen 344
   Schattierte Schriftzüge 346
   Textspirale 347
   Variablen in Word 343
   Wasserzeichen 345
Postscript über den Text drucken 345
Postscript-Listings 341
Print-Monitor 151
Programmstart 1
Prozentrechnung 355
Pull-Down-Menü 8
Punkt 46
Punktdiagramm 120

Querformat **135**
Quickswitch 178
Quicktime 309

R-S

Radiobuttons 108
Rahmen **349**
Ränder einstellen 147
Rechnen 355
Rechteck zeichnen 246
Rechtsbündig 41
Rechtschreibprüfung 356
   Benutzerwörterbuch 358
   einzelner Wörter 364
   Hauptwörterbuch 358
   Installation 357
   Text kontrollieren 361
   von Textausschnitt 368
Retten 144
Rettungs-Programmen 144
Return-Taste 12
Rich-Text-Format 144
Rollbalken 4
Rollbox 4
Rollpfeile 4
römische Ziffern 313
RTF 144
RTF immer interpretieren 190
RTF in der Zwischenablage verwenden 187
RTF-Format 137
Rückgängig 8
Rückstelltaste 16

Sätze 11; 465
Säulendiagramm 120
Schattierte Textbox 257
Schließfeld 3
Schlüsselworte 382
Schlüsselwörter **388**
Schnellspeicherung 143; 190
Schreibschutz 137
Schriftart 489
Seite einrichten **134**
Seite einrichten ... 30
Seitenansicht 27; 369
Seitenlayout-Textbaustein 345
Seitennumerierung 320
Seitennummern
   Verknüpfte Dokumente 148
Seitenränder 24
Seitenumbruch 372
Seitenumbruch im Hintergrund 187
Seitenwechsel 372
Seitenwechsel oberhalb 40; 48
Selbstrechnende Tabellen 184
Serienbrief **373**
   Benutzerabfragen 385
   Berechnungen 386; 394
   BESTIMMEN 391
   Dateien einbinden 386
   EINFÜGEN 392
   Erstellen 378
   FRAGE 389

Leerzeilen vermeiden 395
NÄCHSTER 393
Schlüsselwörter 382
Serienbrieforlage prüfen 381
Serienbriefvorlage 375
Seriendruck 395
SONST 389
Steuerdatei 374; 393
WENN...EWENN 388
Serienbriefvorlage 375
Seriendruck 395
Shift-Taste 12
Sicherungskopie 143; 190
Silbentrennung 396
Dialogbox 400
eines Textes 399
einzelner Wörter 397
Textabschnitt 401
Sondertasten 12
Sonderzeichen 402
Sortieren 404
Sound-Ressourcen 79
Sounddateien 79
Sounddateien einbinden 77
Spalten 63
Spaltenbreite 63; 426
Spaltenumbruch 64
Speicherbedarf 8
Speichern, automatisch... 189
Spiegelsatz 145; **288**
Standard-Druckformate 153
Standard-Tabulatoren **147**
Standard-Textbausteinverz 454
Standardformat 143
Standardschrift 498
Standardtabulatoren 45; **452**
Statistik 405
Statusfelder 108
Statusfeldern 118
Steuerdatei 374
aus Datenbanken 376
aus Word 376
Steuersatz 374
Stichwortverzeichnis 262
Strichtabulator 43; 450
Strukturzeichen 313
Suchen&Ersetzen **406**
Abbrechen 408
Absatzformate 419

Dialogbox 407
Druckformate 421
Formate 413
Sonderzeichen 411
Suchbereich 408
Zeichen 409
Zeichenformate 416
Symbol 293; 402
Synonyme 485

T

Tabelle in Text umwandeln 441
Tabellen 423
Ausrichten 427
Bearbeiten 428
Erstellen 425
Formatieren 434
Grauhinterlegungen 436
Hilfslinien 424
in Text umwandeln 441
Positionieren 440
Rahmen 436
Spaltenbreite ändern 433
Zellen verbinden 431
Tabellen-Icon 426
Tabellenkalkulation 184; 445
Tabellenverzeichnis 269
Tabulatorausrichtung 42
Tabulatoren 449
Ausrichtung 450; **451**
Dialogbox 451
Füllzeichen 450; **451**
Lineal 449
Löschen 451
Standardtabulatoren 452
Tabulatorzeile 449
Tastatur 12
Tastaturkürzel **6**
entfernen 86; 88
für Druckformate 164
installieren 88
zuordnen 85
Tastaturkürzel (in Menüs) 8
Text glätten/Grafik glätten 135
Text in Tabelle umwandeln 442
Textbausteine 454; **4**
Abrufen 456
drucken 460

Erstellen 455
Laden 458
Löschen 459
neu 459
per Menü 461
per Tastaturkürzel 460
Speichern 459
Textbegrenzungen 188
Textbox 257
Texteingabe 13
Textelemente **464**
Aktivieren 466
Einfügen 479
Entfernen 475
Importieren 482
Verschieben 481
Zwischenablage 480
Textelementen 11
Textkörper 220
Textspalten 59
Thesaurus 483
TIFF 137
Titelleiste 4
Trennstrich (optional) 397
Trennungshilfe 396
Typographische Anführungszeichen 187

U-V-W

Überschrift 1 220
Uhrzeit einfügen 104
Unterschneidung **308**

Verborgenen Text drucken 147
Verborgener Text 188
Verbunddiagramm 120
Verknüpfung einfügen **175**
Inhalte einfügen 177
innerhalb eines Dokuments 176
Löschen der Verbindung 179
manuell 181
Original finden 180
zwischen verschiedenen Dokumenten 178
Verknüpfungen einfügen 168
Verlegen und Abonnieren 167; **169**
manuelle Verknüpfung 173
Objekt bearbeiten 172
Verknüpfung beenden 171

Verleger 167
Verzeichnis 1 bis Verzeichnis 9 276
Voice-Impact 71
Voice-Record 71

weichen Return 56
Word-Einstellungen (5) 2; 86
WordPerfect 137
WordTemp 144
Worte zählen 405
Wörter 11; 465

X-Y-Z

Zählen (Wörter) 405
Zählintervall 319
Zehnerblock 12; **6**
Zehnerblocks 92
Zeichen-Formatierung 487
Buchstabenabstand 490
Buchstabengröße 488
Dialogbox 495
Formatierungsleiste 491
Hauptmenü 493
Hoch-/Tiefstellen 490
Kopieren 497
Schriftart 489
Standardschrift 498
Tastaturkürzel 494
Übertragen 496
Zeichenformatierung 193
Zeichensatz 489
Zeichensubstitution 135
Zeilen nicht trennen 40; 48
Zeilenabstand 42
Zeilenhöhe 427
Zeilennum. 49
Zeilennumerierung **317**
aktivieren 318
bei verknüpften Dateien 320
unterdrücken 319
Zeilennummern 318
Zelleneinzug 427
Zentriert 41
Zoll 46
zweizeilig 42
Zwischenablage **480**
¶-einblenden 500

System 7 – Einsteigen leichtgemacht

Know-how mit Pfiff rund um den Macintosh

von Karl-Heinz Becker und Michael Dörfler

1993. XVIII, 289 Seiten. Gebunden.
ISBN 3-528-05281-3

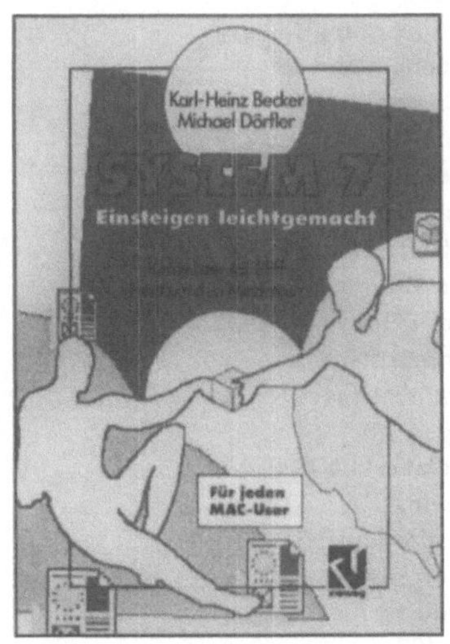

Das neue Betriebssystem von Macintosh stellt wiederum einmal mehr unter Beweis, daß Apple-Technologie bisher nicht bekannte Möglichkeiten bereits dem einfachen PC-User präsentieren kann – wenn man weiß wie. Die Autoren zeigen, wie man das richtige „Look and Feel"-Erlebnis von System 7 erreichen kann. Mit viel Phantasie werden die Wege beschrieben, die die neuen Features von System 7 in der aktuellen Version transparent machen lassen.

Verlag Vieweg · Postfach 58 29 · D-6200 Wiesbaden